消除贫困

共建一个没有贫困共同发展的人类命运共同体

中国人权研究会 编

五洲传播出版社

图书在版编目（CIP）数据

消除贫困：共建一个没有贫困、共同发展的人类命运共同体 / 中国人权研究会编. -- 北京：五洲传播出版社，2020.1

ISBN 978-7-5085-4337-6

Ⅰ.①消… Ⅱ.①中… Ⅲ.①贫困问题－世界－文集 Ⅳ.①F113.9-53

中国版本图书馆CIP数据核字(2019)第283829号

消除贫困：共建一个没有贫困、共同发展的人类命运共同体

编　　者	中国人权研究会
责任编辑	高　磊
编辑助理	秦慧敏　高倩倩
装帧设计	岳　琪
出版发行	五洲传播出版社
地　　址	北京市海淀区北三环中路31号生产力大楼B座6层
邮政编码	100088
发行电话	010-82005927，010-82007837
网　　址	www.cicc.org.cn　www.thatsbooks.com
印　　刷	北京圣彩虹科技有限公司
开　　本	787mm×1092mm　1/16
印　　张	38.25
字　　数	500千
版　　次	2020年1月第1版
印　　次	2020年1月第1次印刷
定　　价	98.00元

出版说明

2018年9月18日至19日,中国人权研究会和中国人权发展基金会共同举办"2018·北京人权论坛"。论坛以"消除贫困:共建一个没有贫困、共同发展的人类命运共同体"为主题,围绕"消除贫困与生存权和发展权的实现""中国的扶贫理念、成就、经验的人权意义""减贫的国际合作与人权保障"和"构建人类命运共同体与人权保障"等议题展开深入讨论,取得重要思想成果。中共中央政治局委员、中央书记处书记、中宣部部长黄坤明出席论坛开幕式并致辞。中国人权研究会会长向巴平措、中国人权发展基金会理事长黄孟复等在论坛开幕式上致辞。来自英国、法国、印度、沙特、南非、尼日利亚、古巴、墨西哥及联合国等近50个国家、地区和国际组织的官员、学者和专家200多人出席论坛。

与会嘉宾一致认为,消除贫困是全人类共同奋斗的目标。贫困不仅阻碍人权与自由的实现,也限制国家的发展。通过减贫,中国大力促进了人权事业的进步,特别是生存权和发展权的保障。而生存权和发展权的保障,又为提高人民生活生产水平、巩固减贫成果,提供了有力支持,形成良性循环。在减贫工作中,中国实施了精准扶贫、精准脱贫的基本方略,并取得显著成就。这种有针对性且以人为本的方略,虽然是中国基于国情探索出的道路,其意义却不局限于中国,而能被他国所借鉴学习,帮助更多处于贫困的人。与此同时,中国也愿意聆听和学习其他国家和区域的减贫经验,了解他们的困难与挑战。共建人类命运共同体的倡议,正是体现了中国愿意在包括人权等领域加强国际合作,推动互利共赢,与其他国家一道应对与解决全球贫困的决心。

与会嘉宾还分享了中国以及其他国家和地区的减贫经验,讨论了减贫的困难和挑战,并就如何通过国际合作实现互利共赢,构建没有贫困的人类命运共同体提出了自己的看法。与会嘉宾普遍认为，本届论坛以消除贫困为主题意义非凡，为开展全球减贫合作、推动人权事业发展提供了新契机，注入了新活力。连续举办九届的北京人权论坛已成为探讨当代发展和人权保护等议题的独特平台，以及联合国等国际组织在未来采纳重要决策的"智囊"。

为与广大读者分享本次论坛的思想成果，现将论坛中收到的部分论文集结出版。本论文集包含致辞及论文共73篇，按照论坛各分议题分为五个部分。其中各篇论文所持观点仅代表作者个人意见，不代表主办方的观点。

编者

2019年4月

目 录

总 论

消除贫困　保障人权　携手构建承载美好未来的人类命运共同体
中共中央政治局委员、中央书记处书记、中央宣传部部长　黄坤明………2

在"2018·北京人权论坛"开幕式上的致辞
十二届全国人大常委会副委员长、中国人权研究会会长　向巴平措………8

在"2018·北京人权论坛"开幕式上的致辞
十一届全国政协副主席、中国人权发展基金会理事长　黄孟复…………12

消除贫困与生存权发展权的实现
阿富汗独立人权委员会主席　西玛·萨马尔…………………………………16

在发展进程中促进和保护人权
中国外交部部长助理　张军……………………………………………………21

在"2018·北京人权论坛"开幕式上的致辞
英国上议院议员　纳尔·福布斯·戴维逊……………………………………24

在"2018·北京人权论坛"开幕式上的致辞
联合国粮农组织农村减贫战略项目主任　本杰明·戴维斯…………………27

在"2018·北京人权论坛"闭幕式上的致辞
中国人权研究会副会长、西南政法大学校长　付子堂………………………32

第一部分 消除贫困与生存权发展权的实现

在人权领域外消除贫困
　　[古巴] 亚历杭德罗·冈萨雷斯·博马瑞思……38

减轻贫困与实现生存和发展的权利
　　[肯尼亚] 埃米莉·阿钦·齐威雅……45

从人权角度探讨玛莎·努斯鲍姆对国际层面上发展解决贫困问题的制度性响应所作出的哲学贡献
　　[墨西哥] 维克托·曼努埃尔·赫尼纳·塞万提斯……52

消除贫困与生存权的发展
　　[布隆迪] 加斯东·哈基扎……57

消除贫困与农村妇女权利保障:"弱者"视角
　　[中国] 黄爱教　范国华……61

消除贫困及实现生存权和发展权
　　[印度] 戴瓦拉亚普拉姆·拉马沙米·卡西克扬……70

消除贫困:伟大的人权工程
　　[中国] 李君如……80

大陆推动扶贫,须兼顾经济弱势者的承租权
　　[中国台湾] 李永然……86

消除贫困与生存权发展权的实现:中国的经验与探索
　　[中国] 刘红臻……97

消除贫困与生存权、发展权的实现
　　[中国] 柳华文……103

消除贫困与提高可行能力
　　[中国] 孟庆涛……111

贫穷本质的辩证法

　　[乌克兰] 瓦希里·捷列修克……………………………………118

论精准扶贫战略下未成年人发展权的实现

　　[中国] 王　欢……………………………………………………130

人权保障与经济发展的关系

　　[中国] 王立峰……………………………………………………137

从红河村脱贫看消除贫困对生存权和发展权的保护

　　[中国] 杨成铭……………………………………………………143

绿色发展：生存权和发展权实现的中国经验

　　[中国] 张爱宁……………………………………………………153

消除贫困与生存权发展权的实现

　　[中国] 张晓玲……………………………………………………164

第二部分　中国的扶贫理念、成就、经验的人权意义

产业扶贫的成效与风险管理

　　[中国] 常　健　付丽媛…………………………………………172

生存权、发展权的保障与消除贫困

　　[中国] 陈巴特尔…………………………………………………181

中国扶贫的人权内涵及其意义

　　[中国] 陈佑武……………………………………………………187

人权视域下中国扶贫减贫的理念、成就与经验

　　[中国] 程延军　李　洱…………………………………………191

论人权视野下的教育精准扶贫

　　[中国] 龚向和　卢肖汀…………………………………………201

权利导向的扶贫行动
　　[中国] 贺泳杰......208

多元协同治贫与"志智双扶"机制创新
　　[中国] 蒋晨光　褚松燕......220

中国脱贫攻坚与人权保障
　　[中国] 李云龙......232

民族地区精准扶贫监督的经验与完善
　　[中国] 刘红春......244

人权的综合保障：中国扶贫实践的话语价值
　　[中国] 毛俊响......254

从减贫的角度看人权：中国经验
　　[利比里亚] 伊曼纽·姆耶尼......266

论人权保障与精准扶贫工作的新型关系
　　[中国] 边巴拉姆......271

习近平主席的扶贫重要论述和实践
　　[孟加拉国] 穆罕默德·阿尼苏尔·拉赫曼·萨克......281

习近平关于减贫与人权的重要论述
　　[中国] 汪习根　刘　远......292

先富帮后富的中国人权实践
　　[中国] 吴志红　谈火生......303

习近平精准扶贫重要论述对人权保障的贡献
　　[中国] 鲜开林......316

中国的精准减贫实践及其人权法评论
　　[中国] 肖君拥......326

论扶贫工作对"扶贫干部"的"人权"教育意义
　　[中国] 许　尧……336

中国贫困治理实践背后的人权逻辑
　　[中国] 叶传星……344

习近平精准扶贫重要论述与人权保障
　　[中国] 张　伟　石　慧……358

保障民众基本生活水准是国家的义务
　　[中国] 张永和……366

中国的减贫与减贫驱动的中国人权新发展：经验、趋势和挑战
　　[中国] 郑若瀚……372

极度贫困"悬崖村"精准脱贫工作的启示
　　[中国] 周　伟……382

论立法规划及其在精准扶贫中的作用
　　[中国] 朱力宇……389

第三部分　减贫的国际合作与人权保障

贫困与人权：越南的案例
　　[越南] 朱氏翠姮……398

以国际合作和减少贫困保障人权
　　[古巴] 理查德·图尔·德拉孔塞普西翁……404

减贫的国际挑战：欧洲视角
　　[意大利] 加布里埃莱·亚科维诺……415

老挝人民民主共和国在减贫方面的人权保障
　　[老挝] 吉再·因塔维坎 425

人权保障理念下的中国与发展中国家减贫合作
　　[中国] 黎尔平 431

中国与老挝在减贫和发展权方面的合作
　　[新加坡] 林大伟 435

中国参与减贫国际合作：促进人权发展的重要途径
　　[中国] 罗艳华 445

减贫工作中的国际合作与人权保护
　　[联合国] 贾尼·马格扎尼 452

拉丁美洲减贫和保护人权合作
　　[巴西] 巴莱里奥·奥利维拉·马佐利 459

南南减贫合作的战略基础和路径初探
　　[中国] 彭芩萱 468

断裂的新闻框架：《纽约时报》涉华报道中"扶贫"与"人权"议题的双重话语分析
　　[中国] 史安斌　王沛楠 476

国际条约与国际合作是提高各国社会保障水平的要素
　　[俄罗斯] 塔蒂亚娜·谢丽契科娃 **486**

人权视角下的减贫：国际人权法框架与中国的发展路径
　　[中国] 唐颖侠 **490**

在全球视野下剖析社会经济人权执法领域内各不相同的方式
　　[中国] 涂云新 504

减贫工作中的国际合作和人权保护
　　[印度尼西亚] 丁娜·维斯努 **522**

减贫的国际合作与人权保障

　　[中国] 张国斌...531

第四部分　构建人类命运共同体与人权保障

中国扶贫的理念与成就对国际社会的贡献及其启示

　　[中国] 何　苗...540

战胜贫困

　　[乌克兰] 妮娜·卡尔帕乔娃......................................552

消除贫困：构建人类命运共同体，实现共同发展和零贫困

　　[加蓬] 日耳曼·姆贝加·埃邦...................................561

可持续发展与人权：亚洲的经验与乌兹别克斯坦的实践

　　[乌兹别克斯坦] 阿克马尔·萨伊多夫.............................568

减少贫困：一同铸就没有贫困、共同发展的人类命运共同体

　　[科特迪瓦] 娜米扎塔·桑加雷...................................576

超越国界，宣扬价值体系和仁爱精神

　　[南非] 谭哲理...581

让全世界听到中国的故事和声音：普及有针对性的减贫政策并在全球范围内倡导"以人为本"的理念

　　[荷兰] 汤姆·茨瓦特...589

总 论

消除贫困 保障人权
携手构建承载美好未来的人类命运共同体

——在"2018·北京人权论坛"开幕式上的致辞

中共中央政治局委员、中央书记处书记、中央宣传部部长 黄坤明
（2018年9月18日）

尊敬的各位来宾，
女士们、先生们、朋友们：

金秋九月，北京迎来最美的季节。天高云淡，秋风送爽，令人心旷神怡。很高兴在这美好的时节，与人权领域的新老朋友相聚一堂，共商人权保障大计。首先，我对论坛的举办表示热烈祝贺！向在座的各位嘉宾特别是远道而来的外国朋友们表示诚挚欢迎！

此次论坛以"消除贫困：共建一个没有贫困、共同发展的人类命运共同体"为主题，凝结着人权发展的美好愿景，体现着国际社会对解决贫困问题、更好保障人权的共同关切，具有很强的现实意义。

十几天前，中非合作论坛北京峰会刚刚落幕。这是世界上最大发展中国家与发展中国家最集中的大陆，关于合作发展的一次对话，消除贫困是这次盛会的重要话题之一。习近平主席在开幕式上的主旨讲话中提出，中国将为非洲减贫发展、就业创收、安居乐业作出新的更大的努力，并提出中非合作"八大行动"倡议，为减贫惠民、促进共同发展规划了新的路线图。我相信，中非合作减贫的共同努力和丰硕成果，将为此次论坛对话交流提供有益启示。

女士们、先生们、朋友们！

充分实现和享有人权，是全人类共同追求的目标。中国共产党从诞生之日起，就把实现人民幸福、维护最广大人民根本利益作为崇高目标，带领中国人民不懈奋斗，推动中国人权事业发展，实现了前所未有的历史性进步。

今年，是中国改革开放40周年。改革开放是决定当代中国命运的关键一招，深刻改变了当代中国和中国人民的面貌，谱写了中国人权事业发展的新篇章。站在这个重要时间节点回望过去，以更深邃的历史眼光和更广阔的全球视野，来观察和审视中国人权事业的发展进程，我们有这样一些弥足珍贵的认识和经验。

——坚持把尊重和保障人权作为治国理政的重要原则。尊重和保障人权，是中国党和政府的一贯立场和主张。新中国成立后，社会主义在中国的建设和发展，为保障人民当家作主、改善人民生活奠定了坚实基础。改革开放伊始，邓小平同志就强调要重视人权。上世纪九十年代初，中国政府发布了《中国的人权状况》白皮书，向世界宣告人权在社会主义中国的重要地位。"尊重和保障人权"写入党的章程、国家宪法，写入党的代表大会政治报告、国家发展规划，连续实施国家人权行动计划，保障人权成为中国党和政府的重要政策目标。中共十八大以来，以习近平同志为核心的中共中央高度重视人权，习近平主席强调，实现中华民族伟大复兴的中国梦本质上就是不断推动人权事业发展的进程。我们采取一系列有效举措保障人权，推动中国人权事业发展取得历史性成就。事实表明，中国共产党和中国政府立足基本国情，把人权的普遍性原则与本国实际相结合，在深化改革、扩大开放的进程中不断加深对人权的认识，在推动经济社会发展中有力保障人权、增进福祉，中国人民享有了比以往任何时候都更为充分的人权。

——坚持把人民至上作为人权事业发展的价值指引。人民是社会的主体，是历史发展进步的根本动力。坚持以人民为中心，让老百姓过上好日子，给人民带来更多获得感、幸福感、安全感，是中国改革开放的初心和鲜明价值取向。中国党和政府从人民利益出发谋划改革思路、制定改革举措，人民关心什么、期盼什么，改革就抓住什么、推进什么，人民有所呼、改革有所应。中共十八大到十九大的5年间，我们推出了1500多项改革举措,每一项都是造福人民、保障人权的好举措。习近平主席说,"时代是出卷人,我们是答卷人,人民是阅卷人。"对于人权事业发展这份时代答卷,人民给予了很高的评价。今天,中国人民共同享有人生出彩的机会、共同享有梦想成真的机会、共同享有同祖国和时代一起成长进步的机会,这就是最美的人权愿景。

——坚持把生存权和发展权作为首要的基本人权。近代中国曾长期遭受外来侵略和殖民统治,从苦难中一路走来的中国人民深刻认识到,生存权和发展权是首要的基本人权,是享有其他人权的前提和基础。改革开放40年来,中国共产党把发展作为第一要务,创造了经济增长的世界奇迹,实现了中国人民生活从贫困到温饱再到小康的历史性跨越。人民生活明显改善、拥有的财富迅速增加,从1978年到2017年,全国城镇人均可支配收入由343元增加到36000多元;农村居民人均纯收入由134元增加到13400多元。社会民生保障水平大幅提高,教育水平从相对落后跃居世界中上行列,城乡免费义务教育全面实现;基本医疗保险、社会养老保险从无到有,分别覆盖13.5亿和9亿多人;人均预期寿命从68.2岁提高到76.7岁。可以说,将生存权和发展权作为首要的基本人权,是中国人权发展实践的深刻总结,揭示了人权发展的内在规律和基本原则。

——坚持把依法治国作为人权发展的制度保障。法治是人类文明进步的标志,也是人权得以实现的保障。改革开放40年来,中国坚持依法治国基本方略,努力建设社会主义法治国家,全方位提升人权法治化保障水平,保证人民依法享有更加充分的权利和自由,努力实现社会公平正义,更好推动人的全面发展、社会全面进步。过去5年多来,中国党和政府全面推进依法治国,坚持法治国家、法治政府、法治社会一体建设,将尊重和保障人权置于社会主义法治国家建设更加突出的位置,将人权保障贯穿于科学立法、严格执法、公正司法和全民守法等各个环节,真正让法治的阳光照亮每一个角落。这里我想告诉大家的是,中国的法治发展始终指向公平正义与人权保障,我们不断完善人权保障法律体系,有力推进司法体制改革,加大关系人民群众切身利益的重点领域执法力度,纠正一批冤假错案,努力让人民群众在每一个司法案件中感受到公平正义,感受到对权利的尊重和维护。

——坚持把构建人类命运共同体作为参与国际人权治理的使命担当。世界各国人民生活在同一片蓝天下,拥有同一个家园,应该是一家人。这个大家庭的每一位成员,都应该享有平等充分的人权。中国积极参与全球人权治理,始终是世界和平的建设者、全球发展的贡献者、国际秩序的维护者。中国参与了《世界人权宣言》等一系列国际人权文献的制定工作,先后签署并加入《经济、社会和文化权利国际公约》等26项国际人权公约,广泛开展人权领域交流对话,为发展中国家改善人权状况提供力所能及的帮助。习近平主席提出构建人类命运共同体理念,强调维护全人类共同利益,倡议共商共建"一带一路",推进包容发展、全面发展、协同发展、共享发展,最终实现人人充分享有人权。构建人类命运共同体理念得到国际社会的广泛赞同,相继载入联合国大会、安全理事会、人权理事会的相关决议,为建设更加美好世界、完善国际人权治理贡献了中国智慧、提供了中国方案。

女士们、先生们、朋友们!

消除贫困,自古以来就是人类梦寐以求的理想,也是各国人民追求幸福生活的基本权利。中国是世界上最大的发展中国家,一直是世界减贫事业的积极倡导者和有力推动者。改革开放是中国消除贫困的强大驱动力,通过40年来的积极探索和顽强奋斗,近8亿贫困人口摆脱绝对贫困,中国对全球减贫的贡献率超过70%。习近平主席对消除贫困、改善民生最为牵挂,提出农村贫困人口全部脱贫是全面建成小康社会的标志性指标,短短5年时间走遍了中国集中连片特困地区,指挥打响了前所未有的脱贫攻坚战。我们实施精准扶贫脱贫战略,坚持政府主导,动员全社会参与,发挥中国制度优势,把扶贫同扶志扶智相结合,开发式扶贫同保障性扶贫相统筹,推动脱贫攻坚取得重要阶段性成果。过去5年多来,中国每年有1000多万人稳定脱贫。尽管如此,我们面临的脱贫任务仍然十分艰巨。截至2017年底,中国农村贫困人口还有3046万。我们将持之以恒、再接再厉,以高度负责的态度和坚韧不拔的毅力,把扶贫脱贫工作抓实抓好,实现2020年现行标准下农村贫困人口全部脱贫的庄严承诺。

女士们、先生们、朋友们！

人权观念和人权理论的出现是人类社会文明进步的显著标志，人权事业发展离不开政府部门、国际组织和智库学者的共同努力。环顾当今世界，仍有7亿多人口生活在极端贫困之中，许多发展中国家仍受制于贫困及其衍生的饥饿、疾病、流离失所、社会冲突等一系列难题，消除贫困依然是全球人权事业发展面临的最大挑战。世界人权领域的各方人士应勇于担当，为消除贫困、共建美好世界戮力同心、积极作为。借此机会，我提几点建议，供各位朋友参考。

第一，把握大势，坚定世界人权发展方向。当今世界，和平、发展、合作已成为时代潮流，以和平发展、合作发展消除贫困、更好保障人权是大势所趋、人心所向。从顺应历史潮流、增进人类福祉出发，中国提出构建人类命运共同体的倡议，契合世界各国人民追求幸福生活、充分享有人权的伟大梦想，也应该成为各方致力世界人权发展的共识。"孤举者难起，众行者易趋。"在世界减贫发展的道路上，需要我们命运与共、同舟共济、守望相助。我们都应该有这样的胸怀，摒弃你输我赢、你穷我富的狭隘思维，树立美美与共、天下大同的志向追求。大家都好，世界才能更好，世界人权事业才能有更美好的前景。

第二，开放包容，拓宽世界人权发展路径。世界上没有两片完全相同的树叶，也没有放之四海而皆准的人权发展模式。中国的改革开放，以保障生存权和发展权为首要，着力实施减贫脱贫战略，取得了举世瞩目的发展成就，坚定了我们的人权道路自信。我们认为，各国应根据自身国情和人民意愿选择人权发展道路，坚持多元、自主、可持续发展。各方应秉持开放包容的心态，尊重各国在实践中凝结而成的人权发展理念，尊重各国人民自主选择的人权发展道路，共同开创世界人权事业发展欣欣向荣的良好局面。减贫脱贫是当前许多国家人权保障面临的突出任务，中华文化历来具有扶贫济困的优良传统，我们愿与各方一道，为全球减贫事业尽其所能、助力添彩。

第三，交流合作，贡献世界人权发展智慧。实现消除贫困、保障人权的伟大梦想，需要汇聚各方智慧和力量，需要全方位、多层次、多角度集思广益，需要从实践中总结经验、深化认识、获取动力。致力于人权事业发展的各政府部门、国际组织和智库学者，应加强沟通、增进互信，求同存异、凝聚共识。自2008年北京人权论坛创办以来，已成功举办了八届，成为人权领域开展交流对话、促进务实合作的重要平台，形成一系列思想共识，为丰富人权实践提供了有力支撑。我们希望有更多的中外朋友来参加北京人权论坛，同时也希望与有关各方共同搭建多种形式、多种层次的交流合作网络，凝聚推动人权发展进步的真知灼见，汇聚构建人类命运共同体的强大力量。

女士们、先生们、朋友们！

中国的人权事业是在世界目光的关注中不断前进的，各方给予了我们很多建设性的意见和建议。在大家的共同努力下，中国的人权事业和世界人权事业同发展、共进步。在此，我要向长期以来关心和支持中国人权事业发展的各国朋友表示衷心感谢！我们愿继续与各国朋友一道，坚定信心、携手合作、同向同行，为建设一个远离贫困、共同繁荣的人类命运共同体而不懈努力。最后，预祝2018·北京人权论坛圆满成功！

谢谢大家！

在"2018·北京人权论坛"开幕式上的致辞

十二届全国人大常委会副委员长、中国人权研究会会长　向巴平措
（2018年9月18日）

尊敬的黄坤明部长，

各位来宾，女生们，先生们：

大家上午好！

在这美好的秋日里，"2018·北京人权论坛"拉开了帷幕。我谨代表中国人权研究会，对论坛的召开表示热烈的祝贺，向出席本次论坛的国内外与会嘉宾致以最诚挚的欢迎！

本次论坛以"消除贫困：共建一个没有贫困、共同发展的人类命运共同体"为主题，具有非常重要的现实意义。中国国家主席习近平指出，"消除贫困，自古以来就是人类梦寐以求的理想，是各国人民追求幸福生活的基本权利"。贫困是一种世界范围内存在的现象，是国际社会共同面临的发展问题。联合国《2030年可持续发展议程》列举的17项目标中，第一项就是"在全世界消除一切形式的贫困"。贫困的广泛存在严重妨碍人权的充分实现和享有。减缓和消除贫困，是人权保障的重要内容。在贫困状态下，人们往往连最基本的生存需求都难以保障，安全的食物、住房和饮用水、基本医疗服务、受教育机会也就无从谈起，更不用说维护个人尊严和行使各项公民权利和政治权利以实现自我发展了。消除贫困，是一项系统的社会工程，需要协调推进经济、社会和文化权利以及公民权利和政治权利的保障与实现。

消除贫困，改善民生，实现共同富裕，是社会主义的本质要求，也是中国共产

党的重要使命。改革开放40年来,中国共产党和中国政府始终坚持从基本国情出发,把人民的生存权、发展权放在首位,致力于减贫脱贫,在探索实践中走出了一条中国特色扶贫开发道路。习近平主席以强烈的使命情怀和政治担当,亲力亲为抓扶贫,强调"在扶贫的路上,不能落下一个贫困家庭,丢下一个贫困群众"。中国农村贫困人口从1978年的7.7亿减少到2017年底的3046万人,减贫7亿多人,贫困发生率由97.5%下降到3.1%,对全球减贫贡献率超过70%。中国成为世界上减贫人口最多的国家,也是世界上率先完成联合国千年发展目标的国家。

中国的减贫事业谱写了人类反贫困历史上的辉煌篇章,但中国政府也清醒地认识到,脱贫攻坚面临的形势依然严峻。从脱贫攻坚任务看,未来3年,中国还有3000万左右农村贫困人口需要脱贫。中共十九大明确把精准脱贫作为决胜全面建成小康社会必须打好的三大攻坚战之一,作出了新的部署。上个月,又刚刚颁布了《中共中央国务院关于打赢脱贫攻坚战三年行动的指导意见》。坚决打赢脱贫攻坚战,确保到2020年中国现行标准下农村贫困人口实现脱贫,贫困县全部摘帽,让贫困人口和贫困地区同全国一道进入全面小康社会,是中国共产党的庄严承诺,是对中华民族、对整个人类都具有重大意义的伟业。

中国的减贫行动,也是中国政府切实履行联合国千年发展目标承诺、履行国际人权保障义务的重要体现。中国扶贫实践及探索出来的中国特色扶贫道路,蕴含着丰富的人权理念。

一是在发展目标上坚持以人权保障为导向。中国政府始终把保障人民的生存权、发展权放在首位,以实现人的全面发展。坚持各项权利相互联系不可分割的原则,通过实施产业扶贫、教育扶贫、健康扶贫、生态扶贫、最低生活保障、促进贫困人口的政治参与等措施,从资源配置、基础设施建设、政策扶持、产业开发、生态保护、能力提升、社会保障等多个方面采取相互联系的措施,注重对贫困人口生存权、发展权、受教育权、健康权、社会保障权、政治参与权等各项基本权利的综合保障,形成减贫与保障人权协同推进的良性局面。

二是在发展主体上充分激发人民群众内生动力。群众动力是脱贫攻坚的基础。中国在扶贫中注重尊重扶贫对象的主体地位，强调"输血和造血"相结合，扶贫和扶志、扶智相结合。充分挖掘困难群众的潜力和优势，调动其积极性、主动性、创造性，培育困难群众发展生产和务工经商技能，激励和引导他们通过自力更生和艰苦奋斗实现脱贫致富，用人民群众的内生动力支撑脱贫攻坚。

三是在发展方向上遵循公平公正的价值指引。中国紧紧围绕新时期人民日益增长的美好生活需要和不平衡不充分发展之间的矛盾，以农村扶贫开发为中心，着力解决发展不平衡不充分的问题；以保障和改善民生为重点，着力保障发展过程中的权利公平、机会公平、规则公平。不断提升人权保障法治化水平，保证人民享有平等参与、平等发展权利，使全体人民共享改革发展成果，实现共同富裕。

四是在发展路径上注重体制机制的调整创新。在扶贫过程中，中国坚持立足基本国情，综合采取立法、规划、政策等多种方式，坚持普惠政策和特惠政策相结合，出台了一系列涉及产业发展、就业帮扶、教育资源投入、医疗卫生体制改革、环境与生态保护、最低生活保障、东西部协同发展等扶贫政策，注重创新制度安排，调整社会利益分配机制，推动减贫和社会发展各项工作统筹兼顾、协调发展。

消除贫困，保障人权，实现共同发展，是人类命运共同体的应有之义，也是《联合国宪章》和《世界人权宣言》所描绘的美好愿景。为应对当今世界不稳定性不确定性突出、贫富分化日益严重、非传统安全威胁持续蔓延等诸多挑战，中国国家主席习近平提出了构建人类命运共同体重要思想，呼吁各国同心协力，建设持久和平、普遍安全、共同繁荣、开放包容、清洁美丽的世界。各国政府虽然承担着消除贫困的首要责任，但是国际社会也需要同舟共济，开展国际合作，积极采取各种措施维护国际和地区和平，消除国际范围内制约发展的各种障碍，构建人类命运共同体，实现共同发展、共同繁荣。

此次北京人权论坛，为各国交流减贫经验、探讨脱贫方式、改善国际发展环境搭建了一个很好的平台。希望大家畅所欲言，相互借鉴，形成共识，对中国乃至世界范围内减贫行动的成功经验进行深入总结并做理论归纳,最终用于指导国际社会的减贫行动和人权保障,早日实现"让人人共享发展成果、让人民充分享受人权、实现人的全面发展"的美好愿景。

预祝本次论坛取得圆满成功!

谢谢大家!

在"2018·北京人权论坛"开幕式上的致辞

十一届全国政协副主席、中国人权发展基金会理事长 黄孟复
(2018年9月18日)

尊敬的黄坤明部长,

尊敬的向巴平措会长,

尊敬的各位来宾,

女士们、先生们,朋友们:

大家上午好!

由中国人权研究会、中国人权发展基金会共同主办的"2018·北京人权论坛"今天开幕了。首先,我代表中国人权发展基金会,对论坛的召开表示热烈祝贺!对与会的各位嘉宾表示诚挚欢迎!向长期关心、支持中国发展和中国人权事业进步的各国朋友们表示衷心感谢!

北京人权论坛自2008年创办以来历时十年,在主办方与国际社会的共同努力下,规模逐步扩大,影响日趋增强,已发展成为中国与世界各国探索人权发展道路、交流人权保障经验和展望人权美好前景的重要平台,成为中国与世界各国人权合作与交流的重要途径。中国人权发展基金会作为主办单位之一,始终倾心关注和积极参与论坛的组织及相关工作,并由衷地为论坛十年来所取得的成就而欣慰。

北京人权论坛走过的十年,是世界发生广泛而深刻变化的十年,也是国际格局和国际秩序加速调整的十年。在全球治理体系中,贫困问题已成为当今世界最尖锐的社会焦点难点问题之一,也是人权领域需要格外关注并着力解决的严峻课题。党的十八大以来,习近平总书记站在全面建成小康社会、实现中华民族伟大复兴中国

梦的战略高度,把脱贫攻坚摆到治国理政突出位置,作出"实事求是、因地制宜、分类指导、精准扶贫"等一系列决策部署,推动减贫和人权保障领域各项工作统筹兼顾、协调发展,迎来了历史性的跨越和巨变。在这样的背景下,我们以"消除贫困:共建一个没有贫困、共同发展的人类命运共同体"为主题进行深入探讨,对于国际社会携手摆脱贫困、实现共同发展具有重要意义。

女士们、先生们、朋友们!

消除贫困是人类梦寐以求的理想,是各国人民追求幸福生活的基本权利。实践证明,贫困的存在严重妨碍实现和享有充分的人权,只有国际社会携起手来,采取有效措施,坚持治标治本,加强互助合作,切实减缓和消除贫困,才能为更好促进和保护人权创造条件,才能实现国家富强、民族振兴、人民安康。

作为世界上人口最多的发展中国家,中国对贫困有着切肤之痛。贫困面积广、贫困人口多,是中国全面建成小康社会最突出的短板。多年来,中国坚持立足基本国情,发挥自身优势,把发展作为解决贫困的根本途径,因地制宜、多措并举,推动减贫和人权保障领域各项工作统筹兼顾、协调发展,走出了一条有中国特色、通过发展实现减贫的成功之路,取得了举世公认的历史性成就。数据显示,改革开放以来,中国农村贫困人口减少7.4亿人,按照世界银行每人每天1.9美元的国际贫困标准及世界银行发布数据,我国贫困人口从1981年末的8.78亿人减少到2013年末的2511万人,累计减少8.53亿人,减贫人口占全球减贫总规模超七成,中国也成为全球最早实现联合国千年发展目标中减贫目标的发展中国家,为全球减贫事业作出了重大贡献。

消除贫困是一个历史性难题,也是一个世界性难题。多年来,中国一直是世界减贫事业的积极倡导者和忠实实践者,在致力于消除本国贫困的同时,通过对外援助、项目合作、技术扩散、智库交流等多种形式,支持和帮助广大发展中国家消除贫困,推动世界减贫和国际人权事业健康发展,体现了中国作为负责任大国的历史担当。

当前,中国的发展进入了全新的历史方位,中国与世界的关系迎来了全新的时代坐标。在全面建成小康社会、实现中华民族伟大复兴中国梦的伟大进程中,以习近平同志为核心的党中央坚持以人民为中心的发展思想,实施精准扶贫、精准脱贫基本方略,历史性地提出到2020年消除绝对贫困的奋斗目标,做出了"让贫困人口和贫困地区同全国一道进入全面小康社会"的庄严承诺,中国正向着历史性解决绝对贫困和全面建成小康社会稳步迈进。

女士们、先生们、朋友们!

中国人权发展基金会作为中国人权领域唯一的基金会组织,多年来重点关注贫困地区、困难群体,大力开展人权特色鲜明的公益慈善活动,用实际行动为消除贫困、推动人权事业发展发挥了重要作用,取得了良好的社会成效。但我们也深知,中国以及广大发展中国家的脱贫减贫事业任重道远、挑战诸多。如何进一步发挥非政府组织在推动减贫国际交流合作、促进中国乃至世界人权事业发展方面的独特作用,我们深感责任重大。作为中国人权发展基金会理事长,在此,我提三点建议。

第一,消除贫困、保障人权,必须关注民生福祉,肩负人类共同责任。消除贫困作为全人类的共同使命,也是促进和保护人权的重要内容。有效减缓和消除贫困,更好促进和保护人权,必须把增进人民福祉、不断改善民生、实现人的全面发展作为出发点和落脚点,要始终为人民利益而推进合作、让合作成果惠及全人类。为此,广大发展中国家应自立自强,发达国家应伸出援助之手,同舟共济、齐心协力,实现人类的共同富裕。

第二,消除贫困、保障人权,必须树立人类命运共同体意识,推动人类共同发展。发展是人类文明进步的基础,"是甩掉贫困帽子的总办法"。当今世界在经济、安全等方面面临诸多挑战,究其根源都在于发展存在很多瓶颈障碍,一个国家往往势单力薄。为此,各国应坚持相互尊重、平等协商、合作共赢、交流互鉴、共同发展的原则,把本国利益与他国利益结合起来,把一国人民的利益同各国人民的共同利益结合起来,推动人类命运共同体建设,为尽早实现彻底消除贫困的目标、推进世界人权事业健康发展夯实基础、筑牢根基。

第三,消除贫困、保障人权,必须坚持包容互鉴,凝聚人类共同力量。"合则强,孤则弱",有效地减少和消除贫困,更好促进和保护人权,符合国际社会共同利益。在座的各位都是人权领域的专家学者和减贫领域的实践工作者,承担着凝聚各方共识、实现经验共享、推动务实合作的重要责任。我们要倡导平等包容的理念,开展建设性的对话与合作,深入研讨消除贫困与实现人的全面发展这个攸关人类前途与命运的重大议题,为尽早实现彻底消除贫困的目标、共同建设一个没有贫困、共同可持续发展的人类命运共同体而凝心聚力、不懈努力。

最后,预祝本届论坛圆满成功!祝大家在北京期间工作顺利、身体健康!

谢谢大家!

消除贫困与生存权发展权的实现
——在"2018·北京人权论坛"开幕式上的致辞

阿富汗独立人权委员会主席　西玛·萨马尔
（2018年9月18日）

诸位阁下、女士们、先生们：

我很高兴能参加这个活动，感谢组织者的盛情邀请和热情款待。

从人权角度来看，贫困剥夺了经济或物质资源，同时侵犯了人权和人的尊严。对所有人来说，贫困意味着对物质资料的剥夺，这将严重威胁并限制他们的一些利益，包括：身心健康状态、人身安全、自主权和参与社会的权利。

贫困是对人权价值观的直接否定，它破坏了经济和社会权利，例如健康权、适足住房权、衣着权、食品安全权和水权以及接受优质教育的权利。

它对公民权利和政治权利，例如公平审判权、诉诸司法权、政治参与权和保障人身安全的权利，也产生了同样的负面效果。

贫困还体现了对人权的侵犯，无论是由政府政策造成的直接后果，还是因政府不作为而导致的后果。

人权是普遍的、不可分割的和相互联系的，无论涉及何种肤色、语言、性别、宗教信仰和国别。我们必须致力于随时随地促进和保护人民的权利。在世界各地，贫困都是导致许多侵犯人权行为的元凶，它剥夺了人们的基本人权和自由，包括社会、文化和政治权利。

基于阿富汗的实践经验，我作出以下总结：

贫困限制了接受素质教育的机会。众所周知，素质教育是培养个人能力的关键因素，同时也是改变公众心态及促进社会转型并实现社会公正和国家平等发展的恰当工具。素质教育应以人权价值和平等为基础，不得歧视任何人。从冲突爆发，直至今天，阿富汗无法提供素质教育，这导致暴力群体，例如塔利班和犯罪团体，在年轻人中招兵买马的几率大幅增加。如果无法获得教育，那么个人的能力以及获得合理工作和发展的机会都将大幅减少。在任何情况下，每个人都有接受优质教育的权利，不得基于任何借口阻止全球各地的任何人接受教育。

接受更好的教育后，人们将拥有更健康的生活。他们对健康权和享有优质医疗服务的权利有所了解。当个人了解健康问题并拥有获得保健服务的渠道时，他们才能拥有健康的生活，也无需为药物和医疗服务投入不必要的花费。贫困人口无法获得优质的保健服务和昂贵而复杂的医疗服务。当个人无需为药物投入不必要的资金时，他们的经济状况将好转，他们可以将收入用于购买其他生活必需品，例如清洁的水和更好的卫生设施，这些生活必需品将对健康权产生直接的影响。一个简单的例子就是避孕和人口控制措施，这些措施将对减贫带来直接的影响。我感到非常难过的是，我们在这一方面仍存在很大的问题。阿富汗的人口增长远远高于经济增长的速度，这使得阿富汗人民陷入了赤贫状态，同时还进一步加剧了冲突。

贫困还侵犯了食物权。当人们无法获得健康的食物时，他们的健康将受到影响，并将面临营养不良的问题。营养不良的儿童，其大脑的发育和成长都将受到影响，这就意味着，在未来的生活中，他们会出现一些身体或心理健康问题，这将对个人、家庭和社会产生负面的影响。一个每天担心自己和家人无法找到食物或住所的人会产生严重的不安全感，即：他无法通过可靠的途径获得生存所需的资源。

贫困侵犯了获得适足住房的权利。缺乏适足的住房和卫生设施将给人们带来更多的健康问题。获得住房是一项基本的人权，可以确保过上有尊严的生活，享受私人生活。获得适足住房将增加个人的安全感，这也是一项基本人权。

贫困减少了个人的安全感。阿富汗人民的不安全感令整个社会的动荡态势更加恶化，同时也导致犯罪集团和犯罪经济活动日益猖獗。缺乏安全感将降低个人承担公民责任的能力。不稳定的经济状态加剧了对妇女、儿童和其他弱势群体（如老年人和少数民族)的暴力行为。

正如我在前面曾提到的,贫困增加了对占人口半数的妇女的暴力行为。它将直接影响儿童的整体行为和发展。家庭暴力的增加也将促使社会和国家的暴力行为随之而增加。针对妇女的暴力程度是阿富汗国家安全的一个指标。众所周知,全球不同地区的绝大多数贫困人口均为妇女,这将增加不平等,扩大获取资源和参与社会活动方面的性别差距,而这些本来就是缺乏可持续发展的一个指标。

贫困是引发冲突的主要原因之一。阿富汗持续的暴力事件是缺乏教育和贫困所产生的影响活生生的例子。贫困助长了鸦片生产和武器走私等犯罪活动和战争经济。如果没有国际社会在禁毒方面付出的大量努力,贫困就会促使人们生产和参与向阿富汗境外(包括诸位所在的国家)走私毒品。剥削从事罂粟收割活动的人口、原产地境内的人口吸毒成瘾以及利用毒品从事商业活动都是危害人类社会的行为。

贫困将减少选择的可能性,以致于对个人施加真正的压力,迫使他们接受在通常情况下不会接受的工作或消费品。当然,它还将限制行动的自由。事实上,身体暴力和经济约束之间存在着一定的相似性,这主要是因为两者都削弱了基本的自由。贫困人口无法选择他们希望从事的职业,他们不能前往想要居住或工作的地方。这就是绝大多数贫困人口会落入犯罪集团,例如:塔利班、基地组织和其他犯罪团伙魔爪的原因。

不幸的是,贫困还将导致侵犯政治权利、言论自由、行动自由以及结社和集会自由的行为更加猖獗。选举权和被选举权可以公开叫卖。我很遗憾地说,阿富汗就是一个典型的例子,在选举期间,犯罪分子和富人阶层,包括军阀和毒枭,可以从事贩卖贫困人口的行径。实际上,贫困总是与大规模侵犯基本自由的行为相生相伴,但是它更严重地侵犯了人类社会的诚信体系,人们不得不服从他人的意愿或接受通常不愿接受的条件。贫困人口受到压迫,任何利用其依赖性的人都将助长社会压迫和独裁者的气焰。

贫困减少了获得适足衣物的机会,这将有损于人类的尊严。在不同的气候条件下穿着恰当服装的权利也是人类的基本需求和人权。贫困使贫困人口的生活变得更加窘迫,他们无法在冬季购买暖和的衣物,导致身患疾病,而将收入用于购买药物将使他们变得更加贫穷。无论他们的社会地位和政治信仰如何,每个人都有权获得适足的衣物。

贫困侵犯了伸张正义的权利。没有受过教育的贫困人口无法充分认识他们的人权,包括公平审判的权利和伸张正义的权利。正义是民主发达社会的重要组成部分。贫困人口无法雇佣辩护律师,只有支付相应的费用才能获得伸张正义的权利。在法治薄弱的国家和包括我们国家在内的冲突国家内,这一点表现得更为真实。确保正义不是一种奢侈品,而是一种基本人权和人类的愿望。

一般来说,贫困是导致许多侵犯基本人权的行为的缘起。暴力行为的后果不会仅仅只影响一个国家。它将在该地区广泛辐射,并对整个国际社会产生直接或间接的影响。亚洲、非洲或拉丁美洲目前非常常见的经济移民就是一个很好的例子。

联合国成员国就可持续发展目标达成了一致性意见。可持续发展目标的实施对人权有着重要的影响。所有国家都应优先考虑将消除贫困作为可持续发展目标的首要目标。

贫困人口也很容易受到全球环境问题的影响。我们随时随地都能看到,干旱、滑坡、洪水和暴风雨摧毁贫困人口的生活。享有清洁和安全的环境的权利也是一项基本的人权,贫困将侵犯这种人权。

女士们、先生们,

关于侵犯人权的行为和贫困的细节不胜枚举。我相信,每个人都有权利摆脱贫困状态。为了消除贫困,尊重人权,维护人的尊严,我想要做出如下建议:

(1) 不论其政治立场如何,各国政府应展现出促进、保护和实现其公民人权的坚定政治意愿。人权价值观应当成为其政策、计划和战略的核心要素,并且应当特别重视消除作为侵犯人权行为的原因和后果的贫困状态。

(2) 促进善政、法治和问责制将有助于提高人民对其政府的信心,并加强各国的安全与稳定状态。个人安危是安全而发达的国家的有力指标。从国内层面来看,善治是确保效率的原因,也是维护正义的理由。

(3) 国家预算要根据全体人民的需要而制定。我们应该将更多的经费投入到素质教育、卫生服务和社会服务上而不是军事开支领域。为公众提供基本的社会服务是善政的标志,它有助于在任何国家的人民与政府之间建立互信,同时还有助于减少陷入冲突的机会。

(4) 打击腐败和普及问责制及维持正义对于终结免罪文化具有至关重要的意义,对国家政府的腐败官员尤为如此。腐败将侵犯基本人权,同时还会令贫困状况日趋恶化。

(5) 我们需要改革基于人权价值观的法律制度,以便减少歧视现象,特别是基于性别的歧视现象。毋庸置疑,男女平等是发达国家的一个有力的标志。

(6) 最后,消除贫困以及随时随地尊重所有人的人权以拯救人类社会是个人和集体责任。只有将人权价值观置于我们的集体议程中的首要位置,才有望实现这一目标。无论我们身处哪一个国家之中,促进、保护和实现人权是一项共同的责任。

我希望,我们能为未来的子孙后代留下一个没有贫困的世界。只有我们众志成城,携手合作,齐头并进,才能实现这一目标。

谢谢!

在发展进程中促进和保护人权

——在"2018·北京人权论坛"开幕式上的致辞

中国外交部部长助理 张军

(2018年9月18日)

尊敬的黄坤明部长,

各位嘉宾、各位朋友:

值此"2018·北京人权论坛"开幕之际,请允许我代表外交部对论坛召开表示热烈祝贺,对各位嘉宾的到来表示热烈欢迎。

本次论坛以"消除贫困:共建一个没有贫困、共同发展的人类命运共同体"为主题,具有重要意义。实现发展是全人类的共同追求,承载着各国人民对美好生活的殷切期盼。《联合国宪章》《世界人权宣言》《经济、社会和文化权利国际公约》等国际人权文书,都把消除贫困、实现发展作为基本人权。

联合国成立70多年来,积极推进全球减贫、促进共同发展,特别是实施千年发展目标,制定《2030年可持续发展议程》,推动全球11亿人口脱贫,19亿人获得安全饮用水,35亿人用上互联网等,全球发展事业取得重要进展。

同时,和平与发展仍然是时代主题。环顾世界,仍有7亿多人口忍饥挨饿,超过1.28亿人亟需人道援助,6500多万人流离失所。全球发展不平衡、不协调、不充分问题仍然突出,并带来反全球化、保护主义、恐怖主义等一系列问题。消除贫困、实现发展,让人人得以享有人权,依然任重道远。

作为拥有近14亿人口的最大发展中国家,中国深知发展的深刻内涵。只有经历过贫困,方知富裕和体面生活的宝贵。只有实现发展权,方能为实现其他人权提供有力保障。中国共产党和中国政府深刻领悟到这个道理，一直把发展作为执政兴国的第一要务。

改革开放40年来，我们减少了7亿多贫困人口，占全球减贫人口总数的70%以上，成为对全球减贫贡献最大的国家。我们为7.7亿人提供就业，建成世界最大规模的教育体系、最大规模的社保体系、最大规模的基层民主选举体系。到2020年，中国将实现现行标准下农村贫困人口全部脱贫，全面建成小康社会。在960万平方公里的土地上，没有战乱、没有流离失所、没有恐惧，近14亿人民过着安宁、自由、幸福的生活。毫无疑问，这是最大的人权工程，最好的人权实践，也是中国对世界人权事业的巨大贡献。中国在探索中找到了一条符合自身国情的中国特色人权发展道路，中国的实践无疑对国际人权事业具有重要启示：

——坚持走符合国情的人权发展道路。我们生活在一个多元文明、多元发展共存的世界里。世界上没有放之四海而皆准的发展模式。任何国家都必须根据本国国情和人民需要，找到适合自己的道路。只有鞋选对了，双脚才能迈出有力步伐；只有路走对了，才能通向远方，实现目标。各国只有按照自己的实际情况，坚持普遍性与特殊性相结合，坚持民主和民生相促进，才能在促进和保护人权方面形成特色、取得实效。

——坚持在发展进程中促进和保护人权。发展是一个动态、历史的进程，促进和保护人权也是一个动态、历史的进程。实践证明，只有把促进和保护人权有机地纳入到发展进程中，坚持正确的发展理念、发展道路，才能为人民享受人权创造最有利条件、提供最根本保障。对广大发展中国家而言，应坚持将生存权和发展权作为首要人权，并以此为基础，平衡推进其他各项人权保障。

——坚持以人民为中心的发展思想。人民是人权的最终享有者。一个国家选择什么样的政治、法律制度，走什么样的发展道路，人权状况到底好不好，最终要由这个国家的人民说了算，以人民的获得感、幸福感和安全感来衡量。人民才是阅卷人。中国的实践证明，促进和保护人权，必须始终以人民福祉和利益为出发点和落脚点，坚持人民当家作主，健全民主制度，丰富民主形式，增进人民福祉，从而促进人的全面发展和人权的不断进步，实现全体人民共同发展。

——坚持共商共建共享的理念。在一个相互依存的世界里，没有哪一个国家拥有独享发展的权利。只有共同繁荣、共同进步，才能让这个世界更加美好。伴随着时代的进步，共商、共建、共享日益深入人心，成为指导全球治理和国际合作的重要理念。正是基于这一理念，习近平主席提出"一带一路"倡议。我们的目的，就是要用中国的发展为各国的发展创造更大机遇，用互联互通带动形成各国联动发展的格局，走共同发展之路，推动构建人类命运共同体。

女士们、先生们、朋友们，

实现发展是每个国家政府的神圣使命和责任。在人权问题上，没有最好，只有更好。在推进全球发展、促进人权进步的征程中，我们还有很长的路要走。面对历史赋予的责任，我们要全力营造和平稳定的发展环境，恪守《联合国宪章》宗旨，维护各国主权、独立和领土完整，尊重各国自主选择的社会制度和发展道路，加强对话与合作。我们要大力促进平衡协调的发展，积极落实《2030年可持续发展议程》，坚持以人民为中心，以减贫为重点，切实保障和促进民生，维护社会公平正义，不让一个人掉队。我们要致力于高质量的发展，实施创新驱动战略，转变发展模式，增强发展动力，提高发展质量，实现可持续发展，为促进和保护人权注入持久、强劲动力。我们要致力于开放共赢的发展，把握好国际合作大方向，坚持多边主义，反对贸易保护主义，维护和加强多边贸易体制，推动经济全球化朝着更加开放、包容、普惠、平衡、共赢的方向发展，让各国人民都能平等享受公平正义。我们有理由相信，在实现发展的进程中，包括中国人民在内，各国人民的生活会一天比一天更好，享受人权的水平会一天比一天提高，中国的发展也必将为世界的发展进步创造更大机遇、作出更大贡献！

谢谢大家！

在"2018·北京人权论坛"开幕式上的致辞

英国上议院议员　纳尔·福布斯·戴维逊
(2018年9月18日)

尊敬的黄部长,女士们、先生们:

我非常荣幸能够回到北京人权论坛!

首先我要感谢我们的组织者对我的盛情邀请,今天我们讨论的问题就是消除贫困。从全球来看,中国有着最成功的减贫事业。中国的减贫规模是世界上从来没有过的,在过去40年,中国的改革开放让7.4亿人脱离了绝对贫困,现在只有3000万的人还在贫困之中。这个不仅仅是改变了中国,同时也改变了世界。减贫的事业就和反腐一样,它并不简单,而且它也不仅仅是靠经济发展就可以解决的。

近年来,美国和英国的财富有所增加,但这些增长并未为整个社会带来福利。在美国和英国,许多贫困群体的收入一直没有起色,而富裕阶层则越来越富有。这绝非偶然,而是所选政策所导致的结果。

中国选择的政策旨在提升其整体经济实力,同时帮助数百万人摆脱贫困。

不过,说它是所选政策所导致的结果,并不意味着导致这一结果的过程非常简单。当历届英国政府选择政策时,并没有料到这些政策会令某些人因主动或被动的原因陷入贫困。

究其原因,这是由于所选的政治优先目标(并非作为一个目的,而是作为一个结果)无法实现减贫所导致的。当然,历届英国政府对消除贫困的重视程度可能各不相同。例如,英国前首相戈登·布朗(Gordon Brown)在主动扶贫方面投入了最大的精力。而其他首相确定的优先目标则各不相同。另一方面,中国多年来则一直坚持贯彻统一的扶贫政策。

在我看来,坚持与贫困作斗争是非常必要的。有针对性的战略具有至关重要的意义,并且监测结果同样必不可少。

诚然,医疗保健、住房和教育是可对扶贫工作作出重大贡献的领域,但如果缺乏持续性、针对性和适当的监测,我们就无法达成相关的政策目标。我们发现,对英国来说,为这些领域分配更多的预算是首要的步骤,但我们所做的仍远远不够。我们需要对支出的质量加以评估。

让我以住房为例,在英国,保守党政府鼓励以低价向租户出售市政住房。这将导致特定金额的重要资金被转移到房产承租人身上,而他们将因相关政策而成为房产业主。从国家层面上来看,这将导致大量资产从国有向公民私有的转移。政策选择的结果就是,房屋所有权会使公民更负责任,并在社会中拥有绝对的发言权。许多持有各种不同政治观点的人都支持这一政策。但相关政策却产生了无法预料的负面后果。

投资可供出租的新建市政住房的计划被叫停。市政当局决定不再建造新的房屋,因为他们认为,在适当的时候它们将不得不以低价向新租户出售新房。

目前的后果就是住房危机,城区的无家可归者正在不断增多,其中一些人在街头风餐露宿——这是在英国这一全球最发达的经济体之一中的真实案例。虽然政府当局现在已经认识到,他们必须针对住房问题制定解决方案的不幸后果,但这个问题并未得到优先考虑。

我们应该从这个例子中吸取的教训就是,如果缺乏合理的评估和实施计划,那么政策选择实际上可能会令贫困群体的困境进一步恶化。

我们应提醒自己,中国在扶贫方面所取得的成就,不仅是运气好或者凑巧,而是源于坚定的战略选择,在必要时对结果进行监控、评估和改进。这对所有关注扶贫的人来说,都是一个宝贵的经验。

这一论坛活动对人权问题尤为关注。许多欧洲政府与中国政府在人权哲学理念上都存在分歧。一般来说,迄今为止,欧洲的方法一直都只关注个人的权利,而中国则侧重于社会权利。迄今为止，欧洲各国政府都拒绝将人权延伸到社会权利领域内。

当然，不同的社会具有不同的特征、不同的传统和不同的优先目标，因此，太过武断地断言一个社会是正确的，而另一个社会则完全错误，这么做是不明智的。

当我对英国同事说，中国的治理及其背后的理论给我留下了深刻印象时——正如习近平主席在最近发表的著作中所阐述的那样——常常会有人告诉我，这对中国来说易如反掌。他们作出的解释就是，中国并不存在英国的议会民主制，因此，也不可能存在公开辩论、示威和公民投票。因此，他们似乎认为，英国版的民主制度阻碍了中国希望避免的政策的实施工作。

但是，治理一个拥有14亿人口的社会真能毫不费力吗？帮助7.4亿人摆脱贫困堪称全球独一无二的伟大成就，取得这一成就真的易如反掌吗？是否真的有人相信，中国无法成功地帮助剩余的3000万人摆脱赤贫呢？这些问题的答案只能是"否定的"。任何其他答案都显得愚不可及。

在"2018·北京人权论坛"开幕式上的致辞

联合国粮农组织农村减贫战略项目主任　本杰明·戴维斯
(2018年9月18日)

尊敬的黄部长,女士们、先生们:

大家早上好!非常荣幸来到这里,首先感谢主办方邀请我来这里发言。

在全球所有人口中消除极端贫困是全球发展议程最高层制定的可持续发展目标(SDGs)之一(目标1.1)。这一雄心勃勃的目标旨在应对一个严峻的现实:尽管过去35年来我们在减少全球贫困方面取得了进展,但最贫困的群体仍被抛在后面。

那些"掉队"的群体往往面临着特定的脆弱问题和结构性的制约因素,这使得他们无法从整体经济增长和发展中获益。

进一步采取措施向极端贫困群体伸出援手并满足其需求,绝不仅仅是道义上的必要任务,它还有助于确保经济的可持续增长和环境的可持续发展。终止极端贫困将减少经济和社会不平等现象,帮助人们更好地适应气候变化,促进人类以更可持续的方式利用自然资源,同时预防暴力和冲突事件。

消除极端贫困这一挑战的艰巨程度,取决于可持续发展目标中的减贫目标。该目标呼吁各国在2030年前将7.83亿人从极端贫困中解救出来。贫困现象出现在多个层面,主要表现在以下方面:无法获得资产所有权、基本基础设施、公共服务,以及无法达到一定的生活水平。

自1993年以来,极端贫困的挑战已从东亚和太平洋地区转移到了南亚和撒哈拉以南非洲。相较于东亚的贫困人口总数有所减少,但撒哈拉以南非洲的极端贫困人口却在不断增加,目前在全球极端贫困人口中所占的比重达到了51%。

冲突和气候变化令减贫工作更具挑战性。据估计,有59%的极端贫困人口(约4.42亿人)生活在危险和脆弱的环境中。贫困可能导致冲突,如对土地、水资源及其他资源的争夺,进一步加剧贫困,同时对国计民生产生长期的负面影响。

极度贫困的家庭依赖农业和自然资源维持生计和温饱的可能性更大:据报道,农村地区76%的极端贫困人口为初级农业生产者。

由于受教育程度较低、家庭人口较多、入学儿童的人数较少、生产性资产的占有率较低,极端贫困人口获得一切必要资源(包括基础设施和服务、风险管控的工具和正式信用)的途径也较少。

农村地区最贫困和较富裕的群体的雇佣劳动收入和非农业自营职业活动收入往往都表现出多样化的特征。较富裕的家庭倾向于回报较高的多样化活动;而较贫困的家庭则倾向于回报较低的多样化活动,这通常都是其管理风险和应对市场失灵的一种方式。在许多情况下,最贫困人口的多样化表现在农业雇佣劳动中。农业工人的极端贫困率是非农业工人的四倍。

极端贫困人口往往面临着额外的制约因素:因历史性的边缘问题所导致的社会排斥和歧视,可能会令极端贫困人口面临特定的脆弱问题(包括种族、民族和性格问题)。例如,由于暴力、同化政策、边缘化、土地所有权和土地使用权被剥夺,土著居民往往面临着高度脆弱性的问题。性别歧视令其所面临的状况进一步恶化,土著妇女往往是这些人口中境况最糟糕的。

在全球范围内,农村妇女获得生产资源和工作的机会都少于男性。在涉及土地、牲畜、劳动力、教育、贷款和金融服务以及技术等多个方面都存在这种性别差异——这令农业部门、更广泛的经济领域和整个社会都付出了代价,同时也令妇女在生计方面处于不利的地位。歧视性的性别规范和习俗,再加上妇女有限的发言权和代表性,也可能成为导致极端贫困的因素。在极端贫困的家庭中,这些性别不平等现象通常表现得更为明显。

虽然其生活水平可能并不稳定,但极端贫困群体仍是理性的经济主体,他们主要依靠自己维持生计,并具有一定的生产潜力。粮农组织及其合作伙伴开展的相关研究表明，在马拉维和赞比亚等国，放宽10%至20%最贫困人口的流动资产和保险限制条件将产生强大的经济影响。从长远来看，许多最贫困的人口将不得不放弃以农业为基础的工作，转而投身其他经济部门。在短期内为这些人口的生计提供支持是实现"2030年议程"的必要条件。

联合国粮食及农业组织（以下简称"粮农组织"）致力于进一步采取措施，以便消除极端贫困。消除农村贫困是粮农组织的三大全球目标之一。

"2030年议程"已经确认，我们不能再单独应对当前的全球挑战。消除极端贫困与应对饥饿、粮食不安全、自然资源枯竭、气候变化和冲突等问题密切相关。由于绝大多数极端贫困人口都生活在农村地区，因此，农村发展和农业投资就成为消除极端贫困和饥饿以及实现可持续发展的关键。

粮农组织已经确定了五大战略目标，这些目标与"2030年议程"一脉相承：（1）消除饥饿、粮食不安全和营养不良；（2）提高农业、林业和渔业的生产力和可持续性；（3）减少农村贫困人口；（4）创建兼顾包容性和高效率的农业和粮食系统；（5）提高人类对威胁和危机的抵御能力。

通过国家试点项目来看，成功地消除贫困和减少极端贫困人口离不开三个关键要素：

（1）有利于贫困人口的经济增长。促进经济增长和确保包容性经济转型，需要针对绝大多数贫困人口目前所在的部门进行投资，并创造优质的就业机会。成功减贫的一个核心特征就是增加贫困劳动力的回报。从很大程度上来说，这是通过资产的重新分配，或通过增加农村贫困人口所有的土地的回报来实现的。改善获得优质教育及健康保障的渠道，有助于增加最贫困人口的土地和劳动力回报。

（2）基本公共投资。需要对社会和生产资本进行最低限度的投资，以便创建有利于包容性增长的环境。这就涉及基础设施和服务、教育、健康、社会保障和技能发展。

（3）综合的专项干预措施。为了帮助最贫困的人口，需要采取综合的专项干预措施，以便应对其特定的脆弱问题和需求。

在粮农组织的职责范围内,一共有四个关键领域有助于消除极端贫困。

1. 确保粮食安全并消除营养不良

粮农组织将支持各国实现"零饥饿"目标。贫困与粮食安全息息相关。粮食安全和营养是童年至成年阶段的贫困状况的决定因素,因为它对短期和长期的劳动生产率及创收潜力都具有一定的影响。

因此,食物权是消除极端贫困的关键因素。经济、社会和文化权利委员会指出,如果一名男性、妇女或儿童在任何时候都能通过物质和经济方式单独或共同获得足够的食物或获取食物的渠道,他们就拥有了获得足够食物的权利。食物权是获得国际人权法承认的人权。

解决极端贫困问题有助于确保食物权(特别是最弱势群体的食物权),因为贫困是导致粮食安全问题的首要因素。这是粮农组织成员国在2014年制定并最终通过《食物权自愿准则》的基础。

2. 促进农村地区的经济融合

粮农组织将支持各国加强创收活动并提高经济包容性,其重点在于减少最贫困人口所面临的结构性制约因素和障碍。这就包括:

(1) 通过采取创新措施,增加极端贫困和边缘地区获得自然资源、生产性资产、基础设施、农村服务和信息通信技术的机会,从而改善当地人以农业和自然资源为基础的生计;

(2) 通过提高其技能和就业能力,倡导集体行动,增加获得生产性资源和创业机会的渠道,为极端贫困人口赋权(将农村妇女和青年以及土著居民作为重点),并帮助其成为变革的推动者;

(3) 确保社会保障制度成为经济包容战略的关键组成部分之一,帮助家庭更好管控风险,并利用经济发展机遇扩大储蓄和投资。

3. 改善具有环境可持续性的生计

粮农组织将通过以下方式支持各国更好地将减贫战略与自然资源管理和气候变化战略相结合:

(1) 加强对自然资源的治理，确保以可持续的方式管理和利用自然资源，并将其作为极端贫困人口的基本生计来源。指导政策和计划的一些工具包括：《国家粮食安全范围内土地、渔业及森林权属负责任治理自愿准则》；《在粮食安全和消除贫困背景下保障可持续性小规模渔业自愿准则》；以及土著居民的"自由事先知情同意"权。

(2) 帮助更多极端贫困家庭采用农业领域的减缓和适应方法，包括农业生态学计划和环境服务的支付计划。

(3) 支持极端贫困人口从不可持续的生计模式过渡到可持续的生计模式，例如将社会保障与替代性生计的发展相结合（包括退耕还林和植树造林）。

(4) 为作为全球重要农业文化遗产系统（GIAHS）一部分的农民的生计提供支持，同时通过发展旅游及开展农业研究（包括针对极端贫困家庭的活动），创造替代性收入。

4. 提高抵御灾害和重建生计的能力

针对因灾害和突然或反复发生的冲突而陷入贫困或极端贫困状态的人口，粮农组织将支持各国帮助其重建生计：

(1) 从家庭和社区层面入手，确定气候变化和冲突给弱势群体和贫困人口带来的潜在和经常性风险及其相应的抵御能力。

(2) 帮助各国综合评估"早期变暖和早期行动"系统中弱势群体和贫困人口的特定脆弱性问题，并制定适当的应对措施，以便提高其抵御和应对能力。

(3) 加强和扩大农村地区了解风险和应对灾害的社会保障制度，以便提高农村家庭在与气候有关的灾害或冲突中的抵御能力，并防止相关群体进一步陷入极端贫困状态。

通过与政府和发展伙伴在上述四个领域采取共同行动，粮农组织可以最大限度地为实现"2030年议程"的可持续发展目标作出贡献，并消除极端贫困。

谢谢大家！

在"2018·北京人权论坛"闭幕式上的致辞

中国人权研究会副会长、西南政法大学校长　付子堂
（2018年9月19日）

尊敬的女士们、先生们，朋友们：

大家上午好！

2018年是一个特殊的年份，是《世界人权宣言》通过70周年，也是中国改革开放40周年。"历史，总是在一些特殊年份给人们以汲取智慧、继续前行的力量。"我们此次举办以"消除贫困：共建一个没有贫困、共同发展的人类命运共同体"为主题的北京人权论坛，就是在这个特殊的年份，汲取人类消除贫困的智慧，总结和分享各自的发展经验，"为共建一个没有贫困、共同发展的人类命运共同体而不懈奋斗"。

中国共产党和中国政府始终坚持尊重和保障人权，把人民利益摆在至高无上的地位，把人民对美好生活的向往作为奋斗目标，不断提高尊重和保障中国人民各项基本权利的水平。中国国家主席习近平指出："实现中华民族伟大复兴的中国梦，本质上就是不断推动人权事业发展的进程。"

"北京人权论坛"自2008年创办以来，已成功举办了八届，为各国进行人权交流对话搭建了重要平台。2015年举办"北京人权论坛"时，中共中央总书记、国家主席习近平专门发来贺信。这些年，习近平主席连续三次为我们主办的人权会议发来贺信，充分体现了他对推进世界人权事业发展和构建人类命运共同体的使命担当。

在本次论坛的开幕式上，中共中央政治局委员、中央书记处书记、中央宣传

部部长黄坤明先生以及国务院新闻办公室的主要领导等出席，充分体现了我们对消除贫困和发展人权事业的关心，以及对本次会议的重视。在论坛开幕式致辞中，黄坤明部长从五个层面高度概括了改革开放40年来中国人权事业发展的经验：一是在治国原则上，坚持把尊重和保障人权作为治国理政的重要原则；二是在价值理念上，坚持把人民至上作为人权事业发展的价值指引；三是在人权实现位阶上，坚持把生存权和发展权作为首要的基本人权；四是在人权保障方式上，坚持把依法治国作为人权发展的制度保障；五是在国际人权治理上，坚持把构建人类命运共同体作为参与国际人权治理的使命担当。

黄坤明部长的致辞，高度概括和精辟表达了改革开放40年来中国人权事业发展所取得的重大成就和积累的宝贵经验，得到了与会代表的高度评价。大家一致认为，致辞充分阐释了中国的人权观和人权成就，对世界各国进一步认识中国改革开放的成就、了解中国人权事业的发展、理解中国与世界的关系都具有很大的启发和帮助。

女士们、先生们、朋友们！

这次"北京人权论坛"是一次交流减贫经验、探讨人权发展途径的盛会。总结本次论坛，我认为，无论是总体规模、规格，还是具体内容，都给人留下了极为深刻的印象。

本次论坛在总体上体现出以下几个特点：一是规模大，超过200名中外嘉宾参加了本次会议，创历史新高；二是规格高，参会人员涵盖了联合国及各国官员、知名专家学者，以及奋斗在扶贫、减贫一线的基层代表；三是地域广，参会人员来自五大洲的近50个国家、地区以及联合国等国际组织。

在这一天半的会议中，各国代表开诚布公，热烈讨论，坦诚交流，相互学习，增进了了解，加深了友谊。本次论坛的具体内容体现了三个"结合"和三个"肯定"。

三个"结合"表现为：一是理论与实践相结合，既有反贫困的理论探讨，又有反贫困的实践分享；二是成就与展望相结合，既有中外减贫成就回顾总结，又有各自挑战和共同难题的研判与务实建议；三是宏观视角和微观视角相结合，既有宏观层面的减贫路径、经验、模式分析和阐释，又有微观层面具体措施、特色经验的评述和解读。

三个"肯定"体现为：一是充分肯定消除贫困对促进人权保障的重要作用；二是充分肯定中国的减贫事业所取得的巨大成就和在人权发展上所积累的宝贵经验；三是充分肯定习近平主席提出的构建人类命运共同体重大理念对消除贫困、推进全球人权治理朝着公正合理方向发展具有的重要意义。

女士们、先生们、朋友们！

中国国家主席习近平提出："消除贫困，自古以来就是人类梦寐以求的理想，是各国人民追求幸福生活的基本权利。"长期以来，为了实现这一理想，保障这一权利，各国政府和人民特别是广大发展中国家相互合作、交流互鉴，共同为消除贫困进行了不懈的努力。当前，人类正处在大发展大变革大调整时期，和平与发展是当今时代的主题，但同时我们也正处在挑战层出不穷、风险日益增多的时代。人类的生存和发展同时面临着资源短缺、环境污染、人口膨胀、经济危机等诸多全球性难题。贫富悬殊和南北差距扩大问题依然严重存在，贫困及其衍生出来的饥饿、疾病、社会冲突等一系列难题依旧威胁着众多人的生命和生存，困扰着许多国家，"消除贫困依然是当今世界面临的最大全球性挑战"。

"消除贫困是人类的共同使命。"当前，包括中国在内的广大发展中国家，正在和发达国家一道，为在全球范围内消除贫困贡献力量。在全球化的背景下，必须推动建立以合作共赢为核心的新型国际减贫交流合作关系，除了发达国家要加大对发展中国家的发展援助外，发展中国家更要增强内生发展动力。广大发展中国家，尽管国情不同，但在消除贫困、促进发展上，有着共同的目标。为了实现这个共同的目标，我们必须加强合作，分享各自的减贫和发展经验。本次"北京人权论坛"的初衷，即是为各国交流提供平台，共享减贫经验，共商发展大计，共建人类命运共同体。

本次论坛积极探讨了推动减贫和促进人权保障的有效途径，取得了丰硕的成果。消除贫困、保障人权所积累的有益经验、面临的现实问题以及未来努力的方向已经较为清晰地呈现出来。

为更好地促进世界减贫事业的发展，推动人类命运共同体的建设，在会议即将结束之际，我有以下几点想法，供各位参考。

第一，坚持合作发展。唯有发展才能解决贫困问题，唯有合作才能实现普遍的、公平的发展。要加强国际合作，特别是发展中国家之间的合作，倡导实现发展中国家在基础设施、资源、技术、金融、产业、贸易、教育、医疗、环境等全领域的全面合作。要推动国际秩序朝着更加公正合理的方向发展，尊重每个国家对人类未来发展的参与权和议事权，共同参与全球规则的制定，共同参与到减贫合作和人权发展事业中来，创造有利于实现减贫和人权发展的国内和国际条件。

第二，坚持共享发展。"共建一个没有贫困、共同发展的人类命运共同体"不仅强调"共建"，倡导合作发展，也强调"共享发展"，倡导世界各国都能公平地惠享世界发展进步的成果。我们要形成共赢意识，在合作中共赢，以共赢带动和巩固合作，在国际合作和发展事业中"摒弃零和游戏、你输我赢的旧思维，树立双赢、共赢的新理念。在追求自身利益时兼顾他方利益，在寻求自身发展时促进共同发展"。要推动利益联结机制建设，通过加强在减贫、发展领域的双边和多边合作，推动形成"你中有我、我中有你"的共同利益格局。

第三，坚持交流互鉴。消除贫困、保障人权是世界各国的共同追求，是构建人类命运共同体的必然要求。各国都有权自主选择自己的人权发展道路，他国对此应予充分尊重。我们要加强各国间的平等对话，在理念、文化交流中加深相互理解，增进互信、求同存异、凝聚共识。要包容性地汲取不同国家通过自身的真诚努力探索取得的减贫、发展经验，通过分享彼此经验，推动减贫经验的国际化。

女士们、先生们！

当前，中国人民正在按照中共十九大提出的国家发展方略，为全面建成小康社会和实现中华民族伟大复兴的中国梦而奋斗，中国必将为人类文明作出新的更大贡献。中国愿与各国一道，持续开展减贫经验交流，深入推进国际减贫与发展合作，努力共建一个没有贫困、共同发展的人类命运共同体。

谢谢大家！

第一部分
消除贫困与生存权发展权的实现

在人权领域外消除贫困

[古巴] 亚历杭德罗·冈萨雷斯·博马瑞思

自联合国诞生以来,人权和消除贫困就一直是联合国工作的核心。"以更自由的方式促进社会进步并提高生活水平"的理想[1]是国际人权法的核心。无论是从政治层面还是学术层面上来说,消除贫困从而实现所有人的人权的积极影响是毋庸置疑的。

一个最近的例子就是,如果不能加大保护和促进人权的力度,就很难实现联合国通过的"2030年议程"的可持续发展目标(SDGs)。[2]该议程寻求实现的愿景就是打造"一个普遍尊重人权和人类尊严并奉行法治、正义、平等和不歧视原则的世界;一个尊重各个人种、种族和文化多样性的世界;一个机会均等、可充分发挥人的潜力并促进共同繁荣的世界;……一个公平、公正、宽容、开放、具有社会包容性且可满足最弱势群体的需求的世界"[3]。

这就是不能将人权和消除贫困完全割裂(哪怕只是出于研究的目的)的原因。我们不正是通过消除贫困来提升人类尊严并改善人类福祉的吗?

然而,越来越多的人认为,人权已成为消除贫困的灵丹妙药(甚至无需结合其他方法)。这种理想主要是由发达国家倡导和推广的,它既不真实也不可能。

根据这一理念,仅仅只要在国家框架内承认和保护人权及基本自由就足以确

---

[1] 联合国大会(UNGA)第217(III)号决议(《世界人权宣言》)序言部分第5款,由联合国大会于1948年12月10日通过并公布。

[2] 联合国大会于2015年9月25日通过了题为《改变我们的世界:2030年可持续发展议程》决议(联合国大会第70/1号决议)。

[3] 《改变我们的世界:2030年可持续发展议程》,第4页,第8款。

保逐步消除贫困了。按照这种方法,只需正式承认某些权利(特别是公民和政治权利以及健康、体面的工作和社会保障等其他权利)就足够了;随后要做的就是等待贫困人口自动大幅减少。可自由表达意见、展示自我、组织宣传其理念以及能够获得受教育的机会、医疗保健服务和出色的高薪工作并受到社会保障机制保护的人应该尽早主动摆脱贫困。

这一理念是以从个人角度对人权和贫困的解释为基础的。如果你来自一个贫困家庭,但有机会接受教育并找到一份比你的亲戚或邻居更好的工作,并且你抓住了这个机遇,那么你就有望摆脱贫困。

这种模式确实可以帮助某些人达成梦想,但是绝大多数人却无法效仿。一个明确的指标就是,在2015—2016年期间,全球饥饿人口的总数增加了3800万,达到8.15亿人。[1]

这一愿景(至少可以被视为是狭隘而不完整的)并没有考虑到,贫困有许多潜在的驱动因素,其中一些因素并不取决于一个国家是否有保护人权的强烈意愿或一个人是否有行使人权的坚定决心。此外,它也没有考虑到,贫困在每个国家的表现并不相同,其成因也截然不同。

事实上,非洲、亚洲或拉丁美洲和加勒比海地区的贫困与欧洲的贫困并不一样;手头上用于解决这一问题的工具也截然不同(这主要是因为发展水平和资源的可获得性相差甚远)。从这一点来看,千万别忘了,欧洲的发展是源自对非洲、亚洲、拉丁美洲和加勒比海国家的(正式或非正式)殖民和剥削。欧盟(其2017年的人均国内生产总值为33715美元)的贫困人口所属的贫困类型及其贫困程度,与拉丁美洲和加勒比海地区(同年人均国内生产总值为9244美元)是截然不同的。[2]因此,为了解决贫困问题,认清特定的环境和历史背景是至关重要的(而不能仅仅在法律框架或政治言论中承认和保护人权)。

从政治、经济和社会角度来看,除人权问题(一个根本性问题)以外,我们必须以适当的方式应对导致贫困的根本原因。以下只是其中一些潜在的因素:

[1] 《联合国经社理事会的报告》,2018年联合国新闻。
[2] 世界银行:《关于2017年各国和地区GDP的信息》。

(1) 当前的国际经济秩序及其不公平的交互规则、不可持续和不负责任的生产和消费模式及既不民主也不透明的金融机构。在现行秩序下，我们将继续生活在一个极度不平等的世界，其中最富有的人口（占比0.7%）拥有全球46%的财富，而最贫穷的人口（占比70%）则只能依靠不足2.7%的资源苦苦挣扎。[1]在经济全球化的框架内，如果不能对当前的国际秩序进行深刻的改革，则发展中国家将注定无法摆脱不发达状态和不公平待遇并将承受高度发达国家谋利的负面影响。

(2) 发展中国家的经济结构失衡和扭曲。当代的发展中国家在历史上均为殖民地。在经过数个世纪的社会压榨和经济剥削之后，这些国家中的绝大多数都出现了基于对外贸易协定的全新依赖形式，这种形式是不公平的，并且将复制贫困模式。数十年来，发展中国家一直以极低的价格向富裕国家出售初级商品，并以高昂的价格购买成品和工业化产品。这些国家的进口支出远远超出了出口的产品利润，因此，其外债大幅攀升，而解决贫困问题和其他难题的可用资源却日益减少。与此同时，国家的发展举措往往依赖外国投资和国际贷款，在许多情况下，这些投资和贷款往往都伴随着限制性的政治、经济和社会条件。然后，通过分配足够的国家资源来消除贫困往往会与外贸协定中的国家义务、外债支付条款以及金融机构和国际伙伴的政治和经济利益存在矛盾（同时还需要化解这些矛盾）。

(3) 荒谬而违反道德的全球军费开支。据估计，2017年的军费支出达到了17390亿美元[2]，这一数据创下了冷战结束以来的历史新高。如果这些资金被专门作为提供给发展中国家的官方发展援助，那么这些资金的有效性有望增加12倍，并有助于强化国家消除贫困和解决其他紧迫问题而实施的举措。可悲的是，我们所在的世界仍然没有认清"炸弹可以杀死饥饿、患病和无知的人，但是却不能消除饥饿、疾病和无知"的道理。[3]

(4) 气候变化。科学研究表明，无论我们采取何种举措来适应和减缓气候变化，这种变化仍然会带来一些不可逆转的影响。自前工业时代以来，全球气温已经

---

[1] 《2017年全球财富报告》，瑞士信贷。
[2] 《斯德哥尔摩国际和平研究所2018年年鉴：军备、裁军和国际安全》。
[3] 《古巴共和国前国务委员会主席兼部长会议主席菲德尔·卡斯特罗·鲁斯总司令在联合国大会第三十四届会议期间的讲话》，纽约，1979年10月12日。

上升了1.1摄氏度。洪水、干旱、高温、物种迁移和海平面上升严重损害了发展中国家特别依赖的经济活动（例如：农业、畜牧业、渔业等）。据预测，被视为全球最不平等区域的拉丁美洲和加勒比海地区将面临食品产量和质量下降、收入降低和价格走高的局面。[1]这一预测证实了联合国政府间气候变化专门委员会（IPCC）早在2001年就已经得出的结论："据预计，从人员伤亡以及对投资和经济的相对影响来看，气候变化将对发展中国家影响最大"；[2]而受到最大冲击的莫过于那些极端贫困的群体。[3]

（5）自然灾害发生频率和强度上升的影响。这些事件的严重程度，加上不发达现状和未做好预防灾害发生的准备，导致其社会和经济后果进一步恶化。它们给国民经济（特别是在发展中国家的经济）带来了沉重的打击；它们还对人民、社区和国家的福祉和安全造成了负面影响；毫无疑问，这将对消除贫困的举措构成障碍，并导致更多人陷入贫困状态。在2005–2015年期间，灾害造成了70万人死亡，超过140万人受伤，大约2300万人无家可归；超过15亿人受到各种影响，其中深陷脆弱处境的妇女、儿童和其他成年人受到的影响最大；总体经济损失超过了1.3万亿美元。[4]

显而易见的是，就上述贫困的根本驱动因素来看，仅仅依靠更好或更广泛的人权保护（这本身应该成为一个持续的目标）是无法消除其中任何一个因素的。

而另一方面，在宣传"只有更好地保护人权，国际社会才能一劳永逸地战胜贫困"这一理念时，一些最发达的国家并没有将已获得广泛认可的人权的普遍性、不可分割性、相互依存性和相互关联性原则纳入考量范围。[5]事实上，它们为公民权利和政治权利赋予的作用并不相称，在许多情况下，它们都忽视了经济、社会和文化

---

[1] 联合国拉丁美洲/加勒比海经济委员会（联合国拉加经委会）（2014年）：《拉丁美洲和加勒比海的气候变化经济：可持续发展的悖论和挑战》。

[2] 联合国政府间气候变化专门委员会（IPCC）："2001年的气候变化：影响、适应力和脆弱性"，《决策者摘要》，2001年。

[3] 萨拉·拉·特罗贝（Sarah La Trobe）：《气候变化与贫困：讨论文件》，2002年7月。

[4] 《仙台减少灾害风险框架（2015–2030年）》序言部分第4款，由第三次联合国世界减少灾害风险大会于2015年3月18日在日本仙台通过。

[5] 《维也纳宣言和行动纲领》第5款，由世界人权大会于1993年6月25日在奥地利维也纳通过。

权利的同等重要性。

在一些极端的情况下,部分高度发达的国家甚至不承认集体人权(例如:和平权、健康环境权或发展权)的存在。

"神圣的和平权"仍然是全球许多国家(主要是在发展中国家)悬而未决的问题。冲突及其造成的破坏性后果(虽然上文并未提及这些因素)也同样是造成贫困的根源。[1]根据《联合国宪章》和国际法,通过政治和谈判解决武装冲突是当务之急;继续在全球范围内推进消除贫困的举措也是正确的做法。不过,在面对叙利亚的武装冲突和委内瑞拉和尼加拉瓜的局势时,存在着明显的差异,我们依然看到,一些西方国家和高度发达国家仍坚持其干涉别国内部事务的政策,为暴力行为和不稳定局势加油添火,企图破坏别国国民的自决权,并无视《人民享有和平权利宣言》所载的义务(其中确认"维护人民享有和平的权利并促进其实施是每个国家的基本义务")。[2]

如果我们能以负责任的态度保护和利用环境,则有望对减贫产生积极的影响。越来越多的人认为,人权和环境是相互依存的;健康的环境是充分享受人权(包括:生命权、健康权、食物权、水权、发展权和其他权利)所必不可少的要素。[3]联合国人权与环境问题特别报告员最近就这一方面的意义表示:"现在是国际社会承认健康的环境与人权之间的关系的时候了。"[4]

不过,健康环境权尚未得到正式承认(这主要是因为一些发达国家一直持有反对意见)。跨国公司开展的游说活动将产生巨大的影响,这将导致相关国家的政治机构对数十万活动家以及致力于推广这项人权的非政府组织(NGO)和政府间专家及组织的意见置若罔闻。

只有达到目前这种状态才是合乎逻辑的,因为承认健康环境权会对法律、政治、经济和社会领域(无论是政府部门,还是各类企业——包括在原籍国境外开

---

[1] 《人民享有和平权利宣言》第1款,由联合国大会于1984年11月12日通过。联合国大会第39/11号决议。
[2] 《人民享有和平权利宣言》第2款。
[3] 《人权与环境》,由联合国人权理事会于2018年3月22日通过。联合国人权理事会第37/8号决议。
[4] 联合国新闻稿,信息来源: https://www.ohchr.org/EN/NewsEvents/Pages/DisplayNews.aspx?NewsID=22755&LangID=E。

展业务的跨国公司）产生影响。承认这一权利意味着，必须限制大型企业在环境方面的运营方式、督促其对环境退化和污染问题承担责任、保护其开展业务的社区（应特别重视农村和土著社区）、确保倡导及调查相关公司侵权行为的人权捍卫者和记者的安全等。

显然，支持承认这一权利的决定需要明确的政治意愿和与跨国企业经济利益脱离关系的政治独立性。但上述因素均不存在，因此确保环境受益的模式将继续复制贫困模式（而不是解决贫困问题）。

虽然国际社会已经承认[1]这是一项人权，但促进和保护发展权仍然面临着类似的问题。发展是消除贫困的关键所在，但由于发达国家缺乏政治意愿，因此，在执行方面从未取得任何实质性的进展。《发展权利宣言》将这项权利定性为"一项不可剥夺的人权，根据这项权利，每个人和所有人都有权参与、促进并享受经济、社会、文化和政治发展所带来的权利"。[2]

与承认发展权是一项人权后应该发生的情况恰恰相反，一些富裕国家和发达国家仍然在日益制造限制发展的障碍。他们无视上述宣言的内容，根据该宣言，各国有责任创造有利于实现发展权的国内和国际条件，同时有义务在确保发展和消除障碍方面相互合作。[3]

一方面，这些政府将人权问题作为国际舞台上的宣传口号和政治标语；而另一方面，则继续对其他国家实施单方面的胁迫性举措，这限制了它们达成发展目标的能力。美国已对古巴的经济、商业和金融体系实施近60年之久的封锁政策就属于这种情况。多年以来，美国的封锁一直是、目前也仍然是阻碍古巴发展的主要障碍；它同时也是对古巴人民人权的系统、粗暴和公然侵犯。

总之，单独依靠促进和保护人权是无法解决贫困问题的——这一点是显而易见的（至少就目前来说，是无法奏效的）。

在全球范围内消除贫困需要一套全方位、一体化的方案，它不仅包括一个以更

---

[1] 《发展权利宣言》，由联合国大会于1986年12月4日通过。联合国大会第41/128号决议。
[2] 《发展权利宣言》第1条。
[3] 《发展权利宣言》第3条。

广泛和更好的方式促进和保护人权的框架,同时还包括一个公平、透明和民主的全新的国际秩序,以便为发展中国家的经济失衡和扭曲问题提供可持续的解决方案。此外,我们还需要以明智、负责任和可持续的方式应对气候变化和灾害问题。

人类消除贫困所需的解决方案将取决于更坚定、更透明和更强大的政治意愿(主要涉及发达国家),其目的旨在促进和加强与发展中国家的国际合作。我们应该致力于促进和倡导发展(而不是冲突、军费开支和胁迫性措施)。国际社会有望通过这一方式实现可持续发展目标(其中消除贫困是一项优先事务),而不会像千年发展目标那样,在几年后用新的目标取代旧的目标。

(作者亚历杭德罗·冈萨雷斯·博马瑞思系古巴外交部多边事务和国际法总司社会人权事务处二秘)

减轻贫困与实现生存和发展的权利

[肯尼亚] 埃米莉·阿钦·齐威雅

一、贫困

世界银行认为,"贫困是在福祉方面的显著匮乏。"在这种情况下,福祉是掌控商品或资源的能力。

因此,简而言之,贫困是缺乏达到物质层面的幸福康乐所必需的东西,尤其是食物,还有住房、土地和其他资产。在这方面,贫困包含汇聚有多种因素的多个维度,这些因素通过一项研究得到广泛关注,该研究阐述了贫困人口自身对于贫困的定义,并由此揭示了一种心理方面的贫困。贫困人口清楚地知道他们缺乏发言权、权力和独立性,这是他们受到剥削的原因。此外,基本基础设施的匮乏,特别是道路、交通、水和卫生设施,显得尤为致命。

"不要问我什么是贫困,因为在我家外面处处能看到贫穷。看看这栋房子,数数有多少洞吧。看看我的餐具和我穿的衣服。看看这一切,写下你看到的。你所能看到的全都是贫困。"1997年,肯尼亚的一名穷人说道。

Haughton和Khandeker (2009) 指出,收入或教育程度低下、健康状况不良、缺乏安全感、自信心不足、无力感或缺乏权利均会导致贫困。这一现象非常复杂,尽管更高的平均收入可能有助于减贫,但仍需要采取相关措施以使贫困人口能够摆脱学校数量不足、卫生服务体系腐败等劣势。

二、消除贫困

减贫或扶贫是指一系列人道主义和经济措施,旨在使人们永久摆脱贫困。广义上的扶贫需要经历帮助人们提高掌控自身事务的能力并加以运用的过程。(Gondi, 2005)

极端贫困对生命权的实现有负面影响。多年来,世界各国都制定了多种消除贫困的战略。贫困与生命权之间有着确切的联系。极端贫困肯定会导致死亡,还会阻碍生命权的实现。贫困人口无法获得食物和安全干净的水源以及健康和教育等。为此,多年来,世界各国制定了各种消除贫困的战略,关于减贫的全球议程及国家议程已达数项。经济增长带来的收入提高已成为发展中国家减贫及提高生活质量的最重要方式。有研究对众多发展中国家的经验进行了比较,从中不断发现强有力的证据,证明经济上可持续的快速增长是提高收入从而实现减贫的最重要的、唯一的途径。这些跨国研究普遍认为,国家平均收入每增加10%,将使贫困率降低20%至30%。

然而,现在的几种解决贫困的方法并非仅限于收入方面,而是从不同的角度看待贫困,例如基本需求、能力和最低权利。人们已经注意到,经济高速增长不一定可以为每个人带来良好的生活质量。即使经济高速增长,也可能会有一些人落在后面。正如贾亚·普拉卡什·纳拉扬在《赋权和减贫》中所述:如果不向贫困人口赋权,则无法实现有效减贫。

在任何消除贫困的战略中,将贫困人口视为重要伙伴,对于实现减贫、确保贫困人口参与影响其生活的决策至关重要。所有战略均须承认改变机构、政策和计划的必要性,以确保更好地对贫困人口的需求和现状作出响应。

授权于贫困人口离不开包含性/参与性、问责性和地方组织能力的支持,必须把重点放在提高贫困人口的参与度、加强良好治理、推动利于穷人的市场发展以及增加获得司法和法律援助的机会上。

因此,路易斯·阿尔布尔2012年提出,贫困不仅仅是收入问题,更根本的是有能力过上有尊严的生活、享受基本人权和自由的问题。贫困是指多方面的匮乏错综复杂得相互关联、相互加强,从而限制贫困人口要求并获得公民、文化、经济、政治和社会权利的能力。因此,从根本上来说,人权被剥夺正是贫穷的一部分。对贫困中的人权具有敏感认知,有助于对贫困的多维度问题制定更有效和公平的对策。这种敏感认知可为发展和减贫补充一些更规范的方法,而这些方法不仅着眼于资源,还着眼于享受适足生活水准和其他基本公民、文化、经济、政治和社会权利所需的能力、选择、安全和权力。

因此,贫困是对保护人权的一项挑战。人权的基本方面阐明了作为人类的意义。《世界人权宣言》(UDHR)第25条将人权定义为"人人有权享受为维持他本人和家属的健康和福利所需的生活水准,包括食物、衣着、住房、医疗和必要的社会服务;在遭到失业、疾病、残废、守寡、衰老或在其他不能控制的情况下丧失谋生能力时,有权享受保障"。

人权定义了社会公认的过上有尊严生活所必需的权利,包括拥有适足生活水准的权利,即免于贫困的权利。在这方面,减贫和实现人权相互关联,因此了解两者之间的关系可以为如何最好实现这一目标提供角度。《世界人权宣言》在国际、国家和国家各级政府机构的实践行动提供了一个一致框架——减贫。

三、消除贫困和发展权

1986年联合国大会(GA)第41/128号决议通过《发展权利宣言》宣布了发展权。《非洲人权和民族权宪章》对这项权利也进行了承认。

《发展权利宣言》强调,"发展权是一项不可剥夺的人权,凭借该权利每个人和所有各国人民均有权参与、促进并享受经济、社会、文化和政治发展,在这种发展中,所有人权和基本自由均能获得充分实现。"发展权将人类作为发展的中心主体,并且应是发展权的积极参与者和受益者。

联合国大会(GA)指出,许多儿童、女人和男人(发展的主体)仍生活在极端贫困中,这侵犯了他们享有尊严、自由和平等机会的权利,由此直接影响到公民、政治、经济、社会和文化方面广泛的权利实现。一项连续性消除贫困战略必须有其核心措施，以确保通过一系列计划实现包容性增长，并继续在健康和教育方面投入大量资金，这些会使贫困人口参与增长机会的能力大大提高。

因此，呼吁各国推出确保包容性经济增长的措施，着重制定对贫困人口参与增长机会的能力产生积极影响的政策和战略。各国均需在贫困人口的健康和教育计划上投入大量资金。

四、减贫战略

（一）2000—2015年千年发展目标（MDGs）

2000年9月，191个联合国成员国通过了《千年发展目标宣言》，其中概述了达成安全、和平与发展所必需的行动。"千年发展目标"（MDGs）树立了截至2015年全球范围内的目标，其中包括到2015年使极端贫困人口减半。虽然这些目标已基本实现，但发展并不均衡，尤其表现在撒哈拉以南非洲地区。低收入国家的减贫速度要慢得多，尤其表现在贫困人口绝对数持续增加的撒哈拉以南非洲地区。我们需要完成哪些事情？截止到2030年，实现消除极端贫困并大幅度减少中度贫困需要大幅度转变政策优先事项。为确保不剥夺任何人的普遍人权和基本经济机会，任何新的发展议程均应着重于确保包容性经济增长和减少不平等。

（二）联合国《2030年可持续发展议程》

联合国《2030年可持续发展议程》提出了未来愿景——不让任何一个人掉队，并且"在一个公正、公平、宽容、开放和具有社会包容性的世界中，最弱势群体的需求均能得到满足"，由此进一步强调了要进行更加富有包容性的经济和社会发展。首个"可持续发展目标"（SDGs）提出"无贫困"，即到2030年，世界各地所有人均将脱离极端贫困。

2013年4月，世界银行行长金墉宣布，"我们现在正处于有利时期，过去几十年的成功和日趋乐观的经济前景为发展中国家提供了机遇，这是有史以来首次以一代人的时间根除极端贫困。"因此，金墉认为，如果南亚和撒哈拉以南的非洲地区保持持续高增长，通过创造就业机会及开发富有潜力的新型粮食、新型燃料，以此遏制不均衡现象,或金融危机以及气候灾难得以避免或减轻,则可在2030年前实现这一目标。截至2030年实现消除贫困的这一想法得到了经济学家们的支持,并在2015年被纳进联合国《2030年可持续发展议程》作为可持续发展的头号目标,即"到2030年,消除世界各地所有人的极端贫困"。

五、肯尼亚

肯尼亚在这方面也作出了巨大努力,旨在消除国家贫困,确保人民过上免于匮乏的、有尊严的生活。

(一) 宪法

2010年8月27日颁布的包含《权利法案》的新宪法为肯尼亚提供了一个最先进的宪法框架,规定了经济和社会权利(第43条)以及其他禁止一切形式歧视的重要举措(第27条)。此外,新宪法还确保以人权方针处理发展问题的原则(包括参与、问责、非歧视和透明度)是宪法第10条和整个宪法中阐明的国家价值观的一部分,并在提供公共服务过程中将公众和国家官员联结起来。根据落实权利和基本自由的相关规定,第21条要求国家机关"遵守、尊重、保护、促进和实现《权利法案》中的权利,并要求国家逐步采取有关立法、政策和其他方面的措施……""以逐步实现第43条保证的权利"。宪法还规定,肯尼亚批准的公约和条约自动构成肯尼亚法律的一部分[第2 (6) 条]。现在这项规定很大程度上简化了批准后的国内程序,并使权利持有人更容易在权利受到侵犯或被剥夺时寻求权利救济。在制定"第二个五年中期计划"(MTP)时同样也对宪法中的这些要求进行了考虑。

另外,对落实人权同样重要的是根据宪法第174条的规定建立权力下放的新型治理结构,(除其他外)以促进民主和问责性治理,承认社区管理自身事务和继续发展的权利,并保证肯尼亚全国范围内实现公平分享国家和地方资源。这一新的治理结构已在两级政府之间建立起来:国家政府和县政府,后者负责落实相关计划和县级规划,相关计划包括推动初级卫生保健、增加救护服务、加强空气污染控制以及丰富文化活动,县级规划涵盖住房、水和卫生服务方面。(肯尼亚宪法附表四,

2010年）。因此，所提供的服务在更大程度上切实发挥了作用，经济、社会和文化权利的实现状况有望由此得到显著改善。权力下放已成为肯尼亚宪法的一项核心承诺，肯尼亚人期望县政府提供有效服务，并保障机会平等和解决地区发展不均的问题。

（二）肯尼亚2030年愿景

肯尼亚2030年愿景是该国一项利于贫困人口的长期发展蓝图，到2030年建立一个更美好社会的共同愿望是实现该愿景的驱动力量。肯尼亚2030年愿景的目标是，到2030年创建一个具有全球竞争力和拥有高质量生活的繁荣国家，其旨在将肯尼亚转变为一个新兴工业化的中等收入国家，从而在干净和安全的环境中为所有公民提供高质量的生活。负责落实该愿景的"五年中期计划"（MTP）目前正处于第三个五年阶段。国家规划和愿景2030部门每年发布"第一个五年中期计划"（MTP）落实情况的年度进展报告，每个部门以预定目标为基础进行报告，该预定目标根据国家指标手册确定，并反映在每个部门的绩效协议中。

这一愿景已获得包括中华人民共和国在内的发展伙伴的支持。我们非常感谢这份支持。

（三）四大议程

Uhuru Kenyatta总统制定了"四大议程"，旨在消除贫困和实现所有肯尼亚人的人权。该议程与肯尼亚2030年愿景相一致，将引领该国在2018–2022年期间的发展议程。该议程重点关注关键的基本需求，这些需求在肯尼亚成为中上收入国家的道路上对提高肯尼亚人民的生活水平至关重要。优先考虑的事项包括可负担的良好住房条件、民众可负担的医疗卫生服务、粮食及营养安全以及通过制造业创造就业机会。

这四个领域预计将推动包容性经济的强劲增长。

1. 食品安全

"该议程旨在确保国家发展不会受到异常天气的影响。在未来5年，在确保水塔和河流生态系统的保护方面引入投资，以获得水资源并可持续地开发水资源的潜力。在农田种植过程中，政府将分派人手并创造相关条件，为解决农产品分配、浪费、储存和增值问题提供支持。"

2. 经济适用房

"在未来5年，政府力图通过推行经济适用房来新增500,000个新业主；通过向房地产部门注入低成本资金来确保每个工薪家庭均能拥有良好的的住房条件。进行改革，以降低建设成本并开放可负担的抵押贷款。"

3. 制造

"政府将致力于制造业的增长，将制造商于晚上10:00到早上6:00之间的电费降低50%，以使制造业在国家中所占的份额从9%提高到15%。该项措施符合24小时经济政策。"

4. 全民医疗

"通过确保1300万肯尼亚人及其家属成为NHIF计划的受益人，实现全民医疗100%覆盖的目标。为实现这一过程，需全面重组NHIF计划和改革管理私人保险公司的相关法律。"

肯尼亚将从联合国处获得20亿美元拨款，用于"四大"发展议程，其中包括建设经济适用房、加强安保措施、推动平价医疗保健政策和发展制造业。

（作者埃米莉·阿钦·齐威雅系肯尼亚司法部人权和法律教育处处长、政府法律顾问）

从人权角度探讨玛莎·努斯鲍姆对国际层面上发展解决贫困问题的制度性响应所作出的哲学贡献

[墨西哥] 维克托·曼努埃尔·赫尼纳·塞万提斯

可以说,消除贫困与极端贫困已成为许多国际公共组织,尤其是联合国体系内的主要目标之一。以上两种贫困现象与有关有价值生活的理念之间存在着多种复杂的联系,而设立该目标的依据就与这种复杂联系有关。换言之,这些理念总的来说正是世界观中蕴含的部分观念(尤其是有关个人与人类尊严的观念)。

本文中,我将首先就最近的一项提案进行探讨,了解在联合国体系内对抗贫困与极端贫困的重要性,这一重要性在《极端贫困与人权特别报告员提交的极端贫困与人权指导原则最终草案》中也有所体现。该草案由前极端贫困与人权特别报告员马格达莱娜·塞普尔韦达·卡尔莫纳夫人于2012年向联合国提交,并交由联合国成员国进行审议。

其次,我将该草案与当代著名哲学家玛莎·努斯鲍姆的相关哲学贡献(其中最为著名的是倡导自由主义的西方传统)进行对比。此举意在表明,联合国内部正突出推行一种解决贫困与极端贫困的方法,而这种方法正是源于倡导自由主义的西方传统,因为该传统恰恰就突出强调了个体性的崇高价值。即便作者确信,当前迫切需要对这一理念进行批判,但这种做法已经超出了本文的范围与目的。作者想强调的是,这一理念表现出了一种独特的世界观,提供了关于国际组织在打击贫困中所发挥的作用及其结构的独到观点,但是这一观点或许并不足以在全球范围内消除贫困与极端贫困。

马格达莱娜·塞普尔韦达·卡尔莫纳,智利人,2008－2014年间担任联合国极端贫困与人权特别报告员。特别报告员或特别程序是联合国人权体系中的一个关键因素,因为其所承担的一项责任是提出更高的新型标准来保护人权。关于这一方面,《极端贫困与人权特别报告员提交的极端贫困与人权指导原则最终草案》(以下称《最终草案》)作为塞普尔韦达提出的一项雄心勃勃的提案,展现了贫困和极端贫困与其它经济与社会弊病(本身构成侵犯人权行为或倾向于侵犯多种人权)之间的复杂联系。不仅如此,该草案还强调了国内与国际公共组织机构在消除贫困与极端贫困中必须发挥关键作用。

《最终草案》开头指出,鉴于当代科技和经济发展水平已取得令人瞩目的成就,贫困与极端贫困表现为一种"道德暴行",而且就算摒除贫困现象中的道德层面因素,所有国家也应当根据国际人权法对抗贫困,因为:

贫困本身就是令人关切的人权问题,它既是人权受到侵犯的原因,也是侵犯人权的后果,同时又为其它侵犯权利的行为提供了有利条件。在极端贫困的状况下,会呈现出公民、政治、经济、社会与文化权利受到多重严重侵犯的特点,而对于生活在贫困状态下的人们,他们的尊严与平等性也经常遭到否定……生活在极度贫困状态下的人们处于一种无力、停滞、歧视、排挤和物质匮乏的恶性循环中,这些因素互相之间又加剧了彼此的恶果[1]。

在塞普尔韦达看来,解决贫困问题的最佳方式是人权方法,具体分为两个原因。首先,贫困与极度贫困并不是天然存在或不可避免的,而是国家、其它经济体和系统化不平等的行为或疏漏造成的直接(或者至少是间接的)后果,也就是说,构成侵犯人权的实体应对持续存在的相关后果负责。其次,通过强调贫困状态下个人的自主与尊严,人权方法使得他们可以表达自己的观点,参与到公共政策规划的进程中,并处理歧视问题从而实现社会凝聚:

极端贫困并不是不可避免的。至少从某种程度上说,国家及其它经济体的行为或疏漏构成了极端贫困得以产生、发挥作用并得以存续的原因……结构和系统性的不平

---

[1] 联合国大会:《极端贫困与人权特别报告员提交的极端贫困与人权指导原则最终草案》,马格达莱娜·塞普尔韦达·卡尔莫纳, A/HRC/21/39, 2012年7月18日, 第4页。

等（包括社会、政治、经济和文化方面）通常得不到解决，而且会进一步加剧贫困。国家与国际层面上的政策缺乏一致性，使得消除贫困的相关承诺频繁受到破坏和阻碍……人权的方法尊重贫困状态下人们的尊严与自主性，并向他们赋予相关权利，使其能够有效并有意义地参与公共生活（其中包括参与规划公共政策）。

歧视和排外是造成贫困的主要原因……相关国家在法律和机构方面积极采取行动，以包容这些极端贫困人口，这些国家将通过全体人民的社会参与度和贡献而获益。随着更多的国家保障社会凝聚力，国际社会也将因此受益。[1]

塞普尔韦达夫人还随该草案附上了多项基本原则，例如男女平等，以及通过提出国家在政策规划方面（如政策一致性和打击贫困的国策）必须加以考虑的不同因素，从而维护贫困人群的代理权和自主权。最后，她强调发达国家有义务向不发达国家提供国际援助，而且企业在相关活动中也应承担起尊重人权的责任。以上就是对于报告内容所做的极简短说明。在本文后续的内容中，我将尝试阐明，该报告中的要素均深受努斯鲍姆作品的影响。

可以说，玛莎·努斯鲍姆的作品是对约翰·罗尔斯和阿马蒂亚·森两位西方自由主义哲学家的延续与改进。前者因其在当代开明政治理论方面产生的巨大影响而闻名世界，主要在于他强调了应当如何组织西方社会，从而保障全体成员享有公正。罗尔斯对努斯鲍姆作品的直接影响与国家对最弱势群体（包括穷人在内）的责任有关。罗尔斯认为，国家的基本结构经设计后，应对最弱势群体的具体需求做出有效回应，其中包括改善他们的物质条件。因此，公共组织机构必须果断参与到对抗贫困与极度贫困的过程之中。

有关阿马蒂亚·森对努斯鲍姆的影响，可以说是后者采用了前者构建的理念框架，并对其进行了完善。该框架称作"能力方法"，是努斯鲍姆正义理论的基础。下文介绍了该方法的要素。

首先，努斯鲍姆通过罗尔斯和森吸收了康德的思想，她发现个人之所以在任何公正体系中均为个体终端，恰恰是因为没有什么比人类尊严更加难能可贵：能力方

---

[1] 联合国大会：《极端贫困与人权特别报告员提交的极端贫困与人权指导原则最终草案》，马格达莱娜·塞普尔韦达·卡尔莫纳，A/HRC/21/39，2012年7月18日，第4—5页。

法可以被暂时定义为一种对生活质量进行比较性评估并从理论上阐明基本社会正义的方法。这种方法认为,在对比不同社会并对它们基本的正义或公正性进行评估时,一个关键问题是:"每个人能够做什么? 每个人能够变成什么样的人?"换言之,这种方法把每一个人视为一个终端,不仅仅关心总体或平均的福利,而且关怀每个人所能获得的机遇。[1]

其次,只要人类在道德上还存在自主性,即人们有自己的道德准则(不同于任何他律的或外界的道德准则),他们就是自由的代理人,且只有通过更广泛的自由才能完成人类的自我实现:"……(能力方法)……注重选择或自由,认为好的社会关键在于为其人民提供一系列机遇或充分的自由,人民可能会,也可能不会将这样的机遇与自由付诸实践,选择权在他们自己手中。由此,社会便致力于尊重人民拥有自我界定的权力。"[2]

第三,能力方法充分考虑到,定性的成就或个人获取的商品不足以成为衡量成功或福利的数字标准。因此,每一种成就、每一件商品都有不同的性质:"能力方法绝对是多元价值的:它认为人们核心的能力成就不仅数量有所差异,品质也不相同,因而如果将其简化为单一的数字标准,就绝对会使其发生扭曲,想要理解这些成就并将其创造出来,最根本的是要理解每一种成就的具体本质。"[3]

最后,能力方法强调政府在打击排外与歧视现象方面的职责,这些现象都阻碍了人们获得品质化生活:"能力方法关注不断加剧的社会不公正与不平等现象,尤其是歧视与边缘化导致的能力失效。该方法向政府和公共政策赋予了一项紧急任务,即按照对所有人能力的相关定义,改善其生活品质。"[4]

不难推断出,能力方法的四个关键要素也是塞普尔韦达起草的《最终报告》的关键要素。在能力方法与《最终报告》中,人类尊严的最高价值、自主权(作为人类自决能力,证明了全面参与政策规划进程的正当性)、国家职责(打击歧视与排外

---

[1] 玛莎·C. 努斯鲍姆,《创造能力,人类发展方法》,哈佛大学出版社的贝尔纳普出版社,剑桥市,马萨诸塞州,2011年,第18页。

[2] 同上。

[3] 同上,第18—19页。

[4] 同上,第19页。

现象,从而给予人民品质生活)均为其理论基础。因此,努斯鲍姆对《最终草案》内容的影响是显而易见的。

但是,还有许多问题亟待解决。首先,国际上如何解决"结构与系统性的不平等"?尤其是发达国家出于对地缘政治和经济方面利益的考虑,而努力维持这种不平等的情况下,这一问题又应如何解决呢?其次,人们将自主权理解为自我决定,构成了一种独特的西方价值,其不同于其它文化与哲学传统,这些传统认为人类的价值与个人所属的文化和政治社区的安乐直接相关。因此,对于个人主义不构成价值的相关文化中,打击贫困的策略应当如何实现概念化并得以实施呢?第三,与这一点直接相关的是,如果能力方法中把个人能力(必须加以实现)放在重要的核心位置,而且个人能力大都构成了心理层面和主观层面的欲望,那么国家应当如何满足这些欲望,同时避免相异且对立的欲望之间产生冲突呢?

关于这一方面,西方国家和诸如联合国的国际组织机构必须对消除贫困的备选途径加以考虑。在这一点上,应该对与此密切相关的中国脱贫成就进行仔细研究。

(作者维克托·曼努埃尔·赫尼纳·塞万提斯系墨西哥外交部拉美和加勒比事务副部长顾问)

消除贫困与生存权的发展

[布隆迪] 加斯东·哈基扎

一、简介

贫穷指的是个人长期被剥夺享受充裕（必要）的生活水平、实现其他公民、文化、经济、政治和社会权利所必需的资源、谋生方式（生活手段）、选择权、安全性（安定的生活）及能力的状态。极端贫困和社会排斥导致（构成）了对个人尊严的侵犯，我们应优先将其纳入国家和国际的扶贫措施及相关计划之中。处于赤贫状态的人们必须要求，基于人权原则和现行的指导原则，制定并切实执行旨在消除赤贫的国家和国际政策及项目。处于赤贫状态的人们有权充分享受所有人权（包括参与与其息息相关的决策过程），并为他们的家庭、所在的社区及所有人类的福祉作出贡献。各国政府及地方、国家、区域和国际一级的社会机构都有义务采取高效的行动，以消除极端贫困；为此，它们必须采取透明的战略方针，与处于赤贫状态的人们展开合作，根据现行的法律规定，从各个层面入手（特别是在地方和国家层面上），定期上报各自的行动。

二、将贫困人口与相关的发展计划联系起来

处于赤贫状态的人有权参与与之息息相关的一切活动（特别是根除赤贫的项目）。在没有有关人员、协会和组织的协助下实施这一类政治计划（政策）和项目将构成对参与公共事务权利的侵犯。各国政府必须支持并促进最贫穷的人口参与其所在社会的决策过程以及促进人权实现并消除极端贫困。除此之外，它们还必须为

贫困人口和弱势群体提供组织并参与各个方面的政治、经济和社会生活（特别是与其息息相关的政治规划和实施计划）的途径，使其在未来的发展过程中成为真正的合作伙伴。必须将反贫困的项目公诸于众，同时还应该制定具体的目标和计划指标，以便评估其执行情况及关于控制、跟进及社会责任的机制。在推广成功的政策以及减少和消除贫困的计划时，各国政府以及公私组织必须鼓励创建评估部门和执行部门，使处于赤贫状态的人们积极参与其中。

三、人权与人类发展：优先事项

这两个概念是密不可分的：为了实现人权，最重要的是使得所有人得到全面发展。"人类发展是实现人权的根本，人权是实现人类发展的根本"。人权和人类发展均以保障基本自由为目标。人权体现了一种大胆的观念，即所有人都有权接触社会工具，这些工具可以保护其免遭最恶劣的虐待和苦难，并确保他们能不受拘束地享受有尊严的生活。同样重要的是，重新定义更精确的人权标准，并将其与适足的生活水准、良好的营养条件、健康状况和相关指导以及抵抗灾难的正确工作和防护措施融为一体。

贫困人口的权利：民法和政策规章所赋予的权利、食物权、健康权、饮水权；住房权、受教育权、文化权利、工作权、司法公平待遇等。为了确保将消除贫困作为人权的一种，我们必须进一步落实人类发展的目标。根据联合国开发计划署的规定，我们必须重视三个优先事项：推动公民自由性和政治自由，向贫困人口提供享受社会、经济和文化权利的渠道（途径）。各国政府有义务（责任）实施（推广）相关的措施和程序，以最大程度上保障与最贫困人口相关的商业、社会、文化方面的法律，同时使他们得以参与决策过程。我们有必要在捍卫（保护）人权的斗争中投入（大量提供）经济资源。

四、确定对贫困人口更有利的经济增长方式

社会福利和就业的作用。社会福利可以直接缓解贫困状况，同时还可以促

进经济增长向着更有利于贫困人口的方向发展。它鼓励妇女和贫困人口为经济增长作出贡献,有助于在经济衰退时期,为最贫困和最脆弱的群体提供帮助(寻求帮助的机会),同时还有助于(致力于)确保社会的凝聚力和稳定性。社会福利指的是一系列政策和行动,其目的旨在为贫困人口和弱势群体提供更多的渠道摆脱赤贫状态,同时帮助他们更好的应对危险处境和严重冲击。社会福利包括社会保障、社会转移(支付)和最低工资标准。社会福利的作用包括直接减少贫困人口,鼓励妇女和贫困人口参与经济活动,同时还有助于确保社会的凝聚力和稳定性。社会福利可以向家庭(家庭成员)提供投资富有成效的活动和人力资源的机会,并由此提高他们的生产力和收入,从而促进经济增长向着更有利于贫困人口的方向发展。社会福利有利于提高他们参与活动的积极性。因此,它是一种加强经济自治的途径(方式),而不是一种依赖性的因素(沟通渠道)。

各国政府通常被视作落实社会福利的主要渠道。因此,社会福利制度必须是毫无瑕疵的强烈政治意愿的产物,其目的是带来持久(可持续)的积极影响,我们有必要将其纳入(整合到)国家的社会政策框架(执行计划)之中。生产性就业(从事生产活动)和体面的工作是脱贫(扶贫)的主要途径。致力于改善非正规经济条件[它也是绝大多数妇女和贫困人口(群体)赖以谋生的环境]的政策是减贫的必要条件。提升贫困人口的就业能力(特别是妇女和年轻人的就业能力)将有助于释放他们的内在潜能并促进经济增长。

第一个千年发展目标旨在确保所有人都能找到体面和富有成效的工作,这凸显了就业对于反贫困斗争的重要性。我们还可以通过组织有序、高度灵活的相关项目和专业培训(培养)来提高妇女和贫困人口(群体)的生产能力和就业能力,基础教育(培训)和日常(现有)生活所需的技能可以为上述活动(人员)提供支持。运作良好的劳动力市场以及有助于促进本地创业的环境对于增加贫困人口就业(从事生产活动)的机会是必不可少的。

五、捐助者的影响

捐赠者只有提供足够、持久（充分、可持续、重要、长期）、可预测的财政援助才能切实为社会福利项目提供支持，它可以帮助伙伴国的政府将男女性别（群体）所导致的差距纳入考量范围，从而有助于建立社会保障体系，为政治和财政可行性创造必要的条件。在当前的形势下（主要特点包括预算空间和财政捐助的减少），这一举措显得尤为重要。在支持国家一级的战略和方案时，这种支持必须遵照协调一致的筹资机制框架并予以免除（豁免）。因此，捐助者对发展中国家在明确构想并实施社会福利制度所必需的政治战略和战略制定方面所作的努力予以支持；对长期合作伙伴作出承诺，尤其增加财政和技术支持，以便支持发展中国家开展社会福利体系建设的行动；投资发展中国家推行的措施，以便深化和普及在设计并高效推广社会福利制度方面的知识。

（作者加斯东·哈基扎系布隆迪国家行政学院院长）

消除贫困与农村妇女权利保障："弱者"视角

[中国] 黄爱教　范国华

党的十八大以来，"脱贫攻坚取得决定性进展，贫困人口减少6800多万，易地扶贫搬迁830万人，贫困发生率由10.2%下降到3.1%。"[1]党的十九大提出"坚决打赢脱贫攻坚战"，并提出要实现"让贫困人口和贫困地区同全国一道进入全面小康社会"的"庄严承诺"。然而，"消除贫困是世界性难题"[2]。中国减贫事业取得举世瞩目成就的同时，却面临着巨大的挑战，这也是中国遭遇的重大难题。当前，遭遇到的深度贫困问题和难题之一是农村妇女贫困，因为农村贫困妇女既是贫困的主体，也是贫苦的重要因素。随着我国社会尤其农村社会的离婚率逐渐上升，农村妇女贫困已经成为社会最重要的问题之一，也成为脱贫攻坚的重要问题。当前消除农村妇女贫困学术研究以社会性别视角研究为盛，几乎成为研究妇女贫困的唯一视角。[3]不可否认的是，基于社会性别研究为消除妇女贫困提供了有益的思考。但是，在打赢脱贫攻坚、提升脱贫质量的框架下，这种视角也呈现自身的局限，需要更多的其他研究视角加以修正或者补充。本文试图以"弱者"的视角探讨消除农村妇女贫困问题，作为社会性别视角的补充观点，为切实消除贫困提供一个新视角。

一、消除农村妇女贫困的社会性别视角及其反思

当前，消除妇女贫困研究以社会性别视角为盛。这种研究范式最早追溯于20

---

[1] 参见2018年李克强总理的《政府工作报告》。
[2] 林春霞："消除贫困是世界性难题"，《中国经济时报》2012年10月22日，第2版。
[3] 刘欣："近40年来国内妇女贫困研究综述"，《妇女研究论丛》2015年第1期。

世纪70年代末"贫困女性化"概念的提出。1978年,美国社会学家皮尔斯首次提出了"贫困女性化"概念,并提出"妇女是贫困中的最贫困者"的命题。1995年,在北京召开的第四届世界妇女大会通过的《行动纲领》中指出,"当今世界上10多亿人生活在令人无法接受的贫困状态下,其中大多数是妇女,多数是在发展中国家。"为此,在世界范围内,妇女贫困在理论与事实上已经被普遍接受,成为全球性问题之一。之后,伴随着女权主义运动兴起,女权主义者、女性主义经济学者从社会学、经济学以及政治学领域对妇女贫困进行比较广泛的研究,她们的研究主要切入点为社会性别意识、性别差异。这就是所谓的社会性别视角。社会性别视角基本的观点在于承认在贫困问题上存在男女之间的差异,而妇女贫困与它的社会性别角色密切相关。关于男女差异在很多学科上都得到合理的解释,如男性与女性在生理和心理上是具有差异的,这种差异是可以通过生理学、心理学和人类学等学科获得合理解释。而社会学着重研究性别角色以及其差异,社会学理论认为"一个社会是通过分配给两性不同的任务来体现其性别的概念的","性别角色就是作为男性或作为女性相关联的社会角色"。[1]社会性别角色成为妇女贫困的重要因素,妇女贫困在社会学理论中获得合理解释,并以合理规定社会角色中解决贫困问题。

党的十九大提出"打赢脱贫攻坚战","脱贫攻坚已经到了啃硬骨头、攻坚拔寨的冲刺阶段"[2]。然而,在我国现有的建档立卡贫困人口中,妇女占45.8%。[3]为此,消除农村妇女贫困显得尤为紧迫与重要,探索消除农村妇女贫困的研究也具有重要意义。在前一部分,我们已经论述妇女贫困研究的主要视角——社会性别视角。显然,以社会性别视角研究消除农村妇女贫困,与其他消除贫困研究相比,具有自身的优势和意义,主要表现为:(1)拓展农村妇女贫困研究的视域。社会性别引入研究农村妇女贫困,使消除贫困研究摆脱单一性研究,在更大视域里考虑农村妇女贫困问题。很多时候,在分析农村妇女贫困的成因之时,会想当然地归结于男人和女人的生理差异,即认为男性在劳动方面优于女性,男性收入要高,女性

---

[1]　[美]戴维·波普诺:《社会学(第十一版)》,李强等译,中国人民出版社2016年版,第399页。
[2]　习近平:《习近平谈治国理政(第二卷)》,外文出版社2017年版,第84页。
[3]　全国妇联:《关于在脱贫攻坚战中开展"巾帼脱贫行动"的意见》,《中国妇运》2016年第1期。

收入低，并导致女性长期陷入贫困。而人类学家则提出不同的意见，他们的研究表明原始社会部落的性别角色与大多数现代化社会有很大差别，为此，传统、文化差异成为重要制约因素。在社会学研究中，也往往会发现，女性承担了更多的家庭责任，放弃到社会工作的机会，丧失经济收入而完全依赖于男性经济收入。这种现象在农村社会尤为普遍，也成为导致农村妇女贫困的重要因素。而这种情况性别差异只有在文化与传统视角下才能获得合理解释。(2) 提出更为具体的消除农村妇女贫困的措施。在社会学看来，性别是不平等的一个主要源泉——不仅仅由于男人和女人承担着不同的角色，更大程度上是因为这些角色受到了不平等的评价和对待。由于受到区别对待，男人和女人获得社会报酬的机会也不平等。[1]在这样的基本观点之下，以性别角色来研究消除农村妇女贫困问题，直接的指向就是要消除不平等，从而达到消除贫困。在这里，实际上是获得平等权，即在机会、权利、责任、义务、资源以及待遇上与男性享有平等权利，而不是区别对待。(3) 使精准扶贫、精准脱贫更为"精准"。当前，在我国的贫困统计中，只注意了贫困人口的总数、贫困程度指标，很少运用性别进行统计。以家庭作为贫困的统计单位，忽视家庭的不均质性，忽视女性在家庭中的地位和待遇，总的来说是忽视女性的贫困。与此同时，男主女从的家庭关系，使得脱贫的关注点更多地放在家庭主要劳动力的男性身上，而忽略了可以撑起半边天的女性。依据"木桶效应"，如果家庭当中一直存在着致贫的长期性因素——女性因素，没有被发现，即使是家庭整体脱贫，也很容易再次陷入贫困。所以，在精准扶贫中引入社会性别视角，有利于发现致贫当中的妇女因素，精准把脉致贫因素。

以性别视角去研究农村妇女贫困问题，能够很客观地解释农村妇女贫困的社会、文化以及经济等方面的因素。重要的问题在于：如果男性与女性享有平等的机会，就真的能够消除农村妇女的贫困吗？这需要我们认真地思考。显然，以社会性别视角探讨消除农村妇女贫困，仅仅指向的是一个目标或者一个方向：消除不平等，使她们享有与男性一样的权利。它没有深究农村妇女是否切实能够消除贫困，

---

[1]　[美]戴维·波普诺:《社会学（第十一版）》，李强等译，中国人民出版社2016年版，第405页。

因为享有权利是一回事，而权利实现则又是另外一回事。让我们再回过头去考察一下我们研究的主题关键词：消除贫困、农村妇女、贫困问题，实际上，这预设着它应该是一个跨学科的论题。贫困、消除贫困既是社会学当中的议题，也是人权的重要议题。正如学者认为"贫困成为了人权斗争的新领域"[1]，为此，切实消除农村妇女贫困问题，需要人权社会学的介入，既要客观地评价农村妇女享有的人权现状，也要运用人权视角消除贫困，使农村妇女的贫困问题能够得到解决。所以，我们的讨论就进展到以人权视角审视农村妇女贫困问题，称之为"弱者"的视角。

二、消除农村妇女贫困的"弱者"视角及其意义

农村妇女贫困是妇女贫困当中的一种类型。在社会性别视角里，农村妇女贫困与农村男性贫困相对应。在"弱者"视角里，它具有更广泛的内涵，可以展现为以下三个方面：一是"弱者"。因为农村妇女作为妇女，本身就是"弱者"。二是贫困者。陷入贫困的农村妇女，她是贫困者。三是贫困的"弱者"，即陷入贫困的农村妇女是弱者。为此，可以断言的是：农村妇女贫困则是弱者的贫困。弱者的贫困，它的标识是"弱者"或者处于"弱势"，而"弱者"或者处于"弱势"既是她们的表现，也是她们成为"弱者"或者处于"弱势"的原因。农村妇女贫困的"弱者"表现为以下三个方面：(1) 政治"弱势"。表现为没有话语权，利益、意见表达不顺畅，利益、权利得不到保障。(2) 经济"弱势"。表现为生活拮据，资源占有匮乏。(3) 精神"弱势"。表现为难以得到主流文化认同，受到轻视和社会排斥，文化自觉、精神的安身立命能力较弱。由此，作为弱者的农村妇女贫困，致贫因素是综合性的、多维度的，她们既可表现为经济贫困、文化贫困，也表现为权利贫困。但是，"弱者"视角在本性上来说是人权视角。所以，作为弱者的农村妇女，权利贫困应该是农村妇女贫困的核心。

以"弱者"视角探讨消除农村妇女贫困问题，它的实质是人权视角，有别于社会性别视角，并侧重于消除权利贫困，以赋权以及权利实现为消除贫困的路径。基

---

[1] 皮埃尔·萨内："贫困：人权斗争的新领域"，《国际社会科学杂志（中文版）》2005年第2期。

于此,"弱者"视角下消除农村妇女贫困的特性及内容包括以下几个方面:(1)普遍性。消除农村妇女贫困是一项人权事业,它的普遍性源于人权普遍性。人权普遍性主要是指人权享有主体的普遍性,意味着如果是人,就应当是无条件的和绝对的享有的权利,"人们拥有权利的唯一理由是他们是人(大写的人);人们之所以拥有权利,是因为他是一个人,所以,人权往往被定义为人作为人应当享有的权利。"[1]当前,农村妇女在权利享有方面,存在着与其他群体不一样的状况。所以,在"弱者"视角下消除农村妇女贫困,注重在农村妇女的赋权中,使其和男性、其他群体享有同样的权利,并且强调不仅仅是男性,应该在更大范围内即其他群体享有同等的权利。(2)权利束。消除贫困具有深刻的人权意蕴,它具有三个维度的人权诉求:消除贫困、发展权利与幸福权利。[2]在我国全面建成小康社会与实现中华民族伟大复兴的中国梦背景下,精准扶贫以及打赢脱贫攻坚具有更为广阔和深远的意义。它不仅仅满足于消除贫困本身就是一项权利——免于贫困的权利,也绝不仅仅在于使妇女能够超越联合国贫困线的标准以及我国贫困线的标准,而在于趋向更高的人权价值,即获得人的全面发展与追求幸福。所以,消除农村妇女贫困,它是与生存权、发展权紧密相连的权利束,包括免于贫困权利、发展权以及追求幸福的权利,更具体的说为财产权、受教育权、工作权、健康权、社会保障权等。

(3)强调人权实现的国家义务。按照我国人权观,在实践当中,我们既认可公民权利与政治权利,也认可经济、社会与文化权利以及发展权利,并且我们更强调经济、社会与文化权利以及发展权利的重要意义。在权利保障方面,更注重为人权的实现提供必要的条件,即强调人权实现的国家义务。国家与政府正采取积极措施,消除妇女贫困问题。如目前针对农村贫困妇女实施了"妇女小额信贷"(1994)、"母亲水窖"(2000)、"母亲健康快车"(2003)、"两癌救助计划"(2009)、"母亲邮包"(2012)等有助于农村妇女收入或生活条件方面脱贫的精准专项政策。

显然,"弱者"视角下的消除农村妇女贫困与社会性别下的考察有很大的差

---

[1] 张文显:《法哲学范畴研究(修订本)》,中国政法大学出版社,2001年,第401页。
[2] 黄爱教:"论精准扶贫的人权诉求、社会阻力及其实现",《西北农林科技大学(社会科学版)》2017年第2期。

异性，它也是非常广泛的意义。(1) 将社会性别视角研究的结论更推进一步。以社会性别研究消除农村妇女贫困指向了要赋予农村妇女平等权，进一步推进这一结论在于如何促进农村妇女平等权的实现。以"弱者"视角探索，它不仅仅在于讨论如何赋权，更为重要的是如何使赋予农村妇女的权利获得实现，成为农村妇女的实有权利。毫无疑问，讨论农村妇女在消除贫困中的权利实现，会遭受诸多社会因素的限制，而要消除阻碍农村妇女摆脱贫困的社会因素，需要加入更为广阔的视角——"弱者"视角。(2) 将农村妇女消除贫困置于更为宽广的视角里。以社会性别考察，它在于客观描述农村妇女状况，而"弱者"视角，对农村妇女贫困给予更深层次的关怀，不仅仅在于物质，还包括政治、权利以及文化等方面。《世界人权宣言》所宣称的价值"基本人权、人格尊严和价值以及男女平等"，"弱者"视角都有所涵盖。事实上，消除贫困更大程度上是农村妇女自身价值和能力的提升。(3) 将个体权利与家庭权利统一。一般认为，人权应该是个人权利与集体权利的统一。依据"木桶效应"，它强调短板的约束作用。在消除农村妇女贫困当中，既要充分通过消除妇女贫困消除这个家庭的贫困，也要从家庭自身帮扶当中消除农村妇女的贫困，而不能把妇女当成一个与家庭没有联系的消除贫困因素。否则会加剧妇女与家庭的矛盾、对立和冲突。应当将农村妇女的个人权利与家庭权利统一起来。

三、"弱者"视角下消除农村妇女贫困的原则与措施

当前，随着农村妇女离婚率呈现走高的趋势，农村妇女贫困问题变得日益突出，已经是精准扶贫乃至打赢脱贫攻坚战非常重要问题。以"弱者"的视角来研究消除农村妇女贫困问题，它着重解决两个问题：一是，如何使"弱者"变为"强者"？二是，如何使贫困者摆脱贫困状态？进一步的问题，我们将探讨"弱者"视角下消除农村妇女贫困的原则与主要措施。

"弱者"视角下消除农村妇女贫困要遵循的原则主要有：(1) 平等性原则。社会性别视角研究最后指向了男女平等，而"弱者"视角在主张普遍性同时，也

主张男性与女性的平等,即人权平等性。人权平等性的维度是指人平等地享有权利。范伯格把人权定义为,"一切人基本上都平等拥有的根本重要的道德权利,他们都是无条件的,无可更改的。"[1]为此,人权是一种普遍平等的权利。值得注意的是,人权的普遍性并不排斥对社会中的某些弱势群体给予特殊照顾和专门强调的权利,这里所存在的基础是为了实现人权的真正平等享有,真正实现对人的尊严和价值的平等尊重。由此可知,消除农村妇女贫困的"弱者"视角会出现两个方向:一个是在消除农村妇女贫困中坚持男性与女性权利平等,另一个则是基于女性的"弱者"地位,为了使农村妇女真正能够实现消除贫困,在男女平等基础上,进行适当性倾斜,以保障男性与女性之间的实质平等。为此,消除农村妇女贫困的原则就过渡到了适当倾斜原则。(2)适当倾斜原则。如果仅仅以平等基础,对农村贫困妇女进行权利保障,强调她们享有与其他群体相同的权利,必然从形式的平等走向实质的不平等。因为农村贫困妇女没有能够实现自身享有权利的各种客观条件。当前,农村贫困妇女在社会中遭受严重的歧视,包括就业歧视、制度歧视等。农村贫困妇女作为弱者,最为严重的问题就是制度性歧视。"每一个社会的弱势群体及其成员都在社会生活的某些方面受到剥削、歧视和边缘化,得不到充分发展的机会。由于个人的人生的机会被制度化的歧视扭曲了,纯粹的业绩原则是基于制度化地排斥社会上的弱势群体来运作的。"[2]因此,对农村贫困妇女倾斜保障措施在某种意义上是对不正义、不公正的矫正,它是适当的。对农村贫困妇女的权利保障是否具有适当性,应该从结构和历史两个维度去考察,如果超出社会结构和历史的事实,某些消除妇女贫困措施可能就进入不合理和不公正的境地,形成另一种不平等。所以,在消除农村妇女贫困中注意平等与适当倾斜之间的张力,形成生态互动。(3)生态互动原则。在消除农村妇女贫困中应当保护平等原则与适当倾斜原则的生态互动,因为平等原则和适当倾斜原则都指向了共同价值。如果农村贫困妇女权利保障偏向任何一个原则,都有

---

[1] [美]范伯格:《自由、权利和社会正义》,王守昌等译,贵州人民出版社,1998年,第124页。
[2] 周勇:《少数人权利的法理——民族、宗教和语言上的少数人群体及其成员权利的国际司法保护》,社会科学文献出版社,2002年,第27页。

可能导致不公正。如果没有倾斜，只有平等，则对农村贫困妇女来说没有公正可言；如果没有平等，只有倾斜，则可能导致新的不公正。因此，应该的选择是平等——倾斜保障的生态互动，只有生态互动才可能在公正的衡量线上上下波动，最终趋向公正，在应有的共同价值中实现消除贫困的目标。

基于"弱者"视角，要消除农村妇女贫困，最重要的是要强化国家与政府的国家义务，换句话说，国家和政府提供切实的措施促进消除农村贫困。主要表现为：

(1) 国家层面，深化"赋权"。农村贫困妇女陷入贫困，很大程度上是因为"权利贫困"，针对这一问题，直接的办法就是赋权。"赋权"的义务主体是国家。当前，国家履行针对农村贫困妇女的"赋权"义务，最重要的是要制定出"良法"。"立善法于天下，则天下治；立善法于一国，则一国治。"在"法律是治国之重器"的共识下，消除农村妇女的贫困问题，要注重赋权。而赋权也涉及到善良与否问题。提出消除农村妇女贫困的权利制度，必须要注重这样的制度的质量。如何考察这些权利制度的质量，则关键在于看这些制度是否"善良"，它的标准主要有几个方面：是否符合人类历史发展规律，是否符合立法规律，是否符合人民普遍利益，是否符合农村妇女本身的利益要求等。显然，提高农村妇女的文化水平和工作能力，是符合人类历史进步的。(2) 政府层面，采取切实措施，保障农村妇女权利。在精准扶贫中，中央在"怎么扶"中提出"五个一批"工程，依据中央提出的"五个一批"工程，政府需要切实保障农村妇女以下权利：一是工作权利。中央提出了"发展生产脱贫一批，引导和支持所有有劳动能力的人依靠自己的双手开创美好明天"。农村妇女在工作权利方面，与农村男性存在很大的差异，与其他妇女一样，存在着遭受歧视情况。政府在发展生产过程中，有计划与步骤地开发一些与妇女相适应的工作，这样有利于农村妇女根据自身的条件，摆脱贫困。一些地方因地制宜地开展手工针织企业脱贫，值得借鉴。二是财产权利。中央提出"易地搬迁脱贫一批"与"生态补偿脱贫一批"。在这两个具体的脱贫措施中，要注重农村贫困妇女的财产权的保障，不能在这些扶贫措施中使农村贫困妇女的财产权利受到侵害。诸如，在易地搬迁中，不能侵害农村贫困妇女的地权、林权等，尤其不能对国家给予易地搬迁的补偿费用加以侵吞与霸占。三是受教育权利。中央提出"发展教育脱贫一批"。当前,农村妇女的受教育权受到严重侵害。而农村妇女受教育权受到侵害源于女童时期,所以,要保障农村女童的受教育权,避免在女童成年之后因为知识、能力的缺乏而陷入贫困。与此同时,也要加强农村妇女的再教育,经过专门的培训,改变她们的思想观念,提高她们的知识文化水平,教给她们生产技术和能力,塑造她们的内生动力,抵御与消除贫困。四是健全和完善农村妇女的社会保障权。中央提出"社会保障兜底一批",即对"贫困人口中完全或部分丧失劳动能力的人,由社会保障来兜底,统筹协调农村扶贫标准和农村低保标准,加大其他形式的社会救助力度"。针对部分深度贫困的农村妇女,通过完善农村社会保障,有针对性地对这些人进行倾斜,从而使她们能够脱离贫困。

四、结语

消除农村妇女贫困是打赢脱贫攻坚战中的重要问题。以社会性别视角探索消除农村妇女贫困,客观而精准描述农村妇女贫困态势,并指向了男女平等价值。但是,重要的问题在于在社会中男女都享有平等的机会、权利、责任、义务、资源以及待遇,就能够做到真正的平等了吗?实际上,社会性别视角忽视了农村贫困妇女作为弱者的本性,需要特殊的、倾斜性的照顾,以达到起点的公正。由此,消除农村妇女贫困的"弱者"视角则补充了社会性别视角的不足。在消除农村妇女贫困中,保障普遍性权力的同时,也要考虑农村妇女作为弱者的特殊性,采取适当倾斜措施,切实保障农村妇女权利,消除贫困。

(作者黄爱教系天津工业大学副教授;作者范国华系天津工业大学教授)

消除贫困及实现生存权和发展权

[印度] 戴瓦拉亚普拉姆·拉马沙米·卡西克扬

"任何地方的不公正都是对世界各地正义的威胁。"——马丁·路德·金

圣雄甘地宣称"贫穷才是最糟糕的暴力形式",以及"世界上有许多饥饿的人,在他们面前,神示现为面包"。

虽然世界各国领导人多次发表真诚宣言,《世界人权宣言》以及数百项国际协定和宣言中也列出了众多要求,但是世界各地的赤贫仍然导致了数千人死于饥饿和营养不良。

各个国家不惜花费数十亿美元,打着和平与防御的旗号制造了越来越多致命的大规模杀伤性武器。

只要将这些资源中的一小部分转用于发展和进步,那么消除贫困及世界各地的每一个人都享有人类基本生存权和发展权的崇高目标就会在世界范围内得以实现。

现在还依然不算太晚。动员世界各地怀有正确想法的人去说服他们的国家领导并对其施压,以使他们集中精力和资源来消除贫困,并确保在可预见的未来实现社会及经济公正性,人人都可享受所有人权。

因此,当代人拥有得天独厚的机会来确保《世界人权宣言》序言内容得以实现,这对他们来说是权利也是义务。序言的开头便是"承认人类大家庭中的所有成员与生俱来的尊严及其平等、不容侵犯的权利,乃是实现世界自由、正义与和平的基础"。

这是阻止人类因不公正对待同类及破坏环境、大量增加大规模杀伤性武器而

走向自我毁灭的唯一途径和机会。

"贫穷是革命和犯罪的根源。"——亚里士多德,古希腊哲学家"西方哲学之父"

"贫穷才是最糟糕的暴力。"——和平使者圣雄甘地,当选为20世纪的世纪人物

"世界上有许多饥饿的人,在他们面前,神示现为面包。"——圣雄甘地

"如同奴隶制和种族隔离一样,贫穷并不是自然现象。贫穷是人为的,所以也能通过人类的努力和实际行动来克服。"——南非前总统纳尔逊·曼德拉

全世界约有8.42亿人遭受饥饿,将近占世界71亿人口的12%。

根据世界饥饿统计数据,每年约有900万人死于饥饿问题,超过2012年疟疾、艾滋病和肺结核的死亡人数总和。

全球60%以上的饥饿人口为妇女,她们生活在父权社会,获得的资源有限。由于发展中国家的妇女饥饿问题普遍,营养不良是儿童死亡的主要原因。每年约有310万儿童死于饥饿,且2011年营养不良占五岁以下儿童死亡原因的45%。

营养不良是饥饿的主要症状。据估计,40%的学龄前儿童因缺铁而贫血,且贫血导致20%的产妇死亡。此外,据估计,每年有25万至50万儿童因缺乏维生素A而失明。营养不良导致儿童发育不良,这种情况的特征是儿童的身高较低。据估计,2013年,全世界有1.61亿5岁以下儿童发育不良。营养不良也会导致消瘦,特症是儿童体重较轻。据估计,2013年,全世界有5100万5岁以下儿童表现为瘦骨嶙峋。

"每个人,作为社会的一员,有权享受社会保障,并有权享受……为维护个人尊严所必需的经济、社会和文化权利……人人有权享受充足的生活水准……享受充沛的健康和福利……每个人都有权要求某种社会秩序和国际秩序,在这种秩序中……权利和自由……能得到充分实现。"

人权是体现人类的某些行为标准的道德原则或规范,在国内法律和国际法中经常作为自然权利和合法权利受到保护。人权通常理解为不可剥夺的基本权利,一

个人不论来自哪一民族、身在何处,有着怎样的语言、宗教、种族本源或任何其他身份,"他或她仅仅因为生而为人而天生被赋予有这些权利",且是"所有人类与生俱来的"。从普遍意义上来说,人权在任何地方和任何时候都同样适用,从人人平等的意义上来说,人权主张平等。人权需要同情和法治,并使得人们有义务尊重他人的人权。

一、摆脱贫困的人权

联合国经济、社会及文化权利委员会将贫困定义为"人类中长期匮乏享受充足的生活水准所必需的资源获取能力、选择、安全和权力的状况"。

贫困是指缺乏或缺少一定数量的物质财富或金钱。贫困是一个多层面的概念,可能包括社会、经济和政治因素。绝对贫困、极端贫困或赤贫是指完全缺乏必要的手段来满足基本的个人需求,如食物、衣着和住所。

贫困是指对社会上所认知的基本人类需求的剥夺。它既有物质维度,也有非物质维度。物质维度与消费剥夺有关,包括食物、衣着、耐用品、住所、健康、教育和互联手段等。非物质维度涉及与性别、宗教、种族或种姓歧视等现象相关的剥夺。

贫困是对人权的侵犯。每一位女性、男性、青年和儿童都有权过上享受健康和福利的充足生活,有权享有获得食物、衣着、住房、医疗和社会服务的人权。这些基本人权都明确出现在《世界人权宣言》《消除对妇女一切形式歧视公约》《国际公约》和其他受到广泛坚守的国际人权条约和宣言中——这些都是能够促进全世界社会和经济正义的有力工具。

据联合国儿童基金会(UNICEF)统计,每天有2.2万名儿童死于饥荒。此外,最近的研究证明,地球上超过30亿人每天的生活费少于2.50美元。由于全球一半人口处于贫困状态,进行一项新的关于贫困的综合研究显然非常必要。寻求全面解决日益严重的贫困问题的最佳方法是研究导致贫困的各种原因。

贫困通过在各社会阶级之间流动会对社会及创造性产生负面影响。暴力、仇恨和嫉妒是目前描述社会阶级之间关系的最恰当词语。贫困者为了喂养他们的孩子不得不什么都做，包括偷窃，甚至可能杀人。贫困的另一个后果是丧失创造力。

减贫或扶贫指的是出于人道主义的一系列经济措施，旨在使人们永久摆脱贫困。

生存权通常解释为享有基本生活水准的基本权利，其特点是能够获得维持生计的物质手段。

这项权利是保障获得生存手段的方式不受剥夺——对生存权的这一解释为论证全球贫困的规范性含义作出了重要贡献。

只要提到权利，就必然包括生存权和人身安全权，因为这些权利是享受任何其他权利所必需的权利。

在没有社会保障的情况下，权利持有人则不能享有其权利客体，只能以向某些享有权利客体征税的形式兑现。

享受有充足的生活水准的权利至少需要人人都享有必要的生存权：在有相关需求时，可获得充足的食物和营养、衣物、住房和必要的医疗条件。关键点在于，每个人都应能够在不感到羞辱和没有不合理阻碍的情况下，充分参与其他人的普通日常互动。因此，人们应能够在有尊严的条件下享受他们的基本需求。任何人都不应该处于只能通过贬低自身或剥夺其自身的基本自由而满足需求的生活状况中，例如乞讨、卖淫或强迫劳动。

从纯粹的物质方面来看，充足的生活水准意味着生活水平在所处社会的贫困线之上，世界银行表明，这其中包括两个要素："购买最低标准的营养品和其他基本必需品的必要支出，以及各国间不尽相同的、反映参与社会日常生活的费用的另一部分支出。"

《经济、社会和文化权利国际公约》（ICESCR）第12条一般性意见认为，"充足"这一概念在很大程度上取决于当下社会、经济、文化、气候、生态和其他条件。

《世界人权宣言》（UDHR）25条第1款为"人人有权享受为维持本人及家属的健康和福利所需的生活水准"，这一条款体现了关于这项权利的一些要素：(1) 食物；(2) 衣着；(3) 住房；(4) 医疗；(5) 必要的社会服务。

二、生存权

生存权是保障人类过上最低水平的生活所需要的权利,该权利的支持者通常认为生存权是构筑全球经济正义所需的基本部分。满足一个人的生存权意味着确保他们可以拥有足够的食物、住所、清洁水、医疗保健和不受污染的环境,过上比较好的生活。

生存权是实现人类基本福利的目标。生存权的维护者将这些权利视为普遍人权,因为它们不依赖于特定的关系(如国籍)且每个人都享有平等的保障。与生存权相照应的是,每个人也有义务竭尽全力确保任何人的必需物品不会受剥夺。

人们普遍认为,建立促进全球正义的机构是实现生存权的重要组成部分。因此,如果国际机制和机构确保每个人都有足够的能力满足自身基本需求,那么将免除个人行使生存权的义务。

三、确保生存权的国际文件

20世纪对全球正义日益增长的关切反映在若干促进生存权的国际协定中。《世界人权宣言》第25条规定人类有权享有健康、福利、食物、衣着、住房和医疗的生活水准。《经济、社会和文化权利国际公约》要求各国政府逐步实现享有健康、社会保障和社会保险的充足生活水准的权利以及各种劳动权利。

一些国家的宪法还保障本国公民享有满足其基本需求的权利。保障生存权的国家和国际协定的存在无法消除人们对生存权真实性的怀疑。《世界人权宣言》和《经济、社会和文化权利国际公约》并未明确建立实施这些权利的机制,也未使权利持有人能够在国内或国际上都要求行使这些权利。因此,一些人认为,这些协定只是表达了富有雄心壮志的道德信念,但不是真正的权利。实施生存权将减少全球因匮乏过上有尊严的生活所需的基本物品而备受折磨和过早死亡的人数。

据世界银行估计,世界上将近一半的人生活在极度贫困中,每天生活费少于两美元。据估计,大约11亿人,即地球上近六分之一的人口,生活在极端贫困中,每天生活费少于一美元。每年约有600万儿童死于饥饿，1800万人因与贫困相关的原因而过早死亡。几乎所有极端贫困都发生在经济不发达或发展中国家。

全球范围内拥有足够资源来消除极端贫困。2000年，联合国制定了"千年发展目标"（MDGs），以实现到2010年将极端贫困人口减半。这个目标并未实现。我们熟悉这样一种观点，即对全球富人来说，出于人道主义帮助全球的穷人在道德上是善良的行为。生存权在关于全球正义的争论中的重要性之一是，如果此类权利确实存在，那么目前的贫困水平并不主要是因为全球富人未能履行行善义务，而是因为大环境的不公平。因此，全球穷人有权摆脱贫困，但是当前的全球形势就如剥夺穷人的自由一样侵犯着他们的权利。

对生存权存在的一个争议是，生存权未被执行，且尤其在国际上目前无法加以执行。如果一个人仍然无法为未能实现自己的权利采取权利救济，那么生存权仍将毫无用处，以至于几乎毫无意义。这个说法引起了对人权普遍性的怀疑。在普遍侵犯权利的情况下（如在高度专制政权下发生的事件），在国内或跨国界强制执行权利根本不可能实现。

可将实现全球贫困下的全球公正设想为对富裕国家提出的一项要求，要求他们补救其对贫困国家的长期不公正所造成的伤害。因此，造成全球贫困的不公正现象的并非是生存的积极权利未得到满足，而是在剥夺了全球穷人的生存权后他们的消极权利未能得到尊重。极端不公正的全球经济秩序，及对此种不公平现象的加以支持的相关机构导致了严峻的贫困形势及随之而来的种种危害。

穷人长期无法满足基本需求，这从来不是自然环境的结果，而是历史上由于某些经济和政治安排引发的结果，这些安排均是对贫困国家的精英阶层以及富裕国家的政府、公司和公民有利的。那些创造出相关安排，并给予支持、从中受益的人在道德层面应对利用全球贫困负起责任，并做出相关改变以减轻贫困。满足生存权或纠正过去的伤害是否可行的问题不仅涉及经济层面，也涉及政治和道德层面。例如，为使每个人均能享有生存权，即使是不完全履行积极义务的情况下也仍需富裕国家提供大量资源，并且欠发达和发展中国家要进行内部改革。

对国际资本交易征收"托宾税"或"全球资源分红"等提案能够筹集大量实现生存权的资金,但这些提案在富裕国家中却未得到实质性的政治支持。实现更合理的目标(如MDGs)要求发达国家支付约0.7%的国内生产总值,但一些国家并未支付。

履行不剥夺穷人生存权的消极义务,可能会涉及免除发展中国家的债务、对国际机构,如世界贸易组织(WTO),进行重大改革,以及改变跨国公司和富裕国家的政策。此类改革虽然可能需要经历一个渐进的过程,但需要富裕民主国家的公民表现出更大的政治意愿,并赋予全球穷人实质性权力。

假如生存权可行且合法化,则满足这些权利将是彻底实现全球经济公正的重要一步。虽然关于这些权利的争论并未直接解决通过经济再分配实现全球正义的的许多问题,但成功实现这些权利毫无疑问将牵涉到一些再分配机制。

四、发展权

《里约宣言》提到,"人类处于受关注的可持续发展问题的中心。他们有权过一种与自然和谐相处的健康而富有成效的生活……为实现可持续发展,环境保护应作为发展进程整体中不可分割的一个组成部分而存在,而不能孤立地加以考虑……所有国家和所有人民应把消除贫苦作为可持续发展的一项不可或缺的重要任务……"

《21世纪议程》第3章指出,"为实现……所有人民都能过上可持续生活的目标,应……解决发展、可持续资源管理和消除贫穷等问题。目标……是:……落实各种政策……以加快充足的资金……在人力发展……,包括赚取收入,加强地方对资源的控制……为所有贫困地区制定综合性战略和方案,其中包括完善和可持续的环境管理、资源调动、消除和减轻贫困、增加就业和赚取收入……在国家发展中确定一个人力资本投资重点……其中一些特别政策……针对的是农村地区、城市穷人、妇女和儿童……政府……应支持由社区推动的迈向可持续性的办法,其中包括:……赋予妇女充分参与决策的权利;……大量参与社区对当地自然资源的可持续管理和保护……

1986年，联合国大会第41/128号决议通过了《发展权利宣言》。发展权作为一项不可剥夺的人权，所有人都有权参与、促进和享受经济、社会、文化和政治发展。发展权包括：

（1）以人为本的发展，将"人"作为发展的主体、参与者和受益者；

（2）基本人权方针特别要求，发展应以"所有人的人权和基本自由都能够获得充分实现"的方式开展；

（3）参与权，呼吁人民"积极、自由和有意义地参与"发展；

（4）公平权，强调发展需要"利益的公平分配"；

（5）非歧视原则，规定"不得有种族、性别、语言或宗教等任何区别"；

（6）自决权，《发展权利宣言》将自决权（包括对自然资源的充分主权）整合为发展权的一项构成要素。

发展权是"第三代人权"，被视为群体权利，因为它适用于群体，不适用于个人的个人权利，"享有自决权、国家及全球发展权的是一个群体而非个人"。

另外，发展权具有三个特质，这三个特质阐释了发展权的含义，并详细指出了通过发展权减轻贫困的方法：（1）首先是把人权纳入过程的整体方针；（2）提供有利环境，为发展中国家的经济关系提供更公平的条件；（3）社会正义和公平的概念包含有关国家人民的参与及实现发展利益的公平分配，特别关注边缘化和弱势群体的成员。

《里约宣言》在原则1下申明，"人类处于普受关注的可持续发展问题的中心。他们有权过一种与自然和谐相处的健康而富有成效的生活。"如今在众多国际文书，包括《维也纳宣言和行动纲领》《联合国千年宣言》中均认可这一点。

发展权利政府间工作组成立于1998年，每年举行一次会议，并向人权理事会（HRC）和联合国大会报告。其任务是在全球范围内：（1）监测和审查在促进和落实《发展权利宣言》中阐述的发展权方面取得的进展，提出建议并分析充分实现发展权的障碍；（2）审查各国、联合国机构、相关国际组织和非政府组织提交的关于其进行的活动与发展权之间关系的报告和其他资料；(3) 向人权理事会提交报告，其中包括向联合国人权事务高级专员办事处 (OHCHR) 提供建议。

第48/141 4 (c) 号决议规定高级专员和联合国人权事务高级专员的任务是"促进和保护发展权的实现，加强联合国系统有关机构为此目的提供的支持"。大会和人权理事会中均有强调发展权，且均要求联合国秘书长和高级专员每年报告一次发展权的落实进展情况 (包括旨在加强成员国、发展署和国际发展、金融和贸易机构之间的全球发展伙伴关系的活动)。

联合国人权委员一致同意通过了1998年关于发展权的决议。关于"外债引起的经济政策调整对充分实现人权，尤其是对落实《发展权利宣言》的影响"，委员会建议设立后续机制，由一个不限成员名额工作组 (OEWG) 及Arjun Kumar Sengupta等印度经济学家组成的独立专家系统构成。设立工作组的目的是监测和审查独立专家系统的进展情况，并向委员会报告。独立专家在每届会议上向工作组提交一份关于发展权落实进展现状的研究报告。

2000年9月，世界各国领导人在《联合国千年宣言》55/2项决议中对包括和平、安全、人权、环境和发展目标在内的议题作出承诺，后来这些目标纳入了八个"千年发展目标"(MDGs) 中。这些目标形成了一系列发展目标，其核心是到2015年将贫困人口减半，并为世界上最贫困人民增加福利。货币基金组织通过咨询、技术援助、向各国贷款和动员捐助者支持以促成千年发展目标。

"零饥饿挑战"是联合国与众多非政府组织合作伙伴的另一项倡议，其目标是：

(1) 全年100%均可获得足够的食物；

(2) 两岁以下发育不良儿童人数为零；

(3) 所有食物系统均可持续；

(4) 小农的生产力和收入增长100%；

(5) 食物零损失、零浪费。

每个个人和所有人民均享有人权和发展权，以及与实现人权和发展权相关、依赖于实现人权和发展权的其他基本人权。发展是一个全面的过程,包括可持续地改善所有个人和人民的经济、社会和政治福利。发展的目标是实现关于公民、文化、经济、政治和社会权利的所有人权,以及最大可能实现每个人的自由和尊严。

因此,为完全、普遍地消除贫困,全面实现地球上每个人的生存权与发展权,全人类还有很长的路要走。

只有这样,我们才可实现和平世界的目标,即一个不存在战争和暴力的、和平、和谐和繁荣的世界。

(作者戴瓦拉亚普拉姆·拉马沙米·卡西克扬系Age Care India人权组织主席)

消除贫困:伟大的人权工程

[中国] 李君如

中国改革开放已经40年。在这波澜壮阔的40年里,中国共产党在领导人民"致富"的同时,坚持不懈抓"扶贫",已经使7亿多人民群众摘掉了"贫困"的帽子。联合国《经济、社会和文化权利国际公约》明确指出,要"确认人人免于饥饿的基本权利";"人人有权为他自己和家庭获得相当的生活水准,包括足够的食物、衣着和住房,并能不断改进生活条件"。能够在短短40年时间里让7亿多人民群众摆脱贫困、消除贫困,在人类文明史上绝无仅有。这不是一个伟大的人权工程吗!?

一、"致富"和"扶贫"都是消除贫困的人权工程

中国共产党在推进改革开放过程中,一开始就确定了一手抓"致富"、一手抓"扶贫"的两手政策。"扶贫"是保障人权,"致富"也是保障人权。"致富"和"扶贫"合在一起,就是要消除贫困。因此,中国消除贫困的人权工程,不仅体现在"扶贫"工程上,而且体现在"致富"工程上。

为什么要把"致富"和"扶贫"都作为消除贫困的人权工程呢?这是因为,中国在改革开放之初,国家在整体上是一个贫穷落后的国家。1978年,中国的人口有9.42亿,城镇居民人均可支配收入为343元,农民人均纯收入为134元。按照当年的汇率,城镇居民每人每天的可支配收入和农民每人每天的纯收入都不到1美元。也就是说,那时中国绝大多数人口都处于贫困线和极度贫困线之下。中国改革开放总

设计师邓小平针对这种状况，提出中国的发展战略第一步是用10年时间来解决温饱问题，并且提出了要让一部分人先富起来的"大政策"。

经过40年改革开放，到2017年底，中国的人口为13.9亿，城镇居民人均可支配收入达到36398元，农民人均纯收入也有13432元，绝大多数人都过上了程度不同的富裕生活，全国贫困人口不到4000万。因此，在中国，不仅"扶贫"是消除贫困的人权工程，"致富"也是消除贫困的人权工程。

二、中国的"扶贫"工程为世界人权事业创造了成功经验

人类梦寐以求现代化，又无时无刻不为现代化带来的社会分化而痛苦。在现代化进程中，如何解决社会分化中出现的"贫困"痼疾，是人类在现代化进程中遇到的一个大难题。这就是联合国要专门通过一个《经济、社会和文化权利国际公约》的深刻背景。

中国人民在改革开放中踏上了向现代化进军的道路，制定了实现现代化的"三步走"战略和"两个一百年"的奋斗目标。去年召开的党的十九大又进一步制定了在2020年全面建成小康社会基础上，到2035年基本实现社会主义现代化和到2050年全面建成富强民主文明和谐美丽的社会主义现代化强国的宏伟任务。值得注意的是，在中国共产党制定这些战略目标、提出这些战略任务的过程中，始终不忘还处在贫困线上的人民群众，总是把"扶贫"目标作为现代化任务的一个有机组成部分。党的十九大更是明确把"精准扶贫"列为全面建成小康社会的三大攻坚战之一。也就是说，在中国，不仅在宪法和中国共产党的党章中写上了"尊重和保障人权"原则，而且在像"扶贫"这样的战略行动上坚持不懈实践"尊重和保障人权"原则。

毫无疑问，中国的"扶贫"经验，为发展中国家的人权事业提供了全新选择，为维护人类的经济、社会和文化权利贡献了中国智慧。

一是，中国坚持政府主导，把扶贫开发纳入国家总体发展战略。

在中国，"扶贫""脱贫"不是一种民间组织的慈善行为，而是一个国家行为。

1986年，中国设立了国务院扶贫开发领导小组。领导小组由国务院副总理兼任组长，成员包括国务院办公厅、发展改革委、财政部、农业部、人民银行、教育部、科技部等二十多个国家部委和全国总工会、团中央、全国妇联、中国残联等有关部门的负责同志。领导小组的基本任务是：组织调查研究；拟订贫困地区经济开发的方针、政策和规划；协调解决开发建设中的重要问题；督促、检查和总结交流经验。领导小组下设办公室，即国务院扶贫开发领导小组办公室，负责办理日常工作，包括研究拟定扶贫开发工作的政策、规划并组织实施，协调社会各界的扶贫工作，协调组织中央国家机关定点扶贫工作和东部发达地区支持西部贫困地区的扶贫协作工作，拟定农村贫困人口和国家扶贫开发工作重点县的扶持标准，研究提出确定和撤消重点县的意见，等等。相关省、自治区、直辖市和地（市）、县级政府也成立了相应的组织机构，负责本地的扶贫开发工作。中国的扶贫开发实行分级负责、以省为主的行政领导扶贫工作责任制。各省、自治区、直辖市，特别是贫困面积较大的省、自治区，都把扶贫开发列入重要议程，根据国家扶贫开发计划制定本地区的具体实施计划。

有领导还要有资金，政府安排了扶贫开发专项资金。中央的各项扶贫资金在每年年初一次下达到各省、自治区、直辖市，实行扶贫资金、权力、任务、责任"四个到省（自治区、直辖市）"。仅2013—2017年，中央财政专项扶贫资金就累计投入2787亿元，平均每年增长22.7%；省级财政扶贫资金累计投入1825亿元，平均每年增长26.9%。2017年，中央和地方财政专项扶贫资金规模超过1400亿元。还有，为安排易地扶贫搬迁设置专项贷款3500亿元。截至2017年6月底，扶贫小额信贷累计发放3381亿元。所有到省的扶贫资金一律由省级人民政府统一安排使用，并由各有关部门规划和实施项目。挪用或贪污扶贫资金的，一经发现就从严查处。

与此同时，中国制定了有计划解决贫困问题的权威性文件。在完成1994年到2000年的《国家八七扶贫攻坚计划》后，就制定了2001年到2010年的《中国农村扶贫开发纲要》，后来又制定了2011年到2020年的《中国农村扶贫开发纲要》。在国家强有力的领导下，扶贫脱贫工作有计划有步骤地推进，大规模地消除中国的贫困现象。

二是,中国坚持有针对性地实施"扶贫"政策,从"开发式扶贫"到"精准扶贫""深度脱贫",不断深化"扶贫""脱贫"工作。

中国有句成语,叫做"授人以鱼不如授人以渔"。也就是,救济贫困人口不如帮助贫困人群掌握摆脱贫困的本领。中国自20世纪90年代开始实行"开发式扶贫",即在国家必要支持下,利用贫困地区的自然资源,进行开发性生产建设,逐步形成贫困地区和贫困户的自我积累和发展能力,主要依靠自身力量解决温饱、脱贫致富。

党的十八大以来,在以习近平为核心的党中央领导下,针对扶贫工作新情况,实施了"精准扶贫"。2013年11月,习近平总书记到湖南湘西考察时,首次提出扶贫工作要"实事求是、因地制宜、分类指导、精准扶贫"。精准扶贫,就是针对不同贫困区域环境、不同贫困农户状况,运用科学有效程序对扶贫对象实施精确识别、精确帮扶、精确管理的治贫方式。根据这个方针,2014年,在县级扶贫办指导下,乡镇人民政府组织村委会、驻村工作队和大学生志愿者等按照国务院统一监制的《扶贫手册》,进村入户,对农村居民的贫困状况建档立卡,作为精准扶贫的基础。中国实施精准扶贫方略后,坚持分类施策,因人因地施策,因贫困原因施策,因贫困类型施策,同时增加了扶贫投入,出台了优惠政策措施,广泛动员全社会力量参与扶贫。到2017年底,2012年的9899万人贫困人口,已经减少到3000万左右。五年累计减贫6600万人以上,仅2017年就减少了1000多万人。

在精准扶贫扎实推进过程中,习近平总书记又提出了要解决深度贫困地区的脱贫问题。因为中国幅员广大,各地发展不平衡,西藏、四省藏区、新疆南疆四个地州地区,以及四川凉山、云南怒江、甘肃临夏等三个州,即中国人常说的"三区三州",是深度贫困地区。到2016年底,"三区三州"人口总量仅占全国的1.9%,但有350多万贫困人口,占全国贫困人口的8.2%;贫困发生率为16.69%,是全国的3.7倍。因此,中国政府决定采取更有力的措施,实施"深度脱贫"。有些深度贫困地区自然条件恶劣,极度不适合人类生存,易地搬迁是最好的脱贫方式。按照《全国

"十三五"易地扶贫搬迁规划》，2017年搬迁建档立卡贫困人口340万人，2018年搬迁280万人。到2020年深度贫困地区有1/3以上的村庄将实施易地扶贫搬迁。

三是，中国坚持动员全社会参与，发挥制度优势，构建政府、社会、市场协同推进的大扶贫格局，形成了跨地区、跨部门、跨单位、全社会共同参与的多元主体的社会扶贫体系。

2015年11月，中共中央、国务院发布了《关于打赢脱贫攻坚战的决定》。这是以习近平为核心的党中央全面快速推进扶贫脱贫工作的战略决策，目标是到2020年彻底消灭绝对贫困。为赢得攻坚战的胜利，中国充分发挥了制度优势，调动各方资源来扶贫。全国累计派出277.8万名干部驻村帮扶，43.5万名干部担任贫困村和基层党组织薄弱涣散村第一书记。全国各省市，在发达地区和贫困地区之间建立对口帮扶关系，中央各个部委办都承担了自己的扶贫任务。

在精准扶贫、精准脱贫方略指导下，各地实行专项扶贫、行业扶贫、社会扶贫、东西协作扶贫等多种扶贫举措，相互支撑，有力推动脱贫攻坚。尤其是经过2017年的努力，脱贫攻坚战取得决定性进展，深度贫困地区的贫困状况也显著改善。

三、为共建一个没有贫困、共同发展的人类命运共同体而奋斗

"2015减贫与发展高层论坛"在北京举行期间，中国国家主席习近平出席论坛并发表重要讲话，阐述中国全面推进扶贫攻坚的成绩和举措。在这个具有历史性意义的论坛上，习近平主席呼吁："共建一个没有贫困、共同发展的人类命运共同体"。

消除贫困是人类的共同使命，是人权全面发展的基础。中国的扶贫脱贫不仅造福于中国人民，而且具有世界意义。中国成为全球首个实现联合国千年发展目标贫困人口减半的国家，为世界作出了中国的贡献。现在，中国正在为实现联合国《2030年可持续发展议程》而奋斗。这个议程的首项目标，就是要在全世界消除一切形式的贫困，中国也将第一个实现这个目标。

中国国家主席习近平已经宣布，中国在致力于自身消除贫困的同时，始终积极开展南南合作，力所能及向其他发展中国家提供不附加任何政治条件的援助，支持和帮助广大发展中国家特别是最不发达国家消除贫困。

我们相信，全世界人民共同努力、持续奋斗，一定能够建立一个没有贫困、共同发展的人类命运共同体。

(作者李君如系中国人权研究会副会长、中央党校原副校长)

大陆推动扶贫，须兼顾经济弱势者的承租权

——从台湾实施"租赁住宅市场发展及管理条例"谈起

[中国台湾] 李永然

一、保障人民的生存权，推动减贫、扶贫及脱贫

大陆自改革开放以来，在经济发展方面取得卓越成就，缔造了世界经济发展的奇迹，举世瞩目。然因大陆地域辽阔，人口众多，仍有不少人处于贫困状况，中共中央及国务院乃于2015年11月29日提出《关于打赢脱贫攻坚战的决定》，确保到2020年农村贫困人口实现脱贫，全面建成小康社会，其总体目标是到2020年时，能稳定实现农村贫困人口不愁吃、不愁穿，义务教育、基本医疗和住房安全有保障。中共中央办公厅及国务院办公厅更于2016年2月3日发布《关于加大脱贫攻坚力度支持革命老区开发建设的指导意见》，在贫困老区加大扶持力度，实施精准扶贫、精准脱贫，推动老区全面建成小康社会。

习近平总书记于2017年6月23日在深度贫困地区脱贫攻坚座谈会上强调，十八大以来，其最关注的工作之一，就是贫困人口脱贫；并期盼能于"十三五"的最后一年即2020年，全面建成小康社会，希望能科学谋划好"十三五"时期扶贫开发工作，确保贫困人口到2020年如期脱贫，稳定实现农村贫困人口不愁吃、不愁穿，义务教育、基本医疗和住房安全有保障。

基于前述可知，住房安全也是脱贫中的一项重要工作；而台湾自2012年12月30日起施行"住宅法"，共计54条条文，并于2017年1月11日公布修正的"住宅法"，由原来的54条条文，修订成65条条文。该"法"最主要目的是保障民众居住权益，健全住

宅市场，提升居住质量，使台湾民众居住于适宜之住宅，且享有尊严的居住环境。足见两岸各自都重视民众的生活水平，其中也包括居住问题。不过，现实社会并非人人有经济能力购房，而经济弱势者透过租赁解决居住问题，如何使住宅之承租人获得合理公平的对待，在扶贫计划推动中，也应一并兼顾。

二、确保生活水平为一基本人权

对于住宅之承租人须使其获得公平合理的对待，与确保生活水平有关，因而也探讨此一基本人权。联合国《世界人权宣言》第25条第1项规定：人人有权享受其本人及其家属康乐所需之生活程度，举凡衣、食、住、医药及必要之社会服务均包括在内；且于失业、患疾、残废、寡居、衰老、或因不可抗力之事故致有他种丧失生活能力之情形时，有权享受保障。前述规定属于一项确保生活水平的人权；为此联合国于1966年12月16日通过《经济、社会和文化权利国际公约》，其第11条第1款也为确保人人之相当生活水平，规定："……人人有权为他自己和家庭获得相当的生活水平，包括足够得食物、衣着和住房，并能不断改进生活条件。各缔约国将采取适当的步骤保证实现这一权利，并承认为此而实行基于自愿同意的国际合作的重要性……"

由前述规定可知，适足住房权在确保生活水平之人权中的重要性。而联合国《经济、社会和文化权利国际公约》第4号一般意见，针对适足住房权，强调：

1. 适足的住房之人权由来于相当之生活水平的权利，对享有所有经济、社会和文化权利是至关重要性的。

2. 适足的住房权利适用于每个人；个人同家庭一样，不论其年龄、经济地位、群体或其他属性或地位，都有权享受适足的住房，这一权利的享受不应受到任何歧视。

3. 住房权利是一安全、和平与尊严地居住某处的权利，应确保所有人不论其收入或经济来源如何都享有住房权利。

4. 住房权利的适足，必须在以下七方面加以考虑：

(1) 使用权的法律保障；

(2) 服务、材料、设备和基础设施的可提供性；

(3) 可承受性：各缔约国应为那些无力获得便宜住房的人设立住房补助，并确定适当反映住房需要的提供住房资金的形式和水平。按照力所能及的原则，应采取适当的措施保护租户免受不合理的租金水平或提高租金之影响；

(4) 适居性；

(5) 可获取性：提高社会中无地或贫穷阶层得到土地的机会应是其中心政策目标；必须制定明确的政府职责，实现人人有权得到和平尊严地生活的安全之地，包括有资格得到土地；

(6) 地点；

(7) 文化的适足性。

5. 各缔约国必须对处境不利的社会族群给予应有的优先考虑，对他们予以特别照顾。

6. 适足住房权利的许多组成因素至少是与国内法律的补救措施条款相一致的。依据法律体系，这样的领域可能包括但不限于此：(1) 法律上诉，以求通过法院命令防止有计划的驱逐或拆房；(2) 遭非法驱逐后要求赔偿的法律程序；(3) 对房东就租金水平、住所维修、种族和其他形式的歧视方面实施或所支持的非法行为提出上诉；(4) 就分配和提供住房方面存在的任何形式的歧视提出指控；(5) 就不健康或不合适住房条件对房东提出诉讼。

三、台湾为适足住房权先订立"住宅法"，另又实施"租赁住宅市场发展及管理条例"

由上述说明可知，适足住房权利包括对于经济弱势者之居住权利的照顾，尤其是需要靠租赁住宅者，也必须考虑其可承受性，就此问题，先从台湾的情形谈起。

(一) 台湾近年来贫富悬殊加剧，贫困者与日俱增

台湾在20世纪80年代中期之后，随着整个产业的转型与全球化程度的深化，

所得不平等的问题愈形严重[1]；2008年，在全球金融海啸冲击下，中下阶级首当其冲，掉落到贫困线以下，台湾也不例外，面临着贫富悬殊加剧、贫困者与日俱增等问题，尤其长年面对就业困难，民间更有人发起"反贫困联盟"[2]。

（二）为维护居住权，开始有反迫迁运动

2017年1月11日修正公布的台湾"住宅法"第53条规定："居住为基本人权，其内涵应参照《经济、社会和文化权利国际公约》《公民权利和政治权利国际公约》及经济社会文化权利委员会与人权事务委员会所作之相关意见与解释"；而联合国《经济、社会和文化权利国际公约》第7号一般性意见，认为适足住房权的保障，包括免遭强迫驱逐、骚扰和其他威胁。强迫驱离必须满足三个要件，即(1)要求人们搬离的前提，必须为了保障住居者或他人的基本权利或是更大公共利益所必须；(2)整个过程必须公开透明，并与受驱离者尽可能地确商；(3)完全补偿，否则，就构成不法的强迫驱逐。由于强迫驱逐不但明显地侵犯了《经济、社会和文化权利国际公约》所体现的权利，同时也违反了不少公民和政治权利，例如：生命权，人身安全权，私人生活、家庭和住宅不受干涉权，以及和平享用财产权等[3]。自2000年以来，台湾不少无产权的受迫迁小区，开始使用居住权作为主、次要的论述策略，例如乐生、三莺部落、绍兴小区等，而居住权论述话语兴起的现象，受益于联合国《经济、社会和文化权利国际公约》中所提及，居住权不可化约于财产权；亦即居住权是有受保障，并非取决于居民是否握有财产权，而在于居住状态是否因长期的占有、生活模式的建立、是否有尊严的生存与生活所必须等因素，而已形成保有权。[4]

另自2009年台湾"行政院"国有土地清理活化督导小组推动国有土地，加速对其管有土地上的居民要求强迫拆迁，也被以国有土地是全民资产，土地原本就是居住使用，不应将之视为商品为由，而认为利用诉讼手段，驱赶长年因基本生存所需

---

[1] 吕建德、叶崇扬："台湾所得分配恶化的政治经济基础：一个政治的解释"，《追寻社会国》，台湾大学出版中心，2017年12月，第627页。
[2] 简锡阶："反贫困运动——扭转崩世代的危机"，《台湾人权学刊》2012年12月10日，第一卷，第3期，第171-173页。
[3] 《经济、社会和文化权利国际公约》一般性意见，第45-49页。
[4] 陈虹颖、徐亦甫："东亚迫迁法庭及台湾居住权运动现况与挑战"，《台湾人权学刊》2017年12月，第4卷，第2期，第177页。

而居于此的原居民，使其流离失所，是违反联合国《经济、社会和文化权利国际公约》之适足居住权的保障。[1]

（三）透过"住宅法"保障居住权

台湾"宪法"第15条保障人民之生存权。生存权的内涵与居住权有非常密切的关系，居住作为生存的重要面向，故可将之置入当前生存权的讨论，从台湾大法官会议释字第709之解释可看出苏永钦、叶百修、汤德宗等大法官的意见书中，咸认为居住权可以放在生存权的脉络下建构[2]。为保障"国民"居住权益，于2012年12月30日起施行"住宅法"，该法中透过(1) 兴建社会住宅（"住宅法"第4条）；(2) 办理补贴住宅的贷款利息、租金或修缮费用（"住宅法"第9条）；(3) 利用租金收入免纳所得税方式，鼓励住宅所有权人将住宅出租予依"住宅法"规定接受主管机关租金补贴或其他机关的各项租金补贴者（"住宅法"第15条）等方法，协助弱势者满足适足住房权。

（四）透过"租赁住宅市场发展及管理条例"限制住宅租赁契约

除了前述"住宅法"外，台湾为了让房屋承租人免受不合理的租赁条件侵犯，使其具有可承受性，且为活化及利用现有空屋，采包租代管方式，另社会住宅也包租代管[3]，故自今年6月27日起开始施行"租赁住宅市场发展及管理条例"，该条例限制住宅租赁契约，保障承租人，此可分以下六点说明：

1.住宅房屋之承租人的居住权，政府订特别法加以保障

在台湾，房屋租赁属于民事契约，适用台湾"民法"债编的规定，而台湾已实施"住宅法"，保障人民的居住权；"立法院"为更落实没有自有房屋，而要仰赖承租方式，取得住宅之使用权的承租人，三读通过"租赁住宅市场发展及管理条例"，该条例已成为"民法"的特别法，该条例中的规定自然优先于"民法"中债编租赁相关的规定而适用。

---

[1] 何燕堂："被形成的违占户——基隆贵美杂货店：国土活化政策如何侵犯底层人员的居住权？"，《台湾人权学刊》2016年12月，第3卷，第4期，第164页。

[2] 陈冠玮：《宪法上居住权之建构与实现——以司法审查为核心》，元照出版有限公司，2017年12月，第153-155页。

[3] 朱庆伦等："社会住宅业务推动情形"，《主计月刊》2018年5月，第749期，第64页。

住宅房屋的承租人可运用"租赁住宅市场发展及管理条例"的规定,保障自身的租赁权益;此可由该条例第1条规定:为维护人民居住权,健全租赁住宅市场,保障租赁当事人权益,即可了解。

2.承租人及次承租人均受保障

"租赁住宅市场发展及管理条例"所保障的承租人包括原承租人或因转租而成为次承租人。过去有些原承租人未获出租人同意,即擅自转租,为了保障次承租人的权益,该条例规定转租人应经出租人书面同意,方得转租其租用之住宅的全部或一部;而且转租人签订转租契约时,应向次承租人提供出租人同意转租的书面文件,并于转租契约载明其与出租人的租赁标的范围、期间及得终止租赁契约的事由(参见"租赁住宅市场发展及管理条例"第9条)。

3.承租人订立租赁契约,应注意应约定及不得约定事项

往昔承租人承租住宅房屋使用,有些出租人利用其优势地位,使承租人订立不公平的租赁契约,承租人可因以下两点事项较受保障:

甲、主管机关要订出租赁契约的应约定事项及不得约定事项,俾保障承租人;

主管机关未来所定的应约定事项,其内容包括:(1)契约的重要权利义务事项;(2)契约违反的法律效果;(3)契约的终止权及其法律效果;(4)其他与契约履行有关的重要事项。

乙、至于不得约定事项,则包括:(1)限制或免除租赁当事人之一方义务或责任;(2)限制或剥夺租赁当事人之一方行使权利,及加重其义务或责任;(3)其他显失公平事项(参见"租赁住宅市场发展及管理条例"第5条)。

4.规范租赁住宅广告,保护承租人免因而陷于错误

承租人承租住宅房屋,出租人有些透过夸大不实广告,使承租人误判陷于错误而承租。出租人或出租人委托刊登租赁住宅广告的媒体经营者均受规范。其所提供的租赁住宅广告内容必须与事实相符;如租赁住宅面积、屋龄、楼层及法定用途与事实不符,致承租人因信赖该广告而受损害时,则出租人或出租人应与媒体经营者负连带赔偿责任(参见"租赁住宅市场发展及管理条例"第13条)。

5.限制押金及强制出租人的修缮义务

又往昔有些出租人要求承租人缴交不合理的押金及让承租人无法使用到合于居住使用的房屋;现依"租赁住宅市场发展及管理条例"均有进一步的合理保障,兹分述之如下:

甲、押金:限制出租人收取押金,其数额不得超过两个月的租金总额。

乙、出租人的修缮义务:出租人负有以合于所约定居住使用的租赁住宅交付承租人的义务;且应于租赁期间保持其合于居住使用的状态。又如应由出租人负责修缮,且有修缮的必要时,出租人即应修缮,倘出租人未于承租人所定的适当期限内修缮时,则承租人可以自行修缮并请求出租人偿还其费用或于约定的租金中扣除(参见"租赁住宅市场发展及管理条例"第7条、第8条)。

6.赋予承租人特定情形下,可以提前终止租赁契约

"租赁住宅市场发展及管理条例"第11条规定:

承租人如于租赁期间发生下列情形之一,导致难以继续居住,可以提前终止租赁契约,而且出租人不得向承租人要求任何赔偿:

(1)因疾病、意外产生有长期疗养的需要;

(2)租赁住宅未合于居住使用,并有修缮的必要,经承租人定相当期限催告,而出租人不于期限内修缮;

(3)因不可归责于承租人的事由,致租赁住宅的一部灭失,且其存余部分难以继续居住;

(4)因第三人就租赁住宅主张其权利,致承租人不能为约定之居住使用。

承租人依前述规定行使终止权,必须注意以下三点:

(1)应于终止前30日通知出租人;

(2)应以书面通知出租人;

(3)通知时应检附相关事证,如果是因疾病、意外有长期疗养的需要,须检附设立在案医疗机构出具疗养时程需六个月以上的诊断证明。("租赁住宅市场发展及管理条例施行细则"第3条)

上述"租赁住宅市场发展及管理条例"的规定,是为使住宅租赁的承受人具有可承受性。

四、大陆除保障房的政策外,仍须有保障经济弱势承租住宅的措施

大陆目前相当重视住房政策,其为实现人人有屋住的理想,推动保障房的政策。大陆将居住权放在突出的位置,并于第十一届全国人大常委会立法规划,纳入《住房保障法》的立法计划。

大陆《住宅保障法》未完成立法之前,已有不少的住房保障措施,这种保障性房屋与商品房是相对的概念。保障性房屋是指政府投资建设或者透过其他途径筹集的,以限定的标准和价格,向符合条件的住房困难家庭和单身居民出租或出售的住房,包括廉租住房、公共租赁住房、经济适用房、安居型商品房等多种形式[1];经济适用房、限价商品房、安居型商品房属于购置型保障性住房[2]。现分述之如下:

(一) 经济适用房

在大陆的保障房政策中,首先要谈到经济适用住房,其简称为经济适用房,指政府提供政策优惠,限定套型面积和销售价格,按照合理标准建设,面向城市低收入住房困难家庭供应,具有保障性质的住房政策。国务院于1991年6月在《关于继续积极稳妥地进行城镇住房制度改革的通知》中,就提出大力发展经济适用的商品房,优先解决无房户和住房困难户的住房问题[3]。经济适用住房单套的建筑面积控制在60平方米左右(参见《经济适用住房管理办法》第15条前段)。大陆因过度推崇市场机制,导致地方政府大力推进商品房市场,减少对经济适用房的投入和供给,使经济适用房的投资增长率从1999年的61.4%逐渐下降到2003年的5.6%,甚至在2002年还出现负成长,经济适用房的投资规模占住房投资的比重逐年下滑[4]。

---

[1] 赖俊宇等:《购置型保障性住房定价研究——以深圳市安居型商品房定价为例》,人民出版社,2014年8月,第1页。
[2] 赖俊宇等:前揭书,第1—2页。
[3] 《中国保障性住房政策与法律实务应用工具箱》,法律出版社,2010年4月,第1页。
[4] 吕筱萍、程大涛:《中国保障性住房政策研究》,中国社会科学出版社,2013年9月,第188—189页。

(二) 廉租住房

廉租住房,简称"廉租房"。城镇廉租住房是指政府(单位)在住房领域实施社会保障职能,向具有本市非农业常住户口的最低收入家庭和其他需要保障的特殊家庭提供租金补贴或者以低廉租金配租的具有社会保障性质的住宅。2001年,大陆出台了《国务院关于解决城市低收入家庭住房困难的若干意见》,其核心内容意见,就是要"加快建立健全以廉租住房制度为重点、多渠道解决城市低收入家庭住房困难的政策体系"。2006年5月17日召开的国务院常务会议中,提出针对楼市的整改措施,有一条明确要求各地加快城镇廉租房制度建设,规范发展经济适用房,有步骤地解决低收入家庭的住房困难[1]。至此,廉租房政策取代经济适用房政策成为大陆城镇住房保障体系的核心内容;随后,住建部等九部委联合下发《廉租住房保障办法》代替《城镇最低收入家庭廉租住房管理办法》,成为廉租住房政策的指导文件[2]。依《廉租住房保障办法》第5条前段规定,廉租住房保障方式实行货币补贴和实物配租等相结合。现分述之如下:

(1) 货币补贴方式:采取货币补贴方式的,补贴额度按照城市低收入住房困难家庭现住房面积与保障面积标准的差额、每平方米租赁住房标准确定。

(2) 实物配租方式:配租面积为城市低收入住房困难家庭现住房面积与保障面积标准的差额(参见《廉租住房保障办法》第7条第1款、第8条第1款)。

(三) 限价商品房

限价商品房,简称"限价房",又称两限房;其乃指经城市人民政府批准,在限制套型比例、限定销售价格的基础上,以竞地价、竞房价的方式,招标确定住宅项目开发建设单位,由中标单位按照约定标准建设,按照约定价位面向符合条件的居民销售的中低价位、中小型普通商品住房,因为它限制地价,也限制房价,所以,又称之为"两限房"。限价商品住房政策不同于经济适用住房,但同样都属于大陆城镇住房保障体系的一项重要内容[3]。就以北京市为例,其订有《北京市限价商品住

---

[1] 《中国保障性住房政策与法律实务应用工具箱》,第183页。
[2] 蔡荣生、吴崇宇:《我国城镇住房保障政策研究》,九州岛出版社,2012年10月,第36页。
[3] 蔡荣生、吴崇宇:前揭书,第21页,《中国保障性住房政策与法律实务应用工具箱》,第318-319页。

房管理办法 (试行)》，藉此规定，作为推动此一政策的依据。不过此一政策实施过程中，因为政策地位、缺乏全国性规范文件颁布，以及定价等问题，阻碍了其在全大陆范围内的大规模发展[1]。

(四) 公共租赁住房

公共租赁住房，简称为"公租房"。住房和城乡建设部等七部门联合制定《关于加快发展公共租赁住房的指导意见》，盼能立足国情，加快发展公共租赁住房，推动保障性安居工程建设，以适应民众基本住房需求[2]。公共租赁住房作为保障性住房政策，相较于个人购买、廉租住房、经济适用房和个人出租，具有以下优势：(1) 公共租赁住房有利于引导国民，先租后买，合理安排住房消费；(2) 公共租赁住房有助于克服廉租住房和经济适用住房的弊端；(3) 公共租赁住房有助于弥补个人出租住房的不足[3]。目前大陆各地的公共租赁住房，先就以北京市为例，其为此订有《北京市公共租赁住房管理办法》，该办法第2条第2款定义公共租赁住房，指政府提供政策支持，限定户型面积、供应对象和租金水平，面向本市中低收入住房困难家庭等群体出租的住房。

(五) 棚户区改造安置住房

棚户区是城市建成区范围内平房密度大、使用年限久、房屋质量差、人均建筑面积小、基础设施配套不齐全、交通不便利、治安和消防隐患大、环境卫生脏乱差的区域及城中村。对此一区域实施棚户区改造，安置住房，是城镇实物性住房保障改革中的一项。

(六) 住房公积金

国家机关、国有企业、城镇集体企业、外商投资企业、城镇私营企业及其他城镇企、事业单位、民办非企业单位、社会团体及其他在职职工缴存的长期住房储金。大陆于1999年颁布《住房公积金管理条例》。

上述六项措施，对于经济弱势者而需通过租赁住宅解决居住问题，尚未臻周

---

[1] 蔡荣生、吴崇宇：前揭书，第27-28页。
[2] 邱道特：《保障性住房建设的理论与实践》，西南师范大学出版社，2012年8月，第29页。
[3] 孟庆瑜：《保障性住房政策法律问题研究》，法律出版社，2016年12月，第55-56页。

全。因为大陆都会区的房价甚高，住宅租赁的条件往往不利于承租人，如果依照《合同法》中的租赁规定，并不足以保障承租人。由此足见大陆有必要制订特别法，管制住房租赁契约，其理由有四：(1) 住房租赁社会经济效果的需求；(2) 住房租赁法律控制能够增进社会和谐；(3) 住房租赁法律控制能够促进社会公平；(4) 住房租赁法律控制对于市场失灵有一定的矫正作用[1]。

五、结语

习近平总书记在大陆推动减贫、扶贫及脱贫是一件重大的社会改造工作，有助于2020年建成全面小康社会，并促进社会和谐。但不可讳言的是，适足住房权既然是确保生活水平的重要内涵之一，而大陆也注重保障房政策，有必要使之落到实处。因而建议尽速完成《住房保障法》的立法[2]，并且制订管制住房租赁契约的特别法，必能使适足住房权获得更完整更充分的实现，且确保扶贫计划的圆满成功。

(作者李永然系台湾中华人权协会名誉理事长、永然联合法律事务所所长)

---

[1] 戴炜：《住房租赁契约管制研究》，中国社会科学出版社，2017年12月，第190—195页。

[2] 孟庆瑜教授等也呼吁中国大陆应有一部《住房法》，以建构完备的住房法律制度体系，该法应遵循下述基本原则：(1) 保障人权原则；(2) 权利义务配置均衡原则；(3) 统一性和灵活性相结合原则；(4) 系统性解决住房问题原则；(5) 多个部门协调管理原则。使之成为住房问题的基本法。参见孟庆瑜等：前揭书，第202—204页。

消除贫困与生存权发展权的实现：
中国的经验与探索

［中国］刘红臻

一、消除贫困的人权意涵：贫困人口生存权和发展权的实现

首先，消除贫困直接关乎贫困人口的生存和平等发展，其最核心的人权含义是公民经济、社会、文化权利的公平享有和实现。贫困的存在伤及人的尊严、妨碍人的全面自由发展。消除贫困和免于匮乏，"是各国人民追求幸福生活的基本权利"，"是人权保障的重要内容"。消除贫困的行动，就是要帮助贫困人口获得生存和平等发展的基本条件、机会与能力。我国《"十三五"脱贫攻坚规划》通俗地将脱贫目标表达为，"到2020年，稳定实现现行标准下农村贫困人口不愁吃、不愁穿，义务教育、基本医疗和住房安全有保障"。"两不愁、三保障"揭示了消除贫困最核心的人权含义即为贫困人口食物权、受教育权、健康权、住房权以及社会保障权、工作权、财产权等经济、社会、文化权利的公平享有和保障；当然，其中也包括对妇女、儿童、老年人、残疾人、少数民族等特定群体中贫困人口经济、社会、文化权利的格外关注和强调。

其次，消除贫困将为人的平等发展和全面发展创造条件，除去保障贫困人口的经济、社会、文化权利，还有助于其他类型人权的享有和落实，进而提升生存权和发展权的整体实现程度。通过减贫行动，贫困人口收入水平的提高，就业机会的增加，工作能力的提升，所能享受到的医疗、卫生、教育、环境、养老、社会保障等公共服务的改善，一方面可以在最底线的意义上矫正社会的不平等，抚慰社会成员对于

尊严、体面、公正等主体性价值的追求；另一方面也可以使人们有更好的身体状况、文明程度、资源机遇等去更好地理解和实现自我、奉献和造福社会，去更好地辨识和行使其公民权利、政治权利、环境权利等各种基本权利，从而在自我潜能激发、自我价值提升、社会连带感增强、社会贡献能力提高的过程中促进人的全面自由发展以及生存权发展权的整体协调实现。

再次，强调消除贫困的人权意涵、将之归结为贫困人口生存权发展权的实现，其实质是强调国家与社会在减贫方面所承担的人权责任和人权义务。尊重和保障人权的义务主体主要是国家；当平等社会关系强弱对比悬殊时，尊重和保障人权的义务主体也包括相关的社会组织或者社会力量。从人权的角度、以人权的话语提出消除贫困的议题，意味着国家和社会减贫责任的施加或者认领，意味着减贫行动不单纯是一项实施福利政策的国家行动，而是一项国家的人权行动、是国家和社会对其人权责任的承担和践行。《中国的减贫行动与人权进步（2016）》白皮书指出，"多年来，中国共产党和中国政府从基本国情出发，把人民的生存权、发展权放在首位，致力于减贫脱贫，努力保障和改善民生，发展各项社会事业，使发展成果更多更公平惠及全体人民，保障人民平等参与、平等发展权利。"

二、通过消除贫困实现贫困人口的生存权发展权：中国的制度优势和探索经验

中国的减贫行动是中国人权事业进步的显著标志。改革开放以来，中国政府不断加大扶贫力度，在全国范围内开展了有计划有组织的大规模开发式扶贫，先后实施了《国家八七扶贫攻坚计划（1994−2000年）》《中国农村扶贫开发纲要（2001−2010年）》《中国农村扶贫开发纲要（2011−2020年）》等中长期扶贫规划，减贫成为国家战略的重要组成部分。进入新时代以来，党和国家更是坚持以人民为中心的发展思想，把扶贫开发摆到治国理政的重要位置，提升到事关全面建成小康社会、实现第一个百年目标的新高度，实施精准扶贫、精准脱贫基本方略，将其纳入《中华人民共和国国民经济和社会发展第十三个五年规划纲要》《国家人权行动计划

(2016—2020年)》等国家经济社会发展规划和人权行动计划中,并制定专门的《中国的减贫行动与人权进步(2016)》《"十三五"脱贫攻坚计划》《中国农村扶贫开发纲要(2011—2020年)》《中共中央国务院关于打赢脱贫攻坚战的决定》《脱贫攻坚责任制实施办法》等规范性文件对其予以系统的部署和安排。

截至目前,中国的脱贫攻坚战已取得决定性进展,六千多万贫困人口稳定脱贫,贫困率从10.2%下降到4%以下,促进了贫困人口基本权利的实现,为全面建成小康社会打下了坚实基础。中国对全球减贫的贡献率超过70%,中国成为世界上减贫人口最多的国家,也是世界上率先完成联合国千年发展目标的国家,为全球减贫事业作出了重大贡献,创造了世界人权发展的新奇迹。

中国减贫事业和人权保障事业之所以能取得如此大的成绩,究其原因,主要在于中国的政治优势和制度优势,以及基于此而形成的"党的领导、政府主导、社会参与"的工作机制,和跨地区、跨部门、跨行业、全社会共同参与多元主体的社会扶贫体系。

首先,中国共产党和中国政府将消除贫困、改善民生、实现共同富裕、提升公民生存权发展权的实现水准作为社会主义的本质和自身执政行政的基本要求。我国的《国家人权行动计划(2016—2020年)》明确提出,"坚持以人民为中心的发展思想,把保障人民的生存权和发展权放在首位,将增进人民福祉、促进人的全面发展作为人权事业发展的出发点和落脚点,维护社会公平正义,在实现中华民族伟大复兴中国梦的征程中,使全体人民的各项权利得到更高水平的保障","推进精准扶贫脱贫,健全公共服务体系,稳步提高基本公共服务均等化水平,保障公民的经济、社会、文化权利"。从立党立国合法性基础和执政行政宗旨目标的高度来主动、积极地认领、承担和践行其对公民生存权发展权所承担的责任和义务,可以说是中国减贫事业和人权保障事业取得重大成绩的根本原因。

其次,党的领导和政府主导,使中国的减贫事业得以和人权保障事业相结合,使中国减贫事业和人权保障事业得以提升到国家战略和治国理政的高度,得以纳入到中国特色社会主义建设事业、"五位一体"总体布局、"四个全面"战略布局、"五大发展理念"、实现社会主义现代化目标的总体蓝图和战略规划中,从而获得坚实的依托和系统的支持。可以说,世界上没有哪个国家的减贫行动像中国这样站位之高。党和国家将当前的社会主要矛盾界定为人民日益增长的对美好生活的需要与不均衡不充分的发展之间的矛盾,将贫困问题定位于发展的不平衡不充分不可持续的问题,将现行标准之下贫困人口的全部稳定脱贫、全部贫困县的脱帽、解决区域性整体贫困,作为当前国家战略和治国理政工作的重中之重,将脱贫攻坚战作为全面建成小康社会的关键环节,坚决兑现让贫困人口和贫困地区同全国一道进入全面小康社会的庄严承诺,坚持社会公平公正、努力实现成果共享和共同富裕,以保障和改善民生为重点,促进社会公平正义,建立以权利平等、机会公平、规则公平为主要内容的社会公平保障体系。另外,脱贫事业纳入国家的经济社会发展规划和中国特色社会主义建设事业的统一战略部署,使得减贫政策和减贫行动可以和国家同时推进的科教兴国战略、人才强国战略、创新驱动发展战略、乡村振兴战略、区域协调发展战略、可持续发展战略互为衔接和协调,共同发力和相互支持。

再次,党的领导和政府主导,使中国的减贫行动和人权行动得以靶向定位、协调系统综合推进。减贫行动和生存权发展权的保障是系统工程,直指社会公正、民生保障和改善,涉及到就业、医疗、卫生、教育、养老、社会保障、生态等公共服务质量的提升和均等化的推进。可以说,贫穷问题的根源是发展的不均衡、不充分和不可持续。中国共产党和中国政府坚持将消除贫困、改善民生、共同富裕的事业归位于经济社会的协调发展中;坚持加快发展经济、扎实推进减贫事业;坚持将减贫作为发展经济的一项重要内容,以发展经济促进减贫,发挥扶贫开发与社会发展相互促进作用,把扶贫开发作为经济社会发展规划的主要内容,推动减贫和人权保障各项工作统筹兼顾、协调发展,实现扶贫减贫规划、国家经济社会发展规范与国家人权行动计划有机联动,这使得中国的减贫行动和生存权发展权保障不是一句空洞的口号和表现上"采取行动的义务",而是具备了扎扎实实的经济支撑并取得切切实实的实效。另外,由于党和政府拥有强大的政治动员能力、资源调配能力和集体行动能力,使得中国的精准扶贫、精准脱贫政策得以提出、贯彻和落实。在党和国家的组织保障、政策保障、资金保障、干部人才保障和监督考核下,通过建档立卡摸清底数,分析致贫原因和发展需求,分类指导、精准施策,特色产业扶贫、易地搬迁扶贫、生态保护扶贫、教育脱贫、医疗保障脱贫、农村兜底脱贫、资产收益扶贫、就业创业服务等扶贫组合拳得以精准、协调、综合、系统推进,从而做到真扶贫、真脱贫,并真正保障贫困人口的生存权发展权。此外,东西对口帮扶机制的确立,也是我国政治优势和制度优势在扶贫事业中的一种体现。

复次,党和政府责任制的严格施加和层层落实,是中国减贫脱贫事业取得胜利的重要法宝。中国共产党和中国政府对公民生存权发展权所承诺的政治义务落实为了各级和党政府具体责任指标和考核体系。《中国的减贫行动与人权进步(2016)》白皮书、《"十三五"脱贫攻坚计划》、《脱贫攻坚责任制实施办法》以国家意志和可操作规划的形式,把贫困人口脱贫作为五年规划的约束性指标,并转变为各级党委和政府及其工作人员的责任书与业绩考核指标。实行中央统筹、省负总责,市县抓落实的领导责任制,分工明确、责任清晰、任务到人、考核到位。各级党委和政府层层签订脱贫攻坚责任书,将脱贫攻坚任务完成情况作为考核贫困县党政领导的重要指标。建立年度脱贫攻坚报告和督查制度,实行省市县乡村逐级督查问责机制,对落实不力的部门和地区严格追责。

最后,党的领导、政府主导下社会参与和多元主体的扶贫体系是中国减贫事业成功的重要原因。授人以鱼不如授人以渔,减贫事业的源头活水是贫困人口的自我脱贫意愿与自我脱贫能力。尤其在精准扶贫的基本方略下,社会参与和多元主体的共同发力更有利于贫困原因和脱贫方案的靶向诊断和靶向治疗。我国强调健全广泛参与机制,确立东西扶贫协作和党政机关、部队、人民团体、国有企业定点扶贫机制,鼓励支持民营企业、社会组织、个人参与扶贫开发,引导社会扶贫中心下移,实现社会帮扶资源和精准扶贫有效对接,同时鼓励设立产业投资基金和公益信托基金,实施扶贫志愿者行动计划和社会工作专业人才服务贫困地区计划,着力打造扶贫公益品牌。

三、减贫行动和生存权发展权保障的法治化：进一步努力的方向

我国的减贫行动和人权行动纲领确立了"依法推进""协调推进""务实推进""平等推进""合力推进"的基本原则，强调"建立以权利平等、机会公平、规则公平为主要内容的社会公平保障体系，用法治保证人民平等参与、平等发展权利"。尤其是在"党的领导，政府主导，社会参与"的精准扶贫的工作机制下，强调权利的法治保障、权力的法治约束就更为重要。

首先，在党政主导的精准扶贫方略和工作机制下，各级党委和政府（尤其是基层党委和政府）的工作人员，甚至是农村基层自治组织中的负责人员和工作人员，直接行使资金、项目和相关资源的再分配权力以及公共服务的购买权力，在此，如果权力缺乏有效的监督和控制，极易发生精英捕获、钱权交易、徇私舞弊、贪污腐败等现象，因此，扶贫行动的法治化推进非常重要。项目资金安排和建设情况应向社会公开，实现阳光运行、常态化公开，应委托有关科研机构和社会组织等独立第三方，对贫困人口识别准确率、贫困人口退出准确率、因村因户帮扶工作群众满意度等指标进行评估，应加大扶贫领域执纪监督、审计监督力度，开展扶贫领域职务犯罪预防和集中整治专项工作。完善信息披露机制，充分发挥社会监督作用。

其次，减贫行动的推进，应加强农民等贫困人口民主参与和民主监督权利的制度化保障。应尊重和强调贫困人口的自我发展意愿、自我发展能力和自我发展选择，应健全自治、法治、德治相结合的乡村治理体系，应建立全国扶贫信息网络系统，通过农户申请、民主评议、公示公告、逐级审核的方式，对每个贫困村、贫困户建档立卡，确保群众的知情权和参与权。坚持民主决策、科学决策，充分尊重贫困群众发展意愿，贫困群众参与项目决策、实施、管理和监督全过程。

最后，应为社会多元主体的协同参与提供足够和适当的发展和行动空间。国家鼓励民营企业、社会组织、公民个人广泛参与扶贫，应在其合法性地位、行动自由等方面给予适当的制度上的鼓励和松绑。

（作者刘红臻系吉林大学法学院副教授）

消除贫困与生存权、发展权的实现

——以中国的实践为例

[中国] 柳华文

人类社会从来没有像今天这样普遍地将人权奉为社会发展的核心追求。虽然生与死、战争与和平一直是人类文明史的永恒主题，但是人的尊严从未像今天这样获得彰显，以至于人权法成为国内和国际社会的一个新的法律部门和体系，不仅是一个概念、理念，更有具体规则制度和丰富的社会实践。在这样的背景下，消除贫困不再是一个简单的经济问题、社会问题，它是一个从基层社区、到国家乃至国际社会的人权问题。

用人权的视角看待个人或者集体消除贫困的实践，是当今世界的重要特点和趋势。本文就是要结合中国的实践，探讨消除贫困对于人权保障特别是生存权和发展权的意义与价值。

一、什么是人权法？

人的尊严是人权法的基础，它是人权法的核心概念。经常有人问，讲人权是讲什么？简单地说，人权就是讲对人的尊重，它反对忽视、蔑视或者侵犯个人的存在及其价值，反对、预防并主张严惩伤害、虐待或者剥削个人的行为，反对将人及其身体非法地物化、工具化或者商品化；人权法要求从精神上、物质上将每一个人视为独立、值得并需要尊重的个体，并要求每一个人认真和平衡地对待自己和他人的权利。

什么是人权的方法？人权是跨学科的，直接、间接地涉及社会生活的方方面面，涉及国家和社会治理的各个部门和各个环节。人权强调尊重权利主体的主体地位，尽量倾听和尊重权利主体的意见和主张，让每一个特殊的群体或者每个群体的特殊性可视、得到尊重、可以发挥积极性、主动性和创造性，强调改变历史、传统和现实社会中存在的歧视性的文化或者习俗，强调社会各方面采取系统性地努力来倡导人权文化，充分实现人权，预防和追究人权侵犯，救助和保护侵犯人权的受害者。

什么是人权的目标？不同的角度都有不同的结论，而且都是正确的。从个体的角度看，人权可以说是个人自由、福利、尊严和价值的保障；从整体和长远的角度看，人权也可以说是为社区、社会和整个国家乃至世界的长治久安奠定基础。

也许简要地回顾一下人权法的基础、基本方法和目标，有助于我们在显得杂乱的讨论中理清头绪，更明确地知道我们想要什么，在做什么，向什么方向努力。

当今世界，科技发展、国家间交往频繁，理论上似乎应该是实现人权最好的时候，但是实际上，世界范围内的人权挑战前所未有，国际社会发展过程中不利于人权保障的不确定性和危险性特征有增无减。[1]在种种问题和挑战之中，最根本的，还是要保障个人和集体的生存和发展。

今天消除贫困的潜力是巨大的，人权法不仅是评估消除贫困的努力，更是要为消除贫困的实际工作提供启示和方法。

二、消除贫困是生存权和发展权的根本

贫困是每个个体或者集体生存和发展的最直接的障碍，也是对享有人的尊严的阻碍。人权的内容颇为丰富，但是最容易达成共识，最容易理解的，应该是作为底线的个体避免物质匮乏的权利。贫困的人，自由是受限的，最低生活水准权、健

---

[1] António Guterres, "Remarks to the UN Human Rights Council," February 27, 2017, available at: //www.un.org/sg/en/content/sg/speeches/2017-02-27/secretary-generals-human-rights-council-remarks, last visited on March 28, 2017.

康权、环境权、受教育权等均会受到影响。

以发展促人权，其实就是通过消除贫困来保障人权，确保人的基本需要获得满足，从而为其他人权的实现奠定基础甚至是创造前提。

孤立地谈人权，说人权的"有""无""好""坏"，有时是说不清的，会陷入双重标准、不同参照下的无谓争论。将人权放到具体的社会背景和国情基础之上，通过观察发展与人权的关系，才能够更清楚地认识两者之间的紧密联系，认识一国一地人权工作进步与否、充分与否。

中国的人权理论和人权政策历来把生存权和发展权作为首要的人权。生存权和发展权的概念最典型地反映了发展与人权之间的辩证关系。

生存权和发展权是一个比较抽象的大的人权概念，它可以衍生出更多具体的概念、原则和规则。提出这样的概念的合理性和科学性就在于它们概括和反映了人权法的本质和核心内容，也让人们更容易理解实现人权的根本路径——保生存、促发展。消除贫困，显然就是保障生存权和发展权的应有之义。

而生存权和发展权等人权法概念与制度对消除贫困的启发意义也是显然的。它倡导的是赋权的方式，而不是救助的方式；它倡导尊重相关个体或者群体的积极性、主动性和创造性的方法和实现消除贫困的目标；它强调消除歧视，特别是性别歧视、针对残疾人或者少数人的歧视等。以人权为目标、核心理念和工作方法的消除贫困的工作，是一种可持续的、有号召力和振奋人心的发展过程。

三、中国消除贫困工作的显著特征

中国是发展中国家，一向重视经济、社会和文化权利。在中国的政府话语中有一个词来概括中国在这个方面的核心发展理念，这就是"民生"。以民生为本，即是以所有人民的生存权和发展权为首要考虑，努力提高人民的生活水平和生活质量，追求提高每一位公民的幸福感、获得感。因此，中国发展，不仅仅是经济本身的发展，国民生产总值数字上的提高，更重要的是社会所有成员、百姓的生活保障与改善。

在笔者看来，改革开放四十年来，中国逐渐走向一条科学发展的道路。中国正在坚定不移地贯彻的是创新、协调、绿色、开放、共享的发展理念。中国的发展道路有两个特点，一个是以经济建设为中心，实现经济快速发展和腾飞；另一个是伴随经济发展，发展的内涵和外延不断充实，逐渐而且迅速地转向全面发展，开始走向全面、平等与可持续的发展道路。在这个过程中，人权逐渐主流化，[1]成为发展的应有之义，颇能体现的"民生"保障水平的经济、社会和文化权利自然成为中国人权事业发展的一个亮点。

中国减贫工作有明显的政治意愿强烈和政府主导的特征。四十年来，中国政府不断加大扶贫力度，成立专门扶贫工作机构，确定重点扶持地区和群体，安排专项资金，制定适合现实国情的贫困标准和专门的优惠政策，确定了开发式扶贫方针。中国政府在全国范围内开展了有计划有组织的大规模开发式扶贫，先后实施了《国家八七扶贫攻坚计划（1994－2000年）》《中国农村扶贫开发纲要（2001－2010年）》和《中国农村扶贫开发纲要（2011－2020年）》等中长期扶贫规划。减贫是中国国家战略的重要组成部分。

2012年党的十八大以来，在中国全面建成小康社会、实现中华民族伟大复兴中国梦的伟大进程中，以习近平同志为总书记的党中央，坚持以人民为中心的发展思想，实施精准扶贫、精准脱贫基本方略。党的十八届五中全会提出了2020年贫困人口全部脱贫、贫困县全部摘帽的目标任务。中央召开扶贫开发工作会议，中共中央、国务院印发关于打赢脱贫攻坚战的决定，对"十三五"脱贫攻坚作出全面部署。"十三五"规划将中央脱贫攻坚决策部署变为国家意志，变为可操作的规划，第一次把脱贫攻坚作为五年规划纲要的重要内容，第一次把贫困人口脱贫作为五年规划的约束性指标，第一次由省区市党政一把手向中央签署《脱贫攻坚责任书》，并层层立下军令状。

中国正在实施的《国家人权行动计划（2016－2020年）》将"经济、社会和文化权利"放在导言之后的第一部分，说明了中国对经济、社会和文化权利的重视。而

---

[1] 张万洪："论人权主流化"，《法学评论》2016年第6期。

在这个专门规定经济、社会和文化权利的章节的开篇，计划就将减贫问题放在首位，鲜明地表明了中国对减贫工作的信心和决心。计划提出中国促进经济、社会和文化权利的总的目标："推进精准扶贫脱贫，健全公共服务体系，稳步提高基本公共服务均等化水平，保障公民的经济、社会和文化权利。"把这一目标写进人权行动计划，这是中国消除贫困工作纳入人权视角的典型体现。

四、中国消除贫困的成就和举措

中国的减贫行动极大地促进了贫困和低收入人口的人权状况。《中国的减贫行动与人权进步》白皮书指出：改革开放以来，中国7亿多贫困人口摆脱贫困，农村贫困人口减少到2015年的5575万人，贫困发生率下降到5.7%，基础设施明显改善，基本公共服务保障水平持续提高，扶贫机制创新迈出重大步伐，有力促进了贫困人口基本权利的实现，为全面建成小康社会打下了坚实基础。联合国《2015年千年发展目标报告》显示，中国极端贫困人口比例从1990年的61%，下降到2002年的30%以下，率先实现比例减半，2014年又下降到4.2%，中国对全球减贫的贡献率超过70%。中国成为世界上减贫人口最多的国家，也是世界上率先完成联合国千年发展目标的国家，为全球减贫事业作出了重大贡献。

到2017年10月，中国共产党举行第十九次代表大会时，习近平总书记郑重宣告，在十八大以来的五年中，又有六千多万贫困人口稳定脱贫，贫困发生率从10.2%下降到4%以下，"脱贫攻坚战取得决定性进展"。中国的减贫工作令每天有3.7万人脱离贫困线。可以预计，很快中国就有望完成在2020年之前让所有贫困人口脱贫的历史性目标。

中国是联合国多个核心人权公约的缔约国，人权法的理念和方法，在中国发挥着重要作用。比如中国致力于全面脱贫、精准脱贫；必要时"授人以鱼"，但更强调"授人以渔"的能力建设；并且特别关注特殊群体、弱势群体的具体需要，努力做到脱贫工作"一个都不能少"。

以残疾人为例，特别是中共十八大以来，中国残疾人权益保障制度不断完善，基本公共服务体系初步建立。

全国残疾人基本服务状况和需求专项调查工作于2015年1月1日启动。在3个月里，100多万名调查人员对全国在册登记的残疾人以及约3000万在册登记而暂未持证的疑似残疾儿童开展一对一调查工作。调查重点了解残疾人在生活救助、社会保障、康复服务、辅具服务、接受教育、就业帮扶、托养照料、扶贫开发、住房保障、无障碍改造、权益维护等方面的现有服务状况、托底服务需求等内容。此次全国残疾人基本服务状况和需求专项调查与以往有很多不同。1987年、2006年我国进行过两次全国残疾人抽样调查，有一定的经验。从此次调查的社会的背景看，随着经济、社会的发展，我们有更好的社会基础给予残疾人更好的待遇，同时也为调查的更好开展提供了有利条件。

中国减贫事业现在处于精准扶贫和冲刺攻坚阶段。在扶贫过程中，残疾人脱贫问题被作为重中之重。2015年2月，国务院印发《关于加快推进残疾人小康进程的意见》，提出建立残疾人基本生活兜底保障机制，要加大残疾人社会救助力度，建立困难残疾人生活补贴、重度残疾人护理补贴和残疾儿童康复救助制度，帮助残疾人普遍参加基本养老和基本医疗保险。

2015年5月，人社部、中国残联印发关于实施《残疾人职业技能提升计划（2016—2020年）》的通知，提出到2020年，力争使新进入人力资源市场的残疾人都有机会接受至少一次相应的就业技能培训，使企业技能岗位的残疾人都有机会得到一次以上岗位技能提升培训或高技能人才培训等。

2015年9月，国务院印发了《关于全面建立困难残疾人生活补贴和重度残疾人护理补贴制度的意见》。这是全国层面首次建立残疾人专项福利补贴制度，惠及1000万困难残疾人和1000万重度残疾人，成为保基本、兜底线的重要民生保障制度。

2016年8月，经李克强总理签批，国务院印发《"十三五"加快残疾人小康进程规划纲要》（以下简称《纲要》），提出到2020年，农村贫困残疾人实现脱贫，力争城乡残疾人家庭人均可支配收入年均增速比社会平均水平更快一些，残疾人家庭人均可支配收入年均增速大于6.5%。残疾人普遍享有基本住房、基本养老、基本医疗、基本康复，生活有保障，居家有照料，出行更便利。《纲要》清楚指出，残疾人群体仍然是全面建成小康社会的难中之难、困中之困。《纲要》设定的目标是，到2020年，残疾人权益保障制度基本健全、基本公共服务体系更加完善，残疾人事业与经济社会协调发展；残疾人社会保障和基本公共服务水平明显提高，共享全面建成小康社会的成果。《纲要》强调民生，并提出将农村贫困残疾人作为脱贫攻坚的重点对象，分类施策、精准帮扶，确保如期脱贫的重要性。[1]《纲要》不仅规定了原则性目标和举措，还规定了具体的量化指标，给残疾人带来实实在在的好处。比如，《纲要》提出，要提高残疾人受教育水平。为家庭经济困难的残疾儿童、青少年提供包括义务教育、高中阶段教育在内的12年免费教育。

可以看出，在中国，残疾人权利被纳入到国家和社会发展的主流，残疾人的生存权和发展权被置于残疾人权利保障事业的重中之重。这是中国消除贫困工作具体举措的实例。

五、结语：消除贫困需要持续和不懈努力

2020年是中国在整体上、历史性地解决贫困问题的时间节点，是中国减贫事业的取得的突破性的成就。这是以人为本、以人民为中心的发展理念的反映，中国将人权与发展相结合取得的成就。同时，我们也很清楚，消除贫困仍然是一个长期的任务。

中国已经取得了巨大的成就，但是作为一个发展中人口大国，中国在消除贫困、保障包括生存权和发展权在内的所有人权方面仍然面临重要挑战，需要深化改革，加大力度，坚持不懈地努力。

《〈国家人权行动计划（2012-2015年）〉实施评估报告》清醒地指出："经济发展方式粗放，不平衡、不协调、不可持续的问题仍然突出，城乡区域发展差距仍然较大，与人民群众切身利益相关的医疗、教育、养老、食品药品安全、收入分配、

---

[1] 贾玉娇：《积极推动农村残疾人精准扶贫》；徐倩："从'精准扶贫'到'精准助残'"，《中国社会科学报》2016年8月17日。

环境等方面还有一些困难要解决，一些领域的不正之风和腐败形势不容忽视。在中国，实现更高水平的人权保障任重道远，依然要付出艰巨努力。"具体来说，在个别地方、特殊领域，一些困难群体的生活福利保障还有许多具体和需要克服的困难，不能忽视。[1]

在2017年10月召开的中国共产党第十九次全国代表大会上，习近平总书记指出，经过长期努力，中国特色社会主义进入了新时代，中国社会主要矛盾已经转化为人民日益增长的美好生活需要和不平衡不充分的发展之间的矛盾。这是一个事关中国全局性、战略性政策判断的重要论断。

消除贫困是一个世界上所有国家包括发达国家和发展中国家、欠发达国家共同的任务，即使不是国家与社会整体的任务，也会是存在于国家与社会局部的任务。在这个问题上，必须谨记，人权不是一蹴而就、一劳永逸的。

阶段性的成就是一个历史性的里程碑，但是保护发展的成果、保持发展的水平，并且还能做到"更好"，则需要谨慎的态度、不懈的努力。

世界上任何面积较大、人口众多的国家，都不能说自己的人权保障，包括物质方面的保障是完美的，都不可以说自己没有无家可归者。贫困可以作为一个整体性的国家、社会或者群体的发展特征消失，但是个别人与个别家庭或者更多人的贫困问题可能是避免不了的。这是一个动态的过程，也就是一个问题在某地出现、面对、解决，在此地或者另外一个地方再出现、再面对、再解决的过程。它即使不是无休止的，也是长期的或者说常态的。

生存权和发展权是人权的核心内容，消除贫困总是人权保障的前提和基础。消除贫困对于社会科学研究者或者国家的政策制定与实施者来说，都是一个常说常新的题目，是一个需要持续关注和不懈努力的任务。

(作者柳华文系中国社会科学院人权研究中心执行主任、研究员)

---

[1] 刘晓庄："切实兜住困难群体民生网底"，《中国经济社会论坛》2017年第12期。

消除贫困与提高可行能力

[中国] 孟庆涛

消除贫困的首要问题,是如何"识别"贫困。通常,人们以某个特定的绝对"收入"数为标准来识别和评估贫困。目前,国际上通行的贫困标准是以"收入"来划定贫困线的。例如,2015年世界银行公布了最新的国际贫困线标准,即是按照购买力平均计算,将每人每天1.25美元调高至1.9美元。"收入"标准遭到了阿马蒂亚·森的挑战。阿马蒂亚·森是福利主义经济学的重要代表人物,诺贝尔经济学奖获得者。他用"可行能力"来替代"收入"重新评估贫困,并提出了一整套评估"不平等"的方法体系。[1]自1990年开始,联合国发表的《人类发展报告》,在发展理论和人类发展指数等方面,均受到了阿马蒂亚·森理论的影响。那么,他的基本理论逻辑是什么,这些理论是否可以评估中国的扶贫减贫措施,以及中国的扶贫减贫又有哪些经验可以借鉴呢?

一、消除贫困的可行能力视角

阿马蒂亚·森不是一位单纯的经济理论学家,更是一位关注人类饥荒、削除贫困、暴政、女性权利等的社会实践家。他从经济学,特别是他的社会选择理论切入人权问题,提出了消除贫困的可行能力标准并推动其实践。

阿马蒂亚·森承认人权的伦理性,他就此提出理解人权的方式主要关注两个问题,即人权的内容和可行性。他将人权的内容看作是通过《人权宣言》进行的道

---

[1]　[印] 阿马蒂亚·森:《论经济不平等》,王利文、于点杰译,北京:中国人民大学出版社,2015年。

德判断："简言之（根据现有理论和实际情况），道德判断是关于某些自由（如免遭酷刑的自由，或免受饥饿的自由）的重要性，以及相应地关于需要承担推动或保护这些自由的社会义务。"[1]从该问题来看，阿马蒂亚·森关于人权的认识，不仅在内容上将人权涵盖了权利和义务问题，重视国家等义务主体；而且涵盖了公民权利和政治权利，以及经济社会文化权利这些当今最主要的国际人权公约所规定的内容。他将人权的可行性（即《人权宣言》中所及的道德主张的可行性）置于"中立的旁观者"视角，其核心特征除可与他者互动，对他人的视角持开放态度外，关键是对可获取信息十分敏锐的批判性审思过程。

阿马蒂亚·森将人权内容中各种权利背后的自由作为考察人权问题的联系点，换句话说，他"以自由看待权利"。他认为某些自由，如不容他人侵犯的自由、患病时获得基本医疗救助的自由等是成为人权主题的"门槛条件"。阿马蒂亚·森将自由区分为"机会"和"过程"两个方面。所谓"机会"，"自由的这个方面所关注的，是我们实现我们所珍视的事物的能力，而不管实现的过程如何。"[2]他区分自由的机会层面和过程层面，除了扩展传统中仅关注对自由的机会或对自由的过程的重视而忽略另一面的认识外，更重要的是，通过扩张对自由的理解，从而在从自由概念推演到更具体的概念，如一个人所拥有的可行能力时，将考虑问题的层次不但扩展到一个人事实上的最终选择，而且扩展到选择过程，从而扩大了具体自由的范围。

阿马蒂亚·森将发展理解为自由："发展可以看做是扩展人们享有的真实自由的一个过程"[3]。对于发展来说，自由是发展的重要手段，但更是自由所要实现的目标。发展要求消除限制自由的主要因素，其中的一个就是贫困。阿马蒂亚·森用个体所具有的可行能力来分析社会正义，即"一个人所拥有的、享受自己有理由珍视的那种生活的实质自由，来判断其个人的处境"，"根据这一视角，贫困必须被视为基本可行能力的被剥夺，而不仅仅是收入低下，而这却是现在识别贫穷的通告标

---

[1] ［印］阿马蒂亚·森：《正义的理念》，王磊、李航译，刘民权校译，北京：中国人民大学出版社，2012年，第333—334页。

[2] 同上，第212页。

[3] ［印］阿马蒂亚·森：《以自由看待发展》，任赜、于真译，刘民权、刘柳校，北京：中国人民大学出版社，2013年，第1页。

准。"[1]尽管阿马蒂亚·森用可行能力来替代收入作为识别贫困的标准，但他不否认两者之间的"双向"联系：收入是可行能力的一个重要手段，提要可行能力会扩展提高赚取收入的能力；反之，收入的提高同样会扩展一个人的可行能力。

对于贫困分析而言，可行能力视角所作的贡献，用阿马蒂亚·森本人的话来说就是，"通过把注意力从手段（而且是经常受到排他性注意的一种特定手段，即收入），转向人们有理由追求的目的，并相应地转向可以使这些目的得以实现的自由，加强了我们对贫困和剥夺的性质及原因的理解。"[2]

二、精准扶贫方略的可行能力提升

习近平总书记指出："消除贫困，自古以来就是人类梦寐以求的理想，是各国人民追求幸福生活的基本权利。"长期以来，中国政府致力于消除贫困，先后实施了《国家八七扶贫攻坚计划（1994—2000年）》《中国农村扶贫开发纲要（2001—2010年）》《中国农村扶贫开发纲要（2011—2020年）》，取得了举世瞩目的成就，保障了人民的基本权利。截至2015年底，中国率先完成联合国千年发展目标，使7亿多贫困人口摆脱贫困，农村贫困人口减少到5575万人，是世界上减贫人口最多的国家。当前，中国的减贫行动进入攻坚期，面临着贫困人口规模大，贫困程度深，减贫成本高，脱贫难度大的问题。为有效解决具体工作中存在的"谁是贫困居民""如何针对性帮扶""帮扶效果怎么样"等不确定的问题，中国政府完善扶贫体制机制，提出了精准扶贫精准脱贫的基本方略。

从"可行能力"视角来看，精准扶贫的精神实质是提高贫困人口的可行能力。贫困的表现形式多种多样：贫困可能表现在收入上，贫困人口合法收入不能满足基本生存需要，或者明显低于当地其他人的收入；贫困可能表现在社会排斥上，贫困人口无法平等享受到公共物品供给、获得就业机会、接受基本教育等；贫困有可能表现在应对风险的脆弱性上，贫困人口面对外部压力和风险，缺乏基本的防御能

---

[1] [印]阿马蒂亚·森：《以自由看待发展》，任赜、于真译，刘民权、刘柳校，北京：中国人民大学出版社，2013年，第85页。
[2] 同上，第87页。

力。但贫困的实质是"能力贫困"。所谓能力贫困，是指贫困产生的内在机制在于贫困者的可行能力不足，从而处于社会的不利地位。可行能力，即一个人有可能实现的各种功能性活动。以可行能力作为判别贫困的根本标准，在分析和解决贫困问题上具有重要意义。可行能力理论将对贫困的认识，从单纯经济的视角推进到了能力和权利的层次，更加彰显了人本关怀，更加尊重了贫困者的主体意愿，更加深刻了对扶贫制度设计与脱贫成效之间关联的认识。个人能力有自然赋予的，如体力、智力，也有社会赋予的，如权利、机会、自由。社会的制度安排不能改变人的自然能力，但能够改善人的社会能力。相应地，消除贫困，在根本上是要通过更加合理的制度安排，减少经济因素、制度因素、法律因素和社会福利因素等对贫困者权利的影响，改变贫困人口的不利地位，使其获得并提高满足某些最低限度需要的功能和能力。

精准扶贫的制度设计重在找到"贫根"，对症下药，靶向治疗。精准扶贫方略是一种以"精准"为特色的制度安排，特别是"六个精准"，使扶贫方式从"粗放扶贫"转向"精准扶贫"，通过精准识别、精准帮扶和精准脱贫，有效提高贫困人口的可行能力，从而实现2020年贫困人口全部脱贫的伟大目标。精准识别，即在对象上精准识别贫困居民，在尊重贫困人群多元性、主体性的前提下，通过建档立卡摸清底数，识别具体的贫困程度，分析致贫原因和发展需求。精准识别改变了单纯依靠收入和消费指标的评估模式，建立了多维贫困指标评估体系，通过正面引入资产、健康、教育、环境等因素，负面排除不合格人群，进一步实现了贫困人口识别的精准。精准帮扶，即在对策上通过项目安排精准、资金使用精准、措施到户精准、因村派人精准，分类指导，精准施策。根据因病致贫、缺劳力致贫、缺技术致贫、缺资金致贫等原因，进行项目帮扶，实现项目安排精准；改革扶贫资金管理体制，加强扶贫资金基层整合，提高资金使用针对性和效果，实现资金使用精准；建立扶贫项目和资金到户机制，有效针对产业扶贫、移民搬迁扶贫、金融扶贫等不同方式，实现到户精准；针对农村贫困状况，选派扶贫干部，加强农村基层扶贫工作，实现因村派人精准。精准脱贫，即在成效上，通过"精准"的制度设计，阻断贫困的产生机制，实现长效脱贫，实现脱贫的可持续性。从结果上看，精准脱贫的成效应表现为存量贫困人口的消除及增量贫困人口机制性生产的阻断。中国政府正在通过救济式扶贫和开发式扶贫相结合，政府主导、市场驱动与社会参与相结合，普惠政策与特惠政策相结合，有效增强贫困人口的自我发展能力，阻断贫困的代际传递。

三、中国特色的扶贫开发经验

习近平总书记指出，"民主和人权是人类共同追求，同时必须尊重各国人民自主选择本国发展道路的权利。"消除贫困是人类的共同愿望，事关人的生存与尊严，是人权的应有之义。每个国家采取何种方式消除贫困，既受自然条件的限制，也受该国政治、经济、文化等因素的制约。消除贫困这一目标是共同的，实现目标的方式是多样的。只有充分尊重各国自主选择的减贫道路，让各种行之有效的减贫模式在一个多元世界中共存和竞争，消除贫困的共同目标才能更好的实现。

自上个世纪80年代以来，中国政府大力开展扶贫行动，经过30年的积极探索，走出了一条具有中国特色的减贫道路，积累了具有中国特色的扶贫开发经验。这是一条务实的道路，将减贫行动建立在坚实的经济基础和制度建构上，追求消除贫困的理想同切实有效的措施手段有机结合，并且在创造更多社会财富的同时，有意识地实现资源分配方面的互惠共享。

首先，中国特色扶贫开发经验显示，要坚持立足基本国情，充分发挥制度优势。中国正视人口众多、人均资源偏低的现实，在此基础上开展扶贫活动，将发展作为解决中国所有问题的关键。中国充分尊重历史形成的政治模式，发挥该种政治模式所具有的体制和制度优势，建立了"党的领导、政府主导、社会参与"的工作机制。党的领导保证扶贫减贫的政策方向，政府承担主要任务并发挥主导作用，以社会参与的形式动员社会力量，积极调动贫困人口本身的积极性和创造性。通过党的领导，通过社会主义制度，通过全社会的动员，发挥不同主体在扶贫体系中的协同作用，打通地区、部门、行业等的限制和障碍，构建全社会共同参与的多元主体社会扶贫体系。

其次，中国特色扶贫开发经验显示，要坚持加快发展经济，扎实推进减贫事业。绝对贫困现象的存在，与经济不发达存在着正相关。根据收入水平与可行能力之间的双向关系，经济的发展并不必然带来贫困现象的自然消除，但经济的不发达则必然会导致整体性贫困。中国正确处理发展经济与消除贫困的关系，把发展经济作为消除贫困的根本，发挥扶贫开发与经济社会发展相互促进作用，在连续实施扶贫开发规划的同时，注重将扶贫开发融入国家经济社会发展规划，实现了两者的有机联动。自2009年以来，中国政府将扶贫减贫行动逐步与实施国家人权行动计划对接，在2016年第三期国家人权行动计划的制定中首次将扶贫减贫行动、人权保障和国家的经济社会发展有效结合，同步推进，实现了扶贫减贫规划、国家经济社会发展规划与国家人权行动计划三者的有机联动。

再次，中国特色扶贫开发经验显示，要坚持多种形式减贫，注重提高实际效果。在具体的扶贫措施上，中国实现了从"救济式扶贫"到"开发式扶贫"，从"面上扶贫"到"点式扶贫"的转换。"治贫先治愚，扶贫先扶智"，如果说救济式扶贫还只是"授人以鱼"，那么，"开发式扶贫"则旨在"授人以渔"，增强贫困人口的自我发展能力，通过"扶智"阻断贫困的代际传递。"点式扶贫"的实质是"精准"。从"区域性扶贫"到设立国家贫困县，再到"整村推进""扶贫入户"，是针对贫困地区从注重整体的"面上扶贫"到注重个体的"点上扶贫"的逐步精准的过程。同理，坚持普惠政策和特惠政策相结合，在加大对农村、农业、农民普惠政策支持的基础上，对贫困人口实施特惠政策，是在国家整体布局中实现优惠政策全覆盖，消除特定地区、特定行业、特定群体短板的同时，进一步瞄准其中的贫困人口。精准扶贫、精准脱贫的基本方略，更加深入到致贫根源的消除，分类施策，重在精准，从而提高扶贫减贫实效，实现脱贫的基本目标。

最后，中国特色扶贫开发经验显示，要坚持社会公平公正，努力实现成果共享和共同富裕。"不患寡而患不均"，均不是平均，而是均衡。中国特色扶贫开发以保障和改善民生为重点，在发展经济增大社会财富总量的同时，更加注重分配问题。通过创新制度安排，建立以权利公平、机会公平、规则公平为主要内容的社会公平保障体系，以制度来促进社会公平正义。改革开放成果是全体人民在中国共产党的领导下共同努力的结晶，理所当然由全体人民共享。每个人都是改革开放的参与者，人人参与，人人受益，用法治保证人民平等参与、平等发展权利，在中国的大家庭中，"决不落下一个贫困地区、一个贫困群众"，最终实现共同富裕。

小康社会是中国人数千年来的梦想。全面建成小康社会，必须彻底消除贫困现象。为了实现这一伟大的目标，中国政府带领中国人民，用了"洪荒之力"，克服重重困难，齐心协力，走出了一条中国特色扶贫开发道路，积累了中国特色扶贫经验，在促进中国人权事业发展的同时，为世界减贫事业作出了重大的中国贡献，为其他国家特别是不发达国家，提供了重要的借鉴样板。

(作者孟庆涛系西南政法大学人权研究院副院长、副教授)

贫穷本质的辩证法

[乌克兰] 瓦西里·捷列修克

贫穷的本质只在贫富辩证矛盾和这个矛盾的形成、发展、解决的环境下确定。这一本质被揭示为一个包含种种社会关系的制度,不仅体现财富的各种事物从中获得意义,产生各种贫富关系的社会活动也从中获得意义。这个包含贫富之间种种社会关系的制度,总是在具体历史生产方式框架内表现为财产与劳动之间的社会相互作用的各种具体形式。在资本主义社会,贫富对立本质上体现在资本与雇佣劳动之间的对立当中。

资本主义加剧了贫富对立,在世界范围内造成了强有力的、争取社会公正的运动;这一运动集中体现为社会民主、社会主义和共产主义运动及政党。这一运动为从资本主义到社会主义的革命转变铺平了道路,即产生了加剧贫富对抗的社会公正公共制度。

争取社会公平的斗争,开始是作为根除贫困、极端贫困、饥饿的斗争出现的,也是作为争取所有人可以公平获取公共产品的斗争出现的;然后以劳动和资本之间矛盾的形式,进一步转化为针对人和社会的再生产的斗争。在这一矛盾中,关于人的能力的整个社会制度,其再生产是间接的,处于物化与去物化的辩证法之中——人类总财富的真实内容本身并没有实质的存在形式,而是只能以活的行动实现。

解决资本与劳动的矛盾,其方法在于转变生产的直接社会性质,其目的不是生产消费品,而是生产人的能力——从广义上说,是人的教育。这就意味着整个社会经济制度应成为公共教育,而教育则不再是从社会生产中脱离出来的教育形式。

转变直接社会生产方式,使得贫富两个对立因素的再生产基础得以转变,在生产普遍人类能力的自由集体活动里消除两者的矛盾，同时由于只存在于活动交换的活的社会过程中，普遍的人类能力同时是个人和全体的财富。

贫穷自身没有任何本质。把贫穷作为一种社会现象的评价，归根结底是财富的不存在，即非财富。贫穷被认识为最终丧失作为财富的所有物。因此，任何尝试这样发现贫穷问题的情况，会导致把贫穷定义为人被剥夺的事物；这个定义所指的是人所缺乏的财富，但它本身就构成了财富的全部定义。

贫穷和财富构成一对广义的矛盾。由于不存在本质的双重性，上述矛盾的本质只与其一个方面有关，即财富。矛盾的第二个方面，贫穷，只是第一个方面的否定，因此没有自身本质。财富是矛盾的正面，贫穷是矛盾的反面。所以，只要揭示财富的本质，就可以揭示贫穷的本质。财富作为基础，不仅说明了自身，也说明了其对立面贫穷，所以，它是整个贫富矛盾的基础。上述矛盾的建立和发展，正是其自身真实定义的主题。

财富定义为个人实现其作为人可能达到的最完整存在的一切所有物。全部财富使得人可以最大程度成为人。财富首先作为物质形式出现，是物理生活条件和人类再生产的有形形式。财富也作为物质价值，但这种价值的出现意味着同时存在创造该价值的设施，还有适当的社会关系；其中一项财产物或者一个事物只能完成其作为价值的功能。我们知道，鲁滨逊·克鲁索在遇难船上发现了装满金币的箱子，但对他来说却完全不是财宝。

这样，财富并不像是财产物或者事物，而是特殊的、细致的社会关系制度，其中奢侈品也只能完成保证一个人适当生活条件的功能。如果没有这种社会关系，有形物就没有价值。使得有形物获得财富性质的社会关系制度，即是人类存在的最好生活环境，它不仅决定了财富，也决定了一个人自身的具体和历史性质。根据伊曼努尔·康德的观点，人以金钱的形式把自己的人性放在口袋里携带着。财富属于以实质形式体现的人性。

但是如果把财富作为对物品的所有，那么这种人的本质存在于人之外。如果是这种情况，当口袋里缺钱时，人就会轻易地失去人的本质。财富是事物的属性，不是人的特质。拥有的物越多，人的本质就越少。这样，不是财富和物服务于人，而是人服务于物，把自己的一生都用于创造和积累财富。在物的世界里富有，人就会同时变得贫穷，因为所有的真实自我都在自己之外，在他的所有物当中。长久以来，人类意识到，把人的本质与事物世界等同，会导致人失去其本质。因此，人以道、灵、神等形式努力寻找另一种非物质的、非实质的、精神的本质。如《道德经》第34章，"衣养万物而不为主"。

另一方面，如果贫穷的本质在其对立面——财富当中，那么贫困者就会努力通过获得财富来发现真正的自我。贫困者个人要获得物质财富，只有把自己变成事物或物体才有可能，即通过完成某些物质的功能才可能做到，而提供这些物质可以换取财富的有形性。贫困者变成物，由此获得机会取得生活资料———些财富。只有当财富为了自身再生剥削贫穷时，这种贫穷与财富的关系才成为可能；这时，贫困者成为生产物的物。通过把贫穷转变成其生存手段，财富战胜了作为其对立面的贫穷。如果不是把人类的其他部分重新创造成另一极，所谓的"亿万金元"群体就不可能存在。

在贫穷与财富之间的社会关系中，前者完成后者再生的功能。贫穷是财富再生的驱动力。贫穷是劳动再生产所有种类的物质财富，以此换取其自身的再生。

财富是人性的物质表现，贫穷则作为社会关系制度中人性再生的最重要环节。财富拥有人的本质，贫穷创造财富。贫穷通过创造财富使自身再生。没有贫穷，财富就不能存在；没有财富，贫穷也不能存在。

但是，如果只通过他拥有财富作为其本质这样的事实来确定一个人对自己人类本质的态度，那么这种所有权的外部关系，就把他变成一个本质上贫穷的抽象人。贫穷是财富的非拥有，但贫穷再生产财富。通过创造财富世界，贫穷通过劳动不仅创造了不属于它的外部物的世界，同时还创造了形成这个财富世界的活动制度。贫穷主宰这一活动，将其作为人类的非物质本质，还在这一活动中作为一种行动能力再生。这种创造人类本质的关系使得人在贫穷中富有。

这样，贫富两个对立面之间的相互作用，很大程度上使人联想到黑格尔在其

《精神现象学》中所说的著名的主人—奴隶辩证法。奴隶绝对服从主人，其中涉及到强迫奴隶进行所有活动、所有劳动，使得主人可能利用消费物质世界中种种物带来的益处。结果，主人只能得到奴隶为其生产的东西。

于是，主人攫取物质财富仅仅归结为对物质财富的消费。奴隶对物质财富的态度，变为发展各种活动，将自然世界转变为文化世界——这种态度成为了世界发展的历史。在这些劳动活动中，奴隶自身不仅成为战胜物质世界的力量，而且成为主人自身完全依赖的力量。后者的主宰则变得空洞无力。这就是为什么奴隶变得有能力推翻这种无意义的主宰。奴隶变成了主人。

这就意味着贫富之间的矛盾没有得到解决，它仅仅是将自身再生为一种新的历史形式。如卡尔·马克思所强调的，在主人—奴隶辩证法中，黑格尔表达了资产阶级的革命意图，而资产阶级已经断言了自己在经济中对封建力量的物质支配，封建力量则失去了其支配地位的物质基础。这同时也意味着不转变核心社会关系，就不可能消除贫穷，无法解决贫富矛盾并从核心上消除这个矛盾，也无法终止人类本质以财富生产和贫穷再生的形式进行发展。

要求人性不通过贫富矛盾实现，就是要求更平等地分配物质和社会福利。社会公正意味着每个人有平等的机会发展自己的人性。由于贫富矛盾不能给所有人提供发展自己人性的平等机会，平等就成为社会公正的核心特征。而贫富矛盾的存在则消灭了平等。

在整个历史中，贫富社会关系的制度总是在具体的和历史的物质生产资料框架内，以财产和劳动之间社会相互作用的特殊形式来实现。在资本主义社会里，贫富矛盾通过资本和雇佣劳动两个对立面来实现。

资本主义加剧了贫富矛盾，在世界范围内造成了以社会民主为名义的、争取社会公正的强大群众运动，从这一运动产生了社会主义和共产主义运动和政党。这一运动为从资本主义到社会主义的革命转变铺平了道路，社会主义是从核心上消除贫富矛盾的社会公正形式。

争取社会公正的斗争开始是作为争取根除贫穷、贫困、饥饿的斗争，也是从人性的社会再生产中消除人们之间隔阂的斗争，还是为每个人争取公正平等获取社会福利的斗争。后来，这一斗争成为反对以劳动和资本之间矛盾的形式进行人类和社会的再生产的斗争。在劳动和资本的矛盾中，除了以雇佣劳动形式产生社会贫困，把公共财富变为资本，公共财富没有任何别的方法进行再生产。

马克思揭露了作为资本内部矛盾的资本和劳动之间的矛盾，其中这两个对立面还作为固定资本和可变资本之间的矛盾；同时这个矛盾也作为劳动的内部矛盾，其中资本是物化劳动，与活的工作过程相对立。这样可以更好地理解资本主义中作为固定资本再生产的财富再生产，还有作为可变资本—活劳动—再生产的贫穷再生产。

这一矛盾的发展，在生产的社会性质与占有生产的个别性质之间日益增长的矛盾当中得到体现。资本在发展过程中会不自觉地把人类活动的更多方面社会化，将其转化为商品。资本转变为总资本的发展过程中，资本集中是其内在逻辑。通过这种转变，资本日益将劳动社会化并积累起来，将劳动转化为累积劳动，创造出卡尔·马克思所说的"集体工人"这种特殊生产力，成千上万劳动者被集中在单一的生产过程当中。

资本主义完全揭示了从人类生产活动辩证法中产生的财富的隐藏非物质本质。卡尔·马克思把这种辩证法描述为物化与去物化的矛盾。正是在这种矛盾中，人类通过生产过程转变自然物质，把自己的需求转移到物体形态中。在同一个过程中，人类不仅塑造了物体，也塑造了自己生产这个物体的能力——通过把自己物化，转变成为一个有能力的人，拥有了一种新的行动能力。

在消费过程中，人类把物体中体现的人类需求非物质化，这种非物质化有两个途径：通过人类分析之后的行动，在客体当中体现出来；通过获得进行活动的各种技能，获得生产这个客体的能力。每一代新人类都在一切客体—工具的财富形式中发现自己的人性——这种财富是过去世代的行为客体中体现的。通过从这个客体—工具世界当中把社会生产和消费的各种各样人类能力非物质化，新一代人类成为人。

客体可以异化为另一个人的财产，人在客体中体现的人性，可以以这种形式成为其对立面。这种可能性可以出现在很简单的生产过程中。

在资本主义当中，这种对立发展成为物化劳动（固定资本）和活劳动（总体工人）之间的巨大的对立形式，而总体工人并不拥有这种在生产当中物化的劳动。属于总体工人的，是他生产在资本中体现的所有物质财富的人类能力。但是，在消费由他生产的社会财富过程中，他将人类需求去物化的过程受到了相当大的局限。他在消费能力上是贫穷的，在生产能力上是富有的。但是这第二种能力财富并不属于他自己控制。要体现这种财富，就必须把它和生产资料结合在一起，而它们都属于资本。

在累积资本和总劳动的每种社会对立当中，同时在它们之间的持续相互作用当中，整个人类能力的社会制度不断地进行再生产——这是人类总财富的实际内容，它本身不具有物质的、实质的存在形式，而是只能通过物化和去物化的辩证法，在活的活动过程中得以实现。

在资本主义当中，社会劳动向人揭示了其人类能力的所有财富；同时社会劳动必须要转化为可交易形式，然后转化为资本，总商品世界就属于资本；而社会劳动又受到这种转化必要性的影响。首先，如果社会劳动不能转化为商品，带来利润，资本就不允许人类能力通过它来实现；其次，资本只允许人通过购买商品的方式参与社会消费（并将其自身的人类能力去物化）。要能够进行消费，累积工人就必须自身成为商品，即他可以提供劳动力，换取物质财富中的商品世界。

这样，在多种多样的人类能力整体中，劳动作为人类财富的社会生产过程，具有间接的社会性质。它受到商品——资本存在形式的影响。由于这个原因，马克思主义发展出解放劳动这样一种观点，把劳动从资本占有中解放出来，实现其社会生产直接社会性质的转变，这是社会主义革命的创造性任务。这就是卡尔·马克思和弗里德里希·恩格斯在《共产党宣言》中所定义的废除私有财产的本质。马克思主义经典作品把私有财产理解为劳动公共分工的法律表现。

如人们所知，劳动专业化和劳动普遍化这两种对立趋势，影响到了资本主义生产方式的发展。由此，人类活动的普遍化，即人类能力的普遍化，在社会生产中得以完成。其方式是，为了使得累积社会活动更加普遍化，这一生产关系制度中包括的每个个人都失去他人的完整性和普遍性。劳动公共分工通过最大专业化来发展其社会化；这个过程中，个人失去了他社会本质的完整性，只能以商品的形式来占有他的本质。

解决这一矛盾，本质上是颠覆劳动的社会分工和被商品关系占有的生产的社会性质。在这方面，卡尔·马克思在他的著作中提出，需要用活动本身的直接交换来取代劳动产业之间分开的商品或产品交换。

只要劳动的目的仍然是生产某种劳动产品，同时还保留着劳动的专业化，就不可能实现生产的直接社会关系的转变。由此，还保留了把人固定在各种职业上的情况。在这些条件下，为每个部分时间工作的工人分配普遍的人类社会本质，就需要由商品关系、金钱、市场以及各种资本主义关系再生产的其他条件来占有这一本质，正是这些资本主义关系造成了劳动和资本、贫穷和财富的两极分化。

前苏联和其他国家首次尝试超越资本主义关系的框架，它们的尝试表明，要达到生产的直接社会性质，仅仅转变到计划性的社会生产和分配是不够的。虽然计划允许按照绝大多数工人的利益来组织社会生产，它却无法消除社会分工。这就要求活动的范围不再是部分的目标，即单一活动的产品。也就是说，社会生产目标的这种转变，要求社会生产成为普遍主题而非部分主题。而且，对于社会生产的每个贡献者，它也是普遍的，这将使得每个人都可以成为普遍生产者。

《德意志意识形态》和《政治经济学批判大纲》等马克思主义经典著作反复提到社会生产的任务不应是消费品生产，而是人类能力的生产。实际上，这里的意义应该被理解为累积类型的生产，即人的直接生产，必须取代所有类型和部门的生产。

在资本主义当中，也存在人的生产，但是是作为一种特殊的、分开的社会劳动——以最广义的教育的形式存在：即作为公共教育制度，其内部进行的是资本主义不一致性的再生产。一方面，教育是劳动力的教育制度，劳动力则由最大程度专业化的雇佣工人组成。另一方面,教育培训统治阶级的成员,讲授经济和公共权力机构中私有财产和资本的各种管理形式。在教育的这两种形式的每一种当中,"人对人的生产"都表现出异化的形式,因为作为社会物质生产的独立分支形式时,教育本身是一种异化的形式。

要使得人的生产的社会性质从个别的转变为普遍的,首先就必须要使教育不再是部分活动;其次,所有类型的社会活动都必须归纳到教育当中,使教育转变为真实的人的物质生产过程。在《政治经济学批判大纲》中,根据空想社会主义者的著作,卡尔·马克思提到了这一观点。他的意思是,必须要在早期把综合技术教育制度引入到教育当中,取代现存的教育制度。实际上,人的整个发展都必须根据综合技术学校的原则来建立,即通过掌握所有人类活动来同化吸收各种各样的学科知识。

这样,人类劳动的普遍主义服从于人类能力形成的直接任务,劳动社会分工则作为资本主义中私有财产关系的依据;而只有这一普遍主义才能成为颠覆劳动社会分工的条件。笔者认为,这就意味着整个社会经济制度应成为社会教育,而教育应不再以脱离社会生产的学习形式存在。为达到这一目的,由资本主义创造的整个社会生产制度,除了对人有危害的生产种类之外,必须都要转变成一个单一的普遍综合技术学校,让人从出生开始终生得到发展。

这一持续教育制度,必须包括整个社会生产制度,这是因为所有类型的活动都生产与自身对应的单独产品,这时就有产品的独立性和生产过程中各种活动的特定性。如果按照这样的标准,人的发展就只能成为普遍标准下每个个人发展人类能力过程的一部分。按照这样的方法,对应着个人人类需求和能力的单独产品和劳动资料的生产过程,在人的社会生产中就不会消失,而是从目标转化为手段;人的社会生产的目的则是在生产过程中为各种各样的活动发展每一代新人的能力。劳动产品和生产资料的扩大再生产,将会变为适用于具体到每个个人的和社会整体的普遍活动能力的扩大再生产。

在这样的社会生产制度中,活动的交换从各个生产部门生产产品的交换,转移到各种活动中教师和学生之间的活动交换这样的方向上来。卡尔·马克思和弗里德里希·恩格斯认为,"在基于集体主义和生产资料共同所有等原则的社会里,生产者不交换各自产品。这个社会所表现出的是,生产产品耗费的劳动很少,这些产品的价值也很低。"(《马克思恩格斯全集》第二版第19卷,第18页)这是直接的活动交换:首先是作为生产人类能力的普遍制度,其次是作为计划分配,不是分配生产单独产品的任务,而是分配人们参与社会生产制度中某些类型的活动。这样,人们可以作为普遍的个人发展,他们学习社会生产中各种活动形式,能够进行任何类型的人类活动。

资本主义把人类活动按照其各种单独形式普遍化。到了最后,所谓信息革命将为任何生产活动生成普遍控制算法。生产管理的普遍化,为颠覆社会分工的最重要形式之一——管理劳动和操作劳动,奠定了基础。某些社会生产部门和类型中管理的普遍化,成为社会向自我管理转变过程中社会整体管理普遍化的重要条件之一。因此,在社会生产的任何领域中学习了普遍控制算法的人,都有能力在整个社会和任何其他部门中进行管理活动。

颠覆管理活动和操作活动社会分工的最重要条件,是社会所有成员获得全面教育。如果教育本身是普遍综合技术性的,同时与社会生产制度结合在一起,变成按照社会计划进行教育和生产活动的分配,让所有人参与进来,那么教育就变为普遍性的。同时,各种类型社会生产的多样性得以保留,这就意味着学习掌握和进行这些类型社会生产所必须的各种人类能力也得以保留和发展。普遍综合技术性的本质,实际上是人能够在单一社会生产制度中进行各种类型活动,同时可以自由改变这些活动。

这种活动的变化将成为自由时间里各种活动的内在必要条件。同时,卡尔·马克思强调自由时间不是不工作的时间,而是投身于自身发展的人类活动时间。这里最关键的要素是集体性,因为集体活动交换是个人能力发展的公共空间。同时只有在集体性当中,人才能获得评估自身发展程度和方向的标准。

向直接社会劳动或自由劳动的转变,假设了社会集体性成为人类活动交换的关键承担者和手段。这就形成了两种增加劳动生产率的强有力工具：第一，社会生产的每个贡献者，在成为普遍生产者时，把成就和优势从某些类型的活动带到其他类型活动当中，由此实现了更多的有效成果；其次，合并集体劳动的生产力，在资本主义当中由资本所有者占有，在新的环境当中则将会直接呈现给每个个人。

形成社会生产的直接社会性质，将社会生产作为教育和人类能力发展的普遍制度，意味着有效地使人超越了经济关系——超越了经济，但经济并未消失，而是由更高水平上的社会生产消除。经济不再是经济，而是成为更广义的社会教育中的教育过程，它整体吸收了物质生产过程，将其转变为形成每个人普遍人类能力的过程。这些公共活动的时间将不再是必要劳动时间，而是自由劳动时间。

这是否意味着必要劳动将消失？并非如此。但是将有依据上的变化。在发展的过程中，必要劳动将人类活动的依据转变为另外一种依据，即自由劳动。必要劳动将在人类能力形成过程中成为自由活动的副产品。实际上，自由劳动将成为主要的必然性。

这一依据的变化使人超越经济关系——转变到生产和发展人类能力的非经济活动。此时社会生产方式究竟是什么，这种依据的变化，是理解这个问题的最大障碍。理解这一问题的困难，在于人们尝试通过类比先前的资本主义生产方式来理解它。要理解它，人们就要理解这一转变过程中生产依据发生了改变，这样就可以看到生产超越了资本主义关系的限制，形成了直接的社会生产方式。在这一转变过程中，存在两种对立趋势的持续斗争：一种趋势寻求人的经济存在的再生产，另一种趋势则寻求让人摆脱经济关系和必要劳动。

要着重强调的是，在直接社会生产的转变过程中，人发展自身的能力是以普遍的方式存在，而不仅仅是通过某些类型的活动存在。在这个过程中，某些活动仅仅成为总过程的一部分。这是集体组织劳动、发展人类能力的独特性——人参与到对自身发展必要的所有类型活动当中，仅仅是因为有必要掌握这些活动，还有实现其中体现的人类能力的去物化。每种活动所需时间这一标准，可以充分体现这一活动,也是活动改变的决定因素。活动的改变则成为本质的激励因素,而且还是人类生产制度有效性的最重要标准。

社会生产不从属于商品生产,而是从属于人类能力的发展,这将要求在生产力结构上实现根本转变;决定这一转变的不是商品大生产的需求,而是综合技术性的、形成性的人的生产。这意味着有三种主要因素将决定生产力结构。第一种因素是每个人以最佳方式进入到社会生产所必需的、生产活动的所有基本类型当中。第二种因素是每个人以最佳方式参与到社会生产中集体相互作用的制度当中。第三种因素是在自然的使用和再生产中以最佳方式参与到相关社会生产当中。

第一种因素决定了需要建立一个世界范围内的教育—研究—生产综合体(ERPC)网络,取代资本主义生产的全球体系。一方面,这种综合体给每个人提供了机会,可以在所有基本生活条件再生产的框架内改变活动。另一方面,它提供机会让人们处理活动的各种具体特征,这些特征由环境条件决定的,或者如果有一般性生产—教育任务超过某个ERPC的能力,由参与解决任务时出现的独特性决定。每个ERPC的确切能力将由科学和实践决定,但现在很明确的是,EPRC的规模将比现代超级都市小很多。随着人类活动普遍性和处理能力的增长,这些能力的数量将持续减少,例如,就像计算机和电话缩小并融合为一个设备。生产从属于人的综合技术发展,也使得消除工农业生产的对立成为可能,因为工农业生产将在ERPC内部整个教育活动总综合体内占据自己的附属区间。

第二个因素与前一个有关,因为人类活动的集体性是最重要的生产力。同时,每个人参与到人类活动的集体交换当中,也意味着个人参与到分配这些活动的集体决策和活动的集体完成过程中。生产的直接社会性质以参与者之间的持续直接沟通为先决条件。这个因素也影响到ERPC中合并活动的规模。在共同活动和活动交换当中,同时也在所有相关问题的共同讨论当中,每个人都应该相互认识而且彼此有直接关系。这种情况在沟通水平的动态发展的条件下更容易理解。

第三个因素决定了ERPC之间有活动交换的需求。这是因为人类活动和能力的普遍化中存在各种巨大挑战，由于合作解决这些挑战的具体情况，也由于不同环境条件的影响，某些活动类型在ERPC之间进行了分配。

因此，只有实现直接社会生产方式的转变，才有可能转变贫富对立再生产的基础，在生产普遍人类能力的自由集体活动中，消除贫富两极分化和矛盾。同时，普遍人类能力同时是个人和集体的财富，因为它们只存在于活动交换的活的社会过程当中。

(作者瓦西里·捷列修克系乌克兰政治活动家、"马丁·何塞"研究会主席)

论精准扶贫战略下未成年人发展权的实现

[中国] 王 欢

发展权是个人、民族和国家积极、自由和有意义地参与政治、经济、社会和文化的发展并公平享有发展所带来的利益的权利。对于个人而言,发展权意味着公民个人具有平等地参与、促进和享受经济、社会、文化和政治发展的权利;就国家而言,对外,发展权意味着各国主权平等,在公正合理的政治经济秩序下,享有民主、平等、自由地参与国际事务并平等发展的机会;对内,发展权意味着主权国家要创造有利于发展的稳定的政治和社会环境,制定适合本国国情的发展政策,促进每个公民以及全民族参与发展进程、决策和管理,并公平分享由此带来的利益。在个人、民族和国家的发展过程中,"贫穷"作为一项重要的阻碍一直困扰着诸多主权国家,其既是个人、民族与国家的发展权无法充分实现的原因,同时也是个人、民族与国家的发展权无法充分实现的结果。因此,消除贫困不但是保障人的生存权与发展权的重要手段,也成为一国谋发展所必然面对并需妥善解决的难题。当下,消除贫困与促进发展作为一个问题的两个面向,已成为对一国执政党的执政能力和政府的行政能力所提出的挑战与考验。

20世纪80年代中期,我国扶贫开发工作正式启动,通过30多年的不懈努力,取得了举世公认的辉煌成就。为了实现扶贫工作的科学化与效能最大化,十八大以来,我国农村扶贫战略作出了科学的调整,即从粗放扶贫调整为精准扶贫。这一扶贫战略的转变以2013年习近平总书记考察湖南湘西土家族苗族自治州十八洞村时首次提出精准扶贫思想为起点,随后,这一思想迅速转化为党和政府的政策,并进一步发展成为指导脱贫攻坚的国家战略,在精准扶贫思想的指引下,中国开始启动了一场与以往不同的脱贫攻坚战。2017年，习近平总书记代表党的十八届中央委员会向中国共产党第十九次全国代表大会作了题为《决胜全面建成小康社会夺取新时代中国特色社会主义伟大胜利》的报告。报告对于新时代中国特色社会主义思想和发展战略的阐释中，包含着关于新时代中国人民发展权的重要内容，这是中国共产党在新时代关于中华民族伟大复兴和中国人民进一步平等实现充分发展的宣言书，也是进一步深化精准扶贫工作的行动纲领。直至目前，这场举全党、全国以及全社会力量予以推进的精准扶贫战略的预期目标正在逐一实现。

在精准扶贫思想提出伊始，即同时要求做实三件事：一是发展生产要实事求是，二是要有基本公共保障，三是下一代要接受教育。根据第三项要求，教育精准扶贫已成为精准扶贫中的重要一环，但是直至目前，教育精准扶贫工作的主要方式是由各地制定教育精准扶贫实施方案，整合扶贫开发与教育资源，将重点集中在为贫困家庭的未成年人提供基本生活保障以及就业支持上。如果从实现和保障未成年人发展权的角度审视这一扶贫方式，不难看出这仅仅是对教育精准扶贫要求最为初步和简单的解读，事实上，"精准扶贫"战略中的每一个环节、每一个维度都与未成年人的发展息息相关，我们不应仅将未成年人视为成年人的幼年阶段，而应赋予其特别权利主体属性，将其看做未来的成年人乃至国家未来的权利义务主体。贫困家庭未成年人发展权的全面实现是国家与民族实现全面发展的重要基础和必要条件，因此，我们从"精""准""扶""贫"四个维度探讨精准扶贫与未成年人发展权全面实现之间的关系。

一、精准扶贫之"精"：细化未成年人帮扶计划的设置

精准扶贫之"精"对应粗放扶贫之"粗"，其不同之处在于扶贫单位需辨别个体贫困对象的致贫原因并定制个性化扶贫措施。精准扶贫的这一要求需要制定精细化帮扶计划，确保真正的贫困者在个体化帮扶措施的辅助下尽快脱贫、科学脱贫、持续富裕、尽量不再返贫。这就要求精准扶贫工作中的具体办事人员在每个环节都能够做到以"精"为原则，以认真、细致、缜密、周全的工作态度开展

扶贫工作。

若扶贫措施更为精细并更具针对性，扶贫效果将更为显著。由于各地区自然条件、人文条件的差异，致贫原因往往千差万别，如资源缺乏致贫、技术落后致贫、人才不足致贫乃至因病致贫、因惰致贫等多种原因不一而足，但各种致贫原因所导致的一个共性问题是贫困家庭中的未成年子女的权益无法得到切实保障。在以往的粗放式扶贫政策下，低质、低效问题普遍存在，贫困家庭能够得到的扶贫款项经过层层下放后维持基本的生活尚有困难，往往会因此尽量减少子女教育费用甚至通过直接告知或间接暗示的方式促使子女过早辍学、外出打工以补贴家用。进而，贫困家庭中的未成年人与同龄人的多方面的差距日益加大，贫富差距、城乡差距造成贫穷的代际传递，进而人的全面发展、社会的全面进步、民族的伟大复兴、国家的稳定繁荣都将连锁性地受到影响。将粗放式扶贫政策转变为精准性扶贫政策，扶贫单位将为贫困家庭的未成年子女提供一对一的持续性帮扶，不但能够在受教育阶段完成基本的义务教育，还能够在后续的职业教育中给予物质资助及就业支持，为贫困家庭彻底脱贫提供可能。

发展权是包含公民权利、政治权利、经济权利、社会权利、文化权利以及环境权利等具体权利类型的首要人权和综合性权利，对于贫困家庭或贫困地域的未成年人而言，可以依据阶段性侧重进行阶段化设置，通过精细化的分类进行个体化设置，令发展权能够得到更为全面的保障，此外，当其中的某项权利缺失或受到侵害时，便要进行更为具体、及时、准确的救济。

二、精准扶贫之"准"：促进未成年人正确观念的树立

在精准扶贫过程中，扶贫对象精准、措施到户精准、项目安排精准、资金使用精准、因村派人（第一书记）精准、脱贫成效精准这"六个精准"是精准扶贫战略中的基本要求。从语义学角度解释，精准扶贫之"准"意为准确、正确，符合事实、规律、道理或某种公认的标准，与"错误"相对。在精准扶贫政策下，贵在"精"，但重在"准"。只有在"准确"的前提下，即在正确方向的指引下，精细化的个体化救助

方案才有意义。在"六个精准"的具体要求中,"扶贫对象精准",即对于扶贫对象进行"精准识别",不但是精准扶贫工作中的初始环节,更是其后五项精准要求的前提和基础,同时也是最容易滋生腐败现象的重要节点。

在精准扶贫工作中,准确地识别帮扶对象是否符合贫困标准,实现精准扶贫之"准",对于未成年人正确观念的形成和树立的作用尤其关键。对于未成年人而言,精准扶贫所识别的扶贫对象是否准确,不但会对贫困家庭中的未成年人产生个体化影响,还会对社会起到正面或负面的辐射效应。原因在于,准确地识别帮扶对象贫困与否并对其予以精准帮扶,一方面会促使帮扶单位针对帮扶对象制定具体的帮扶措施,另一方面,会让帮扶对象周围的社会成员充分了解并领会到精准扶贫政策的深意,与此同时认识和感受到制度公平。虽然前者是精准扶贫的直接效果,后者仅仅为间接效果,但我们认为,这种来自贫困家庭和非贫困家庭的未成年人共同的感受和认可,对于其认识社会和融入社会意义深远,是未成年人正向的、积极的人生观、世界观、价值观形成过程中潜移默化的推动力。

三、精准扶贫之"扶":推动未成年人发展权的科学实现

原生家庭的贫困往往成为其未成年子女公平享受社会发展成果的阻碍,准确的识别与精细的帮扶有利于从物质条件上打破这种阻碍、拉近贫富差距,进而实现精准扶贫的目标,但是,一旦帮扶对象对简单、便捷、面面俱到的帮扶方式习以为常甚至形成依赖之后,"授之以鱼"的扶助手段就会形成反向力量,不但会促成扶贫对象迅速返贫,还会产生负面的社会示范效果。

对此,习近平总书记曾强调,在扶贫攻坚阶段,谨记"扶贫先扶志、扶贫必扶智"。扶志就是扶思想、扶观念、扶信心,帮助贫困群众树立起摆脱困境的斗志和勇气;扶智就是扶知识、扶技术、扶思路,帮助和指导贫困群众着力提升脱贫致富的综合素质。如果扶贫不扶志,扶贫的目的就难以达到,即使一度脱贫,也可能会再度返贫;如果扶贫不扶智,就会知识匮乏、智力不足、身无长物,甚至造成贫困的代际传递。要从根本上摆脱贫困,必须智随志走、志以智强,实施"志智双扶",才能

激发活力，形成合力，从根本上铲除滋生贫穷的土壤。我们认为，"志智双扶"是精准扶贫战略中非常具有远见的一项要求和期望，其中"扶智"是精准扶贫中最具持久力、最具活力、最为关键的因素。"扶智"不仅要在精准扶贫过程中的传授知识、技术、思路，更应对贫困家庭中的未成年人给予智力支持，阻断贫困的代际传递，达致扶贫对象的个人发展与国家整体发展的同步实现。

目前，在精准扶贫战略下，各地针对未成年人的扶贫举措主要是为贫困家庭的未成年人提供基本的生活保障乃至就业支持。我们认为，各贫困地域和贫困家庭致贫的主要原因和具体情况不甚相同，扶贫单位对于"扶"的方式方法的认识和操作不宜太过单一。对于未成年人而言，单纯地对其家庭给予物质帮扶还是远远不够的，普及科学的养育知识、提供完善的孕产和儿童成长保健对于胎儿和婴幼儿时期的未成年人尤其关键。美国斯坦福大学教授罗斯高（Scott Rozelle）参与组织的"农村教育行动计划"（简称REAP，其调研总样本总计包括超过13万名儿童及其家庭）在陕西、河北、云南进行的一项抽样调查发现，53%的贫困农村的汉族孩子在24-30个月大时IQ（智商）测试成绩低于90。出现上述现象的原因有三个：一是基因问题，二是营养不足，三是养育不科学。罗斯高教授表示，三个原因中，儿童监护人不懂如何科学地养育孩子是最大的问题。科学养育孩子不仅仅局限于科学地搭配饮食，还包括给孩子讲故事、跟孩子玩、为孩子唱歌等等。罗斯高认为，"所有贫困农村地区的儿童都急需更良好的教育、更全面的营养以及更高质量的医疗保健"，儿童到三岁之后，IQ就较难再提高，如果在婴儿早期不能通过科学养育、补充营养等方式及时干预，未来中国劳动力素质将很难整体提高，甚至会限制经济进一步发展。[1]

据此，我们建议，如果在针对贫困家庭未成年人的精准扶贫战略中，能够开放出更多的扶贫方式加以实施，那么将更加有助于阻断代际贫困、缩小城乡差距、贫富差距，进而维护社会的和谐与稳定。在针对未成年人的扶贫方式中，我们鼓励有固定的或非固定的专业性组织承担科学知识普及、法律知识普及、心理健康辅导与

---

[1] 斯坦福研究：" 中国西部农村贫困地区婴儿智力偏低"，http://tieba.baidu.com/p/4826495391。

干预、美育教育、人工智能推广与学习等工作，特别是贫困对象较为集中的贫困区域，这样的建设更应通过精准扶贫项目的方式予以规划和实施，这不但对于贫困家庭中未成年人的健康成长益处倍增，而且还将带动和辐射所在区域甚至周边区域的未成年人素质的整体提升。

未成年人成长的过程往往是一个不断寻求和效仿榜样的过程，仅仅给予经济支持可能会让其仅得"鱼"而非得"渔"，当帮扶组织从这个家庭撤出之后，未成年人会成为这个家庭真正脱贫的希望，但如若未成年人不能真正地获得谋生的技能，那么这个家庭返贫的几率会骤然上升；但如果未成年人仅仅获得了谋生的技能却不能从被帮扶过程中习得课本之外的知识，那么这种帮扶的对象仍然会被社会前进的车轮再次抛下。因此，我们建议，应针对未成年人开拓新型的扶贫方式，确保未成年人发展权在扶贫过程中得到优先保障并逐步提升。

四、精准扶贫之"贫"：拓宽未成年人发展权之未来

"贫"意味着缺乏，对于有未成年子女的贫困家庭而言，精准扶贫不仅便于针对致贫原因与贫困情况给予物质与技术上的帮扶，更利于扶贫单位及工作人员通过一对一的、有针对性的帮扶措施弥补粗放式扶贫中难以顾及的方面。事实表明，长期物质上的匮乏，往往容易令贫困者陷入智力贫困。《2015年世界发展报告：思维、社会与行为》一书中指出："贫困不仅仅是资金短缺问题，与贫困相关的、旷日持久的、日复一日的艰难选择实际上消耗了个体的带宽，或者说心理资源。""贫困导致对当前的过程重视而损害了未来发展。"中国教育学会副秘书长，教育部教育发展研究中心战略室主任高书国研究员认为，贫困可能为个人、家庭和社会带来不安全感，智力贫困的代际传递具有巨大的潜在风险性。[1]

长期贫穷所导致的"智力贫困"往往是脱贫中易忽视的问题，这种智力贫困影响最大的是贫困家庭中的未成年人。当针对未成年人的教育出现问题时，贫困代际传递难以避免，经济贫困将与智力贫困长期共存或相互助长。因此，对于精准扶贫

---

[1] 高书国："智力贫困代际传递会产生什么样的社会风险？"，http://www.sohu.com/a/227301875_387107。

工作而言，经济方面的扶贫是具象的、精细的、较为模式化的、易短期见效的，但智力方面的扶贫某种程度上却是抽象的、形式较为单一的、个体差异明显的、需长期投入但成果无法预见的。我们认为智力贫困除了源于对于自身贫困的无力感、对未来的无知觉等，还有由于缺乏引导而产生的是非观念混乱、法治意识淡薄、对社会缺乏认可度和信任度、对社会活动缺乏参与热情等等。

因此，对于贫困家庭的未成年人而言，精准扶贫所扶之"贫"还不仅仅是给予经济帮扶就能够解决的问题，还需要针对未成年人不同阶段甚至不同的未成年人个体的生理、心理特点进行"精"而"准"的科学、有效的扶助，传播新理念、新思想、新气象，否则，不但未成年人所依托的家庭难以实现"脱贫成效精准"，反而会令贫困及周边非贫困家庭中未成年人均易产生不劳而获的意念和企图。

正如2016年12月1日国新办发布的《发展权：中国的理念、实践与贡献》白皮书中所言：发展是人类社会永恒的主题，寄托着生存和希望。发展权是一项不可剥夺的人权，象征着人类尊严和荣耀。唯有发展，才能消除全球性挑战的根源；唯有发展，才能保障人民的基本权利；唯有发展，才能推动人类社会进步。[1]发展是扶贫的目标，扶贫是发展的手段，我们认为，精准扶贫战略下促进未成年人的发展才是真正令贫困家庭走出贫困、摆脱贫困甚至实现富裕、实现发展的最根本、最持久、也是最有保证的脱贫手段。精准扶贫不但是我国新时代消除贫困现象的重要发展战略，也是我国人权进步的重要标志，更是推进人类命运共同体实现的重要准备，我党将一如既往为了实现人民的最大幸福而继往开来，在保障未成年人发展权的同时实现中国人民的共同富裕，最终实现中华民族的伟大复兴。

(作者王欢系广州大学人权研究院副研究员)

---

[1] 中华人民共和国国务院新闻办公室：《发展权：中国的理念、实践与贡献》，2016年12月1日。

人权保障与经济发展的关系

[中国] 王立峰

英国经济史学家安格斯·麦迪森提醒我们，经济发展是人类历史上一个晚近的现象。尽管人类已经存在了至少250万年，但是我们所熟知的经济发展只是在19世纪50年代前后才出现。在追求经济发展的道路上，出于这样或那样的原因，并不是所有的民族都那么幸运。时至今日，在全球200多个国家中，只有20多个国家成为发达经济国家，全球71亿人口中的三分之一还生活在贫困之中。不仅如此，放眼每个国家，不论是在发达国家还是发展中国家，贫富差异显而易见。也正是鉴于此，经济发展是每个国家的发展目标，是每个执政党的执政目标，是人民的心愿所在，但经济发展仍然像一个谜一样困扰着人们。其中，人权保障与经济发展的关系是一个亟待解决的问题。

一、人权与发展的历史

人权与发展是欧洲近现代史上的两个主题。这两个主题历时数百年，经过一系列革命和变革的洗礼，逐渐在西方社会实现。与此同时，伴随全球化的步伐，人权与发展也成为当今世界现代化的主要内容。当西方社会已经进入后现代时期，当非西方国家还在努力追逐现代化，后发国家如何面对人权与发展的主题，就是一个必须面对的问题。对于发展中国家而言，立足于自身的文化和社会现实，努力探讨适合社会发展的制度安排，方为现实可行之道。

人权意味着自由、民主。发展意味着社会财富的积累、生活水平的提高和民族国家的强大。人权和发展这两个主题既相互促进，也存在矛盾。

虽然自然权利理念古已有之，但人权理念的出现和勃兴是近代以后的事情。世界历史上有过两次大的人权运动。第一次是17至18世纪的人权运动，主要发生在欧洲。1688年英国光荣革命及《权利法案》的颁布、1789年法国大革命及《法国人权宣言》的颁布是标志性事件。第二次人权运动发生在二战以后。纳粹德国的残酷暴行促使人类在战后严肃、认真地重新面对人的尊严和价值问题。《联合国宪章》和《世界人权宣言》无不体现了复兴后的人权运动。接踵而至的区域性人权公约的出现，世界范围内各种人权组织的成立，都昭示着人权运动的发展。及至现在，人权逐渐成为具有全球道德号召力的价值追求。一个政治社会能否保障其公民的人权成为衡量社会进步与否的重要标志，成为衡量政府正当性的重要标志。

虽然发展古已有之，但直到近代才凸显其在人类社会的重要性。发展一词最初用于自然科学，后来被用于社会发展、经济发展，甚至人的发展。本文所谈的发展主要是就经济而言。历史学家告诉我们，人类社会经历畜牧社会、农业社会、工业社会、商业社会以及信息社会，或者农耕文明与商工文明等形态。各种形态之间存在着逐渐演化和发展的联系。但各国的发展程度不同、水平不一样。英国工业革命是最早也是最具有深远历史意义的发展实例。当今，英国的发展速度已远不如往昔，但英国社会的繁荣与稳定仍然令世人瞩目。也正是继英国之后，欧洲列强如法国、德国等效法英国，努力发展经济。工业革命及其带来的文化交流和全球贸易为后发国家提供了经济发展的可能性，使经济发展成为近代史上的另一个主题。西方经济发展的历史告诉世人，人权、发展与法治相伴而生，相伴而进。一个经济体能持续发展，其中一个重要基础是人权保障。但是，一些人认为，提倡人权与以盈利为目的的商业活动必然发生冲突。这种冲突甚至会上升成为生存权与其他人权、集体权利与个体权利、人权与主权的冲突。

二、人权保障是经济发展的手段

1999年，诺贝尔经济学奖得主阿马蒂亚·森在《以自由看待发展》一书中指出，人的实质自由是发展的最终目的和重要手段,"发展是涉及经济、政治、社会、价值观念等众多方面的一个综合过程,它意味着消除贫困、人身束缚、各种歧视压迫、缺乏法治权利和社会保障的状况,从而提高人们按照自己的意愿来生活的能力。发展的目的不仅在于增加人的商品消费数量,更重要的是在于使人们获得能力,发展就是扩展人们的这种能力。"他提出两个主要论证。一是公民实现人权的能力决定了经济发展的水平;二是尊重人权有助于经济发展。他认为,传统的经济发展观强调GDP,这种发展是不完整和不充分的。只有当经济增长推动与人权相关的自由时,才会出现发展。这个论证在2001年被联合国经济、社会和文化权利委员会采纳,即把人权融入发展策略中。在《人权与善治》的文章中,世界银行经济学家考夫曼也认为,对物质权利与民主权利的尊重,会导致更快的经济增长与对经济、社会权利的更多尊重。

当前,世界银行、国际货币基金组织、联合国开发计划署等国际组织均强调基于人权的发展观。不管大家对这种理念是否存在争议,有一点共识是,经济发展不是一个独立的领域。一个政府在谋求经济发展的同时,应该谋求其他方面的发展。人权保障与经济发展密切相关。人权保障促进经济发展。联合国千年发展目标旨在将全球贫困水平在2015年之前降低一半,这些发展目标与社会保障权、食物权、健康权、最低生活保障权、生存权、儿童发展权、不受歧视的权利、住房权、用水和卫生设施的权利、受教育权密切相关。(见下表)

千年发展目标(MDGs)与相关人权标准

千年发展目标(MDGs)	相关人权
MDG1:消灭极端贫困和饥饿	社会保障权、食物权、健康权、最低生活保障权
MDG2:普及小学教育	受教育权
MDG3:在小学教育和中学教育中消除两性差距	受教育权、不受歧视的权利
MDG4:降低儿童死亡率	生存权、儿童发展权、健康权、不受歧视的权利

千年发展目标(MDGs)与相关人权标准	
千年发展目标（MDGs）	相关人权
MDG5a：降低产妇死亡率	健康权
MDG5b：实现普遍享有生殖保健	健康权
MDG6：对抗艾滋病病毒/艾滋病、疟疾以及其他疾病	健康权
MDG7：确保环境的可持续能力	健康权、住房权、用水和卫生设施的权利
MDG8：全球合作促进发展	获得国际合作实现人权

虽然不是所有的人权条目都与经济发展密切相关，但是一部分人权是经济发展的必要条件，直接促进了经济发展。例如，财产权与基本的交易自由是经济发展的必要条件。大多数经济学家认为，政府对财产权缺乏有效的尊重是阻碍发展中国家实现经济发展的重要原因。产权不明晰，导致土地等财产的占有者或使用者不能有效利用资源，甚至不能通过财产继承将财产遗赠给自己的子女。在这种制度环境下，经济发展显然受到阻滞。再如尊重儿童的权利也是经济发展的必要条件。滥用童工会在身体上、心理上、道德上伤害这些孩子，甚至剥夺了他们受教育的机会。剥夺儿童受教育的机会是对经济发展的巨大伤害。如果儿童不能上学，则推动经济发展的人力资本就大打折扣。因此，滥用童工不仅不利于经济发展，也侵害了受教育权。

有些人权条目虽不是经济发展的必要条件，但这些人权的实现将会增加经济发展的可能性。例如，如果政府侵犯公民权利，社会成员就会对政府感到恐惧和不满，就会影响政府统治的合法性。如果这种恐惧和不满蔓延开来，就会给经济发展带来负面影响。再如，民主参与权利有利于经济发展。因为一方面，民主政治决定了统治者为了执政，必然要对群众负责，按照群众的意愿做决策，也就必然尊重经济和社会权利；另一方面，民主政治决定了人民必然参与政治决策，就会防止政府可能犯下影响经济发展的重大错误；第三，民主政治会大大降低决策的成本，而且有助于制定更为合理的经济政策。

在当代社会的实践中,人权与发展的矛盾并没有消失,而是以比较缓和的形式表现出来。例如,欧洲债务危机损害了人权,特别是损害了社会成员的经济社会权利。但总的来说,人权保障体制减轻了经济发展的负担,促进了经济复兴。在发展的主题下,人权运动不再以激烈的方式表现出来;在人权的主题下,发展以持续健康增长的方式表现出来。

三、人权保障是经济发展的目的

第一,美国哲学家罗尔斯在《正义论》中提到"基本物品"(primary goods)的概念。所谓基本物品是任何有理性的人所需要的一组事物。罗尔斯认为,基本物品的实际内容包括权利、自由、机会、收入、财富、自尊。基本物品关注的是人人相同的普遍性需要。罗尔斯提出关于社会制度建设的两个正义原则,强调第一个正义原则所包含的基本自由对于第二个原则中基本物品的要求有优先性,但罗尔斯指出,基本自由的优先性必须以一定社会条件和一定程度物质需要的满足为前提,也就是说,个人自由的实现必须建立在社会经济条件满足的基础之上。因此,生存是一项基本人权。生存权是为了满足人类的基本需求,其道德基础就是人的基本需要。基本需求的满足关乎人类繁衍与福祉,所以,生存与发展是基本人权。没有生存与发展,公民政治权利无从谈起。

第二,世界人权发展的历史也告诉我们,仅仅强调公民政治权利是不够的。1789年法国大革命的基本假设是,正义和繁荣所依赖的不是国家的管制而是平等个体的自由。在自由主义思想的指导下,17至18世纪的欧洲取得巨大成就,经济增长,大幅提升了国家财富。但如大家所见,自由主义并未完全实现其预期目的,而且这种财富不是以一种公正的方式分配的。于是,形式上自由和平等的社会,却是不正义的社会,是一个存在严重阶级差异的社会。19世纪欧洲的历史表明,个人自由不仅会受到国家的威胁,而且还会受到那些在物质上处于优越地位的社会成员的威胁,即富裕阶层也会运用其自由来压缩穷人的自由。谁有钱,谁就有机会去参与政治。没钱，就没有参与的机会。

可见，强调政治和公民权利的第一代人权是有缺陷的。解决第一代人权的局限，就在第一代人权之外增加社会和经济权利，于是第二代人权出现了。第一代人权与第二代人权不同。对于公民和政治权利，国家只要不作为就可以了，并没有对资源的依赖。对于社会和经济权利，国家则要通过积极作为来完成，需要依赖资源，依赖于发展经济。欧洲国家的解决方案是，国家尊重和保障社会成员的第一代人权，同时，保护这种政治和公民权利免受来自社会的侵犯。也就是说，国家要保护社会成员免受来自企业家、银行等社会力量以及各种风险的威胁。这是平等的自由。当然，这种平等的自由需要物质基础。特别是给弱势群体以物质支持，防止他们受到社会强势群体的压迫。

(作者王立峰系中央党校政法教研部人权理论教研室主任、教授)

从红河村脱贫看消除贫困
对生存权和发展权的保护[*]

[中国] 杨成铭

一、引言

贫困限制和阻碍人权的实现。按照年均纯收入2855元为标准,截至2017年末,中国尚有贫困人口3046万人。[1]根据世界银行统计,截至2013年,全球生活在每天1.9美元标准下的贫困人口为7.67亿。[2]在贫困线下的贫困人口,吃不饱饭,穿不暖衣,看不起病,上不起学,喝不上安全饮用水,生计无着或生存权得不到保障,遑论其他人权。鉴于此,全球和中国的大规模减贫实际上是尊重和保护人权的行动。自1985年开展扶贫工程以来,中国贫困人口从当年的1.25亿减少到2017年末的0.3亿,这不仅是中国对全球减贫作出的卓越贡献,也是中国在保护人权方面取得的长足进步。湖北省神龙架林区红坪镇红河村的脱贫是中国正在全力开展的精准扶贫攻坚战的一个缩影,它以鲜活的事实阐释了脱贫对生存权和发展权的促进和保护。

---

[*] 在本文创作过程中,湖北省神龙架林区红坪镇红河村驻村第一书记吴述明提供了有关红河村脱贫的第一手材料,特致谢忱。

[1] 2015年我国确定的贫困标准为年纯收入2855元,按购买力平均标准计算,该标准为每天2.2美元。按此标准,脱贫应达到两不愁和三保障,即"不愁吃""不愁穿"和保障"义务教育""基本医疗"和"安全住房"。

[2] See *Poverty and Prosperity* 2016 at http://www.worldbank.org/en/publication/poverty-and-shared-prosperity.

二、中国精准扶贫和红河村脱贫的人权意义

中国是发展中国家,生存权和发展权是中国和发展中国家的首要人权,贫困是中国实现生存权和发展权的主要障碍,减少和消除贫困是维护生存权和发展权的根本途径。

(一) 生存权和发展权是中国和发展中国家的首要人权

生存权和发展权是中国和发展中国家正在积极保护的首要人权。生存权是在一定社会关系中和特定历史条件下,人们享有的维持其基本生活的权利。它既是个人的生命在生理意义上得到延续的权利,也是个人在社会意义上的生存得到保障的权利。它既包含人们的生命安全和基本自由不受侵犯、人格尊严不受凌辱,也包括人们赖以生存的财产不遭掠夺、人们的基本生活水平和健康水平得到保障和不断提高。发展权是个人、民族和国家平等和自主参与政治、经济、社会和文化的发展并公平享有发展所带来的利益的权利。1970年,联合国人权委员会委员卡巴·穆巴耶在一篇题为《作为一项人权的发展权》的演讲中,明确提出了"发展权"的概念。1979年,第三十四届联合国大会在第34/46号决议中指出,发展权是一项人权,平等发展的机会是各个国家的天赋权利,也是个人的天赋权利。1986年,联合国大会第41/128号决议通过了《发展权利宣言》,对发展权的主体、内涵、地位、保护方式和实现途径等基本内容作了全面的阐释。[1]1993年《维也纳宣言和行动纲领》重申发展权是一项不可剥夺的人权。

中国认为,生存权和发展权是首要人权,没有生存权、发展权,其他一切人权均无从谈起。生存权、发展权是最基本的人权,是享受其他人权的前提。马克思、恩格斯在《德意志意识形态》中指出:"我们首先应该确立一切人类生存的第一个前提也就是一切历史的第一个前提,这个前提就是:人们为了能'创造历史',必须能够生活,但是为了生活,首先就需要衣、食、住以及其他东西。"[2]没

---

[1] 《发展权利宣言》规定:"发展权利是一项不可剥夺的人权,由于这种权利,每个人和所有各国人民均有权参与、促进并享受经济、社会、文化和政治的发展,在这种发展中,所有人权和基本自由都能获得充分实现。"

[2] 《马克思恩格斯全集》,第3卷,第31页。

有国家、社会和个人的全面发展，其他人权同样无从谈起。生存权、发展权是首要人权的观点，符合广大发展中国家的历史和国情。从历史上看，争取国家和民族的独立与生存，是沦为殖民地、半殖民地的广大第三世界国家人民首先必须解决的人权问题。从现实看，长期的殖民统治和新殖民主义的旧经济秩序给发展中国家造成的贫困落后，仍然威胁着发展中国家人民的生存，并阻碍着发展中国家人民的发展。因此，维护和实现生存权、发展权，始终是发展中国家在当代人权保护领域面临的首要任务。

（二）贫困是维护生存权和发展权的主要障碍

全球仍有7亿多人生活在贫困中，消除贫困仍然是世界上大部分国家实现经济社会发展面临的共同问题。贫困不仅对人权保障产生直接的影响，也对人权保障产生间接影响。从直接影响看，贫困使得人权保障的经济基础不复存在，人权保障成为一句空话。没有经济基础的人权承诺，无论执政者信心如何、制度如何、民主程度如何，始终无法给予人民幸福的生活。从间接影响来看，贫困会导致人的心理变化，限制人的权利能力，影响人的行为能力，使得人更为脆弱与敏感，甚至会影响到人的世界观与价值观、生存与健康。由此而言，贫困也是造成人类不幸福的重要源头，贫困及其衍生出来的一系列问题对人权保障所造成消极影响不可低估，在某种意义上这些衍生物及其影响比贫困本身更具破坏性。[1]

（三）消除贫困是维护生存权和发展权的根本途径

消除贫困对于生存权和发展权的实现至关重要。在发展中国家，消除贫困可以改善个人的生存能力和生活境况，保护其生命权、健康权等权利。同时，相关人群能脱离贫困并取得一定发展，这将增加政府的收入和减轻政府财政负担，并使政府能够抽调出更多资源去实施其他人权保障事业。因此，消除贫困不仅能直接保障有关人权，亦可间接促进其他人权的保护，正在后者意义上它与"发展权"的概念相衔接，共同构成了发展中国家所积极主张的权利。[2]曾有学者认为："对于世界上绝大多数发展中国家而言，……，生存权、发展权是急需争取的最基本的、最重

---

[1] 陈佑武：“全球人权治理的中国方案”，《人权》2018年第1期，第22页。
[2] 湛中乐、苏宇："消除贫困与人权保障：中国的进展与反思"，《人权》2010年第1期，第13页。

要的人权。这两个权利没有解决,其他权利也无法保障。……,只有世界人民的生存权、发展权都有了保障,世界人权事业才能得到真正的发展。而反贫困又是解决生存权、发展权的根本途径。"[1]实际上,生存权和发展权被援用作为消除贫困事业的人权支点,而消除贫困往往指向特定的制度架构及制度目标安排之要求,这正是主张消除贫困目标优先的深层意思所在。[2]

消除贫困是国际人权事业的重要组成部分。《世界人权宣言》第二十五条第一款规定:"人人有权享受为维持他本人和家属的健康和福利所需的生活水准,包括食物、衣着、住房、医疗和必要的社会服务。"《维也纳宣言和行动纲领》第十四条规定:"极端贫穷的广泛存在妨碍到人权的充分和有效享受;立即减轻和最终消除贫穷仍然必须是国际社会的高度优先事项。"《联合国千年宣言》将"发展与消除贫穷"作为专章加以规定,它宣布:"我们将不遗余力地帮助我们十亿多男女老少同胞摆脱目前凄苦可怜和毫无尊严的极端贫困状况。我们决心使每一个人实现发展权,并使人类免于匮乏。"同时,它也宣布:"在2015年年底前,使世界上每日收入低于一美元的人口比例和挨饿人口比例降低一半,并在同一日期之前,使无法得到或负担不起安全饮用水的人口比例降低一半。"联合国《2030年可持续发展议程》将"在全世界消除一切形式的贫困"确定为联合国17个可持续发展目标的第一个目标。

综上以观,中国减贫和红河村脱贫顺应世界人权保护新趋势,凸显中国和发展中国家对生存权和发展权的优先保护,具有重要的人权意义。

三、从红河村脱贫看消除贫困对生存权的保护

红河村地处鄂西神龙架林区腹地,平均海拔1800米,辖区有4个村民小组。现有户数为244户、783人,截至2018年6月,红河村常住人口为719人。自2014年,该村开始脱贫攻坚工作,三年多来,脱贫对该村贫困户生存权的保护发挥了根本性作用。

---

[1] 傅伯言、罗莹:"反贫困:新中国对国际社会的卓越贡献",《江西社会科学》2000年第12期,第9页。
[2] 湛中乐、苏宇:"消除贫困与人权保障:中国的进展与反思",《人权》2010年第1期,第13页。

(一) 解决低保户、五保户、残疾户和重病户吃饭难

红河村开始脱贫攻坚工作时,该村低保27户49人,五保18户18人,残疾人45人、重病人4人。为了确保上述贫困户的基本生活,红河村积极落实中央和湖北省对低保户、五保户和残疾人的救助政策,对他们的吃饭和基本生活实行"兜底"。对于重病户,该村为他们积极争取新农村合作医疗的支持,使他们的基本生活避免因为患重病受到影响。对于五保户,该村集中供养1人,分散安置17人。

(二) 增收减贫

红河村帮扶贫困人口增收脱贫。2015年,该村向贫困村民发放价值10万元玛咖种苗和生产肥料。2016年,红河村向56户村民发放29.0460万元产业奖扶资金,并开始实行产业验收政策,鼓励贫困户多劳多得。同时,红河村投入资金10万元购买五味子种苗,给全村每户发放500株。2017年,红河村向享受奖扶政策的85户贫困户发放奖扶资金17.6万元。为了减少贫困户农资支出和有效保障贫困户当年的生产发展及收益,红河村向贫困户发放价值10.28万元的生产肥料。为了扩大贫困户生产规模和保证贫困户有稳定的长期收益,红河村以发放猪苓种子的形式产业给每个贫困户发放3000元产业启动和补贴资金。红河村还建设羊肚菌试种基地20亩。2018年,为了巩固脱贫成果,红河村向90户贫困户每户发放1000元扶贫巩固资金,并向全村所有农户(不分卡内卡外户)发放生产肥料,每户14包(50斤/包),为此投入18万元。另外,红河村还扶持村民发展土鸡养殖业,在纸厂河投资20万元,建立土鸡种苗养殖基地,为红河村后续扶贫产业发展打下了良好的基础。

经过各方共同努力,红河村减贫成效显著,其中2014年脱贫9户31人,2015年脱贫6户27人,2016年脱贫47户141人,2017年脱贫29户49人。截至2017年末,该村未脱贫1户2人,返贫1户3人,这表明,该村已基本脱贫。目前,红河村的减贫帮扶工作由脱贫转向防返贫。

(三) 解决看病难

红河村山高路远,村民就医十分困难。为了解决贫困户买药和看病难及防止村民因病返贫,红河村在该村民一组所在地红河坪新建村级卫生室。同时,红河村还

为贫困户开展医疗救助，其中医疗大病救助49人，救助金额为47315.49元，临时救助10人，救助金额为29000元。

（四）解决喝水难

长期以来，红河村村民靠自然取水，不但水质得不到保证，而且遇到天旱，取水十分困难。为了使村民喝上安全的饮用水，红河村投资430万元帮扶红河村建设了一项小型饮水工程。

（五）救助自然灾害

2016年5月，红河村遭受冰雹灾害，农作物损失严重。为了减轻贫困户的损失和避免贫困户由于受灾出现生活苦难，红河村为受灾贫困户发放了3.76万元救助资金。

（六）解决贫困儿童就学难

红河村开展教育扶贫，让贫困儿童不因贫困而失学。2016年春季，红河村帮扶17名儿童，发放教育扶贫资金17935元；2016年秋季，红河村帮扶26名儿童，发放教育扶贫资金35540元；2017年春季，红河村帮扶21名儿童，发放教育扶贫资金18890元；2017年秋季，红河村帮扶29名儿童，发放教育扶贫资金34615元；2018年春季，红河村帮扶26名儿童，发放教育扶贫资金34615元。[1]

四、从红河村脱贫看消除贫困对发展权的保护

红河村不仅使越来越多的贫困户通过减贫和脱贫实现了生存权，还通过了解贫困户对发展的心愿、尊重贫困户对发展方式的选择、为贫困户提供平等、自主的参与发展的机会和分享发展的成果等，促进贫困户发展权的实现。

（一）了解贫困户对发展的愿望和期待

自2014年开始脱贫攻坚工作以来，红河村配合神龙架林区党委和政府领导和

---

[1] 按照湖北省神龙架林区对扶贫攻坚工作的整体安排和部署，神龙架林区国有企业神林集团重点帮扶红河村脱贫。为了尽快帮实现红河村脱贫目标，神林集团成立了公司党委书记、董事长、总经理董晓刚任组长，党委班子及主要领导为成员的工作专班。先后选派前党委书记陈功友和现纪委书记吴述明到红河村担任驻村第一书记，选派机关支部书记郭勇任工作队长。郭勇与另外3名政治素养高、业务能力强的工作人员组成驻村工作队。自2014年帮扶红河村以来，神林集团已投入帮扶资金700余万元。

部分员工深入高山峡谷走村串户深入了解红河村贫困户的基本情况,通过与贫困户座谈了解他们对通过发展生产减贫和脱贫并实现发展的想法和建议。

(二)为贫困户提供平等和自主的参与发展的机会

红河村脱贫攻坚工作旨在减少和消除红河村的贫困并促进红河村的发展。对于该村贫困户,红河村为他们建档立卡,着力进行精准扶持,使他们尽快增收,实现减贫和脱贫。同时,结合该村发展规划和安排,使他们融入该村的发展之中。为此,红河村积极配合神龙架林区和红坪镇,根据各贫困户的实际情况和选择,为他们制定发展生产的路径和方法。对于居住在高海拔的单家独户贫困人口,动员他们易地搬迁。在搬迁过程中,他们可选择村内搬迁,也可选择搬迁外地。他们可选择集中搬迁,也可选择分散搬迁。[1]红河村坚持以产业带动红河村发展的帮扶思路,并根据红河村的海拔高度、地形、地势和地貌、温度、湿度、土壤等情况,确立重点发展玛卡、羊肚子菌、五味子和猪苓种植业、中蜂和土猪养殖业和农家乐旅游业。贫困户可根据各自家庭成员体力、财力和居住地周围自然环境情况自主选择开展上述一种或多种产业。

(三)贫困户共享发展成果

2014年,红河村投入大量人力、物力及资金来改善基础设施及村容村貌,为乡村振兴和发展奠定基础。2016年,红河村投资10万元维修运输蔬菜的通道10公里,为农户蔬菜销售提供了方便。2017年,红河村在长沙坝为赵从岭、李洪荣等3户农户住处修建漫水桥,为这3户农户生活和生产提供了便捷。得益于国家一系列支农惠农政策,现在红河村村内主干道全部通上了水泥路,通户公路虽多为砂石路面,但也做到了户户连通。另外,红河村投入430多万元新建红河村安全饮用水工程,该工程惠及农户111户375人,使红河村百年饮水难题得以解决。

在扶持发展玛卡、羊肚子菌、五味子和猪苓种植业时,红河村向每个贫困户分发种苗和肥料,尽量使所有的贫困户走上脱贫和发展的道路。2015年,红河村帮扶4户农家乐进行改造,共计投资12.5万元。通过改造,这四户农家乐的整体环境和条

---

[1] 红河村易地搬迁62户162人,总面积为4320平方米,除刘方清1户2人投亲靠友安置到温水村大沟外,其余贫困户均在本村内分散安置。

件得到明显改善,游客接纳人数和收益均大幅增加。2017年,红河村建设羊肚菌试种基地20亩,贫困户吴少清当年收益达10万元以上,该户不但通过种植羊肚菌顺利脱贫,而且分享到红河村产业发展带来的硕果。同时,红河村还向贫困户发放价值29.28万元的中蜂244箱,这不但使养殖中蜂的贫困户解决了温饱问题,还为他们获得稳定的中长期收益打下了基础。红河村2017年总收入为951.4万元,人均可支配收入达到8797.73元。

随着红坪镇林业生态保护的加强和更多公益性活动的开展,全镇生态护林员和公益性岗位得以增加。为了帮助红河村贫困户脱贫及让红河村的贫困户分享红坪镇的发展成果,红河村32名贫困人口获得上述岗位,其中村级服务岗位共15人(其中建档立卡贫困户13人,卡外困难户2人),生态护林员共17人(均为建档立卡贫困户)。

五、红河村脱贫对通过消除贫困保护生存权和发展权的启示

红河村脱贫促进了红河村贫困人口生存权和发展权的实现,并对中国通过消除贫困有效保护贫困人口生存权和发展权多有启示。

(一)维护贫困人口的生存权是消除贫困的首要目的

从红河村贫困人口的基本情况来看,他们由于生病、残疾、丧失劳动力和缺乏生产资料等原因收入微薄,吃不饱饭、喝不上自来水、看不起病,生存上出现危机。神龙架林区政府深入红河村了解贫困户的基本情况,并召开专题会议研究红河村脱贫的切入口和措施。经过调研和研判,神龙架林区政府和红河村确定该村脱贫的首要目标为尽快使贫困人口吃得饱饭、喝得上饮用水、看得起病,并为此开展早期各项扶贫工作。

(二)发展权应依靠发展来实现

在红河村贫困人口的衣食住行医学等基本生活问题解决以后,即他们的生存权基本实现以后,发展权的保护便提上了议事日程。红河村决定通过推动红河村整体发展来带动贫困户脱贫和已脱贫的贫困户得到更好的发展。为此,红河村进行

道路、水利、医疗等基础设施建设。通过"厕所革命""三绿工程"等乡村振兴方案改善红河村卫生和环境状况；开展道德讲堂、送戏下乡和创业故事会等活动丰富村民的文化和精神生活；帮扶村民发展土猪、土鸡和中蜂养殖业和玛卡、羊肚子菌、五味子和猪苓种植业及农家乐旅游业等产业。现在，红河村村容村貌和人居环境得到了明显改善，村民生活水平得到了极大提高，社会发展速度明显加快，贫困人口的发展权得到不同程度的实现。

（三）发展权的实现有助于巩固生存权的稳定享有和长期实现

红河村没有将该村的扶贫工作仅仅囿于减贫和脱贫，而是将减贫和脱贫融入到推动红河村整体发展之中，并在带动红河村发展的过程中为红河村贫困人口发展权的实现助力。红河村贫困人口的收入逐年增加，脱贫贫困户的人数也逐年增多。但是，红河村认识到，如果不带动红河村走上发展的道路，暂时脱贫的贫困户很有可能返贫，而且随着生活水平和贫困标准的提高，已经脱贫的村民有可能再次成为新一代贫困户。

（四）平等参与发展和公平分享发展成果是实现发展权的制度保障

发展权是红河村每个村民都应该平等享有的人权。鉴此，红河村将所有村民视为帮扶对象和发展的主体。在修路时，做到户户通路；在发放树苗和化肥时，不论是卡内卡外贫困户，还是贫困户和非贫困户，都同等数额分配。考虑到贫困户家底薄和劳动力不足等因素，为了实现实质上的平等，红河村加大对贫困户的扶持力度，并对特困户给予特别的帮扶。为了鼓励贫困户参与发展，红河村建立产业奖扶资金，2016年红河村向56户贫困户发放产业奖扶资金29.046万元，2017年向85户贫困户发放奖扶资金17.6万元。另外，红河村还为贫困户积极争取政府贴息贷款，自2016年至今，红河村已为37户贫困户争取到贴息贷款151万元。

公平分享发展成果是红河村村民实现发展权的重要体现。自2014年开展精准扶贫以来，红河村得到显著的发展，红河村的贫困户从发展中广为收益。这些贫困户不但绝大部分已经摘掉贫困户的帽子，而且村级道路修到这些贫困户的家门口，各家各户喝上了安全饮用水，房屋得到修缮并粉刷一新，房前屋后变得卫生整洁，吃药打针可在村里进行，再不用为此翻山越岭，各贫困户自主选择发展符合其家境的产业，不仅短期脱贫有了保证，而且奠定了中长期发展的基础。村级财力明显增强，为贫困户和临时受灾户托底的能力与加大预防贫困户返贫和发展的能力均大幅提升。[1]为了分享发展经验，红河村组织其10个产业发展大户赴西安袁家村、十堰樱桃沟进行农村发展考察，并将考察中学习到的发展经验和思路传授给其他村民。[2]

六、结语

为了努力实现贫困人口的生存权和发展权，根据《中国农村扶贫开发纲要（2010—2020）》和《十三五脱贫攻坚规划》，到2020年，中国将确保在现行标准下所有农村贫困人口实现脱贫，贫困县全部摘帽，区域性整体贫困得以消除。经过红河村村民的艰苦努力，红河村的脱贫攻坚工作走在中国精准扶贫工作的前列。为了巩固现有帮扶成果和进一步促进红河村的发展，红河村将打造"互联网+"平台，并依托该平台，积极推进红河村电商产业发展，不断拓宽产业发展渠道。通过实施雨露计划，大力开展贫困劳动力职业技能培训和农业实用技术培训，确保培训一人，就业一人，脱贫一户和培训一门技术，振兴一项产业，致富一方群众。努力保持脱贫政策的连续性和持久性，继续强化社会保障兜底政策和医疗救助报销政策，力保因大病、天灾和人祸等因素致贫的贫困户生活水平不降低，避免发生已脱贫的村民因病返贫、因灾返贫和因祸返贫。减贫是全人类的共同事业，红河村脱贫将会取得更大的进展，并将深度融入到中国和全球脱贫事业之中。

（作者杨成铭系北京理工大学人权法研究中心主任）

---

[1] 2017年红河村村级总收入为951.4万元。

[2] 参与考察的赵从岭等农户回村后向村民详细介绍西安袁家村和十堰樱桃沟的农村发展情况，并就红河村如何借鉴该两村的经验加快本村的发展组织村民进行讨论。

绿色发展：生存权和发展权实现的中国经验

[中国] 张爱宁

一、引言

生存权和发展权是首要的基本人权。[1]早在1991年发表的第一份《中国的人权状况》白皮书中，中国政府就开诚布公地阐明了自己的立场："人权首先是人民的生存权。没有生存权，其他一切人权均无从谈起。"[2]1998年中国政府发表的《1998年中国人权事业的进展》白皮书中写道："改革开放以来，中国政府一直将解决人民的生存权、发展权问题放在首位，大力发展经济，使国民经济以年平均增长9.6%的速度持续健康发展，人民生活水平大幅度提高。20年来，国内生产总值增长了近5倍，人均国内生产总值增长了3.4倍。"[3]当下的中国，经过改革开放四十年经济的快速增长，已经成为世界第二大经济体，创造了世界经济发展史的奇迹，人民的生活总体上实现了从贫困到温饱、再从温饱到小康的两次历史性飞跃。

唯经济增长的发展观导致环境问题。发展是优先事项。贫穷是实现人权的最大障碍，没有物质资料的生产和供给，其他一切权利的实现都将非常困难或不可能。发展既是消除贫困的手段，也为实现其他人权提供了条件，还是人实现自身潜能的过程。[4]然而，当中国人民经过不懈的努力和奋斗，并为已经取得的前所未有的生存权、发展权的巨大进展欢呼之时，却"突然"发现，日益恶化的环境正在吞

---

[1] 中华人民共和国国务院新闻办公室：《发展权：中国的理念、实践与贡献》白皮书，2016年。
[2] 中华人民共和国国务院新闻办公室：《中国的人权状况》白皮书，1991年。
[3] 中华人民共和国国务院新闻办公室：《1998年中国人权事业的进展》白皮书，1999年。
[4] 中华人民共和国国务院新闻办公室：《发展权：中国的理念、实践与贡献》白皮书，2016年。

噬着他们的奋斗成果。由于化学工业迅猛发展，新技术成果的广泛应用，大量燃用煤炭石油，普遍使用塑料和化学制品，大规模开发资源等，致使工业排放物、废弃物大量增加、生态破坏严重，并且在质的方面明显恶化，水质污染、土壤污染、空气污染、生态恶化，特别是近几年频频大范围出现的重度雾霾，引起公众对生命、健康和生活质量的普遍担心和忧虑。

"可持续发展"应成为发展权实现过程中的首要目标和核心价值观念。毋容置疑，就中国所处的发展阶段而言，发展经济仍是第一要务，只有发展经济，才能拥有充分的物质基础，实现国家繁荣富强，人民幸福安康。但是，经济快速增长所带来的严重环境损害和生态系统退化，促使中国对自身的经济发展模式进行深刻反思。如果经济活动消耗资源的速度超过资源本身及其替代品的再生速度；如果向环境排放废物的数量超过环境的自净能力，则无异于竭泽而渔。"可持续发展"的原则要求：(1) 当代人的发展不应损害后代人发展所需依赖的自然生态基础。对于自然资源的开发和利用必须控制在合理、适度的范围内，以保持其再生和不断利用的能力。(2) 发展是目标，可持续性的发展只是改变发展方式，而不是制止或限制发展。(3) 人是可持续发展问题的中心；为了实现可持续发展，环境保护工作应是发展进程的一个整体组成部分。[1]因此，只有经济发展与环境保护相协调，在可持续的环境中谋求发展，在满足当代人需要的同时又不损及后代人满足其自身需要的能力的发展，才能实现中华民族的永续发展。上述反思明确反映在2016年中国政府发布的《发展权：中国的理念、实践与贡献》白皮书中，白皮书写道："发展权的实现是一个历史过程。发展永无止境，发展权的实现没有终点。在实现发展权问题上，没有完成时，只有进行时；没有最好，只有更好。中国仍处于并将长期处于社会主义初级阶段……发展权的保障必须是可持续的。可持续发展是发展权的应有之义，体现着代际公平。"[2]

---

[1] 1992年《里约环境与发展宣言》原则1和4。
[2] 中华人民共和国国务院新闻办公室：《发展权：中国的理念、实践与贡献》白皮书，2016年。

二、中国的实践

正是基于上述思考，从21世纪初开始，特别是在近些年，中国在继续努力发展经济的同时，采取了全方位立体式的控制、减少、治理污染和保护生态环境的措施，并取得了重要进展。当下的中国，正进行着一场以更新发展理念，放缓经济增长速度，优化产业结构，促进产品质量换代升级为特征的转变增长模式的变革。

（一）政治层面：践行科学发展观，从严治党，依法理政

中国共产党在2003年十六届三中全会上提出了科学发展观，并在第十七次全国代表大会将其写入党章，是对之前中国经济发展模式反思的结果。科学发展观的基本内涵是，"坚持以人为本，树立全面、协调、可持续的发展观，促进经济社会和人的全面发展。"[1]在这里，可持续的发展观就是要促进人与自然的和谐，实现经济发展和人口、资源、环境相协调；坚持走生产发展、生活富裕、生态良好的文明发展道路，保证一代接一代地永续发展。[2]

在科学发展观的指导下，2012年，中国共产党第十八次全国代表大会把生态文明建设纳入中国特色社会主义"五位一体"总体布局，要求树立生态文明理念，把生态文明建设融入经济建设、政治建设、文化建设、社会建设各方面和全过程，努力建设美丽中国，实现中华民族永续发展。[3]2013年，中国共产党十八届三中全会提出，对领导干部实行自然资源资产离任审计。建立生态环境损害责任终身追究制。[4]2014年，中国共产党十八届四中全会强调，要按照全面推进依法治国的要求，用严格的法律制度保护生态环境；建立重大决策终身责任追究制度及责任倒查机制。[5]2015年，中国共产党十八届五中全会进一步提出"坚持创新发展、协调发展、绿色发展、开放发展、共享发展"的发展新理念，[6]为中国经济发展指明了

---

[1] 《中共中央关于完善社会主义市场经济体制若干问题的决定》，2003年10月14日。
[2] "中共中央组织部有关负责人就《党政领导干部生态环境损害责任追究办法（试行）》答记者问"，新华网：http://news.xinhuanet.com/politics/2015-08/17/c_1116282518.htm。最后访问时间：2017年12月17日。
[3] 胡锦涛：《坚定不移沿着中国特色社会主义道路前进 为全面建成小康社会而奋斗——在中国共产党第十八次全国代表大会上的报告》，2012年11月8日。
[4] 《中共中央关于全面深化改革若干重大问题的决定》，2013年11月12日。
[5] 《中共中央关于全面推进依法治国若干重大问题的决定》，2014年10月23日。
[6] 《中国共产党第十八届中央委员会第五次全体会议公报》，2015年10月29日。

方向。

"绿色发展"就是必须坚持节约资源和保护环境的基本国策,坚持可持续发展,坚定走生产发展、生活富裕、生态良好的文明发展道路,加快建设资源节约型、环境友好型社会,形成人与自然和谐发展现代化建设新格局,推进美丽中国建设,为全球生态安全作出新贡献。[1]从环境因素的视角考量,这意味着中国经济的发展应做到以下几点。(1) 要放缓速度。中国经济增长的速度将从高速增长转向中高速增长,因为环境资源"受不了"像过去那样高速增长,自然资源和环境构成了经济增长的绝对极限,物质的消费不可能无限制地增长。(2) 要优化结构。随着资源环境约束强化,要素投入和能耗污染较少的行业会脱颖而出。(3) 要转变理念。目前,PM2.5值时时牵动着中国人的神经。高楼多了、钱包鼓了,清澈的河水、洁净的空气却成了奢侈品,越来越多的人认识到:这不是我们追求的现代化。从盼温饱到盼环保、从求生存到求生态,民众对绿色发展的呼声越来越高。只有绿色发展,才是永续发展。[2]现在,"绿色""低碳""环保""再循环""可持续",这些曾经时髦的字眼,不仅正在变成寻常百姓的关注热点和生活态度,也成为政府官员政绩考核、职位升迁的硬指标。

2015年,中共中央办公厅、国务院办公厅印发《党政领导干部生态环境损害责任追究办法 (试行)》,规定在地方党政领导班子成员选拔任用工作中,应当按规定将资源消耗、环境保护、生态效益等情况作为考核评价的重要内容,对在生态环境和资源方面造成严重破坏负有责任的干部不得提拔使用或转任重要职务。[3]对损害生态环境"终身追责",对违背科学发展、造成生态环境和资源严重破坏的责任人,不论是否已调离、提拔或者退休,都必须严格追责。[4]对情节较轻的给予诫勉、责令公开道歉;情节较重、严重的给予组织处理、党纪政纪处分;涉嫌犯罪的,

---

[1] 《中国共产党第十八届中央委员会第五次全体会议公报》,2015年10月29日。
[2] "中国经济新方位",《人民日报》2016年12月14日。
[3] 2015年《党政领导干部生态环境损害责任追究办法 (试行)》,第9条。
[4] "新华时评:终身追责倒逼'关键少数'敬畏绿水青山",新华网。http://news.xinhuanet.com/politics/2015-08/17/c_1116282541.htm。最后访问时间:2017年12月17日。

移送司法机关依法处理。[1]

2016年，中共中央、国务院决定对两起调查发现的江苏华达钢铁有限公司生产销售"地条钢"、河北安丰钢铁有限公司未批先建边批边建钢铁项目进行严肃处理和严厉问责。一是责成江苏、河北两省政府向国务院做出深刻检查。二是给予江苏省一副省长行政记过、河北省一副省长行政警告处分。江苏、河北两省分别对111名责任人和27名责任人进行问责。三是责令江苏省对全省生产销售"地条钢"、新增钢铁产能等违法违规行为进行彻底整治；责令河北省限期拆除安丰公司原有全部老旧1000立方米以下高炉、100吨以下转炉。四是在全国范围内公开通报华达公司、安丰公司违法违规行为查处情况。五是国务院将组织开展对煤炭、钢铁、水泥、玻璃等行业落后产能的专项督查和清理整顿。[2]

2016年11月至12月，中央第七环境保护督察组对甘肃省开展了环境保护督察工作。2017年4月，中央环保督察组向甘肃省反馈了督察意见，并将督察发现的11个生态环境损害责任追究问题线索移交甘肃省，要求依纪依法进行调查处理。按照中央纪委决定和甘肃省委、省政府批准，共对218名领导干部进行了问责处理。其中，祁连山国家级自然保护区生态环境问题问责100人，包括省部级干部3人，厅级干部21人，处级干部44人，科级及以下干部32人，给予党纪处分39人，政纪处分31人，诫勉谈话16人，组织处理2人，移送司法机关2人，其他处理形式10人；其他9个问题线索问责118人，包括厅级干部12人，处级干部60人，科级及以下干部46人，给予党纪处分65人，政纪处分27人，诫勉谈话24人，组织处理1人，因涉嫌严重违纪接受组织审查1人。[3]

（二）法律层面：完善相关立法，严格执法，公正司法

中国从1979年颁布第一部环境保护法，到目前已经形成了包括32部法律、48部

---

[1] 2015年《党政领导干部生态环境损害责任追究办法（试行）》，第10条。
[2] "国务院查处两起钢企违法事件 江苏、河北副省长被处分"，新华网。http://finance.ifeng.com/a/20161226/15103702_0.shtml。最后访问时间：2017年12月26日。
[3] "中央环保督察：祁连山保护区生态环境问题问责100人"，中国新闻网。http://www.chinanews.com/gn/2018/03-29/8478874.shtml。最后访问时间：2018年6月12日。

行政法规、85件部门规章在内的资源节约和环境保护法律体系。[1]特别是近几年，中国有关环境保护的立法和执法力度显著加强。

修正刑法，降低破坏环境行为的刑事入罪门槛。2011年，全国人大常委会通过《中华人民共和国刑法修正案（八）》，将刑法第338条"重大环境污染事故罪"修改为"污染环境罪"。将"违反国家规定，排放、倾倒或者处置有放射性的废物、含传染病病原体的废物、有毒物质或者其他有害物质"这些行为承担刑事责任的结果要件，从之前的"造成重大环境污染事故，致使公私财产遭受重大损失或者人身伤亡的严重后果"，修改为现在的"严重污染环境"。这实际上大大降低了破坏环境行为的刑事入罪门槛。

修订环境保护法，创新理念，完善制度，强化保障和可执行性。2014年，全国人大常委会修订了1989年颁布的《中华人民共和国环境保护法》。新《环境保护法》条文从原来的47条增加到70条，法律的可执行性和可操作性大大增强，被称为"史上最严的环保法""一部长牙齿的法律"。新法特点如下：(1) 创新理念。将"推进生态文明建设、促进经济社会可持续发展"列入立法目的；将保护环境确立为基本国策；将"保护优先"列为环保工作第一基本原则；突出强调经济社会发展要与环境保护相协调——过去是强调环境保护与经济发展相协调，一个顺序的改变意味着理念、观念的重大变化。(2) 完善制度。包括建立资源环境承载能力监测预警制度；环境与健康监测、调查与风险评估制度；划定生态保护红线制度；生态保护补偿制度；环保目标责任制和考核评价制度；污染物排放总量控制制度；排污许可管理制度；环境监察制度；信息公开和公众参与制度等。(3) 强化保障。针对环保领域"违法成本低、守法成本高"的突出问题，加大对违法行为的处罚力度：对违法排放污染物企业，政府相关部门可以查封、扣押设施设备；在经济处罚方面，可按日罚款，上不封顶；对相关责任人可以行政拘留，构成犯罪的可以追究刑事责任；对负有连带责任的第三方机构（环境监测服务、环境影响评价、治污设施运行维护机构等），可追究其连带责任；对没有完成总量减排目标、环境质量改善目标的地

---

[1] 中华人民共和国国务院新闻办公室：《发展权：中国的理念、实践与贡献》，人民出版社，2016年，第41页。

区,可以实施区域限批;对污染环境、破坏生态、损害社会公共利益的行为,有关社会组织可以提起公益诉讼。[1]

将生态环境保护规定为民法的基本原则。2017年通过的《中华人民共和国民法总则》第9条规定:"民事主体从事民事活动,应当有利于节约资源、保护生态环境。"该规定将生态环境保护直接提升到民法基本原则的高度,被誉为绿色原则,是中国民法立法的一次重大突破,由此,生态环境保护成为中国民法的基本价值之一。绿色原则对于法官寻找立法本意或按照立法的价值取向裁判案件,可以起到至关重要的作用,当法官审理案件时,如遇到具体条文没有规定的情况,就可以依据绿色原则做出判决。[2]

各类破坏环境资源犯罪行为的处理情况。2018年6月5日,最高人民法院、最高人民检察院、公安部公布了近年来打击污染环境违法犯罪相关情况。2013-2017年,全国检察机关共批准逮捕破坏环境资源犯罪刑事案件29702件43057人,起诉破坏环境资源犯罪案件88193件137963人。2013-2018年6月,最高检单独挂牌督办或与公安部等部门联合挂牌督办环境资源领域犯罪案件147件。[3]2017年,全国法院共受理各类环境资源刑事一审案件21241件,审结20602件,生效判决涉及人数17965人。2018年以来,全国公安机关已侦破各类环境犯罪案件3700余起,抓获犯罪嫌疑人5730余名,公安部直接挂牌督办案件211起。[4]

各类环境污染生态破坏民事案件处理情况。2017年,全国法院共受理各类环境资源民事一审案件207552件,审结190125件。其中,受理环境污染和生态破坏侵

---

[1] 参《中华人民共和国环境保护法》(2014年修订);辛闻:"新《环境保护法》将保护环境确立为国家的基本国策",中国网:http://news.china.com.cn/2014-06/04/content_32567376.htm。最后访问时间:2017年12月4日。

[2] 吕忠梅:"民法总则应体现绿色发展理念",民主与法制网:www.mzyfz.com。最后访问时间:2017年9月2日。

[3] 彭波等:"公检法机关严厉打击污染环境违法犯罪",《人民日报》2018年6月6日。在最高人民检察院与公安部、环保部现场督办的腾格里沙漠系列污染案中,宁夏、内蒙古管辖的6起涉嫌环境污染罪案件全部作出有罪判决,甘肃管辖的2起涉嫌玩忽职守罪的案件也作出有罪判决。其中,被告单位宁夏明盛染化有限公司犯污染环境罪,被处罚金500万元,公司法定代表人廉某某犯污染环境罪被判处有期徒刑一年零六个月,缓刑二年,并处罚金5万元。张亮:"向腾格里沙漠排污企业负责人获刑",最高人民检察院网站:http://www.spp.gov.cn/zdgz/201505/t20150507_96867.shtml。最后访问时间:2018年6月12日。

[4] 彭波等:"公检法机关严厉打击污染环境违法犯罪",《人民日报》2018年6月6日。

权纠纷案件2932件,审结2351件;受理涉自然资源开发利用纠纷案件204620件,审结187774件。[1]

各类环境资源行政案件处理情况。2014年7月3日,最高人民法院宣布设立环境资源审判庭,自2016年4开始,该审判庭开始办理以环境保护主管部门为被告的二审和申请再审环境资源行政案件。[2]2017年,全国法院共受理各类环境资源一审行政案件134791件,结案127481件。[3]

生态环境行政执法情况。2018年7月25日,生态环境部通报了全国各地2018年上半年环境行政处罚案件与环境保护法配套办法的执行情况:2018年1月至6月,全国环境行政处罚案件共下达处罚决定书72192份,罚没款金额超过58.5亿元。[4]

上述信息表明,中国正在依法加大对环境违法行为的打击和惩治力度。法律是社会变革的强有力工具,但法律不能孤立地存在和发挥作用。在环保领域,从有法可依,有法必依,到执法必严,违法必究,中国还有很长的路要走。在这个过程中,政府的决心和产业政策、企业的社会责任、公民的环保意识等多重因素要共同作用。

(三) 社会层面: 提升公众环保意识,保障公众的充分参与和监督

公众的环保意识、充分参与和监督环境保护,是德国、[5]日本、[6]英国[7]等发达国家治理环境污染取得成功的重要经验,为此,保障公众的环境信息知情权、环境决策参与权和环境损害获得救济权尤为重要。

关于公众的环境信息知情权。技术进步使人类能够更多地获得信息,也能使国家对信息进行更为严密的控制,当然也可以使信息轻而易举瞬间在公众中扩散,

---

[1] 彭波等:"公检法机关严厉打击污染环境违法犯罪",《人民日报》2018年6月6日。
[2] 罗书臻:"为美丽中国而前行:最高人民法院环境资源审判庭成立两周年综述",中国法院网:http://www.chinacourt.org/article/detail/2016/07/id/2044527.shtml。最后访问时间:2016年12月27日。
[3] 彭波等:"公检法机关严厉打击污染环境违法犯罪",《人民日报》2018年6月6日。
[4] "上半年全国环境行政处罚案件7万余件",《人民日报》2018年7月26日,第10版。
[5] 邬晓燕:"德国生态环境治理的经验与启示",《当代世界与社会主义》2014年第4期。
[6] 华义:"治理污染,日本做了些什么——访日本环境问题专家冈崎雄太",新华网:http://news.sciencenet.cn/htmlnews/2016/12/363998.shtm。最后访问时间:2017年11月21日。
[7] 中国科学技术信息研究所:"英国伦敦雾霾治理措施及启示",人民网:http://scitech.people.com.cn/n/2014/0303/c376843-24514293.html。最后访问时间:2017年12月3日。

从而放大虚假消息传递所造成的危险。因此，公众有权知道环境的真实状态，包括提醒被告环境危险的权利。政府、企业、研究机构，或任何其他人对重要环境信息保守秘密，或不完全披露之，无疑是对人权的侵犯，当信息对人类生存至关重要时尤为如此。[1]根据《人权和环境原则》（草案），这些信息应是及时、清楚、可理解和可获得的，而且不会对申请者造成不适当的经济负担。1992年联合国环境与发展大会通过的《21世纪议程》在第23章也指出，个人、团体和组织应能够获得政府掌握的关于环境和发展的资料，包括已经或可能对环境产生重大影响的产品和活动的资料，以及有关环境保护事务的资料。但是，上述建议性文件中所主张的知情权在有法律拘束力的条约中被大大地弱化了。《气候变化框架公约》第6条规定，各缔约方应在其各自的能力范围内，在国内，必要时在地区内，根据国家法律法规，鼓励和促进公众获得资料和参与。

关于公众的环境决策参与权。《里约环境与发展宣言》原则10规定："环境问题最好通过在相应层次上所有相关公民的参与来处理。"即个人能够参与影响其环境的决策，不仅包括具体措施，也包括一般规划。包括参与对环境造成影响的事项的决策活动，对拟议活动对环境的影响进行预先评估等。人们通过参加决策、制定政策及监督各种活动，是保护环境免受一切政策制定消极影响的方法之一。

关于公众获得环境损害法律救济权。无救济无权利。公众有权因遭受环境伤害或此类威胁，在行政或司法程序中获得有效救济和赔偿，[2]包括便利参与公益诉讼和在遭受环境损害的情况下获得有效救济的权利。

为切实保护公众的上述权利，2014年修订的《中华人民共和国环境保护法》新增加了第五章"信息公开和公众参与"，确立了"公民、法人和其他组织依法享有获取环境信息、参与和监督环境保护的权利"。规定各级政府及其他负有环境保护监督管理职责的部门要依法公开环境信息；完善公众参与程序，为公众参与和监督环境保护提供便利；要及时向社会公布违法者名单。重点排污单位要如实向社会公开其主要污染物排放情况，以及防治污染设施的建设和运行情况。对依法应当

---

[1] ［斯里兰卡］C. G. 威拉曼特里编：《人权与科学技术发展》，知识出版社，1997年，第238页。
[2] 《人权与环境原则》（草案）第20段。

编制环境影响报告书的项目，建设单位应向可能受影响的公众说明情况，充分征求意见；除涉及国家秘密和商业秘密的事项外，环境影响报告书应当全文公开。公众有权举报污染环境和破坏生态行为；对污染环境、破坏生态，损害社会公共利益的行为，相关社会组织可以向人民法院提起公益诉讼。[1]

有了新环保法的赋权，中国的社会公益组织和广大民众立即行动起来。在山东，2015年3月，环保组织中华环境保护联合会将山东德州一家排污企业告上法庭。被告由于超标向大气排放烟粉尘、二氧化硫和氮氰化物，被法院判决赔偿损失2198万元人民币。该案被誉为"新环保法公益诉讼首案"。[2]在宁夏，腾格里沙漠系列排污案发生后，2016年2月3日，宁夏中卫市中级人民法院受理中国生物多样性保护与绿色发展基金会分别起诉8起土壤污染损害赔偿公益诉讼系列案件，2017年8月，该公益诉讼系列案在宁夏回族自治区中卫市中级人民法院一审调解结案，8家被诉企业承担近5.69亿元用于修复和预防土壤污染，并承担环境损失公益金600万元。[3]在新疆，新疆自治区、新疆兵团高度重视中央环境保护督察，严肃查处群众举报环境案件并向社会公开。截至2017年10月31日，督察组转办的2905件群众举报案件已基本办结，共责令整改2182家，立案处罚548家，罚款6820万元，立案侦查1件，拘留25人，约谈163人，问责1613人。其中兵团办结583件，责令整改457家，立案处罚79家，拘留1人，约谈10人，问责628人。[4]在重庆，2017年1月，中华环境保护基金会诉中化重庆涪陵化工有限公司环境公益诉讼案，在重庆市三中院立案。在该案中，原告请求法院依法判令被告立即停止环境侵害行为，赔偿从2014年4月至其停止侵害期间因超标排放污水、废气产生的环境治理费用，赔偿被污染地区生态环境从受到损害至恢复原状期间的服务功能

---

[1] 参见《中华人民共和国环境保护法》（2014年修订）第53-58条。
[2] "山东一企业长期超标排污 环保组织起诉索赔3千万"，人民网：http://sd.people.com.cn/n/2015/0320/c166192-24224060.html。最后访问时间：2017年11月11日。
[3] 中国法院网：https://www.chinacourt.org/article/detail/2017/09/id/2987346.shtml。最后访问时间：2018年6月12日。
[4] 贺迎春、廖心悦："中央环保督察组：新疆局部区域大气和水环境问题突出"，人民网：http://env.people.com.cn/n1/2018/0102/c1010-29740847.html。最后访问时间：2018年6月12日。

损失,并在国家级媒体向社会公众公开赔礼道歉。[1]

三、结语

　　传统发展观只看到人类福祉对经济增长依赖的一面,却忽略了一个明显的事实——有时经济增长不一定带来人的幸福和安全。历史的经验和教训让我们深刻认识到:发展必须以人为本。[2]发展是手段而不是目的。发展的终极目的应是为了人的福祉,是为了获取更高的安全和更大的幸福,而不能本末倒置,以牺牲人的安全、幸福的方式换取发展。

　　在生产力落后的国家和地区,经济发展被视为优先事项是可以理解的,但在强调经济发展的同时,不可忽视环境保护的要求,更不能以"先污染后治理"的陈腐思路指导本国的经济决策。环境污染和破坏容易,但治理和恢复却很难,有些甚至是不可逆的。对于发达国家很早以前犯下的错误,发展中国家应当引以为戒。无论如何,经济发展对环境的危害不应超过环境的承载能力,不应危及人的生存,否则就失去了发展的终极目的。有鉴于此,虽然在发展的某一阶段可能存在着经济发展与环境保护之间的紧张关系——经济的快速增长导致环境问题的产生,而对环境的严格保护在短期内又制约着经济的发展,[3]但以长远的眼光看,经济发展与环境保护应是对立统一的关系,二者相互制约,相辅相成,发展将带来环境问题的最终解决,良好的环境反过来促进经济的可持续发展。就终极目标来看,发展经济和保护环境均是手段而非目的,它们共同服务于人类的福祉,是为了人类更好的生存。在这方面,"可持续发展"概念较好地表达了经济增长与环境保护之间所应实现的平衡,并成为生存权和发展权实现过程中的首要目标和核心价值观念。

(作者张爱宁系外交学院人权研究中心主任)

---

[1] "中华环境保护基金会诉中化涪陵公司公益诉讼立案",新华网：http://news.xinhuanet.com/legal/2017-01/20/c_129454825.htm,最后访问时间:2017年11月21日。

[2] 1986年《发展权利宣言》第2条。

[3] 李艳芳:"论环境权及其与生存权和发展权的关系",《中国人民大学学报》2000年第5期,第100页。

消除贫困与生存权发展权的实现

[中国] 张晓玲

一、从人权实现的高度认识消除贫困

什么是贫困？怎样认识贫困？人类的认识经历了一个发展过程。在人类历史上，贫困问题在很长时期内没有被上升到人权的高度来认识，而是归于个人的道德原因。比如，在19世纪早期的英国，占主导地位的观点是："贫困是由于懒惰、浪费以及放纵等性格缺陷造成的，这些性格如果是自己愿意，是可以改正的。"[1]1834年英国政府颁布的《济贫法》实际上是"向世界宣布在英国贫困是一种犯罪"[2]。在当代，人类逐步从尊重和保障人权的角度来认识贫困问题。联合国计划开发署1997年《人类发展报告》第一次明确提出"人类贫困指数"概念，包括：短命、缺乏基本教育、不能获得公共资源和私人资源。联合国人权高专办公室2002年《指导方针草案——用人权方法减少贫困》把贫困定义为："贫困是权利被剥夺的极端形式。"[3]贫困的一系列因素是对人权的否定。

贫困分为绝对贫困和相对贫困两种类型。有的学者认为，"绝对贫困又叫生存贫困，指缺乏维持生存的最低需求品，不能维持最基本的生存需求。相对贫困也叫相对低收入型贫困，是指虽然解决了温饱问题，但不同社会成员和不同地区之间，可能存在着明显的收入差异，低收入的个人、家庭、地区相对于全社会而言，处于

---

[1] 引自罗伯特·伊斯特著，周长征等译，贾俊玲审定：《社会保障法》，中国劳动社会保障出版社，2002年，第7页。
[2] 同上。
[3] Nicholas Howen："人权视角的发展观"，北京大学法学院人权研究中心编，《以权利为基础促进发展》，北京大学出版社，2005年，第9页。

贫困状态。"[1]

贫困的状况同人的生存权和发展权的实现状况密切相关，是人的生存权和发展权没有实现的直接表现和结果。这已经成为全世界的共识。

生存权是人有尊严生存的权利，是一项综合性权利，涵盖了从生命权到经济、社会和文化权利的基本内容。生存权作为人的基本权利，就表明，在当代，消除贫困不再仅仅是个人的事情，而是国家的事情，是国家和全社会的责任。

《发展权利宣言》第一条第一款规定："发展权是一项不可剥夺的人权，由于这种权利，每个人和所有各国人民均有权参与、促进并享受经济、社会、文化和政治发展，在这种发展中，所有人权和基本自由都能够获得充分实现。"生存权和发展权是密切联系、不可分割的。发展权是生存权的延伸和内在要求。有尊严的生存标准，要随社会发展而发展；发展权要求发展以人为本，发展的目的是为了所有人；发展权要求发展的机会均等和发展的成果共享。

发展权概念提出以后，受到联合国一系列文件的肯定，其内涵不断得到深化。1992年联合国《21世纪议程》指出："我们面对国家之间和各国内部长期存在的悬殊现象，贫困、饥饿、病痛和文盲有增无减，我们福祉所赖的生态系统持续恶化。然而，把环境和发展问题综合处理并提高对这些问题的注意将会带来满足基本需要、提高所有人的生活水平、改进对生态系统的保护和管理、创造更安全、更繁荣的未来的结果。""战胜贫穷的斗争是所有国家的共同责任。"该议程阐明了发展权和消除贫困的关系，强调用可持续发展的方式满足所有人的基本需要。

1993年的《维也纳宣言和行动纲领》重申："发展权是一项普遍的、不可分割的权利，也是基本人权的一个组成部分"；"各国应相互合作，确保发展和消除发展的障碍"。

2000年《联合国千年宣言》宣告："我们各国元首和政府首脑……我们决心使每一个人实现发展权，并使全人类免于匮乏。"该宣言明确宣告发展权的首要目标是根除贫困，提出了"(1)消除极端贫穷和饥饿；(2)普及小学教育；(3)促进两性平

---

[1] 青连斌：《贫困的概念与类型》，人民网，2006年6月7日。

等并赋予妇女权力；(4) 降低儿童死亡率"等八项核心目标。

2015年联合国发展峰会通过的《变革我们的世界：2030年可持续发展议程》进一步明确指出："消除一切形式和表现的贫困，包括消除极端贫困，是世界最大的挑战，也是实现可持续发展必不可少的要求。"该议程宣布的17个可持续发展目标和169个具体目标远远超过了千年发展目标，构建了全面实现发展权的框架和具体措施；强调要让所有人享有人权，实现性别平等，增强所有妇女和女童的权能；在国内要关注社会脆弱群体，在国际上要关注最脆弱国家。

这一系列重要文件反映了国际社会对发展权和消除贫困之间关系的深刻认识。

2016年中国发布的《中国的减贫行动与人权进步》白皮书表明了中国从人权保障的高度看待解决和消除贫困问题的基本立场。贫困不仅仅是经济发展的问题，消除贫困，不是同情和怜悯，而是保障生存权和发展权的必然要求。我们应该从尊重和保障人权的战略高度来来认识和处理消除贫困问题的极端重要性，订出系统的目标，采取切实的举措，来减少和消除贫困问题，推动人权保障的发展，推动实现广大人民群众的福祉。

二、中国在消除贫困方面取得的巨大成就和经验

中国实行改革开放40年来，消除了7亿多贫困人口，取得了巨大成就。联合国《2015年千年发展目标报告》显示，中国极端贫困人口比例从1990年的61%，下降到2002年的30%以下，率先实现比例减半，2014年又下降到4.2%，中国对全球减贫的贡献率超过70%。中国成为世界上减贫人口最多的国家，也是世界上率先完成联合国千年发展目标的国家，为全球减贫事业作出了重大贡献。[1]

中共十八大以来，在以习近平同志为核心的党中央坚强领导下，中国的脱贫攻坚取得决定性进展，贫困发生率由10.2%下降到3.1%，人民的获得感、幸福感、安全感显著增强。中国开创了符合自身国情的消除贫困的模式和经验，主要体现在以下几个方面。

---

[1] 《中国的减贫行动与人权进步》。

（一）把生存权和发展权作为首要人权

把生存权和发展权放在首位，必然要求以发展促人权。正如习近平总书记指出那样："唯有发展，才能保障人民的基本权利。唯有发展，才能满足人民对美好生活的热切向往。"2012年12月在广东考察时，他指出，"在发展经济的基础上不断提高人民生活水平，是党和国家一切工作的根本目的。我们党要巩固执政地位、完成执政使命，就必须始终把实现好、维护好、发展好最广大人民根本利益作为一切工作的出发点和落脚点，不断解决好人民最关心最直接最现实的利益问题，努力让人民过上更好生活。老百姓对美好生活的追求，就是我们的努力方向。"中国政府从中国的实际出发，坚持发展是硬道理，发展是执政兴国第一要务，把消除贫困作为主要发展目标，采取多种模式和措施消除贫困。

（二）成立专门扶贫工作机构，统筹制定方针政策、工作规划和指导意见

1986年中国成立国务院扶贫开发领导小组，由副总理任组长，下设办公室，负责拟定消除贫困的方针、政策和规划；协调解决消除贫困工作中的重要问题；督促检查工作落实情况等。从上世纪90年代中期以来，我国制定了三部扶贫开发纲要：《国家八七扶贫计划（1994–2000年）》《中国农村扶贫开发纲要（2001–2010年）》《中国农村扶贫开发纲要（2011–2020年）》。党的十九大把脱贫作为三大攻坚战之一，2018年6月又发布《中共中央国务院关于打赢脱贫攻坚战三年行动的指导意见》，对确保贫困人口脱贫作出部署。

（三）创新提出共享的发展理念

习近平总书记明确指出："消除贫困、改善民生、实现共同富裕，是社会主义的本质要求，是我们党的重要使命。"2015年，中国共产党十八届五中全会提出了创新、协调、绿色、开放、共享的发展理念。这五大发展理念的提出，反映了中国对发展权实现途径认识的深化和系统化，进一步突出了发展要以人为中心，促进人的全面发展的理念，这为消除贫困，更好地实现发展权具有重要的理论指导意义。

近年来，为了消除贫困，让人民共享发展成果，中央各个部门共出台100多个政

策文件和实施方案,各地省市县乡各级都根据当地的情况制定了配套措施。全国财政专项扶贫资金投入超过1000亿元,中央财政专项扶贫资金的投入增长43%,省级扶贫资金增长56%。全国12.8万个贫困村派驻了第一书记和驻村工作队,对3000万建档立卡贫困户明确了帮扶责任人。

(四) 关注弱势群体,加强对弱势群体权利保障

消除贫困,促进生存权和发展权的普遍实现,必然要求重点关注弱势群体。习近平总书记特别确定:"对困难群众,我们要格外关注、格外关爱、格外关心。""小康路上一个都不能掉队。"他说,"我们不能一边宣布全面建成了小康社会,另一边还有几千万人口的生活水平处在扶贫标准线以下,这既影响人民群众对全面建成小康社会的满意度,也影响国际社会对我国全面建成小康社会的认可度。"妇女、儿童、老年人、残疾人、少数民族等特定群体中的贫困人口是我国扶贫工作的重点对象。2012年以来,中国政府加大优先扶持政策力度,切实保障这些群体的社会保障权、健康权、受教育权等各项权利。

(五) 创新扶贫模式,实施精准扶贫、精准脱贫基本方略

习近平总书记提出精准扶贫方略,要求扶贫开发工作必须做到"扶持对象精准、项目安排精准、资金使用精准、措施到户精准、因村派人(第一书记)精准、脱贫成效精准",精准扶贫把保障弱势群体权利落到实处。通过建档立卡摸清底数,分析致贫原因和发展需求,分类指导,精准施策,落实扶贫对象精准、项目安排精准、资金使用精准、措施到户精准、因村派人精准、脱贫成效精准的要求,切实提高扶贫实效,加快贫困人口精准脱贫,保证人人享有发展机遇、享有发展成果。[1]

(六) 把消除贫困纳入国家人权行动计划

我国第三部国家人权行动计划提出:全力实施脱贫攻坚,保障居民基本住房、用水、食品安全和出行便利。贯彻落实《中共中央国务院关于打赢脱贫攻坚战的决定》,实施精准扶贫精准脱贫方略。到2020年,实现特色产业脱贫3000万人,转移就业脱贫1000万人,实施易地扶贫搬迁1000万人,对其余完全或部分丧失劳动能力

---

[1] 《中国的扶贫行动与人权进步》。

的贫困人口实行社保政策兜底脱贫2000万人。实现现行标准下的农村贫困人口全部脱贫，贫困县全部摘帽。

（七）帮助发展中国家消除贫困，构建人类命运共同体

习近平总书记在多个重要场合反复强调，我们生活在同一个地球村，应该牢固树立人类命运共同体意识，各国和各国人民应该共同享受尊严，共同享受发展成果，共同享受安全保障。

中国积极支持和帮助发展中国家特别是最不发达国家消除贫困。新中国成立近70年来，中国共向166个国家和国际组织提供了近4000亿元人民币援助，派遣60多万援助人员，先后7次宣布无条件免除重债国和最不发达国家对华到期政府无息贷款债务，向69个国家提供医疗援助，为120多个发展中国家落实千年发展目标提供帮助。[1]为发展中国家培训人员12万人次，累计派出2.1万名援外医疗队员和近1万名援外教师。2015年1月1日起，我国正式实施给予与中国建交的最不发达国家97%税目产品零关税的待遇措施。除重债穷国和最不发达国家对华到期政府无息贷款债务，金额共计300亿元人民币。[2]这些行动为帮助发展中国家消除贫困作出了贡献。

三、精准扶贫，坚决实现全面建成小康社会宏伟目标

中国的减贫事业取得了举世瞩目的伟大成就，但是，下一步的工作任务更加艰巨。我国目前的贫困区主要集中在环境恶劣、资源紧张地区，贫困人口规模较大，贫困程度较深，减贫成本更高，脱贫难度更大，是当前中国减贫面临的主要问题。中国目前正以前所未有的决心和力度开展脱贫攻坚战，实现"共同富裕路上，一个都不能掉队"的庄重承诺。

（一）进一步强化党和政府消除贫困的历史责任

党的十九大提出的实现"两个一百年"奋斗目标，实现中华民族伟大复兴中国梦的历史任务中，处于第一位的任务就是要在2020年全面建成小康社会时，确保现

---

[1] 《中国的扶贫行动与人权事业的进步》（2016年）。
[2] 引自《中国落实2030年可持续发展议程国别方案》，第4页。

行标准下的3000多万农村贫困人口全部实现脱贫，贫困县全部摘帽，解决区域性整体贫困，做到脱真贫、真脱贫，让贫困人口和贫困地区同全国一道进入全面小康社会，这是我们党和政府的庄严承诺。

（二）进一步落实精准扶贫战略

精准扶贫战略是我们党和政府在消除贫困问题上的重大工作创新。2013年，习近平总书记在湖南湘西十八洞村首次提出"精准扶贫"的思想。2015年11月，他在中央扶贫开发工作会议上发表重要讲话，全面部署"十三五"脱贫攻坚任务目标时，系统阐发了包括"扶贫对象精准、项目安排精准、资金使用精准、措施到户精准、因村派人精准、脱贫成效精准"，"发展生产脱贫一批、易地扶贫搬迁脱贫一批、生态补偿脱贫一批、发展教育脱贫一批、社会保障兜底一批"等思想在内的精准扶贫精准脱贫新战略。精准扶贫战略是我们彻底消除贫困问题的根本遵循。

（三）进一步动员全社会力量消除贫困

贫困问题在一定意义上说，是一个社会问题。彻底消除贫困，需要全社会的共同努力。2014年起，我国把每年10月17日定为"扶贫日"，目的就是让全社会更加关注贫困人口和贫困问题，推动贫困问题的解决。我们要按照党的十九大的工作部署，动员全党全国全社会的力量，坚持大扶贫的格局，加大东部地区和中央单位对贫困地区的帮扶力度，积极组织引导全社会各方面的力量广泛参与贫困地区的脱贫攻坚。

我们完全可以相信，在以习近平同志为核心的党中央坚强领导下，全中国人民共同努力奋斗，中国的贫困问题一定可以得到彻底解决，中国人民的生存权发展权的保障程度一定可以进步到新的层次和境界。

(作者张晓玲系中央党校人权研究中心学术委员会委员、教授)

第二部分
中国的扶贫理念、成就、经验的人权意义

产业扶贫的成效与风险管理

[中国] 常　健　付丽媛

扶贫是促进贫困人口实现发展权的重要政策措施。产业扶贫是中国脱贫攻坚的重要手段之一。几十年来，中国产业扶贫取得了显著的成效，大批农村贫困家庭通过产业扶贫摆脱了贫困。但产业扶贫政策也面临着一些特殊的风险，如果对这些风险缺乏足够的防范意识和管控措施，就会导致事与愿违的严重后果。为了提高对产业扶贫项目风险的防范和应对能力，我们收集126个产业扶贫失败的案例，分析了其中所蕴涵的项目风险、生产风险、市场风险和收益风险，并从风险回避、损失控制、风险转移、风险保留四个方面提出了产业扶贫项目的风险管控措施。

一、产业扶贫的特点和优势

产业扶贫，即在尊重市场规律的前提下，以产业发展为依托带动贫困户脱贫增收，促使贫困个体或家庭有长期稳定的收益。目前，中国产业扶贫项目主要集中于特色种养业、光伏产业、电商产业、乡村旅游产业等，这些产业项目各有特点，在扶贫功能上也存在着不同的优势和局限。

与其他扶贫方式相比，产业扶贫的总体特点是：第一，区域性。地方政府必须结合本地区的自然环境和资源禀赋，合理地进行规划和调整。第二，持续的资金投入。产业扶贫在发展初期，需要不断完善基础设施，进行道路、大棚、酒店建设等。第三，建设周期较长。第四，贫困户被纳入到生产过程中，使其可以利用自身能力实现持续性的脱贫。

上述特点使得产业扶贫相对于其他扶贫方式呈现出一些特殊的优势。第一，扶贫效果具有更强的可持续性。产业是经济发展的基础和载体。产业扶贫利用扶贫资金发展贫困地区具有特色的产业，不仅能够促进地方经济发展和产业结构的转变，而且能够创造多元的就业机会，使贫困户获得稳定的收入来源。据世界旅游组织统计，旅游产业每收入1元，可带动相关产业增加4.3元收入。旅游扶贫现已覆盖2.3万个贫困村，不仅能促进本行业的发展，而且能够带动服务产业，如旅游产品、酒店行业等兴起。同时，各地地方特色农产品向品牌化、高端化方向建设和发展，进一步打开国内市场，如延安洛川苹果、赣南脐橙、百色芒果、平泉食用菌、河南信阳毛尖等，将特色资源转化为地方发展的持续动力。

第二，能够激发内生动力。不同于其他扶贫模式，产业扶贫主要是通过在贫困地区培育能够适应市场的产业，将"输血式"扶贫转化为"造血式扶贫"。国家的再分配福利政策，虽然能够保障贫困户的基本生活水平，但不仅无法提升贫困户的消费层次，而且容易使其产生路径依赖。产业扶贫对贫困户开展技术培训，使贫困户根据自身实力和技能通过不同形式逐步融入生产过程。2017年，我国国家级电商扶贫已经覆盖499个县，开拓了多种模式，如将贫困户个体、残疾人等帮扶对象作为培训重点，让他们自己开办网店，并提供后续服务；淘宝、京东等网商直接参与贫困地区的特色产品开发并组织贫困户在网上销售等。电商扶贫直接促进电商企业雇员、网店店主和服务人员就业，间接带动为电商服务的物流配送、包装、设计等行业发展。据统计，截至2017年底，全国农产品网络销售达到了2436.6亿，同比增长53.3%，全国农村网店达到985.6万家，比2016年增加了169.3万家，带动就业人数超过2800万人，较2016年底增加了800万人。

二、产业扶贫可能面临的潜在风险

产业扶贫既具有独特的优势，也会面临一些特殊的风险。近年来一些地区由于忽视或低估了产业扶贫的潜在风险而导致产业扶贫达不到预期甚至失败。通过对所收集的126个产业扶贫失败案例的梳理和分析，发现导致这些失败的主要风险因素可以根据产业扶贫过程区分为四类：项目风险、生产风险、市场风险、收益风险，其中每一类中又包含若干具体风险。

(一) 项目风险

作为产业扶贫政策的制定和执行者，政府对产业扶贫项目的选择、支持和执行都负有重要责任。与此同时，如果政府的行为缺乏科学性、连续性和廉洁性，反而会使产业扶贫项目面临一系列风险。在我们搜集的产业扶贫失败的案例中，涉及的主要风险有三个方面，即项目选择失当、政策支持中断、执行中的权力滥用。

1. 项目选择失当

项目的选择是否适合当地的情况并且有市场发展前景，直接关系到扶贫的效果。如果项目选择时没有收集到足够的必要信息，或对信息缺乏充分的分析，就会导致判断失当。

2. 政策支持中断

产业扶贫项目需要较长的培育周期，需要稳定和连续的政策支持。如果由于政策变化而使产业扶贫项目失去必要的政策支持，就会使项目的前期投入前功尽弃。

3. 执行中的权力滥用

产业扶贫涉及公共资源的投入。如果监管出现漏洞，在项目执行中可能会出现滥用职权谋取私利。一些干部弄虚作假，冒领、骗取、截留、私分专项资金，使得产业扶贫项目得不到应有的政策资金支持。

(二) 生产风险

产业扶贫项目的生产环节是由贫困户和帮扶企业一起来承担的。这一过程中的主要风险包括生产技能缺失、生产积极性不足和生产资金链断裂。

1. 生产技能缺失

生产过程需要相应的技能，但如果贫困户缺乏产业所需的相关技能，就无法应对生产中产生的各种技术问题，导致生产过程的失败。在传统农业中，贫困户的受教育水平通常较低，主要依赖经验进行种养。但新品种的培育和饲养需要养殖户掌握基本的生产和病虫害防治技术，否则会影响成活率，出现农户付出较大心血但呈现效果有限的现象。

2.生产积极性不足

贫困户是产业扶贫项目的生产承担者,如果他们对产业扶贫项目缺乏必要的热情和生产积极性,生产过程就无法完成。

3.生产资金链断裂

产业扶贫项目在投入生产前期,需要大量基础设施的建设和完善、原料投入等,一旦资金链断裂,就会导致项目停滞,前期的资金投入都成为无法收回的成本。产业扶贫运转过程中,特别是光伏产业、旅游产业等需要长期投入的项目,由于资金来源渠道的局限性,常常会面临资金断裂风险,导致后期项目难以持续。

(三)市场风险

产业扶贫项目的成功,不仅依赖于政府和贫困户自身的努力,还受制于市场的供求关系。这类风险主要包括产品滞销、销售合同违约和无法借贷还贷。

1.产品滞销

生产出的产品需要销售,但如果生产规模超出了市场需求,就会导致产品过剩而滞销。在旅游扶贫项目方面,一些地区的旅游产品高度同质化,无法吸引市场目光。在光伏扶贫项目方面,西部不少地区光伏电站面临产能过剩、外输能力有限等问题,弃光限电常态化。

2.销售合同违约

为了保证产品销路,贫困户往往会与企业签订销售合同。但一些企业开始时承诺以一定价位全部收购,到回购之际,却会出现压价现象,收购价远低于承诺价或市场价。

3.无法借还贷款

由于贫困户自身缺乏经济实力,为了推进产业扶贫项目,除专项扶贫资金外,政府鼓励金融机构为贫困户提供小额贷款。但在贷款过程中,存在金融机构不愿进入扶贫领域、资源配置错位、贷款年限与产业周期冲突等问题,导致"需要的贫困户拿不到贷款,拿到贷款的贫困户无法偿贷"。

（四）收益风险

产业扶贫项目最终要使贫困户获得可持续的收益。但在现实中，贫困户却面临着无法获得应有收益、失去国家补贴和收益不可持续的风险。

1. 无法获得应有收益

产业扶贫中经常采用"企业+贫困户""大户+贫困户"的模式，通过企业、大户带动和帮助贫困户，合理利用专向扶贫资金和贷款发展产业，获得稳定持续收益。然而在现实中，经常有企业、大户以扶贫为由获取资金经营产业，最终产业赚钱、企业获益，贫困户却赔钱；或是政府直接将扶贫资金注入企业，一旦赔钱，企业"跑路"退出扶贫领域，贫困户不仅无法摆脱贫困，还需要为企业行为买单。

2. 失去国家补贴

从收益来源看，贫困户是否能够在产业扶贫项目中获得收益，不仅取决于产业的市场前景，而且在相当程度上依赖政府的奖励或补贴。一旦失去这部分收益，产业扶贫项目就无法获得盈利，甚至可能亏损。目前，中国光伏扶贫的收益高度依赖财政补贴，补贴的滞后性会使光伏产业出现无法继续运转的情况。但光伏项目可能在运营一到两年之后，国家的财政补贴才能到位。

3. 收益不可持续

产业扶贫的收益方式之一，是政府将扶贫资金注入企业，所获得的利润让贫困户在规定年限内获得分红。该方式在短期内使贫困户能够享受到资金红利，但却没有真正将贫困户纳入生产过程中，没有激发贫困户的内生动力，不能从根本上解决贫困户的贫困问题。

在实施产业扶贫过程中，一旦发生上述风险事件，不仅会给扶贫项目带来严重损失，而且会产生一系列连带效应。第一，它会导致政府信用受损。贫困户将项目失败的责任归咎于政府，使政府威信下降，未来推行新的政策措施面临更多信任障碍。第二，它也会导致贫困户和帮扶企业趋于保守，不敢再轻易参与风险较大的产业或种养新品种，而是倾向于更加安全的传统产品。第三，它会导致基层干部减少作为。为避免所承担项目失败后被问责，村级干部对乡镇政府的扶贫规划会采取

"不作为"或消极执行的方式加以应付。

三、各类风险的管控方式

风险管控是采取各种措施和方法消灭或减少风险事件发生的各种可能性，或者减少风险事件发生时造成的损失。风险管控有四种基本方法：(1) 风险回避；(2) 损失控制；(3) 风险转移；(4) 风险保留。管控产业扶贫项目的各项风险也可以考虑采取这四种方法。

(一) 产业扶贫项目的风险回避

风险回避，即有意识地放弃风险行为，完全避免特定的损失风险。在产业扶贫中，重点需要回避的风险是项目选择失当，它需要采取一系列相应的措施。

首先，需要加强对产业扶贫项目的风险识别和评估。可以通过SWOT分析，明确选择和推进产业扶贫项目的机会、威胁、优势和劣势，制定出可行性报告。同时，借助专家学者力量，对风险发生的可能性和严重程度进行评估，作出风险等级评定报告。要建立多方参与机制，对项目进行充分的论证。参加项目论证的人员不仅要包括专业技术人员，还要包括政策制定者、政策执行者、项目承担者、项目参与者、项目受益者以及其他利益相关者，广泛吸收和利用民智。在此基础上，果断放弃那些风险等级过高、在当地缺乏可行性的产业扶贫项目。

其次，试点先行，有限推广。在机遇和风险并存的情况下，可以先对产业扶贫项目进行小范围试验，如果试验不成功，就要考虑放弃该项目。如果试验成功，可以进行小范围推广。如果小范围推广成功，再根据产业的特点和市场的容量进行适度推广。在产业扶贫项目的发展中，要特别防止不顾产业发展条件的过急推进和过度推广。

(二) 产业扶贫项目的损失控制

损失控制，即制定计划和采取措施降低损失的可能性或者是减少实际损失。在产业扶贫项目中，损失控制重点涉及的风险包括政策支持中断、项目执行中的权力滥用、生产技能缺失、生产积极性不足等。为减少这些风险可能导致的损失，需要采取一系列损失控制措施。

首先，建立控制风险的预案。例如，对政策支持中断的风险以及生产过程中资金中断的风险，要建立相应的应对预案，提前有所准备。

其次，建立风险预警机制，对各类风险进行动态监控，根据预警信号，及时调整预防和应对行动的等级。

最后，采取措施减少或降低产生风险损失的可能性。具体来说，它包括以下方面：

第一，针对项目执行中的权力滥用风险，要完善产业扶贫项目运行过程的监督机置，特别要动态监控产业扶贫项目中权力行使的关键环节，从项目的重点人员、关键岗位、关键环节等入手，排查可能存在的廉政风险，分析风险点发生腐败的概率，进行等级划分，并有针对性地采取防控措施，包括关键环节运行的透明化、公开化，如及时公示企业招标程序和过程、资金分配和使用情况等；设置投诉电话和举报点；进行定期的廉政风险防控专项检查。

第二，针对生产技术缺失风险，对贫困户有针对性地开展技术培训，确保他们掌握核心的技术要领。要引进专业人才，确保每个产业配备必要的技术人员。对产业发展进行定期巡视检查，及时发现出现的问题。构建技术培训和交流平台，与贫困户进行及时交流和沟通，保证贫困户遇到不能解决的问题时能得到及时的咨询和指导。

第三，针对生产积极性不足，要帮助贫困户增强脱贫的意愿和信心，扶贫与"扶志"相结合。采取正向激励与负向惩戒相结合的策略，一方面，通过产业扶贫能采取分担风险的措施，对其积极作为予以一定奖励。另一方面，对缺乏努力脱贫意愿、缺乏勤奋精神、好吃懒做的少数人，进行批评教育，并在新增政策优惠方面对其施予一定的限制和惩戒措施。

第四，针对生产资金断裂风险，应当采取一系列控制措施。在项目规划中，要对项目进行成本评估，分析项目建成需要的资金数量，分析项目实施过程中某些材料的成本变动幅度，确保投资规模与资金相匹配。在项目招标过程中，需对承接扶贫长期项目企业的经营状况、负债情况等进行全面调查和评估，保证资金来源的稳定性。在项目运行过程中,要完善项目预算制度,制定项目成本预控目标,严格控制资金的收支平衡,减少非必要的项目支出,避免出现一次性大量资金的支出。要作出应对预案,在资金出现紧张时,保有预备性的资金来源。创新投融资机制,吸纳社会资本和金融投入农村产业,保证资金来源的多元化,降低资金来源单一而导致现金流枯竭的风险。

第五,针对无法获得应有收益的风险,完善收益分配机制。要使参与产业扶贫项目的贫困户参与收益分配方案的制定,并建立相应的保障机制确保分配方案的充分执行。

(三)产业扶贫项目的风险转移

风险转移,通过契约将让渡人的风险转移给受让人承担。在产业扶贫项目中,风险转移主要涉及产品滞销、销售合同违约、无法借还贷款等风险。

首先,针对产品滞销的风险,应逐步建立和完善产品销售的期货市场,一方面通过期货价格信号来指导生产规模,另一方面也可以通过期货买卖来降低价格大幅波动的风险。

其次,产品销售合同是防范产品滞销和价格风险的转移机制。针对销售合同违约风险,需要进一步建立销售合同的审查和履行监督机制。订立合同前,应协助审查企业的主体资格、法律地位、商业信誉等,保障企业的履约能力,宣传有关合同的法律知识,使双方了解自身享有的权益和违约产生的消极后果。在制定合同时,要制定明确交易条款,对不同情况下的收购价格进行具体的规定,如:市场前景良好时,企业按照市场价进行收购;市场不景气时,企业以保护价进行收购,政府予以补贴。在双方达成共识后,由法律人士对合同内容的合理性、合法性进行评估和修改,保证合同内容的严谨和周全。在双方执行合同时,政府考察执行情况与合同规定的内容之间是否存在偏差。如果企业违约压价,政府应帮助贫困户维权,并建立黑名单制度,限制违约企业进入扶贫领域;如贫困户出现违约,除承担相应责任外,政府可以制定没收贫困户高于合同价的盈利收益等制度。

最后，针对借还贷款风险，建立和完善相应的产业保险机制。合理扩展保险的覆盖范围和保障程度，通过保险理赔来抵御由于自然灾害、市场波动、政策变动等不可控制的原因导致的无法还贷的风险。政府还可以利用扶贫资金、财政收入等建立风险损失补偿基金，降低金融机构可能的损失，促使金融机构降低对贫困户的贷款门槛，保障扶持对象真正成为政策受益者。

（四）产业扶贫项目的风险保留

风险保留，即风险承担，准备资金支付可能发生的损失。在产业扶贫项目中，风险保留涉及的主要风险包括失去国家补贴、收益不可持续等。

首先，政府财政补贴是支持性质的，主要是扶持新兴产业逐步适应市场。所以，政府根据评估产业的成熟程度逐步降低补贴力度是必然和必要的，不可能永久补贴下去。因此，一方面，在产业扶贫项目趋于成熟过程中，企业和贫困户应当做好失去国家补贴的准备，在成本开支预算时提前预留相应的补充资金。另一方面，政府应当建立和完善补贴-收益评估机制，考察政策补贴适度性、产业本身的盈亏状况等，对补贴的程度、幅度、年限及扶持企业的标准进行合理的规定，并提前告知相关企业和贫困户，使其提早做出思想和财务准备。

其次，针对收益不可持续的风险，一方面要教育贫困户充分意识到坐吃红利所获得的收益存在不可持续的风险，可将所得红利合理规划使用，将其中一部分投入到其他类型的产业扶贫项目，分散单一投资的风险。另一方面，政府在产业扶贫项目的开发中，也要尽量采取多元化的策略，使贫困户的收益能够长短结合，多元互补，抵御收益不可持续的风险。

总之，产业扶贫是帮助贫困户持续摆脱贫困的有效方式，但它同时也存在着一系列风险。存在风险并不是放弃的理由，充分意识到风险的存在和类型，采取相应的风险管控措施来化解风险的威胁，会促使产业扶贫政策更加有效地发挥作用。

（作者常健系南开大学人权研究中心主任、教授；作者付丽媛系南开大学周恩来政府管理学院硕士研究生）

生存权、发展权的保障与消除贫困

——基于中国的扶贫经验

[中国] 陈巴特尔

生存权是首要的基本人权,生存权与发展权密不可分。生存权是发展权的前提,而发展权则是生存权的保障;同时,生存权与发展权又涉及经济、政治、社会和文化等各个方面,是实现人的其他各种权利的基础。正如1991年《中国的人权状况》所指出,对于一个国家和民族来说,人权首先是人民的生存权。没有生存权,其他一切人权均无从谈起。党的十九大提出,我国的主要矛盾已经从"人民日益增长的物质文化需要同落后的社会生产之间的矛盾"转化为"人民日益增长的美好生活需要和不平衡不充分的发展之间的矛盾",无论是"物质文化需要"还是"美好生活需要",都是人民生存与发展的基本需要。随着我国综合实力的不断提高,我国国民的生存和发展水平也不断提高,保障人民日益提高的生存和发展水平一直都是党和国家的主要追求,从人权的角度上来说,生存权一直都是我国人民的首要人权。消除贫困是全人类的共同愿望,事关人的生存与尊严,是人权的应有之义。中国政府自20世纪80年代以来大力开展扶贫行动,走出了一条具有中国特色的扶贫开发道路,在促进人权事业发展的同时,为世界减贫事业作出了中国贡献。下面在厘清生存权、发展权概念的基础上,结合世界与中国经验,阐述扶贫与生存权、发展权保障的关系。

一、作为首要的基本人权的生存权与发展权

生存权是最基本的人权。《世界人权宣言》确认，人人有权享有生命、自由和人身安全。《公民权利和政治权利国际公约》强调，在任何情况下不得剥夺一个人自己的生存手段[1]。所谓生存权，是指在一定社会关系中和历史条件下，人们应当享有的维持正常生活所必须的基本条件的权利。它不仅指个人的生命在生理意义上得到延续的权利，而且指一个国家、民族及其人民在社会意义上的生存得到保障的权利；不仅包含人们的生命安全和基本自由不受侵犯、人格尊严不受凌辱，还包括人们赖以生存的财产不遭掠夺、人们的基本生活水平和健康水平得到保障和不断提高[2]。由此可见，生存权的内容十分丰富，包含个人的生命、自由、人格、财产、基本生活水平和健康水平等各个方面，不仅关系到人民的经济条件如基本生活水平的保障和社会救助制度的完善，而且关系到人们文化需求的满足如文化生活、教育等。恩格斯曾指出，"人们首先必须吃喝住穿，然后才能从事政治、科学、艺术、宗教。"[3]生存权的内容表现出人得以生存的基本需求，因此，生存权是每个人最基本的权利，是其它所有权利得以实现的基础，是每个人得以成长和发展的必要条件。

发展权作为一项不可剥夺的基本人权，是发展中国家提出来的。1986年，第41届联合国大会通过的《发展权利宣言》明确规定："确认发展权利是一项不可剥夺的人权，发展机会均等是国家和组成国家的个人的一项特有权利，任何国家和组成国家的任何个人，都有参与发展、平等享有发展成果的权利。"《发展权利宣言》明确指出："承认人是发展进程的主体，因此，发展政策应使人成为发展的主要参与者和受益者"。发展权是生存权的延伸，是个人权利和集体权利的综合。作为个人权利，发展权是指国际人权文书确认的各种权利的总和，即每个人和所有人民有权参与、促进并享受经济、政治、文化和社会发展；作为集体人权，则是指各国特别是发展中国家在经济、政治、文化、社会等方面获得进步与发展的权利[4]。

---

[1] http://www.un.org/chinese/hr/issue/ccpr.html。

[2] "为什么说'生存权和发展权是首要的基本人权？'——中国对人权的基本观点之四"，http://www.humanrights.cn/html/2014/rqzs_0612/531.html。

[3] 李步云："坚持生存权、发展权是首要人权"，《北京日报》2015年12月7日。

[4] 同脚注2。

二、人类社会消除贫困的努力与实践

贫困是人类社会的难题,消除贫困是世界性的课题。贫困与人的需要密切相关,当人无法满足自己最基本的需要时,就处于贫困境地。贫困问题较为复杂,涉及经济、社会、文化、心理及生理等各个方面。贫困指的是由于缺乏物质的、社会的、文化的资源而处于社会不可接受的最低生活水平或生存状态,以及由于缺乏必要的手段、能力、机会而无法摆脱这种最低生活水准或状态。对贫困分类也是多种多样,最为普遍的分类是将贫困分为绝对贫困和相对贫困。绝对贫困也叫生存贫困,指的是那些缺乏生存必须的最低生活标准的能力的人群;相对贫困指的是一个人或家庭的收入低于社会平均收入水平并达到一定程度时的生存状况。前者是一种物质意义的维持最低生存的临界状态,与人的生理需求有关;而后者具有比较的意义,它包括了更高层次的社会心理需求。由于贫困不仅涉及人的生存,而且关乎人的发展,所以,消除贫困、保障人的生存权与发展权成为国际社会重要的人权事项。联合国大会1948年通过的《世界人权宣言》第25条规定:"人人有权享受为维持他本人和家属的健康和福利所需的生活水准,包括食物、衣着、住房、医疗和必要的社会服务";1966年的《经济、社会和文化权利国际公约》明确规定公民应当享有基本生活水准和免受饥饿的权利;1969年在《社会进步与发展宣言》中,把消除贫困、保证不断改进生活水平和给予公平的收入分配作为国际社会共同努力的目标;1992年联合国会议通过决议,自1993年起将每年的10月17日定为"国际消除贫困日";1995年联合国社会发展世界首脑会议确定1996年为"国际消除贫困年",又将1997-2006年确定为第一个"国际消除贫困十年",而2000年确立的联合国千年发展目标更是提出在2015年之前要把全球极端贫困人口和饥饿人口减半;2008年联合国大会又确立2008-2017年为第二个"国际消除贫困十年"。上述这些国际社会的政策与实践都把贫困作为享受人权的妨碍,把消除贫困作为人权和人权保障事业的目标,从而为减贫、扶贫、消贫,使全球公民充分有效享有人权提供制度保障。与世界上大多数发展中国家一样,我国也面临着严峻的贫困问题,扶贫工作是我们党和政府长期关注并致力实施的一项关系民生的重要事业。改革开放以来，特别是从1986年开始，我国开始实施以解决农村贫困人口温饱问题为主要目标的扶贫开发项目。1986年，国务院贫困地区经济开发领导小组成立，"有组织、有计划、大规模的农村扶贫开发活动"拉开序幕。到1993年底，农村贫困人口由1.25亿人减少到8000万人，占农村总人口的比重从14.8%下降到8.7%。1994年，《国家八七扶贫攻坚计划》出台，国家加大用于扶贫的投入，将反贫困重点放在中西部地区，实行扶贫到户的策略。该计划明确提出，力争用7年左右的时间，基本解决农村贫困人口的温饱问题，到2000年底，农村贫困人口减少到3000多万人。2001年，颁布实施《中国农村扶贫开发纲要（2001—2010年）》，有关部门确定了14.8万个贫困村作为扶持重点，重心下沉，进村入户，瞄准到人，采取更有针对性的帮扶措施。2011年中国公布《中国农村扶贫开发纲要（2011—2020年）》，提出到2020年要稳定实现扶贫对象不愁吃、不愁穿，保障其义务教育、基本医疗和住房。党的十八大后，中国政府先后提出"精准扶贫""乡村振兴"等战略，力争实现2020年农村人口全部脱贫的伟大目标。

三、消除贫困、扶贫与生存权、发展权保障的关系

通过上面的论述，我们不难发现，不管是生存权与发展权的保障，还是消除贫困、扶贫都与人的需要密切相关。生存权主要关注的是衣、食、住、行这些人类的基本需要，而发展权在生存权的基础上则聚焦于人的文化、社会需要；绝对贫困是一种物质意义的维持最低生存的临界状态，与人的生理需求有关，而相对贫困具有比较的意义，它包括了更高层次的社会心理需求。可见，从学理逻辑上讲，"人的需要"是把生存权、发展权与消除贫困活动相联系的媒介。生存权与发展权事关人的基本需要与社会需要是否得到满足，而消除贫困、扶贫就是为了更好地满足人的生存与社会心理需要。人的需要满足与否是二者相互联系的逻辑起点和价值追求。需要是一个心理学的概念，美国心理学家亚伯拉罕·马斯洛认为人的基本需要由低到高依次为生理需要、安全需要、社交需要、尊重的需要和自我实现的需要。生理需要是人最基本的需要，如吃饭、穿衣、住宿、医疗等；安全的需要要求劳动安全、

职业安全、生活稳定等；社交的需要，也叫爱与归属的需要，指个人渴望得到家庭、团队、朋友、同事的关爱与理解，是对友情、信任、温暖和爱情的需要；尊重的需要包括自我尊重、自我评价和尊重别人；而自我实现的需要就是要完成与自己的能力相称的工作，最充分地发挥自己的潜力，成为所期望的人物[1]。人人都有需要，某层需要获得满足后，另一层需要才出现；在多种需要未获满足前，首先满足迫切需要；该需要满足后，后面的需要才显示出其激励作用。五种需要可以分为两级，其中生理需要、安全需要和社交需要都属于低一级的需要，这些需要通过外部条件就可以满足；而尊重的需要和自我实现的需要是高级需要，他们是通过内部因素才能满足的，而且一个人对尊重和自我实现的需要是无止境的。根据马斯洛需要层次理论，我们可以将生存权的保障视为人类社会努力满足其社会成员的生理、安全等低层次需要，而发展权的保障则是为了满足人的高层次需要，如尊重的需要和自我实现的需要。生存权是发展权的前提，只有满足了低层次的生存需要之后，才有可能产生高层次的发展需要。从实践逻辑来看，消除绝对贫困就是通过满足人的最基本衣食住行需要来保障人的生存权利；而消除相对贫困就是为了满足人的高层次需要，使人有权参与、促进并享受经济、政治、文化和社会发展。正因如此，国际社会把消除贫困、扶贫、减贫作为重要的人权事项。其中，"国际消除贫困日"的设立与人权尤其是生存权与发展权的保障具有密切的联系。1987年10月17日，10万多人聚集在《世界人权宣言》的签署地巴黎特罗卡德罗广场，他们宣称贫困是对人权的侵犯，并承诺将携手保护贫困人群的人权。1992年12月22日，第47届联合国大会决定将每年的10月17日确定为国际消除贫困日，以引起人们对贫困问题的重视，推动全球消除贫困工作。此后，联合国还制定了两个"国际消除贫困十年"计划，不断推进国际社会及相关国家消贫、灭贫、扶贫实践。2008年《世界人权宣言》通过60周年之际，联合国在消除贫困宣传中再次突出人权这一主题，将"贫困人群的人权和尊严"作为当年消除贫困日的主题。国际社会已经意识到，贫困是对人权的侵犯，推动和保护人权有助于消除贫困。对人权的侵犯既是造成贫困的原因，也是贫困

---

[1] 吴宏伟："马斯洛的需要层次理论及哲学底蕴"，《哈尔滨市委党校学报》2006年第2期。

所带来的后果。贫困人群通常处于社会边缘,身处窘境,自身权利往往难以得到保障。因此,联合国呼吁人们遵照《世界人权宣言》,尊重和保护贫困人群的人权,努力帮助他们摆脱贫困的困扰。我国30多年的扶贫实践不仅对实现联合国提出的千年发展目标作出了巨大的贡献,而且极大地促进和保障了人权。习近平总书记提出的精准扶贫战略更是蕴含着多层多维的人权诉求。根据黄爱教的研究,精准扶贫包含三个层次的人权诉求。消除贫困即生存权利,是精准扶贫战略的初级人权诉求,消除贫困、改善民生、共同富裕是社会主义的本质要求,国家经济社会发展的重要任务之一就是减少贫困,发展权利是精准扶贫战略的中级人权诉求,农村贫困人口处于经济、政治与社会的弱势地位,缺乏参与社会发展的权利与自由,难以平等地享有国家发展成果的权利。消除贫困与发展权之间存在递进关系,正如习近平总书记在2016年"七一讲话"中所指出的那样,打赢脱贫攻坚战,保证人民平等参与、平等发展权利,使改革成果更多、更公平惠及全体人民。幸福权利是精准扶贫战略的终极人权诉求。幸福本身是一种权利,享有与追求幸福是人权的价值基础之一。从实践角度讲,贫困人口幸福权利得以实现有赖于生存权、发展权及社会权的法律与政策保障,必须强调生存权与发展权作为首要人权的地位和作用。

　　总之,生存权与发展权的保障与消除贫困、减贫、扶贫具有密切的关系。从学理角度来看,这两方面发生关系的媒介在于人的需要。人的基本需要得不到满足,就无法保障人的生存权与发展权;人的需要有多个层次,低层次需要与人的生存相关,而高层次需要与人的发展有关。人处于贫困状态了,其生存与发展需要得不到满足,同时也就妨碍了最基本人权即生存权与发展权的享受。从实践逻辑讲,贫困是对人权的侵犯,人类消除贫困的目的就是要更好地保护人权,使人们更好地生存、发展,并获得幸福感。

(作者陈巴特尔系南开大学人权研究中心教授)

中国扶贫的人权内涵及其意义

[中国] 陈佑武

消除贫困是人类梦寐以求的理想,是各国人民追求幸福生活的基本权利。改革开放以来,特别是党的十八大以来,党和政府实施精准扶贫、精准脱贫基本方略,以生存权和发展权作为扶贫工作基本立足点,促进贫困人口的工作权、受教育权、社会保障权、文化权利、政治参与权等权利全面、协调与可持续发展,保障了人民平等参与、平等发展权利,在消除贫困上取得了举世公认的伟大成就,提供了可资借鉴的中国方案,是中国人权事业进步的最显著标志,为世界人权事业作出了重大贡献。

一、中国将扶贫置于人权事业发展的重要战略地位

从人权的战略部署来看,中国将扶贫工作置于人权事业发展的重要战略地位。人权保障是中国扶贫的思想主旨,扶贫是中国人权事业发展的组成部分,而且其重要性随着中国人权事业发展更加突出。改革开放以来,党和政府不断加大扶贫力度,成立专门扶贫工作机构,确定重点扶持地区和群体,安排专项资金,制定适合现实国情的贫困标准和专门的优惠政策,确定了开发式扶贫方针。先后实施了《国家八七扶贫攻坚计划(1994—2000年)》《中国农村扶贫开发纲要(2001—2010年)》《中国农村扶贫开发纲要(2011—2020年)》等中长期扶贫规划。党的十八大以来,党中央把扶贫开发置于治国理政的重要位置,提升到事关全面建成小康社会、实现第一个百年奋斗目标的新高度,纳入"五位一体"总体布局和"四个全面"战略布

局进行决策部署。党的十八届五中全会提出了贫困人口全部脱贫、贫困县全部摘帽的目标任务。"十三五"将中央脱贫攻坚决策部署变为国家意志，第一次把脱贫攻坚作为五年规划纲要的重要内容，第一次把贫困人口脱贫作为五年规划的约束性指标，第一次由省区市党政一把手向中央签署《脱贫攻坚责任书》，并层层立下军令状。

二、中国扶贫以特定群体的贫困人口为重点

从人权的主体来看，中国扶贫以特定群体的贫困人口为重点，既重视贫困人口的个体的扶贫工作，也重视贫困人口的集体的扶贫工作。改革开放以来，7亿多贫困人口摆脱贫困，有力促进了贫困人口基本人权的实现。中国扶贫重视维护特定群体的人权，妇女、儿童、老年人、残疾人、少数民族等特定群体中的贫困人口是扶贫工作的重点对象。《中国妇女发展纲要（2011—2020年）》制定保障贫困妇女权益的政策措施，贫困妇女权利保障水平不断提升。《中国儿童发展纲要（2011—2020年）》《国家贫困地区儿童发展规划（2014—2020年）》健全完善留守儿童关爱服务体系、困境儿童分类保障和救助保护机制，贫困儿童权利保障力度不断加大。国家积极推动养老保险制度，加强养老服务建设，建立健全养老服务补贴制度，老年人权利保障体系不断完善。《农村残疾人扶贫开发纲要（2011—2020年）》明确将贫困残疾人列为重点扶贫群体，残疾人权利保障事业扎实推进。国家制定一系列特殊扶持政策，加快推进少数民族和民族地区脱贫攻坚，少数民族脱贫步伐加快。

三、中国扶贫以切实尊重和保障人权为依归

从人权的内容来看，中国扶贫以保障贫困人口的生存权与发展权为基本立足点，促进贫困人口的经济、社会、文化权利和公民权利、政治权利的全方位发展。对于贫困人口而言，不解决生存权与发展权问题，其他一切都没有意义。党和政府始终以贫困人口的生存权和发展权的保障为扶贫工作的出发点，致力于人民温饱问题的解决，保障人民的基本住房、用水、食品安全、医疗健康和出行便利等方面的权利。通过特

色产业脱贫、易地搬迁脱贫、生态保护脱贫的实施推进,贫困人口生存发展条件不断改善。通过就业创业服务、资产收益扶贫等措施,工作权保障成效显著,贫困人口收入水平不断提高。通过教育扶贫的脱贫攻坚,贫困人口受教育权保障充分。通过医疗保障脱贫、农村兜底脱贫等措施,贫困人口社会保障权稳步推进。此外,党和政府对贫困地区人民的文化权利、政治参与权等权利加大了保护力度,对促进贫困地区的文化繁荣发展以及贫困地区人民参与政治生活的热情发挥了积极作用。

四、中国扶贫强调贫困人口享有平等的发展机会

从人权的实质来看,中国扶贫强调贫困人口享有平等的发展机会。贫困导致人权保障不平等、不确定因素产生,对人权保障提出了严峻挑战。贫困不仅对人权保障产生直接的影响,也对人权保障产生间接的影响。从直接影响来看,贫困使得人权保障的经济基础不复存在,人权保障成为一句空话。从间接影响来看,贫困会导致人的心理变化,限制人的权利能力,影响人的行为能力,使得人更为脆弱和敏感,甚至影响到人的世界观与价值观、生存与健康。正因为贫困消解了人权保障的平等基础,贫困使得人们的人权实现异常艰难。为消除贫困,保障人民平等参与、平等发展权利,扶贫减贫就成为人权保障的必然要求,这是中国扶贫的人权实质所在,即为贫困人口的平等参与、平等发展创造条件。

五、中国扶贫捍卫贫困人口的利益,促进社会公平正义

从人权的本质来看,中国扶贫捍卫贫困人口的利益,促进社会公平正义。一方面,中国扶贫与贫困人口的实际利益始终密切关联,扎扎实实解决好群众最关心最直接最现实的利益问题、最困难最忧虑最迫切的实际问题。党和政府实施的精准扶贫、精准脱贫,精准落实到村、到户、到人,以保障和提升贫困人口的利益、改善贫困人口的生活作为扶贫工作的出发点。另一方面,中国扶贫体现了社会主义制度的优越性,促进了社会公平正义。贫穷不是社会主义,消除贫困是社会主义本质要求,而且事实证明社会主义在消除贫困有更大的作为,中国扶贫的成就就是鲜活的

例证。因此,从人权本质的正义层面而言,中国扶贫是正义的事业。事实上,在中国扶贫的历史进程中,人民的利益与社会的公平正义也是推动中国扶贫事业不断发展进步的内在动力。

六、中国扶贫促进贫困人口共享发展与共同富裕

从人权的目的来看,中国扶贫促进贫困人口共享发展与共同富裕。消除贫困、改善民生,逐步实现共同富裕,是社会主义的本质要求。发展是解决贫困的根本途径,只有不断提升贫困人口的发展能力、改善贫困人口的发展条件、完善贫困人口的制度保障、落实贫困人口的政策措施,贫困人口才能共享发展机会与共享发展成果。从共享发展来看,党中央对2020年脱贫攻坚的目标已经有明确规定,即到2020年,稳定实现农村贫困人口不愁吃、不愁穿,义务教育、基本医疗和住房安全有保障,使这些地区基本公共服务主要领域指标接近全国平均水平。贫困人口只有通过共享发展,才能消除贫困、改善民生,逐步实现共同富裕。

七、党和政府在扶贫中发挥关键性作用

从人权的义务主体来看,首先,党和政府是扶贫的首要义务主体,在扶贫工作中发挥关键性作用。新中国成立以来,尤其是改革开放以来,党领导人民持续向贫困宣战,已经走出了一条中国特色扶贫开发道路,尤其是党和政府实施的精准扶贫、精准脱贫基本方略,使得7亿多农村贫困人口成功脱贫,为全面建成小康社会打下了坚实基础。其次,中国扶贫与贫困人口的自身努力分不开。脱贫致富终究要靠贫困群众用自己的辛勤劳动来实现,广大贫困群众与基层干部群众在扶贫工作中积极行动,发挥了首创精神,推动了扶贫工作的发展。最后,中国扶贫也得益于社会力量的广泛参与。众人拾柴火焰高,社会力量对于推动中国扶贫事业的发展起到了积极作用。

(作者陈佑武系广州大学人权研究院副主任、教授)

人权视域下中国扶贫减贫的理念、成就与经验

[中国] 程延军 李 湃

目前，无论出于国家整体发展的需要还是人权保障的要求，中国最亟待解决的问题就是贫困问题。摆脱贫困就必须谋求发展，要谋求发展就必须实现生存权和发展权等基本人权，这已经成为国际社会基本的普遍共识。对贫困的理解以往多是以物质匮乏的程度来理解和定义，但最新的学理认为"贫困不仅仅指收入低微和人力发展不足，它还包括人对外部冲击的脆弱性，包括缺少发言权、权利和被社会排除在外"。[1]也就是说，贫困是经济、社会、文化和政治落后等各种因素交织在一起的综合表现，归根到底就是发展不足，发展不够。因为贫困阻碍一国和每个人在经济、社会、文化和政治上发展和进步，是对其发展权实现的强烈冲击与直接剥夺。因此，要实现发展权，首先就要消除贫困。减缓和消除贫困是充分实现发展权的基础，也是全体人类的共同使命。

中国作为世界上最大的发展中国家，明确消贫减贫的重要责任和义务。半个多世纪以来，中国政府和人民在扶贫减贫的行动中取得了令人瞩目的成就，积极保障贫困群体的生存权和发展权的实现，得到了世界人民的赞誉。同时，中国在致力于自身消除贫困的同时，也高度重视减贫工作领域的国际合作。一方面是通过学习国外先进的理念方法和减贫经验，不断提升理念、制定政策、改进做法，推动国内的扶贫开发；另一方面，与广大发展中国家合作开展政府对话、经验交流、人员培训、试点示范等，促进相关国家的减贫[2]，增强中国与其他国家人民的友谊。[3]

---

[1] 肖巍："作为人权的发展权与反贫困"，《社会科学》2005年第5期。
[2] http://money.163.com/17/0527/14/CLESFD3N002580S6.html。
[3] 武汉大学中国减贫发展研究中心："中国社会扶贫若干问题研究"，《研究报告》2015年第4期，第2页。

一、中国扶贫减贫秉持的基本理念

(一) 坚持生存权与发展权优先

生存权是国际人权法中保障的首要人权,是不可克减的基本人权。各国政府、社会组织都应尊重并优先充分保障的一种权利。发展权作为一项人权是国际社会经济秩序反复斗争的产物,伴随着广大发展中国家在本国具体发展实践过程中进而逐步获得世界范围内的广泛认同。作为基本人权的发展权意味着每个人和所有各国人民都有权参与、促进并共享经济、社会、文化和政治发展带来的积极成果。只有达成了这些发展,才能充分保证各项人权和基本自由的实现。齐延平教授认为,历经三十多年的理论探索、论证与实践,发展权成为"人类的自我塑造及自我价值的实现"的重要平台和国家合作的空间。同时,他认为各国对发展权的实践也为世界各国繁荣、一国内的发展及个体的进步都提供了可靠的依据和实践经验。[1]诚然,任何理论的预设都是基于现实的需要,必须以回应社会现实为依归。

中国在扶贫减贫的过程中,坚持生存权与发展权二者的根本性地位,将二者视为首要人权优先保障、优先发展。这既是中国现实情况决定的,也符合国际社会人权发展的客观规律。

(二) 秉承以人为本、共同参与、综合发展的原则

贫困是经济、社会、文化和政治落后等各种因素交织在一起的综合表征,其实质是发展不足,即阻碍了一国和个人在经济、社会、文化和政治上发展和进步,是对其发展权实现的强烈冲击与直接剥夺。所以,中国在扶贫减贫过程中坚持人的中心地位,消除贫困以实现人的价值和目的为依归,扶贫减贫工作中的各种政策和措施切实维护人的尊严,使其在免于饥饿和不担心暴力、压迫或不公正对待的情况下生活。中国的扶贫减贫工作努力使每个减贫个人积极参与其中,自由和有意义地参与发展及其所带来的利益公平分配,从而改善全体人民和个人的福利。同时,中国所进行的历时半个世纪的扶贫减贫活动,贯彻政治、经济、社会和文化等权利总和的推进与保护,包括物质给予、精神关怀与道德鼓励等系统性扶贫减贫。

---

[1] 齐延平:"论发展权的制度保护",《学习与探索》2008年第2期。

(三) 倡导以和平安全为前提，平等、合作、共责的精神

扶贫减贫的核心问题是促进人的发展与进步问题，也是实现每个人有尊严地生活的问题。我国的扶贫减贫工作之所以取得了巨大的成就，得益于新中国成立以来国家和政府创造的和平安全的国内环境。世界历史表明：任何战争与冲突都会导致人权的破坏，包括生存权和发展权的停滞与倒退。另外，扶贫减贫要求全部参与主体以平等态度、积极合作和共同承担责任的原则开展工作，既包括国内层面的合作，也包括国际层面援助性活动。同时，基于贫困是多种原因造成的，所以消除贫困也是世界各国、社会组织、各国政府包括教育、医疗与金融等众多主体的共同义务，每一个主体均应各负其责。

二、中国扶贫减贫的主要成就与贡献

党的十九大报告中，习总书记深刻指出，中国是世界上贫困人口最多的国家之一，消除贫困成为重要的工作任务，也是影响人的生存权、发展权、受教育权等各项权利得以实现的重要因素。从中国现实看，中国贫困人口主要分布在广大农村贫困地区，中国政府开始意识到消除贫困对困难人群及整个国家发展的重要意义。

(一) 中国扶贫减贫的三个历史阶段及特点

首先，扶贫减贫的初始阶段。20世纪60年代始，我国政府扶贫减贫逐步展开，具体建立形成了以定点扶贫为主、协作扶贫为辅的多样性扶贫工作模式。根据国家整体布置，1996年中国确立了东部15个经济较发达省、市与西部11个省区开展东西部"对口"扶贫协作方案；到20世纪末，逐步形成了东西扶贫多样式协作以及政府援助、企业合作、社会帮扶、人才支持为特点的扶贫策略。尤其是1986年，国务院确定了开发式扶贫方针并成立了专门的扶贫机构，划拨专项扶贫资金，制定专门税收优惠政策，开展有计划、有组织和全国范围内的扶贫减贫行动，旨在通过帮助贫困地区自身的经济社会发展来解决其贫困问题。同时，中国将减缓农村牧区贫困纳入国家整体发展战略。如，在国民经济和社会发展"七五"计划中，国家将对老、少、边、穷地区在资金方面实行扶持政策，确立了"造血与输血"相互结合的共济式扶

贫理念。

其次,扶贫减贫的发展阶段。此阶段从20世纪90年代到2010年,逐步形成了社会全员扶贫的扶贫减贫机制,扶贫减贫被确立为一项重要的社会发展任务,具体通过编制专门的扶贫计划(或称行动纲要)以具体落实扶贫减贫工作。如2001年《农村扶贫开发纲要(2001–2010年)》具体强调建立扶贫减贫的长效性机制。同时,增加扶贫减贫的专项基金并运用财政转移支付等行政手段来加强扶贫减贫工作。数据显示:20多年来,政府划拨的专项扶贫资金逐年增加,财政支持力度逐渐加强,其中"十二五"期间,中央财政专项扶贫资金从每年272亿元增长到467.45亿元;中央财政加大对贫困地区的转移支付力度,中央财政专项扶贫资金的规模实现较大幅度增长,一般性转移支付资金、各类涉及民生的专项转移支付资金和中央预算内投资进一步向贫困地区和贫困人口倾斜。[1]最重要的是把政府各有关部门和社会各方面的力量,全面调动起来,互相配合,共同为贫困户和贫困地区开发提供有效的帮助,把治标和治本有机地结合起来,以治本为主,既让贫困户通过发展生产解决生活困难,又帮助贫困地区开发经济,从根本上摆脱贫困。还有,具有专业性的社会组织,以其严密的组织管理和资源的最优配置等优势,实现了全党、全国、全社会参与扶贫减贫工作,构建出了社会整体性扶贫减贫网络。

第三,取得成就与进一步攻坚克难阶段。2010年以来,中国政府扶贫减贫不断深入并取得成就,确立了体系化、系列化的精准扶贫战略。这一时期政府强调扶贫贵在精准、精确到人、精准到户,杜绝"撒盐式"泛泛的扶贫方式,同时严厉查处扶贫减贫领域的贪腐行为。近年来,中国的脱贫攻坚工作正以前所未有的力度向前推进,并取得巨大的成就。2013–2016年,中国农村共有5500多万人口脱贫,连续四年实现了每年减少1000万以上贫困人口的减贫任务,创造了中国扶贫历史上的最佳战绩。2016年中央财政专项扶贫资金增加到670亿元,比2015年增长43.4%。中国减贫成就的取得,其根本在于中国政府始终坚持把加快发展作为减贫的根本途径,把制度优势作为减贫的根本保障,把以人为本作为减贫的根本立场,把精准扶贫、精

---

[1] 国务院新闻办公室:"发展权:中国的理念、实践与贡献",《企业研究》2017年第2期。

准脱贫作为减贫的基本方略,把改革创新作为减贫的驱动活力。国务院扶贫办积极分享中国减贫经验,提出中国减贫方案,为全球贫困治理贡献中国智慧、中国力量。[1]同时,我国扶贫减贫也进入到攻坚克难的关键时期,一方面要在2020年实现全面脱贫的宏伟目标;另一方面剩余扶贫减贫人口基数仍然较大,分布在条件比较艰苦的特贫区域,要求各扶贫主体及机构和组织做出更大的努力。

(二)中国政府扶贫减贫行动取得的成就

改革开放以来,我国开展的大规模扶贫开发工作取得了举世瞩目的成就,使7亿多农村贫困人口摆脱贫困,成为世界上减贫人口最多的国家,也是世界上率先完成联合国千年发展目标的国家,为全球减贫事业作出了重大贡献,走出了一条中国特色的减贫道路。按世界银行采用的2011年购买力平价每天1.9美元的标准计算,中国城乡贫困人口,从1990年的75578万,减少到2012年的11410万,减少了64168万,占同期全球贫困人口减少总量的60.74%。中国政府60多年反贫困的实践,走出了一条符合中国特色的扶贫减贫道路。在低收入人群收入水平大幅度提高的同时,中国贫困人群的生活质量得到了全面提高,贫困区域的发展条件获得了显著改善。30多年来,中国农村居民的安全饮水、住房、供电、交通、基础教育、医疗保健、养老保障等方面,都取得了巨大的成就;贫困地区的物质基础设施、社会服务和经济发展能力,也都有了长足的提升。

首先,中国建立和完善了专项扶贫、行业扶贫和社会扶贫,形成了"三位一体"的大扶贫开发格局,并取得了巨大成就。社会扶贫作为核心模式,发挥着政府扶贫不可替代的作用。多年来,全国开展的各级党政机关、人民军队、企事业单位的定点扶贫,东部15个省市与西部10个省市区开展的东西扶贫协作,以及民营企业、社会组织、公民个人参与扶贫开发等社会扶贫工作,都取得了显著的成绩。社会扶贫已经越来越成为扶贫开发工作中最有潜力、最具活力的一个重要组成部分。需要指出的是,社会扶贫领域的定点扶贫和东西协作扶贫的成效最为显著。截至2012年底,参与定点扶贫的中央单位达到310个,比上一个纲要时期增加76个,定点扶贫

---

[1] 张琦:《中国精准扶贫战略研究》,北京师范大学中国扶贫研究中心,2015年。

首次实现对592个重点县的全覆盖。同时，东西扶贫协作力度进一步加大，北京、上海、天津、浙江等东部省市加大了对内蒙古、云南、甘肃、四川等西部对口协作省份的财政资金援助力度；配合国家发改委，协调新增上海、苏州、杭州和广州四市对口帮扶贵州。据统计，1996-2010年以来，东部通过各种方式和渠道共向西部无偿援助资金78.6亿元，引导企业投资6972.7亿元，组织劳务输出265万人次；[1]实施了一大批包括学校、公路、水利、农田等在内的扶贫项目；派出了数以万计的扶贫挂职干部和各种类专业技术人员及扶贫志愿者，支持西部培养了大量本土经营管理和技术人才，为加快西部贫困地区减贫进程、推进西部大开发、促进区域协调发展、努力实现全体人民共享改革发展成果作出了重要贡献。此外，民营企业、社会组织和公民个人的扶贫活动规模正在逐步壮大。

其次，精准扶贫进一步使扶贫行动得以精细化，即"看真贫、扶真贫、真扶贫"，信息化即建档立卡，责任化即扶贫效果的价差考评责任到人。再次，改革开放以来，中国政府进行的扶贫减贫活动取得了巨大的成效。中国实现了"迄今人类历史上最快速度的大规模减贫"，按照农村现行贫困标准累计减少7亿多贫困人口，已超过美、俄、日、德四国人口总和，贫困发生率下降到5.7%，成为世界上率先完成联合国千年发展目标的国家。截至2015年底，中国农村贫困人口减少到5575万人，其中，内蒙古、广西、西藏、宁夏、新疆5个自治区和少数民族分布集中的贵州、云南、青海3省农村贫困人口减少到1813万人。[2]2016年，全国农村贫困人口减少1240万，中央和省级财政共投入1000亿元，建立了土地政策倾向扶贫、扶贫成效考核及第三方评估等机制。同时扶贫方式不断创新，建立了电商扶贫、光伏扶贫等项目。

三、中国政府扶贫减贫的经验与启示

随着中国扶贫减贫工作的逐步推进与深化，扶贫减贫已经不仅仅是政府的职责和义务，俨然已经成为全社会共同参与的联动机制并取得良好的成效。联合国粮农组织驻中国和朝鲜代表马文森认为，中国在30年时间内使7亿多人脱贫，

---

[1] 国务院新闻办公室："发展权：中国的理念、实践与贡献"，《企业研究》2017年第2期。
[2] 同上。

这是非常巨大的成就。联合国2030年可持续发展目标,消除贫困是其中重要目标之一,如果没有中国的贡献,整个脱贫目标是不可能实现的,此举具有重要的理论和现实意义。

(一)立足人权保障,确立生存权和发展权优先发展的扶贫减贫理念

尽管当下国际社会对发展权理论的认识存在着一定的分歧甚至质疑,如发展权的国际法地位、可诉性以及发展权的政治性等。但发展权作为一项基本人权的论断已为大多数国家所认同,即发展权意味着每个人和所有各国人民都有权参与、促进并共享经济、社会、文化和政治等方面的全面发展。同时,认为一个国家只有达至这些发展,各项基本人权和自由才能获得充分保障。中国政府的扶贫减贫实践证明:贫困滞阻了中国社会经济的发展、社会文化的提升和政治民主的进步,贫穷是对发展权最直接的剥夺。因此,要实现国家、社会与个人的发展权,首要要义就是消除贫困。中国政府的扶贫减贫实践进一步表明,在基本生活都无法保障的情况下,发展权是无从谈起的。例如,某些偏远的农村地区每个人的年收入不足千元,生存都难以为计,每天都在考虑怎样填饱肚子,其生存权时刻受到威胁,那么他的基本人权如何得以保证,他的发展权又如何得以实现呢?所以减缓和消除贫困是充分实现发展权的基础。

首先,中国政府的扶贫减贫行动是通过全民参与、全面治理等多维互动以促进发展权的实现。《中国农村扶贫开发纲要(2011—2020年)》(以下简称《纲要》)提出了更高的扶贫要求,明确指出:"到2020年,稳定实现扶贫对象不愁吃、不愁穿,保障其义务教育、基本医疗和住房。贫困地区农民人均纯收入增长幅度高于全国平均水平,基本公共服务主要领域指标接近全国平均水平,扭转发展差距扩大趋势。"为了实现这个目标,《纲要》大大扩充了扶贫工作内容,扩大了扶贫工作范围,除改善农田基础设施、构建特色支柱产业体系、保障农村饮水安全和提高自来水普及率、全面解决无电人口用电问题、改善贫困地区交通条件、村村通公路、改造农村危房等传统项目外,还首次把普及高中阶段教育、提供均等的公共文化、公共卫生和基本医疗服务、新型农村合作医疗覆盖全部贫困人口、完善农村最低生活保障制

度、五保供养制度和临时救助制度、实现新型农村社会养老保险制度全覆盖等内容列入扶贫范围。这些扶贫目标的落实已经远远超出了解决简单生存和温饱问题的范畴,是贯彻落实"发展依靠人民,发展成果由人民共享"可持续发展理念的体现。[1]因此,中国的扶贫减贫行动充分证明了发展权在一国内的实现,必须遵循全民参与、全面治理等多维互动以及经济、社会、文化等领域协调与合作的发展权实现原则。[2]

其次,中国政府的扶贫减贫行动是坚持"国家尊重和保障人权"宪法原则下的既尊重人权的普遍性原则又兼顾从中国国情和实际出发的具体实践。"贫困是对生活的隐喻:是饥饿、贫穷、毁灭、沮丧和不公正的缩影",是对个人能力的否定。[3]基于此,三十年来,中国政府多措并举、因地制宜地致力于国内和国际社会的扶贫减贫活动,取得了举世瞩目的成就。虽然有学者指斥其为运动式扶贫而非法治化的结果。[4]其实,此观点的错误在于中国扶贫减贫行动是以联合国《发展权利宣言》与千年发展目标为基础的具体实践,同时,这一行动也符合中国宪法中"国家尊重和保障人权"的基本原则和具体国情的需要。一方面,中国政府的扶贫减贫行动是对国家尊重和保护人权的具体实践落实;另一方面,中国的立法在一定意义上遵循"先政策,后立法"的基本惯例,当政策实施积累了大量的现实具体经验后,才逐步纳入法治的框架中。实践充分证明,中国政府的扶贫减贫行动极大地丰富了发展权的实现路径,鲜明地为国际社会提供了良好的行动指南。

(二)结合中国贫困具体实际,探索实施全民参与及体系化推进等多维扶贫减贫机制

实践表明,行动是最好的语言。中国政府的扶贫减贫行动最具说服力,它从实践层面丰富了发展权在国际国内的具体实践,为世界提供了实现发展权的实践

---

[1] http://money.163.com/17/0527/14/CLESFD3N002580S6.html。
[2] 李步云:"发展权的科学内涵与中国实践",《和平与发展:世界反法西斯战争的胜利与人权进步》,五洲传播出版社,2017年1月,第369页。
[3] [南非]奥拉德夫·贾特斯特·奥罗武:"全球化时代的发展权:概念与替代",《和平与发展:世界反法西斯战争的胜利与人权进步》,五洲传播出版社,2017年1月,第395页。
[4] [尼泊尔]尤巴拉杰·桑格如拉:"人权与发展的相互作用:二战胜利后发展措施的贯彻与保证",《和平与发展:世界反法西斯战争的胜利与人权进步》,五洲传播出版社,2017年1月,第416页。

样本。首先，我们认为关于发展权的概念内涵的界定，发展权与政治权利、经济、社会、文化等方面人权的不可分割性以及发展权的国际法效力及可诉性等问题可以持续论证和深入研究，但我们不能停下来等待理论的完善而延迟将其付诸于实施，而中国政府深知实践是真理产生的前提和基础。所以中国政府率先通过扶贫减贫行动来检验和促进发展权理论的发展，从而既保证民众实现脱离贫困获得幸福，也更进一步通过实践验证以修正发展权理论。其次，中国政府秉承"构建人类命运共同体"的国际思维与战略眼光，强调开展扶贫减贫行动既立足于国内人民的发展权实现，又要持续有效地坚持促进对亚非拉等国家发展权实现的援助。因为当前全球仍有7亿多人口生活在极端贫困之中，减贫是全球战略，需要全球动员、全球合作、全球行动。中国政府高度重视与发展中国家和国际机构在减贫领域的交流合作，并积极借鉴国际先进减贫理念与经验。同时，认真履行减贫的国际责任，积极落实联合国可持续发展议程，为全球减贫事业作出更大贡献，完成2030年前消灭极端贫困的人类共同目标。

如上实践证明：面对贫困人口多、基础条件差、发展不平衡的国情，中国政府以坚定的信念和切实有效的行动，取得了令世人瞩目的减贫成就。中国政府用实际行动告诉世界，减贫既是政府的责任，也是全社会的责任，更是每个人的责任。减贫是实现社会稳定繁荣、国家富强民主的重要保证，也是推动发展权得以具体实现的必由之路。中国的减贫故事和推动发展权实现的措施不仅能激励其他国家仍然生活在贫困中的人们相信奋斗、相信改变、相信未来，也能推动更多力量投入到这项播种阳光和爱的崇高事业中来，并能够助力世界人权事业取得伟大进步。中国扶贫减贫的行动经验表明：理论的探讨是必要的，但最终还是要回归到实践。只有结合具体国情、因地制宜的工作实践，才是解决贫困和发展问题的重要途径。同时，中国政府通过"先政策，后立法"来推进减贫脱贫的中国模式是值得借鉴的，而且实践证明也是有效的。中国政府所践行总结的"新发展理念，精准扶贫、精准脱贫，强化责任落实、优化结对关系、深化结对帮扶"等经验都有着很明确、很强大的示范作用。我们认为，通过共同努力，让贫困地区的人们，不论东南西北，不论国别及民族信仰，都能够拥有分享发展成果的权利，都能够得到追求美好生活的机会。

因此，中国的扶贫减贫实践让我们坚信发展权作为一项基本人权离不开世界各国的理论支持和现实的实践推进。中国消除贫困的事实让我们在全球化的国际大趋势下，坚持以人为本的人权精神，以中国经验来推动理论的完善再来指导各国的实践，使其服务和回归于各国的具体实践，是非常有益和必要的。

(作者程延军系内蒙古大学法学院副教授；作者李湃系吉林省四平市人大常委会立法委法规科科员)

论人权视野下的教育精准扶贫

[中国] 龚向和　卢肖汀

习近平总书记在"五个一批"工程中强调：发展教育是实现精准扶贫的重要路径之一。教育扶贫主要是指针对教育这一致贫因素，改善贫困地区教育环境，加大面向贫困人口的教育投入和资助，提升贫困人口的文化素养和就业创业能力，从而带动贫困地区经济发展、彻底消灭贫困的一种扶贫方式。其内容主要包括两个方面：一是扶教育之贫，二是用教育扶贫。[1]扶贫应当先扶智，教育支持不仅是达成精准脱贫目标的重要途径；从人权角度来看，不断完善的教育制度也是实现贫困人口受教育权乃至生存权、发展权的重要保障。

一、教育精准扶贫实践与成效

（一）我国当前教育扶贫政策解说

以习近平同志为核心的党中央历来重视教育，在扶贫开发工作中一直强调教育的关键作用。2013年11月，习近平总书记在湖南湘西考察当地扶贫工作时首次提出"精准扶贫"理念，从此我国的扶贫事业进入新时期。2014年12月，国务院办公厅印发《国家贫困地区儿童发展规划（2014－2020年）》，重点围绕健康、教育两个核心领域，确保贫困地区儿童生存、发展等权利得到有效保障。2015年11月，中央扶贫开发工作会议明确实施"五个一批"脱贫工程，提出"发展教育脱贫一批"理念，主张"治贫先治愚，扶贫先扶智，国家教育经费要继续向贫困地区倾斜、向基础教

---

[1] 李桂华："教育扶贫的理论与实践探索"，《长白学刊》2018年第4期，第130页。

育倾斜、向职业教育倾斜,帮助贫困地区改善办学条件,对农村贫困家庭幼儿特别是留守儿童给予特殊关爱"。[1]2017年10月,习近平总书记在党的十九大报告中再次重申"注重扶贫同扶志、扶智相结合"理念,这不仅为我国今后的脱贫攻坚工作指明了方向,也进一步明确了教育扶贫在精准扶贫开发中发挥的基础性、先导性和根本性作用。

随着精准扶贫工作的逐步展开和不断推进,我国教育领域的扶贫政策也越发科学、系统、完善。

一是构建城乡教育一体化发展体系。教育机会公平是实现教育脱贫的重要前提条件。破解当前城乡教育资源不均等、教育水平不均衡这一难题的关键在于确保贫困地区学生有同等机会接受优质教育。为此,党中央、国务院先后出台《乡村教师支持计划(2015–2020年)》《全面改善贫困地区义务教育薄弱学校基本办学条件工作专项督导办法》《关于加快中西部教育发展的指导意见》等政策,旨在大力发展乡村教育,引导城市教学资源向农村地区合理流动,全面改善贫困地区办学条件,进一步增加贫困地区公民接受优质教育的机会。

二是建立健全教育资助体系。"不让一个学生因家庭困难而失学,也决不让一个家庭因为孩子上学而陷入困境。"[2]党的十八大以来,为保障每一个适龄学生不因贫穷而失学,党中央、国务院进行了一系列重大决策部署。国务院办公厅转发《关于实施教育扶贫工程的意见》中重点强调将"提高学生资助水平"作为教育扶贫工程的五大主要任务之一。在教育部等六部门联合印发的教育领域脱贫工作指导纲领《教育脱贫攻坚"十三五"规划》中再次重申要加强对特殊群体的支持力度,"实现建档立卡等贫困人口教育基本公共服务全覆盖,保障各教育阶段从入学到毕业的全程全部资助。"[3]

三是创建职业技能培训就业体系。贫困的本质原因在于个人所能掌握的"免于

[1] 吴霓、王学男:"党的十八大以来教育扶贫政策的发展特征",《教育研究》2017年第9期,第4页。
[2] "教育扶贫,'十三五'期间实现'精准资助'",《中国教育报》2016年3月14日。
[3] 教育部:《教育部等六部门关于印发〈教育脱贫攻坚"十三五"规划〉的通知》,http://www.moe.gov.cn/srcsite/A03/moe_1892/moe_630/201612/t20161229_293351.html, 2016年12月27日。

贫困"的能力不足，[1]而教育是提升个人能力最有效的途径。为确保贫困地区群众实现稳定脱贫，国家坚持把对贫困劳动力的培训就业作为教育扶贫的核心工作。从国务院扶贫开发领导小组办公室在贫困地区实施的"雨露计划"，到教育部、中华全国总工会联合实施的农民工学历与能力提升行动计划——"求学圆梦行动"，再到教育部《教育脱贫攻坚"十三五"规划》启动实施的"职教圆梦行动计划"，党和国家努力使每个贫困劳动力有一技之长、有业可就。

（二）我国教育领域精准扶贫取得显著成就

面对消除贫困、全面建成小康社会的时代考题，我国教育领域精准扶贫成绩斐然。

城乡教育一体化发展取得重大进展。2012年到2016年四年期间，我国增加城区义务教育学校近1500所，镇区初中学校1000多所；全国范围内实施面向贫困地区高等院校定向招生专项计划，截至2017年底，共录取农村和贫困地区学生27.4万人，更多贫困地区学生有了改变人生的机会。

贫困地区办学条件得到全面改善。党的十八大以来，国家积极实施改善贫困地区义务教育薄弱学校办学条件改善工程，这一国家工程覆盖全国2600多个县近22万所义务教育学校，累计投入中央财政1336亿元，带动地方投入2500亿元，彻底改善农村学生教学与住宿环境。同时，全面推进贫困地区农村义务教育学生营养改善计划，中央财政累计支出1248亿元用来改善学生营养，截至2017年底，已实现国家贫困县营养改善计划全覆盖目标。[2]

教育资助体系实现教育过程全覆盖。首先，为确保不让任何一个家庭因学致贫，党中央、国务院重点推进学生资助工程。截至目前，全国累计共资助学生4.25亿人次，资助金额达到6981亿元，财政投入达4780亿元。同时，人才的培养，关键靠教师。国家积极实施乡村教师支持计划，在全国22个省、684个县推进乡村教师生活补助政策，惠及8.1万所学校、近130万名乡村教师。

---

[1] 原新利、龚向和："精准扶贫应以解决能力贫困问题为重点"，《人民论坛·学术前沿》2017年第22期，第85页。
[2] "党的十八大以来中国教育改革发展取得显著成就"，《人民日报》2017年10月17日。

二、教育扶贫对贫困人口受教育权的促进与保障

（一）教育扶贫促进与保障贫困人口受教育权的法理分析

受教育权是国家与公民之间的一种宪法上的权利义务关系，具体来说是公民依法享有的要求国家积极提供均等的受教育条件和机会，通过学习来发展其个性、才智和身心能力，以获得平等的生存和发展机会的基本权利。[1]当前我国实施的以教育扶贫为重点的扶贫开发战略，可以在很大程度上促进并保障贫困人口的受教育权。

首先，受教育权的主体为全体公民，教育扶贫的实施保障了贫困人口的受教育权主体地位。受教育权是我国宪法明文规定的一项基本权利，我国公民应平等地享有该权利。但根据相关资料显示，我国目前有近63%的贫困农村学生在义务教育结束后因家庭困难而没有机会接受高中及以上教育，经济困难成为影响贫困地区人口受教育权的首要因素。因此，加强对贫困地区教育资助、促进教育机会公平将有效提升贫困地区"后义务教育"升学率。

其次，国家积极提供均等的受教育的条件和机会是实现公民受教育权的有效途径。受教育权作为公民的一项基本权利，必然指向国家的相应义务，国家与公民构成受教育权的基本权利义务关系，即国家负有法律义务为每个人的教育实施某些积极服务。[2]从受教育权的外在形式来看，国家主要义务在于为公民提供均等的受教育条件和机会。在过去很长一段时间内，我国教育领域一直实行"城乡二元结构"的教育资源配置制度，城乡教育资源分配以及教学设施条件存在巨大差距，因"起跑线"上的差距导致贫困地区学生很难有机会借助教育改变自己的人生。通过实施城乡教育一体化改革，越来越多的农村孩子接受到了与城市孩子同等高质量的教育，实现了城乡教育公平。

最后，通过教育精准扶贫政策的法治保障进而促进和保障贫困人口的受教育权。随着教育领域精准扶贫的不断推进，将教育脱贫纳入法制保障体系势在必行。2015年修订的《中华人民共和国教育法》中增设第十一条第二款，"国家采取措施

---

[1] 龚向和：《受教育权论》，中国人民公安大学出版社，2004年，第29页。
[2] 申素平："受教育权的理论内涵与现实边界"，《中国高教研究》2008年第4期，第15页。

促进教育公平,推动教育均衡发展。"进一步明确了国家在公民受教育权保障方面的主体地位。同年,在《中共中央国务院关于打赢脱贫攻坚战的决定》中再次赋予教育扶贫"阻断贫困代际传递"的使命,其实现路径被描述为"让贫困家庭子女都能接受公平、有质量的教育"。此后,地方各省结合当地情况相继出台当地扶贫规范细则。2016年宁夏自治区第十一届人民代表大会常务委员会第二十三次会议表决通过《宁夏回族自治区农村扶贫开发条例》,这是全国范围内首部将"精准扶贫"纳入法律规范的地方性扶贫法规,其中第四章第22条着重强调了推进教育扶贫的相关举措。[1]自此,我国教育扶贫事业迈上了新台阶。

(二) 教育扶贫促进与保障贫困人口受教育权的现实发展

就教育的本质而言,教育扶贫是从根本上促进和保障贫困人口的基本权利,通过提升人力资本带领贫困地区摆脱当前困境。同时,受教育者占主导地位的学习权是受教育权的本质属性,其实现有赖于国家积极履行义务,创造权利实现的各种条件。[2]中国政府积极履行对公民受教育权的国家义务,对不同教育阶段学生提供不同的公共教育服务,对贫困人口的受教育权起到了良好的保障作用。

在义务教育阶段,为贫困学生提供更优质的基础教育。全国范围内实施农村义务教育阶段学生"两免一补"政策,从根本上避免因学致贫现象的发生。同时大力推进农村义务教育学生营养改善计划,全方位保障适龄儿童受教育的权利。

在后义务教育阶段,注重让接受教育的人认识到教育在消除贫困方面的重要作用。近年来,我国实行了一系列面向普通高中贫困学生的举措,比如兴建学校、免除普通高中在校生学杂费、设立普通高中助学金等,有效增加了贫困学生接受教育的机会并大大提高了他们的学习成绩。同时坚持以就业为导向的职业教育资助模式。通过校企联合培养、中职教育免学费等政策促进职业教育发展。

在高等教育阶段,主要任务在于促进教育机会公平。从全国范围看,贫困地区学生大学升学率远低于城市地区,而且相较于城市学生,农村学生更难获得与大

---

[1] 宁夏教育厅:"'精准扶贫'纳入法律规范,教育扶贫要保障哪些权益?",https://www.sohu.com/a/66363315_387134,2016年3月28日。

[2] 龚向和:"论受教育权的本质",《长沙电力学院学报》2004年第2期,第43页。

学教育相匹配的市场回报，从而进一步加大收入差距。[1]地区教育水平、家庭经济状况是影响学生是否有机会接受高等教育的重要外部因素，因此在升学政策上需要向贫困地区倾斜。当前我国全面推进的国家奖助学金、生源地助学贷款、普通高校新生入学路费资助等政策大大解决了贫困学生的后顾之忧。

三、教育精准扶贫对贫困人口生存权和发展权的保障

(一) 对生存权的保障

在人权保障领域，发展中国家的首要任务是保障全体国民的生存权，即消灭贫困。而反贫困又是实现生存权的有效途径。我国当前实施的以"教育脱贫"作为主要路径之一的精准扶贫开发事业，对实现贫困人口的生存权发挥了巨大作用。

一方面，从生存权的内涵来看，生存权绝不仅是满足人类得以存活的基本物质需求，同时也要让人可以享受生活的尊严与自由。因此，公民的生存权应包含最基本的生命保障权、物质生活保障权、文化生活保障权三个层面的内容。[2]其中最基本的文化生活保障权赋予了国家双重义务，一是当公民通过自身努力获得最基本的文化生活条件时国家不得干涉，二是国家应采取积极措施保障生存弱者最基本的文化生活条件。当前，我国已认识到扶贫开发不能再仅限于满足贫困人口生存必须的物质条件，保障贫困地区公民的生存权更应体现在精神和思想领域，而教育是增进科学文化水平，提升精神境界最有效的手段。

另一方面，从贫困和教育的关系角度来看，虽然造成贫困的因素是多元的，有经济因素、社会因素以及环境因素等。但归根结底，造成当前我国贫困地区人口难以脱贫的最根本原因在于贫困地区人口免于贫困的能力的不足。贫困人口长期生活在贫困的环境中，耳濡目染中形成了一套特定的价值体系、生活观念和行为模式，比如视野狭窄、安于现状、强烈的宿命感等。受这种贫困文化影响贫困人口怠于奋斗，陷入麻木消极的精神状态，已经成为扶贫开发的巨大阻力。因此，消除贫困的关键任务在于通过教育改变与完善处于贫困中的人。从"教育"的本质来看，它

[1] 李兴洲:"公平正义:教育扶贫的价值追求"，《教育研究》2017年第3期，第32页。
[2] 龚向和、龚向田:"生存权的本真含义探析"，《求索》2008年第3期，第121页。

的核心任务在于"抽引"人的潜力[1],通过教育不仅能够增长人的知识、提升人的境界,从而作出正确的个人选择以及合理的社会选择;同时,系统的教育还能够培养、提高、塑造人的各种能力,从而满足社会中某个行业或者具体到某个职位的需求。精准教育扶贫政策不仅是改变我国贫困地区现状的根本措施,更是通过提高贫困人口的可行能力,实现其生存权的重要保障。

(二) 对发展权的保障

贫困作为个体的一种生活状态,既是绝对的,又是相对的。[2]绝对贫困指的是以经济水平作为参考标准,人民群众的收入不能维持其基本的生理和生存需要;而相对贫困,是以全体社会成员的生活水准作为参照对象,某些成员的社会、经济、文化水准处于劣势地位。无论是绝对贫困还是相对贫困,教育的缺失导致个体能力的不足是引发贫困的主要原因。

当前我国所实施的教育扶贫政策目的在于增进贫困地区的人力资本,使贫困人口获得自我生存、自我发展的能力。正如前文所述,教育通过帮助贫困人口获得生产生活技能实现就业达到消灭绝对贫困的目的;至于消灭贫困的相对性,教育的意义在于提高贫困人口的自我发展能力,促进贫困家庭的代际发展。习近平总书记曾多次强调:"治贫先治愚,扶贫先扶智"。做好下一代的教育工作,特别是要保障贫困地区孩子接受良好的教育,改变贫困学生消极落后的精神面貌,帮助他们树立远大的理想以及对美好生活的向往,并通过个人能力的发展使自己的社会阶层得到晋升,带动整个家庭实现代际上升,从而满足贫困人口的发展需求。因此,高质量的教育扶贫是对贫困人口个体发展权的重要保障。

(作者龚向和系东南大学法学院教授;作者卢肖汀系东南大学法学院硕士研究生)

---

[1] 舒尔茨:"教育的经济价值",曹延亭译,吉林人民出版社,1982年,第14页。
[2] 刘航、柳海民:"教育精准扶贫:时代循迹、对象确认与主要对策",《中国教育学刊》2018年第4期,第29页。

权利导向的扶贫行动

——来自中国最贫困地区的第一线实践

[中国] 贺泳杰

近五年来，扶贫行动在中国如火如荼地开展着。为了实现减贫目标，中国可以说采取了超常规举措，扶贫的力度可谓前所未有。这一次扶贫行动让人们看到了与以往有所不同的实践，过去为了扶贫而扶贫，这一次权利导向的保障观念引领着扶贫行动在人权保障的意义上为整个人类作出了贡献。五年下来，一些深度贫困的地区走出了贫困的行列。贵州省务川县作为一个多年来连续被列入贫困县名单的深度贫困地区，在这一次的减贫行动中表现突出。中国减贫行动的最前线在县一级，亲手操刀的实践者是乡镇。窥一斑而知全豹，本文拟对务川县石朝乡在扶贫行动中的第一线实践进行考查，通过这一最实在、最具体的案例来窥探中国的这次扶贫行动为全球减贫事业所贡献的中国智慧和中国经验，进一步理解在这次扶贫行动中所建立起来的中国特色的脱贫攻坚制度体系。

一、贫困与人权意义上的贫困

贫困是一个相对概念，也被大多数人理解为一种经济概念，即将其与物质生活的富足或贫乏挂钩。从世界银行的历次发展报告中就可以看到，世界银行所认为的贫困就是缺乏达到最低生活水准的能力。在这里，贫困是一种收入的数字标准，标准线以下的就是贫困，而这个人为划定的标准线就是贫困线。由此可见，这里的贫困纯粹是一个经济概念，通过数学公式来计算界定的贫困。

但是，如果从社会学上来看，贫困的界定绝非如此简单，它是一个综合而复杂的社会现象。联合国大会的一份专家组报告指出，"贫困是没有选择和机会的能力，是对人类尊严的侵犯。这意味着缺乏有效参与社会的基本能力。它意味着没有足够的食物和衣物，没有学校或诊所，没有土地种植食物或工作来谋生，没有贷款。它意味着不安全、无力和对个人、家庭和社区的排斥。它意味着易受暴力的影响，它往往意味着生活在边缘或脆弱的环境中，得不到干净的水或卫生设施。"[1]这个理解就将个人的物质需求与生存环境及社会参与等综合因素联系了起来。不过，如果要全面理解贫困，还不止于此。

从法学意义上来说，有学者指出：尽管我们不愿承认，但是任何关于贫困的法学研究，都要开宗明义地指出"法律无法界定贫困"。[2]但是法律作为权利义务体系的表达，似乎脱离贫困的权利在法学意义中尚有研究余地。将贫困正式引入人权领域，并将其作为一种权利式的法律概念来进行保障的是《世界人权宣言》第二十五条的宣示："人人有权享受为维持他本人和家属的健康和福利所需的生活水准，包括食物、衣着、住房、医疗和必要的社会服务。"紧接着《经济、社会和文化权利国际公约》又确认了免于饥饿的权利。由此可以看到，免于饥饿的权利作为一项经济社会权利成为了一项人权，但这并不等于脱离贫困的权利也成为了一项基本人权。因为，免于饥饿可以视为一种危及生存的赤贫，即绝对贫困，正因为如此，它才成为了生存权意义上的人权；而脱离贫困是一种相对贫困，就是前面所说的法律所无法界定的贫困。因此，在人权意义上，其所能识别的是一种免于绝对贫困的权利，但是，就相对贫困而言，如果将其视为一种向作为义务主体的政府主张的积极权利的话，那么，尽管相对贫困不像赤贫那样危及生存，但它同样可以作为一项法律权利在法学意义上存在。为此，如果绝对贫困的权利基础在于生存权的话，那么相对贫困的权利基础就在于作为积极权利的经社权。

---

[1] David Gordon: *Indicators of Poverty & Hunger*, Expert Group Meeting on Youth Development Indicators, United Nations Headquarters, New York, 12th-14th December, 2005.

[2] 热内费耶夫·库碧："贫困：对人权的侵犯"，《国际社会科学杂志（中文版）》2005年第2期，第141页。

所以，从法学意义上来谈贫困，就涉及到作为生存权的免于绝对贫困的权利和作为经社权的免于相对贫困的权利两个方面，而前者免于赤贫的权利就是没有争议的人权意义上的贫困概念。

总之，在对于贫困的三个层次的理解中，经济概念上的贫困和社会学意义上的贫困不是本文所关注的重点，过去的扶贫行动基本就是为了消除经济上的贫困和社会学意义上的贫困，这样的扶贫略显表面，更深层次意义上的贫困还没触及。这一次的扶贫行动才开始真正的从权利的意义上来作为，这里消除的才是法学意义上的贫困，也只有这样才能最终彻底地完成减贫事业的目标。这一次的扶贫行动在方向性的意识层面有了很大的变化，本文将其称作权利导向的扶贫行动，以下本文结合石朝乡第一线的扶贫实践来对其进行具体阐释。

二、权利导向的扶贫行动

何为权利导向的扶贫行动？这是本文在对务川县石朝乡的扶贫行动进行实地考察过后的一个提炼性的理论创造，虽然来源于实践，但有一定的理论延伸，希望能够反过来又推动实践的更好发展。在对这样一个概念进行论述之前，先来看看石朝乡为什么会被本文选定为代表性的案例对象。

（一）权利导向扶贫行动的紧迫性

放眼全国，贵州省是一个典型的山区省份，是全国唯一一个没有平原支撑的省份，喀斯特地貌占了全省面积的绝大部分。正如当地人时常自嘲的一句话："天无三日晴，地无三尺平，人无三分银"。从这次扶贫行动之前的数据来看，贵州省2012年的农村贫困人口达923万，贫困发生率高达26.8%，[1]全省整体扶贫搬迁量占了全国五分之一。由此可见，对中国而言，贵州算是一个贫困重灾区，在这次扶贫行动中的做法极具代表性。务川县作为贵州省的一个国家级贫困县，又系少数民族自治县，在这次扶贫行动中的表现相当突出。如果说贵州是全国脱贫攻坚的主战场，那么石朝乡就是务川县脱贫攻坚的主战场。

---

[1] 刘小明、杨涛："脱贫攻坚在行动·同步小康看贵州"，《贵州日报》2018年7月19日。

石朝乡是贵州省20个极贫乡镇之一，位于务川县城东南边陲，距离县城43公里，平均海拔1200米，属于偏远高寒山区。全乡总人口3577户15224人，但建档立卡的贫困人口在扶贫行动之前多达1376户5858人，贫困发生率高达38.7%，超出了贵州全省均值的12个百分点。[1]这样的贫困程度，实地实景比数据看起来更震撼人心。当地流传着"为人不坐高山山，秋冬四季把门关，一天三碗苞老饭，肚皮烤起火斑斑"的民谣，在外也有着"穷甲黔北、苦甲黔北"的称号，如此极贫之地，急需脱贫。

（二）权利导向扶贫行动的范畴论

从扶贫行动本身而言，如果扶贫扶的是经济概念上的贫困，那么这样的扶贫行动将无从下手，因为，"当我们从相对尺度来定义贫困时，贫困就成为不确定和无法解决的了；著名的'体面标准'（Standards of Decency）是不断变化的。"[2]这样的相对性带来了不确定性，在这样的相对性概念中，唯一能够确定的只有完全危及基本生存的赤贫，否则何为"相对匮乏"，不同的国家、不同的地区都会有不同的标准，世界银行的贫困线标准未必在所有国家和地区都适用。同时，正如前文所言，如果仅仅是停留在物质层面的经济扶贫，还触及不到贫困更深层次的根源。

同样，石朝乡在这次扶贫行动中，明确了"一达标、两不愁"的扶贫目标，"一达标"就是指收入达标，"两不愁"就是指吃、穿不愁[3]。这些标准都具有相当的灵活性，"当年的脱贫标准线"是因时而定的，这样的相对性就带来了不确定性。在基础设施建设方面，通过实施小康路、小康水、小康房、小康电、小康讯和小康寨"六个小康"行动计划，石朝乡的交通、水利、通讯等基础设施建设发生了翻天覆地的变化。不可否认，经济基础决定上层建筑，经济性的补助和基础设施建设在扶贫行动中起着最基础性的作用。但我们也不得不承认，经济性扶贫扶的是物质贫困，略显表面。这样的扶贫与过去历次扶贫行动没有太大区别，大不了就是路修得更宽了、覆盖面更广了，或是房建得更敞了、住起来更舒适了。但可曾想过，扶贫行动

---

[1] 本部分的所有数据均系实地走访调研之后所获取的第一手材料。
[2] 皮埃尔·萨内：贫困：人权斗争的新领域，《国际社会科学杂志（中文版）》2005年第2期，第85-86页。
[3] 贵州省扶贫开发领导小组办公室：《贵州省"33668""1+10"扶贫政策明白卡》，2015年11月。

过后怎么办，而物质的都是有寿命的，以后所谓的小康路又变成了烂路怎么办，以后所谓的小康房又在风雨中飘摇了怎么办，等等。

为此，石朝乡的扶贫行动没有停在经济性扶贫层面而止步，进一步迈向了社会性扶贫。所谓社会性扶贫就是一种保障式扶贫。一个全面的扶贫行动除了基本的需求外，还更应该有全方位的基础保障，教育应该是一个贫困家庭能够永久脱贫拔穷根的最重要的途径，子女通过接受更高层次的教育，改变自己和整个家庭的命运；[1] 而医疗和社保可以说是保证每个家庭、每个人不因病致贫、不因病返贫的一个重要方面。但问题在于，如果需要脱贫的贫困户家里在一次扶贫行动的档口刚好没有接受教育的适龄孩子怎么办，同时，医疗和社保也是一种解决经济性困难的扶贫措施，实质上还是一种社会性的经济扶贫，这样的扶贫又回到经济性扶贫的困局上来了，更深层次的扶贫还是没能触及。

其实，正如前文所述，社会学将贫困视为一种社会现象，在这一层面开展扶贫行动，尽管较为全面，能消除贫困所产生的社会根源，但是对于一种消极的社会现象而言，人们所采取的措施一般都是进行综合治理，然而将贫困作为一种现象进行治理亦非减贫的解决之道。社会治安太乱可以进行治理，公共卫生太差也可以进行治理，但是贫困将如何"治理"？也许可以通过保障式的扶贫行动进行治理，但是治理是一种被动性的消极式推进，通过这样的逻辑，治理手段是没法永久和可持续摆脱贫困的。为此，社会学意义上的扶贫行动也略显无力。

那么，如果我们最终将贫困放到法律的话语体系之中来考查的话，就会发现减贫行动变成了法律上权利与义务的一种互动。石朝乡的扶贫行动在上述两个层面的基础上又更进了一步，产业发展式扶贫和迁移式扶贫作为创新之举从某种意义上来说，就被放进了这样的体系互动之中，这个意义上的扶贫就是权利导向的扶贫行动，构成了中国特色的脱贫攻坚"制度"体系。

具体而言，就是在理念层面上改变过去将扶贫对象当作被施舍被给予的客体

---

[1] 在教育保障方面，主要涉及的是对贫困学生的资助。石朝乡按照"精准资助、应助尽助"的原则，建立从小学一直到大学（"从小到大"）的全面覆盖的贫困学生资助体系，实施"学前贫困幼儿资助"项目，实现建档立卡贫困学生资助全覆盖。此外，拆除老旧学校，并新建扩建学校。同时，对因贫辍学的学生落实劝返保学措施。

形象。在权利导向的扶贫行动中,扶贫对象是持有生存权和一些经社权利的主体,而与这一权利主体相对应的是作为义务承担者的政府,政府通过其自身行政资源的行使以及对社会资源的调动来兑现其法律义务从而保障扶贫对象的法律权利;同时,权利导向的扶贫也不再是从整体意义上来看是否脱贫,不是某个村的整体收入上升了,或某个镇的整体GDP提高了,就在整体意义上脱贫了。权利导向的扶贫关注的是每一个具体的个体,因为权利的持有者,尤其是人权的持有者一般都是作为个体的个人,集体权利到底是否构成人权还尚存异议。所以,权利导向的扶贫行动的目标是要让每一个具体的个体脱贫,换句话说就是精准扶贫。为此,可以说,权利导向的扶贫行动包括了两个维度的内涵,一方面是权利与义务的互动内涵,另一方面就是精准扶贫所要求的精准到每个个体的内涵。前者与客体式扶贫相对,后者与整体式脱贫相对。

石朝乡在产业发展上,可谓是做足了功夫。授人以鱼不如授人以渔,产业发展被认为是这次扶贫行动能够从输血式扶贫向造血式扶贫进行转变的关键,这也正是这次扶贫行动与以往所有扶贫行动都不一样的地方。产业发展式扶贫行动中,石朝乡的"四大员"制度典型地体现了扶贫行动的权利导向,这一新颖的制度具有拿出来独立讨论的价值。所谓的"四大员"是指护林员、保洁员、道路管理员和护河员。实际上,这就是政府向贫困人群购买服务,政府履行了行政管理的社会职能,同时贫困人群通过付出自己的劳动获取劳动报酬而实现了有尊严的脱贫,实现政府与贫困群体的双赢。具体而言,为了守住生态发展的底线,山林需要日常的防火、防滥砍滥伐的巡逻,河流需要防治污染的管理以及为了维持生态平衡的防止泛滥捕捞;同时,通村通组公路全覆盖带来的直接结果就是新修的大量路面没人管理,雨水冲刷会造成路面的侵蚀,路基边沟也需要经常性的维护整理;此外,小康寨还要求村容村貌保持经常性的卫生整洁。为此,护林员、护河员、护路员和保洁员四大岗位应运而生。这是在扶贫过程中产生的新的内生需求,这些需求又在扶贫行动中被内部消化,并作为新的内生动力又助推扶贫行动的进一步发展。而对政府而言,既向社会提供了公共服务,又向贫困群体履行了扶贫义务,还保证了贫困群体的价值尊严；相应的，对贫困群体而言，就业得到了解决，等靠要的思想也得到了转变，更重要的是有尊严地脱离贫困的权利得到了保障和实现。这是一个可以达到双赢效果的扶贫创新。

从精准识别所体现的个体关注，到有尊严脱贫所体现的人权价值，再到政府理念所体现的扶贫责任，石朝乡没有局限于需求式扶贫和保障式扶贫，其走出的产业发展式扶贫和迁移式扶贫的路子已经进入了权利导向扶贫行动的范畴。这就是权利导向扶贫行动的内涵——主体式扶贫，并精准到个人。

（三）权利导向扶贫行动的正当性

以上解释了什么是权利导向的扶贫，那么为什么需要权利导向的扶贫？其实，扶贫行动就像纠偏行动（Affirmative Action）一样，是一种有益的立法归类，这样的归类不但不会产生歧视性的隔离效果，相反还是一种合理的"优待性隔离"。纠偏行动目的在于纠正与补偿少数族裔、妇女或其他弱势群体在历史上受到的法律歧视的遗害，为此，政府机构在社会竞争的许多关键方面，如录用、入学等过程中，给予这些群体一些补强性的特别优待。纠偏行动就是做出这些特殊优惠的方案或措施的社会项目。[1]同样，扶贫行动也是为了纠正一些由于历史原因[2]、地理原因[3]或代际贫困等原因而导致的收入分配不公，从某种意义上来说，贫困人群也是弱势人群，从他们所能占有和使用的社会资源来看，他们在整个社会中处于明显弱势。因此，他们和纠偏行动所关注的如少数族裔这样的对象一样，是需要纠正不公并获得补偿的。所以，可以说，扶贫行动其实就是一种纠偏行动，贫困人群可以被视为纠偏行动中的"其他弱势群体"，而权利导向保证了扶贫行动的成果受益到每个个人，保证了扶贫行动的精准性和人权性。这是权利导向扶贫行动的正当性论述。

---

[1] 详见贺泳杰：《论少数者的人权保护：中国的视角和实践》，外交学院硕士学位论文，第28页。

[2] 在效率优先原则的指导下，国家对区域发展采取了"让一部分地区先富起来"的非均衡发展战略，对东部地区给予了一系列倾斜发展的优惠政策。

[3] 马克思的级差地租理论揭示过，好地与差地的收益和地租的差异。对城乡居民而言，自然环境及相应条件的好坏，就是制约其收入与生活水平的重要因素。根据"八七扶贫攻坚计划"中确定的592个国家重点扶贫县名单，可以发现几乎都是山区、高原等自然环境较差甚至恶劣的地区，其中有307个集中在西南、西北地区以及中部地区的大山区，贫困人口约占全国贫困人口总数的60%。

(四) 权利导向扶贫行动的方法论

权利导向的扶贫行动该如何开展，实践性的具体方法前文已经有所涉猎，在本部分，仅做理论式的概括探讨。不过，前文提到但没有深入介绍的迁移式扶贫作为一种史无前例的超常规举措，是一个典型的体现着权利导向的中国经验，在这里作为一个最为特别的方法论，有必要拿出来具体讨论。

不管是需求式扶贫、保障式扶贫还是产业发展式扶贫，都是有方可循的扶贫，但是如果面对的贫困群体居住在穷山恶水，没有任何资源可利用，没有任何产业可发展，甚至没有任何水源可饮用怎么办？石朝乡决定把这些"一方水土养不起一方人"的深山区、石山区和生态脆弱地区的人口全部迁出，从根本上解决这部分群体的生存发展问题。[1]但这样的做法面临着一个非常重要的问题，那就是搬迁不是政府的一厢情愿就可以解决的，关键在于被搬迁的贫困户是否愿意，农民进城有"四怕"，一怕失资源（原有的土地、林地、宅基地承包权）；二怕生计难（特别是年龄大、无文化、无技能、无特长的农户）；三怕适应难；四怕融入难。如果强迫搬迁，就算是政府出于好意，又会形成新一轮的人权侵犯，所以首先必须要尊重个人意愿，其次政府还要针对"四怕"出良策。

对于没有搬迁意愿的贫困户而言，故土难离情理之中。为此，政府会给这样的贫困户耐心做工作，甚至会带其到已经建设完善的移民安置点去参观感受，解开其后顾之忧。其实，后顾之忧忧在"四怕"，"四怕"如何解决？为了解决生计难，首先要合理规划移民安置点[2]，同时要同步建设完善配套设施，培育发展就业容量大的产业，为符合条件的搬迁户提供建房、生产、就业培训、创业贴息贷款等支持，解决好移民住房、医疗、社保、子女就学等问题，确保贫困户搬得出、有事做、稳得住、能脱贫。为了解决移民害怕失去原有资源的担忧，针对移民原有宅基地，政府采取土地增减挂钩政策，对迁出地旧村庄、宅基地拆除复垦，复垦面积转为城市建设用地

---

[1] 石朝乡由于整个区域生态脆弱，能够承载养育当地人群的土地甚少，因此，迁移式扶贫尽管是不得已而为之的最后方案，但在石朝却是用得最多的方案。其迁移扶贫量占了其所有贫困人口的24%。撇开其它指标不看，一个更加简单直白的方式就是仅看一个地区的移民搬迁量就可以完全看到这个地区的贫困程度。

[2] 石朝乡按照有利于城镇化、有利于移民生存发展的原则，以就业和增收为核心，移民的安置去向和地点以县城、集镇、旅游服务区、中心村、有就业岗位的产业园区为主，其中城镇和集镇是重点安置点。

指标，城市新增建设用地优先用移民搬迁复垦土地置换，土地级差收益按一定比例分配给移民对象，以激励移民拆除旧房，以此形成一种正常的退出机制，并对这些区域进行退耕还林还草生态工程建设，加快其生态功能的修复。而针对移民原有的承包地，政府采取土地林地流转和专业合作社的方式，扶持移民对其原有承包地退耕改种经济林、水果或中药材，实现生态恢复和移民增收双赢。对于适应难和融入难，一般都是在尽量不破坏原村组整体性的基础上，统一搬迁到相对集中的安置点，让邻里乡亲的缘分从大山一直延伸到移民安置点，缓解移民到了新环境的生疏感。

如此温情周到而又人性体贴的搬迁方式尽管超常规，但处处充满了权利导向的人性关怀。确实，没有人愿意割舍自己生活成长的故乡，但故乡已经没法养育和承载自己的儿女，此举不得已而为之，但权利导向的理念让整个过程变得更加人性化，这是政府最后能够达到的民生关怀；同时，从长远来看，这样的迁移扶贫隔断了代际贫困，从搬迁的这一代贫困户开始，尽管他们故土难离，但他们的下一代子女生活在了物质条件和医疗教育资源都远比贫瘠的大山更加丰富的城里，子女们可以眼界更宽看得更远，也可以读书走得更远，再到他们的下一代就完全远离了那种"面朝黄土背朝天"的贫困生活了。这是真的对人类有益的永久性脱贫。

总之，权利导向扶贫行动的方法论归结到四个点就是：第一，要树立起履行法律义务的扶贫理念，这是前提要求，这就要把扶贫对象当作权利主体来看待；第二，扶贫行动精准到个人，这是这次扶贫行动能够彻底完成的关键，也是权利导向扶贫行动的核心；第三，扶贫措施以人为本，尊重个人的选择，并根据每个个体的不同条件来因人施策；第四，不是运动式扶贫，而是考虑脱贫后的后续发展，不让脱贫行动一阵风后又再次返贫，达到最理想的扶贫效果，保证脱贫后的可持续。

什么是权利导向的扶贫行动？为什么要进行权利导向的扶贫行动？又怎么进行权利导向的扶贫行动？以上分别从范畴论、正当性以及方法论的角度结合石朝乡的第一线实践对权利导向的扶贫行动进行了较为全面的论述。不过，要真正做到脱贫后的可持续发展，还需要将权利导向的扶贫行动在此基础上进一步延伸，使权利导向的扶贫行动不只存在于行动过程中,还存在于行动结束的后续发展中。

三、脱贫以后的可持续发展

扶贫举措越给力,脱贫的速度就越快,这是不言而喻的。现在正处于扶贫行动攻城拔寨的阶段,不只是极贫的石朝乡,全国所有贫困地区都在为了迎接由国务院组织的第三方脱贫评估机制而快速地推动着扶贫行动的进程。不管第三方评估机制设计得是多么的中立科学,也不管在这次的扶贫行动中脱贫速度是如何的飞快,这里真正具有实质意义的是扶贫行动达到的实实在在的成果,更进一步还要看怎么才能把这样的成果守住,不至于扶贫行动一阵风之后,脱贫的人群再次返贫。这是必须要做的更长远的考虑。应该说,不管哪个国家、哪个地区开展扶贫行动所能达到的最理想最完美的结果就是可持续性脱贫,这才是永久消除贫困的可取之道。

权利导向的扶贫行动可以解决理念层面的问题,要保持扶贫行动的常态化发展,就必须使扶贫行动成为法律形态上的扶贫行动,在权利规范上来推动扶贫,不管贫困标准如何变化,也不管脱贫评估机制如何设计,扶贫作为政府应当承担的一项法律义务,应该常态化,而非行动化,其实这才是权利导向扶贫的应有之义。在可持续性脱贫的理念中,权利导向的扶贫不应该是突击式的行动,因此,在理念层面,可持续发展的扶贫就应该是常态化的权利导向的扶贫。

要实现脱贫后的可持续发展,光有意识还不够,可持续性脱贫不只是想出来的,还是做出来的。为此,在实践层面,真正需要解决的是扶贫的内生动力问题,这是实现扶贫行动自然循环式发展,而非人为推动的运动式发展的关键。内生动力是在经济学上经常用到的一个概念,即事物因内部需求而自觉推动发展的力量。与内生动力相对应的就是外部需求,外部需求如果与内生动力达成某种一致就可以为内生动力的发展提供一些外部条件的支撑。在扶贫行动中,参与行动的各方主体都有自己的内生动力,政府的内生动力是保障民生,企业的内生动力是赚钱,而农民的内生动力则是土地增收。问题的关键在于如何将三者的内生动力与外部需求联结起来，最后达成一种利益共享。首先，权利导向的扶贫行动将政府的内生动力与贫困农户的内生动力进行了联结，通过权利义务的绑定，作为责任的承受方，政府会持续不断地推动贫困农户的生存权与发展权的保障工作，甚至动用其发动社会资源的影响力，调动企业积极参与；而对于贫困农户而言，扶贫要扶志，同时也要扶智，以此激发其内生动力；对于企业而言，仅仅是社会责任还不足以完全形成其积极参与扶贫的内生动力，它本能性的第一内生动力应该在于获利，趋利性的本质可以促使它自发性地主动参与，所以，如何将贫困农户与企业两者的收益追求联结起来是关键中的关键。只有形成三方各取所需的发展格局，才会产生不竭的内生动力。贫困户在其中不但可以脱贫，甚至可以致富，有尊严地脱贫后，再有尊严地生活，这不正是权利导向扶贫行动所追求的最终目标吗？绿水青山的贵州，旅游资源丰富，所谓"绿水青山就是金山银山"，现在贵州的一些贫困地区正在积极探索"旅居农家"乡村旅游模式。采取"公司+支部+协会+农户"模式，发动农户将闲置房屋交由公司实施宾馆化改造，完善配套设施，满足外来游客体验民居的住宿需求。公司按平方面积交付租金给农户，农户以此获得了一笔较为稳定的可持续性收入。这种"公司+支部+协会+农户"的模式正是企业与农户达成利益共享机制的体现。

此外，在贵州，绝大多数贫困地区都是少数民族聚居区，一般都是贫困与少数民族双重因素的叠加，这在人权法上就是生存权与少数者权利的重合，其实，不但在贵州如此，在全国也是这样。为此，扶贫行动如果与国家对少数民族的优待政策结合起来，那就可以发挥更强大的脱贫效果。在以上利益共享机制的基础上，再充分利用民族政策，税收扶持政策，以及诸如西南民族大学或西北民族大学这样的智力支持，科技转化为产品，并又和企业的内生动力再次形成利益联结，民族贫困地区的发展就会持续不断地被推动向前。

四、结论

贫困不只是中国的问题，也是整个世界、整个人类的问题。不管是历史因素还是区位因素造成的经济发展不平衡,从而导致的收入分配不公,都是我们作为人类的一员所不愿意看到的民生灾难。法律作为一种公平理念的制度产物,具有保护弱势的天性。而贫困群体作为占有和使用社会资源都处于明显劣势的人群,只有纳入法律性的纠偏行动中才能最终保证其走出劣势实现脱贫。这样的纠偏行动就是权利导向的扶贫行动,它是与经济性扶贫和社会性扶贫都不同的法律性扶贫行动,是一种权利与义务互动的精准到个人关切的人权性扶贫行动。在这样的扶贫行动中不但要实现以人为本的尊严式脱贫,还要实现脱贫后的可持续发展。本文从石朝乡的扶贫行动中所搜集到的第一手数据,帮助本文完成了从实践到理论这样一个过程,希望本文所完成的一些理论性思考还能反过来推动扶贫实践。这是中国向世界减贫行动讲述的中国故事,贡献的中国经验,令全世界都头疼的贫困反复问题在权利导向的扶贫行动中可以找到一些思想上的给养。

(作者贺泳杰系北京大学法学院、海洋研究院博士研究生)

多元协同治贫与"志智双扶"机制创新

——以河南省封丘县扶志扶智工作为例

[中国] 蒋晨光　褚松燕

一、问题的提出

2017年10月,党的十九大报告在脱贫攻坚承前启后的关键阶段特别指出,要"坚持大扶贫格局,注重扶贫同扶志、扶智相结合"。扶志在于增强贫困人群脱贫致富的意识和信心,扶智在于培养和提升贫困人口脱贫致富的能力素质。这表明在接下来啃硬骨头、攻城拔寨的冲刺期,我国扶贫工作的一大重点在于激发贫困人口内生动力,提高其自我发展能力。对此,当下扶贫实践主要采取了参与式扶贫的方式,即在政府、企业及社会组织等外部帮扶主体提供发展援助、实施扶贫项目、提供脱贫机会的同时,让贫困人群参与到扶贫过程当中,激发其参与发展的热情和摆脱贫困的动力,提升自我发展的知识和技能,变"要我脱贫"为"我要脱贫",以实现自主脱贫。

参与式扶贫源于西方经济学的参与式发展理论[1],强调外来帮扶者与贫困人群之间的平等、互动以及共赢关系,承认贫困人群的差异性并尊重其乡土知识和发展权利,核心在于通过构建相应的赋权机制,重构各方扶贫主体的权力结构、优化扶贫资源的配置,使贫困人群在外部力量的协助下,积极参与到扶贫项目的全过程,培养和提升贫困人群自我发展能力,最终实现贫困人群和贫困地区的"内源式发展"[2]。这一理念带来的不仅是扶贫方式上的转变,更是对传统救济式扶贫和开

---

[1] 黄承伟、苏海、向德平:"沟通理性与贫困农村参与式扶贫的完善路径——基于武陵五县参与式扶贫的案例分析",《中共福建省委党校学报》2015年3月。

[2] 李红琴:"农村贫困地区参与式扶贫模式的优化策略",《农业经济》2013年第8期。

发式扶贫思路的反思和突破，加之其坚实的理论基础和系统的实践程序而受到世界各国的广泛关注和积极应用，并于2000年前后随着中国基层群众自治的政治实践和农村扶贫开发的政策调整引入国内。

有学者认为，参与式扶贫赋予了贫困农民对帮扶方案的决策权、扶贫项目的监督权、村庄事务的发言权等，能够促进农民在扶贫开发过程中的"主人翁"精神，增加农民之间以及农民与市场之间的交流机会，提高农民的谈判能力[1]，也有助于扶贫资金的管理和改善干群关系[2]，从而形成多元主体共同参与扶贫的行动模式[3]。但批评者认为，在扶贫开发的实践当中，理论上的赋权受到权力、制度及文化等多维因素的复杂影响而难以实现，外来帮扶者仍然主导着扶贫项目，参与的理念实际上成为外部权力渗透贫困地区的幌子，参与的方式沦为标榜先进的象征和骗取资金的手段。[4]特别是当前我国贫困农村治理陷入"内卷化"，贫困户参与村庄治理的权力和获取扶贫资源的机会难以得到有效保障，参与式扶贫的效果不甚理想。[5]总的来说，当前相关研究多数关注扶贫各方权力的分配和参与的形式，却忽视了参与过程中多元主体的"协同"机制和效应，更是缺乏详细的案例材料作为支撑。在此基础上，本文结合协同理论，以河南省封丘县扶志扶智工作为个案，详细展现政府、市场、社会及贫困户等多方协同治贫的运作模式，探讨和完善消除贫困、实现贫困人群生存权发展权的路径机制。

二、分析框架与案例背景

协同的思想古已有之，但首先对其进行科学而系统的论述则来自20世纪70年代的德国物理学家赫尔曼·哈肯。哈肯在其著作《高等协同学》中明确指出协同学是

---

[1] 李兴江、陈怀叶："参与式扶贫模式的运行机制及绩效评价"，《开发研究》2008年2月。
[2] 楚永生："参与式扶贫开发模式的运行机制及绩效分析——以甘肃省麻安村为例"，《中国行政管理》2008年第11期。
[3] 张宏：《欠发达地区参与式扶贫开发模式研究》，兰州大学，2007年。
[4] 毛绵逵、李小云、齐顾波："参与式发展：科学还是神化？"，《南京工业大学学报（社会科学版）》2010年第2期；杨小柳："参与式扶贫的中国实践和学术反思——基于西南少数民族贫困地区的调查"，《思想战线》2010年第3期。
[5] 周常春、刘剑锋、石振杰："贫困县农村治理'内卷化'与参与式扶贫关系研究——来自云南扶贫调查的实证"，《公共管理学报》2016年第1期，第13卷。

"研究由完全不同质的大量子系统（电子、分子、原子、细胞、器官、动物、人类社会等）所构成的各种复合系统是通过怎样的合作才在宏观尺度上产生空间、时间或功能结构的"[1]。协同理论的核心要义在于，一是存在一个由多元异质主体构成的复杂而开放的系统；二是系统中的多元主体之间存在着交流和互动，它们之间既有竞争也有合作；三是这些主体在序参数（即引发系统质变的关键变量，可以是系统内的也可以是系统外输入的）的作用和支配下形成一定的关系结构并产生相应的功能，最终整个系统达到一种新的、有序的状态，发挥出"1+1>2"的协同效应。[2]协同学揭示了不同系统在宏观上演变的共同特性，因其普遍的原理而具有明显的方法论意义，故被广泛地应用到包括物理学、化学、生物学、社会学、经济学在内的多个学科领域。

协同理论与参与式扶贫均强调多元主体的作用和它们之间所形成的关系结构，二者在核心理念上的共通之处为在扶贫领域引入协同理论提供了理论基础。[3]多元协同治贫将政府、市场、社会及贫困人群等多方主体参与的扶贫过程看作一种集体行动，在共同目标驱动和互信互惠的基础上，各方主体综合运用权威、法律、道德以及知识协商共定行为规则，以实现扶贫系统中各要素资源的有机组合和各主体的有效合作，治理贫困问题。当下朝着2020目标行动的精准扶贫行动已经动员全党全国全社会共同参与，形成了政府、社会、市场协同推进的大扶贫格局，围绕贫困户开展工作的不仅有县乡政府、村干部、帮扶单位和驻村干部，还有众多企业、社会组织以及乡村贤能人士，这些主体的参与热情和参与程度很高，但协同不足则容易出现"各念各的经、各唱各的调"的现象。我们在分析扶贫的过程中，不仅需要关注多元扶贫主体各自的参与情况，更需要从整体上思考各主体如何同频共振以协调不同主体间复杂的权力关系，充分整合各方的信息和资源，以形成扶贫攻坚的"合力"。因此，本文将协同理论与参与式扶贫整合起来，形成多元协同治贫视角，

---

[1] 赫尔曼·哈肯：《高等协同学》郭治安译，北京：科学出版社，1989年。李汉卿："协同治理理论探析"，《理论月刊》2014年1月。

[2] 刘俊生、何炜："从参与式扶贫到协同式扶贫：中国扶贫的演进逻辑——兼论协同式精准扶贫的实现机制"，《西南民族大学学报（人文社科版）》2017年第12期，第38卷。

[3] "三山一滩"地区是河南省确定的连片特困地区的简称，包括伏牛山区、大别山区、太行山区和黄河滩区。

以期对多元主体在场情境下的赋权性扶贫与内生性脱贫透视更具整体性和开放性。(多元协同治贫分析框架参见图1)

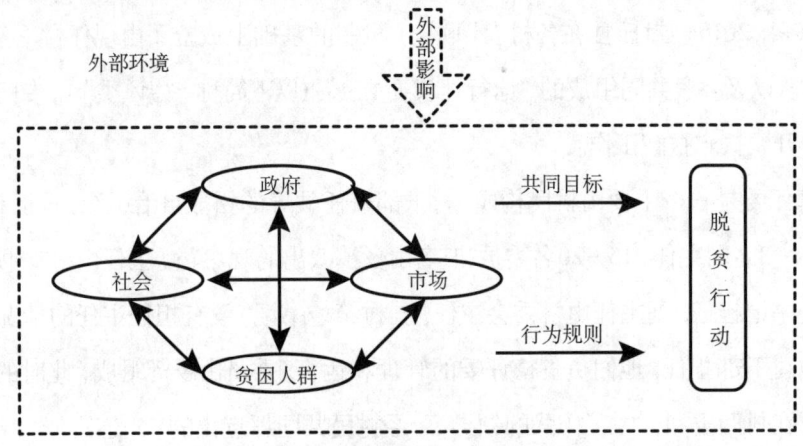

图1：多元协同治贫分析框架示意图

本文所研究的案例——封丘县隶属河南省新乡市,地处豫东黄河冲积扇形平原北部,与开封市兰考县隔河相望,是国家扶贫开发重点县。全县总面积1225.5平方公里,"三山一滩"[1]连片特困区的深度贫困县,历史上饱受黄河水患和战乱袭扰,耕地多为不宜农作物生长的盐碱地,因此民间也形成了较为散漫的生产方式和安于现状的思想观念,经济社会基础薄弱,贫困群众文化素质低、就业能力弱、缺乏自主脱贫信心。因此,封丘县自精准扶贫实施伊始,便在探索解决贫困群众"智弱缺劳、怕苦怕累、性格偏执、缺资缺技、缠闹巧取"的难题,时至今日,较为成功地走出了一条外部帮扶和内生动力"双轮驱动"、精神脱贫和物质脱贫"双轨并行"的"志智双扶"实践路径。

三、"两会一公约"：多元协同治贫的结构、制度及其运行机制

(一)德行评议会：多元协同议事平台

封丘县在基层党建工作中原本设有一个名为"十联户"的工作机制,即在村庄内以十户为一组选一位乡贤(即有能力、有威信的村民代表),作为意见代表和桥梁

---

[1] 皮埃尔·萨内："贫困：人权斗争的新领域",《国际社会科学杂志(中文版)》2005年第2期,第85-86页。

纽带定期与基层党政部门进行沟通协调,一方面向上表达这十户农民的利益诉求,另一方面向下推进落实上级政府的各类重大工作。精准扶贫实施以后,经过一年多的探索,2016年封丘县在各村"十联户"机制的基础上成立了由现任村干部、驻村工作队以及乡贤共同组成的"德行评议委员会"(以下简称"德评委"),专门面向贫困户开展扶志扶智工作。

德评委是一个主要由村民构成、村干部兼任领导的松散自治组织,一般设1名主任,2-3名副主任,15-20名委员和1名由乡镇派出的观察员。主任由村支书或驻村第一书记担任,副主任由村委会主任、驻村第一书记(没有担任主任的情况下)及其他村干部担任,他们负责德评委的管理和运行。委员由乡贤组成,此时的乡贤是各村在村两委和驻村工作队的领导下,经村民共同评选出的"公道正派、威望较高、敢于直言、热心公益"的老党员、退休老干部、老教师及"说话管用"的村民,他们是德评委的主要成员,身份较"十联户"中的乡贤更为正式,是评判贫困户先进与后进的决定者。每个委员根据实际情况分包联系若干名贫困户(一般不超过4个),担任其"帮教责任人",负责日常引导思想、鼓舞干劲,定期将分包联系的贫困户中的先进典型和后进对象提交德行评议会进行评议。观察员则由乡镇党委成员(一般是分包该村的乡镇干部)出任,负责与分包村的德评委保持联系,出席并指导定期召开的德行评议(以下简称"德评会")。(德评委组织架构参见图2)

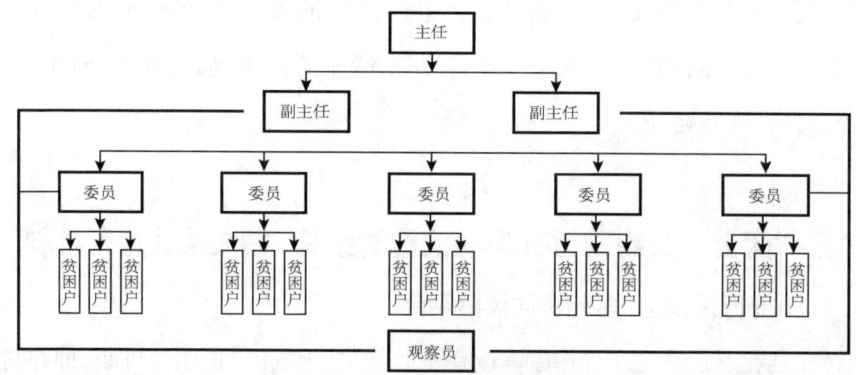

图2:德行评议委员会组织架构示意图

德行评委主要从两个维度开展其工作,发挥其功能。

第一个维度是日常共同生活维度,即在日常的联系和共同生活中引导和教育贫困户。实际上,乡贤委员与其所联系的贫困户多为邻里、至亲或师长关系,是贫困户"心中认可的人",他们之间通常有着长时间、深厚的情感联系以及由此产生的信任和家长式的权威,"只有他(分包乡贤)说的话,贫困户才听",能够避免群众对基层干部的排斥和不信任问题。乡贤的另一优势在于,他们更加了解贫困户的所需所想,并能够将官方的、政策的语言转化为贫困户能够理解的"土话",从贫困户的立场出发,通过说教、劝诱、示范甚至打骂等灵活有效的方式,逐渐影响和改变贫困户的思想和行为。而乡贤则受到乡村干部、其他乡贤、全体村民以及自身责任感与使命感的共同监督和评判。

这种"帮教责任制"融于生活的方方面面,无时无刻不在发挥作用,是激励贫困人口内生动力的主要方式之一。在这个过程中,除乡贤之外,乡镇干部、村干部、驻村干部及对口帮扶单位等其他帮扶主体同样也会定期不定期地入户走访贫困户,或是组织贫困人群开展教育培训活动,满足其脱贫需要。当贫困户有诉求、"想通了"的时候,也可以随时找其他帮扶主体寻求包括政策优惠、资金贷款、技能培训等在内的支持和帮助。一方面,上级多项扶贫政策对扶贫干部主动联系贫困户提出了要求,另一方面,贫困户手中也掌握着对扶贫干部工作满意度的评判权,事关扶贫干部工作绩效的考核(满意度评价一般在工作绩效中占比达10%-20%),对扶贫干部的行为形成了很强的监督制约作用。

第二个维度是定期评价维度,即每月召开一次德评会。与日常帮教相比,德评会更多的是监督、保障和评估德评委的有效运行。德评会召开之前,德评委先组织进行集中走访调研,以拟定评议主题、对象和时间,经村两委和驻村工作队同意后向乡镇党委报备申请,最后向全村发出会议通知。会议由德评委主任主持,全体委员、贫困户和部分村民代表参加,乡镇派出观察员对会议进行指导和监督,赋予会议合法性(观察员不到场,会议无效)。在实践中,观察员最大的作用在于"评议后进对象的时候维护会场秩序,避免争端,把控全局",保障会议的秩序和权威性,

使会议在合法、合理、合情的范围内开展,并不会干预会议的议题和内容。(德评会议事流程参见图3)

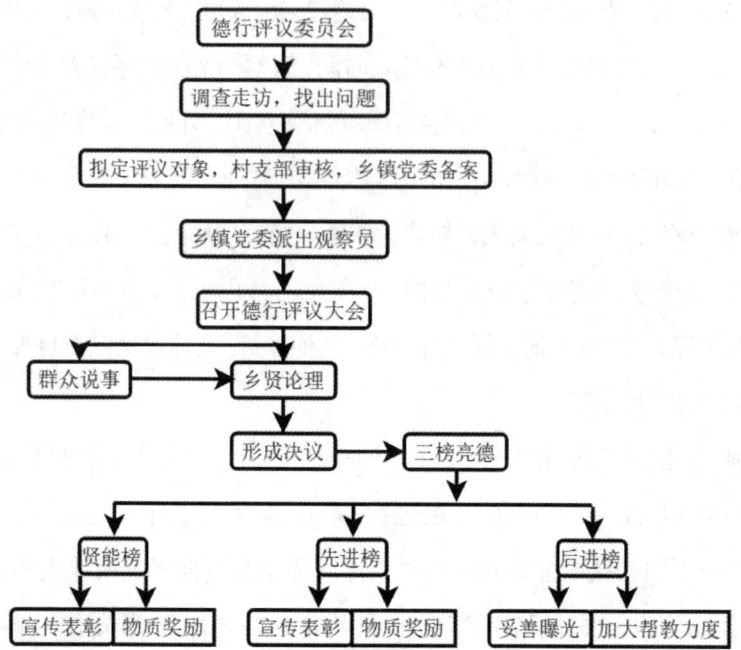

图3: 德行评议会议事流程示意图(在当地所做工作图的基础上改绘)

首先由被评议的先进典型和后进对象陈述自己的脱贫做法和思想动态,然后与会群众根据陈述和自己平日的所见所闻发表意见、交流看法,以补充和还原事实真相,使评议结果为评议对象和广大村民所承认,再由德评委委员进行集中论理和定性,公开对先进者予以表扬、后进者予以教导,最后会议以举手表决的方式(简单多数决)对评议问题处理的意见建议等进行表决,为形成决议的先进典型授予"四有脱贫户"荣誉称号[1],后进对象进行"妥善曝光"[2]。

这里,德评委在村内分别公开设置了三张榜——"贤能榜""先进榜"和"后进榜",配以文字照片,对工作认真负责的委员、脱贫成效突出的贫困户以及无动于

---

[1] "四有脱贫户"即有理想、有志气、有能力、有成效的脱贫户,是封丘县脱贫攻坚指挥部为激励贫困户脱贫而设立的一种光荣称号。

[2] "妥善曝光"是指,在"后进榜"中对行动不积极的贫困户进行曝光时,不张贴本人照片或不列出本人全名,而是以该贫困户的房屋照片和部分名字代之,如"李*荣""刘*中"。通过这种方法,既不妨碍本村人知晓被曝光者的身份,又能够在一定程度上保留被曝光者的"面子"。

衷的贫困户进行公示。对于"贤能"的委员和先进的脱贫典型，不仅进行宣传表彰，还会给予一定的物质奖励。对于后进对象，德评委需针对性地制定切实可行的帮教方案进行帮扶。经过教育警醒，能积极纠错、改掉恶习的后进对象，在下次的德行评议大会上，由帮教责任人提出，经评议大会审议后，方可从曝光台撤销。作为最后一道激励监督的关卡，"三榜亮德"的做法基于村庄的道德约束和熟人社会中村民重人情、讲面子的行为特征而设置。如若评上后进榜，贫困户将在全村人面前丧失颜面、抬不起头，这对于"懒汉"来说是难以承受的压力，从而通过这样一种精神与物质相结合的奖惩措施激励贫困户积极参与脱贫。

（二）教育培训会："志—技—岗"一体化与"激励—赋权—监督"三步走

这里所说的教育培训会实际上并不是一个组织机构，而是封丘县脱贫攻坚指挥部围绕激发贫困户内生动力、提高自我发展能力所组织开展的一系列活动的统称，旨在通过群众喜闻乐见的形式学习党的扶贫惠民政策、法律法规、实用技术，凝聚脱贫攻坚共识。与其他地方"碎片化"的教育培训不同，封丘县将所有的活动分层次统筹开展，形成了"志—技—岗"三位一体、"激励—赋权—监督"三步走的教育培训机制。

首先是"扶志扶神"。通过脱贫先进典型的感恩励志宣讲、精准扶贫主题文艺表演、脱贫誓师大会、领导专家政策宣讲等各种方式，提振贫困户脱贫的志气，转变其思想观念。这种让身边人现身说法、集体思想动员的做法全国各地均在开展，往往能够在当时起到较好的激励效果，但时间十分短暂，一般贫困户回到家以后便抛诸脑后。封丘县则在活动现场紧接着进行第二步"扶智扶技"。"你现在志气提起来了，听了宣讲之后哗哗掉眼泪，那么你想学啥？"扶贫干部此时会拿出事先准备好的就业培训"菜单"，让贫困户根据自身能力和需求自主选择培训项目。同时对接企业或扶贫车间、就业点，使掌握一定技能的贫困人群进入实习岗位和就业岗位，同时鼓励指导有创业意愿的人群通过金融、产业等政策的扶持进行创业。最后，对于经历了这个过程但仍无意脱贫的人，则提交德行评议会予以公开评议。

教育培训会与德行评议会各成一体，同时也互联互通、相辅相成，构成了一个开放、循环的扶志扶智系统。

（三）《贫困户脱贫公约》：多元协同的行为准则与共同目标

2017年年中，封丘县脱贫攻坚指挥部依据国家扶贫政策的要求和县里近年的实践探索，在全县范围内广泛调研、征求乡村干部和农民群众代表意见的基础上统一制定了《贫困户脱贫公约》（以下简称《公约》）。完成后，十条脱贫公约即作为贫困户的行为准则和德行评委评议贫困户的依据和标准，成为每次开会必学的一项内容，也是扶贫各方力图共同实现的脱贫目标。

然而《公约》原文较长，虽然充分体现和融合了政意与民意，却不易宣传和操作。实际上，这种问题在政策执行中并不少见，对此，基层在宣传和贯彻落实上级政策时，常常会根据政策内容编成朗朗上口的顺口溜或者诗歌，既有利于民众理解政策意图，也便于干部自己记忆政策要点。比如封丘县分别将就业、教育、健康、产业、住房等领域的扶贫政策进行汇总，改编出多套"脱贫攻坚政策宣传七字歌"，印于广大基层扶贫干部和贫困户手中的"扶贫政策明白卡"之上，使纷繁的政策规定一目了然。同样的，为了让农民能够更容易理解《公约》，同时也为了在向上级的汇报中多一道亮点，封丘县下辖的黄德镇率先进行了创新和改进。该镇依据《公约》的十条规定，将其简化为十项80字指标，形成对贫困户脱贫成效的"十星评定"标准，在德行评议会的框架下开展"十星评定 志智双扶"活动。

十星评定 志智双扶

☆自力更生，勤劳致富。　　☆个人卫生，环境整洁。

☆主动学习，掌握技能。　　☆学法用法，遵规守纪。

☆发展产业，光荣脱贫。　　☆崇尚科学，行为文明。

☆团结友爱，邻里和睦。　　☆倡导新风，勤俭节约。

☆尊老爱幼，良好家风。　　☆热爱集体，爱护公务。

令人意想不到的是，对《公约》的指标化操作和评定活动引发了部分贫困户争当十星脱贫户的行为。黄德镇蒋东村的贫困户杨春艳在本村2017年11月的德评会上发言表示，全镇正在开展"十星评定，志智双扶"活动，我家得了七颗星，另外三星没有得到，我心里很难受，暗下决心，一定要当上十星的脱贫户。杨的发言被乡贤委员和村干部们拿去教导其他贫困户而逐渐传开，脱贫的星级进而成为大家议论、比较的焦点。黄德镇的这一做法取得了较好的效果，受到了封丘县脱贫攻坚指挥部的表扬，指挥部将之作为典型案例汇编于《封丘县扶志扶智工作纪实》当中予以宣传，从而引发其他乡镇纷纷效仿。或许是因为"十星脱贫户"与前文中由县所推行的"四有脱贫户"存在一定程度的重复，所以封丘县脱贫攻坚指挥部最终仅是默认了这种"政策创新"，并未形成专门的政策文件进行推广。

四、总结与启示

封丘县"志智双扶"工作案例给学术界和扶贫实践展示了一个新颖而系统的多元协同治贫机制，不仅为我们反思西方话语中的缺陷、构建中国本土化的协同治贫理论及应用提供了新鲜经验，而且也为全球的贫困治理提供中国案例和实操经验。

个人可行能力低下、社会排斥以及安于现状的心理等固然是导致个体贫困的根源。然而"赋权"或者说简单、盲目地以启蒙方式赋予贫困人群参与权、决策权、监督权等，以为一旦赋权被赋权者就会自动主动按照赋权预期和逻辑去运转以达到目标，不仅常常无助于明显改善贫困人口的境遇，而且也难以解开从赋权到权能转化的过程之谜。个体视角的反贫困理论是建立在西方自由民主制、契约社会以及自由主义市场经济的基础之上的，其视贫困人口为原子化的个体，在制度和法律的约束下自由自愿行动，进而将制度和法律本身的不完善、执行的不到位及由此造成的个体权利得不到保障视为一切不平等产生的根源，最终提出向穷人赋权的解决方案。但是，当我们在观察中国农村现实时就会发现，分利与人情两大秩序支配着农民的选择[1]，国家强制力既没有意愿也无法真正渗透乡村社会，法律甚至有时在"对簿公堂"时都难以约束农民的行为。而真正的贫困户既没有资金维系人情上的

---

[1] 陈锋："分利秩序与基层治理内卷化：资源输入背景下的乡村治理逻辑"，《社会》2015年第3期，第35卷。

往来，也没有能力去争夺外界输入的资源，连上访都成为困难，成为"瞧不起又带不动"的边缘群体，他们所受到的社会排斥是极为深刻的，任何缺乏以国家强制力为保障的"纸面上的赋权"都会在农村扭曲变形逐渐化为泡影。

因此，当减贫成为国家发展的一个战略目标之后，就首先需要解决战略目标的主导实现者，毫无疑问，党和政府在协同扶贫中应当也必须明确为主导力量。封丘县扶志扶智过程中，无论是组建德评委，召开德评会，组织教育培训还是制定《脱贫公约》，无一不是在当地党和政府的主导下进行的。尽管整个扶贫体系以村民为主体构建，但是每一次扶贫干部的出席，都实现了公权力的"在场"，为复杂而开放的扶贫系统提供了运行的秩序和保障。

其次，多元协同治贫需要协调好各方扶贫主体的权力结构关系，形成系统的良性循环机制。从多元协同视角看，扶贫不仅是党和政府以及其他社会力量作为外来者对贫困村、贫困户的扶助，而且需要在既有的社会网络中发现协同主体，并将贫困户视为协同主体之一来搭建多元主体之间的关系格局。封丘的案例中，乡镇负责指导德评委开展工作，德评委负责管理整个德行评议委员会、监督评估乡贤委员，乡贤委员则在干部、村民及自身的共同监督下联系帮教贫困户，而贫困户最终被赋予了评判乡镇及驻村扶贫干部工作满意度的权力，此外，企业、专家和社会组织则在政府的协调之下适时介入。如此，就形成了一种权力根据实际情况被分配到参与扶贫的各个主体的格局，这并不一定强求各方的对等，而党和政府在扶贫中的主导地位也使得协同治贫格局中不同的主体事实上也不可能不必要形成所谓的平等权力分享，而毋宁说，各主体依据自身的能力、优势和特长参与其中，形成了环环相扣、整体上的权力结构平衡。尤其是当贫困户成为协同治贫的主体之一，激励之后、监督之下的赋权才有意义，精准扶贫才具有了一定的精准性，防止了贫困户发展权"等、靠、要"式的扭曲和滥用，实现了贫困户的自主发展，而这也体现了"授人以渔"式扶贫增强贫困户发展意愿、发展能力，将脱贫发展转化为当下贫困户自主行动的"赋权"初心。换言之，如果没有相应的多元协同权力结构和与之相关的运行机制对贫困户"扶上马送一程"，"赋权"则流于形式不可持续，其外化结果就是短期内的"授人以鱼"或扶贫的失败。

最后，多元协同治贫还需要保持治贫目标的一致性和过程的开放性。国家普遍性的治贫政策作为协同治贫的指导固然无可争议，却无法对差异化的特定情境下参与各方的行动做出具体有效的约束。因此，政策目标既不能有矛盾性的前后变化，也不能以"一刀切"式的刚性指标约束去达成。封丘的《贫困户脱贫公约》、德评会议事规则、一些约定的奖惩办法等正式或非正式的规则，都成为封丘县扶志扶智过程中凝聚各方共识、达成脱贫集体行动的关键。换言之，国家的一般性政策需要有一个对接或嵌入当地具体情境的过程，在具体情境中，各主体才能够实现"在场"的力量调配、结构调整和行为逻辑调试，达成朝着共同目标前行的集体行动。

因此，封丘案例所形成的经验折射出我们在贫困治理中的困境及其突破所需要围绕的核心议题：人的发展。贫困治理或者减贫，治理或减掉的不是贫困本身，而是贫困在具体个人及其家庭中的呈现，于是，贫困治理重点在于对贫困中人的改变和塑造。当然，这并不意味着改变或改造贫困人群所处的外在环境就不重要，毋宁说，外在环境的改变往往也需要人们去努力，而这种努力在更多地来自非贫困人群——党和政府等公共部门、企业、社会组织等的协同时，会更为有效，而由此也形成以解决贫困人群的贫困为目标而进行包括贫困人群在内的各个主体之间协同的基础。人是"一切社会关系的总和"[1]，也唯有调动一切社会关系，从"外来扶贫"架起环境改变、赋权架构和协同治贫架构，连接起"我要脱贫"的贫困治理格局，人的生存才能更有意义，生活才能更加美好，发展才能更加和谐。

(作者蒋晨光系国家行政学院博士研究生；作者褚松燕系国家行政学院研究生院副院长、政治学教研部教授)

---

[1] 《马克思恩格斯选集》，第1卷，北京：人民出版社，2012年，第135页。

中国脱贫攻坚与人权保障

[中国] 李云龙

一、消除贫困就是保障人权

人权的实现需要一定的物质条件。维持生命本身就是一个物质的过程。没有一定的物质支持,生命权就不可能得到保障。生命权是一切人权的基础,所有其他人权都建立在生存的基础之上。贫困阻碍了生存权的实现,是对人权的严重限制。联合国大会1948年通过的《世界人权宣言》第25条规定:"人人有权享受为维持他本人和家属的健康和福利所需的生活水准,包括食物、衣着、住房、医疗和必要的社会服务";[1]联合国《经济、社会和文化权利国际公约》也确认了"人人免于饥饿的基本权利",同时强调"人人有权为他自己和家庭获得相当的生活水准,包括足够的食物、衣着和住房,并能不断改进生活条件。"[2]同样,公民权利、政治权利以及经济社会文化权利也都需要相应的物质支持。贫困既阻碍了经济、社会和文化权利的实现,也阻碍了公民权利和政治权利的实现。贫困贬低了人的价值,剥夺了人类尊严,限制了个人自由,排斥了穷人的政治参与。在贫困状态下人权很难得到保障。贫困是实现人权的最大障碍。消除贫困就是保障人权,同时也是实现其他人权的前提和条件。

中国政府很早就认识到消除贫困的重要性。1986年,中国政府确定以开发式扶贫作为农村扶贫政策的核心和基础,要求以经济建设为中心,支持、鼓励贫

---

[1] 《世界人权宣言》,2018年6月5日,联合国网站:http://www.un.org/zh/universal-declaration-human-rights/index.html。

[2] 《经济、社会和文化权利国际公约》,2018年6月5日,联合国网站:http://www.un.org/chinese/hr/issue/esc.htm。

困地区干部群众改善生产条件，开发当地资源，发展商品生产，增强自我积累和自我发展能力，逐步形成贫困地区和贫困户的自我积累和发展能力，主要依靠自身力量解决温饱、脱贫致富。同时，中国政府成立了扶贫领导机构（国务院贫困地区开发领导小组，后于1993年更名为国务院扶贫开发领导小组），从中央政府层级负责组织、领导、协调、监督、检查贫困地区的扶贫开发工作。相关省、自治区、直辖市和地（市）、县级政府也都成立了扶贫开发领导小组，设立了扶贫办公室，在乡政府中设置了扶贫专干，负责本地的扶贫开发工作。扶贫开发实行分级负责、以省为主的行政领导责任制。1994年3月，中国政府公布《国家八七扶贫攻坚计划》，提出要用七年左右的时间，到2000年底基本解决农村贫困人口的温饱问题。[1]这个目标如期实现。2000年，除少数社会保障对象和生活在自然环境恶劣地区的特困人口，以及部分残疾人以外，全国农村贫困人口的温饱问题已经基本解决。[2]2001年，中国政府制订了《中国农村扶贫开发纲要（2001-2010年）》，要求尽快解决少数贫困人口温饱问题，进一步改善贫困地区的基本生产生活条件，巩固温饱成果，提高贫困人口的生活质量和综合素质，加强贫困乡村的基础设施建设，改善生态环境，逐步改变贫困地区经济、社会、文化的落后状况。[3]这个文件最大的亮点是把解决了温饱问题、但生活尚不富裕的广大低收入人口纳入了政府扶贫范围。2009年，中国取消了绝对贫困线和低收入线的区别，把低收入线作为贫困线。这样，中国农村贫困线就提高到1196元。按照这个标准，中国还有4007万贫困人口。[4]到2010年，贫困地区经济全面发展，贫困地区生产生活条件明显改善，贫困地区社会事业不断进步，贫困地区生态恶化趋势初步得到遏制，农村居民的生存和温饱问题基本解决。全国农村扶贫标准从2000年的865元人民币逐步提高到2010年的1274元人民币。农村贫困人口数量从2000年底的9422万

---

[1] 《国家八七扶贫攻坚计划》，2016年7月14日，国务院扶贫开发领导小组办公室网站：http://www.cpad.gov.cn/art/2016/7/14/art_343_141.html。

[2] 国务院新闻办公室：《中国的农村扶贫开发》，2001年10月15日，国务院新闻办公室网站：http://www.scio.gov.cn/zfbps/ndhf/2001/Document/307929/307929.htm。

[3] 《中国农村扶贫开发纲要（2001-2010年）》，2016年9月23日，中国政府网：http://www.gov.cn/zhengce/content/2016-09/23/content_5111138.htm。

[4] 范小建："60年，消除贫困、实现总体小康的攻坚战"，《求是》2009年第20期。

人减少到2010年底的2688万人。[1]中国农村贫困人口的温饱问题基本得到解决。在此基础上,中国政府制定了新的扶贫规划——《中国农村扶贫开发纲要(2011－2020年)》,提出了更高的扶贫要求,把扶贫内容扩大到义务教育、基本医疗、住房等公共服务领域,明确规定未来10年扶贫的总体目标是:"到2020年,稳定实现扶贫对象不愁吃、不愁穿,保障其义务教育、基本医疗和住房。贫困地区农民人均纯收入增长幅度高于全国平均水平,基本公共服务主要领域指标接近全国平均水平,扭转发展差距扩大趋势。"[2]《中国农村扶贫开发纲要(2011－2020年)》标志着中国农村扶贫开发进入了一个新的阶段,"从以解决温饱为主要任务的阶段转入巩固温饱成果、加快脱贫致富、改善生态环境、提高发展能力、缩小发展差距的新阶段"。[3]按照每人每年2300元(2010年不变价)的农村扶贫标准计算,2015年底全国共有农村贫困人口5575万人。[4]

二、脱贫攻坚启动人类历史上最大规模减贫工程

在农村扶贫取得巨大进展的情况下,中国政府决心投入更大的力量,彻底解决农村贫困问题。2015年11月29日,中共中央、国务院发布《关于打赢脱贫攻坚战的决定》,除了重申《中国农村扶贫开发纲要(2011－2020年)》确定的扶贫目标外,还提出要"确保我国现行标准下农村贫困人口实现脱贫,贫困县全部摘帽,解决区域性整体贫困"[5]。一场规模空前的减贫工程由此拉开序幕。

第一,精准扶贫是脱贫攻坚的基本方略。随着贫困地区基础设施的不断完善和经济的持续发展,农村贫困人口大量减少,开发式扶贫的效率开始降低。大水漫灌式扶贫开发的局限性日益显现。尽管投入大量扶贫资金,但取得的效果却

---

[1] 国务院新闻办公室:《中国农村扶贫开发的新进展》,2011年11月16日,国务院新闻办公室网站:http://www.scio.gov.cn/zfbps/ndhf/2011/Document/1048123/1048123.htm。

[2] 《中国农村扶贫开发纲要(2011－2020年)》,《国务院公报》2011年第35号。

[3] "中央扶贫开发工作会议在北京召开 胡锦涛温家宝发表重要讲话",2011年11月30日,人民网:http://cpc.people.com.cn/GB/64093/64094/16437966.html。

[4] 《2015年国民经济和社会发展统计公报》,2016年2月29日,国家统计局网站:http://www.stats.gov.cn/tjsj/zxfb/201602/t20160229_1323991.html。

[5] 《中共中央、国务院关于打赢脱贫攻坚战的决定》,2015年12月7日,新华网:http://www.xinhuanet.com/politics/2015-12/07/c_1117383987.htm。

并不十分理想。多年来,扶贫工作始终存在着贫困人口底数不清、针对性不强以及扶贫指向不准的问题。一些真正贫困的居民没有得到帮扶或者帮扶力度不够,不少宝贵的扶贫资源流向非贫困人口。针对这方面的问题,中国政府提出了精准扶贫的概念。习近平说:"扶贫开发贵在精准,重在精准,成败之举在于精准。各地都要在扶持对象精准、项目安排精准、资金使用精准、措施到户精准、因村派人(第一书记)精准、脱贫成效精准上想办法、出实招、见真效。要坚持因人因地施策,因贫困原因施策,因贫困类型施策,区别不同情况,做到对症下药、精准滴灌、靶向治疗,不搞大水漫灌、走马观花、大而化之。"[1]精准扶贫要求对建档立卡贫困村、贫困户和贫困人口定期进行全面核查,建立精准扶贫台账,实行有进有出的动态管理,要求根据致贫原因和脱贫需求,对贫困人口实行分类扶持。[2]

第二,分类脱贫是脱贫攻坚的指导方针。中国政府提出分类脱贫的概念。这就是说,要根据贫困地区和贫困人口的具体情况,因地制宜,采取适合贫困人口特点的脱贫形式。根据2014年底7000万贫困人口的不同情况,中国政府制定了有针对性的脱贫方案。首先,对于有劳动能力和生产技能的贫困人口,主要通过发展生产脱贫。政府支持贫困群众因地制宜地发展各种特色产业,推动他们走上经济内生增长、自主脱贫致富的可持续发展道路。这种扶贫形式大约可以使3000万贫困人口脱贫。其次,对于自然条件恶劣、生态系统脆弱、不具备生产生活条件的地区的贫困人口,由政府出资迁移到生产生活条件比较好的地方,实现易地搬迁脱贫。这种扶贫形式大约可以使1000万贫困人口脱贫。再次,对于有劳动能力的贫困人口,尤其是年轻贫困人口,通过提高他们的教育水平,通过职业培训和职业技能提升,帮助他们在第二和第三产业找到工作岗位,实现转移就业脱贫。这种扶贫形式大约可以使1000万贫困人口脱贫。最后,对失去劳动能力、无法依靠产业扶持和就业帮助脱贫的贫困人口,通过把他们全部纳入农村最低生活保障制度的办法来脱贫。这部分贫困人口大约有2000万人。通过这四种方式,中国到2020年可以使7000万贫困人

---

[1] 《习近平:确保农村贫困人口到2020年如期脱贫》,2015年6月19日,新华网:http://news.xinhuanet.com/politics/2015-06/19/c_1115674737.htm。

[2] 《中共中央、国务院关于打赢脱贫攻坚战的决定》,2015年12月7日,新华网:http://www.xinhuanet.com/politics/2015-12/07/c_1117383987.htm。

口全部脱贫。[1]

第三,落实脱贫攻坚责任制。中共中央、国务院《关于打赢脱贫攻坚战的决定》提出,要实行中央统筹、省负总责、市县抓落实的工作机制。党中央、国务院主要负责统筹制定扶贫开发大政方针,出台重大政策举措,规划重大工程项目。[2]2016年10月,中共中央办公厅、国务院办公厅印发《脱贫攻坚责任制实施办法》,细化了各部门和各级党委政府的责任。在中央层面,国务院扶贫开发领导小组负责全国脱贫攻坚的综合协调,有关中央和国家机关按照工作职责制定配套政策并组织实施,中央纪委机关对脱贫攻坚进行监督执纪问责。在地方层面,省级党委和政府对本地区脱贫攻坚工作负总责,并确保责任制层层落实;省级党委和政府主要负责人向中央签署脱贫责任书,每年向中央报告扶贫脱贫进展情况;市级党委和政府负责协调域内跨县扶贫项目,对项目实施、资金使用和管理、脱贫目标任务完成等工作进行督促、检查和监督。县级党委和政府承担脱贫攻坚主体责任,负责制定脱贫攻坚实施规划,优化配置各类资源要素,组织落实各项政策措施,县级党委和政府主要负责人是第一责任人。[3]

根据脱贫攻坚责任制规定,国务院制定脱贫攻坚总体规划。2016年11月,国务院印发《"十三五"脱贫攻坚规划》,明确提出了一系列到2020年必须实现的量化指标:建档立卡贫困人口、贫困村、贫困县为零;实施易地扶贫搬迁贫困人口981万人;贫困地区农民人均可支配收入年均增速高于全国平均水平;贫困地区农村集中供水率达到83%以上;建档立卡贫困户存量危房改造率接近100%;贫困县义务教育巩固率达到93%;建档立卡贫困户因病致(返)贫户数基本为零;建档立卡贫困村村集体经济年收入达到5万元以上。[4]中办、国办就落实《中共中央、国务院关于打

---

[1] 《国新办举行贯彻落实五中全会精神和编制十三五规划等情况发布会》,2015年11月3日,国务院新闻办公室网站:http://www.scio.gov.cn/xwfbh/xwfbfh/wqfbh/2015/33657/wz33659/Document/1453493/1453493.htm。

[2] 《中共中央、国务院关于打赢脱贫攻坚战的决定》,2015年12月7日,新华网:http://www.xinhuanet.com/politics/2015-12/07/c_1117383987.htm。

[3] 《脱贫攻坚责任制实施办法》,2016年10月17日,中国政府网:http://www.gov.cn/xinwen/2016-10/17/content_5120354.htm。

[4] 《国务院关于印发"十三五"脱贫攻坚规划的通知》,2016年12月2日,中国政府网:http://www.gov.cn/zhengce/content/2016-12/02/content_5142197.htm。

赢脱贫攻坚战的决定》制定了10个配套文件，32个牵头部门和77个参与部门共出台118个政策文件或实施方案。各行业部门将扶贫内容纳入"十三五"行业专项规划优先安排。各地普遍结合"十三五"规划，编制省级"十三五"脱贫攻坚规划，出台包括一个全面推进脱贫攻坚的文件以及若干个配套文件在内的"1+N"精准脱贫系列文件。[1]从省市到县乡，各级党委和政府都由主要领导亲自挂帅，负起全责，并层层督促，层层落实。按照精准脱贫要求，各地脱贫方案和脱贫责任落实到了每个贫困村和每个贫困户。

三、脱贫攻坚取得显著成效

中共中央、国务院《关于打赢脱贫攻坚战的决定》发布以来，各部门各地区采取有力措施，全面实施精准扶贫战略，确保打赢脱贫攻坚战，脱贫攻坚取得决定性进展。

全国扶贫资金投入大幅增加。中国政府把脱贫攻坚作为2020年前的中心工作，并为其提供充足的资金保障。中国政府明确规定，政府财政投入是扶贫资金的主要来源，要"确保政府扶贫投入力度与脱贫攻坚任务相适应"。[2]这意味着脱贫攻坚是首要任务，政府财政资金要优先满足脱贫攻坚需要，财政资金扶贫投入没有上限。在这种扶贫投入优先的方针指导下，中国各级财政扶贫投入快速增加。2013-2017年，中央财政专项扶贫资金累计投入2787亿元，平均每年增长22.7%；省级财政扶贫资金累计投入1825亿元，平均每年增长26.9%。安排地方政府债务1200亿元。[3]2017年，中央和地方财政专项扶贫资金规模超过1400亿元。[4]2017年，中央财政补助地方专项扶贫资金861亿元，比2016年增长30.3%，农业、教育、医疗、交通等领域也加大了对贫困地区的投入力度。在全国832个国家扶贫开发工作重点县和连片特困地区县全面推开涉农资金整合试点，截至2017年底，实际整合财政

---

[1] 国务院新闻办公室：《中国的减贫行动与人权进步》，人民出版社，2016年，第35-36页。
[2] 《中共中央、国务院关于打赢脱贫攻坚战的决定》，2015年12月7日，新华网：http://www.xinhuanet.com/politics/2015-12/07/c_1117383987.htm。
[3] 黄俊毅："脱贫攻坚稳步推进"，《经济日报》2018年1月3日。
[4] 同上。

涉农资金3286亿元。[1]安排易地扶贫搬迁专项贷款3500亿元。截至2017年6月底，扶贫小额信贷累计发放3381亿元。[2]2018年，中央财政补助地方专项扶贫资金安排1060.95亿元，比2017年增加200亿元，增长23.2%。[3]2018年上半年，全国专项扶贫支出1760亿元，同比增长39.7%。[4]

基础设施建设脱贫持续推进。目前实施的土地整治重大工程惠及近百个贫困县，其中国家扶贫开发重点县55个，650多万农民受益，年人均增收近700元。宁夏中北部土地整治重大工程与中南部生态移民工程相结合，解决了30多万人易地扶贫搬迁问题。云南省在边境沿线连片实施土地整治重大工程，建成350多万亩高产稳产农田，人均拥有耕地增加1倍有余，保障了20多万人的"口粮田"。[5]贫困地区交通条件进一步改善。2017年，贫困地区9063个建制村通硬化路，几乎是原计划的130%，超额完成任务。新改建农村公路28.5万公里，完成乡道及以上公路安全生命防护工程13万公里，改造乡道及以上公路危桥3300座，实施628公里干线公路地质灾害防治，新增通客车建制村8473个。[6]2017年12月，国家发展改革委提前下达2018年财政预算内以工代赈计划38.4亿元。[7]目前贫困地区自然村通电接近全覆盖，通电话比率达到98.2%，道路硬化率达到77.9%。[8]

产业脱贫大见成效。"十三五"以来，国家能源局光伏扶贫项目已帮扶约80万建档立卡贫困户。自2015年以来启动光伏扶贫试点工作，国家能源局先后安排光伏扶贫项目790万千瓦，聚焦国家级贫困县建档立卡贫困村的建档立卡贫困户，在有

---

[1] 财政部：《关于2017年中央和地方预算执行情况与2018年中央和地方预算草案的报告》，2018年3月5日，中国政府网：http://www.gov.cn/xinwen/2018-03/23/content_5276945.htm。

[2] 《国新办举行脱贫攻坚工作新闻发布会》，2018年1月5日，国新办网站：http://www.scio.gov.cn/xwfbh/xwbfbh/wqfbh/37601/37742/index.htm。

[3] 财政部：《关于2017年中央和地方预算执行情况与2018年中央和地方预算草案的报告》，2018年3月5日，中国政府网：http://www.gov.cn/xinwen/2018-03/23/content_5276945.htm。

[4] "上半年财政收支运行良好"，《人民日报》2018年7月14日。

[5] "扶贫用地政策论坛"，2017年10月9日，国土资源部网站：http://www.mlr.gov.cn/wszb/2017/fpydzclt/jiabin/index_1205.htm。

[6] "2017年第十二次例行新闻发布会"，2017年12月26日，交通运输部网站：http://www.mot.gov.cn/2017wangshangzhibo/2017twelve/。

[7] "国家发展改革委提前下达2018年以工代赈资金38.4亿元90%投向'三区三州'等深度贫困地区"，2017年12月21日，国家发改委网站：http://dqs.ndrc.gov.cn/。

[8] 黄俊毅："脱贫攻坚稳步推进"，《经济日报》2018年1月3日。

光伏建设条件的地方优先扶持深度贫困地区和无劳动能力贫困人口。2017年末,国家能源局和国务院扶贫办联合印发《关于下达"十三五"第一批光伏扶贫项目计划的通知》,下达8689个村级光伏扶贫电站、总装机4186237.852千瓦的光伏扶贫项目计划,惠及710751户建档立卡贫困户。[1]2017年,光伏扶贫村级电站覆盖已3万个以上贫困村。[2]

旅游业已成为贫困地区脱贫攻坚的有力抓手和重要支撑。旅游扶贫覆盖了2.3万个贫困村。[3]据测算,2017年全国乡村旅游25亿人次,旅游消费规模超过1.4万亿元。[4]2017年,四川"交通+旅游""文化+旅游"项目建设以及"四大片区"旅游扶贫中心工作成效显著,省旅发委联合省财政厅下达1.205亿元省级旅游发展资金,撬动市县统筹整合旅游扶贫资金18.66亿元。预计2017年全省可实现乡村旅游收入2283亿元,有543个旅游扶贫重点村脱贫,受益贫困人口达12.6万,占全省105万计划脱贫人口的12%。[5]

电商是一个特别适合贫困地区发展的产业。全国已有428个贫困县开展电商扶贫试点。[6]2017年1-9月,全国832个国家级贫困县实现网络零售额818.1亿元,同比增长53.1%,高出全国农村增速14.8个百分点。其中,国家级贫困县中的示范县实现网络零售额521.5亿元,同比增长59.7%,高出全国832个国家级贫困县增速6.6个百分点,增速差较1-6月扩大0.7个百分点。全国14个集中连片特困地区县(共680个),1-9月共实现网络零售额546.8亿元,同比增速为44.1%,高出全国农村5.8个百分点。在线旅游和食品保健行业对其网络零售总额增长贡献率分别高达52.0%、21.9%,较1-6月贡献率提升2.5和4.7个百分点,反映出连片深度贫困地区依托农产

---

[1] "国家能源局光伏扶贫三年惠及全国80万贫困户",2018年1月9日,新华网:http://www.xinhuanet.com/power/2018-01/09/c_1122232559.htm。

[2] 黄俊毅:"脱贫攻坚稳步推进",《经济日报》2018年1月3日。

[3] 同上。

[4] 李金早:《2018年全国旅游工作报告》,2018年1月9日,中国网:http://travel.china.com.cn/txt/2018-01/09/content_50205965.htm。

[5] "四川旅游扶贫成效显著 带动3.7万贫困户脱贫",2017年12月31日,中国网:http://travel.china.com.cn/txt/2017-12/31/content_50180532.htm。

[6] 黄俊毅:"脱贫攻坚稳步推进",《经济日报》2018年1月3日。

品和旅游发展电商格局明显。[1]

易地搬迁扶贫实施力度大。有些深度贫困地区自然条件恶劣，极度不适合人类生存，易地搬迁是最好的脱贫方式。按照《全国"十三五"易地扶贫搬迁规划》，2017年搬迁建档立卡贫困人口340万人，2018年搬迁280万人。[2]到2017年底，340万建档立卡贫困人口易地扶贫搬迁建设任务全部完成。[3]2016－2017年，国家发改委累计下达搬迁建设任务589万人，下达中央财政贴息贷款控制规模2014亿元、中央预算内投资约438亿元、"十三五"专项建设基金500亿元、地方政府债务约1000亿元。按易地扶贫搬迁近6000亿元的总规模计算，各渠道下达的资金额度已达到70%，有效保障了工程建设需要。[4]到2020年深度贫困地区有1/3以上的村庄实施易地扶贫搬迁。[5]

健康扶贫有效解决了因病致贫、因病返贫问题。2017年，健康扶贫项目累计救治贫困患者420多万人。[6]大病重病慢性病专项救治工作覆盖面不断扩大，远程医疗覆盖所有贫困县。截止到2017年10月底，有扶贫任务的省份均已制定本省份工作方案。目前已确诊病例为15.8万人，已救治10.6万人，提供诊疗服务20余万人次。部分省份还在国家要求的9种大病的基础上，扩大了病种覆盖范围，如江西扩大到25种，山西扩大到24种。农村贫困大病患者的医疗保障水平大幅提高。安徽将新农合、大病保险补偿比例提高5个和10个百分点，规定贫困人口在县、市、省三个级别的医疗机构就诊，个人年度自付费用分别不超过3千元、5千元和1万元，超出部分合全部由政府兜底。四川建立扶贫救助基金，对贫困患者进行补

---

[1] "2017年1－9月全国农村电子商务运行情况"，2017年10月27日，商务部网站：http://scjss.mofcom.gov.cn/article/cx/201710/20171002660911.shtml。

[2] 《全国"十三五"易地扶贫搬迁规划》，2016年10月31日，国家发展改革委员会网站：http://www.ndrc.gov.cn/zcfb/zcfbtz/201610/t20161031_824886.html。

[3] 财政部：《关于2017年中央和地方预算执行情况与2018年中央和地方预算草案的报告》，2018年3月5日，中国政府网：http://www.gov.cn/xinwen/2018-03/23/content_5276945.htm。

[4] "扶贫用地政策论坛"，2017年10月9日，国土资源部网站：http://www.mlr.gov.cn/wszb/2017/fpydzclt/jiabin/index_1205.htm。

[5] "《国土资源部关于支持深度贫困地区脱贫攻坚的意见》新闻发布会"，2017年12月6日，国土资源部网站：http://www.mlr.gov.cn/wszb/2017/tpgj/jiabin/index_1205.htm。

[6] "卫计委：健康扶贫累计就职贫困患者420多万人"，2018年1月9日，央广网：http://news.cnr.cn/dj/20180109/t20180109_524092678.shtml。

助，保证个人自付比例不超过10%。贵州推行健康扶贫补充保险，各病种实际报销比例提高到了80%以上。[1]

脱贫攻坚推动贫困人口持续减少。2012年底，我国有现行标准下的贫困人口是9899万人，到2017年底，减少到3000万左右，五年累计减贫6600万人以上，仅2017年就减少了1000多万人。2016年提出申请的全国28个贫困县全部通过国家专项评估检查，成功脱贫摘帽。2017年，全国约有100个贫困县提出退出贫困县申请。[2]

四、脱贫攻坚有效促进人权保障

农村扶贫改善了中国贫困人口生存状况，有效促进农村贫困人口的人权保障。脱贫攻坚加快了中国消灭绝对贫困的步伐，大幅提高贫困人口生活水准。同时，脱贫攻坚对世界人权保障事业也是一个有力的促进。

农村扶贫有效改善中国人权状况。在中国经济改革成功和中国经济快速发展的背景下，中国政府加大了农村扶贫开发的力度，推动了贫困地区经济发展，改善了农村贫困人口的生活状况。扶贫开发大大改变了中国农村贫困地区的落后面貌，提高了农村贫困人口的生活水平，缓解了贫困状态，减少了贫困人口，有力地推动了中国人权保障事业的发展。改革开放30多年来，7亿多贫困人口摆脱贫困。2017年底，全国共有农村贫困人口3046万人，贫困发生率下降到3.1%，比上年下降1.4个百分点。贫困地区农村居民人均可支配收入9377元，比上年增长10.5%，扣除价格因素，实际增长9.1%。[3]按照每人每年2300元（2010年不变价）的现行农村贫困标准计算，1978年全国8亿农村人口中，有7.7亿以上都属于贫困人口，贫困发生率达到97.5%。[4]从几乎所有农村人口都处于绝对贫困状态，到几乎所有农村人口都摆脱绝对贫困，毫无疑问是中国人权保障的巨大进步，脱贫攻坚全面消除贫困，提升中

---

[1] "国家卫生计生委2017年11月24日例行新闻发布会实录"，2017年11月24日，国家卫计委网站：http://www.nhfpc.gov.cn/zhuz/xwfb/201711/f33d390de907426b85be6814fab442d6.shtml。

[2] 黄俊毅："脱贫攻坚稳步推进"，《经济日报》2018年1月3日。

[3] 《2017年国民经济和社会发展统计公报》，2018年2月28日，国家统计局网站：http://www.stats.gov.cn/tjsj/zxfb/201802/t20180228_1585631.html。

[4] 国务院新闻办公室：《中国的减贫行动与人权进步》，人民出版社，2016年，第4页。

国人权保障水平。按照中国政府确定的脱贫攻坚规划,到2020年将实现现行农村贫困标准下贫困人口全部脱贫。迄今为止,脱贫攻坚进展顺利。2014年农村贫困人口有7017万人,2015年减少到5575万人,2016年减少到4335万人,2017年进一步减少到3046万人,每年都减少1000万人以上。[1]按照这个进度,2020年消除贫困目标一定会实现。

脱贫攻坚目标已经远远超出了简单生存问题和温饱问题的范围,容纳了更加广泛的内容。《中国农村扶贫开发纲要(2011－2020年)》确定的扶贫项目,除了改善农田基础设施、构建特色支柱产业体系、保障农村饮水安全和提高自来水普及率、全面解决无电人口用电问题、改善贫困地区交通条件、村村通公路、改造农村危房等项目外,还包括普及高中阶段教育、提供均等的公共文化、公共卫生和基本医疗服务、新型农村合作医疗覆盖全部贫困人口、完善农村最低生活保障制度、五保供养制度和临时救助制度、实现新型农村社会养老保险制度全覆盖等内容。[2]国务院《"十三五"脱贫攻坚规划》确定的贫困地区发展和贫困人口脱贫指标除了收入指标外,还包括义务教育、医疗、住房等指标。[3]脱贫攻坚目标远远超过了消灭绝对贫困,包含大量小康生活内容。事实上,中国政府也是从建成小康社会、实现共同富裕的高度看待脱贫攻坚,要求打赢脱贫攻坚战,"补齐全面建成小康社会中的这块突出短板,决不让一个地区、一个民族掉队"。[4]

中国脱贫攻坚对国际人权保障事业有重要意义。长期以来,国际社会都把促进发展、消除贫困作为国际人权保障的重要目标,致力于通过国际合作减缓贫困。中国农村扶贫在国际消除贫困的努力中占有特殊地位,表现特别突出。中国

---

[1]《2015年国民经济和社会发展统计公报》,2016年2月29日,国家统计局网站:http://www.stats.gov.cn/tjsj/zxfb/201602/t20160229_1323991.html,《2016年国民经济和社会发展统计公报》,2017年2月28日,国家统计局网站:http://www.stats.gov.cn/tjsj/zxfb/201702/t20170228_1467424.html,《2017年国民经济和社会发展统计公报》,2018年2月28日,国家统计局网站:http://www.stats.gov.cn/tjsj/zxfb/201802/t20180228_1585631.html。

[2]《中国农村扶贫开发纲要(2011－2020年)》,《国务院公报》,2011年第35号。

[3]《国务院关于印发"十三五"脱贫攻坚规划的通知》,2016年12月2日,中国政府网:http://www.gov.cn/zhengce/content/2016-12/02/content_5142197.htm。

[4]《中共中央、国务院关于打赢脱贫攻坚战的决定》,2015年12月7日,新华网:http://www.xinhuanet.com/politics/2015-12/07/c_1117383987.htm。

是最早实现千年发展目标的发展中国家。国际舆论普遍认为,全球在消除极端贫困领域所取得的成绩主要归功于中国。由于减贫行动规模巨大,脱贫人口数量众多,中国农村扶贫事业本身就具有重大的世界意义,是国际减贫努力的重要组成部分。中国农村扶贫成就为世界减贫事业作出重大贡献,同时也是对国际人权事业作出的重大贡献。

中国减贫成功对许多发展中国家有鼓舞和激励的作用。贫困是一个世界性顽疾,多年难以根除。一些发展中国家尽管经济在发展,但贫富差距以及由此带来的贫困问题仍无法解决。不少发展中国家的减贫事业陷入了越减越贫的怪圈。中国在减贫领域的成功实践给其他面临贫困问题的发展中国家增强了信心。

中国农村扶贫的成功经验对许多发展中国家有启发和借鉴意义。目前世界上还有8亿多极端贫困人口,全面消除贫困仍然是国际社会的重大挑战。联合国《2030年可持续发展议程》的首要目标就是消灭贫困。国际合作是减贫的重要方面。但是,消除贫困,归根结底还是要靠一个国家自身的努力。中国开辟了一条发展中国家主要依靠本国资源和力量消除贫困的新道路。减贫需要庞大的投入。由于中国实现了40年高速经济增长,中国政府有能力投入巨额财政资金解决贫困问题。中国政府把发展经济作为全国工作中心,同时在经济发展的基础上努力解决贫困问题。中国减贫的最大特点,就是通过自我发展消灭贫困。

(作者李云龙系中央党校国际战略研究院教授)

民族地区精准扶贫监督的经验与完善

[中国] 刘红春

2015年,习近平总书记在云南省调研时,再次指出精准扶贫和加快民族地区经济社会发展的关系,为少数民族地区扶贫工作指出了新的方向。2015年全国扶贫开发工作会议上明确了社会监督的作用以及完善社会监督机制的重要性。总体来说,监督机制的完善和运行对于我国少数民族地区精准扶贫工作的顺利进行、推动少数民族地区早日脱贫具有极其重要的意义。

一、民族地区精准扶贫监督的主要经验

在我国少数民族地区精准扶贫工作中,人大监督逐步加强、政府内部监督有序推进、政协民主监督不断创新、司法监督成效初显、社会监督方兴未艾。各级政府出台了相关文件予以规范,事务部门工作人员也在有关监督机制的探索尝试中积累了丰富的经验。

(一)人大监督逐步加强

宪法规定:"国家行政机关、审判机关、检察机关都由人民代表大会产生,对它负责,受它监督。"依据宪法和法律的相关规定,人大对同级的"一府两院"享有监督权。所以,人大监督,是少数民族地区精准扶贫监督机制中具有最高权威的监督形式,其本质是人民的监督。具体来看,人大的监督权主要包括听取和审议政府工作报告、评议工作、受理群众的控告检举、罢免或撤销有关行政人员职务、审查和批准经济计划及其执行情况的报告以及组织对特定问题的调查等,人大还有权审

查和批准经济计划及其执行情况的报告，其提出质询案时，受质询的机关必须负责答复。具体内容包括：第一，纳入监督计划。依据宪法和法律赋予人大的监督职权，通过综合开展视察调研、评议等工作，加大人大在民族地区精准扶贫中的监督作用。从维护和实现人民群众的根本利益出发，通过建立人大代表监督机制，充分调动扶贫工作中人大代表的积极性，以切实履行人大代表监督权，对政府实施的精准扶贫工作进行全覆盖、无缝隙的监督。并针对少数民族地区扶贫工作遇到的特殊困难，以及不符合实际、成效甚微的措施，通过开展重点监督，精准扶贫工作纳入各级人大的监督规划中，把民族地区的基础设施建设、特色产业培育、项目资金监管等作为监督重点，并通过听取工作报告、组织代表视察、以及召开协调推进会等方式，向当地政府提出整改意见，从而通过积极履行其宪法上的监督权，保障民族地区各项扶贫措施落到实处。第二，积极开展日常监督。例如，甘肃省临夏回族自治州广河县是甘肃省的贫困县，贫困程度深、脱贫难度大，广河县人大积极组织人大代表对本地区的特色产业培育、项目资金使用、扶贫贷款发放等民族地区扶贫工作汇总的重点领域进行督查，每年人大常委会还会选择一两件人大代表对关于精准扶贫工作的建议进行重点督办。并通过召开专门会议、采取专题询问等方式，对扶贫工作中存在的问题和不足提出意见建议。第三，积极参与扶贫工作。通过开展人大机关联系村的精准扶贫工作，开展联系村调查摸底和建档立卡工作。包括对驻村的群众逐个走访、分户建档、制作电子档案、实施动态管理、认真评议、精准识别。在全面调查摸底的基础上，以社为单位，为精准扶贫提供科学依据。甘肃省广河县还鼓励有条件的人大代表捐助基础母羊、带头向村级产业发展互助社注资、帮助贫困户出谋划策等多种形式，尽力帮助贫困户加快致富步伐。在对少数民族地区扶贫工作的实际参与中，积极履行监督职能。第四，开展人大预算审查监督。根据宪法和法律的规定，我国人大对政府预决算有审批权和监督权。因此，在民族地区精准扶贫工作中，人大作为立法机关、监督机关和全民意志的集中体现，不断完善其预决算审查监督机制，以发挥其引领推动和保障的作用。为此，需要各民族地区人民代表大会通过行使好扶贫预算审查监督权，发挥各民族地区人大及其常委会在预算审查监督中的主导作用，以完善对精准扶贫工作中行政权力运行的约束机制。在调研中发现，目前民族地区人大及其常委会预决算审查监督的有关法律体系尚待进一步完善、人代会预算审批监督的时间保障不足、审查力量薄弱，审批方式和程序仍需健全，预算公开的内容不够详尽，在很多环节中的监督还很薄弱。导致扶贫预算执行中的可调整性较大。同时，财政支出的绩效评价制度尚待完善，监督预算执行的措施和方法也有待细化和改进。为此，需要以宪法和法律为依据，构建人大、政府及相关机构部门在扶贫预算管理中的职责分工体系，完善人大及其常委会的预决算审查监督机制，完善人大自身监督机制运行的同时，促进民族地区各级政府扶贫资金的预算管理流程行政决策的民主化、法治化进程。

（二）政府内部监督有序推进

政府内部监督是目前民族地区精准扶贫监督的主要途径。目前，已经初步建立由财政监督、审计监督、行政监察三方面共同构成的民族地区精准扶贫工作政府内部监督体系，这几大监督逐步形成互相制约并相互促进的监督格局。民族地区精准扶贫中的财政监督，主要通过扶贫资金专项检查，对扶贫项目绩效进行评价等方式展开，加大相关的行政执法工作力度。包括创新精准扶贫工作中的财政监督的理念，即通过对扶贫工作全过程、全员进行监督，涵盖所有政府性资金和财政运行的"大监督"理念。二是从全国来看，财政监督法制体系的建设逐步完善。目前民族地区对精准扶贫工作的财政监督可依据的法律体系包括《会计法》《注册会计师法》《预算法》《预算法实施细则》等，逐渐完善的法治体系为民族地区精准扶贫工作开展财政监督提供了原则性依据；《财政部门内部监督检查办法》《关于加强财政监督基础工作和基层建设的若干意见》等规章制度进一步推动了财政监督工作逐步从不定期的专项治理，向规范性、常规性、综合性的监督模式转变，也为民族地区精准扶贫工作提供了有利保障。民族地区精准扶贫中的审计监督主要是指审计部门依法对精准扶贫工作中的有关财政财务收支的真实、合法和效益进行审查并评价的监督。目前，民族地区精准扶贫工作中的审计监督主要以现行的《审计法》《审计法实施条例》《中国国家审计准则》为依据，并依据其对公共服务的审经验，推动民族地区精准扶贫工作步入制度化、规范化和法治化轨道。民族地区精准扶贫中的行政监察是行政机关的内部监督，由专门的行政监察机关对扶贫相关工作开展监督，其目的是为了促进行政效能的提高。也是有效预防精准扶贫中腐败滋生的重要监督方式。目前，主要包括了行政效能监督和清正廉洁监督。一方面避免民族地区精准扶贫中的低效现象，一方面有效预防扶贫中的腐败发生。

（三）构建严密的党内监督体系

党内监督在民族地区精准扶贫中一直发挥着重要的作用，尤其在杜绝扶贫腐败问题上，发挥了积极的作用。中央纪委聚焦扶贫领域中的腐败现象，开展多轮次、滚动式重点督办，督促各级纪检监察机关严肃查处胆敢向扶贫款物伸手的问题。其中，2017年3月"中央纪委公开曝光八起扶贫领域腐败问题典型案例"就体现了党内监督的力度和实效。[1]包括河北省涞源县扶贫开发局原局长妥开祥虚报套取财政专项扶贫资金等问题；江苏省连云港市赣榆区扶贫办、区财政局、赣榆农商银行弄虚作假，套取财政专项扶贫资金问题；湖南省城步县丹口镇白水洞村党支部原书记李德平等人违规获取扶贫工程项目并骗取财政专项扶贫资金问题；广东省紫金县扶贫办挪用扶贫工作经费发放手机补助等问题；重庆市云阳县凤鸣镇违规发包扶贫工程等项目、多名党员干部谋取私利等问题；湖北省随州市曾都区万店镇泉水寺村原党支部委员、村会计李学猛侵占移民资金问题；陕西省户县五竹镇周店村村委会原主任李鹏向危房改造村民收取"跑腿费"等问题；以及甘肃省漳县金钟镇尖子村党支部原书记包尕宝骗取扶贫羊问题。可以看出，党内监督对各精准扶贫工作开展了有效监督，也是民族地区精准扶贫工作监督体系的重要组成部分。

（四）政协民主监督不断创新

民族地区精准扶贫中的政协民主监督也是监督体系的重要组成部分。虽然，政协民主监督主体不是国家权力机关，但它融党派监督、社会团体监督、群众监督等多元主体于一体，在扶贫工作进入"精准"阶段后，具有实践中的天然优势，并且能够在民族地区精准扶贫工作中发挥特殊重要的作用。例如，人民政协通过召开政

---

[1] "中央纪委公开曝光八起扶贫领域腐败问题典型案例"，2017年3月29日，中国政府网：http://www.ccdi.gov.cn/xwtt/201703/t20170329_96557.html。

协例会、进行视察、开展调研、组织提案和建议案,在反映社情民意和参与行风评议等方面,具有十分丰富的经验和细致入微的监督优势。与此同时,《中国人民政治协商会议全国委员会提案工作条例》的出台为政协审查提案提供了标准和依据。在民族地区精准扶贫工作中,各地人民政协围绕精准扶贫工作,组织开展精准扶贫专题民主监督活动等方式,促使民主监督具有更加强有力的监督力度。为此,政协民主监督在民族地区精准扶贫中,具有重要的监督作用。

(五) 社会监督方兴未艾

社会监督作为权力制约的基本范式之一,既是宪法赋予公民的监督权的具体体现,也是监督合力的重要组成部分。首先,监督权是宪法赋予公民的一项基本政治权利。主要包含宪法第四十一条规定的批评权、建议权、检举权、申诉权、控告权、赔偿请求权。从监督主体来看,可以分为社会公众监督、社会组织监督和舆论监督。[1]其中,社会组织监督是一种有组织的监督,其专业性和监督效能都要大于个体监督。舆论监督主要表现为媒体监督,除了传统媒体的监督外,自媒体的迅猛发展也给社会监督提供了新的途径。从社会监督的作用来看,是以外部监督的方式规范精准扶贫工作中政府权力的行使,有助于发现民族地区扶贫中的特殊需求,并及时调整权力行使的方式。具体来看,社会监督具有广泛性的特点,主要表现为监督主体、监督对象和监督内容的广泛性;社会监督还具有灵活性的特点,少数民族贫困地区大多地处偏远,社会力量参与扶贫监督能更好地发挥监督主体的少数民族语言等优势,同时参与形式也更加灵活多样;社会监督还具有开启性的特点,社会监督和国家机关内部监督相比虽然缺乏强制力,但是其监督结果却是开启国家强制监督的重要原因。例如,近年来媒体对涉贫问题的相关报道,引起了社会和相关部门的重视,甚至产生强制性的法律后果。其次,社会监督是形成监督合力的重要内容。在监督体系中,除了政府内部的权力制约和监督,以及党内监督、人大监督、司法监督外,社会监督作为一种外部监督,是形成监督合力,构建科学有效的法律监督体系的重要组成部分。通过完善社会监督机制,加强对政府权力的制约,

---

[1] 黄健荣:《公共管理学》,社会科学文献出版社,2008年,第466页。

规范政府在民族地区精准扶贫中的行政权力,实现精准脱贫目标。在以政府为主导的民族地区扶贫工作中,监督机制的运行主要表现为内部监督,如对行政权力集中部门和岗位的内部上下级之间的层级监督和专门监督。从少数民族地区精准扶贫的特殊实际和存在的现实问题来看,当扶贫进入攻坚阶段,单靠内部监督机制已经无法满足民族地区精准扶贫工作的实际需要,亟须社会力量加入以形成监督合力。例如,在西藏山南地区,积极为当地贫困群众建档立卡,坚持群众参与到识别扶贫对象的全过程中,做到民主评议和集中决策相结合,实现有效监督。这也是西藏自治区作为全国唯一的省级集中连片贫困地区摸索出的"靶向疗法",通过积极引入社会力量,形成监督合力,从而精准划定扶贫对象。

二、民族地区精准扶贫监督的完善路径

《国务院办公厅关于进一步动员社会各方面的力量参与扶贫开发的意见》(国办发[2014]5号)提出要建立科学的、透明的社会扶贫监测评估机制,推动社会扶贫实施第三方监测评估,以实现精准发力,完成精准脱贫目标。2015年全国扶贫开发工作会议上明确指出要建立完善相应机制,发挥社会监督的作用。《2016年政府工作报告》中再次指出要支持社会力量参与脱贫攻坚。为此,要完善民族地区精准扶贫中社会监督机制,可以遵循以下路径。

(一)健全监督主体参与机制

首先,构建社会监督主体在民族地区扶贫工作中的全程参与机制。要转变传统的"灌水式""输血式"扶贫模式,实现精准扶贫、精准监督,切实提高民族地区扶贫成果的可持续性,就要构建社会监督主体在扶贫开发的前、中、后各个时期的有效参与机制,以提高监督的有效性。包括畅通社会主体在贫困对象识别工作中的参与渠道,尤其要鼓励本地、本民族公民个人或社会组织参与,发挥其民族认同、语言、宗教习俗等优势,实现民族地区贫困对象的精准识别目标。鼓励社会力量参与扶贫项目的招标决策程序,鉴于民族地区的民族文化风俗保护、自然环境保护以及社会经济发展的实际需求,为了避免出现扶贫项目异化为"政绩工程",防止

政府权力在民族地区扶贫开发的资源配置中被滥用，建议构建扶贫项目的立项评估机制，主要引入社会力量实现第三方评估，实现从项目实施的源头上防止扶贫工作被异化。同时，落实精准扶贫工作的绩效考核第三方评估机制，调动社会力量的积极性、发挥第三方评估机构的专业性、中立性优势，构建社会监督主体的激励机制。此外，为了保障社会监督机制的有效性，还应该建立责任追究机制和效果反馈机制，以有效解决社会监督中发现的新问题。[1]其次，加强对民族地区社会组织的培育工作。鉴于扶贫工作的日益专业化需求，包括扶贫资金向少数民族贫困地区倾斜的政策性推进，从对扶贫对象的精准识别、精准退出，到对民族地区扶贫项目的评估、对数额巨大的扶贫资金管理，都对社会监督主体提出了更加专业化的需求。因此建议政府积极培育民族地区现有的发展较为成熟的社会组织，或者试点放宽民族地区社会组织尤其是草根的非政府组织的审批手续；鼓励社会组织开展"扶贫对象识别""社会扶贫项目""财政扶贫资金使用管理"等的第三方评估和资产清算工作。其次，通过畅通电子政务网络平台，实现公民个人和新闻媒体的舆论监督。并通过提高民族贫困地区网络设施的覆盖率和新媒体的普及率，发挥现代化治理中网络监督的重要作用，尤其鼓励社会监督主体加大对扶贫工作的动态监督。最后，还要逐步完善社会监督的内部机制。建立公众监督保障机制和激励机制，完善公众参与程序机制、公众意见反馈机制，建立公民监督、舆论监督、社会组织监督的协作机制，并明确信访中心、举报中心、行政诉讼机构等监督主体的职责，避免职责交叉造成拖延和浪费。

（二）强化内部监督机制

党的十八大以来，逐步加强了对党内以及纪检机关内部监督机制的构建。纪检监察是实施行政监察和党内监督的重要途径，为此，需要进一步加强对纪检监察部门的监督力度。首先，要加强思想建设、作风建设。各级纪检监察队伍要通过加强自身监督，把加强干部教育作为基础性工作，引导广大纪检监察干部增强自律意识，增强自身防腐的能力。其次，要加强纪检部门内部的监督机制建设。构建涵盖

---

[1]　黄妮："在精准扶贫中发挥社会监督机制的作用"，《湖南行政学院学报》2015年第5期。

领导班子、内设机构和具体工作岗位等各层面的防范机制,如完善轮岗制度、案件回访制度等。最后,畅通内部监督的渠道。民族地区精准扶贫工作中的内部监督不仅包括自上而下的监督,还包括自下而上的监督。为此,不仅要进一步规范自上而下的监督模式,更需要通过加强制度建设,把民族地区精准扶贫工作中的内部监督有益经验规范化、制度化,使其发挥长效性、刚性作用,例如成立纪检监察干部监督室等内设机构,通过处理与纪检监察人员有关的信访举报、案件检查、执法监督等,加大内部监督力度,畅通党政机关内部自下而上的监督渠道。

(三) 构建监督的对应衔接机制

打通社会监督机制与相关制度的对接关隘,整合相关力量建立起多部门沟通协调的长效机制,是有效发挥社会监督机制的制度环境要求。一是要逐步完善民族地区相关制度的自身建设。例如,政府的信息公开制度,它是实现社会监督的前提。为此,要进一步明确扶贫工作中的政府信息公开范围,完善扶贫公告公示制度,依法合理区分政府主动公开信息和依申请公开信息,严格公开信息保密审查制度,规范信息公开目录、规范公开信息申请回复。二是要建立起社会监督与纪检、监察、审计等国家监督机关的联席会议制度,实现社会监督与司法、人大、行政部门以及纪检、监察、审计等国家监督机关的信息沟通,从而形成与政府内部监督机制的衔接,形成多主体的监督合力,以实现社会监督效果的最大化。三是要加强扶贫中的网络监督作用。现代化管理中,社会监督需要借助网络基础设施建设,并通过网络开展收集信息、进行举报、实现结果反馈等工作,所以要构建扶贫工作的网络举报平台,健全民族地区扶贫的网络举报和受理机制、网络信息收集和处理机制,以充分发挥社会力量在扶贫监督中的积极作用。

(四) 完善社会监督的立法保障体系

民族地区精准扶贫工作进入攻坚阶段,而目前社会监督的政策化是其难以发挥应有作用的症结所在。要通过实现社会监督政策的法治化转变,推动其制度化、规范化建设,从而保障民族地区精准脱贫目标的实现。首先,实现社会监督的单独立法。推动制定和颁布《社会监督法》,以立法的方式明确社会监督的主体职权、监督客体的权利义务、监督程序、监督方法等，通过专门法的形式确定社会监督的地位，使社会监督有法可依。同时，在立法中结合已有社会监督机制运行经验，并考虑到民族地区扶贫工作的特殊性，包括基础设施建设较弱、基本公共服务水平较低、经济发展程度较低的实际情况，以及民族地区特殊的风俗民情、宗教信仰、族群文化。其次，实现从行政化转向法律化的调整方式。社会监督的法制化要求其相应的调整手段由分散的政策化、行政化指导逐步转入法律化、规范化的依法监督轨道。再次，加快政协民主监督的法治化进程，以增强政协民主监督的刚性；规范新闻舆论监督的行政法规及其实施细则，依法整合社会监督中不同监督主体力量。

（五）加强民族地区精准扶贫智库建设，积极与有效发挥智库作用

"智力资源是一个国家、一个民族最宝贵的资源。"[1]作为"智力"生产者的智库需要有一个科学合理的发展，民族地区精准扶贫社会智库也是如此。但目前民族地区精准扶贫社会智库的重要地位还没有得到决策部门与民族地区贫困群众的普遍重视与认可。循此，未来促进民族地区精准扶贫社会智库整体性、有序化的发展中，可以采取以下发展策略：坚持以民族地区精准扶贫政策研究咨询为主攻方向，以完善民族地区精准扶贫社会智库本身与内部组织形式和管理方式为重点，以良好制度安排、科学整体规划、合理资源配置、优良人才队伍、优化智库布局、突出优势特色为指导思想，以管理和创新思想改革创新为动力，努力建设面向政府、面向社会、面向公众的中国特色新型社会智库体系，更好地服务党和国家的民族地区精准扶贫工作大局，为实现法治社会、和谐社会与小康社会提供智力支撑。

三、余论

民族地区精准扶贫监督机制是权力监督制约体系的重要组成部分，是扶贫进入精准攻坚阶段的可靠保障。而"我国法治模式是不能以西方为皓的，更不能固守

---

[1] 新华社：《关于加强中国特色新型智库建设的意见》，《人民日报》2015年1月21日，第1版。

传统,中国的法治模式必然建立在中国国家理性基础之上的。"[1]因"中国社会特殊的历史发展逻辑和国情,决定了当代中国的政治发展是一个比较复杂的历史过程。"[2]对于政府行政权力为主导下的少数民族地区精准扶贫,要塑造科学有效的社会监督机制,也需要从八省民族区"久脱仍贫""返贫率高"的问题和国家机关内部监督不力等实情切入,探究作为外部监督的社会监督模式的桎梏,以期在参与机制、衔接机制、立法保障、社会智库等方面为国家精准扶贫阶段的扶贫监督模式与体系的建立健全提供智识支撑。

(作者刘红春系云南大学法学院副教授)

---

[1] 关于国家理性问题,(德)黑格尔的《法哲学原理》、(美)约瑟夫·R.斯特雷耶的《现代国家的起源》以及许章润教授的《现代中国的国家理性——关于国家建构的自由民主主义共和法理》都对此做过有意义的阐述。

[2] 林尚力:《当代中国政治形态研究》,天津人民出版社,2000年,第463页。

人权的综合保障：中国扶贫实践的话语价值

[中国] 毛俊响

贫困的广泛存在严重妨碍人权的充分实现和享有。[1]改革开放40年来，中国实施大规模、有计划的扶贫行动，是中国坚持生存权和发展权为首要人权的生动实践。截至2017年，有近8亿贫困人口摆脱贫困，中国扶贫成就举世瞩目。中国扶贫实践及其体现出来的人权的综合保障模式，既具有坚实的理论基础，也具有明显的普遍价值。

一、贫困与人权关系的争论

对于如何界定贫困，有不同的认识。托马斯·W. 博格从资源匮乏角度界定贫困，认为那些极端贫困的人是连人类生存的最低需要——安全的食物和饮用水、衣服和住房、基本的医疗服务和基础教育——也没有得到保障的人。[2]克里斯蒂安·安斯佩格从社会关系、制度层面界定贫困，认为贫困是个人在生存的一些客观或主观方面被剥夺的状态。[3]阿尔弗莱多·斯菲尔-尤尼斯也认为，作为一种过程和结果形态的贫困，表现为在积聚资本方面内在的无能。[4]世界银行在其发布的《2000-2001年世界发展报告：与贫困作斗争》报告中认为，贫困是福利被剥夺的

---

[1] 中华人民共和国国务院新闻办公室：《中国的减贫行动与人权进步》，2016年10月，http://www.scio.gov.cn/zfbps/ndhf/34120/Document/1494398/1494398.htm。

[2] [澳] 托马斯·W. 博格："国际法认可却又侵犯了全球贫困人口的人权"，邓晓臻译，《马克思主义与现实》2006年第1期。

[3] 克里斯蒂安·安斯佩格："贫困与人权：系统性经济歧视与改革的具体建议"，梁华译，《国际社会科学杂志（中文版）》2005年第2期。

[4] 阿尔弗莱多·斯菲尔-尤尼斯："侵犯人权是导致贫困的决定性因素"，《国际社会科学杂志（中文版）》2005年第2期。

状态，它不仅物资匮乏，还包括低水平的教育和健康、风险和面临风险时的脆弱性，以及不能表达自身的需求和缺乏参与的机会[1]。

现在普遍认为，作为一种世界范围内存在的现象，贫困深刻影响着人权的实现。基斯·道丁和马丁·冯·黑斯认为，贫困导致自由的减少，结果是生活在贫困当中的人要比不贫困的人的权利受到侵犯的可能性更大。如果从能力的角度来定义自由，减少贫困从"概念上"讲要增加自由，而贫困的增加从"概念上"讲意味着自由的丧失。如果从没有外部限制的角度定义自由，则减少贫困"就结果而论"会增加一个人的自由度。所以，不管从哪一角度定义自由，贫困的程度都会影响到自由的程度。由于自由度决定权利的实际存在，所以贫困会影响人们可以享有的权利。[2]

对贫困概念的不同界定造成贫困与人权因果关系的认识分歧。是贫困导致人权受侵犯，还是人权保障不足导致贫困？如果单纯从资源匮乏角度来界定贫困，则认为贫困侵犯人权；如果从社会关系角度来界定贫困，即贫困是被剥夺福利的结果，则表明贫困是人权保障不足的结果。阿尔弗莱多·斯菲尔—尤尼斯认为，不尊重人权意味着社会排斥、个人和社会认同的缺失，以及社会边缘化。而这反过来又意味着很少或者根本无法获得生产资产。资本的缺乏造成了贫困，并强化了这种状态。[3]但是，皮埃尔·萨内却认为，贫困并不是一个生活标准，更不是某类生存条件：它既是全部或部分否定人权的原因，也是其结果。[4]热内费耶夫·库碧也认为，从某种程度上说，贫困的确是对人权的侵犯，但也是整个人权逻辑的结果。[5]

二、人权的综合保障：基于贫困与人权关系的再认识

（一）贫困与人权关系的再认识

贫困作为一种社会现象，是社会结构的产物。一些西方学者企图从外部性结

---

[1] 汪习根："免于贫困的权利及其法律保障机制"，《法学研究》2012年第1期。
[2] 基斯·道丁、马丁·冯·黑斯："贫困与普遍人权的地方性"，《国际社会科学杂志（中文版）》2005年第2期。
[3] 阿尔弗莱多·斯菲尔—尤尼斯："侵犯人权是导致贫困的决定性因素"，《国际社会科学杂志（中文版）》2005年第2期。
[4] 皮埃尔·萨内："贫困：人权斗争的新领域"，《国际社会科学杂志（中文版）》2005年第2期。
[5] 热内费耶夫·库碧："贫困：对人权的侵犯"，《国际社会科学杂志（中文版）》2005年第2期。

构不合理角度去探寻贫困的原因,认为国际不合理不公平的制度,造成了国际性的贫困,而贫困侵犯了人权。例如,托马斯·W.博格认为,目前全球秩序为发达国家的政府、大公司和公民及贫困国家的政治军事精英谋利益,造成了贫困国家的经济灾难和政局动荡,破坏了发展中国家的经济发展和政治民主化,侵犯了世界贫困人口的人权。[1]与之相对,阿尔弗莱多·斯菲尔-尤尼斯从社会内部结构中寻找贫困的根源,认为贫困是藉由种族主义和各种歧视(如个人歧视、社会歧视、经济歧视)对人权进行侵犯的结果。[2]在人权组织看来,侵犯人权是导致贫困的主要原因之一,因此,剥夺人的权利就是使之溺于贫困的一种手段。[3]

贫困本质上是一种匮乏状态,贫困不仅仅是资源的匮乏,也还是权利的匮乏,更是能力的匮乏。权利的实现依赖资源投入。资源匮乏必然导致权利匮乏;相反,在某种社会结构中,权利匮乏往往引发资源分配不公,这也是导致贫困的原因。贫困作为权利的匮乏,主要是生存权和发展权保障不足。这种不足有多方面的原因。一是客观上社会环境恶劣、资源禀赋不足。例如,同样是一个国家,沿海地区就在改革开放后取得了社会经济的快速发展,人民经济、社会和文化权利发展水平较高;偏远山区因为自然条件恶劣、交通设施不发达等原因导致经济、社会发展机会较少。二是主观上国家政策问题。改革开放政策鼓励一部分先富,政策上给予一些地区先行先试,导致资源分配或政策制定注重效率而牺牲了公平。三是能力的贫困。如因重度残疾等健康问题导致失去工作能力或接受教育的机会,进而导致资源获取能力或权利实现能力的不足。

因此,贫困实际上受制于主观客观等多种因素,这必然要求从多个角度去推进扶贫问题。如果坚持片面的权利匮乏论,会导致国家不作为。例如,或许有人认为保障贫困群体参与国家民主进程、充分享受各种公民权利和政治权利,就能在资源分配方面获得公平结果;而如果坚持这一观点,则国家可认为它只要不干预贫困群体行使言论自由、参政议政等权利即可实现扶贫目标。显然,这种认识及其结

---

[1]　[澳] 托马斯·W.博格:《国际法认可却又侵犯了全球贫困人口的人权》,邓晓臻译。
[2]　阿尔弗莱多·斯菲尔-尤尼斯:"侵犯人权是导致贫困的决定性因素",《国际社会科学杂志(中文版)》2005年第2期。
[3]　同上。

果,是不利于反贫困的。如果坚持片面的资源匮乏论,认为贫困仅与"相当生活水准权"紧密相关,就会导致国家在政策制定、资源分配中存在随意作为、权力寻租的问题,忽视贫困群体主体性意识的培育。如果坚持片面的能力提升论,则导致那些健康的弱势群体被扶贫政策所忽视,遭受社会结构性不公的侵犯。因此,扶贫是资源投入,也是赋权、培优。

实践表明,在消除贫困方面容易产生两种极端思维:第一,过于强调贫困就是权利的匮乏,认为赋权是消除贫困的关键。第二,过于强调贫困就是资源的匮乏,认为在制定和执行政策过程中加大对贫困人群的资源倾斜,就是消除贫困的关键。实际上,这两种思维都是片面的,在实践中都出现过失败的教训。已有研究成果表明,注重民主输出、附加政治条件的西方发展援助,并没有有效解决非洲的贫困问题。[1]同样,中国一些地方政府在某个阶段、某些地区实行的输血式扶贫,注重单向的资源投入、一次性的物质给付,忽略了帮助贫困群体自我发展能力的提升,其实并没有起到预期的扶贫效果。

因此,消除贫困需要坚持人权的综合保障。人权的综合保障是指,基于整体保障思维,从资源配置、基础设施建设、政策扶持、产业开发、生态保护、能力提升、社会保障等多个方面采取相互联系的措施,实现多项权利齐头并进式的保障。坚持人权的综合保障推进扶贫,具有重要的现实意义。首先,资源投入至关重要,贫困群体最容易受到侵犯的权利是生命权、健康权、受教育权、现代生活水准权、社会保障权,这些情况往往是由于缺乏基本生活保障、生存条件恶劣导致的。其次,发展机会倾斜。如提升基础设施建设,对相关区域实施政策倾斜,促进地区产业发展,以此带动贫困地区经济、社会发展,实现该区域的整体式脱贫。第三,能力提升至为重要。在这方面,提升教育水平至关重要,通过技术和技能培训、培育市场经济意识等途径,帮助贫困群体自我发展,使其具有可持续发展能力。第四,推动贫困人群主体性意识提升,鼓励他们参与公共事务、行使基层自治权利等,切实参与政府主导下的多方参与的扶贫格局。

---

[1] [赞比亚] 丹比萨·莫约:《援助的死亡》,王涛、杨惠等译,刘鸿武校,世界知识出版社,2010年,第21—33页。

(二)人权的综合保障的理论依据

在人权发展历史上,一直存在着"人权偏见"。"人权偏见"是指,基于对人权的不同认识,一些人贬低乃至否定人权的某些形态。例如,西方一些学者就认为,人权就是指生命、健康、财产、言论、宗教信仰等自由权,这些权利意味着国家不干预的义务,并且可以通过司法途径予以救济。在带有"人权偏见"的人看来,需要国家资源投入才能实现的经济、社会和文化权利,不能被视为是人权。"人权偏见"的结果是,原来被规定在《世界人权宣言》中的公民权利、政治权利、经济、社会和文化权利,被分别列举在两个不同的国际人权公约之中,即《公民权利和政治权利国际公约》和《经济、社会和文化权利国际公约》,并据此实行不同的保障模式。在实践中,虽然绝大多数国家都批准了上述两个公约,但是美国坚持传统的人权观念,拒绝签署批准《经济、社会和文化权利国际公约》。

这种现象的存在,让国际社会认识到,需要着重强调权利相互联系和不可分割的观点。鉴于在制定联合国人权两公约过程中的分歧,最终制定的两个公约都在序言中以几乎相同的措辞,重申各项权利的相互联系与不可分割论。例如《公民权利和政治权利国际公约》序言强调,"只有在创造了使人人可以享有其公民和政治权利,正如享有其经济、社会和文化权利一样的条件的情况下,才能实现自由人类享有公民及政治自由和免于恐惧和匮乏的自由的理想。"1993年维也纳世界人权会议通过的《维也纳宣言和行动纲领》反映国际社会对于人权立场的普遍主张,它强调:"所有人权都是普遍、不可分割、相互依存和相互联系的。国际社会必须站在同样的地位上、用同样重视的眼光、以公平、平等的方式全面看待人权"。联合国开发计划署发布的《2000年人类发展报告》也明确:"第一,各项人权,如公民、政治、经济和文化权利,是有机地联系在一起并能相互促进的。它们能创造出一种协同作用,有助于穷人获得他们的权利,增强个人能力和摆脱贫困。由于两者的这种互为补充,为争取经济和社会权利的努力不应该从为争取公民和政治权利的斗争中分离出来。两者需要同时促进。"

各项权利的相互联系与不可分割,体现了人权体系内的权利平等,而这种平等则是源于人的尊严。人权是人作为人所不可少的权利,从人性尊严出发,各项权利之间在理论上应该是平等的、不可忽视和不可分割的,因为它们对于维护人性尊严都必不可少。与此同时,一项权利的享有或实现,往往取决于其他相关权利的享有或实现情况。众所周知,在现代社会,充分享受健康权或社会保障权是保障生命权的前提条件;反过来,如果生命权得不到保障,其他人权则毫无意义。如果国家不能通过改善公共医疗卫生条件,减少婴儿死亡率或孕妇死亡率,那么保障婴儿或孕妇生命权则无从谈起。同样,一个不能充分保障公正审判权的社会,个人的人身自由、生命权等权利也无法得到有效保障,各项权利受到侵犯时也无法得到有效司法救济;接受教育是个人能力发展的前提,而良好的教育对于人的其他权利,如健康权、言论自由、政治权利、健康权等,具有极为重要的意义。

各项权利的相互联系和不可分割,要求用综合性或全局性的视角来看待脱贫问题。实际上,从贫困发生原因来看,贫困与教育、医疗、基础设施、环境、政治参与程度等因素有着密不可分的联系。因此,以人权的综合保障方法来消除贫困,是符合实际的路径选择。

三、人权的综合保障:中国扶贫的实践意义

改革开放以来,中国政府注重从贫困发生原因、贫困与其他社会现象的关系角度,坚持各项权利相互联系与不可分割的原则,注重从产业开发、生态环境、教育、医疗、劳务培训、社会保障等多方面开展扶贫,促进了贫困群体的发展权、相当生活水准权、社会保障权、受教育权、健康权、生命权、环境权、弱势群体保护、政治参与权利等,实现人权的综合保障。

(一) 促进贫困群体的发展权

发展权被公认为是个人的一项基本人权。发展权是关于发展机会均等和发展利益共享的权利。[1]促进个人的发展权,不仅需要国家提供相应的资源或机会,还需要提升个人实现自我发展的能力。在整体层面,产业扶贫一直被认为是中国结合

---

[1] 汪习根:"发展权含义的法哲学分析",《现代法学》2004年第6期。

贫困地区资源禀赋特点而开展的旨在提升贫困地区可持续发展能力的一种措施，如"制定贫困地区特色产业发展规划。出台专项政策，统筹使用涉农资金，重点支持贫困村、贫困户因地制宜发展种养业和传统手工业等"；此外，实施资产收益扶贫，支持农民合作社和其他经营主体通过土地托管、牲畜托养和吸收农民土地经营权入股等方式，带动贫困户增收，也是这种模式的体现。在个人层面，政府则注重劳动或生产技能的培训，如"加大职业技能提升计划和贫困户教育培训工程实施力度，引导企业扶贫与职业教育相结合，鼓励职业院校和技工学校招收贫困家庭子女，确保贫困家庭劳动力至少掌握一门致富技能，实现靠技能脱贫"。

（二）促进贫困群体的相当生活水准权和社会保障权

相当生活水准权与社会保障权都是《世界人权宣言》《经济、社会和文化权利国际公约》承认的基本人权。在《世界人权宣言》中，两者被置入第25条第1款："人人有权享受为维持他本人和家属的健康和福利所需的生活水准，包括食物、衣着、住房、医疗和必要的社会服务；在遭到失业、疾病、残废、守寡、衰老或在其他不能控制的情况下丧失谋生能力时，有权享受保障。"在《经济、社会和文化权利国际公约》中，两者被分置于第11条和第9条。第11条规定："本公约缔约各国承认人人有权为他自己和家庭获得相当的生活水准，包括足够的食物、衣着和住房，并能不断改进生活条件。"第9条规定："本公约缔约各国承认人人有权享受社会保障，包括社会保险。"

相当生活水准权本质是生存问题。[1]因此，改善衣食住行等生活环境，有利于提升生活水准。中国扶贫实践的做法是，对居住在生存条件恶劣、生态环境脆弱、自然灾害频发等地区的农村贫困群体，加快实施易地扶贫搬迁工程；加快农村危房改造和人居环境整治，加大贫困村生活垃圾处理、污水治理、改厕和村庄绿化美化力度，加快改善贫困村生产生活条件。

中国通过完善农村最低生活保障制度，对无法依靠产业扶持和就业帮助脱贫的家庭实行政策性保障兜底。例如，将所有符合条件的贫困家庭纳入低保范围，做

---

[1] Matthew C. R. Craven, *The International Covenant on Economic, Social and Cultural Rights: A Perspective on Its Development*. Oxford: Clarendon Press, 1995, p.287.

到应保尽保；提高农村特困人员供养水平，改善供养条件；加快完善城乡居民基本养老保险制度，适时提高基础养老金标准，引导农村贫困群体积极参保续保，逐步提高保障水平；有条件、有需求地区可以实施"以粮济贫"。

（三）促进贫困儿童的受教育权

受教育权是实现其他人权不可或缺的手段。作为一项增长才能的权利，教育是一个基本工具，在经济上和在社会上处于边缘地位的成人和儿童受了教育之后，就能脱离贫困。[1]因此，脱离贫困与教育是相互促进的。根据《经济、社会和文化权利国际公约》，国家有义务保障人人有受教育的权利。为此，初等教育应属义务性质并一律免费；中等教育逐渐做到免费；鼓励或推进未受到或未完成初等教育的人接受基础教育；改善教员的物质条件，等等。

中国政府通过实施教育扶贫工程，让贫困家庭子女都能接受公平有质量的教育，阻断贫困代际传递。这包括：(1) 国家教育经费向贫困地区、基础教育倾斜。(2) 加大对乡村教师队伍建设的支持力度，改善基本办学条件。(3) 普及高中阶段教育，经济困难学生实施普通高中免除学杂费、中等职业教育免除学杂费，让未升入普通高中的初中毕业生都能接受中等职业教育。(4) 建立保障农村和贫困地区学生上重点高校的长效机制，加大对贫困家庭大学生的救助力度。

（四）促进贫困群体的生命权和健康权

因贫而放弃治疗进而危及生命，是贫困家庭常见现象。贫困不仅危害健康权，还危及生命权。反过来，政府需要救助重大疾病，防止因病致贫、因病返贫。因此，中国政府通过实施健康扶贫工程，保障贫困群体享有基本医疗卫生服务，开展医疗保险和医疗救助脱贫，努力防止因病致贫、因病返贫。这方面的主要措施有：新型农村合作医疗和大病保险制度对贫困群体实行政策倾斜，门诊统筹率先覆盖所有贫困地区，降低贫困群体大病费用实际支出，对新型农村合作医疗和大病保险支付后自负费用仍有困难的，加大医疗救助、临时救助、慈善救助等帮扶力度，将贫困群体全部纳入重特大疾病救助范围，使贫困群体大病医治得到有效保障。

---

[1] 经济、社会和文化权利委员会第13号一般性意见（1999年第二十一届会议），"受教育的权利（《公约》第13条）"，E/C.12/1999/10。

(五)对弱势群体的特殊保障

在弱势群体特殊保障方面,政府强调健全留守儿童、留守妇女、留守老人和残疾人关爱服务体系。为此,中国着力加强儿童福利院、救助保护机构、特困人员供养机构、残疾人康复托养机构、社区儿童之家等服务设施和队伍建设;建立家庭、学校、基层组织、政府和社会力量相衔接的留守儿童关爱服务网络;加强对未成年人的监护,健全孤儿、事实无人抚养儿童、低收入家庭重病重残等困境儿童的福利保障体系;加大贫困残疾人康复工程、特殊教育、技能培训、托养服务实施力度;对低保家庭中的老年人、未成年人、重度残疾人等重点救助对象,提高救助水平,确保基本生活;引导和鼓励社会力量参与特殊群体关爱服务工作。

(六)促进贫困群体的环境权

在这方面,政府主要措施是加大贫困地区生态保护修复力度,结合生态保护脱贫。例如,国家实施的退耕还林还草、天然林保护、防护林建设、石漠化治理、防沙治沙、湿地保护与恢复、坡耕地综合整治、退牧还草、水生态治理等重大生态工程,在项目和资金安排上进一步向贫困地区倾斜,提高贫困群体参与度和受益水平,加大贫困地区生态保护修复力度。

(七)促进贫困群体的政治参与权利

通过完善基层民主治理,扩大贫困群体的政治参与,有利于培育贫困群体在脱贫过程中主体性意识,从而夯实他们自我发展的能力基础。这包括:(1)加快推进贫困村村务监督委员会建设,通过"四议两公开"、村务联席会等制度健全村民自治机制。在有实际需要的地区,探索在村民小组或自然村开展村民自治,通过议事协商,组织群众自觉广泛参与扶贫开发。(2)实施乡村振兴战略,加强农村群众性自治组织建设,健全和创新村党组织领导的充满活力的村民自治机制。(3)开展基层反腐败和扫黑除恶行动,净化乡村治理环境。[1]

综上所述,强调人权的综合保障的中国扶贫,其特征可归纳为三个方面:第一,分类施策、提升能力发展。分类施策针对因资源、自然环境、机会匮乏而导致发展空

---

[1] 中共中央、国务院:《关于开展扫黑除恶专项斗争的通知》,新华网:http://www.xinhuanet.com/2018-01/24/c_1122309773.htm。

间、机会和能力受限问题，结合贫困地区的资源禀赋、自然条件、交通设施、贫困群体的个人能力情况，开展以资源开发、产业发展、交通设施建设、能力培训为主的发展方法。在产业扶贫层面兼顾个体能力和整体环境，将个人、产业、生态等融为一体。提升个人技能是产业扶贫的重要基础，产业扶贫又切忌以环境为代价，因此在经济发展的同时注重生态环境保护，实现整体性的发展步伐；技能发展又以教育为基础，加大教育资源投入可提升贫困群体的个人能力。在个人能力层面，强调从教育、医疗和技能培训等方面综合推进，既防止个能技能因教育不足而受限，又防止个能发展因疾病而受限。第二，政策托底、保障公平发展。政策托底是针对因年老、不可逆转的疾病、残疾等原因丧失发展能力的人而言，基于分配正义的人权方法。对于这类群体，国家需要履行宪法上规定的给付义务，从而保障他们的生存权或相当生活水准权。第三，扩大参与、推进政治发展。扩大参与，推进基层民主自治，可提升贫困人群政治参与的机会，主要表现为国家不干预和促进义务。就不干预而言，是尊重基层民主自治；就促进而言，是通过扫黑除恶、完善乡村治理等，净化发展环境。

四、人权的综合保障：中国扶贫的话语价值

（一）中国扶贫话语的国内表达

1.以人民为中心的发展思想的实践表达

中国特色扶贫实践，强调人权的综合保障，体现了以人民为中心的发展理论。党的十九大报告指出，必须坚持以人民为中心的发展思想，不断促进人的全面发展、全体人民共同富裕。以人民为中心的发展思想，首先强调发展为了人民。它突出了扶贫的人权导向，即以改善贫困群体的人权保障水平为目的。换言之，发展为了人民，就是把增进人民福祉、提高人民生活水平和质量、促进人的全面发展作为根本出发点和落脚点，就是把实现好、维护好、发展好最广大人民根本利益作为发展的根本目的。[1]其次，强调发展依靠人民。发展依靠人民，就是把人民作为发展的力量源泉，充分尊重人民主体地位，充分尊重人民所表达的意愿、所创造的经验、所

---

[1] 汪信砚："深入理解以人民为中心的发展思想"，《人民日报》2017年11月24日，第7版。

拥有的权利、所发挥的作用,充分尊重人民群众首创精神。[1]从实践角度来讲,是指扶贫应着眼于造血而非输血,以提高贫困群体自我发展能力为核心。从权利角度而言,发展依靠人民是指提升贫困群体在扶贫过程中的主体性地位,确认他们是权利的主体而非权力的客体。再次,强调发展成果由人民共享。这是强调扶贫最终着眼于让贫困群体实实在在享受人权发展实惠,以资源分配为实质内容的权利配置必须遵循公平公正原则,最终走向共同富裕。

2."五大发展"理念的实践表达

中国扶贫实践中所坚持的人权的综合保障,深刻体现了党的十八届五中全会确立的创新、协调、绿色、开放、共享的发展理念。"五大发展"理念在扶贫领域的体现为:第一,坚持协调发展观,就是实现辩证发展、系统发展、整体发展,解决发展不平衡问题。[2]具体而言,我国尚有3046万贫困人口,中国开展的大规模精准扶贫,就是遵循协调发展理念的实践表现,其目的就是为了解决当前我国社会主要矛盾,即人民日益增长的美好生活需要和不平衡不充分的发展之间的矛盾。第二,坚持绿色发展观,就是要在发展的同时保护生态环境,充分实现"人民对美好生活的向往"。在中国扶贫攻坚战中,强调生态扶贫,就是这一理念的体现。第三,坚持平等发展观。中国扶贫旨在解决"一部分人先富,带动后富,最终走向共同富裕"政策带来的贫富差距加大的社会问题,目的在于最大限度地实现公平发展、共同富裕问题。第四,全面发展观。中国扶贫从从产业、生态、教育、健康、社会保障、弱势群体、技能提升等多个方面齐头并进,实现全面的、协调的社会发展和个人发展。第五,人本发展观。这意味着发展是为了人的自我提升,坚持以人为本、以人民为中心原则,强调扶贫开发中的贫困群体的自我发展的主体意识、主动意识,通过开发式扶贫、教育扶贫等方式实现能力提升。

(二)中国扶贫话语的普遍价值

在2000年9月召开的联合国大会上,189个国家签署《联合国千年宣言》,确立了联合国千年发展目标,即将全球贫困水平在2015年之前降低一半(以1990年的水

---

[1] 汪信砚:"深入理解以人民为中心的发展思想",《人民日报》2017年11月24日,第7版。
[2] 张广昭、陈振凯:"五大理念的内涵和联系",《人民日报(海外版)》2015年11月12日。

平为标准)。按照2011年确立的2300元标准,截至2017年末,中国农村贫困人口从2012年末的9899万人减少至3046万人,累计减少6853万人。联合国《2015年千年发展目标报告》显示,中国极端贫困人口比例从1990年的61%,下降到2002年的30%以下,率先实现比例减半,2014年又下降到4.2%,中国对全球减贫的贡献率超过70%。中国成为世界上减贫人口最多的国家,也是世界上率先完成联合国千年发展目标的国家,为全球减贫事业作出了重大贡献,得到了国际社会的广泛赞誉。[1]

2016年联合国大会第七十届会议上通过的《2030年可持续发展议程》确立了17项可持续发展目标,呼吁各国现在就采取行动,为今后15年实现17项可持续发展目标而努力。在这17项可持续发展目标中,"在全世界消除一切形式的贫困"排在第一位,显示出消灭贫困仍然是国际社会面临的首要任务。

从全球性视角来看,中国扶贫实践探索出消灭贫困、保障人权的新模式,即人权的综合保障,具有普遍意义。中国坚持走特色人权发展道路,特别是坚持将人权普遍性和中国具体国情相结合,坚持生存权和发展权为首要人权,注重经济、社会和文化权利与公民权利、政治权利协调发展,对推进联合国《2030年可持续发展议程》有着十分重要的参考价值。就国际层面而言,它反衬出西方所坚持的发展援助模式的局限性;就国内层面而言,它凸显出国内综合治理和协调发展对于消灭贫困的重要性。就人权理论而言,它是国际社会关于各项权利相互联系不可分割的原则的具体实践;就人权保障而言,它是国际社会在消灭贫困、实现2030年可持续发展议程目标的成功模式。贫困是一种全球性现象,也是人权问题。人权的综合保障,不应该仅仅局限为中国式的人权话语;相反,它所蕴含的以人民为中心的发展理论、"五大发展理念",应该拓展至国际社会正在推进的反贫困进程,成为一种普遍性的人权话语。

(作者毛俊响系中南大学人权研究中心执行主任、教授)

---

[1] 中华人民共和国国务院新闻办公室:《中国的减贫行动与人权进步》,2016年10月,http://www.scio.gov.cn/zfbps/ndhf/34120/Document/1494398/1494398.htm。

从减贫的角度看人权：中国经验

[利比里亚] 伊曼纽·姆耶尼

几个世纪以来，世界各国一直在努力应对改善人民生活的挑战。因为无法满足人民需求时，各国政府会受到严厉的批评，有时甚至会发生革命。在贫困中挣扎的人们往往把责任归咎于政府，这有时会导致政变、不安和叛乱。

贫困在本质上是不分个人和群体的，长期以来被认为是损害正直、智慧，有时也损害常识的一大因素。有人认为贫困只是不同国家、社区以及不同社会中的个体之间比较的结果，其实贫困是更广泛的，例如缺少基本生活必需品。

随着全球化的展开，各国发展日益深入，各个国际组织及国际规范都努力将获得基本生活必需品纳入人权范围。因此在今天，接受基本教育，获得安全饮用水、医疗、营养摄入和食物在一些发展中国家和发达国家中都被视作人权。

像联合国这样的国际组织制定了构成基本人权的准则，其中一些就包括获得安全饮用水和接受教育。根据联合国标准，贫困剥夺了人类发展最基本的机会与选择，使人们无法过上健康长寿且富有创造力的生活，并享受体面的生活标准，获得自由、尊严、自尊与对他人的尊重。如今，对基本必需品的剥夺与人权密切相关。

加拿大有一份有关消除贫困的文件将人权定义为全人类生而就有的权利，不分国籍、居住地、性别、民族或种族、肤色、宗教信仰、语言或任何其他身份。我们都平等地享有不受歧视的人权，这些权利都彼此关联、相互依存、不可分割。对人权的定义在贫困与人权之间建立了牢固的联系。因此，极端贫困就违反了个人的基本人权，不论其宗教、性别或文化背景如何。

简而言之，解决贫困灾难直接关系到保障人类的基本必需品。它们维护某一社会公民的权利和利益，不论是严重剥夺人类的基本需求，包括安全饮用水、卫生设施、教育与信息，还是没有达到特定社会背景下主流的经济生活标准。所以简言之，保障某个人或某一群体或部落的权利的最佳方法是，将他们的需求和必需品规定为必须的要素。

基于人权的本质及其相互关系，以及制约国际规范的规则，我们可以直接得出结论，贫困是对人权的侵犯。如果仔细观察贫困如何限制了个人行使自由，限制了个人在他或她的社区里有尊严地生活以及参与管理社会的决策过程，区分两者的观点将没有说服力。贫穷通过扼杀个体倾听的能力，从而削弱其发声。

七十年前通过的《世界人权宣言》里的第25条将个人权利定义为足以保证个人及其家庭健康与福祉的生活标准，包括获得食物、衣服、住房、医疗和必需的社会服务，以及获得社保和工作机会的权利。尽管通过了这些普遍性的宣言和行动计划，但仍然有很多人生活在赤贫中，尤其是撒哈拉以南的非洲。世界银行最新统计数据显示，贫困影响了发展中国家近一半的人口，而极端贫困则影响着近10亿人群。在撒哈拉以南的非洲，有3.89亿多人仍然生活在极端贫困中，对于无法获得安全饮用水和基础教育等基本生活必需品的农村地区而言更是如此。虽然世界其他国家，尤其是北美、欧洲和亚洲部分地区的贫困率一直在下降，但是非洲国家的情况并非如此乐观。

联合国制定的"千年发展目标"和"可持续发展目标"旨在帮助减缓许多全球性挑战，包括减贫和提供基本需求。减贫策略的制定并没有得到各发达国家和发展伙伴国的有力支持。由于与之相关的官僚式程序之冗杂，援助的效果并不理想。发展中国家不得不准备各类包含无数难以及时达成的限制性条款的文件。另一方面，发展中国家仍然显示出他们在领导力上的软弱，腐败率高得惊人，滥用职权合法化、缺少问责，法治更是相对过时或者根本没有。除了这些自己造成的困难以外，还有自然资源管理问题，这一问题实际上已经成为阻碍发展中国家发展的诅咒。

和发展一样，自由不仅仅是表达自我的默认权利。在这样一个各国互相依存的全球化时期，国际法要求国内政府通过保证其人民的基本生活必需品来扩展他们的权利与自主。缺少必需品则无法视作自由，因为自由会带来自主以及对幸福的追求，这是国家作为管理者独有的责任。

但是某些国家如何能成功消除贫困，从而实现人权的呢？这里我们需要注意的是，人权在没有发展和自由的情况下是无法得到充分表达的。因此，值得注意的是，人权并非某一特定治理体系下的功能。西方媒体宣称民主体系之外的国家在不断地侵犯其国民的权利，这不仅是在试图扭曲社会和政治，也是在暗示像"中国特色社会主义"这样的其他治理体系是侵犯人权的罪魁祸首。

中国得出的经验与教训与其他发展中国家或新兴国家全然不同。根据我浅薄的理解，中国不仅仅是将自由表达、集会或参与决策过程看作是人权的构成因素，还将剥夺社会弱势群体的基本必需品视作对其人权的根本性侵犯。因为处于贫穷困苦中时，自我表达的能力就会因为不平衡的心态而受限。

（一）首先力图减贫，其他人权会随之实现

世行最新报告显示，每天依靠不到1.9美元生活的人口从1990年的18.5亿降到了2013年的7.67亿。这在本质上意味着有大量人口已经脱离了极端贫困。然而，当我们拆析这一数字时会发现，中国占到了全世界减贫数量的70%。自从改革开放以来，中国成功使8.5亿人口脱离了极端贫困，目前仅有2%的人口仍然生活在极端贫困中。

（二）授之以鱼不如授之于渔

对发展中国家提供减贫援助失败的一大缘由在于，这些援助总是采取自上而下的包括存在官僚主义瓶颈的方法。西方国家或发展伙伴总是决策的一方，决定着发展中国家应该接受哪类援助，有时这些决定与发展中国家的需求和希冀背道而驰，因此援助的结果在大多数情况下没有消除或减少贫困发生率。

中国已经制定了通过扶贫实现人权保护的国内策略。这并不是一刀切的方法，也不是直接给予穷人物质性的援助，而是一种经济赋权的形式，重视对人的培训，为他们提供可以摆脱贫困的工具。这种方法本身就涉及政府各个层面、各个领域，不论是省级政府还是乡镇政府都要参与其中。

教育是中国扶贫计划中的首要方法和策略。意识到教育在经济发展与转型中起着至关重要的作用,且为社会弱势群体提供教育援助可以缩小贫富差距,中国在不断地缩小城乡之间的教育差距。这项策略包括引入义务教育、免除初中和职业学校学费,尤其是免除农村地区的学费,以及为农村地区教师提供生活费补助等。在这一过程中,我们看到教育可以为创造就业机会提供平台。因此,这是一把双刃剑,一方面扶贫,另一方面保护人民权利。

随着人口日益老龄化,人们对医疗的需求也在增长,穷人的医疗需求难以满足。中国政府并没有无视这一社会趋势,也意识到,如果这一问题得不到合理解决,就会影响国家的运作效率。在这一方面,中国继续通过降低医疗费用、改善医疗服务来推动减贫。"新型农村合作医疗制度"(NRCMS)在中国农村地区实施的医疗策略一直非常有效。中国采取的医疗保险政策有助于降低医疗费用和几乎遍布全国的急救服务费用,这样一来,可以保证其国民健康和适应劳动力市场,从而减少贫困。

中国全力的减贫措施可以说是非常彻底,涉及到各行各业。为了让国民做好进入劳动市场的准备,中国还制定了支持就业和创业的策略。中国大部分地区的国民都根据其所在省份的相对优势接受培训。"春潮行动"也有效地为农民工提供了职业技能,为贫困地区农村劳动者提供了培训技能和创业技能,使他们能够自主创业。政府还通过资助系统为极端贫困人口提供补助,同时他们还会参加职业培训和其他培训项目。政府对劳动市场的干预增加了1300多万新就业者,谨慎地缩小着贫富差距。政府补贴住房也有效地对抗了贫困问题。农村低收入穷人也能够依靠农村的保障性住房过上体面的生活。

另一项对抗贫困的有效策略涉及到激励措施。为了鼓励对农村地区的投资,中国政府为潜在投资者提供了免税期、基础设施和其他便利设施。大多数投资者本身就是为了更好的生活而从农村迁到城市的人。在包括电力在内的诸多激励措施支持下,他们能够回到故乡,建立自己的企业,为农村人口创造就业机会。

在经过多年尝试并积累大量经验后,中国现在采取的减贫策略是"精准扶贫",这与西方的减贫方法全然不同,因为中国的减贫既是地方性的,也是全国性的。这种方法是基于每一个社区或县的具体需求和希望而实施的，而非一刀切的方法，重视通过发展计划来促进人权。建立"贫困数据库"是确保在2020年以前成功扶贫的最佳方法。在过去几年中，分析各省的贫困程度和贫困率的在线数据库系统仅在2014年就追踪了12.8万个村庄、29万户家庭和9000万人的贫困状况。凭借这一宝贵数据资料，中国能够派遣官员在每个村庄驻守两年或两年以上，教授和培训当地农民用各种方法，在农业及其他重要领域对抗贫困。

作为一个发展中国家，尽管自己在努力对抗贫困，中国也向世界其他发展中国家提供了援助。根据最新的白皮书，多年来，中国帮助了超过166个国家和国际组织，派遣了60多万包括维和人员在内的救援人员，援助了120多个发展中国家实现千年发展目标。秉承着互相尊重、双赢和共同繁荣的原则，中国已经免除了多个重债穷国的零息贷款，通过建设医院、学校、道路和提供其他必需品提供了几十亿元的对外援助。

直到今天，中国仍然在向发展中国家提供短期和长期的培训和奖学金。基本上每一年，发展中国家中有两万多学生和官员来到中国，接受培训和学习。中国认为，教育是消除贫困中的第一步，因此也一直在援助发展中国家在教育上的投入。北京大学国家发展学院成立的"南南合作与发展研究院"（ISSCAD）是中国政府在对外援助行动上的又一个里程碑，帮助发展中国家对抗贫困、通过发展教育和培训使其人民过上有尊严的生活。

中国在世纪之交努力复兴"中国梦"、向海外展示其繁荣成果，其中令人瞩目的成就就是提出"一带一路"倡议。该倡议已经步入正轨，将减少从中国向其他发展中国家输送货物和服务的交通成本。从巴基斯坦到阿富汗，再从赞比亚到坦桑尼亚，"一带一路"正在全面展开。据经济学家估算，这是人类历史上最大的一次投入，一旦沿线铁路、码头和公路全部实现连通，沿线国家便能够实现经济增长，为其人民提供福祉。

（作者伊曼纽·姆耶尼系利比里亚外交部前部长助理）

论人权保障与精准扶贫工作的新型关系

——以墨竹工卡县精准扶贫精准脱贫为分析对象

[中国] 边巴拉姆

党的十八大以来，随着各项精准扶贫与精准脱贫政策的实施，扶贫工作进入全方位、多角度、深渗透的阶段，在提升居民收入水平、防止返贫的同时将扶贫与"扶志""扶智"相结合，扶贫工作进入新的历史发展阶段。随着扶贫工作取得较大进展，党的十八大报告所提出"人权得到切实尊重和保障"的原则和精神也不断在精准扶贫、精准脱贫工作中得到深入贯彻落实。贫困地区人民的生活水平得到极大提高，教育、医疗卫生、就业环境、产业发展支持等方面的政策不断优化，民生与社会保障条件得到极大改善，各项权利越来越得到切实尊重和保障，这既是十八大报告中"人权得到切实尊重和保障"的落实，也是我国宪法第三十三条规定的"国家尊重和保障人权"的重要体现。同时也说明了在全面建成小康社会的背景下，人权保障与扶贫开发工作相辅相成、密不可分，一方面，人权保障成为扶贫开发工作的重要指导原则，扶贫开发工作的不断发展也成为人权保障的重要组成部分与具体实现途径。

以墨竹工卡县为例，自脱贫攻坚战打响以来，墨竹工卡县全面贯彻落实党的十八大、十九大和十九届二中、三中全会精神及习近平扶贫开发重要论述，将精准扶贫精准脱贫作为一项重要政治任务和第一民生工程，按照中央和区市党委、政府关于脱贫攻坚工作的系列决策部署，围绕"六个精准、五个一批"和"两不愁、三保障"的具体要求，强化保障、狠抓落实，贫困群众生活水平整体提升，贫困发生率逐

年下降 (2015年为14.88%、2016年为10.88%、2017年为0.25%)。全县脱贫工作在西藏成效考核中连续2年被评为自治区级优秀,成为西藏第二批25个拟脱贫摘帽县之一。墨竹工卡县的扶贫工作促进了人民生存权、发展权、受教育权、就医与就业、养老等各项权利的保障,成为新时代人权保障的具体体现与全新诠释,本文以墨竹工卡县扶贫工作的具体内容、所取得成就与经验为切入点,就其中人权保障的具体措施予以论述。

一、生存权和发展权保障基本解决

墨竹工卡县按照"集中资金办大事,突出重点抓关键"的工作思路,构建起"五位一体"的大扶贫格局,明确了加大资金投入是打赢脱贫攻坚战的根本保障。连续3年保持本级财政收入70%以上用于涉农发展,12%以上用于精准扶贫,2015年以来,累计整合涉农资金11.11亿元用于脱贫攻坚工作,发放扶贫贴息贷款3204万元。通过定向的、精准的扶贫政策以及墨竹工卡县结合本县实际情况的不懈努力,墨竹工卡县贫困人口大幅减少,贫困发生率持续下降,地区生产总值不断提升,群众收入得到稳步增长,本县人民生存权和发展权保障的问题得到基本解决。

(一) 贫困人口大幅减少,贫困发生率持续下降

墨竹工卡县合理安排扶贫资金,促提就业率,采取慰问、补贴、促进农牧业发展等系列举措。截至目前,墨竹工卡县在减少贫困人口和降低贫困发生率上取得了良好成果。在现行标准下,农村贫困人口由2015年的7236人减少至2017年的124人,2年累计减贫7112人,减贫幅度达到98.3%。贫困群众人均可支配收入由2015年的1970元增加至2017年的8470.7元,翻了4翻。贫困发生率由2015年的14.88%下降至2017年的0.25%,下降14个百分点,年均脱贫3556人。

(二) 综合实力显著增强,群众收入稳步增长

全县地区生产总值由2015年的21.89亿元增加至2017年的30.64亿元,增长39.9%;公共财政收入由2015年的2.7亿元增加至2017年的3.8亿元,增长40.7%;规模以上工业增加值由2015年的8.43亿元增加至2017年的15.02亿元,增长78.1%;社

会消费品零售总额由2015年的2.89亿元增加至2017年的3.7亿元，增长28%；农牧民人均可支配收入由2015年的10329.43元增加至2017年的13046元，增长26.2%。3年来，依托脱贫攻坚，不断加大基础设施建设、人居环境整治、美丽乡村建设等投入力度，657户贫困群众搬新家、焕新颜，贫困群众实现稳定增收全覆盖。

（三）构建生态补贴制度，统筹生态保护与群众利益

墨竹工卡县既注重预防"福利陷阱"和"悬崖效应"，又注重构筑多重返贫防线，精准聚焦特殊贫困群众，确保实现稳定脱贫，高原生态补贴制度成为重要抓手之一。一方面，高原生态环境既关乎群众的生活环境质量，另一方面，良好的高原生态环境也是国家生态安全保护以及"五位一体"总体布局的重要内容。为促进高原生态环境的改善，墨竹工卡县加快推进国家生态安全屏障建设、国土绿化、生态建设等工程，建立健全生态补偿机制，创新生态补偿资金管理。2016年以来，按照"一人一岗、设岗定责"的要求，将生态补偿资金向建档立卡贫困户倾斜，累计安排生态岗位1.13万个，落实岗位补助资金3012.3万元；定向补助8148人次，兑现资金678.81万元。(其中，2016年，全县安排生态补偿岗位4759个，落实岗位补助资金1427.7万元，年人均补助3000元；定向补助2422人，兑现资金375.41万元，年人均补助1550元。2017年，全县安排生态补偿岗位3570个，落实岗位补助资金1071万元，年人均补助3000元；定向补助2921人，兑现资金230.47万元，年人均补助789元。2018年，全县安排生态补偿岗位2935个，落实上半年岗位补助资金513.6万元，人均补助1750元；定向补助2805人，预计兑现资金72.93万元，年人均补助260元。)

二、促提就业率，就业权保障成效显著

就业是精准扶贫的重要渠道，是脱贫的关键一步，也是构筑返贫防线的重要保障。结合本县自然优势以及自治区提供的平台和机会，墨竹工卡县积极利用本县产业资源提供本地就业岗位，充分利用拉萨市、西藏自治区以及其他兄弟区县提供的平台和机会，进行人才培训与劳务输出，并积极利用企业、社会等多平台，实现就业走出去，全方位提升本县劳动人口就业率，同时，在促进就业的过程中也促进了

就业环境的改善,切实保障了当地人民的就业权。具体而言,墨竹工卡县在就业方面的努力及成就主要表现在以下几个方面。

(一)充分利用资源优势,发挥带动作用

为充分利用旅游文化、冬虫夏草、矿产资源等优势,成立墨竹工卡县城市建设投资有限公司、旅游发展有限公司、扶贫开发有限公司、净土健康产业发展有限公司,发挥产业带动作用。一是依托旅游文化产业,为11名建档立卡户安排保洁员岗位,每人每月收入3000元。二是依托虫草资源,带动群众增收致富。2015-2018年,共计采集虫草人员2.26万人次,采集虫草2995.9斤,总收入2.05亿元,人均增收9077元,其中贫困户3080人次,人均增收7921元。(2015年,共计采集虫草6774人,采集虫草889.4斤,总收入5781万元;2016年,共计采集虫草5544人,采集虫草563.4斤,总收入4226万元,其中建档立卡贫困户1042人,收入839.1万元;2017年,共计采集虫草4705人,采集虫草942.94斤,总收入6129万元,其中建档立卡贫困户958人,收入752.77万元;2018年,共计采集虫草5581人,采集虫草600.16斤,总收入4381.2万元,其中建档立卡贫困户1080人,收入847.82万元。)三是整合全县11家私人砂石厂,建设塔巴砂石厂项目,2018年,为433户搬迁贫困户、1867人,人均分红300元,共计分红56.01万元。同时,对于群众改善住房条件所需砂石料以成本价格销售,降低群众生产生活成本。四是依托矿产资源优势,对接县域内10家大中型矿企公司,采取"企业订单式招聘、政府针对性培训"等措施,拓宽贫困群众就业渠道。本级财政投入128万元,组织94名农牧民群众(其中建档立卡户53人)前往河南三门峡黄金工业学校参加12个工种培训;各矿企先后吸纳556名墨竹籍农牧民就业,月均工资达2800元以上。

(二)产业助力,寻门路奔富路

发展是甩掉贫困帽子的总办法,把发展产业作为贫困群众增收的根本之策,选优育强、促进见效。一是壮大扶贫产业。产业扶贫是促进地区发展,增加贫困户收入最有效、最直接的途径。着眼墨竹实际,县领导多次组织召开产业规划调研、部署和梳理会,划分重点、科学布局,制定了"十三五"规划,共规划特色种养殖、商

贸物流等多种经营模式的扶贫产业项目56个，计划总投资7亿元，预计带动2906户9856人次分红，户年均增收1500元以上。2016—2018年全县规划实施产业项目52个，总投资6.4亿元，完工项目31个（投资2.48亿元），已带动贫困户1053户4214人、年户均分红1500元以上。二是发展现代农牧业。试点推进特色种植业，投资6048.77万元开工建设现代农业示范园第一期工程，实施工卡镇、扎西岗乡集中连片万亩油菜种植，全县耕地机械化作业面积达到6.1万亩。探索发展特色养殖业，依托奶牛养殖"万户百场十中心"工程，在唐加乡发展奶牛养殖示范户100户，在尼玛江热乡建设荣多奶牛养殖场；从青海、日喀则帕里以及斯布班禅牧场核心区购买牦牛500头，实施牦牛短期育肥和品种改良；投资1.31亿元的标准化奶牛养殖基地正在建设中，配套实施扎西岗乡2000亩、扎雪乡1000亩人工种草项目；斯布牦牛国家地理标志申报已通过农业部评审。着手打造净土健康品牌产业，建成净土健康产业园，作为全县产业孵化器即将投入使用，计划引进各类企业11家，着重做好特色农产品品牌打造，提升产品知名度，逐步构建现代农牧业生产、加工、经营、销售体系。三是打造绿色新型工业。以打造"绿色矿业示范县"为目标，严守环境保护底线，加快推进矿山基础设施建设，确保华泰龙二期改扩建顺利运行。依托矿产资源发展富民项目，成立甲玛工贸运输车队，全面承担矿石运输、绿化、劳务承包等业务，累计创收3.7亿元，带动群众分红1250万元，户均超过1.5万元。投资2800万元启动甲玛大型修理厂建设。各矿山企业吸纳本地556名群众实现就业，其中建档立卡贫困群众168人。四是全面升级旅游产业。完善直孔、德仲、甲玛景区基础设施，建成思金拉措游客服务中心、扎西岗乡自驾游营地等旅游服务设施，提高景区接待能力和服务水平。培育51家农家乐、牧家乐。"点线面结合、群众广泛参与"的旅游体系基本形成，让贫困户搭上"旅游车"，吃上"旅游饭"。

（三）依托社会扶贫与行业扶贫，着力提升就业水平

推进"百企帮百村"，100余家企业（合作社）在政府引导下为贫困群众提供就业岗位448个，年人均增收不低于2万元。探索创建"三方共建"，通过与华泰龙、巨龙、中凯等矿企结对，实行"用工本地化"，创新开展"企业+农户"模式，矿企用工在同等条件下优先录用本地劳动力,优先录用建档立卡贫困户劳动力。全县劳动力在矿山长期就业达到556人(其中建档立卡劳动力168人)。行业扶贫方面,充分发掘各行各业优势资源,聚焦全面建成小康社会,调动各方力量,助力脱贫攻坚。2015年以来,本级开发316个就业岗位(主要为各部门、乡镇公益性岗位人员、临时工等),316名建档立卡贫困户劳动力实现稳定就业,月工资2000-3720元。特别是聚焦本地待就业大学生、"两后生",为各村级幼儿园招录后勤辅助人员(保育员、保安、炊事员等)56名、公开招录幼教20名。积极组织建档立卡贫困户劳动力参加区、市两级人力资源招聘会,112人通过招聘会实现稳定就业。主动与自治区人民医院、藏红花文化博览中心、西藏洛卓沃龙文化产业有限公司、城关区洁达保洁公司等单位对接,开发适合精准扶贫建档立卡群众就业的岗位1200个。组建28家农牧民施工队,墨竹籍农牧民群众就业人数占86%,坚持在基础设施等建设中,优先使用本地施工队。

(四)志智双扶,提升扶贫内生动力

推进志智双扶,是打赢脱贫攻坚战的根本动力。墨竹工卡县坚持"授人以鱼"和"授人以渔"相结合,以宣讲脱贫政策、典型案例与开展技能培训有机对接,引导贫困户树立"自力更生、勤劳致富"的正确观念,增强群众致富内生动力。自2015年以来,投入培训经费192.65万元,累计开展各类培训16期,主要开展矿山用工(仪表工、破碎工、荧光分析工)、保安、保育员、挖掘机操作等培训,参训建档立卡贫困户劳动力635人。提升就业服务水平,截至目前,已实现建档立卡贫困户稳定转移就业1291人(其中,政府引导就业629人、群众自主就业创业96人),人均月工资2800元以上。"志智双扶"实施以来,转移就业人员由2016年的679人,增加至2018年的1291人,增长90.13%;转移就业人员逐年增多,贫困群众内生动力逐年增强。

三、受教育权保障措施充分

"教育优先,断穷根奔小康"是墨竹工卡县坚持教育扶贫的重要指导思想。墨竹工卡县提出,以阻断贫困代际传递为目标,实施教育优先发展战略,全面提升贫

困人口综合素质,是精准扶贫和精准脱贫的关键。为此,墨竹工卡县从持续改善办学条件、严格落实教育政策、资助建立资助体系和畅通教育绿色通道几方面进行努力,着力提升本县的教育水平。

(一)持续改善办学条件

持续保持资金投入以改善办学条件是墨竹工卡县教育扶贫的重要举措之一。县级财政收入持续保持20%以上用于教育发展,2015年以来,累计投入2.8亿元(2015年投入6623.8万元,投入比例为25%;2016年投入5955.88万元,投入比例为21.92%;2017年投入7171.3万元,投入比例为21.93%;2018年投入8336.68万元,投入比例为21.93%),其中9407万元用于教育基础设施建设,实施教育基础设施项目16个。投入100万元为全县师生购买意外保险;投入4300余万元,率先在全市启动教师职工食堂。此外,发展乡村教育与学前教育也成为墨竹工卡县精准教育扶贫的内容之一,先后投入1850万元组织实施南京实验幼儿园、门巴乡波朗村幼儿园、乡村教师发展中心3个项目,较好促进了本县学前教育和乡村教育教育环境的改善与教育水平的提升。

(二)严格落实教育政策

严格落实教育政策是扶持教育发展的必要内容。为贯彻落实《国家长期教育改革和发展规划纲要(2010-2020年)》精神,从2011年秋季起,国家在集中连片特困地区启动了农村义务教育学生营养改善计划试点工作。西藏自治区从2012年春季学期开始,在全区74个县实施了农牧区义务教育学生营养改善工作。墨竹工卡县严格按照国家和自治区标准划拨"三包"及营养改善经费(三包经费:学前阶段二类区每生每学年2880元,三类区每生每学年2980元;小学阶段二类区每生每学年3380元,三类区每生每学年3480元;中学阶段按照二类区每生每学年3380元。学生营养改善经费每生每学年800元),2015年以来,累计划拨"三包"经费7916.33万元,营养改善经费1627.8万元,受益学生3.25万人次。

(三)自主建立资助体系

在严格落实各级教育政策的基础上,2015年起,从本级财政投入教育以外专项经费中，按正规发票全额报销所有墨竹籍高等教育阶段在校大学生学费、书本费、住宿费等，每人每学年发放2000元生活补助。2016年起，将建档立卡贫困户在校大学生子女生活补助提高至区外每人每学年5000元，区内每人每学年3000元。其中，2015年度，受助学生1332人，发放资金共计884.73万元；2016年度，受助学生1504人，发放资金共计1009.82万元，其中建档立卡贫困户大学生共计153人，发放资金107.83万元。为墨竹籍农牧民子女高等教育阶段学费100%报销，累计报销3017.55万元，惠及学生4449人次，其中建档立卡户在校大学生320人次，报销资金239.94万元。

（四）畅通教育绿色通道

为保障升学机制能为当地学生入学、升学提供通畅的入学便利条件，墨竹工卡县建立起了学前教育、九年义务教育与高等教育之间的入学连接机制。首先，发展更便利、更优质的学前教育。全面启动学前三年教育，推进村级幼儿园师资队伍招聘及培养计划，37所幼儿园全部投入使用，覆盖40个行政村，村级幼儿园学前三年入园率达到91.53%以上，学前教育实现了就近就便入学。其次，加强义务教育的推广与普及。保障7至15岁少年儿童接受九年义务教育的权利，小学适龄儿童净入学率99.87%、初中毛入学率101.83%。全县学前教育至高等教育全程实现"绿色通道"，全县大学毕业生人数整体呈上升趋势（具体为：2015年266人、2016年240人、2017年336人、2018年435人）。

四、社会保障权稳步推进

十九大报告明确指出，要全面建成覆盖全民、城乡统筹、权责清晰、保障适度、可持续的多层次社会保障体系。完善的社会保障体系是全面建成小康社会的重要内容，社会保障权是宪法所赋予公民的重要权利。墨竹工卡县在积极推进扶贫工作的过程中，从各个方面促进了当地人民社会保障水平的提升，使社会保障的各个方面覆盖全民，切实保护了人民的社会保障权。例如，通过"三大民生""格桑花开"爱心基金等兜底保障真正实现了幼有所育、学有所教、劳有所得、病有所医、老有所养、住有所居、弱有所扶，群众幸福感、获得感大幅提升。

（一）基础设施全面升级，群众生产生活全面改善

墨竹工卡县大力实施"十项提升工程"，全县农牧民群众生产生活水平有了显著提高，经县级自查、拉萨市考核，群众认可度分别达97.3%、97.7%。住房安全率达100%，农村安全饮水率达100%，农牧区通电率达100%，行政村道路通畅率达97.5%，广播电视覆盖率达99.6%，2G3G4G信号覆盖率达98%、宽带资源达100%，学龄前儿童入学率达91.53%、适龄儿童入学率达99.87%以上、适龄儿童巩固率达100%，科技特派员覆盖率100%，公共文化设施覆盖率达100%，医疗卫生覆盖率达100%，新农合参保率达100%，村村通邮率达100%，食品抽检合格率达98.6%，助农POS机实现全覆盖，村卫生室实现全覆盖，农牧民群众30分钟医疗圈已基本形成。

（二）提高养老服务水平，老有所养

墨竹工卡县先后投资5896.2万元（其中本级财政资金1919.2万元），用于建设全区一流的五保集中供养服务中心。同时，本级财政投入395万元，为县五保集中供养服务中心改造临终关怀室、种植树木花草、改善食堂条件等。目前，五保集中供养服务中心共有常住五保老人161人，其中贫困群众27人，意愿入住率达到100%。配套建立五保集中供养标准自然增长机制，五保集中供养对象人均年生活补助标准达到了1.1万元（含每月100元零花钱），比上级标准高出5400元。2016-2018年，累计为164人次五保分散供养对象发放供养资金87.4万元。使得本县养老、助老的民生工作有了极大的发展与进步，进一步提升了扶老、助老、养老的民生标准，满足了人民关于养老的殷切期盼。

（三）建立民生期盼清单，排忧解难

自2015年以来，墨竹工卡县始终坚持"群众身边无小事"，利用下乡调研、走村入户的时间，与农牧民群众"拉家常、结亲戚"，深入了解群众生产生活困难，形成民生期盼清单。3年来，本级财政累计投入1.1亿元，办理民生实事200件、落实群众期盼300件、重点推进570项具体工作，将每一件惠民实事、群众期盼落实到单位、落实到人头。"民生期盼清单"可以直接反映群众的需求，促进了当地政府和基层

组织真正为人民服好务、为人民办实事,在落实清单事项的过程中还增进了党群关系、社群关系与干群关系的融合,成为新时代社会治理与走好群众路线的创新之举。

(四) 建设美丽乡村,打造宜居群众生活环境

美丽乡村建设,是贯彻落实习近平总书记系列重要讲话精神的具体实践,是适应、引领和平衡经济发展新常态的重要举措,是生态文明的重要内涵之一,也是统筹城乡发展的重要抓手。墨竹工卡县在精准扶贫、精准脱贫工作推进中,将乡村建设作为扶贫开发的重要内容之一,旨在促进城乡统筹协调发展,打造高原宜居群众生活环境。墨竹工卡县前后投入1859万元,在全市率先实施生态县创建工作。全县8个乡镇、40个行政村成功创建为自治区级生态乡镇、生态村,成为全市第一个实现生态乡村全覆盖的县,成功创建为全市第1个自治区级生态县。为县域69条河流指定县级总河长1名、县级河长10名、县级河道公安10名、乡(镇)级总河长8名、乡(镇)级河长36名、村级河长40名,组织1000余名干部职工对县域河流周边环境卫生进行了整治。同时,投入4350万元,新建县城新区污水处理厂、扎西岗乡生活垃圾无害化处理;投入3212万元,完成植树造林1.1万亩、封山育林7700亩。全县城乡垃圾清运率达97%、垃圾集中处理率达99%、城区生活污水集中处理率达70%、森林覆盖率达43%、林草覆盖率达75%,城镇人均公共绿地面积达12平方米。

五、结语

保障人权是政府工作的重要原则,这一原则是墨竹工卡县的精准扶贫与精准脱贫工作的指导性原则,同时,该原则的内涵也在精准扶贫与精准脱贫工作各方面的具体内容中得到了具体而全面的体现,丰富了新时代切实加强人权保障的理论内涵。墨竹工卡县在扶贫开发工作中取得了优秀的成绩,切实保护了本县人民的各项权利,与此同时也付出了极为不易的努力,这也进一步体现了保障人权在扶贫开发事业中无可替代的重要性。

(作者边巴拉姆系西藏自治区社会科学院南亚研究所研究员)

习近平主席的扶贫重要论述和实践

[孟加拉国] 穆罕默德·阿尼苏尔·拉赫曼·萨克

许多世纪以后,也许人们仍会想破解中国经济在21世纪创下的奇迹,而荣誉应归于其充满个人魅力的领袖——习近平,他的奉献精神、远见卓识和满腔激情成就了今天的中国。习近平曾指出,"没有农村的小康,特别是没有贫困地区的小康,就没有全面建成小康社会",作者认为,这句话完美地诠释了习近平主席的理念。[1] 在习近平主席于2012年12月视察富平县期间发表的讲话中,他非常清晰地阐明了致力于为所有中国人确保经济可持续发展的理念,这一理念随后演变成了他的全球议程。

一、视察中国多个不发达地区,提出减少贫困人口的战略方案

2012年12月,在走马上任仅40多天后,习近平视察了河北省的贫困县——富平县,本次视察的目的旨在考察中国最贫困地区的百姓的真实情况,以便了解如何建设小康社会。在视察富平县的过程中,习近平指出,当地政府应通过帮助贫困人口和实现自我发展,提升对连片贫困地区的关注程度。习近平还视察了骆驼湾村和顾家台村,这两个地区的人均年纯收入均不足1000元 (2012年底)。

2013年11月,在前往湖南省视察湘西土家族苗族自治州的过程中,习近平首次提出了精准扶贫的理念。两年后,他于2015年6月会见贵州省党员干部的座谈会上指

---

[1] 卢儒才 (音译): "扶贫: 五年的成绩单",《今日中国》, 2018年7月3日, http://www.chinatoday.com.cn/english/society/2017-07/03/content_743378.htm。

出,扶贫能否成功取决于能否向中国欠发达地区提供精准的援助。[1]

次年,中共中央和国务院发表了题为《关于打赢脱贫攻坚战的决定》,提出了明确的扶贫政策。该文件规定,必须对贫困人口的实际情况进行考察,并采取有针对性的措施,以便满足他们的实际需求。此外,文件还强调,必须有效地利用资金,同时应该根据专业、工作要求和工作能力来分配党员干部。

中国政府进一步采纳了习近平主席通过工业发展、劳动力转移、人民安置和生态保护项目来减少贫困人口的战略构想。[2]在习近平主席的倡导下,中国政府也意识到,需要建立一个系统,以便为那些弱势群体(包括儿童、妇女、老人和残疾人)提供服务和照顾。

为了推行扶贫的相关规定,在2014年4月至10月期间,中国政府的扶贫部门组织了大约80万名党员干部开展了现场考察工作,确定了12.8万个贫困村和8962万贫困人口。他们为贫困人口创建了档案,找出了导致这些家庭贫困的关键因素。在这一分析报告的基础上,他们改进了教育、医疗、金融服务、科技等措施,并邀请民营企业支持对有针对性的举措给予支持。这些举措获得了丰厚的回报。[3]在过去几年内,每年均有超过1000万名农村居民成功地摆脱了贫困状态。[4]以河北省为例,2016年上半年,农村贫困县居民的人均可支配收入达到了4811元,同比增长13.3%。

在过去几年内,1961亿元中央财政预算资金已投入到减贫工作,年增长率为19.22%。中国政府还鼓励社会各方提供经济援助。金融机构一共发放了高达2833亿元的小额贷款,同时帮助近八百万户家庭脱贫致富。

2014年,中国将10月17日正式确立为"消除贫困日",此后还开展了多个相关活动,旨在动员私营企业、社会组织和个人参与扶贫工作。[5]东部地区协助西部地区扶贫工作的计划已于1996年正式拉开帷幕。北京、上海、深圳、浙江等九个发达省

---

[1] 卢儒才(音译):"扶贫:五年的成绩单",《今日中国》,2018年7月3日,http://www.chinatoday.com.cn/english/society/2017-07/03/content_743378.htm。

[2] 同上。

[3] 同上。

[4] 同上。

[5] 同上。

市为西部地区的12个配对省份提供了援助。此外,共有320个来自中央政府和中共中央的单位帮助592个目标县成功脱贫。中国人民解放军和中国人民武装警察部队已为2000余个贫困村提供了帮助。大约有26500家私营企业也为24600个配对村庄的近四百万名贫困人口提供了援助。

这些措施的目的旨在帮助贫困地区提高自我发展的能力。中国政府致力于创造就业机会,以便帮助有劳动能力的人口脱贫致富。2016年,河北、安徽、山西等六个省的30个县被指定为光伏发电扶贫试点项目区。根据该计划,在16个省的35000个贫困村启动了光伏发电项目,涵盖二百万户贫困家庭。国务院扶贫开发领导小组办公室和中国国家旅游局帮助22600个村通过发展乡村旅游增加收入。目前共有428个贫困县参加了农村电子商务试点项目。

在习近平主席视察过的富平县骆驼湾村,党员干部帮助当地村民开设了网上商店,他们可以通过这种方式面向全国各地销售蜂蜜、鸡蛋和核桃等当地农产品,从而实现创收。[1]

自2013年以来,已有近5564万人摆脱了贫困,这一数据已经超过了法国总人口的80%。[2]消除贫困不仅有利于中国人民,它还代表了中国对人类社会发展的贡献,如果这一最大的发展中国家能够战胜贫困并完成建设小康社会的目标,那么全球经济也将获益匪浅。

二、"一带一路"倡议

一些人认为,"一带一路"倡议标志着古代"丝绸之路"的复兴,它是一条古老的贸易路线,曾是罗马帝国时期连接中国和西方国家的沟通渠道,东方的丝绸正是通过这条路线被首次引入欧洲的。2013年,习近平主席宣布,中国将开启一个全新的双贸易走廊计划,以便重新打开中国与西方邻国(主要是亚洲中部、中东和欧洲地区)之间的渠道。根据2015年发布的《"一带一路"行动计划》,这一倡议的目的

---

[1] 卢儒才(音译):"扶贫:五年的成绩单",《今日中国》,2018年7月3日,http://www.chinatoday.com.cn/english/society/2017-07/03/content_743378.htm。

[2] 同上。

旨在通过基础设施投资来改善该地区的贸易关系。[1]中国政府认为，其高达9000亿美元的计划将引领世界各国进入全球化的全新时代以及让所有人都受益的商业发展的黄金时代。为了实现"丝绸之路"倡议，需要对68个国家的基础设施发展项目投入近8万亿美元的资金。[2]根据全球咨询公司——麦肯锡透露，这项计划可能会对全球近65%的人口和全球三分之一的GDP产生影响。

这一倡议的经济效益将会给国内外两个层面带来丰硕的成果，坦白的说，其优点众多，在本报告中难以尽述。因此，作者希望强调其中最明显的优点。这一21世纪"丝绸之路"的最明显优势可能就在于，它可以使中国在商品和服务被赋予更大流动性的新市场内进行贸易，中国产品可以轻松地进入此前从未接触过的市场，从而确保中国的国民经济在相当长的时间内保持蓬勃发展的势头。据预测，中国国内的企业（特别是那些活跃于电信和运输行业的企业）有望在未来数年内发展成享誉全球的国际品牌，这主要得益于它们可以通过这一倡议打入全新的市场。中国制造业也将呈现大幅增长的趋势，中国工业严重的产能过剩问题（主要表现在钢铁和重型设备制造业）有望在发展"新丝绸之路计划"的过程中找到利润丰厚的突破口，这可能有助于中国制造业向高端工业产品转移。[3]国内地区也有望受益（尤其是中国西部欠发达的边境地区，例如：新疆）。这一横跨欧亚的贸易基础设施还可以支持中国以南的贫穷国家，并在这一过程中促进全球贸易的发展。俄罗斯、印度尼西亚、伊朗、埃及、菲律宾和巴基斯坦等国家很可能在这一涵盖62个国家的计划中成为最大受益方，在未来五年内，瑞士信贷集团的投资额将高达5000亿美元。通过投入大量资金，很可能会产生飞去来器的积极效应（例如：在几乎所有接受这些投资的经济体中创造就业机会）。这些投资可能会对减少欠发达经济体的贫困人口起到非常重要的作用（例如：巴基斯坦），可以帮助这些国家减少贫困人口，并在这一过程中消除全球贫困。

[1] 安娜·布鲁斯－洛克哈特："关于中国价值9000亿美元的'新丝绸之路计划'：你需要知道的事"，世界经济论坛，2017年6月26日，https://www.weforum.org/agenda/2017/06/china－new－silk－road－explainer。
[2] 同上。
[3] 同上。

在构思之初,"新丝绸之路计划"的目标就不仅仅立足于增加贸易国之间的连通性。习近平主席认为,该倡议应涉及五个方面(或五大支柱),即:促进货币流通,改善道路连通性,促进畅通无阻的贸易,加强政策沟通,增进人民和国家之间的理解。所有这些支柱或方面都有望以各自的方式缓解全球范围内的贫困问题。

习近平主席提出的这一倡议获得了全球各国领导人的一致赞同,格鲁吉亚总理伊拉克里·加里巴什维利(Irakli Garibashvili)在主持"第比利斯丝绸之路论坛"时,对"新丝绸之路计划"极尽溢美之词,并称其为"促进全球繁荣和合作的走廊"。[1]其他各国领导人与格鲁吉亚总理看法相近,这一点从他们同意各自所在的国家为"新丝绸之路计划"建立必要基础设施的做法即可看出。作者坚信,如果"一带一路"倡议能够实现其目标,那么它很可能会为解决全球贫困问题作出极大的贡献。

此外,习近平主席提出的"一带一路"倡议还涵盖海洋方面,即"海上丝绸之路",并且要投资1万亿到4万亿美元用于大力开发公路、铁路、港口及其他基础设施。

部分中国企业已经宣布关于购买或投资九个海外港口(其中五个位于印度洋区域)的计划。[2]这些企业将大部分精力投入到了少数几个港口项目之中(包括巴基斯坦的瓜达尔、斯里兰卡的汉班托特和缅甸的皎漂等)。[3]在本报告中,作者只重点阐述在汉班托特港(斯里兰卡)和皎漂港(缅甸)获得港口控制权的意义。作者认为,本报告中未经讨论的其他港口具有同等重要的经济意义,但考虑到报告的篇幅有限,作者决定重点针对以下两个港口展开探讨。

(一)斯里兰卡汉班托特

斯里兰卡是一个在欧亚贸易路线上占据战略性港口位置的国家,从而使得斯

---

[1] 安德鲁·查科霍彦:"关于'新丝绸之路计划'的五大要素",世界经济论坛,2015年11月10日,https://www.weforum.org/agenda/2015/11/5-things-to-know-about-the-new-silk-road。

[2] 马修·P. 福奈奥尔、乔纳森·E. 希尔曼:"中国的'海上丝绸之路倡议':经济驱动因素与挑战",美国国际战略研究中心,2018年4月2日,https://www.csis.org/analysis/chinas-maritime-silk-road-initiative-economic-drivers-and-challenges。

[3] 同上。

里兰卡的科伦坡港成为全球最繁忙的集装箱港口之一（位列第25名）。

汉班托特港位于斯里兰卡的南部省份，与科伦坡港一样，与欧亚贸易路线也非常相近（仅仅只有10－15公里的距离）。部分中国企业目前已接手这一港口的运营业务。港口项目的支持者指出，实际上，与位于斯里兰卡西部海岸线的科伦坡港口相比，汉班托特港与欧洲－亚洲贸易路线的距离更近。根据2017年的统计数据，沿这条海上走廊进行的贸易量接近2310万TEUs（集装箱运量单位，以长20英尺的集装箱为标准），预计这一数据在未来几年内还将继续增长。有人认为，如果汉班托特港可以承载这一交通流量的部分压力（考虑到它比科伦坡港更加靠近欧洲－亚洲贸易航线，这种可能性非常大），那么该港口将有望在经济上取得巨大的成功。

（二）缅甸皎漂（若开邦）

该港口位于缅甸若开邦的一个主要城镇——皎漂，它与欠发达的吉大港（该港口位于孟加拉湾海岸线以北200海里处）距离很近。我们可以推断，中国政府收购皎漂港口的目的是为了解决吉大港现有的拥堵和低效问题，以便将业务从吉大港转移至皎漂港。2017年的统计数据表明，吉大港超过三分之二的集装箱货运和散装货运业务都是由穿梭于科伦坡海峡与马六甲/新加坡海峡沿岸港口的船只完成的，如果皎漂港能够分流其中一部分航运业务，那么从长远来看，这可能会对中国经济产生非常有利的影响。这一目标并不虚无缥缈，因为中国企业更有能力为其开发和控制的皎漂港快速提供强大的现代化设施，但孟加拉国政府和吉大港可能无法做到这一点。

因此，从长远来看，"海上丝绸之路"和"一带一路"倡议很可能在未来数十年内为中国经济带来巨大的收益。

三、中国致力于兑现全球减贫承诺

在过去十年内，中国的减贫行动已经获得了国际社会的大力协助。世界银行、联合国开发计划署、联合国粮农组织和亚洲开发银行等国际组织均在资金、理念和技术方面提供了鼎力支持。[1]20世纪90年代中期，世界银行向中国提供贷款以支持扶贫项目。这笔贷款使得中国西部的绝大部分省份都获益匪浅。2016年底，世界银行向广西壮族自治区、陕西省等目标省份提供了贷款，其目的是为农民合作社与涉农企业合作提供助力，同时促进农业价值链的发展。中国在20世纪90年曾面临严重的贫困问题，一个这样的国家能在随后不到20年的时间内挺身而出，在全球范围内与贫困作斗争，这种英勇无畏的行为至今仍令其他各国望尘莫及。

目前，全球有超过7亿人处于极端贫困的状态。按照习近平主席提出的愿景，截至2020年，中国将需要实现超过4000万人摆脱贫困。中国政府高度重视与国际机构和其他发展中国家在减贫方面的交流与合作。[2]中国还致力于向其他发展中国家提供无附加政治条件的援助，从而促进国际扶贫事业，并帮助发展中国家（尤其是最不发达的国家）消除贫困。

在过去几十年的时间内，中国向166个国家和国际组织提供了近4000亿元的援助，同时还派遣了超过60万名援助人员为贫困人口提供支持。中国还多次宣布，将无条件免除重债穷国和欠发达国家到期的政府间无息贷款。中国还曾经为69个国家提供医疗援助，帮助120多个发展中国家实现了"千年发展目标"。

为了进一步共享扶贫的经验，中国政府与世界银行等国际组织和联合国开发计划署于2004年联合创立了中国国际扶贫中心。[3]此后，该中心还发起了"国际减贫与发展论坛""中国-东盟社会发展与扶贫论坛"和"中非合作论坛——减贫与发展分论坛"，并为来自120多个发展中国家的2600余人进行了培训。

2015年9月，习近平主席在联合国纽约总部联合主持南南合作高级别圆桌会议时宣布，在未来五年内，中国将针对其他发展中国家推出100个减贫项目、100个农业合作项目、100个促贸援助项目、100个生态保护和应对气候变化计划、100所医院和诊所以及100所学校和职业培训中心。中国将继续与其他国家共享愿景，为促进国际扶贫作出贡献，并在这一过程中，为实现《2030年可持续发展议

[1] 卢儒才（音译）："扶贫：五年的成绩单"，《今日中国》，2018年7月3日，http://www.chinatoday.com.cn/english/society/2017-07/03/content_743378.htm。
[2] 同上。
[3] 同上。

程》作出贡献。

如上所述，与其他多数发展中国家一样，中国也承诺帮助孟加拉国消除贫困。2017年，孟加拉国已经收到了总额再创历史新高的援助资金（高达43.5亿美元），该国政府将针对各类项目投入这些资金，以便发展该国的基础设施（例如：耗资7.05亿美元的戈尔诺普利河隧道工程、斥资5.5亿美元的双线管道单点系泊系统以及造价约2.8亿美元的电信业现代化项目）。在习近平主席于2016年访问孟加拉国期间，中国还承诺为该国提供215亿美元的软贷款。[1]

多年来，习近平主席和中国政府已通过各种形式为孟加拉国及该国人民提供了支持（包括为该国的基础设施发展提供援助，以及助力其解决罗兴亚难民危机）。[2]作者坚信，中国政府和习近平主席在帮助孟加拉国成为中等收入国家的过程中发挥了巨大的作用。

四、国际社会对中国在消除贫困方面取得的成功交口称赞

联合国秘书长潘基文在2015年底的"国际减贫与发展论坛"上发表讲话，称赞了"千年发展目标"在帮助超过十亿人摆脱极端贫困方面的影响。[3]中国在这一方面取得了辉煌的成就。[4]在过去的30年当中，中国对全球减贫的贡献占比达到了四分之三左右。联合国粮农组织总干事若泽·格拉齐亚诺·达席尔瓦（Jose Graziano da Silva）于2017年4月在全球减贫伙伴研讨会上承认，除了实现自身的目标以外，中国还帮助其他国家从其发展进程中受益，并对中国的相关举措给予了肯定。

世界银行驻中国代表处主任郝福满（Bert Hofman）就中国对全球减贫的贡献这一话题与潘基文和若泽·格拉齐亚诺·达席尔瓦表达了相近的看法。他在2017年5月底举行的"中国扶贫国际论坛"上指出，自1980年以来，中国政府已经帮助大约8

---

[1] 雷杰尔·卡里姆·拜伦（Rejaul Karim Byron）："中国和印度在对外援助领域一马当先"，《每日星报》2018年7月5日，https://www.thedailystar.net/business/china-india-lead-way-foreign-aid-1600330。
[2] 独立报在线服务中心："中国政府允诺将帮助孟加拉国解决罗兴亚人回归的问题"，《孟加拉国独立报》2018年6月29日，http://m.theindependentbd.com/post/155778。摘录时间：2018年7月19日。
[3] 卢儒才（音译）："扶贫：五年的成绩单"，《今日中国》，2018年7月3日，http://www.chinatoday.com.cn/english/society/2017-07/03/content_743378.htm。
[4] 同上。

亿人(相当于这一时期全球脱贫人口的四分之三)实现生活水平达到贫困线以上，在扶贫领域取得了巨大的成功。

2017年5月于联合国总部举行的一次记者招待会上，联合国负责经济和社会事务的副秘书长吴红波对中国投身减贫行动赞誉有加，他表示，"在未来四年内，每年都将有一千万人摆脱极端贫困状态。[1]这比联合国的第一批可持续发展目标的时间进度整整提前了10年。中国不仅给我们留下了深刻的印象，也为其他国家在消除赤贫方面的行动树立了榜样。"

2017年4月，国际农业发展基金会(IFAD)国际参与、知识和战略部主任阿什旺尼·穆图(Ashwani Mutthoo)在一次全球减贫伙伴研讨会上表示，中国的扶贫模式效果好、效率高，这一点是所有人都有目共睹的。[2]中国精准扶贫的理论和实践表明，只要有政策支持和适当的措施，就有可能彻底根除贫困问题。[3]

五、孟加拉国学习中国的成功经验

根据世界银行的一份报告，孟加拉国将近四分之一的人口仍处于贫困状态，将近13%的人口仍在赤贫中挣扎。[4]不过，将其与2010年的统计数据进行对比后，我们可以看到，孟加拉国在减少贫困人口方面已经取得了重大的成就，处于贫困线以下的人口比重从2010年的31.5%降低到了六年后的24%，但孟加拉国政府并未采取适当的战略来确保减贫方面的持续发展。孟加拉国政府需要与习近平主席和中国政府采取类似的战略方案，尤其将重点放在教育、人员培训、居民安置等需要关注的领域，并且中国政府基本上为每个地区都量身定制了针对其需求的不同计划。尽管在总理谢赫·哈西娜(Sheikh Hasina)的强力领导下孟加拉政府已经采取了相当多的措施来消除贫困，但这些计划都太过宽泛。因此，作者认为，孟加拉国如果想

---

[1] 卢儒才(音译)："扶贫：五年的成绩单"，《今日中国》，2018年7月3日，http://www.chinatoday.com.cn/english/society/2017-07/03/content_743378.htm。

[2] 同上。

[3] 同上。

[4] "孟加拉国以更缓慢的速度继续推进减贫措施"，世界银行，2017年10月24日，https://www.worldbank.org/en/news/feature/2017/10/24/bangladesh-continues-to-reduce-poverty-but-at-slower-pace。

要确保逐年减少贫困人口,那么就必须采取具体的区域性战略。

六、中国的人权进步和承诺

由于历史背景、社会制度、文化传统和经济发展方面存在巨大差异,各国对人权的认识和实践方式各不相同。从其不同的情况来看,各国对联合国的有关公约采取了不同的态度。人权尽管具有全球性的特点,但其主要涉及的还是国家主权范围内的问题。因此,在评判一个国家的人权状况时,不应该完全忽视它的历史和国情,更不能以先入为主的理念模式或根据其他国家或地区的状况对其予以评价。[1]

曾经处于帝国主义、封建主义和官僚资本主义制度下的中国人民毫无人权可言。饱受摧残的中国人民为争取自身权利苦苦斗争了一个多世纪。中华人民共和国成立后,中国的人权状况从根本上向着更好的方向逆转。中国政府和人民十分珍惜这一来之不易的成就,他们不遗余力地维护人权,稳步改善人权状况,并取得了引人注目的成绩。这也赢得了真正了解中国国情以及对中国不存在偏见的普罗大众的充分肯定和公正评价。

如今,中国在废除剥削制度和消灭剥削阶级之后,实行了社会主义制度。中国公民不论其财务状况、国籍、种族、性别、职业、家庭背景、宗教信仰、受教育程度如何,均平等享有所有公民权利。[2]中国提供了法律和制度保障及各种切实的手段来实现人权。中国人民在现实生活中所享有的权利与中国宪法及国家其他法律中规定的各种民事权利相一致。中国的人权法规和政策获得了各民族、各社会阶层的人民以及各党派和各类社会组织的拥护和支持。中国公民在广泛范围内均享有人权,不仅包括生存权利、人身权利及政治权利,也包括经济、文化和社会权利。中国致力于维护个人和集体权利。

自20世纪80年代以来,中国政府先后签署、批准和加入了七个联合国人权公约,即:《防止及惩治灭绝种族罪公约》《禁止并惩治种族隔离罪行国际公约》《消

---

[1] "孟加拉国以更缓慢的速度继续推进减贫措施",世界银行,2017年10月24日,https://www.worldbank.org/en/news/feature/2017/10/24/bangladesh-continues-to-reduce-poverty-but-at-slower-pace。

[2] 同上。

除对妇女一切形式歧视公约》《消除一切形式种族歧视国际公约》《关于难民地位的公约》《关于难民地位的议定书》以及《禁止酷刑和其他残忍、不人道或有辱人格的待遇或处罚公约》。中国政府经常针对有关公约的落实情况提交报告,并严肃认真地履行自身所承担的义务。

中国始终热心维护正义,并且据此已经作出了不懈的努力,以维护第三世界国家的相关权利,制止大规模侵犯人权的行为。多年来,中国一直不懈努力,并致力于以公正、合理的方式解决一系列重大的人权问题(包括巴勒斯坦和阿拉伯领土被侵占问题及柬埔寨、巴拿马、阿富汗、纳米比亚和南非等国的多个问题)。

中国同时还在密切关注发展权问题。中国认为,随着历史的发展,人权观念也应该不断发展。《发展权利宣言》规定,人权既包括个人的权利,也包括集体的权利。这就意味着对传统人权观念的突破,并且它代表了新兴的独立国家和整个国际社会多年斗争的结果。在当今世界,贫富之间的差距正在日趋增大。许多发展中国家的社会和经济增长非常缓慢,发展中国家中有三分之一的人口仍生活在贫困线以下。对发展中国家人民来说,最亟待解决的人权问题依然是生存权以及经济、社会和文化发展权问题。因此,在涉及言论自由等问题时,首先要注意发展权和生存权。作者坚信,习近平主席大力推动中国和全球减贫事业发展的举动正为全世界提供一种保护人权的人道主义服务,因为作者认为,对个人来说,没有比生存权更重要的权利了。虽然言论自由等权利被西方国家(更正确的说,是被西方媒体)奉为至上的权利,但无论是在尼日尔、乍得、布基纳法索、布朗斯维尔哈灵根(德克萨斯),还是在东哈莱姆(纽约曼哈顿),满足人类基本需求的重要性仍应始终被视为最重要的优先事项。

(作者穆罕默德·阿尼苏尔·拉赫曼·萨克系孟加拉国最高法院律师)

习近平关于减贫与人权的重要论述

——免于贫困的权利

[中国] 汪习根　刘　远

摆脱贫困是中华民族千百年来的美好愿景,也是全面建成小康社会、进一步强化人权保障的必然要求。习近平总书记说:"党的十八大以来,我最关注的工作之一就是贫困人口脱贫。"[1]而关于"精准扶贫"的思想理念与行动方案,不仅为打赢脱贫攻坚战、实现人民整体脱贫提供了行动指南,而且对我国人权事业的进一步发展具有重要指导意义,深刻折射出坚持人民主体地位、满足人民美好生活需求的人权思想光辉。

一、消除贫困是新时期人权建设的本质要求

(一)消除贫困和人权保障是社会主义的本质属性

习近平总书记指出:"消除贫困、改善民生、实现共同富裕,是社会主义的本质要求。"[2]共同富裕是社会主义制度的本质要求和基本特征,也是中国共产党人始终如一的奋斗目标[3]。新时代的共同富裕可以从两个方向来理解:一方面,它意味着

---

[1] 习近平:"在深度贫困地区脱贫攻坚座谈会上的讲话",《人民日报》2017年8月31日。
[2] 《习近平谈治国理政》,外文出版社,2014年,第189页。
[3] 邓小平曾指出"社会主义的目的就是要全国人民共同富裕……一个是公有制占主体,一个是共同富裕,这是我们所必须坚持的社会主义根本原则。"江泽民曾指出,"从根本上说,高效率、社会公正和共同富裕是社会主义制度本质决定的。"胡锦涛也曾强调"……使全体人民共享改革发展的成果,使全体人民朝着共同富裕的方向稳步前进"。[以上论述分别参见《邓小平文选》(第3卷),人民出版社,1993年,第111页,江泽民:《论社会主义市场经济》,中央文献出版社,2006年,第137页;《十六大以来重要文献选编》(中),中央文献出版社,2008年,第712页。]

要推动以人民为中心的发展,坚持"发展为了人民,发展依靠人民,发展成果由人民共享"[1],使改革开放带来的经济红利得到公平分配,人人共享发展利益。这就与发展权所包含的人人得以平等地参与发展、促进发展和享受发展成果的内涵形成完美契合,共同富裕的实现必然意味着人民发展权利的切实保障。另一方面,共同富裕意味着要全面消除贫困现象。"贫穷不是社会主义"[2],贫困在任何时候都与社会主义是不相容的,消除贫困是实现共同富裕的应有之义。因此,人权保障和消除贫困是实现共同富裕这一社会主义本质要求的两个侧面,可以说"消除贫困"本身就是人民所应该享有的"追求幸福生活的基本权利"[3]。

(二) 消除贫困是全面小康社会的基本人权标准

"十三五"时期既是减贫行动的攻坚阶段,也是全面建设小康社会的决胜阶段。作为其重要目标,人权保障和消除贫困互为表里、互相依存,共同统一于全面建成小康社会的伟大进程之中。十九大报告明确将"坚决打赢脱贫攻坚战"作为全面建成小康社会的重要目标,同时,提出"加强人权法治保障"目标和坚持贯彻"以人民为中心的发展思想"的原则性要求。[4]这反复表明,消除贫困是全面小康的基础性人权价值目标。全面小康着重强调"全面"二字,不仅要求实现社会发展诸领域的全面进步,更在于全面小康成果应该惠及全体人民。"全面小康是全体中国人民的小康,不能出现有人掉队"[5]。在主体上,确保每一个人平等享有基本人权;在内容上,贫困人口的各项权利要在全面小康建设的进程中得到更加充分的保障,而首要的就是要消除贫困状况,确保获得"免于贫困的权利"[6]。消除贫困是全面建成小康社会的人权目标之一,已被明确列入《国家人权行动计划(2016-2020年)》之

---

[1] "以新的发展理念引领发展,夺取全面建成小康社会决胜阶段的伟大胜利(2015年10月29日)",《十八大以来重要文献选编》(中),中央文献出版社,2016年,第827页。
[2] 中共中央党史研究室:《邓小平论中共党史》,中共党史出版社,1997年,第173页。
[3] 习近平:"携手消除贫困促进共同发展——在2015减贫与发展高层论坛的主旨演讲",《人民日报》2015年10月17日。
[4] 习近平:《决胜全面建成小康社会 夺取新时代中国特色社会主义伟大胜利——在中国共产党第十九次全国代表大会上的报告》,人民出版社,2017年。
[5] 习近平:"携手消除贫困促进共同发展——在2015减贫与发展高层论坛的主旨演讲",《人民日报》2015年10月17日。
[6] 汪习根:"免于贫困的权利及其法律保障",《法学研究》2012年第1期。

中，这是对联合国《2030年可持续发展议程》将消除贫困作为17个目标中的第一个目标的积极回应。从另一个角度来看，贫困问题能否得到妥善解决，成为人权保障是否得到顺利推进的一个核心标准。如果贫困问题得不到解决，意味着社会主体的基本生活水准权得不到满足、其平等发展权利更是无从谈起，他们也就不会对全面小康有任何认同感。如习近平总书记所强调的那样，"我们不能一边宣布实现了全面建成小康社会目标，另一边还有几千万人口生活在扶贫标准线以下。如果是那样，就既影响人民群众对全面建成小康社会的满意度，也影响国际社会对全面建成小康社会的认可度。"[1]

可见，消除贫困，厘清贫困与人权的内在逻辑关系，保障免于贫困的权利，既是社会主义的本质要求，也是执政合法性的重要基础，更是新时代人权发展的核心议题。

二、全面构建"三位一体"贫困人口人权保障体系

对如何消除贫困，习总书记提出要解决好"谁来扶""扶持谁""怎么扶""如何退"四大问题。从人权法理学上分析，在主、客体二元互动中构建贫困人口人权制度，形成权利主体"谁来扶"、义务主体"扶持谁"、客体内容"怎么扶"[2]三位一体的人权体系，彰显了全方位落实贫困人口发展权的显著理论特征，形成了独具特色的人权实践经验模式。

（一）权利主体的识别

人权主体问题，即什么人应该享有人权，是任何人权研究的出发点。而"扶持谁"同样是扶贫工作中需要率先予以回答的问题。贫困人口人权的主体和扶贫的对象毫无疑问都是贫困人口，但贫困人口在学理上是一个难以进行界定的范畴，需要结合各地现实情况而不断进行识别。正所谓"扶贫必先识贫"，贫困人口的精准识

---

[1] 中共中央文献研究室编：《习近平关于协调推进"四个全面"战略布局论述摘编》，中央文献出版社，2015年，第47页。
[2] 习近平："习近平在中央扶贫开发工作会议上的讲话"，《人民日报》2015年11月28日。

别是精准扶贫战略的首要步骤,即要"确保把真正的贫困人口弄清楚"[1]。在权利主体识别问题上,习总书记的精准扶贫思想的主要特征可以归纳为"精""准"二字。"精"即精细化,在识别时不仅要用细致的工作和详细的指标精确定位贫困人口,更要开展进一步调研考察其贫困程度、贫困原因等具体事项,把工作"做实做细"[2],为接下来的扶贫工作打好基础。"准"即准确化,要因地制宜地确立贫困识别标准。构建多维度贫困识别标准已经成为理论界的共识,同时也已进入当前中国扶贫工作实践。[3]目前我国贫困人口识别工作已改变传统的收入划线单维识别标准,结合中国主要致贫原因制定劳动力情况、房屋状况、医教支出和日常消费水准在内的多维识别标准,还进一步创新考察方式,探索采用单位摸底调查和村民民主评议相结合的模式,以确保识别的准确性。同时,相较于其他人权保障的特殊主体,贫困人口呈现出鲜明的动态特征。由于各方面因素的影响,贫困人口更有可能处在脱贫和返贫交替的不确定状态中,因而构建贫困人口识别的长期动态监测机制也是精准识别的重要前提条件,即解决"如何退"的问题。正如习总书记所强调,对贫困人口的建档立卡"要实行动态管理……做到政策到户、脱贫到人、有进有出"[4]。

(二) 义务主体的确立

义务主体亦是权利研究的基本范畴,如果一项权利的义务主体不明确,或是

---

[1] 习近平:"坚持精准扶贫、精准脱贫,坚决打赢脱贫攻坚战——在中央扶贫开发工作会议上的讲话(2015年11月27日)",《习近平谈治国理政(第二卷)》,外文出版社,2017年,第84页。

[2] 习近平总书记指出:精准识别打牢了扶贫工作的基础,不仅要"摸清我国贫困人口底数",更要"做实做细",实现"动态调整"。(习近平:"在十八届中央政治局第三十九次集体学习时的讲话(2017年2月21日)",《习近平关于社会主义经济建设论述摘编》,中央文献出版社,2017年。)

[3] 随着对贫困问题认识和研究的推进,构建贫困识别多为指标体系逐渐成为学术界的共识。荷兰学者Aldi Hagenaars从绝对贫困、相对贫困和主观感受三个采样维度构筑贫困识别标准,并首次构建多维贫困指数;联合国开发计划署也分别推出能力贫困指标(Capability Poverty Measure)和人类贫困指数(Human Poverty Index)等贫困指标;牛津大学贫困与人类发展中心(OPHI)的研究人员Alkire和Foster则构筑了著名的多维贫困测度的一般模型。(参见Aldi Hagenaars and Klaas de Vos, "The Definition and Measurement of Poverty", *The Journal of Human Resources*, Vol. 23, No. 2, 1988, p.213. Aldi Hagenaars, "A class of Poverty Indices", *International Economic Review*, Vol.28, 1987, p. 583. Sabina Alkire, "Choosing Dimensions: the Capability Approach and Multidimensional Poverty", Kakwani N., Silber J. (eds), *The Many Dimensions of Poverty*, London: Palgrave Macmillan, 2007, pp.88–119.)

[4] 习近平:"坚持精准扶贫、精准脱贫,坚决打赢脱贫攻坚战——在中央扶贫开发工作会议上的讲话(2015年11月27日)",《习近平谈治国理政(第二卷)》,外文出版社,2017年,第84页。

无法确保其履行人权义务,那么权利的实现就会成为一句空话。这一人权法学的基本命题运用到当前的扶贫问题上便成为了"谁来扶"的重要问题。我国宪法第33条第3款明确规定"国家尊重和保障人权"。在保障贫困人口权利,进一步完全消除贫困的问题上,党和国家也勇敢地承担起最主要的扶贫重担。《"十三五"脱贫攻坚规划》明确规定要通过"创新扶贫考评体系,加强脱贫成效考核"、完善"中央统筹、省负总责、市县抓落实的工作机制","强化政府在脱贫攻坚中的主体责任"。习近平总书记在论述脱贫攻坚问题时多次指出,扶贫工作要做到"分工明确、责任清晰、任务到人、考核到位,既各司其职、各尽其责,又协调运转、协同发力"。同时,各类非政府组织也积极履行着不应该被忽视的人权保障的义务。扶贫工作绝不仅仅是政府和贫困人群的事情,也是全社会共同努力的事业。为了形成全社会参与的"大扶贫格局",当前精准扶贫战略在实施严格的考评制度强化政府责任的同时,还充分发挥军队、国有企业、群团组织的带头模范作用,"鼓励支持各类企业、社会组织、个人参与脱贫攻坚",更加广泛、更加有效地动员和凝聚各方面力量,形成脱贫攻坚的合力。[1]

(三) 权利内容的构成

权利表现为主体的各种利益要求。贫困人口人权的客体是指在权利不断实现过程中,贫困人口得以占有的发展资源、获得的发展利益和消费的发展成果。其客体的核心落在发展利益之上。

人权的实现是一项整体性事业,只有各个领域全面推进,贫困人口的人权方能得到真正的实现。从发展权视角分析,贫困人口的权利同样可以划分为经济发展的权利、政治发展的权利、文化发展的权利、社会发展的权利和生态发展的权利五大子权利系统。当前中国的扶贫攻坚战略折射出五大发展权利整体推进、系统保障的理念。如作为2016-2020年这一减贫关键时间段脱贫攻坚工作行动纲领的《"十三五"扶贫攻坚规划》,就同时囊括了推进贫困人口在经济、政治、文化、社会、生态各方位发展权利保障的内容。在经济发展权方面,同时着眼于集体主体和

---

[1] 习近平:"坚持精准扶贫、精准脱贫,坚决打赢脱贫攻坚战——在中央扶贫开发工作会议上的讲话(2015年11月27日)",《习近平谈治国理政(第二卷)》,外文出版社,2017年,第84页。

个体主体，通过产业、资金、项目、技术扶贫，最大限度地提升贫困区域的经济发展潜力，为落实经济发展权奠定坚实的物质基础。在政治发展权方面，通过制度构建与宣传教育，着力培育贫困人口责任意识、法治意识和市场意识，变"要我脱贫"为"我要脱贫"，提高其参与市场竞争和有关贫困的公共事务管理的能力；建立健全贫困人口利益保护机制、需求表达机制和脱贫攻坚参与机制，为贫困人口自主决定、自主参与地区发展提供制度保障。在文化发展权方面，从教育着手，通过加强贫困地区基础教育和职业教育建设，采用多种方式降低贫困家庭就学负担，提高贫困人口综合素质和就业技能，逐步消除因学致贫问题，阻断贫困代际传递。在社会发展权方面，立足于贫困人口最为关注的医疗健康问题，采取措施有效缓解因病致贫、因病返贫问题；加强社会保障机制建设，筑牢社会保障之安全网，解决好特殊困难群体和弱势群体的脱贫问题。在生态发展权方面，以生态保护补偿机制引导贫困人口参与生态保护活动并从中获益，通过生态保护修复机制保障其可持续发展能力，在保护与发展之间实现良性互动。

在全面保障贫困人口权利的同时，应当强调重点保障，而非不分主次地"大水漫灌"式推进，以贫困人口最紧迫需求为优先考虑事项，"实打实地做，循序渐进地推"[1]。对此，习总书记2015年6月16日至18日在贵州调研时强调，应当"鼓励创业、扩大就业，努力增加城乡居民收入。要抓住群众最关心的教育、医疗、社会保障、食品安全等问题……不断打通民生保障和经济发展相得益彰的路子"。2015年11月27日，习总书记发表《在中央扶贫开发工作会议上的讲话》，指出：按照《中国农村扶贫开发纲要（2011-2020年）》要求，"十三五"期间脱贫攻坚的目标是，到2020年实现"两不愁、三保障"。"两不愁"，就是稳定实现农村贫困人口不愁吃、不愁穿；"三保障"，就是农村贫困人口义务教育、基本医疗、住房安全有保障；同时，实现贫困地区农民人均可支配收入增长幅度高于全国平均水平，基本公共服务主要领域指标接近全国平均水平。可见，衣、食、住、行、教育、医疗是贫困人口基本人权的最直接最现实的对象。食物权、洁净饮用水权、住房权、通行权、受教育权、医疗权

---

[1] 《习近平谈治国理政（第二卷）》，外文出版社，2017年，第362页。

等成为贫困人口亟待优先满足的人权内容。

三、在发展中实现人权是消除贫困的第一要务

从中国古代传统文化中的"扶弱济贫"思想,到马克思主义经典作家阐述的减贫理论,再到历代中国共产党人提出的减贫理论与实践,中华民族千百年提出了众多方案来解决贫困这一长期困扰人类社会的疑难问题。以习近平为核心的新一代党中央领导集体吸收自改革开放以来的扶贫开发经验,并结合新时期的实际情况和现实需求,逐步形成以精准扶贫为核心要义的扶贫开发新战略。这一战略的精义之一便在于选择将发展和扶贫相结合的扶贫工作进路,从保障贫困人口人权尤其是贫困人口发展权的层面推进减贫脱贫事业。

发展是消除贫困的根本出路,发展是实现贫困人口发展权的关键。总结数十年来的扶贫经验,中国共产党人深刻地认识到减贫问题本质上就是发展问题,发展是"促使贫困地区脱贫致富的第一要务"。[1]经济社会的发展为贫困人口生活水准的提升构建坚实的物质基础。中国一向坚持"经济增长是消除贫困、改善民生的根本出路"[2]。实践证明,经济发展为贫困人群提供了更加宽广的就业和创收渠道,能够直接提高收入水平。同时,产业发展也能够增进地区经济活力、提高资源配置效率,让贫困人口以适当的价格获取各类产品,将金钱收入转化为基本需求的有效满足,真正推动各项基本权利的实现。[3]同时,经济、社会与政治、文化、生态文明五位一体的协同发展战略,为贫困人口可持续发展权利的实现提供了根本手段。

---

[1] 习总书记曾明确指出:"……要紧紧扭住发展这个促使贫困地区脱贫致富的第一要务,立足资源、市场、人文旅游等优势,因地制宜找准发展路子,既不能一味等靠、无所作为,也不能'捡进篮子都是菜',因发展心切而违背规律、盲目蛮干,甚至搞劳民伤财的'形象工程''政绩工程'。"["同菏泽市及县区主要负责同志座谈时的讲话(2013年11月26日)",《做焦裕禄式的县委书记》,中央文献出版社,2015年,第29–30页。]

[2] 外交部:《落实2030年可持续发展议程中方立场文件》,中国外交部官方网站:http://www.fmprc.gov.cn/web/wjbxw_673019/t1356278.shtml,访问日期:2018年8月11日。

[3] 习总书记在谈论民生问题时也强调"要全面把握发展和民生相互牵动、互为条件的关系,通过持续发展强化保障和改善民生的物质基础,通过不断保障和改善民生创造更多有效需求。要特别关注和关心困难群众,坚持精准扶贫,广泛动员社会力量扶危济困。"(习近平:"2015年7月16日至18日在吉林调研时的讲话",《抓党建促脱贫:基层党组织怎么办》,人民出版社,2017年,第28页。)

认识到发展是消除贫困的根本出路,新时代中国扶贫方案的重点聚焦于"发展"之上,从加快推动贫困地区经济社会发展和深挖贫困人群发展致富潜能两个层面入手,提出一系列定位精准、导向明确、贴合实际、操作性强的精准扶贫脱贫方案。精准扶贫是实现贫困人口人权的关键战略。精准扶贫就是要找准"贫根","对症下药、靶向治疗"。习近平总书记将其总结为"六个精准",即扶持对象精准、项目安排精准、资金使用精准、措施到户精准、因村派人精准、脱贫成效精准[1]。"六个精准"不仅为打赢脱贫攻坚战指明了战略方向,更能从三个方面为保障贫困人口人权提供重要指导。首先,贫困人口的人权保障立足于主体的精确识别。认定标准多样和自身的可变性,导致在实践中难以实现个体与权利主体身份的准确对应,这就需要构建精确高效的识别制度。当前精准扶贫中广泛使用"四看"法[2],从致贫原因出发确立识别标准、以调查评议相结合革新识别方法、通过建档立卡实行动态监测。在注重识别精确性的同时还注重其动态性,构建科学有序的退出机制,做到"有进有出",最终实现贫困人口的精准定位。其次,人权保障需要对贫困人口进行精确帮扶。人权事业的推进意味着各个方面权利的全面实现,但对处于相对弱势地位的特殊主体而言,由于在某方面的权利缺失状况尤为严重,往往需要予以特别保障。从这个前提出发,精准扶贫工作中尤其注重精准帮扶,即根据致贫原因和家庭环境制定特别帮扶措施以满足主体对某一方面客体的紧迫需求。对因病致贫者,积极安排当地医疗卫生机构"结对帮扶",将扶贫重点放在提供适足的医疗服务上;对因残致贫的主体,通过技术资金的支援或是职业介绍帮助其从事适宜身体状况的工作,将重点放在主体对于就业的需求上。这种精准帮扶战略能够使资源配置效率最大化,使人权保障事半功倍。最后,人权保障尤其应该注重精确管理。精准扶贫中的精确管理,一方面是指扶贫资金的严格管理,透过健全监管制度、强化监管责任确保这些"救命钱"切切实实地花在贫困群众的身上;另一方面

---

[1] 习近平:"携手消除贫困,促进共同发展(2015年10月16日)",《十八大以来重要文献选编》(中),中央文献出版社,2016年,第720页。

[2] "四看法"(一看房、二看粮、三看劳动力强不强、四看家中有没有读书郎)最先出现于贵州毕业市扶贫工作之中,因成效显著为全国各地所借鉴并开发出符合当地实际的识别方案,如"四看一算"法、"四看四算"法。"毕节:帮最需要的人 扶最关键的点(打好脱贫攻坚战)",《人民日报》2016年1月25日。

是指扶贫项目的精确管理，对于扶贫项目的开展和扶贫资金的使用，要以"绣花"功夫全程跟踪、精细管理，确保项目资源得到有效利用。

在国家设计层面，实施"五个一批"工程，即发展生产脱贫一批、易地搬迁脱贫一批、生态补偿脱贫一批、发展教育脱贫一批、社会保障兜底一批。其中产业扶贫旨在开发地区经济潜力，提高贫困人口经济发展能力；易地搬迁扶贫针对经济开发难度较大的地区，通过合法有序的迁移开发工作，以最大化释放贫困人口的劳动能力和经济潜力；生态扶贫致力于通过转移支付和创造就业机会使贫困人口于生态恢复和环境保护事业中受益；教育扶贫通过满足贫困人口的文化教育需求力图斩断贫困代际传递的链条；社会保障扶贫是适用最广泛的扶贫方案，通过科学完善的社会保障制度为所有贫困人口的基本生活需求提供最后的保障。在地方实践层面，地方政府和社会各界则围绕着"五个一批"和《十三五脱贫攻坚规划》确立的扶贫大方向，依据本行业、本地区的优势和特点进行方案整合和创新，在实践中开发出更"丰富多彩"的扶贫方案，如将协作扶贫、易地扶贫、产业扶贫等扶贫关键点深度结合的对口扶贫"闽宁方案"[1]。面对这些取得良好实践效果的扶贫方案和工作方法，学术界不妨对其进行提炼、总结与升华，形成贫困人口发展权保障的中国理论模式，为解决世界贫困和发展权保障难题贡献中国智慧。

四、能力建设是实现贫困人口人权的治本之策

能力建设是主体获得实现人权内生力量、自主发展的关键。应当通过培育发展能力、激活发展潜力，为减贫脱贫提供源源不断的内生动力。习总书记强调，减贫脱贫离不开全社会的合力帮助，但最终要依靠"贫困群众用自己的辛勤劳动来实现"[2]。

消除贫困的根本出路在于主体自身的发展，也就意味着让贫困人口获得更多

---

[1] 在全国各地东西部对口扶贫实践中，宁夏和福建所取得的成效相当引人注目，其对口扶贫模式被称为"闽宁方案"，受到广泛赞誉和学习。"'闽宁方案'为中国扶贫史增辉"，《光明日报》2018年7月19日。
[2] 习近平："坚持精准扶贫、精准脱贫，坚决打赢脱贫攻坚战——在中央扶贫开发工作会议上的讲话（2015年11月27日）"，《习近平谈治国理政（第二卷）》，外文出版社，2017年，第84页。

的发展机会，能够以更加平等的姿态参与、促进发展并享受发展带来的成果。习总书记强调"扶贫不是慈善救济"[1]，扶贫工作不仅要帮助贫困人口积累物质财富、维系适足生活水准，更要着重培育其参与发展、促进发展的能力。这对于实现永久脱贫、防止贫困反复有着至关重要的意义。

首先，夯实贫困人口主体地位，是强化能力建设之本。消除贫困在本质上要求实现以人民为中心的发展。精准扶贫战略始终坚持贫困人口的主体地位，以贫困人口为中心制定扶贫战略，强化其可持续发展能力，最终实现贫困人口内源脱贫、永续脱贫。而从人权保障尤其是发展权保障的视角来看，这种强调人的主体地位的内源扶贫与以人民为中心的发展权导向高度契合，是人民主体思想在扶贫实践中的现实体现，同样也对推进以人民为中心的人权保障事业有着重大指导意义。因此，从发展权的角度考察贫困人口的利益诉求，便不能仅仅落实在满足其基本生活所需的各类物质资料上，更重要的是弥补发展潜力的缺失，使其得以快速成长为发展进程的参与者、促进者以及发展成果的享受者。换句话说，贫困人口权利的实现过程中除了满足其物质利益需求，还要满足其精神文化利益需求，即获得提升自身能力的平等机会。结合中国贫困人口的现实处境，这种精神利益的满足着重体现为强化其自我实现的能力，即"扶贫必扶智，治贫先治愚"[2]。

其次，树立权利意识是强化能力建设的基本要求。要帮助贫困人口树立不断奋斗的权利意识，即"扶贫先扶志"。习总书记很早就认识到思想引领对于扶贫工作的重要意义，指出摆脱贫困首先在于"摆脱"头脑中的"贫困"[3]。从扶贫工作的角度来看，这意味着要激发人民群众脱贫致富的动力，而以权利话语加以表述即是要帮助人民群众树立权利意识，发挥自主实现权利的主动性、积极性和创造性。树立权利意识，要加强思想上的宣传教育，也要通过制度建设维护权利主体已经实现的权益，不断强化主体的内在能力。

---

[1] "坚持精准扶贫、精准脱贫，坚决打赢脱贫攻坚战——在中央扶贫开发工作会议上的讲话（2015年11月27日）"，《习近平谈治国理政（第二卷）》，外文出版社，2017年，第84页。
[2] 习近平："在东西部扶贫协作座谈会上的讲话（2016年7月20日）"，中国共产党新闻网，http://jhsjk.people.cn/article/29626301，访问日期：2018年8月15日。
[3] 习近平：《摆脱贫困》，福建人民出版社，1992年，178页。

再次，提升知识技能是推进能力建设的关键手段。受外部因素制约，贫困人口往往缺少通过学习各方面知识与技能实现自我发展的条件与动力。为此，要强化教育培训充分激发贫困人口的主体内生活力，激活发展潜能，即"扶贫必扶智"。"扶智"一方面指发展教育事业，充分满足贫困地区青少年的受教育权，提升其社会竞争力，最终斩断贫困代际传递的链条。另一方面，"扶智"还指通过职业教育、技能培训、知识讲座等形式提高贫困人口各方面的素养，为全方位的可持续发展奠定基础。为此，通过克服短期行为的局限，把即时性举措与长远之策有机结合起来，发挥学历教育、学校教育与职业培训、技能提升的双重功效，实现义务教育全覆盖，加大中高等教育对贫困人口的倾斜度，为在根本上脱贫注入强大的文化基因和知识要素。

最后，强化组织保障是推进能力建设的必要条件。加强贫困地区的基层党组织建设，打造"不走的扶贫工作队"，成为贫困人口权利实现的力量依托。个人的能力是有限的，形成扶贫合力对于脱贫攻坚至关重要。这种合力既指要充分汇聚社会各界的扶贫资源，也指要团结贫困群众自身的力量。一个良好的基层党组织能够发掘、汇集扶贫资源，团结、引领本地区的个体群众，形成组织合力，加大每一个人发展能力的"增幅"，最终达到"1+1＞2"的效果。这就是习总书记强调的"帮钱帮物，不如帮助建个好支部"。[1]执政党的组织整体性、结构稳固性、价值导向性对于实现贫困人口的基本人权发挥着独特的价值作用，这正是以减贫促进人权的中国特色。

(作者汪习根系武汉大学人权研究院执行院长、教授；作者刘远系武汉大学法学院硕士研究生)

---

[1] 习近平："坚持精准扶贫、精准脱贫，坚决打赢脱贫攻坚战——在中央扶贫开发工作会议上的讲话（2015年11月27日）"，《习近平谈治国理政（第二卷）》，外文出版社，2017年，第84页。

先富帮后富的中国人权实践

——以"万企帮万村"精准扶贫行动为例

[中国] 吴志红 谈火生

中国是国际人权事业坚定的实践者与有力推动者,把人民的生存权、发展权放在首位始终是中国政府的使命担当。自党的十一届三中全会以来,中国实施改革开放政策,不断出台并实施了一系列适合国情的扶贫政策,取得了举世瞩目的成就。改革开放40年的实践证明,从在改革开放之初邓小平同志确立了"让一部分人先富起来,先富带动后富,最终实现共同富裕的发展目标"的理论,到以习近平总书记为核心的新一届党中央继承与发展了邓小平理论的这一思想,提出精准扶贫治国方略,都有力促进了贫困人口基本权利的实现,为世界提供了中国特色的减贫方案,是中国人权事业进步的最显著标志。

学界关于中国扶贫与人权发展之间的关系已取得了很多研究成果。早在2005年,时任联合国教科文组织社会和人文科学助理总干事的皮埃尔·萨内就指出,贫困是人权斗争的新领域,贫困与违背人权之间存在着内在联系。贫困总是违背社会权,一般情况下会违背经济权,并且经常践踏文化权,有时还会违背政治权甚至公民权;[1]李云龙认为消除贫困是一项核心人权,并分析了政府主导的中国农村扶贫开发对国际人权发展作出的重大贡献;[2]王平注意到中国的减贫事业在少数民族

---

[1] 皮埃尔·萨内:"贫困:人权斗争的新领域",《国际社会科学杂志》(中文版) 2005年第2期,第85-89页。
[2] 李云龙:"消除贫困是一项核心人权——以广西和甘肃为例",《人权》2009年第6期,第12-14页;李云龙:"人权保障视野下的中国农村扶贫进程",《东北财经大学学报》2016年第4期,第3-12页。

人权保障方面所发挥的积极作用;[1]黄爱教则分析了精准扶贫战略中人权诉求所面临的社会阻力及实现路径。[2]但是,既有的研究尚未注意到民营企业的扶贫工作在中国人权事业进步方面所发挥的独特作用。事实上,作为改革开放的参与者以及率先受益者的中国民企,他们是中国社会扶贫的中坚力量,他们采取的扶贫行动以市场的力量帮助贫困人群,尤其尊重贫困人群的生存权与发展权,实现共富目标,促进人权事业发展,是中国人权事业进步的重要组成部分。

本文拟以"万企帮万村"的扶贫实践为研究对象,考察中国特色的"先富帮后富,走向共同富裕"的人权之路。本文分为三个部分:第一部分勾勒世界减贫事业的中国方案;第二部分描述"万企帮万村"的扶贫实践;第三部分则将民企扶贫置于世界场景之中,在比较的视野下分析中国民企扶贫与人权保障的基本特征。

一、中国方案对世界减贫事业的贡献

人权是什么?人权是人人自由、平等地生存和发展的权利。1948年联合国通过的《世界人权宣言》对人权的基本内容进行了概括,其中19项涉及公民和政治权利,6项涉及经济、社会和文化权利。《世界人权宣言》作为所有国家和所有人民的共同成就,第一次规定了基本人权应得到普遍保护。但是,各国人权实现的途径是不同的。按照英国社会学家马歇尔(T. H. Marshall)的归纳,西方国家的人权实践基本上沿着政治权利、公民权利、社会权利的路径演进。[3]在发展中国家,这一发展路径可能正好相反,首先是社会权利的实现,然后才是公民权利和政治权利的逐步实现。从这个意义上讲,作为社会权利之首的生存权和发展权是所有其他人权的基础;而贫困则是实现所有这些基本的权利最大的拦路虎。消除贫困,使每个人享有脱贫权,这是一项全球性的责任。[4]2015年3月5日在联合国人权理事会第28次

---

[1] 王平:"消除贫困与少数民族人权保障",《人权》2010年第5期,第29—31页。

[2] 黄爱教:"精准扶贫的人权诉求、社会阻力及实现路径",《西北农林科技大学学报》(社会科学版)2017年第2期,第18—23页。

[3] T. H. 马歇尔:"公民身份与社会阶级",郭忠华、刘训练编,《公民身份与社会阶级》,江苏人民出版社,2007年,第3—43页。

[4] 厄内斯特-玛丽·姆邦达:"贫困是对人权的侵犯:论脱贫的权利",《国际社会科学杂志》(中文版)2005年第2期,第91—101页。

会议高级别会议一般性辩论中,中国常驻联合国日内瓦办事处和瑞士其他国际组织副代表傅聪大使发言,再次强调了平等对待各类人权。特别是要尊重发展中国家人民的生存权与发展权,2015年后发展议程应坚持以消除贫困和促进发展为核心。[1]《联合国千年宣言》宣布,将不遗余力地帮助10亿多男女老少同胞摆脱目前凄苦可怜和毫无尊严的极端贫穷状况,使每一个人实现发展权,并使全人类免于匮乏。[2]

中国共产党和中国政府从中国的基本国情出发,把人民的生存权、发展权放在首位,致力于减贫脱贫,努力保障和改善民生,发展各项社会事业,使发展成果更多更公平惠及全体人民,保障人民平等参与、平等发展权利。党的十八大以来,在全面建成小康社会、实现中华民族伟大复兴中国梦的伟大进程中,以习近平同志为总书记的党中央,坚持以人民为中心的发展思想,实施精准扶贫、精准脱贫基本方略,中国的减贫行动更加扎实有效,为世界减贫事业作出重大贡献,创造了世界人权发展的新奇迹。[3]中国成为最早实现千年发展目标的发展中国家。据《2015年联合国千年发展目标》的数据,中国农村贫困人口所占比例,从1990年的60%以上,下降到2014年4.2%。中国对全球减贫的贡献率超过70%。[4]

消除贫困、改善民生、逐步实现共同富裕,是社会主义的本质要求。中国是世界上少有的有组织、有计划开展大规模扶贫工作的国家。国际社会对中国的扶贫成效与经验给予了高度评价。2004年5月,世界银行的首次全球扶贫大会选择了在中国上海举办,讨论了来自与会国家的70个扶贫案例,其中,中国就占了8个。[5]世界银行对中国扶贫问题的多份报告显示,世行对中国扶贫经验赞誉有加。时任世界银行行长金墉表示,中国扶贫开发的经验对其他中等收入国家来说非常有借鉴意

---

[1] 新华社:"中国代表对国际人权事业提出四点主张",http://www.xinhuanet.com/world/2015-03/05/c_1114538706.htm。
[2] 《联合国千年宣言》,联合国官网:http://legal.un.org/ola/media/info_from_lc/A_55_2C.pdf。
[3] 《中国的减贫行动与人权进步》白皮书,http://www.xinhuanet.com/politics/2016-10/17/c_1119730413.htm。
[4] 《2015年联合国千年发展目标报告》,http://www.un.org/millenniumgoals/2015_MDG_Report/pdf/MDG%202015%20rev%20%28July%201%29.pdf。
[5] 张萍:"全球扶贫大会看重中国经验(焦点)",《环球时报》2004年05月28日,第二版。

义。[1]2018年5月23日，北京举办2018中国扶贫国际论坛，国际农业发展基金中国及蒙古国代表马泰奥（Matteo Marchisio）表示，40年前中国约70%至80%的人在农村地区生活就业，而当时多数农村人口生活贫困。中国经过一系列改革，促进人员以及资源流动，并为贫困人口提供更多就业机会。现在中国取得的减贫成绩可以作为成功范例，将减贫和消除贫困的经验和知识分享给其他国家。[2]

中国取得如此骄人的成绩，是因为中国走出了一条中国特色的扶贫开发道路。2016年10月17日发布的《中国的减贫行动与人权进步》白皮书将中国经验总结为：中国发挥政治优势和制度优势，通过"党的领导、政府主导、社会参与"的工作机制，形成跨地区、跨部门、跨行业、全社会共同参与的多元主体的社会扶贫体系。坚持加快发展经济，扎实推进减贫事业。坚持多种形式减贫，注重提高实际效果。坚持社会公平公正，努力实现成果共享和共同富裕。[3]其中，以产业扶贫开发为主要特色的中国民企扶贫模式"光彩事业"是社会扶贫的重要组成部分。"光彩事业"不仅在中国扶贫事业中取得了很大的成绩，也赢得了国际社会的广泛关注和认同。1999年10月26日，经国际小天体命名委员会批准，获国际永久编号的（7497号）小行星被命名为"光彩事业星"；2000年10月8日，联合国经社理事会正式会议授予中国光彩事业促进会（以下简称"中国光彩会"）特别咨商地位；2003年10月6日，中国光彩会取得了联合国贸发大会特别观察员身份。[4]在过去的24年中，"光彩事业"创造了很多行之有效的扶贫模式，其中，"万企帮万村"是近年来影响最大的民企扶贫行动。下面，我们就以"万企帮万村"为例来考察中国的民营企业是如何参与扶贫和促进人权发展的。

---

[1] 江宇娟、郭一娜："世行行长说中国扶贫经验值得借鉴"，新华社：http://www.xinhuanet.com/politics/2017-10/13/c_1121798308.htm。

[2] 阮煜琳："中国40年8亿人脱贫 多家国际组织盛赞中国减贫盛举"，中国新闻网：http://news.cnr.cn/native/gd/20180523/t20180523_524244476.shtml。

[3] 《中国的减贫行动与人权进步》白皮书，新华社：http://www.xinhuanet.com/politics/2016-10/17/c_1119730413.htm。

[4] "光彩事业简介"，中国光彩会官网：http://www.cspgp.org.cn/publicfiles/business/htmlfiles/cspgp/zzgk/index.html。

二、"万企帮万村"的人权实践

中国减贫经验重视发展经济与减贫的关系,把发展经济作为消除贫困的必由之路。注重运用非公有制经济的力量推进减贫是中国的独创。从"光彩事业"到"万企帮万村",中国非公有制经济扶贫力量不断增强,在参与保障贫困人群的生存权、发展权上颇有建树,甚至促进了人权的其他诉求实现,是中国特色社会扶贫的典型代表。

(一)"万企帮万村":"光彩事业"的升级版

改革开放40年来,受益于改革开放政策的中国民企茁壮成长,截至目前已形成了一个近9000万人的非公有制经济人士群体。[1]民营经济对国家财政收入的贡献占比超过50%;GDP和固定资产投资、对外直接投资占比均超过60%;企业技术创新和新产品占比超过70%;城镇就业占比超过了80%,全国城镇就业数是4.25亿人,非公有制企业就业数3.4亿,占80%;这两年特别是去年对新增就业的占比贡献超过90%。[2]非公有制经济在稳定增长、促进创新、增加就业、改善民生等方面作出了突出贡献。

在改革进程中,这个新兴的群体不仅向社会奉献公益慈善爱心,他们还发挥自身的独特优势,运用市场的手段在贫困地区发展经济,逐步形成了中国民企特有的扶贫开发模式。"光彩事业"其中的典型。1994年,刘永好等10位民营企业家发起光彩事业倡议,号召民营企业以消除贫困为宗旨,到老少边穷等贫困地区去,以项目投资为主要形式帮助贫困地区的贫困人口摆脱贫困。1995年10月25日,中国光彩会成立。当时,他们的计划是,到20世纪末,为老少边穷地区培训7000名人才,办700个项目,开发70种资源。经过20多年的发展,据不完全统计,截至2017年8月,共开展32次"光彩行"活动,签约项目数6144余个,辐射全国16个省(区、市),光彩事业累计实施光彩事业项目65672个,合同项目投资额约39650亿

---

[1] 高云龙:"高云龙:凝聚人心 汇聚力量 以习近平新时代中国特色社会主义思想为指引 开创工商联两个健康工作新局面",中央统战部公众号《统战新语》,2018年6月19日,2018年7月6日查阅。

[2] 高云龙:"高云龙:民营经济对经济社会发展做出了突出贡献 有'56789'的说法",新华网:http://www.xinhuanet.com/politics/2018lh/2018-03/06/c_137019922.htm。

元，接受捐赠20.49166亿元。[1]

党的十八大以来，中国脱贫事业进入攻坚阶段，光彩事业也随之升级换代。2015年的10月17日，全国工商联、国务院扶贫办、中国光彩会正式发起"万企帮万村"。该行动以民营企业为帮扶方，以建档立卡的贫困村、贫困户为帮扶对象，以签约结对、村企共建为主要形式，力争用3到5年时间，动员全国1万家以上民营企业参与，帮助1万个以上贫困村加快脱贫进程。

（二）"万企帮万村"的主要做法和典型案例

"万企帮万村"形成了强大凝聚力和影响力，启动实施两年多来，取得了显著的扶贫成效和巨大的政治、经济、社会效益。我们可以从他们的运营模式中观察到人权保障是如何实现的。"万企帮万村"的帮扶途径归纳起来有6大类：产业扶贫、商贸扶贫、就业扶贫、捐赠扶贫、智力扶贫、其它扶贫等。[2]其中，重点聚焦在三个方面：重点发展一批特色产业，重点解决一批贫困户劳动力就业，重点落实一批公益捐赠项目。[3]

产业扶贫。产业扶贫是"万企帮万村"最普遍、最具有代表性的重点帮扶路径，成效最为显著。产业扶贫直接帮助贫困群众脱贫、致富，有了经济基础，所有人权保障才有了源头活水。在秦巴山区集中连片扶贫核心区之一的四川省巴中市，四川七彩林业开发有限公司发展彩色苗木产业，采用了"龙头企业+专业合作社+专业大户+贫困户"的合作机制。目前，公司在巴中地区带动5区县、26乡镇、71个村发展彩色苗木产业基地2.94万亩，带动1696户建档立卡贫困户5598人实现户均年增收1.6万元，人均年增收4700元。[4]

近年来，随着互联网电商平台的兴起，"互联网+扶贫"模式帮助贫困县、村解

---

[1] "光彩事业简介"，中国光彩会官网：http://www.cspgp.org.cn/publicfiles/business/htmlfiles/cspgp/zzgk/index.html。

[2] 《全国工商联 国务院扶贫办 中国光彩会关于印发〈"万企帮万村"精准扶贫行动方案〉的通知》，全国工商联官网：http://www.acfic.org.cn/wqbwc/zcwj/201509/t20150922_3114.html。

[3] 《全国工商联 国务院扶贫办 中国光彩会关于推进"万企帮万村"精准扶贫行动的实施意见》，全国工商联官网：http://www.acfic.org.cn/wqbwc/zcwj/201601/t20160119_3126.html。

[4] 2018年5月初，笔者在巴中市南江县采访七彩林业总经理王明理以及南江县正直镇长滩村党支部书记张亮。

决商业终端的销售难题。例如，从2016年第1季度至2017年第2季度，京东电商平台共扶持注册地来自832个国家级贫困县的商户6003家，帮助贫困县销售商品153亿元；农特产品的线上销售已覆盖136个三级品类，在售商品种类达283万种。[1]

就业扶贫。授人以鱼不如授人以渔，民营企业深刻地懂得这一道理，它们通过就业培训等机制为贫困群众提供了自我发展的机会。在脱贫的过程中，贫困群众可以学到新知识、掌握新的劳动技能，学习原本欠缺的市场技巧等。民企帮扶进一步激发他们自我发展的内生动力，提升了他们的生活能力、发展能力，为实现工作权、受教育权等其他人权创造了条件。如意集团是全球知名的创新型技术纺织服装制造企业，企业开辟了扶贫生产线（车间），探索通过集中生产与家庭分散加工相结合的就业模式，支持贫困人口居家就业和灵活就业。针对一些家庭贫困的员工文化水平较低、学习能力弱的特点，公司开展专项技能培训，特地把这些员工集中安排在工序较为简单的生产线岗位上，简称"扶贫线"。去年笔者去企业的银川园区现场采访得知，该园区"扶贫线"有员工180人，当时预计人均年收入可达4.4万元。在银川市月牙湖乡、通贵乡等精准扶贫移民区，企业建设了扶贫车间3个，安排当地留守人员100余人按计件灵活工作，其中建档立卡贫困人口86人。[2]

捐赠扶贫。"万企帮万村"动员的民企捐赠数额巨大，许多民企根据企业主要出资人的喜好选定捐赠方向。上海复星集团设立1350万元人民币的"光彩·复星乡村医生精准扶贫专项基金"，用于面向24个国家级贫困县的乡村医生精准扶贫项目。上海均瑶集团设立1亿元人民币的"光彩·均瑶扶贫济困专项基金"。目前，这些专项基金的方案已完成设计。[3]

推动社会治理创新，保障贫困人口的社会权利和政治权利。民营企业在帮助贫困人口脱贫的同时，还将现代社会治理理念引入贫困地区，推动贫困地区社会治理创新，从而在保障生存权、发展权的同时，推进贫困人口社会权利和政治权利的发展。例如兴伟集团。2015年，兴伟集团无偿投资3.77亿元结对帮扶贵州省安顺市普

---

[1] "京东发布电商精准扶贫年度报告"，中国经济网，http://finance.ce.cn/gsxw/201707/28/t20170728_24548572.shtml。

[2] 2017年7月初，笔者在银川市采访如意集团宁夏园区的公司党委书记牛家珍以及贫困户员工。

[3] 2018年4月18日，笔者参加中国光彩事业基金会专项基金签约仪式获得信息。

定县秀水村，发展现代农业和旅游业。具体做法是"农村资源变资产、资金变股金、农民变股东改革"（简称"三变"改革）。"三变"的第一个结果是形成全体村民共同认可的利益分配格局——"秀水五股"：10%人头股，户口在秀水村的村民都有股份；30%土地股，每分土地为一股，按股分红；30%效益股，在项目建设期间，村民轮流投工投劳累积工分，经村民代表大会认可后按股分红；5%孝亲股，65岁以上村民享有养老金；25%发展股，主要用于增加集体经济积累、后续发展投入、乡村公益事业等。第二个结果是社会治理创新，重视农民的主体作用，把选择权交给农民，确保农民知情权、参与权、表达权、监督权，真正让农民也成为改革的参与者和受益者。[1]2016年春节期间，632户土地股民分享了2016年度土地股870余万元红利，按一股100元的方式计算，村民最高的可领到7万多元。

"万企帮万村"在扶贫模式探索上迈出了重要步伐，丰富了民营企业扶贫的路径和方式，其因地制宜、共建共享的模式也在思路上为全国脱贫攻坚提供了有益借鉴。2018年2月12日，习近平总书记在成都主持召开打好精准脱贫攻坚战座谈会，肯定了"万企帮万村"行动取得的成绩。[2]

三、比较视野中的民企扶贫与人权发展

中国民企放弃高利润，自愿到成本高、利润低的贫困地区去发展产业，为国际减贫事业贡献了中国版本。与西方国家的企业家扶贫相比，中国版本的民企扶贫至少在政治基础、文化底蕴、组织架构、模式创新等方面表现出自己鲜明的特色。

（一）"先富帮后富，最终实现共同富裕"的理论，是中国民企参与扶贫的政治基础

中国坚持发挥社会主义制度的优越性，坚持广泛动员社会力量参与扶贫，形成扶贫统一战线。1984年10月，中共十二届三中全会通过《关于经济体制改革的决定》，

---

[1] 2017年8月底，笔者在全国政协"实施精准扶贫中存在的问题和建议"专题议政性常委会议期间采访兴伟集团董事长王伟。

[2] 谢经荣："谢经荣同志在深入推进'万企帮万村'精准扶贫行动座谈会上的讲话"，全国工商联官网，http://www.acfic.org.cn/ldzc_311/zzhld/xjr/wz/201806/t20180608_53518.html。

首次把鼓励"一部分人先富起来"的政策写进党的文件,文件明确指出,"只有允许和鼓励一部分地区、一部分企业和一部分人依靠勤奋劳动先富起来,才能对大多数人产生强烈的吸引和鼓舞作用,并带动越来越多的人一浪接一浪地走向富裕。"[1]

"先富"强调效率,"共富"强调公平。"先富"要让一切创造社会财富的源泉充分涌流,使市场在资源配置中发挥决定性作用,做大社会财富"蛋糕"。"共富"是要更好地发挥政府的作用,完善分配调节机制,推进人人都享有改革发展成果的权利,实现共同富裕。中国特色社会主义进入新时代,习近平指出,全面小康是全体中国人民的小康,不能出现有人掉队。[2]以习近平同志为核心的党中央实施精准扶贫精准脱贫基本方略是"共富"理论原则的进一步深化与发展。

中国民企认同社会主义的"共富"理论,民企自身的发展是先富,民企发展起来后参与扶贫是带领其他人走向共同富裕,这是"光彩事业""万企帮万村"的政治基础。从这个意义上讲,民企参与扶贫不仅仅是一项慈善事业,它更是社会主义实践,是中国改革和发展事业的有机组成部分。它与西方企业基于宗教发展起来的慈善观念捐资扶贫的行为形成了鲜明对比。

正因如此,1994年《国家八七扶贫攻坚计划》实施之时,"光彩事业"发起;2015年国家精准扶贫战略实施之时,"万企帮万村"启动;2017年10月,党的十九大报告首次提出实施乡村振兴战略,2018年6月19日,在全国工商联的组织下,34位知名民营企业家向全国民营企业家发起积极参与乡村振兴战略的倡议。可以说,在过去的20多年中,先富起来的民营企业家一直努力通过自己的行动践行"先富帮后富,最终实现共同富裕"的理想,将自身的发展和社会主义建设事业紧密结合起来,并最终推动世界人权事业向前发展。

(二)"义利结合、以义为先"的儒家传统是民企参与扶贫的文化底蕴

中国民企的扶贫创举深受中国儒家文化的影响。孔子说:"富与贵,人之所欲也,不以其道得之,不处也;贫与贱,是人之所恶也,不以其道得之,不去也。""君

---

[1] 《中共中央关于经济体制改革的决定》,《人民日报》1984年10月21日,第一版。
[2] 习近平:"2015减贫与发展论坛今日举行 习近平发表主旨演讲(全文)",人民网, http://politics.people.com.cn/n/2015/1016/c1001-27706189.html。

子喻于义，小人喻于利。"[1] "以义为先"，还是"以利为先"，这是区分君子和小人的标准。修身齐家治国平天下的儒家理论，千百年来深刻地影响着中国人，也深刻影响了中国的商业伦理。诚实守信、扶危济困、知感恩等构成中国儒商的基本底色。"光彩事业"既是一种经济行为，又是一种充满感情的道德行为。

2001年11月，在中国光彩事业二届二次理事会上，"光彩精神"概括为："致富思源，富而思进，扶危济困，共同富裕，义利兼顾，德行并重，发展企业，回馈社会。"2015年10月，中国光彩会第五次会员代表大会表决通过，将"光彩精神"进一步修正为"致富思源，富而思进，义利兼顾，以义为先，扶危济困，共同富裕"。这次修正更加凸显了中国民企扶贫的经济价值观与道德观，"义利兼顾，以义为先"成为今天的光彩精神的核心理念。

相比较而言，西方企业家扶贫济困思想深受宗教文化的影响。上帝决定社会的贫富不均，人有优劣之分，处于社会上层的人是靠个人才能和努力取得财富，但获得财富之后，就有责任帮助"不幸"的穷人"兄弟"。1889年，安德鲁·卡耐基在《北美评论》(North American Review) 6月号发表了《财富的福音》(The Gospel of Wealth)，他写道，"我们的时代的问题在于如何适当地管理财富，俾使富人和穷人仍能在和谐的关系之中相处如兄弟。"根据他的思路，富人的成功已证明他们最优秀，有能力也有责任为穷人"兄弟"管理好这笔财富，富人要引导社会发展的方向。[2] 卡耐基的这篇文章被认为是西方企业家扶贫动机与哲学理念的经典之作，也成为了后世西方企业家扶贫思想的源泉。

尽管中西方扶贫动机以及理念不尽相同，但均根植于自身的文化传统，从中汲取动力，都达到了造福社会的效果。也正是根植于东方文化传统，民企扶贫在中国的土地上能够被理解和认同，展现出旺盛的生命力。

（三）完整的组织架构是中国民企参与扶贫取得成功的基础

民营企业到贫困地区扶贫，去做扶贫项目在全国已经形成了燎原态势。形成这样的态势靠的是体制机制的优越性。具体而言，就是一套自上而下的组织网络。这

---

[1]　《论语·里仁》。
[2]　资中筠：《财富的责任与资本主义的演变》，上海三联书店，2015年，第332页。

套组织网络包括4个部分：(1)光彩会的组织网络；(2)工商联系统；(3)政府的扶贫办系统；(4)中国农业发展银行的银行网络。这四套体系共同构成了全国性的推进"万企帮万村"的立体大网。

这张立体大网在推进"万企帮万村"中发挥了重要的作用。首先，它发挥着"协调器"的作用。工商联是政协的组成单位，上至全国工商联，下至基层工商联，都具有参政议政的优势，有利于在政策或制度设计、落实层面促进"万企帮万村"。工商联的身份利于协助企业协调各种关系。例如协调企业与政府的关系，将企业的优势和地方的优势结合起来；协调企业与群众、其他社会力量的关系，协商达成共识，形成合力。其次，它构建了一套学习机制，使制度创新的扩散不仅范围广，而且更有效率。几乎每一个省的省市县三级经常组织推进会、观摩会等交流活动，各省之间、特别是东西协作机制的对口省份更是交流频繁，这些做法促进了经济、政策信息的传播，成功经验的推广与借鉴，推动形成了正向的社会影响力。

相比较而言，由于西方国家体制机制等方面的原因，西方企业家在扶贫中很难形成这种自上而下的组织网络。西方企业家扶贫，或者受到企业家资助开展扶贫工作的NGO组织所覆盖的区域主要呈现点状分布特点。他们可以获得"点"上的经验或突破，但没有成套体制机制来保障制度创新的推广。由此，他们与政府在扶贫政策方面的博弈显得单薄，影响力不强或效果十分有限。

（四）扶贫模式的不断创新是民企参与扶贫取得成功的关键

无论是发达国家还是发展中国家，都有许多独具特色的扶贫模式。中国幅员辽阔，贫困类型比较多样化和复杂化，多方形成的合力给予民营企业创造、创新精准扶贫模式更多的探索空间。民企、行业商会和工商联因地制宜、因企制宜、因人制宜的扶贫经验都是对世界减贫事业的贡献。

产业扶贫、就业扶贫、重视发挥农村合作组织的作用，是国际扶贫的重要经验。"万企帮万村"的产业扶贫突出精准的宗旨，注重点面结合，既精准选择产业，又精准聚焦贫困村、贫困户，统筹兼顾脱贫以及后续的可持续发展问题，践行"人权保障没有最好,只有更好"[1]的理念。中国民企积极与农村基层合作社组织合作,甚至牵头帮助农村成立合作社组织,体现了他们尊重农村人权的特点。"万企帮万村"许多产业扶贫模式与国际流行的产业扶贫模式基本殊途同归,而来自中国民企的产业扶贫模式则更为丰富多彩,在微观层面得出的经验更为丰富。

四、结语

中国民营企业大规模参与扶贫的行动,是中国人权事业进步的重要组成部分。截至2017年底,"万企帮万村"精准扶贫行动已有4.62万家民营企业精准帮扶5.12万个村(其中建档立卡贫困村3.36万个),投资527亿元实施产业扶贫项目,捐资公益帮扶109亿元,安置就业50万人,技能培训54万人次,带动和惠及了620多万建档立卡贫困人口。[2]

中国民企的扶贫经验传递出来的,是中国的道路自信、理论自信、制度自信、文化自信的声音,是中国推动和促进人权进步的声音。我们需要向世界发出中国民企扶贫与人权发展的好声音。

讲好扶贫与人权发展的民企故事,首先要旗帜鲜明地肯定非公有制经济是经济持续健康发展的重要力量[3],要将民企扶贫与人权发展放在中国40年改革开放的历史进程中来进行叙事,用历史的眼光来透视扶贫的过去、现在和未来;其发展成果是改革开放的重要成果;选取典型的民企扶贫案例,从真实的扶贫故事、脱贫故事中总结民企扶贫的经验与贫困群众人权发展进程;摒弃落后的"仇富"观念,正确评价民企的扶贫成绩,营造创造价值光荣、扶贫光荣的社会氛围,激励更多的民企参与社会扶贫。

讲好这个故事,要有现实针对性。要将民企扶贫放在世界人权事业发展的背景

---

[1] 习近平:"习近平致'2015·北京人权论坛'的贺信",新华网,http://www.xinhuanet.com/politics/2015-09/16/c_1116583281.htm。

[2] 谢经荣:"谢经荣同志在深入推进'万企帮万村'精准扶贫行动座谈会上的讲话",全国工商联官网,http://www.acfic.org.cn/ldzc_311/zzhld/xjr/wz/201806/t20180608_53518.html。

[3] 习近平:"毫不动摇坚持我国基本经济制度 推动各种所有制经济健康发展",新华网,http://www.xinhuanet.com/politics/2016-03/09/c_1118271629.htm。

中来加以观察，针对西方的舆论宣传，对全世界讲好中国民企扶贫与人权发展的故事。在过去的几十年中，中国的人权事业取得了长足的进步，但是，一些西方舆论常常对此视而不见，甚至以一己之私的偏见抹黑中国。我们有必要以民企扶贫与人权发展为切入点，向世界讲述真实的中国人权，讲述中国改革开放40年来取得的人权成就。

讲好这个故事，更要有国际的视野。"构建人类命运共同体"的理念是中国对世界人权发展事业的重大贡献。多年来，"义利兼顾，以义为先"是许多中国民企在走出国门发展时自觉坚守的信条，他们与所在国人民共建共享利益，符合习近平总书记提出的"人类命运共同体"理念。随着中国提出的"一带一路"倡议被越来越多的国家认同，从非政府部门的角度讲好"光彩事业""万企帮万村"的故事，是传播"人类命运共同体"理念的极佳切入点之一。

(作者吴志红系《人民政协报》编辑；作者谈火生系清华大学社会科学学院政治学系副主任)

习近平精准扶贫重要论述对人权保障的贡献

[中国] 鲜开林

消除贫困,最终实现共同富裕,是人类梦寐以求的共同理想,是各国人民追求幸福生活的基本权利。对于广大发展中国家来说,有效实现这一崇高目标,迫切需要精准扶贫的科学理论指导和精准扶贫的成功实践引领。习近平精准扶贫重要论述,恰好就是这一迫切需求的绝妙回答。习近平精准扶贫重要论述的核心要义,在于坚持人权的普遍性原则与中国的具体实际情况相结合,走出一条适合中国国情的精准扶贫脱贫治理道路,让发展成果更多更公平惠及全体人民。习近平精准扶贫重要论述对人权保障的贡献,主要表现在"扶持谁""谁来扶""怎么扶""如何退"四个方面和国际人权进步事业的巨大推动作用。

一、精准"扶持谁",明确了扶贫的人权保障享受主体

人权保障的享受主体是指什么人可以享有和应当享有人权。西方传统理念认为,人权保障的享受主体仅仅是指个人,即便个人人权也仅限定在个人政治权利范围内。其实,随着时代的发展和社会实践的演进,这一传统观念早就发生了深刻变化。社会群体以至民族、国家和全人类都已成为人权保障的享受主体,早已成为不证自明的客观事实,一系列国际人权公约和文书也对此明确肯定。一是个体人权主体,主要指单个的现实个体"人"。人权的主体即人权的具体"享有者"和"行使者",主要指个人,即有生命的自然人或鲜活的个体人。只要他(她)是人,就是人权的主体,就应当享有人权。《世界人权宣言》明确指出:"人人有

资格享有本宣言所载的一切权利和自由,不分种族、肤色、性别、语言、宗教、政治或其他见解、国籍或社会出身、财产、出生或其他身份等任何区别。并且不得因一人所属的国家或领土的、政治的、行政的或者国际的地位之不同而有所区别,无论该领土是独立领土、托管领土、非自治领土或者处于其他任何主权限制的情况之下。"[1]虽然人权保障享受主体在实践中经历过很大的发展变化,现代人权主体已经呈现出多元化趋势,如当前我国现实个体人权主体,既包括工人、农民和知识分子以及解放军指战员,还包括新的社会阶层以及最广泛的爱国者和最广泛的联盟者。但人人都应当享有人权,个体权利是人权的基本主体,这一理念是永恒不变的。二是特殊群体权利的保障主体。人权保障的享受主体主要指个人,但同时还包括某些特殊群体。这是"人"作为人权主体的延伸。这些特殊群体包括:妇女、儿童、残疾人、少数种族或民族、消费者、失业者的权利,甚至还包括犯罪嫌疑人以及罪犯的权利在内。这些特殊社会群体权利的出现,在历史上有一个发展过程。在20世纪中后期,这些特殊群体权利逐步由国内进入国际,现已得到许多国际人权文书、公约认可,如《消除对妇女一切形式歧视公约》(1979)、《儿童权利国际公约》(1989)、《清除一切形式种族歧视公约》(1965)、《关于促进就业和失业保护公约》(1988)、《囚犯待遇最低限度标准规则》(1955),等等。这些特殊群体的一个共同特点是他们属于社会弱势群体的范畴,其权利保障的理论基础是正义理念与人道原则。随着人类文明的不断发展和提高,社会特殊群体的权利保障主体必将日益完善和加强。

习近平精准扶贫重要论述的人权保障主体,是指不发达地区贫困人口的统称,是特殊群体权利的特别关心和特别关爱,目的在于更好地让发展成果更多更公平惠及贫困地区贫困人口,是我们党全心全意为人民服务根本宗旨在精准扶贫中的集中体现,也是党和政府精准扶贫的重大职责。如果说"全面小康与中国梦相互激荡,凝聚为全社会的'最大公约数'",那么,精准扶贫、精准脱贫则是全面小康的"最后一公里",是对社会特殊群体合法权利保障享受主体的具体化。

---

[1] 《世界人权宣言》第2条,见中国人权研究会主编《世界人权宣言与中国人权》,四川人民出版社,1998年,附录第1页。

习近平指出："要坚持精准扶贫、精准脱贫。首先就要解决好'扶持谁'的问题，确保把真正的贫困人口弄清楚，把贫困人口、贫困程度、致贫原因等搞清楚，以便做到因户施策、因人施策。"[1]

解决"扶持谁"的问题，要求实现"扶持对象精准"，具体工作内容为精准识别和精准管理。2013年底，中办、国办印发《关于创新机制扎实推进农村扶贫开发的意见》提出由国家统一制定识别办法，并按照县为单位、规模控制、分级负责、精准识别、动态管理的原则，开展贫困人口识别、建档立卡和建立全国扶贫信息网络系统等工作。2014年5月，国务院扶贫办等中央部门联合印发关于建档立卡、建立精准扶贫工作机制等文件，对贫困户和贫困村建档立卡的目标、方法和步骤、工作要求等做出部署。2014年4月—10月，全国组织80万人深入农村开展贫困识别和建档立卡工作，共识别12.8万个贫困村、8962万贫困人口，建立起全国扶贫开发信息系统。2015年8月—2016年6月，全国动员近200万人开展建档立卡"回头看"，补录贫困人口807万，剔除识别不准人口929万，较好地解决了"扶持谁"的问题。

在习近平精准扶贫重要论述的引领下，近年来中国的扶贫脱贫事业成效更加显著。改革开放40年来，中国有7亿多人口摆脱了贫困，对全球减贫的贡献率超过70%。近五年来，中国脱贫攻坚取得决定性进展，贫困发生率从10.2%下降到4%以下。[2]"十八大以来，我国每年减贫1300万人以上，这是一个'前所未有'的成绩。"[3]中国成为全球首个实现联合国千年发展目标贫困人口比例减半的国家，中国减贫的成效获国际社会的高度赞扬。同时，中国精准扶贫模式具有可持续发展的特点，它改变了以往救济式的扶贫方式，将为贫困地区和贫困人口输血模式转变为造血模式，促进贫困地区产业发展，带动贫困人口就业。"造血模式"完善贫困地区基础设施，促进资源开发，提升贫困地区和贫困人口的自我积累和自我发展能力，从而实现减贫脱贫，极大地改善和推动了贫困地区生存权和发展

---

[1] 《人民日报》2015年12月5日。
[2] "国务院新闻办公室发布《中国的减贫行动与人权进步》白皮书"，《人民日报》2016年10月17日。
[3] 《人民日报》2018年2月18日。

权的进步发展。

二、精准"谁来扶",规定了扶贫的人权保障责任主体

人权是每个公民与生俱来的应有权利,它要求国家和政府以及社会组织承担起义不容辞的保障责任主体。尊重和保障人权,既是国家和政府的首要职责,也是国家政府拥有和行使公共权力的合法性基础。国家和政府公共权力的系统性,决定了国家和政府的人权保障责任主体也是一个有机整体。美国前国家安全顾问、著名的国际问题专家布热津斯基指出:西方社会"在失控和可能仅为少数人自私地谋取好处的金融体系下","民主是否还能繁荣,这还真是一个问题。"[1]

习近平指出:"要解决好'谁来扶'的问题,加快形成中央统筹、省(自治区、直辖市)负总责、市(地)县抓落实的扶贫开发工作机制,做到分工明确、责任清晰、任务到人、考核到位。"[2]近年来,在习近平精准扶贫重要论述的引领下,一是中国建立起了脱贫攻坚责任体系。中央先后出台了《省级党委和政府扶贫开发工作成效考核办法》,脱贫攻坚任务重的省份的党政主要负责人向中央签署脱贫责任书,层层签订脱贫责任书、立下军令状,形成省市县乡村五级书记抓扶贫工作格局。二是建立干部驻村帮扶制度。十八大以来,全国先后选派79.5万名干部驻村帮扶、20.5万名优秀干部到贫困村和基层组织薄弱涣散村担任第一书记,解决扶贫"最后一公里"难题。三是东西扶贫协作深化,结对关系调整完善。也就是经济社会发达的东部省份,积极支持欠发达或不发达的西部省份,东部267个经济较强县(市、区)结对帮扶西部406个贫困县,中央层面共有310个单位定点帮扶592个贫困县,实施"百县万村"行动、"万企帮万村"等社会扶贫。

习近平精准扶贫重要论述的人权保障责任主体内涵,恰好充分发挥执政党和国家政府各个层级、各种力量的积极性、主动性,从而形成精准扶贫人权保障责任

---

[1] 詹得雄:"《西方民主还真是一个问题》,西方发达资本主义国家的反思之二",《参考消息》2012年4月3日。
[2] 《人民日报》2015年12月28日。

主体的整体合力。一是产共党执政精准扶贫的根本责任主导，二是各级责任政府部门精准扶贫的积极作为，三是参政党精准扶贫的参政议政，四是全休公民精准扶贫的有序参与，五是各级非政府组织精准扶贫的大力配合，等等。习近平这一精准扶贫重要论述的人权保障责任主体的整体性，最大限度地凝聚各种力量、集中国力精准扶贫精准脱贫，这不仅使符合中国国情的精准扶贫更加有效地推动人权发展之路，而且贡献了世界扶贫脱贫的中国创造和中国智慧。

三、精准"怎么扶"，理清了扶贫的人权保障运行机制

生存权和发展权作为首要基本人权，是个人实现其他权利和进一步发展的基础和前提。马克思、恩格斯指出："任何权利永远不能超出社会的经济结构以及由经济结构制约的社会的文化发展。"[1]贫困地区的人权保障应契合贫困地区的经济社会发展水平和贫困地区基本情况，切实完善贫困地区人权保障的运行机制。在生存权和发展权中最基本的问题是温饱问题，只有温饱问题得以解决，才能保障生存权和发展权，进而才能实现政治、经济、文化方面的权利发展。中国精准扶贫通过特色产业脱贫、精准脱贫、扶贫开发等模式，不仅解决贫困人口的温饱问题，还为贫困人口开拓就业渠道。

习近平指出："要解决好'怎么扶'的问题，按照贫困地区和贫困人口的具体情况，实施'五个一批工程'"[2]。自提出精准扶贫思想以来，习近平在各地调研时多次提及这一理念，并于2015年6月在贵州提出，扶贫工作要做到"切实落实领导责任、切实做到精准扶贫、切实强化社会合力、切实加强基层组织"，并将精准扶贫思想概括为"扶贫对象精准、项目安排精准、资金使用精准、措施到户精准、因村派人精准、脱贫成效精准"。"要提高扶贫措施有效性，核心是因地制宜、因人因户因村施策，突出产业扶贫，提高组织化程度，培育带动贫困人口脱贫的经济实体。"推进精准帮扶工作是解决"怎么扶"问题的重点，实现"项目安排精准、资金使用精

---

[1] 《马克思恩格斯选集》第3卷，人民出版社，1994年，第12页。
[2] 《人民日报》2015年12月28日。

准、因村派人精准"[1]。

习近平精准"怎么扶"的重要论述，为我们理清了精准扶贫的人权保障运行机制。在坚持人权普遍性原则与贫困地区具体情况相结合的基础上，切实理清贫困地区人权保障的基本思路。

第一，科学设计精准扶贫的工作流程。有关中国政府实施的精准扶贫，最早在官方文件上可查询的是2009年国务院相关部门开展的贫困户识别与分类工作，旨在促进农村低保制度建立和扶贫政策对接工作。现阶段精准扶贫的流程设计必须提高有效性。精准扶贫的首要路径是精心设计精准扶贫工作流程的科学机制，大致包括贫困户的精准识别、精准帮扶、动态管理和精准考核四个环节。精准识别是精准扶贫的首要流程，要求防止目标偏移，保证瞄准扶贫对象；精准帮扶要求依照贫困户致贫原因和脱贫条件，以针对性办法扶持贫困群体；动态管理要求对扶贫工作进行实时跟踪和把控，根据扶贫进展及时调整；精准考核是保证"脱贫成效精准"的必要手段，及时对政策实施后的扶贫效果进行评估。最终形成在扶贫工作中的目标识别、贫困治理、动态管理、成效考核、成功脱贫、后续跟踪的一系列反应过程。

第二，形成完整的精准扶贫政策体系。精准扶贫政策涉及到金融支持、社会救助、产业发展等多个领域的公共政策过程，落实习近平精准扶贫重要论述的主要抓手是要形成完整的精准扶贫政策体系。

第三，精准扶贫政策体系应当兼顾统一性和灵活性。政策体系必须要在全国范围内保持同级别的政策强度，保证各个贫困地区整体向脱贫目标和小康社会指标靠近，在2020年如期脱贫；省、市、县、乡、村，直至农户，每一贫困户贫困原因、程度、特点，脱贫的禀赋、资源、机遇，以及返贫的可能性等都不尽相同，不能各地都依照完全相同的扶贫办法，应当允许和鼓励各级、各地扶贫单位因地制宜、因人定策，灵活开展个性化扶贫工作。

---

[1] 《人民日报》2015年6月15日。

四、精准"如何退",指明了扶贫的人权保障目标标准

各民族各地区人民的平等发展权既是首要基本人权的重要原则,又是法治人权的核心理念,还是人权发展的重要目标。精准脱贫"如何退"既是精准扶贫的重要目标,又是精准扶贫人权保障的重要目标。精准脱贫的根本目的,在于切实保障和改善贫困地区的民生问题,发展贫困地区各项社会事业,使发展成果更多更公平惠及贫困地区的贫困人口,保障贫困地区贫困人口平等参与、平等发展权利。

习近平指出:"精准扶贫是为了精准脱贫。要设定时间表,实现有序退出,既要防止拖延病,又要防止急躁症。要留出缓冲期,在一定时间内实行摘帽不摘政策。要实行严格评估,按照摘帽标准验收。要实行逐户销号,做到脱贫到人,脱没脱贫要同群众一起算账,要群众认账。"[1]

2016年4月,中办、国办印发《关于建立贫困退出的意见》对贫困户、贫困村、贫困县退出的标准、程序和相关要求作出细致规定,为贫困人口退出提供制度保障。严格实施考核评估制度,组织开展省级党委和政府扶贫工作成效考核,就各地贫困人口识别和退出准确率、因村因户帮扶工作群众满意度、"两不愁三保障"实现情况等开展第三方评估;结合收集的情况和各省总结,按照定性定量相结合、第三方评估数据与部门数据相结合、年度考核与平时掌握情况相结合的原则,对各省(自治区、直辖市)脱贫攻坚成效开展综合分析,形成考核意见;对综合评价好的省份通报表扬,对综合评价较差且发现突出问题的省份,约谈党政主要负责人,对综合评价一般或发现某些方面问题突出的省份,约谈分管负责人。将考核结果作为省级党委、政府主要负责人和领导班子综合考核评价的重要依据。

一是坚持精准脱贫目标标准,切实确保精准脱贫任务完成。脱贫的标准就是"两不愁三保障"(我国新时期农村扶贫开发的总体目标,是到2020年稳定实现扶贫对象,即稳定实现农村相对贫困人口不愁吃、不愁穿,义务教育、基本医疗和住房安全有保障)。不能盲目提高,也不能降低标准,时限就是2020年,不能急

---

[1] 《人民日报》2016年3月8日。

躁，也不能拖延。从当前情况看，按照现有的政策力度和工作力度，只要真抓实干，是可以实现脱贫目标的。一要调整完善脱贫攻坚滚动规划和年度计划。贫困县一般应在2019年前摘帽，贫困人口应在2020年如期脱贫。低保兜底尽量往后靠，对那些确实不能依靠自身努力脱贫的，到最后才低保兜底。脱贫规划要有合理时序，既要防止急躁，又要防止拖延。二要保持脱贫攻坚政策的稳定。包括贫困县党政正职稳定、驻村帮扶、东西部扶贫协作、党政机关定点扶贫，2020年前都不变。三要在做好贫困县贫困村脱贫攻坚的同时，高度重视非贫困县非贫困村的脱贫攻坚，防止出现死角。

二是坚持精准脱贫的问题导向，切实解决精准脱贫困难问题。针对当前突出困难和问题，一要集中力量攻坚。要进一步瞄准深度贫困地区、贫困村、因病致贫贫困户，这是我们要攻的"坚"。加大对典型的深度贫困地区的基础设施和公共服务建设支持力度。组织实施贫困村提升工程，培育壮大集体经济，完善基础设施，打通脱贫攻坚政策"最后一公里"。落实健康扶贫政策，降低因病致贫贫困户医疗费用支出，进一步解决大病和慢性病治疗、救助问题，减轻贫困家庭医疗负担。二要抓好考核发现问题整改。纠正不严不实不精准，特别是要纠正形式主义，严防弄虚作假。要通过教育培训等措施，增强基层扶贫干部"绣花"能力，提高贫困识别、帮扶、退出精准度。

三是坚持精准脱贫基本方略，切实打牢精准脱贫基础性工作。一要完善建档立卡，摸准贫困底数。准确识别贫困户是很难的，农村基础薄弱、情况复杂，人口流动性大，再加上人情社会、落后观念等因素，难度更大。精准永远在路上。下一步，要把符合建档立卡条件的贫困人口全部纳入，只要是贫困人口，不管什么原因、什么类型，都应纳入，做到不落一人。与此同时，还要对2014年以来的脱贫人口的返贫情况进行调研，探索建立稳定脱贫的长效机制。二要规范驻村帮扶，增强基层力量。中央要求，每个贫困村都要派驻村工作队，每个贫困户都要有帮扶责任人，实现全覆盖。第一书记和驻村干部积极帮助群众出主意干实事，推动各项扶贫措施落地落实，打通精准扶贫"最后一公里"。国家层面将出台指导意见，各地要加强驻村干部管理,加强贫困村两委建设,选好配强村两委班子,培养一支永远不走的工作队。三要强化资金监管,提高使用效益。将继续加强纪检、检察、审计、财政监督和群众、社会监督,特别是把乡村两级组织作为重点,加大惩处力度,保持高压态势。全面推进贫困县财政涉农资金统筹整合,加大指导督促检查,提高扶贫资金使用效率和效益。进一步完善扶贫资金公告公示制度,提升扶贫资金项目的透明度。

四是坚持精准脱贫从严考核,倒逼精准脱贫真抓实干。考核是全面从严治党在脱贫攻坚领域的重要体现,是倒逼各地抓好落实、检验脱贫质量的重要手段。要按中央要求,继续实行最严格的考核评估制度,坚决防止虚假脱贫、数字脱贫、一兜了之等敷衍了事、不实不准、弄虚作假行为,倒逼各地落实脱贫攻坚工作责任,把求真务实的导向立起来,把真抓实干的规矩严起来,确保脱贫结果经得起历史和实践的检验。

五是坚持精准脱贫改革创新,建立精准脱贫运行机制。随着脱贫攻坚深入推进,难题和矛盾还会不断出现,必须结合实际,创新扶贫工作方式。鼓励基层探索试点,建立容错纠错机制,对探索中出现的问题及时纠正。对涉及长远的问题,思想观念、陈规陋习等,也需要改革,需要一个过程。

习近平精准扶贫重要论述对人权保障的卓越贡献,还突出表现在对国际减贫和国际人权事业的巨大推动作用。党的十八大以来,以习近平同志为核心的党中央历史性地提出到2020年消除绝对贫困的奋斗目标,推动脱贫攻坚取得决定性的进展,近几年来,"中国贫困规模大幅缩小,农村贫困人口由2012年的9899万人减少到2017年3046万人,累计减贫6853万人,平均每年减少1370万人,减贫规模前所未有。贫困发生率从10.2%下降到了3.1%,累计降低7.1个百分点,贫困县数量首次减少,解决了区域性整体贫困,迈出了坚实的步伐。"[1]这是对国际减贫事业和国际人权进步的卓越贡献。"中国致力于消除本国贫困的同时,积极支持和帮助广大发展中国家消除贫困。新中国成立60多年来,中国共向166个国家和国际组织提供了近4000

---

[1] 《人民日报》2018年5月28日。

亿元人民币援助，派遣60多万援助人员，先后7次宣布无条件免除重债国和最不发达国家对华到期政府无息贷款债务，向69个国家提供医疗援助，为120多个发展中国家落实千年发展目标提供帮助。"[1]中国对世界减贫和人权事业的卓越贡献，得到了国际社会的高度赞扬和高度评价，多位联合国官员称："中国的扶贫成就令世界瞩目，创造了人间奇迹。"

总而言之，习近平精准扶贫重要论述对人权保障的卓越贡献，就在于精准扶贫的科学理论指导和成功实践经验总结，为推动中国和世界人权事业发展进步贡献了中国智慧和中国方案——消除贫困，共建一个没有贫困、共同发展的人类命运共同体。

(作者鲜开林系东北财经大学人权研究与教育中心执行主任)

---

[1] 中华人民共和国新闻办公室：《中国的减贫行动与人权进步》白皮书，《人民日报》2016年10月17日。

中国的精准减贫实践及其人权法评论

[中国] 肖君拥

"中国一直是减贫事业的积极倡导者、国际人权事业的忠实实践者和有力推动者。"2016年10月17日,《中国的减贫行动与人权进步》(白皮书)甫一发表,有关中国减贫行动的力度、措施与成就等"中国减贫"话题迅速引发国际国内社会的广泛、持久的关注与热议。2018年7月,巴基斯坦新当选领导人、代表正义运动党(PTI)的伊姆兰·汗立即表态,执政后将深入学习中国的扶贫经验。中国减贫行动与成就,直接受益者是经济与社会生活困难的人民群众,但它也无疑是对国内国际人权事业的极大推动,对国际人权法的贯彻与实施极具启发意义。

一、减贫行动的人权意义

(一)减贫体现了国家的国内国际法律义务

扶助贫困、摆脱贫困、实现共同富裕,既是一国国内政治经济法律秩序维持安定的需要,也是国际人权法上各项人权标准得以实现的基础条件与重要内容。中国传统文化中讲求"和",追求社会"大同",历朝历代无论朝野,都关心社会贫弱者。中国共产党自组建伊始,基于当时社会落后、大众劳苦的现状,就决心以无产阶级和中华民族的先锋队身份领导革命、带来改变。中华人民共和国成立之后,各届党的领导人和人民政府都不忘执政承诺,致力于国家富强和人民生活改善。实施改革开放政策以来的40年间,国家的整体实力和人民的生活水平都实现了大跨越发展。小康路上,不让每一个人掉队。这是最大化实现宪法和法律的人权保障原则的逻辑贯彻。国际人权法上,要求主权国家最大化尊重、保障、实现国民的"适足生活水准权",直接相关的权利有食物权、住房权、健康权等,其他相关权利有社会保障权、社会救助权、公民权利与政治权利等。国际人权法上的国家义务，就是要努力实现人人免于匮乏，托底最低生活水准，实现整体的生活富裕、社会团结、政治文明。

（二）减贫是补强人权事业发展"短板"的最有效方法

1978年以来，中国有7亿多贫困人口摆脱贫困，农村贫困人口减少到2015年的5575万人，贫困发生率下降到5.7%，基础设施明显改善，基本公共服务保障水平持续提高，扶贫机制创新迈出重大步伐，有力促进了贫困人口基本权利的实现，为全面建成小康社会打下了坚实基础，堪称减贫史上的"中国奇迹"。联合国《2015年千年发展目标报告》显示：中国极端贫困人口比例由1990年的61%，下降到2002年的30%以下，率先实现比例减半，2014年又下降到4.2%，中国对全球减贫的贡献率超过70%。中国成为世界上减贫人口最多的国家，也是世界上率先完成联合国千年发展目标的国家，为全球减贫事业作出了重大贡献。[1]

人的生存权是个体的基本权利，也是基础人权之一。中国减贫行动以保障贫困人口生存权为主旨，从特色产业脱贫、易地搬迁脱贫、生态保护脱贫、教育发展脱贫、医疗保障脱贫、农村兜底脱贫、资产收益扶贫等精准扶贫施策领域，简明务实地阐述了中国减贫行动的优先人权保障。世界各国减贫实践充分表明，每一个国家的减贫开发意愿与行动，都有其特定的国情条件背景。正是这种实事求是的国情意识，使得中国扶贫工作机制能够生于本国深厚的发展土壤并深深扎根，也切实体现了中国特色扶贫道路的强大生命力。[2]

（三）减贫是拓宽特殊人群共享发展成果、助推区域经济协调发展的重要途径

中国减贫行动关注并持续推动群体权益保障，对特殊群体权利进行特别保障，属于人权保障的特殊救济。维护特定群体权利就是囊括贫困妇女、贫困儿童、老年人、残疾人、少数民族等特殊人群，呼应他们最迫切的现实需要。减贫事业顺

---

[1] 国务院新闻办公室：《中国的减贫行动与人权进步》白皮书，新华网，http://www.xinhuanet.com/politics/2016-10/17/c_1119730413.htm。

[2] 刘为忠："中国减贫成就就是对国际人权事业的直接贡献"，《中国教育报》2016年11月3日，第5版。

畅人心，必须在改革开放累计巨额社会财富的同时，愈加注意拓宽群体共享发展成果的途径，把民生红利通过卓有成效的精准减贫工作来予以落实。对于社会中弱势群体的权利保护要投入更多关怀，从行动上实实在在予以保障、改善促进。

减贫涉及到以人性尊严为价值基础的社会秩序构建，它需要政府采取一系列行之有效的方式手段，来确保公民过上一种有体面的生活，从而促进实现共同富裕目标的实现，助推全面小康社会的建成。[1]贫困问题不是单纯的社会问题，也是经济发展问题和民生实现问题，在本质上是一个人权问题。贫困的出现与蔓延不是偶然的，贫困的起源多与历史、地域、生态环境密不可分。中国的减贫是一项立足贫困现实的系统性减贫工程，它既是宏观的，也是微观的，对贫困帮扶对象讲求精准施策，对贫困现象讲求"靶向疗法"的精准治理和因地制宜。从事关贫困地区群众生存权、发展权的基础设施建设出发，通信、水利、交通、人居环境等方面综合全面考量，结合专项建设规划与专门治理工程，体系化地考虑了中国减贫行动的区域发展效能。

二、精准减贫：扶助最重要的领域和最关注的人（群）

（一）教育扶贫

"十二五"期间，教育领域成为脱贫攻坚的重要内容，深入推进义务教育均衡发展，着力缩小城乡教育差距，全面改善贫困地区的办学条件，实施学前教育三年行动计划、乡村教师生活补助计划，实施中等职业学校免学费、补助生活费政策及面向贫困地区定向招生专项计划，切实保障贫困人口受教育权利。2012–2015年，中央财政累计投入资金831亿元改造义务教育薄弱学校，投入约140亿元建设边远艰苦地区农村学校教师周转宿舍。连续实施学前教育三年行动计划，全国学前三年毛入园率由2011年的62.3%提高到2015年的75%，中西部地区在园幼儿数由2011年的2153万增加到2015年的2789万，增长了30%。2013–2015年，中央财政累计投入资金约44亿元，支持连片特困地区对乡村教师发放生活补助，惠及

---

[1] 国务院新闻办公室：《中国的减贫行动与人权进步》白皮书，新华网，http://www.xinhuanet.com/politics/2016-10/17/c_1119730413.htm。

约600个县的100多万名乡村教师。为调动贫困地区教师积极性，将县镇、农村中小学教职工编制标准统一到城市标准，并向农村边远贫困地区倾斜。2012—2015年，中央财政共下达中等职业学校免学费补助资金417亿元，对中等职业学校全日制在校生中所有农村（含县镇）学生、城市涉农专业和家庭经济困难学生免除学费（艺术类相关专业除外），或按标准进行补助。对全日制一、二年级在校涉农专业学生和非涉农专业家庭经济困难学生发放国家助学金，2012—2014年标准为每生每年1500元，从2015年春季学期起标准提高到每生每年2000元，覆盖近40%的学生。实施面向贫困地区定向招生专项计划，面向832个贫困县4年累计录取学生18.3万人，贫困地区农村学生上重点高校人数连续三年（2013—2015年）增长10%以上[1]。

（二）医疗扶贫

中国政府不断加大健康扶贫工作力度，减轻农村贫困人口医疗费用负担，增强贫困地区医疗卫生服务能力，提高贫困地区群众健康水平，努力防止因病致贫、因病返贫，贫困人口健康权利得到切实保障。新型农村合作医疗制度逐步完善，覆盖97%以上的农村居民。2016年，新农合人均补助标准提高到420元，政策范围内门诊和住院费用报销比例分别达到50%和75%左右。全面实施城乡居民大病保险，覆盖超过10亿参保居民，报销比例不低于50%。全面建立疾病应急救助制度，开展重特大疾病医疗救助，全民医保制度防大病、兜底线的能力进一步增强，农村居民看病负担大大减轻。2012年以来，中央专项投资共安排794亿元支持贫困地区11万个卫生机构基础设施建设，改善贫困地区卫生服务条件。实施农村订单定向免费医学生培养、全科医生特设岗位计划等项目。深入实施城乡医院对口支援，组织全国三级医院对口帮扶贫困地区县级医院。2015年，基本公共卫生服务12大类45项得到全面落实，人均经费从2011年的15元提高到40元。2016年，国家卫计委、国务院扶贫办等15个部门联合实施健康扶贫工程，为农村贫困人口与全国人民一道迈入全面

---

[1] 国务院新闻办公室：《中国的减贫行动与人权进步》白皮书，新华网。http://www.xinhuanet.com/politics/2016-10/17/c_1119730413.htm。

小康社会提供健康保障。[1]

（三）农民低保制度建设

国家制定农村低保制度与扶贫开发政策相衔接实施方案，各地紧紧围绕贫困人口脱贫目标，完善政策措施，健全工作机制，努力实现农村低保制度政策性兜底保障，不断提高贫困人口社会保障水平。对于符合农村低保条件的建档立卡家庭，按规定程序纳入低保范围，根据家庭人均收入与当地低保标准的差额发给低保金。对于符合扶贫条件的农村低保家庭，按规定程序纳入建档立卡范围，根据不同致贫原因予以精确帮扶。对于脱贫后再返贫的家庭，分别纳入临时救助、医疗救助、农村低保等社会救助制度和建档立卡帮扶政策范围。2015年，全国保障农村低保对象共4903.6万人，农村低保标准从2011年的平均每人每月143元提高到265元；农村特困人口集中和分散供养年人均标准分别达到6026元和4490元，比2012年同期分别增长48.4%和49.3%。[2]

（四）资产收益扶贫

对于难以通过增强自我发展能力实现脱贫的贫困人口，近年来一些地方积极探索资产收益扶贫，在不改变资金用途的情况下，将财政专项扶贫资金和其他涉农资金投入贫困地区基础设施建设和产业发展形成的资产，拿出部分量化折股配置给丧失或部分丧失劳动能力的贫困户，帮助其增加财产性收入。各地资产收益扶贫主要依托当地优势特色产业，并积极发挥农民专业合作社等新型生产经营主体作用，确保贫困人口既可以享受保底收益和红利，还能通过流转土地和参加务工获得收益。2014年末，国家启动光伏扶贫试点工作，在安徽、河北、山西、宁夏、甘肃、青海6省区开展试点，通过资产收益扶贫增加贫困地区"造血"能力。2016年，国家大力推进光伏扶贫，计划在2020年之前，在16个省区471个县约3.5万个建档立卡贫困村，以整村推进的方式，保障200万建档立卡无劳动能力贫困户（包括残疾人）户均年增收3000元以上。[3]

---

[1] 国务院新闻办公室：《中国的减贫行动与人权进步》白皮书，新华网，http://www.xinhuanet.com/politics/2016-10/17/c_1119730413.htm。

[2] 同上。

[3] 同上。

（五）帮扶贫困妇女与老年人

国家落实《中国妇女发展纲要（2011–2020年）》，制定实施保障贫困妇女权益的政策措施。老年人权利保障体系不断完善。国家积极推动养老保险制度改革，加强农村养老服务建设，建立健全养老服务补贴制度。2014年在全国范围内建立了统一的城乡居民养老保险制度。2015年，中央和地方政府支付补贴资金2044亿元，保障和改善亿万城乡老年居民的基本生活。截至2015年末，全国参保人数达5.05亿，待遇领取人数达1.48亿，其中95%是农村居民；全国共有农村敬老院27248所，床位249.3万张，日间照料服务设施已覆盖50%以上的农村社区；全国20个省（区、市）建立经济困难老人养老服务补贴制度，17个省（区、市）建立失能老人护理补贴制度。[1]

（六）帮扶贫困残疾人

2012年，国务院办公厅印发《农村残疾人扶贫开发纲要（2011–2020年）》，明确将贫困残疾人列为重点扶贫群体。2015年，国务院印发《关于加快推进残疾人小康进程的意见》，围绕残疾人基本民生保障、就业创业增收、基本公共服务三大重点领域，提出了一系列重要举措。2015年，首次在国家层面建立残疾人福利补贴制度。通过专项调查，实名获取2660多万持证残疾人和70多万个社区为残疾人提供公共服务状况的基本信息，为向残疾人精准服务提供了可靠的数据支撑。2012年以来，中央安排37.4亿元康复扶贫贴息贷款，扶持21.9万贫困残疾人；累计为145.2万残疾人提供职业培训，城镇新增123.9万残疾人就业，2015年开通全国残疾人网络就业服务平台；国家补助完成117.5万户农村贫困残疾人危房改造，317万农村贫困残疾人得到实用技术培训，496.2万农村贫困残疾人脱贫，因残致贫现象得到有效缓解。截至2015年末，共有1088.5万城乡残疾人纳入最低生活保障范围，近2230万残疾人参加城乡居民社会养老保险，302.3万残疾人参加城镇居民基本医疗保险。[2]

---

[1] 国务院新闻办公室：《中国的减贫行动与人权进步》白皮书，新华网，http://www.xinhuanet.com/politics/2016-10/17/c_1119730413.htm。

[2] 同上。

(七) 帮扶少数民族贫困者

国家制定一系列特殊扶持政策，加快推进少数民族和民族地区脱贫攻坚。《中国农村扶贫开发纲要（2011–2020年）》确定的14个集中连片特困地区中，分布在民族自治地方的有11个；592个国家扶贫开发工作重点县中，分布在民族自治地方的有263个；扶贫开发整村推进"十二五"规划确定的3万个贫困村中，分布在民族自治地方的有13158个。2012–2015年，中央财政安排少数民族发展资金145.9亿元，专项支持推进兴边富民行动、扶持人口较少民族发展以及开展少数民族特色村寨和少数民族传统手工艺品的保护与发展。国家安排中央预算内投资55亿元，用于帮助边境地区和人口较少民族聚居区的基础设施建设、群众生产生活条件改善和社会事业发展。"十二五"期间，内蒙古、广西、西藏、宁夏、新疆5个自治区和少数民族分布集中的贵州、云南、青海3省的贫困人口从2011年的3917万下降到1813万，减少2104万人，减少幅度为53.7%；贫困发生率从27.2%下降到12.4%，下降了14.8个百分点。[1]

三、减贫的人权法再思考

(一) 坚持从本国贫困实际出发

减贫开发与人权提升相结合。习近平总书记指出，"民主和人权是人类共同追求，同时必须尊重各国人民自主选择本国发展道路的权利。"消除贫困是普罗大众生而为人的尊严体现，是人类亘古以来的愿望与期盼。减贫是国家的国际法义务和国内法义务。全球范围内，消除贫困的心愿是共同的，但实现目标的方式路径则表现多样。在一个多元多变的世界中，在一个需要互相尊重的国际社会中，能够尊重一国自主选择的减贫道路本身就是对共同企盼目标的促进实现。中国自1978年实施改革开放政策，其后就开始中国特色减贫道路的探索。可以说，中国特色社会主义建设与中国特色减贫事业大体同步。改革开放与减贫事业相互砥砺促进40年，促进富裕和减少贫困同步前进。现在，因改革开放已然创造庞大社会财富，但中国仍

---

[1] 国务院新闻办公室：《中国的减贫行动与人权进步》白皮书，新华网：http://www.xinhuanet.com/politics/2016-10/17/c_1119730413.htm。

然处在社会主义初级阶段,仍要直面人口众多、人均资源占有量偏后的基本现实。中国特色扶贫开发道路就是要以社会公平公正为导向,努力实现成果共享互惠和共同富裕的理想目标。中国特色减贫长路漫漫,要牢记"不患寡而患不均"的古语,在减贫道路上要讲求质效、注重均衡,要规划通过创新制度安排,建立健全社会公平保障体系,让全体人民分享改革红利、共享改革成果,实现以制度来促进社会的公平正义。

(二)精准减贫要重视脱贫成效的考核

精准减贫必然要求以人权维度来考量减贫效果,即要求具体的个体要摆脱贫困。过去看待贫困问题,坚持整体主义方法论,主要从国民生产总值、人均国民收入、经济增长率等总量指标来看待贫困问题。这种扶贫战略显简单粗放,由于种种原因,真正处于贫困处境的人群不易获得救济与帮助。2015年11月29日,中共中央和国务院发布《关于打赢脱贫攻坚战的决定》,强化了以具体贫困对象为出发点的精准扶贫思想,并从扶持对象精准、项目安排精准、资金使用精准、措施到户精准、因村派人精准、脱贫成效精准等方面,来克服过去整体主义扶贫方法存在的问题。这是恰逢其时的重大战略调整。可以预见,未来中国减贫工作将不落窠臼、避免流于形式,精准扶贫落到实处。

(三)坚持多种形式减贫,突出效果导向[1]

在具体的扶贫措施上,中国实现了从"救济式扶贫"到"开发式扶贫",从"面上扶贫"到"点式扶贫"的转换。"治贫先治愚,扶贫先扶智",如果说"救济式扶贫"还只是"授人以鱼",那么,"开发式扶贫"则旨在"授人以渔",增强贫困人口的自我发展能力,通过"扶智"阻断贫困的代际传递。"点式扶贫"的实质是"精准"。从"区域性扶贫"到设立国家贫困县,再到"整村推进""扶贫入户",是针对贫困地区从注重整体的"面上扶贫"到注重个体的"点上扶贫"的逐步精准的过程。同理,坚持普惠政策和特惠政策相结合,在加大对农村、农业、农民普惠政策支持的基础上,对贫困人口实施特惠政策,是在国家整体布局中实现优惠政策全覆

---

[1] "中国减贫行动,更好保障人权",《人民日报(海外版)》2016年10月18日,第7版。

盖，消除特定地区、特定行业、特定群体短板的同时，进一步瞄准其中的贫困人口。精准扶贫、精准脱贫的基本方略，更加深入到致贫根源的消除，分类施策，重在精准，从而提高扶贫减贫实效，实现脱贫的基本目标。

（四）全社会合力推进减贫事业

减贫要从具体国情出发，中国是共产党领导的社会主义国家，减贫的系统性工程也要在党的领导之下才能发挥最佳配置。建立"党的领导、政府主导、社会参与"的工作机制。以党的领导保证减贫事业的政策方向，以政府来承担减贫工程中的主要任务，以社会参与的形式动员广大的社会力量，深刻调动贫困人口本身的积极性和创造性。加强减贫事业，要深化人权认知，从人权角度看待贫困。强调政府在反贫困过程中承担相应的义务和责任。人权既是一个政治概念，也是一个法律概念。从法律上讲，政府主要是人权义务的承担者，通过尊重、保护和实现三种方式来履行相应义务。把减贫当作责任，把公民摆脱贫困当作一项人权事业来发展，也就意味着政府通过履行尊重、保护和实施三种具体义务，来帮助贫困人群脱离贫困。减贫事业的成功需要政府积极承担、付出投入。《中国的减贫行动与人权进步》从以下几个方面总结了中国政府在反贫困方面的义务履行情况。第一，财政投入。一方面，通过一般性财政转移支付来覆盖义务教育，基本养老金和低保，新型农村合作医疗，革命老区、民族和边境地区等具体领域；另一方面，通过财政专项扶贫资金和其他涉农资金投入，支持贫困村和贫困户发展农业、养殖、乡村旅游等。第二，具体给付。中国政府除了加强财政投入，改善贫困人群生产和生活整体条件外还针对尚未解决温饱问题的贫困户，直接给付生活物资和生产资料，根据实际情况，适当延长扶贫贷款的使用期限，放宽抵押和担保条件等。第三，政策调整和完善。中国政府进一步调整扶贫思路，确立精准扶贫，并建立健全医疗保障制度、教育制度、最低生活保障制度等。第四，力行监督。对于扶贫资金的使用、资源的调配，政府应当建立完善且严格的管理制度，扶贫资金使用信息要透明化，要对外界进行披露，不能束之高阁不为人知，对于扶贫对象与扶贫项目也要面向大众公开，实行阳光扶贫。

(五)建立健全贫困国家之间的合作机制

贫困在人权的语境中早已不是一个单纯的国内问题,它是具有国际意义、发挥国际影响的重大议题。国际人权条约中也把免于贫困视作重要权利,这就要求一国政府在本国领域深耕扶贫减贫之外,要谋求与其他国家、国际组织和非政府性组织来履行国际合作义务,建立健全与贫困国家之间的合作机制。例如协商性合作机制、干预性合作机制、信息共享机制、经验交流机制和同侪审评机制等。中国政府在主要依靠自己力量的同时,也应当重视与国际社会在扶贫领域的交流与合作。一方面,加强与其他国家、国际组织和非政府组织的交流合作,创新减贫真招实招以减少本国贫困人数;另一方面,中国政府也协助和配合其他贫困国家,推广中国减贫经验来减少贫困人口,为国际人权作出中国贡献。

四、结语

减贫是促进人权事业进步与发展的重大基础性工作。国家层面的人权行动计划要将扶贫减贫行动、人权保障和国家的经济社会发展有效结合,同步推进,实现扶贫减贫规划、国家经济社会发展规划与国家人权行动计划三者的有机联动。今后我们应当从保障促进人权的宏阔视野出发,才能以一种时不我待的历史主动性推动中国与世界的减贫事业。

(作者肖君拥系国际关系学院法律系教授)

论扶贫工作对"扶贫干部"的"人权"教育意义

[中国] 许 尧

中国的扶贫工作取得了令世界瞩目的伟大成就。众多人权学者对扶贫的经验与成就、扶贫对贫困者人权保障的意义、扶贫的政策与实施措施等很多相关议题进行了系统的研究,产生了极为丰富的研究成果。但对扶贫政策实施过程中对公务人员的"人权"教育意义,研究成果寥寥无几。中国的扶贫过程,不仅仅是对贫困者人权保障的一项伟大工程,也是对广大公务人员的一次大规模的生动的"人权"教育,广大研究者和政府官员应当对此功能给予更多的关注。

一、提升干部的人权素养是公共治理现代化的内在要求

实现充分的人权是国际社会共同追求的价值理想,也是中国政府长期奋斗的伟大目标。这种目标的实现不仅需要政府在总体制度安排和公共政策实施上,要以保障人权为导向,将人权的价值体现到具体的议题和行为要求上,更需要作为政府行为实施者的广大公职人员能够树立人权意识、准确理解和实施相关法律和政策,有效地保障人权,这就对干部队伍的人权素养提出了较高的要求。

人权素养是一个比较抽象性、综合性的概念,具体而言,它由人权认知、人权技能、人权态度等构成。人权认知主要是人权的相关知识和体系,涉及不同的权利概念、权利的边界、权利间的关系、权利促进的主体、促进权利实现的方式、权利的保障状态等,对人权的认知,既可以从书本的学习中获取,也可以从实际的调研和日常工作生活中获得。人权技能主要是与实现人权相关的技术和能力,涉及到对

相关法律政策落实的技巧、解决权利间冲突的技巧、与权利享有者沟通的技巧、综合各种复杂情况来综合判断的技巧、合理把握政府相关义务边界的技巧等,人权技能很难通过书本的学习来直接获得,往往需要亲身参与到实践当中去体会和感悟。人权态度则涉及到对人权必要性的主观评价、对促进人权的行动动力等,是行为主体对人权所持有的稳定的心理倾向,人权态度是深藏于人们内心的主观要素,是人们产生不同行为的内在基础。

提升干部的人权素养是公共治理现代化的内在要求。第一,干部人权素养的提高有助于更好地实现政府的职能,政府的各项职能几乎都与人权保障直接或间接相关,干部队伍如果能够具备较好的人权素养,就能够更好地履行相关职能。第二,干部人权素养的提高有助于减少社会紧张和冲突,促进官民和谐,现在很多基层政府激起的民众抗议,都与没有很好地尊重和保护民众的人权,或者没有采取尊重的方式来实施管理有关,也是在这个意义上说,"维权是维稳的基础,维稳的实质是维权"。[1]第三,现代政府治理创新所要求的增强回应性、透明性、参与性等要求与人权的内在价值是一致的,也就是说人权保障与公共治理现代化的总体方向呈现出更多的共性和相互促进性。

二、扶贫对提高扶贫干部的人权素养具有重要意义

中国近些年来,成千上万的各级干部被派往贫困地区,承担带领人们走出贫困的使命,他们带着党和政府的重托,沉下心来,深入一线去解决实际问题,这种经历对于提高他们的人权素养具有很重要的意义。具体而言,扶贫工作对扶贫干部的人权认知扩展、人权技能提升和人权态度转换三个方面都有比较明显的意义。

(一)对匮乏状态的体验能够深化对人权及人权责任的认知

随着我国城市化进程的加快,城市的虹吸效应越来越明显,城市和农村之间的鸿沟越来越大。与此同时,由于城市化进程的加快,更多的人口从小出生、成长在城市,缺乏对农村的了解,这种情况尤其在新生代的公务员中比较显著。从实际工

---

[1] 孟建柱:"新形势下政法工作的科学指南——深入学习贯彻习近平同志在中央政法工作会议上的重要讲话",《人民日报》2014年1月29日。

作中来看,扶贫工作对相关干部的人权认知的扩展体现在如下四个方面。

第一,丰富对人权匮乏状态的认知。很多年轻干部对贫困的认知主要来源于电视、网络等媒介,对贫困缺乏具象化的感受。扶贫工作让这些干部真真切切地去体会贫困与生活的艰难,以及由于资源和能力的缺乏而陷入的恶性循环状态。人只有在短缺的状态中才能真正地体悟人权。比如,只有在缺乏安全饮用水的状态下,才能真正感到水权的重要;只有在填不饱肚子的时候,才能体会食物权的重要;只有上不起学、看不起病、住不起房的时候,才能对相关权利有切身的体会。扶贫工作对扶贫干部而言,是一种长期的、系统性的、全方位的认知改变过程。

第二,形成对人权内容及相互关系的认知。通过细致的调查研究,扶贫干部能够形成对民众人权需求的基本认知。这既是开展工作的基础,也是对人权内容、权利间相互关系的认识深化过程。比如,在落后地区,人们愿意将自己的选票低价卖给村干部候选人,这就表明他们在经济收益与选举权之间的排序;在一些家庭,老人们不愿意花钱看病,而把钱留给上学的孩子,这也表明他们之间的人权排序。贫困及其带来的对人的尊严的摧残,能够加深大家对我国长期秉承的"生存权和发展权是首要人权"的合理性的理解。

第三,扩展对国家的人权责任的认知。笔者在访谈中,经常会听到扶贫干部对所在村的自然状况恶劣、发展基础薄弱、人力资源短缺的无奈感,在这种环境下,单独依靠当地民众采取常规的方式去致富是极为困难的事情。这就客观上要求要以国家的力量来对他们进行帮扶,从而使不同地区、不同人群都能够实现基本平衡的发展,保障最底层的群体也能够享有起码的人权。同时,扶贫干部也能认识到国家扶贫责任的限度,对于那些极其懒惰的人、有赌博吸毒等不良嗜好的人、自己宁愿生活在贫困状态的人,单凭国家的意愿,很难从根本上改变他们的贫困状态。

(二)扶贫工作的落实能够促进人权技能的提高

扶贫工作是一项难度大、时间紧、考核细的工作。尤其是在近年来的精准扶贫工作中,不少地方对扶贫工作的方式、进度、成效等提出了严格、细致的要求。扶贫干部要做好这项工作必须掌握多种技巧,提升在基层工作的综合能力。综合看来,扶贫工作尤其在提高干部的下述技能上表现显著。

第一，人权问题的识别和诊断技能。精准扶贫的过程特别重视选派干部的精准性，针对贫困原因、贫困程度和班子建设等情况，实行"党政干部进难村、经济干部进弱村、专业干部进产业村、政法干部进乱村"。这也就意味着，扶贫干部下乡不是走马观花，而是真的要解决问题的。这就要求扶贫干部能够具备调查研究的能力和识别分析问题的能力。要通过调查和分析，为贫困村、贫困户进行准确的把脉，制定出符合实际的脱贫方案。

第二，人权政策的实施技能。国家总体的宏观扶贫政策主要是导向性、支撑性的作用，具体到每个村、每个户，需要扶贫干部针对具体的问题采取灵活、有效的策略和方案。在实际工作中，修建道路、特色种植养植、乡村旅游、光伏扶贫、就业扶贫、教育扶贫、医疗健康扶贫、社会兜底扶贫等工作要落到实处，都需要扶贫干部能够吃透中央和省里的精神，能够结合本地的实际情况，和当地干部、百姓进行有效的沟通，采取能够使政策落地的具体方案。"上边千条线，下边一根针"，基层工作总是有说不完的难题，这就需要扶贫干部锻炼出过硬的本领，来应对各种困难，最大程度地发挥出人权政策的最大效能。

笔者在访谈过程中，遇到一起比较典型的事件，"小张大学毕业考入某省属事业单位不久，被安排到贫困村扶贫。到村里报到不久，就来了一个任务。上边给贫困户发下来一些慰问品，她想这是给别人好处的事，一定好办。于是，推着这些物品准备给心里想好的几个贫困户送去。但一出门，就被村民盯上了，他们一道跟着小张，看她是否能够一碗水端平，背后还指指画画，窃窃私语，小张感到从未有过的沮丧。这个下马威让她决心沉下心来，从零开始学习开展基层工作的能力。"[1]

第三，以人权的方式促进人权的技能。由于传统等级制思维的惯性，以及对人权知识的无知，一些地区促进人权保障的工作，却采取了不尊重人权的方式，比如，要求贫困户在媒体上公开谈被扶助的感受，强制贫困户种植特定农作物，等等。这些现象由于缺乏从贫困者自尊心等方面的考虑，很可能"好心办坏事"。所

---

[1] 笔者对保定市某县Z先生的访谈（驻村第一书记，扶贫干部），2017年7月20日。

以，在整个扶贫过程中，都要以一种平等的心态开展工作，要特别重视照顾对方的尊严和意愿，将平等与非歧视、促进参与、性别主流化等相关人权理念贯穿到具体的工作中去。

很多地方对干部的工作方法提出了具体的要求，比如，河北省要求"第一书记要经常对派驻村贫困户进行走访，坚持蹲地头、坐炕头、唠家长里短，做贫困群众的贴心人"[1]。扶贫干部X先生说，"工作的开展很多时候在是农田里进行的，一边帮着干农活，一边了解各种情况，原来觉得牵牛是件简单的事，但真要在农田里，让这么一头大黄牛听你的话，可不是一件容易的事，扶贫工作真正让我体验了农村，学会了与老乡们如何对话。"[2]

不少地方建立了扶贫干部的学习培训机制，建立了互联网、微信、QQ等多种交流渠道和平台，也通过工作例会、社情调研、学习培训等多种方式促进他们对相关知识和技能的掌握与分享。这些机制和平台都有助于他们尽快掌握相关技能和知识，更好地完成相关工作任务。

（三）情感互动与成就体验能够培养干部的人权情怀

扶贫是一项具有高度道德意义的工作，能够激发人们内心深处的责任感和荣誉感，这种心理维系与传统中国士大夫阶层"先天下之忧而忧，后天下之乐而乐""修身齐家治国平天下""衙斋卧听萧萧竹，疑是民间疾苦声"的政治情怀一脉相承。扶贫工作中干部群众之间的情感互动与成就体验能够培养干部的人权情怀。

乡亲们的信任和感激能够激发扶贫干部的工作热情和人权使命。艰苦的付出往往会得到真诚的回报，这种回报会给人带来价值实现感，并将人们的使命感提升到新的水平。农村的生活环境和人文环境与城市有着巨大的差异。总体而言，农村还是一种熟人社会，人们之间的关系比较紧密，相互走动也比较频繁，人们之间的关系更多的是靠家族、血缘、面子等在维系。尤其是在比较贫困的农村地区，人

---

[1] 《中共河北省委关于选派机关优秀干部到贫困村任第一书记的实施意见》（冀字 [2016] 1号, 2016年1月15日）。

[2] 笔者对石家庄市某县X先生的访谈（扶贫干部，科员），2017年7月25日。

们往往比较朴实,懂得知恩图报。在这种环境下开展工作,扶贫干部容易和乡亲们形成一种情感共同体。比如,在保定某县的一个扶贫村,年过80的一位老奶奶隔三差五地给扶贫干部送土鸡蛋,每次都用衣角包着,要求对方必须收下。工作组的所有成员无不感动,工作中的艰难和苦累很快就会被乡亲们的热心感化。[1]扶贫干部与群众之间的关系,很难再用工作上的关系来评价和衡量,而成为一种基于人性的相互信任、关心和支持。正如《世界人权宣言》所倡导的"以兄弟关系的精神相对待"。

综合而言,扶贫工作作为近年来党和政府的一项重点工作,参与的人数众多、投入的资源巨大,取得了举世瞩目的成就,也存在着一些突出的问题。在综合评估这项工作时,应当充分考虑其政治意义和对干部的培养锻炼意义。正如S先生所言,"对扶贫要有多角度的交叉认识,如果单纯算经济账,这么大规模的派驻干部到乡下,车马劳顿,层层布置,可能不一定划算。但作为国家高层管理者,要算另外一笔账,这就是政治账。这么大规模的派驻干部到农村去,有助于让他们减少官僚作风,体验民生艰辛,有助于以后出台政策时,更接地气,开展工作时,更求真务实。所以,扶贫的过程不仅是要帮助老乡致富,也是让我们的干部队伍能够提升执政本领,加固为民情怀的过程,这一过程在当下整体社会比较浮躁的背景下尤其重要。"[2]

三、在扶贫过程中更有效地开展人权教育

扶贫工作的人权教育功能并不是自然而然就具备的,需要管理者有意识地组织和挖掘。要充分发挥这种教育意义,就要采取多种举措来强化。

(一)在工作开展中适当使用人权话语

扶贫是一项典型的人权保障事业,是宪法"国家尊重和保障人权"最生动的诠释,是我国社会主义制度优越性的集中体现。但同时我们也注意到,在各级党政机关的相关扶贫文件、扶贫会议、工作总结、事件报道、宣传推动等相关工作中,很

---

[1] 笔者对保定市某县某村Z先生(扶贫干部,副处级)的访谈,2018年6月28日。
[2] 笔者对H省S先生(扶贫干部,正厅级)的访谈,2017年8月20日。

少使用"人权"这个词,在开展工作过程中,使用人权话语、运用人权思维的程度也比较低。这种现象的出现表明,一方面,人权依然是一个没有被"主流化""日常化""本土化"的词,基于权利的话语更多地还是局限在"国际交流""对外宣传"的层面;另一方面,地方政府及工作人员对"人权"还比较陌生,还没有能够全面地掌握人权的知识,了解人权的边界,不能够熟练地运用这套话语体系和思维逻辑,在一定程度上将对人权还有一定的忌讳。这种状态的改善需要高层做出有意识的适当的引导。

(二) 将人权的课堂学习与实践锻炼结合起来

《国家人权行动计划(2016–2020年)》中要求,"落实《关于完善国家工作人员学法用法制度的意见》,把人权教育作为加强国家工作人员学法用法工作重要内容。将人权知识纳入党委(党组)的学习内容,列入各级党校、干部学院、行政学院的课程体系,列为法官、检察官、警察等公职人员入职、培训必修课。"之前的两期人权行动计划也对人权培训和人权教育有明确规定。可见,党和政府已经有意识地开展人权的课堂式的教育,但对到课堂之外的丰富的社会实践中去学习的重要性没有加以足够的强调。扶贫作为当前地方政府最核心的工作任务之一,数以百万计的干部做着相关工作,如果能够在开展实践的过程中,加以人权维度的审视,加以人权维度的思考和提炼,将对人权知识在公务员队伍中的普及起到极大的推动作用,对建设具备现代治理理念的政府起到积极的促进作用。

(三) 加强保护扶贫干部的相关权利

扶贫是一项功在千秋的伟大事业,广大干部和群众是创造这一伟业的关键主体,处于贫困状态的人群是最大的利益获得者。要强化人权的视角,就要在扶贫过程中,不仅以人权的方式来对待贫困人群,也要注意平衡保护其他主体的相关权利,防治以运动化的、极端化的方式来谋求表面的政绩。笔者在对河北省、陕西省的调查中发现,基层扶贫干部的工作时间过长、会议过多、任务过重,加班加点是正常,周末几乎不休息,给他们的生活带来了很大的不便。这些工作中,有些工作是形式化的、可有可无的内容,也有一些地区过于强调一元化的考核指标完成情况,缺乏对扶贫干部权利的重视和保护，导致了基层干部中存在一定程度的不满，这些问题需要引起重视，并在政策制定和实施过程中，加以综合平衡考虑。

展望未来，这些扶贫干部的扶贫经历可能会对日后若干年的公共政策和公共管理产生重要影响。按照政策要求，选派到乡下的干部"忠诚、干净、担当、实干"，他们往往是所在单位的业务骨干，这段扶贫的经历也会帮助他们提升到更关键的岗位上，比如河北省要求，"今后，派出单位提拔干部，要优先从到村任第一书记的厅、处、科级后备干部中选拔，党委组织部门要采取严格有效措施，严格审核把关。"[1]可以预测，正如"上山下乡"政策给一代人打上时代烙印一样，扶贫工作也会成为很多干部重要的从政经历，这段经历会对其终生的公共管理工作产生重要影响。从这个意义上讲，如果能够更加充分地发挥好扶贫工作对干部的人权教育功能，这将对国家公共治理能力提升和人权保障事业发展产生重要而深远的积极影响。

(作者许尧系南开大学人权研究中心副研究员)

---

[1] 《中共河北省委关于选派机关优秀干部到贫困村任第一书记的实施意见》(冀字 [2016] 1号, 2016年1月15日)。

中国贫困治理实践背后的人权逻辑

[中国] 叶传星

一、引言

当今中国正在轰轰烈烈开展的扶贫脱贫、消除绝对贫困事业，是中国全面建成小康社会的标志性工程。打好脱贫攻坚战是十九大提出的三大攻坚战之一。经过多年努力，中国的扶贫脱贫事业取得了历史性的成就，农村贫困人口显著减少，贫困发生率持续下降，贫困地区农民生产生活条件显著改善，贫困群众获得感显著增强。尤其是党的十八大以来，党和国家陆续做出一系列新的重大部署和安排，充分发挥政治优势和制度优势，全面打响脱贫攻坚战，以精准扶贫、精准脱贫为核心，切实推行了一系列富有成效的超常规举措，建立了中国特色的脱贫攻坚体系，积累丰富的扶贫脱贫经验。[1]中国扶贫脱贫的实践和经验，正是中国特色社会主义道路和制度的生动展现。

中国的反贫困实践及其成就，是世界反贫困事业的一部分，并为世界减贫事业作出了巨大贡献。[2]贫困及其治理问题，是当今全世界范围内的重大课题和难题，也是国际社会近几十年来最重要的全球治理课题之一。[3]2016年联合国大会通过的《2030年可持续发展议程》提出："我们决心消除一切形式和表现的贫困与饥

---

[1] 从2012年到2015年，按照中国现行扶贫标准，农村贫困人口从9899万人下降到5575万人，贫困发生率从10.2%下降到5.7%。参见国务院新闻办公室：《中国减贫事业的新进展（2012-2015）》白皮书。

[2] 1978-2010年，参考国际扶贫标准，中国共减少了6.6亿农村贫困人口。按照中国的扶贫标准，累计减少了2.5亿农村贫困人口。参见葛延风、斯汀·库勒主编：《中国人类发展报告2016：通过社会创新促进包容性的人类发展》，中信出版社，2016，第18页。

[3] 20110年联合国通过的《千年发展目标》第一个目标就是"消灭极端贫困和饥饿"。2015年联合国通过的《2030年可持续发展议程》的第一个目标是"在全世界消除一切形式的贫困"、第二个目标是"消除饥饿，实现粮食安全，改善营养状况和促进可持续农业"。这两个最重要的全球发展文件在其他多项目标中也都涉及到贫困。如在《2030年可持续发展议程》中，至少31次提及了贫困。

饿,让所有人平等和有尊严地在一个健康的环境中充分发挥自己的潜能。"

贫困问题直观地、典型地体现了一国经济社会发展中不平衡、不充分乃至不公平的状况。贫困问题,从形式上看表现为贫困人群在社会生活中处于底层的、各方面需要得不到有效满足的匮乏状态,而从实质上看,贫困问题也折射了一定社会中的经济、政治、文化等各个方面的特点。贫困问题作为一个综合性的国家治理、社会治理和全球治理问题,与社会的体制制度、文化等各方面因素都有着密切联系。因而,贫困是经济社会发展不均衡、不充分的集中体现,也是一个社会的治理理念及治理方式的集中体现。

二、从人权视角理解贫困的概念及本质

本文将贫困视为一个综合性的治理难题,将贫困治理作为国家治理体系的一个重要组成部分。在此意义上,如何界定贫困的概念及如本质,就不只是对某些客观状态的描述或改变,也隐含着社会如何治理贫困的治理术问题。

(一) 贫困是严重侵犯基本人权的一种形式

从表面上看,贫困是一种痛苦,是那些为人们体面生存所必需的物品的严重缺乏或不足。而基于人权视角来审视,贫困的本质在于一个人或者一个群体实现其最基本权利和利益的实际能力的严重匮乏或者被剥夺。基本人权的实际被剥夺,既是贫困的表现,也是贫困的原因。

传统上通常从经济收入这一直观的角度来界定贫困。但这种界定方式的局限性已经被很多人认识到了。在当代,人们已不局限于仅仅从经济收入的低下来界定贫困,还从能力、社会排斥的角度来更全面地理解贫困。[1]罗尔斯提出过符合正义的"基本品"(基本善)理论。这些"基本品"实际上就是符合公正的人的必需品,其中包括了诸如权利、自由和机会、收入和财富、自尊的社会条件等。这些基本品是实现所有目的的工具。[2]阿马蒂亚·森则进一步从其可行能力和发展理论,提出

---

[1] 相关评论可以参见乌德亚·瓦格尔:"贫困再思考:衡量与定义",《国际社会科学杂志》2003年第1期。
[2] 对罗尔斯理论的一个批评,参见阿马蒂亚·森:《正义的理念》,第238—244页。森认为罗尔斯还是太强调收入和财富了。

了贫困实际上是对个人可行能力的剥夺。按照森的看法，可以用可行能力的被剥夺来识别贫困，这种方法集中注意的是自身固有的重要性的剥夺；除了收入之外，还有其他因素影响可行能力的被剥夺；低收入与低可行能力之间的工具性联系是可变的。可行能力视角运用于贫困分析，通过将注意力从诸如收入等特定手段转向目的并进而转向这些目的得以实现的自由，可以加强我们对贫困和剥夺的性质及原因的理解。[1]森的能力理论超越了仅仅从收入及物质的贫乏的角度来认识贫困，更强调从积极自由的角度理解贫困及其原因。森的这一理论深刻影响了当代的贫困治理实践。一些学者从社会排斥的角度理解贫困，认为一个人如果被排斥在主流经济、政治以及公民、文化的活动之外，那么即便拥有足够的收入、足够的能力，他也依然可能很穷。[2]这种观点相比于森的能力理论，更强调从社会制度的角度而非个人能力的角度来解释贫困。瓦格尔提出，可以从系统的分析开始，把收入、财富、教育、健康和营养状况、性别、种族、劳动力参与的程度和种类、政治参与以及公民权或文化参与的程度和类型都包容进来，从综合角度理解贫困。[3]

对贫困从能力、社会排斥等角度的如上理解，实际也已经是从人权的视角看贫困。这里可以进一步明确理解贫困的人权视角的必要性和重要性。可以说，贫困表现为体面生活的各方面基础资源和机会的匮乏，基本的生活必需品得不到基本满足，在诸如收入、住房、教育、就业、环境、健康、社区参与、个人安全、个人发展等各方面处于被剥夺的状态，同时其没有能力和机会改变这种状态。进而言之，贫困即是其基本人权的得不到确认或有效实现，贫困在一定意义上即是"权利贫困"。贫困可能使得人们无法知晓自己的权利，更是极大限制了人们对权利的实际享有机会和能力，因为缺乏有效保障人权的各种资源。贫困直接而深刻地影响着公民权利、政治权利以及经济、社会和文化权利等几乎所有人权，诸如生命权、生存权、发展权、政治参与权、受教育权、就业权、健康权、社会保障权等。贫困问题本身直接包含着权利的贫困，要么那些为生存和发展而言最重要的权利被直接剥夺，要么贫困

---

[1] 阿马蒂亚·森：《以自由看待发展》，中国人民大学出版社，第86—87页。

[2] 皮埃尔·斯特罗伯尔："从贫困到社会排斥：工资社会抑或人权社会？"，《国际社会科学杂志》1997年第2期。

[3] 乌德亚·瓦格尔："贫困再思考：衡量与定义"，《国际社会科学杂志》2003年第1期。

者完全无力利用自己的能力和必要的社会资源来实现其权利。前者是直接剥夺,后者为间接剥夺,都使得贫困在一定意义呈现为权利的被剥夺和匮乏。

可以说,贫困不仅仅是物质的匮乏、生理和心理之基本需要的不满足,更是贫困者尊严的严重缺损、对贫困者的社会尊重严重不足,是其最重要权利的严重缺乏保障,也是社会正义的严重缺失。鉴于贫困的这种"非正义性",在一个正义的社会中,社会共同体就负有政治法律义务治理贫困,而摆脱贫困也构成了每个贫困者的人权。

既然贫困是对人权的严重限制,扶贫脱贫的反贫困无疑便构成了人权事业的一部分。"贫困的广泛存在严重妨碍人权的充分实现和享有。减缓和消除贫困,是人权保障的重要内容。"[1]

(二)贫困治理有赖于人权的保障

基本人权的被剥夺或匮乏,既是贫困的一种典型表现形式,也是贫困得以持续的一个重要原因。而人权得以有效保障,既是治理贫困的直接成果,也是治理贫困的有效路径。当然,应当承认,在贫困得以根治之前,难以说人权得到切实保障。但这并非说,人权保障总是依附于贫困治理的,实际上,它完全可以作为一种治理贫困的积极有效的方式,主动地介入到扶贫脱贫的过程之中。

从人权保障角度提出的贫困治理策略,其核心在于,更注重以激发贫困者权利意识以及促进其权利能力的社会培育来减贫脱贫。而这种方式正是我国的脱贫攻坚战进入到关键时期,尤其需要重视运用的一种治贫理念和技术。如有学者提出,应当"将贫困治理与实现公民权结合起来,不能仅仅将贫困归咎于个体的无能或者资源的匮乏,而应扩宽视野看到宏观的制度性约束。贫困治理要在经济上精准帮扶的同时,还要积极推进农村社会建设,坚持经济建设与社会建设并重,积极夯实和扩展贫困人群的各项基本公民权利,实现社会建设助推经济建设进而达到消除贫困的目的。"[2]

贫困的形成及其持续的原因是复杂而综合的,有自然因素、贫困者自身因素、

---

[1] 国务院新闻办公室:《中国减贫行动与人权进步》白皮书,2016年10月发布。
[2] 徐琳、樊友凯:"赋权与脱贫:公民权利视野下的贫困治理",《学习与实践》2016年第12期。

社会环境因素、文化因素，以及社会治理的制度因素等，而不能仅仅将贫困的原因归咎于自然条件恶劣等自然原因，也不能将贫困仅仅归咎于贫困者的懒惰、愚笨或命运不济的个人"不幸"，或归咎市场自由竞争的失败者等。有些人认为，由于竞争、自然淘汰等原因，社会中总是存在着贫困者、失败者、落后者。因而，在这个意义上，贫困是社会的常态，国家似乎不必要，甚至也没有理由矫正这种贫困者。这种贫困还能激励人们进取等正功能。这种观点显然失之片面。贫困固然有其自然条件、个人生理、个人运气等外在条件的原因。但是，不可否认的是，社会结构、社会关系、社会治理的具体状况更是无法回避的重要原因。有学者主张，侵犯人权是导致贫困的决定性因素，认为人权必须被看作人的一种禀赋，从而是一种资本形式。在这个意义上，人权和所有其他参与发展和扶贫过程的资本一样重要。漠视人权的重要性，就等于陷人于贫困之中。[1]

在国家治理的视野之内，应当更多从社会制度和社会正义的角度认识贫困及其成因，并进而寻找治理贫困的有效路径。从对贫困的治理来看，不单要靠外援、外力，更要练靠自力更生的内力。外部帮扶的治贫是治标，激发贫困地区的内生发展动力和能力才是治本，要更注重通过外部所创造的环境条件来推动治本。

人权作为一种国家治理技术来推动反贫困事业，其重要性就在于治本，挖穷根。治贫的人权之策的核心要义在于通过人权理念和制度的落实，激发每个个体的积极性和创造性，可以说，人权是激发脱贫内生动力的一种重要方式；通过人权理念也可以将社会主义民主、人民当家作主、政治主人翁意识等政治治理理念落到实处。同时，人权理念也是强化国家责任的一种依据，将国家的扶贫行为从高高在上的"恩赐"转变为政治义务、法律义务。

三、基于中国反贫困实践反思当代人权理念

我们已经指出，中国反贫困的丰富实践和成功经验，其实也正是中国人权事业

---

[1] 阿尔弗莱多·斯菲尔-尤尼斯："侵犯人权是导致贫困的决定性因素"，《国际社会科学杂志》2005年第2期。

的伟大成就。[1]这一历史性的壮举提示人们不能仅仅局限于西方的发展路径和治理经验来理解贫困与发展问题。中国反贫困的成功实践，激发了对社会发展、国家治理之中重大基本理论问题的再思考。中国所推进的扶贫脱贫实践以及反贫困的成功经验，为我们理解中国特色的国家治理经验提供了一个典型范例，也为我们重新理解人权的理念、理论与制度提供了一个良好契机。作为中国人权事业一部分的反贫困实践及经验，为认识当代人权实践、丰富人权理论，提供了有力的实践支持。反贫困的人权实践及其成就，从其理论意义来看，实际对传统的自由主义人权理论的根基提出了挑战，并激发了基于中国特色社会主义国家治理理论构建新人权理论的尝试。

中国当代人权理论建构的一个重要理论背景和理论资源是近现代西方人权理论。对中国人权理论的建构必然从对现有西方人权理论的再审视开始展开。西方主流的自由主义人权理论从理性、自主、独立、负责任的所谓原子式的个人出发来建构普遍人权理论，这一理论也包括了建构个人与国家、个人与社会之间的关系。这种人权理论与欧洲国家的近代化进程相关联，也在一定程度上反应了人类的某些价值共识。但其理论的基本假设和基本命题，未必能为其他文化、价值、发展背景不同的人所接受。这使得其普遍性必然打了折扣，它甚至也不过是一种被伪装起来的地方性。对人的尊严和权利的崇尚已构成了当代人类的基本价值共识[2]，但如何建构这个人权价值共识的理论基础以及如何在各自的国家之中实现人权却是有待不断深入探索的。作为中国人权事业重要组成部分的反贫困实践，直接指引我们反思西方传统人权理论的内在局限性及其地方性。

中国反贫困事业的一个突出特点是，特别注重发挥政治优势和制度优势，善于借助改革开放以来不断增强的综合国力。可以说中国的反贫困事业注重顶层设计、

---

[1] 《减贫事业与人权保障》白皮书（2016年10月）指出："中国的减贫行动是中国人权事业进步的最显著标志。"
[2] 这表现在《世界人权宣言》得到世界上绝大多数国家的认可与尊重。2017在北京举办的南南人权论坛所发表的《北京宣言》中也说："人人生而自由，在尊严和权利上一律平等。人的尊严不仅涉及人的自由，而且关系人的全面发展。"

国家动员、国家主导、总体规划、凝聚合力、整体联动、统筹协调。[1]中国有着改革开放以来不断积累增强的综合国家实力,借助于政治和制度优势,国家掌握着强有力的社会治理资源,具有强大的社会动员和社会支配能力,可以充分发挥"全国一盘棋"的政治优势,举全党全国全局之力来集中展开扶贫攻坚战。这种政治的、权力主导型的、运动型的扶贫方式,集中体现了中国国家治理以及中国社会转型的特点。这种基于全局考量,从顶层设计、国家主导的反贫困方略,也是与中国整体的人权保障方略高度吻合的。可以说,反贫困的实践是中国特色人权保障制度和道路的集中体现。这种反贫困的方略,从中国城乡之间、东西部之间发展的高度不平衡的国情出发,从中国总体的共享发展理念、共同富裕的社会主义本质要求出发,从党和国家的高度权威性的社会动员能力出发,形成了以精准扶贫为核心的扶贫脱贫方略。

中国的反贫困实践和经验启示人们重新理解和定位人的形象、国家的角色、对国家的认同和国家整合、国家与人民的关系、幅员辽阔的广袤国土之内人民之间的相互关联性、国家与市场的关系、市场与社会的关系等问题。而所有这些问题,都与人权理论有关,又都可以看做是理解人权问题的基础问题。总体上看,基于贫困治理实践,可以倡导和论证一种新共同体主义的人权观,也可称为是新社群主义的人权观。

这种新共同体主义人权观的出发点是对人的本质和形象的界定。它不是将人看作是一个孤立的原子人,而是将人置于各种社会关系之中,基于马克思主义的"人是一切社会关系的总和"理论,基于社会主义关于在社会之中寻求更人道发展的理论,基于我国传统的家国理论以及西方社群主义理论的启发等等,将人进一步拓展为"共同体人"。每个人的个人尊严、人格及利益总是在一定的共同体之中得以逐步发展的,人的尊严及权利的实现只能在各种类型的共同体之中。这种共同体不是一种高度同质化而排斥其他人的孤立组织,也不是散漫地内在对抗着、失去共同利益和价值共识的"社会",而是一种基于彼此尊重、交流、自由的共同体。这种基

---

[1] 《中共中央国务院关于打赢脱贫攻坚战三年行动的指导意见》,2018年6月15日发布。

于共同体生活的人的形象,正是当今构建人类命运共同体理念的最基础出发点。人类共同体理念其实也内含着对人的本质及形象的基本理解,即要将基于自由与联合的共同体之人,扩展为内在联系和彼此依赖着的人类,要在这种扩展中寻求人类命运共同体的建构。

重新定位国家的人权角色。反贫困的实践显示出我国对国家权力的性质和角色的认识,不同于西方的自由主义理论。国家积极推动扶贫脱贫工作,将脱贫视为执政党和国家的庄严义务和责任。这里所体现的国家功能和国家责任是非常不同于自由主义的国家观的。国家作为政治共同体,要努力实现不让一个人掉队。国家不仅仅是一个权力体系,还同时是一个维系社会团结、富有文明人道责任的精神共同体。我们不是在国家与社会的二元对立的背景下谈论定位国家角色。在中国这样一个转型中的大国,国家的功能远远不止于"必要的邪恶"或"守夜人",国家的全能主义当然要不得,国家不能取消个人的自主性,但国家关怀和保护其国民的道德责任是必要和重要的;而国家权威与民间社会是可以积极互动的。对国家职能的这种定位对理解人权问题意义重大。基于此,人权对抗国家的防御性特点及其功能,就不能片面化和极端化。国家不能被仅仅定位在是人权的最大潜在侵犯者,它同时也是保护和促进国民基本人权的最重要力量之一。国家不是外在于共同体,毋宁说它是共同体的一种特殊形式,并在社会各个层次、各种类型的共同体生活中发挥着组织、沟通、整合和中介等重要作用。

强调国民彼此之间的人权义务。共同体理念中延伸出了共同繁荣理念、共同发展理念、整体相互依赖性理念。共同体理念要求我们每个人对共同体其他人的生活及命运不能无动于衷,而是要从社会正义的高度,关注和帮助国家中的贫困者生活状况。这种关注实际上也是对共同体的一种政治义务。基于生活交往的共同体理念,一方面认为个人是被共同体的生活实践、文化价值等塑造的,要理解个人的本质及其权利等诉求必得从其生活的共同体中来理解;另一方面也强调个人对共同体的责任和义务,每个人对其生活于其中的共同体之中的其他人都负有一定的道德、政治和法律义务。当然,由于共同体的具体层次、范围等的不同,个人责任和义务的强度也不同。个人对共同体的义务,对共同体中其他人的义务,是共同体存在的条件,也是每个人自己得以生存和发展的条件。个人对共同体及其他人的义务,是我们有义务帮助生活在共同体之中贫困者的理据,也是贫穷者有权利及符合正义地提出帮助要求的重要依据。贫困治理对个人之间的政治法律义务的关注,显示出对他人和共同体的义务和责任观念,以及表达这种义务应当性和正当性的社会正义观念对共同体生活的重要性。

关注实现权利的社会资源。我国的贫困问题直接而突出地展现了我国经济社会发展的高度不平衡,即体现着中国发展的"梯次格局"。贫困的状况及其治理经验直接让我们看到:中国的人权状况也处于非常不平衡的状态之中,人权的地图呈现着一种高度不平衡发展的"差序格局",呈现着明显的"权利落差";中国的人权问题不能简单地局限于看待那些法条上的权利,而更要看到权利背后的权利资源,即保障权利得以实现的那些社会资源和社会条件。贫困问题,让人们更深刻认识到,谈论人权,必须重视权利得以实现的那些社会条件,必须关注主体法律权利背后的"权利能力""权利资源"问题。

注重权利保障的重点推进与整体协调。我们提到贫困具有治理功能。通过对贫困者的界定,可以在国家治理中聚焦那些实现权利能力最低、社会地位最低的贫困人口和群体。在我国的扶贫战略中,特别强调精准扶贫方略,国家明确提出要"健全留守儿童、留守妇女、留守老人和残疾人关爱服务体系"[1]。聚焦"深度贫困和特殊贫困群体"[2],就更突出地界定了真贫困,尤其特别关注贫中之贫者。进行大规模的专项扶贫活动,对重点贫困群体如妇女、儿童、残障人、少数民族等进行专项扶贫。[3]这种治理是一种典型的以问题为导向、重点补短板的高效治理方式。这种治理也突出表现为一种以顶层设计为主导的政策型治理。

贫困治理的这一经验做法,其实也正是中国特色的人权保障制度和人权发展

---

[1] 《中共中央国务院关于打赢脱贫攻坚战的决定》,2015年11月29日发布。
[2] 《中共中央国务院关于打赢脱贫攻坚战三年行动的指导意见》,2018年6月15日发布。
[3] 有关部门先后发布了针对贫困妇女、贫困残障人以及农村残障人,以及教育、电商、金融等专门领域等的多个专项政策文件,如《贫困残疾人脱贫攻坚行动计划(2016-2020年)》《关于在扶贫开发中做好贫困妇女脱贫致富工作的意见》《教育脱贫攻坚"十三五"规划》等。

道路的一个典型表达。鉴于中国经济社会发展的不平衡、不充分，地区差别大，人权保障的推动，也要将整体性推动与重点领域、重点人群的权利状况改善有机结合与协调起来，通过补短板而助推整体推进。

注重权利保障的综合治理。贫困及其治理所涉及的，不是单一方面的问题，它是国家治理中极为复杂、综合的问题之一。我国治理贫困也是特别强调要多管齐下、综合施策。这从国家发布的多份有关脱困攻坚的文件中就可以明显看出来。可以说，从人权角度来推动扶贫脱贫，也是治理贫困综合系统工程的一个部分。对贫困的系统综合治理方式，提示我们认识人权也要有综合、系统的视角。人权问题的复杂性、综合性本身，就要求从多元而综合的视角来理解人权。只有这样，才能全面理解人权问题，全面推进人权事业。

对于社会转型中的当今中国而言，推动人权建设，尽管也要强调加强人权法治保障，但也不能仅仅依赖一般性立法，还要注重对特别人群的特别立法，尤其还要注重运用专项治理的人权政策措施。要在国家治理体系之内，协调人权治理的立法保障与政策推动。

基于人权的综合性视角，我们可以认识到，人权体系中关于私权利与公权利的划分、关于经济社会文化权利与公民权和政治权利的划分，只具有有限的意义，不能绝对化；平等权是所有基本人权的内涵之一，但理解平等权也要超越形式平等主义，而突出体现实质正义的实质平等权，实质平等权的诉求进一步突出了经社文权利的意义和价值；自由和财产的基本人权属性自不待言，但私人自由和财产的意义也不可"神化"，仅仅形式的自由和财产权并不足以解决生存和发展的根本问题，共同体的团结互助共享等对于人权的更充分享有而言同样意义重大；认识人权不可仅仅拘泥于普遍人权的理念及其法律规范，更要认识权利与特定社会结构、社会关系状况的具体联系。

四、拓展基于人权视角的贫困治理之道

随着对贫困问题认识的不断深入以及中国反贫困实践的不断进步，人们越来

越看到从权利、人权的角度理解贫困的本质的必要性和重要性。中国的反贫困实践中引入人权视角,也为我们认识贫困问题及进一步为贫困治理问题提供了新理念、新思路和新方式。反贫困要更注重、更善于借助人权这样一种重要的治理技术。

如前所述,中国的贫困治理首重政治优势制度优势,首先注重从政治定位、国家权力和国家政策的角度来推动扶贫脱贫。[1]我国的贫困治理尤其突出强调顶层设计、党的领导、政府主导、政策引导,这些都是中国扶贫的重大特点。贫困治理,来自国家的支持和推动当然非常重要和不可或缺,但也要警惕权力的傲慢。既要反对拒绝国家介入的权力虚无主义,又要警惕权力万能主义,决不能把扶贫演变成权力运作。

在突出扶贫中的国家主导之外,我国在贫困治理中也明确提出要在政府主导下形成社会合力,提高全社会扶贫积极性,构建大扶贫格局[2];要"坚持群众主体,激发内生动力",处理好国家、社会帮扶和自身努力的关系。[3]这种扶贫理念有高度、有视野,比较全面地认识到,贫困治理要将国家、社会、市场的力量积极结合起来,将国家从外部的扶持和推动与贫困群众自身的奋斗努力结合起来,将外部主导的扶贫转向贫困者的主导,从要我脱贫转向我要脱贫,由偏重"输血"转向注重"造血",将脱贫与发展相联系,将扶贫同扶志扶智相结合,将开发式扶贫和保障性扶贫相统筹,等等。这表明,国家也明确认识到贫困问题的综合性、系统性,提出将国家扶持、市场机制、社区参与、社会活力等联系在一起,协调好国家、市场、社会、社区在贫困治理中的联系和相互支持。

从扶贫脱贫的这些现有的战略及政策中,我们显然可以观察到,其一定意义

---

[1] 比如,从政治定位来看,将扶贫脱贫与中国经济社会发展的根本方略、整体规划、与社会主义主义本质等联系在一起,将消除绝对贫困作为全面建成小康社会的一个重要指标,将消除贫困作为中国特色社会主义的本质要求之一。中央文件对此予以明确确认:"消除贫困、改善民生、逐步实现共同富裕,是社会主义的本质要求,是我们党的重要使命";"扶贫开发关系全面建成小康社会,事关人民福祉,事关巩固党的执政基础,事关国家长治久安,事关我国国际形象。打赢脱贫攻坚战,是促进全体人民共享改革发展成果、实现共同富裕的重大举措,是体现中国特色社会主义制度优越性的重要标志"。见《中共中央国务院关于打赢脱贫攻坚战的决定》,2015年11月29日发布。

[2] 中央提出:"坚持政府主导,增强社会合力。强化政府责任,引领市场、社会协同发力,鼓励先富帮后富,构建专项扶贫、行业扶贫、社会扶贫互为补充的大扶贫格局。"

[3] 《中共中央国务院关于打赢扶贫攻坚战三年行动的指导意见》,2018年6月15日。

上已经在运用人权方式推动贫困治理。前面提到，我国现有的贫困治理的政策和实践直接涉及到诸如生存权、居住权、食物权、受教育权、健康权、就业权、社会保障权、发展权等权利，以及妇女、儿童、残障人等特殊群体权利，同时通过财政、金融、科技、交通等多方面的措施为实现脱贫、落实权利提供更充分的支持。经济社会权直接与反贫困的各种具体措施相呼应，因而很容易看到这种权利的倡导对贫困治理的重要性。在这个方面，要指出的是，从现在国家的有关政策来看，主要是强调政府在这些领域的积极有为，提出的都是具体的政府支持措施。而从贫困者作为经济社会权利主体的角度看，其主动寻求改变的意识和责任感并不突出。

这里从人权视角进一步明晰基于人权的贫困治理路径中的一些重要问题，以求进一步发挥人权在贫困治理中的功能和作用。其中，特别重要的就是，更深入思考外部主导型扶贫、权利主导型扶贫在解决迫切贫困问题上的合理性、必要性及其局限性，更充分认识提升贫困者参与贫困治理的主体性和积极性，以人权观念改进贫困治理方式、创新社会治理机制的必要性。

（一）人权作为扶贫中的"造血"机制

人权作为一种治理术的根本点在于尊重每个个人的主体性、主动性及其自由选择的权利。人权意识的强化，有助于加强个人行动的积极性和责任感。贫困问题直接表现为贫困者生存和发展状况的改善。扶贫脱贫作为一场攻坚战，更多呈现出国家、社会从外部对贫困者的支持、推动和扶持，即来自外部的"输血"。输血固然重要，但更重要的是造血，即让贫困者具有自主发展的自觉性、积极性和自我发展的真正能力。"输血"是为了"造血"。扶贫从根本上看是"扶志""扶智"。而扶志扶智的重要方式就是"赋权""赋能"。要保持脱贫的持续性、稳定性，避免重新返贫，就必须找到贫困地区及贫困人口的内在发展机制和发展机会，激发贫困地区脱贫致富的内生动力。正如有学者所言："精准扶贫的关键是破除国家'包办式'扶贫的弊端，通过多个层面的赋权和增能来塑造贫困者的主体性，使其从扶贫的客体变成主体，从扶贫的'观众'变为'演员'，进而形成新时代精准扶贫工作的新格局。"[1]

---

[1] 卫小将："精准扶贫与主体性塑造：再认识与再反思"，《中国行政管理》2018年第4期。

这种内在发展机制就是所谓"造血"机制。这种"造血"机制的一个重要环节，就是通过人权、尊严理念来改变贫困者的等靠要观念，激发其改变自己命运的主动性和积极性。人权观念、人的尊严的提高，就是提高贫困者的社会主人翁意识。脱贫的"造血"机制不只是为贫困地区及贫困人口提供一些基础物质条件，更根本的是提供贫困地区和贫困人口得以可持续发展的观念和制度机制。人权作为一种观念和机制，能直接激发贫困者通过劳动和创造来提升其尊严。

单纯的帮扶固然有其效果，但也有其隐忧。如果没有进一步地激发贫困者发展的潜力和积极性，帮扶甚至可能成为麻醉剂。如有学者担心的："帮助不幸者的措施，并不能使相关者摆脱不幸的状况，反而让他们'正确看待'自己的困难，在受人恩惠时庆幸自己不致有极端贫困之虞。从某种意义上说，这些人靠施舍的最低福利而生活，他们没有'权利'。"[1]

（二）更注重以民主参与权促进贫困治理

值得强调的是，贫困治理也是基层民主治理的一部分。民主权利对于贫困治理意义重大。民主是一种制度机制，也表现为贫困者对社区和基层政治事务的民主参与权利。贫困治理，要解决贫困者在社会中的被排斥、被隔离，贫困者融入社会、参与社会既是治贫的需要，也是治贫的结果。"我们不能保证民主程序会提供社会公正和减少贫困，但没有这些程序我们就不能指望地方社群得到能够使他们决定什么最重要的信息。"[2]让贫困者在贫困治理中发挥主体性作用，根本的还是回到民主机制。通过参与治贫的民主决策、民主管理和民主监督，贫困者的民主意识、权利意识和尊严意识，都能在实践中得到不断提升。

目前的扶贫脱贫工作确实也出现了一些外来干预、介入过度，而贫困地区和贫困者存在主动性不足的问题，贫困人口成为被照应、被关怀的"客体"。因而，在贫困治理中，应当更加突出贫困者的主体性和权利意识，保障其切实享有知情权、参与权、监督权。比如，通过民主参与机制，行使民主权利。贫困家庭的认定、扶贫资源的分配和管理、扶贫重大事项的决定，都通过贫困当地村民自己来决定、管理

---

[1] 库碧："贫穷：对人权的侵犯"，《国际社会科学杂志》2005年第2期。
[2] 基斯·道丁、马丁·冯·黑斯："贫困与普遍人权的地方性"，《国际社会科学杂志》2005年第2期。

和监督。贫困群众通过知情权、参与权、表达权、民主决策权、监督权、结社自由权等，获得关于贫困问题的充分信息，才能就决策进行充分商讨并尽量达到更佳决策，才能更具有监督的责任感，从而才能解决好扶持谁、怎么扶、如何退问题，做到扶真贫、真扶贫、脱真贫、真脱贫。

这些权利并非贫困者的"奢侈品"，而是其脱贫和发展的"必需品"。贫困问题往往直接表现为经济社会权难以得到基本的保障，但这显然并非说民主参与权与脱贫无关。相反，要从根本上实现要我脱贫到我要脱贫，从靠输血转向自我造血，就必须更加注重民主参与权。让贫困者了解真相，自主决策、自我管理、自我监督。同时也通过结社自由激励贫困者与外部的联合。这样的扶贫脱贫政策才能达到最好的效果。比如，易地搬迁脱贫政策，确实是当今扶贫中的一个重要方式，近年来推行力度也比较大。国家提出"对居住在生存条件恶劣、生态环境脆弱、自然灾害频发等地区的农村贫困人口，加快实施易地扶贫搬迁工程"。这个政策在实践中有些走形，就是没有真正做到群众自愿，有些搬迁效果也不好。易地搬迁直接涉及到贫困村民利益和生活的大事，一定要在民主的框架内得到讨论和决策。这样从长远来看才是有益于贫困群众的从根本上脱贫。

因而，在贫困治理中，既要注重扶持性的国家主导，又要倡导公平的自由市场体系、民主参与的社会自治体系。结合当前的农村贫困情况，要更注重将贫困治理与农村的基层民主自治、乡村振兴联系在一起。在民主的框架内，将外部的帮扶支持与内部的民主自治、有效参与有机联系起来，这有助于提升贫困者改变命运的自主能力，也有利于解决社会排斥问题。

(作者叶传星系中国人民大学法学院教授、人权研究中心研究员)

习近平精准扶贫重要论述与人权保障

[中国] 张伟 石慧

一、习近平精准扶贫重要论述的提出和发展

习近平对贫困和扶贫问题进行了长期的关注和思考,在全面认识中国扶贫攻坚新阶段以及国内外减贫新形势的基础上,逐步提出了精准扶贫重要论述,形成了指导我国扶贫脱贫工作的科学的战略思想和战略理论。

改革开放以来,在我国经济整体腾飞的大形势下,部分地区,特别是中西部地区仍然存在着贫困问题。"这些贫困人口主要集中在国家重点扶持的592个贫困县,分布在中西部的深山区、石山区、荒漠区、高寒山区、黄土高原区、地方病高发区以及水库库区,而且多为革命老区和少数民族地区。"[1]在这一时期,贫困地区整体经济落后,存在大面积、整体性、区域性的贫困,因而该时期施行的也是以整体区域为瞄准对象的"大水漫灌"式的扶贫战略。而随着扶贫工作的进一步落实,贫困地区经济不断发展,贫困人口持续减少,贫困现象已从早期的集中连片型的"块状贫困"为主,变为了星星点点的"点状贫困"为主。[2]"大水漫灌"式的扶贫战略准对性不强、扶贫效率低的局限性开始日渐突出,在推进贫困地区发展、解决贫困人口温饱问题的同时,也出现了诸如扶贫对象偏离、贫困地区内部贫富差距扩大、返贫率高等问题。[3]

党的十八大以来,习近平多次前往贫困地区进行调研工作,针对扶贫脱

---

[1] 国务院:《国家八七扶贫攻坚计划(1994—2000年)》,1994年4月15日。
[2] 薛洋:"从精准扶贫精准脱贫看习近平人权思想的特征",《南开学报(哲学社会科学版)》2018年第3期,第14页。
[3] 洪明勇、洪霓:"论习近平的精准扶贫思想",《河北经贸大学学报》2016年第6期,第2页。

工作中存在的一系列问题,提出了"精准扶贫"这一科学的重要论述。2012年12月在河北省阜平县考察扶贫开发工作时,习近平就提出"脱贫致富要有针对性,要一家一户摸情况",这是精准扶贫重要论述的萌芽。[1]2013年11月在湖南湘西考察时,习近平首次表达了"精准扶贫"这一重要论述,提出扶贫要"实事求是,因地制宜,要精准扶贫,切忌喊口号"。[2]随后,在2014年10月首个"扶贫日"之际,习近平做出重要指示并第一次明确提出扶贫应当"善于因地制宜,注重精准发力"。[3]2015年6月,在参加第十二届全国人大第三次会议广西代表团审议时,习近平在讲话中再次指出,"要把扶贫攻坚抓紧抓准抓到位,坚持精准扶贫"。[4]2015年6月在全国人大会议召开之后,习近平再次前往贵州开展调研工作,并在贵州召开了部分省(区、市)委主要负责同志座谈会。在这次座谈会上,习近平发表了重要讲话,提出了扶贫工作中的"六个精准""五个一批"以及"三位一体"等重要观点。[5]从2014年10月强调扶贫开发工作应当"精准发力"开始,到2015年6月明确提出扶贫开发工作的具体标准和内涵,习近平的精准扶贫重要论述不断丰富和完善。2015年11月我国发布了《中共中央国务院关于打赢脱贫攻坚的决定》,标志着习近平精准扶贫重要论述的成熟,中国的扶贫事业进入了新的历史时期。习近平精准扶贫重要论述为新时期的扶贫开发工作提供了新的指导,对于消除贫困、改善民生,逐步实现共同富裕、切实保障贫困人口人权,全面实现社会主义小康社会具有重要意义。

二、习近平精准扶贫重要论述的人权内涵

习近平精准扶贫重要论述包括了习近平自2013年以来在各项减贫、扶贫、脱贫

---

[1] 习近平:"在河北省阜平县考察扶贫开发工作时的讲话(2012年12月29日)",《做焦裕禄式的县委书记》,中央文献出版社,2015年,第16页。

[2] 习近平:"在湖南湘西花垣县十八洞村考察时的讲话(2013年11月3日)",《人民日报》2013年11月6日,第1版。

[3] 习近平:"习近平论扶贫工作——十八大以来重要论述摘编",《党建》2015年第12期,第6页。

[4] 国务院:《中共中央国务院关于打赢脱贫攻坚战的决定》,2015年11月29日。

[5] 习近平:"习近平在部分省区市党委主要负责同志座谈会上强调谋划好'十三五'时期扶贫开发工作,确保农村贫困人口到2020年如期脱贫",《人民日报》2015年6月20日,第2版。

工作系列讲话中提出的思想和观点,也包括了中共中央及各级政府所制定发布的政策措施。从习近平精准扶贫思想中可以明显看出,扶贫脱贫问题不仅仅是经济建设问题,更是人权保障问题,贫困不仅关系到人的生存与尊严,还关系到人的全面发展和自我实现。习近平精准扶贫重要论述中所集中体现出的人权内涵,最突出的就是科学地认识到了扶贫对于保障贫困人口生存权与发展权的重要意义。在这一思想的指导下,通过采取各项有效措施,在扶贫脱贫工作中尊重、保障和促进贫困人口生存权和发展权的实现,极大地推动了我国人权事业的全面进步。

(一) 对贫困人口生存权的保障

自第二次世界大战以来,生存权作为一项人权,开始在世界范围内变得普遍化,几乎所有国家都在其宪法中增加了生存权的相关内容。生存权的内涵不仅仅在于保障人的生命,还在于保障人的尊严,这两方面共同构成了生存权的基本内涵。生命与尊严的结合,才是生存权的应有之意,即保障人"体面生存的权利"。[1]

对贫困人口生存权的保障,是习近平精准扶贫重要论述的重中之重。习近平精准扶贫重要论述科学地认识到,仅仅关注如何保障和提高贫困人口生活水平是狭隘的、片面的,要保障贫困人口生存权的全面实现,更是要关注如何在扶贫脱贫工作中,树立和维护贫困人口的基本尊严。习近平精准扶贫重要论述强调,在保证贫困人口获得必要生存资料和物质帮助的同时,必须采取适当措施,确保贫困人口能够建立和维持基本尊严。为实现这一目的,习近平精准扶贫重要论述提出了"两不愁"与"三保障"的具体目标。"两不愁"即确保"稳定实现农村贫困人口不愁吃、不愁穿","三保障"即确保"义务教育、基本医疗和住房安全有保障"。[2]

具体而言,首先,在广泛进行调查研究和充分听取贫困地区人民群众意见的基础上,习近平精准扶贫重要论述坚持贯彻"实事求是"的原则,提出了"两不愁"这一具体实际目标。保障贫困人口"不愁吃、不愁穿"的目的在于确保贫困人口能够获得最基本的生存和物质资料,确保贫困地区人口能够维持基本的生存,进而为生存权中更深层次内涵的实现提供基础。其次,在保障贫困人口基本生存能力的同

---

[1] 徐显明:"生存权论",《中国社会科学》1992年第5期,第46页。
[2] 国务院:《中共中央国务院关于打赢脱贫攻坚战的决定》,2015年11月29日。

时，习近平精准扶贫重要论述还进一步提出了"三保障"这一更深层次目标，要求贫困人口"义务教育、基本医疗和住房安全"得到保障。教育、医疗以及住房，不仅关系到个人的生存能力和生存状况，同时对于提高个人的生存质量和生活水平，保障个人基本尊严以及实现个人价值也具有重要的意义。根据这一科学论述采取的一系列措施，为贫困人口生存权的更深层次、更高水平的实现提供了有力支持。

(二) 对贫困人口发展权的保障

1986年12月4日，联合国大会一致通过了《发展权利宣言》，其中明确宣誓，"发展权利是一项不可剥夺的人权，由于这种权利，每个人和所有各国人民均有权参与、促进并享受经济、社会、文化和政治发展，在这种发展中，所有人权和基本自由都能获得充分实现。"[1]因此，发展权作为一项不可剥夺的人权，其目的在于保障人民在社会生活中能够参与发展、促进发展并享受发展成果。同时，对于国家而言，"国家有权利和义务制定适当的国家发展政策，其目的是在全体人民和所有个人积极、自由和有意义地参与发展及其带来的利益的公平分配的基础上，不断改善全体人民和所有个人的福利。"[2]

随着我国扶贫战略取得巨大成效，贫困人口持续减少，开发式扶贫战略的效率开始降低。剩余贫困人口大多处于自然条件差、经济基础弱、贫困程度深的偏远地区，脱贫难度明显较大。而除客观自然环境之外，导致脱贫困难的另一重要原因在于贫困人口思想守旧、教育文化水平较低、缺乏生存及职业技能等。[3]早在20世纪80年代，习近平在闽东开展工作期间，就对贫困问题有了切身的体会，并开始对如何通过发展来消除贫困这一问题进行了深入的分析和思考。习近平认为，与相对发达地区相比，贫困地区如同一只"弱鸟"，提出了"弱鸟可望先飞，至贫可能先富"等扶贫重要论述，并进一步指出"弱鸟"能否"先飞"的关键在于加快贫困地区的发展，只有发展才能让贫困地区脱离贫困。[4]

进入新时期以来，习近平精准扶贫重要论述格外强调保障贫困人口发展权，

---

[1] 联合国：《发展权利宣言》，第1条第1款。
[2] 联合国：《发展权利宣言》，第2条第2款。
[3] 习近平：《在深度贫困地区脱贫攻坚座谈会上的讲话》，2017年6月23日。
[4] 习近平：《摆脱贫困》，福建人民出版社，1992年。

确保贫困人口能够真正参与发展过程、切实享有发展带来的成果。习近平精准扶贫重要论述提出了"扶贫必扶智"的要求，着重点在于提升贫困人口发展能力，使得扶贫工作从"输血"向"造血"的转变，从而确保贫困人口能够真正摆脱贫困，保障贫困人口发展权的实现。[1]同时，贫困人口发展能力的提升以及发展权的充分实现，不仅为贫困人口自身潜能以及自身价值的实现提供了基础，也为其他相关人权的实现提供了条件。

首先，习近平精准扶贫重要论述要求提高贫困人口就业能力，加大劳务输出培训投入，统筹使用各类培训资源，以就业为导向，提高培训的针对性和有效性。通过就业技能培训和就业创业服务，提升贫困人口参与劳动力市场的能力，引导和支持贫困人口自主脱贫、就地脱贫，主动参与到我国社会主义新时期的发展进程中来。其次，习近平精准扶贫重要论述要求提高贫困人口教育水平，加快实施教育扶贫工程，让贫困家庭子女都能接受公平有质量的教育，阻断贫困代际传递。通过国家教育经费倾斜、健全学前教育资助制度、加大乡村教师队伍建设支持力度、普及高级阶段教育、加强职业学校建设等措施，以求实现教育扶贫对整体脱贫的良性反哺。通过保障和加强贫困地区教育事业，为贫困人口参与发展、共享发展提供智力上的支持。再次，习近平精准扶贫重要论述要求加强贫困地区基础设施建设，加快交通、水力、电力建设，综合采取包括推动贫困地区重大交通项目建设，加强贫困地区水利工程建设，提升农网供电能力和质量等措施。通过加强贫困地区基础设施建设，在破除贫困地区发展瓶颈制约的同时，继而保障了贫困地区人口能够获得发展资源，共享发展带来的成果。

（三）习近平精准扶贫重要论述对我国人权事业的巨大推动

习近平在致"2015·北京人权论坛"的贺信中指出："中国人民正在为实现中华民族复兴的中国梦而奋斗，这将在更高水平上保障中国人民的人权，促进人的全面发展。"[2]确保到2020年农村贫困人口实现脱贫，是全面建成小康社会最艰巨的任务。消除贫困、改善民生，不仅是消除农村贫困的攻坚战，也是尊重、保护和发展贫

---

[1] 习近平：《在中央民族工作会议上的讲话》，2014年9月28日。
[2] 习近平：《习近平致"2015·北京人权论坛"的贺信》，2015年9月16日。

困人口人权的攻坚战，更是我国人权事业全面进步的攻坚战。习近平精准扶贫思想为我国人权事业的进步提供了思想支持、物质基础，并为我国人权事业的全面发展营造了良好的国际氛围。

（四）为我国人权事业的进步提供思想支持

习近平精准扶贫重要论述，是在总览全局、深刻把握和全面认识我国扶贫攻坚新阶段和全面建设小康社会新时期的基础上提出的。习近平精准扶贫重要论述深刻揭示了扶贫脱贫工作的科学规律，指明了扶贫攻坚的基本途径，充分体现了马克思主义基本世界观和方法论，更是对中国特色人权重要论述进行了科学的创新和发展。习近平精准扶贫重要论述不仅指导我国精准扶贫工作取得巨大成功，也为我国人权事业的进步提供了思想支持。

首先，习近平精准扶贫重要论述坚持和发展了"以人为本"的基本原则，始终以人民的根本需要作为出发点和落脚点。在扶贫工作中，"以人为本"基本原则体现在始终把实现全体人民的最大利益放在重要位置，为我国贫困人口人权状况的全面改善提供了理论支持。其次，习近平精准扶贫重要论述深刻体现了"共同富裕、共同发展"的根本理念。"消除贫困、改善民生、实现共同富裕，是社会主义的本质要求"。[1]精准扶贫工作的出发点和落脚点就是全面解决贫困问题，帮助贫困人口脱离贫困，而这正是社会主义"共同富裕、共同发展"这一本质要求的体现。在脱贫工作中，不仅应当保障贫困人口共享我国经济发展的成果，还应当确保贫困人口能够共享我国政治、文化、科技等各领域的发展成果。这不仅为保障贫困人口的生存权和发展权提供了依据，也为推动贫困人口其他相关人权的实现提供了思想基础。

（五）为我国人权事业的进步提供物质基础

扶贫开发工作事关我国全面建成小康社会这一宏伟目标的实现与否，是促进全体人民共享改革发展成果、实现共同富裕的重大举措，也是体现中国特色社会主义制度优越性的重要标志。[2]在实践中，习近平精准扶贫重要论述指导我国扶

---

[1] 国务院：《中共中央国务院关于打赢脱贫攻坚战的决定》，2015年11月29日。
[2] 同上。

贫脱贫工作取得了巨大成功。根据国家统计局的统计，截至2017年末，全国农村贫困人口明显减少，从2012年末的9899万人减少至3046万人，累计减少6853万人；贫困发生率从2012年末的10.2%下降至3.1%，累计下降7.1个百分点。同时，贫困地区农村居民收入加快增长，2013年以来贫困地区农村居民人均可支配收入年均实际增长10.4%，实际增速比全国农村平均水平高2.5个百分点，贫困地区农村居民人均可支配收入比2012年提高7.7个百分点，与全国农村平均水平的差距进一步缩小。[1]

人权的尊重、保障和促进工作的实现程度，与当地政治、经济和社会的发展状况密切相关。习近平精准扶贫重要论述指导我国扶贫脱贫工作取得了巨大成就，促进了贫困地区人口各项权利的协调发展，推动了个人价值和个人潜能的实现，同时也为我国人权事业的进步提供了物质基础。另外，习近平精准扶贫重要论述在实践中不仅提高了贫困人口的经济物质生活水平，还推动了贫困地区人口经济、社会和文化权利的实现和改善。人权作为一个相互影响、相互联系的有序整体，经济、社会和文化权利的发展，也会为贫困人口公民、政治权利提供实现基础和有利支持。

（六）为我国人权事业的进步营造良好的国际氛围

十八大以来，在习近平精准扶贫重要论述的指导之下，我国扶贫脱贫工作取得了举世瞩目的伟大成就，谱写了人类反贫困历史上的辉煌篇章，丰富和扩展了中国特色扶贫开发道路，不断开创扶贫开发事业的新局面。而中国所取得的成绩，得到了世界各国，特别是发展中国家的高度肯定，并为世界整体脱贫提供了中国经验和中国智慧。这进一步提升和增强了中国在国际脱贫事业中的重要作用，提升了中国在国际人权保障中的话语权和自信心，为我国人权事业的进步营造了良好的国际氛围。

一方面，我国大量人口脱离贫困，有效减少了世界贫困人口总量，为世界减贫事业作出了中国贡献，树立了我国负责任大国的良好国际形象。另一方面，习近平精准脱贫思想所取得的伟大成功，证明了中国特色人权道路的正确性。我国始终坚持人权的普遍性原则与特殊性原则相结合，在尊重扶贫脱贫的普遍性规律的同

---

[1] 国家统计局："2017年全国农村贫困人口明显减少 贫困地区农村居民收入加快增长"，2018年2月1日，http://www.gov.cn/shuju/2018-02/01/content_5262903.htm，2018年7月23日访问。

时，从我国实际出发，不断调整扶贫战略，最终实现扶贫攻坚战的伟大胜利。在尊重、保障和促进贫困人口人权的同时，有力地回击了国际上对中国人权问题的错误、片面批判，并为世界上其他发展中国家，走出一条适合自己国情的人权道路提供了有益借鉴和成功经验。这不仅有助于树立我国的良好国际形象，还为发展中国家实现脱贫提供了可靠借鉴和可行方法，为我国进一步全面建成小康社会、推动人权事业发展打开了新局面。

(作者张伟系中国政法大学人权研究院常务副院长；作者石慧系中国政法大学人权研究院学术编辑)

保障民众基本生活水准是国家的义务

[中国] 张永和

基本生活水准权作为一项基本人权,是基础权利之一,基本生活水准权最先在《世界人权宣言》中得到阐述。《世界人权宣言》序言中倡导:"一个人人享有言论和信仰自由并免于恐惧和匮乏的世界的来临,已被宣布为普通人民的最高愿望。"第二十五条规定:"人人有权享受为维持他本人和家属的健康和福利所需的生活水准,包括食物、衣着、住房、医疗和必要的社会服务;在遭到失业、疾病、残疾、守寡、衰老或在其他不能控制的情况下丧失谋生能力时,有权享受保障。"《经济、社会和文化权利国际公约》第十一条规定:"人人有权为他自己和家庭获得相当的生活水准,包括足够的食物、衣着和住房,并能不断改进生活条件。人人享有免于饥饿的权利。"

今年是中国改革开放40周年,也是中国政府致力于脱贫工作40周年。1978年以来,改革开放激发了中国人权发展的内生动力:经济体制从计划经济迈向市场经济,资源得到更有效配置,"沉睡"的个体财产权和集体财产权被唤醒,大量工作机会和财富增值机会被创造,权利意识逐渐成长,伴随财政收入的增长,政府的社会保障能力不断增强,政府干预市场的范围逐渐限缩,司法保障能力逐渐提升。在这一进程中,中国人权保障逐渐从生存权导向转移到发展权导向上。总体而言,中国沿循了从生存权到发展权,从经济领域发展权到全领域发展权的人权保障和发展进路,尽管偏离了西方人权保障和发展的"经典"路径,但契合了中国社会变迁和体制制度变革的内在逻辑,打破了西方人权理论的普遍主义神话,重新揭示了人权路径的多样性、多元化本质。

在40年里，中国政府通过一系列有效的法律政策措施充分保障中国公民的基本生活水准权，特别是在减贫、住房保障、用水用电保障等方面，取得了突出成就。

消除贫困，实现共同富裕，是社会主义的本质要求，是中国共产党的历史使命。中国是世界上人口最多的发展中国家，发展基础差、底子薄、不平衡现象突出。特别是农村贫困人口多，解决贫困问题的难度很大。改革开放以来，中国成功走出了一条中国特色扶贫开发道路，使7亿多农村贫困人口脱贫。2015年底，中共中央、国务院发布关于打赢脱贫攻坚战的决定，提出了"十三五"（2016–2020年）脱贫攻坚的总体目标：到2020年，稳定实现农村贫困人口不愁吃、不愁穿，义务教育、基本医疗和住房安全有保障；实现贫困地区农民人均可支配收入增长幅度高于全国平均水平，基本公共服务主要领域指标接近全国平均水平；确保现行标准下农村贫困人口实现脱贫，贫困县全部摘帽，解决区域性整体贫困。2016年3月，《中华人民共和国国民经济和社会发展第十三个五年规划纲要》发布，对全力实施脱贫攻坚总体目标作出战略部署。为实现上述目标，中国政府根据2014年底贫困人口统计数据，分别制定了不同的脱贫方案。第一，通过产业扶持，帮助有劳动能力和生产技能的3000万贫困人口脱贫。第二，通过转移就业，帮助1000万贫困人口脱贫。第三，通过易地搬迁，帮助"一方水土养不起一方人"地区的约1000万贫困人口脱贫。第四，通过全部纳入低保覆盖范围，实现社保政策兜底脱贫。

为实现消除现行标准下所有贫困的总目标，中国在最新一轮的脱贫攻坚战中，不惜巨额投入，采取了多项"超常规"措施，帮助贫困群众摆脱贫困，"易地搬迁"便是其中一项标志性措施。

易地扶贫搬迁是生存条件恶劣地区贫困群众脱贫的根本措施，也是新一轮扶贫搬迁的标志性工程。湖北坚持以产业发展和稳定就业为导向，探索出易地扶贫、搬迁脱贫的新模式。大别山腹地的蕲春是国家扶贫开发重点县，贫困人口有5万多户。因为山多地少、土地贫瘠，当地制定了整体搬迁、梯度安置的扶贫方案，从2015年开始，以人均25平方米的标准，依山就势建设不同户型，满足困难群众的不同需求。偏远山区的9200户贫困户陆续告别土坯房，住上新楼房。一方面,当地加强与沿海省市的劳务输出对接,并通过技能培训,提高贫困户外出就业能力和自我创业能力,目前已有3000个易地扶贫搬迁户实现了培训转移就业;另一方面,积极引入市场主体,发展蕲艾、油茶、花生等特色农业,来拓宽增收渠道,加快脱贫致富步伐。[1]

经过多年坚持不懈和不断探索,中国农村贫困人口已大幅下降,截至2017年底,中国农村贫困人口已经下降到3000万人,贫困发生率下降到3.1%。

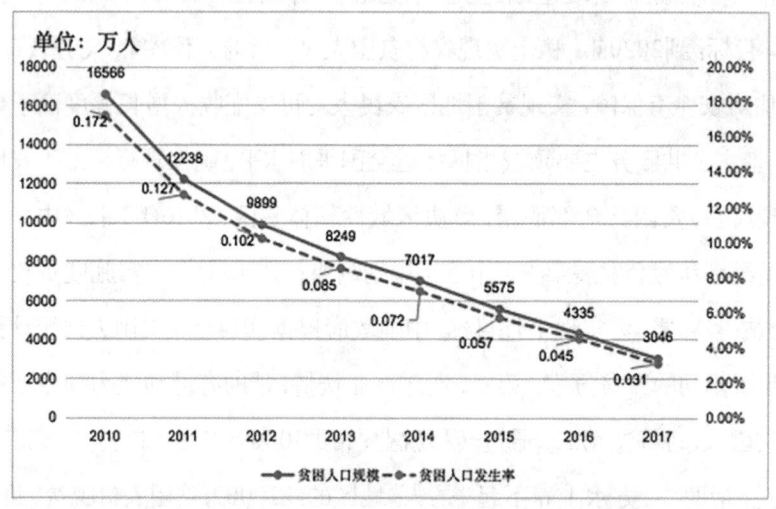

表1:按现行农村贫困标准衡量的农村贫困状况

有体面的居所,是基本生活水准权利的应有之义。为保障城市中低收入住房困难家庭的住房问题,中国政府开展保障性住房建设。保障形式包括廉租房在内的公共租赁住房、包括经济适用房在内的政策性产权房和各类棚户区改造安置房等实物住房保障,以及租金补贴。数据表明,2013—2016年,中国建成城镇保障性安居工程住房、棚户区改造和公租房2485万套。此外,中国还改造农村地区建档立卡贫困户危房158万户。按照《"十三五"推进基本公共服务均等化规划》,到2020年,城镇棚户区住房改造累计达到2000万套;建档立卡贫困户、低保户、农村分散供养特困人员、贫困残疾人家庭等4类重点对象农村危房改造达到585万户。

[1] "创新易地搬迁 挪穷窝换穷业",2016年8月27日,http://tv.cctv.com/2016/08/27/VIDEg1N046wXDVVvnyRDH7qG160827.shtml。

水和电是满足基本生活水准的最基础条件。中国政府一直以来重视并致力于改善贫困群体的饮用水安全和电力供给，并取得了突出成效。"十二五"期间，中国贫困地区共安排中央水利投资2375亿元，占中央水利投资总规模的31.7%，累计解决1.15亿贫困地区农村居民和学校师生饮水安全问题，农村集中式供水覆盖率提高到75%以上。已开工的85项重大节水工程中，有60项惠及贫困地区，总投资达5600亿元。贫困地区共完成7700多座病险水库和大中型病险水闸除险，新建或加固江河堤防3900余公里，新增中小河流治理河长1.45万公里。从2016年开始，中国政府坚持创新、协调、绿色、开放、共享的理念，启动实施农村饮水安全巩固提升工程，目标到2020年，中国农村集中供水率达到85%以上，自来水普及率将达到80%以上，水质达标率整体有较大提高，千吨万人以上工程供水保证率不低于95%，小型工程供水保证率不低于90%，城镇自来水管网覆盖行政村的比例达到33%，进一步健全供水工程运行管护机制，逐步实现良性可持续运行；全面解决贫困人口饮水安全问题。2020年后，中国将持续加强饮用水水源保护，完善工程长效运行管护机制，进一步提升农村饮水安全保障水平，确保到2030年实现人人普遍和公平获得安全和负担得起的饮用水。

在电力资源供给方面，自中国1998年实施第一期农网改造至2015年，国网累计完成110千伏及以下农网投资1.15万亿元，解决了749.6万无电人口的通电问题，"十二五"末全面实现经营区内"户户通电"，农村供电质量显著提高，少数民族和边疆地区电网得到加强，农村地区电气化水平持续提升。同时，南网也累计完成110千伏及以下农网投资2298.78亿元，解决了152万无电人口的通电问题，并在2013年实现经营区"户户通电"。2012年至今，273万人口真正告别了无电时代，上千万人口用上了可靠的动力电。2016年，新一轮农网改造升级工程启动，农村电网建设全面提速，改造后农村用电保障能力将大幅提高。2016年完成配电网投资3117亿元，同比增长32.8%，增速逐年提高，拉动全国电网投资增长16.6个百分点；中低压配电网投资占电网投资的比重为42.7%。电网企业实施精准扶贫、精准脱贫，因乡因族制宜、因村施策、因户施法，扶到点上、扶到根上。从5.4万个贫困自然村、1080万人口的贫困村通动力电工程,到总投资约1900亿元的全国小城镇、中心村农网改造升级和农村机井通电工程2016-2017年实施方案,这是全面实现户户通电后,惠及贫困人口和农村的能源普遍服务升级加码工程。

这里,我们可以从一名农电工的讲述,清晰看到改革开放40年来农村用电大变迁。

我是宿州市灵璧县的一名农电工,在灵璧县这个全国农网改造、农电体制改革的发源地,见证了改革开放40年来农村用电的大变化。

1978年前,我们全镇只有镇上机关、学校用上了电,乡村都在望"电"兴叹。那时,我们用墨水瓶做的煤油灯照明,从堂屋到厨房,端灯要用手遮挡着,生怕被风刮灭了。

1986年秋天,灵璧县实施乡乡通电工程,我们村结束了无电的历史。尽管当时只给每户安装两个灯头,但让我着实高兴了几个月。通电数年,村民用电只是"点个电灯照个亮",很多人家还是连黑白电视机都没有。

1996年实现村村通电那会儿,低压线路只架设到村头,往村庄里的线路是农民自己买电线一户串一户连接的,乱得像蜘蛛网,一刮风下雨就停电,而且安全隐患不断。加上电价很高,最高涨到每度电1.5元,一些村民把煤油灯点了起来。

针对农村用电现状,国网灵璧县供电公司率先进行农网整改。改造后,由供电站实行"四到户"管理,即抄表到户、收费到户、销售到户、服务到户,公示每户每月用电情况,到户电价每度电下降到0.84元以下。伴随成效的逐步凸显,灵璧供电公司创造的"贷款整改、差价还贷、限期降价"成功经验,很快在全国推广。

近几年,随着扶贫工作的逐步深入,农民手里都有了钱,彩电,电冰箱、空调、洗衣机也进入大部分百姓家。出现了生活电气化,用电量迅猛增长,特别是夏季,变压器"小马拉大车"超负荷现象严重。

记得在2007年,我们这里进行了新农村电气化村建设工程,我们镇有4个村搭上了"新农村电气化建设"这趟车。改造没让老百姓出一分钱,全是供电企业投资的。电网改造后,大功率电器能正常使用了。出了故障,只要农户打个电话,我们供电所的电工就去维修。农电工开始成为农户的"电保姆"。

转眼间,这轮农网大规模改造、升级已过了20多年,2016-2017年,国家电网公司实施新一轮农网改造升级工程"两年攻坚战"工程，包括机井通电、中心村电网升级、村村通动力电等三个专项工程，单单宿州一个市就有200多个项目，总投资4个多亿元，这在20多年前估计想都不敢想。[1]

从"煤油灯"到"电灯"，实现了家家通电，用得起电，不断改善的农网设备充分保障了农户们的生活用电需求。特别是在地广人稀的地方实施通电，是一项投入大，收益小的国家计划。

在四川凉山州一些远离乡镇的地方，为了给一户或几户人家通电，让他们能够过上电气化生活，国家电网给这些散居在山里的彝族同胞通上了电，有些线路投入超过20万或30万元人民币，这些村民每年每户所缴纳的电费却才100多元。可想而知，从经济学的角度看，这是一桩绝对赔本的买卖，但为了让每一个民众达到最基本的生活基准，政府不得不做出这种赔本的决定，同时也看到了政府在减贫脱贫方面的决心和努力。

改革开放推动了中国社会全领域的变革和转型，为中国的人权保障提供了新契机和新动力。改革开放40年来，中国人权事业取得诸多重大发展成就，无论是路径选择、实践探索，还是话语建构，都形成了不同于西方人权发展历史的中国经验。任何一个国家在任何具体条件下都应当笃定关于每个人充分享有人之尊严和权利的理想以及为之努力的诚意，但比这种理想和诚意更为重要的是，如何将理想中的人权清单转化为人们实实在在享有的现实权利。让人权落地，绝不是像将其载入法律文本那般简单，它必然也必须面对人权实现所要依赖的具体条件。

今天，已经有7亿多农村贫困人口脱贫，有一部分人甚至成为了百万富翁、千万富翁、亿万富翁，过上了富裕的生活。中国农村的面貌已经得到了很大改观，而进一步推进的乡村振兴战略，必将大大提升农村人的生活水准。

(作者张永和系西南政法大学人权研究院执行院长、教授)

---

[1] 马加坤："一名农电工的自述——改革开放40年 农村用电大变迁"，2018年4月2日，http://ah.people.com.cn/n2/2018/0402/c358346-31415247.html。

中国的减贫与减贫驱动的中国人权新发展：
经验、趋势和挑战

［中国］ 郑若瀚

一、中国的减贫经验及其人权蕴涵

伴随减贫行动的持续开展，中国的贫困发生率从1978年的97.5%下降到2017年底的3.1%，其减贫成就并非种种偶然因素的叠加，而是强烈的政治意愿、经济增长驱动和强大的政策支撑体系合力作用的结果，这也构成了中国减贫的基本经验。这些经验具有重要的人权蕴涵，它折射出中国减贫行动的权利导向，也揭示了中国人权保障和发展路径的内生性以及世界人权保障和发展进路的多样性本质。

（一）充分的政治保障

中国的社会主义性质和政治权力结构决定了在中国将大量资源投向贫困群体的共识更易于达成。中国政治体制中带有民众基础的"内部多元主义"特征使得共识更易于达成。[1]这在减贫问题上尤为显著，在这一体制下：（1）多元利益能够被涵括进政治进程，这使得中国区别于同样具有"威权"性质的阿拉伯国家；（2）相对于外部多元主义的相互牵制、逃避责任倾向而言，内部多元主义更具效率，往往能够有效达成共识和推动政策实施，这又同西方民主政体有所不同；（3）社会主义性质使得底层民众的基本利益诉求的实现情况能够成为检验政权合法性的重要尺度。正因如此，大量资源投向贫困群体的政治意愿无论在主观意向还是在体制条件下都更易形成。

---

[1] 郑永年：“新时期的中国共产党：挑战与机遇”，陈超译，《武汉大学学报（哲学社会科学版）》2013年第3期。

从减贫实践来看，国家给予了充分重视，将其作为经济社会发展的重要目标，先后实施了《国家八七扶贫攻坚计划（1994-2000年）》《中国农村扶贫开发纲要（2001-2010年）》《中国农村扶贫开发纲要（2011-2020年）》《"十三五"脱贫攻坚规划》等四个中长期扶贫规划。自2009年开始，中国连续发布和实施了三期《国家人权行动计划》，专门在工作权利、基本生活水准权利、受教育权利、健康权利、文化权利中关注了贫困问题，并在对已经实施完成的行动计划评估中专门进行了相应指标评估。将消除贫困问题纳入人权视角下审视和推动反映出中国对于贫困问题和人权问题认识的深化，也表明中国对于贫困问题的愈益重视。

（二）经济发展驱动

自改革开放以来，中国经济保持了三十年的两位数增长，是人类历史上人均GDP增长率最高、持续时间最长、惠及人口最多的时期。高速增长的经济是中国大规模地减少贫困的重要保障。有研究测算，1985至2005年间，中国农村贫困减少的原因70%来自于经济的快速增长。[1]经验地看，经济增长与减贫之间的关联不难理解，经济增长为减贫至少创造了三种有利条件。(1)农业产业收益，不可否认，改革开放以后农业经济的发展相对于工商业、服务业而言要逊色得多，但相对于改革开放之前的生产效率和收益率仍有显著提升，同时，工商业、服务业的发展也在一定程度上反馈于农业，从而带动农业收益的增长。(2)创造了大量非农就业机会，非农就业带来了更高的工资收入，为贫困人口的减少作出突出贡献。截至2016年，全国农民工总量28171万人，占全国就业人数的36.3%；[2]此外，农民的工资性收入已经成为农民人均收入的重要来源之一，这部分收入占总收入的比重由1985年的13.2%提高到2015年的40.2%。[3] (3)经济增长会带动财政收入的增长，进而推动政府反贫困能力的提升，可用于专门帮扶贫困地区、贫困人口发展的资源，如基础设施、教育、技术、社会保障、社会救助等，也会随之变得丰盈。从近年来的情况看，在财政收入有保障的情况下，不断增长的专项扶贫投入已经为进一步实施大规

---

[1] 李石新：《经济增长、收入分配与中国农村贫困的减少》，华中科技大学2006年博士论文。
[2] 根据《2016年度人力资源和社会保障事业发展统计公报》数据计算得出。
[3] 根据中国统计年鉴数据计算得出。

模减贫奠定了坚实基础。

（三）较完善的治理体系

尽管经济增长具有减贫驱动效益，但也应当注意到，经济增长的"涓滴效应"并不是绝对的，经济增长或者工业化本身并不必然引发就业、收入和福祉方面的持续性改善。[1]经济增长对减贫的贡献往往是同种种扶贫政策、制度相结合才发挥了作用，换言之，中国减贫成就更多是源于一个强大的政策支撑体系。在这个体系中，(1) 财税、金融、土地、社会保障政策相互衔接配合，共同支撑；(2) 普惠政策与特惠政策相结合，在加大对农村、农业、农民普惠政策支持的基础上，对贫困人口实施特惠政策；(3) 基础设施建设与教育、医疗、卫生协同推进；(4) 社会保障与扶贫开发相结合；(5) 形成多元参与的大扶贫格局；(6) 政策措施的活力与持续创新性，特别是精准扶贫政策的实施带来了帮助机制、治理机制的关键改善，分类施策、严格考核制的引入有效解决了传统政策措施边际效益递减问题。

除上述经验外，中国在贫困治理经验上还有一个特殊影响因素，即特殊的制度禀赋。实际上，从政府意向（包括专项计划）、经济增长、政策密度等方面看，许多国家，特别是金砖国家存在大体类似的趋势、特征，但为什么中国的成就更为显著（尽管它也有自己的问题）？从总体上讲，它涉及社会结构与各项政策制度之间的综合作用——多个方向上的力在加总、抵消后的剩余，但在微观上也必有其可以察见的根据，土地制度提供了一个重要证据。土地制度在抵御大规模新增贫困、保障基本生存方面具有重要的功能。一个值得注意的现象是，中国在工业化和城市化加速时期始终没有伴随出现大规模的贫民窟化，这在全球发展中人口大国仅此一例。而印度、巴西、墨西哥等国则在不同程度上都出现了小农破产，失地农民大批涌进城市导致城市贫民窟的状况。[2]这与中国特殊的土地制度不无关系，集体所有制下的家庭承包经营制——与之直接相关的设计是受严格限制的土地流转——的兜底保障为最不济的农民也保留了用以维持生计的"财产"，为进城务工农民保有

---

[1] 联合国社会发展研究院："反对贫困与不平等——结构变迁、社会政策与政治"，郭烁译，《清华大学学报（哲学社会科学版）》2011年第4期。

[2] 温铁军："我国为什么不能实行农村土地私有化"，《财经界》2015年第7期。

了退路,同时,在农业"资本化"过程中亦避免了农民的"无产化"。[1]这样的经验其实也表明,通往发展之路并不一定绑定所谓的经典模式——私有化+自由化;在这个意义上讲,建立一个没有贫困的共同体,不存在某种必须直面、无法绕过的经典理论,只存在必须解决的具体问题。

(四)减贫经验的人权蕴涵

从实际进程来看,中国减贫具有实质性的权利导向。减贫是一项系统性工程,不仅仅关乎基本收入用度的保障,有效的减贫应当同时指向贫困群体基本生存条件的保障和摆脱贫困之机会的赋予,并且意味着生存保障和脱贫机会相连的诸项权利的实现。中国的减贫一直与各项具体权利紧密联系、同步推进,包括基本生活水准权利、受教育权、工作权利、健康权利等权利在内的诸项权利被确立为减贫的核心手段和目标,中国的减贫行动实际上在打造着关乎贫困群体生计空间的"权利束"。换言之,中国7亿多贫困人口摆脱贫困的重要意义不止于绝对贫困数量惊人减少这一事实,更在于7亿多人更好地享有了生活水准权利、受教育权、工作权利、健康权利等诸项基本人权。实际上,也正是由于较好地处理好了"权利贫困"问题,实现了重要权利的赋权(尽管很多时候并未冠以权利话语),中国才能够解决如此大规模的贫困问题。

现代人权概念缘起于西方,人权保障和发展的道路也必然带有人权概念自身所赖以生成的社会环境、社会条件的烙印,也正是由于人权概念生成于这种社会环境、条件之下,它甚至被理论家、政治家认为人权保障和发展的路径必然要沿循西方经典模式,即以公民权利、政治权利为起点和中心,向外发散和扩展。但中国所面临的具体条件和环境在很大程度上限定了选项和路径。新中国建立之初,虽然摆脱了"三重压迫",贫困的现状无法短时间内改变,据以实现人权保障的经济、社会资源仍旧稀薄。即使到1978年,中国农村贫困人口仍高达7.7亿,贫困发生率97.5%,是典型的"贫困社会"。这种社会现实也必然导致生存权、发展权是首要人权的理念及策略,中国的减贫行动也印证并开拓了中国的人权发展之路。总体而言,中国的

---

[1] 黄宗智、高原、彭玉生:"没有无产化的资本化:中国的农业发展",《开放时代》2012年第3期。

人权发展之路带有明显的内生性,虽然背反于西方经典路径,但契合了转型社会的现实基础、内在需要和逻辑。同样重要的是,它也向发展中国家就如何在各方面基础薄弱的条件下,以及在发达国家主导的国际秩序之下,摆脱贫困实现发展之问题提供了另外一种可能性,同时,也在一定程度上打破了西方人权理论的普遍主义神话,重新揭示了人权路径的多样性、多元化本质。

二、人权视角下中国减贫的新趋向与人权发展契机

近年来,中国减贫开启了治理转型之路,进入"精准扶贫"的新阶段,减贫目标和措施也呈现出某些具有重要人权意义的新趋向,中国的人权发展也因此有了新的际遇和发展契机。

(一)减贫目标下的"人权行动"

尽管中国的减贫行动在客观上促进了贫困群体诸多具体权利的实现,但是此前历次减贫行动的初衷并没有包含清晰的权利保障意识,无论是《国家八七扶贫攻坚计划(1994—2000年)》,还是《中国农村扶贫开发纲要(2001—2010年)》,在目标设定中都笼统地使用"温饱"的表述,与权利的关联较弱,且权利覆盖面较小。相形之下,以"精准扶贫、精准脱贫"为"基本方略"的新阶段扶贫目标则体现了更清晰的权利保障意向。2015年的《中共中央、国务院关于打赢脱贫攻坚战的决定》和2016年的《"十三五"脱贫攻坚规划》都包含了"多维贫困"的考量,将脱贫目标设定为"两不愁、三保障",即稳定实现现行标准下农村贫困人口不愁吃、不愁穿,义务教育、基本医疗和住房安全有保障,同时,还包含了收入和基本公共服务标准,《中共中央、国务院关于打赢脱贫攻坚战的决定》提出"实现贫困地区农民人均可支配收入增长幅度高于全国平均水平,基本公共服务主要领域指标接近全国平均水平"。《"十三五"脱贫攻坚规划》则更为具体,"贫困地区农民人均可支配收入比2010年翻一番以上,增长幅度高于全国平均水平,基本公共服务主要领域指标接近全国平均水平。"值得注意的是,《"十三五"脱贫攻坚规划》在其子目标中引入了权利目标,如"保障转移就业贫困人口合法权益",并提出"每年发布《中

国的减贫行动与人权进步》白皮书"。《国家人权行动计划（2016–2020年）》亦将减贫纳入其中，将减贫行动视为重要的人权行动，工作权利、基本生活水准权利、受教育权利、社会保障权利的指标和措施设定都与减贫目标和措施相呼应。这已表明，中国的减贫行动开始迈向有意识的人权行动。此外，另一个重要的趋势是，《"十三五"脱贫攻坚规划》在其基本原则部分特别强调"保障贫困人口平等参与、平等发展权利"，由此也反映出中国的减贫从以前注重经济、社会权利保障开始向政治性权利保障倾斜。当人权成为社会公共政策的重要目标和原则时，人权发展便遇到了最好的时机。

（二）扶贫措施中的人权关切与人权方法

当前的减贫行动以"精准扶贫"为基本方略，相较于以往相对粗放式的扶贫开发更具科学性，而这一治理变革过程亦表达出人权关切，并涵括了某些人权方法，由此也酝酿了中国人权发展的新契机。

以往的贫困帮扶经常出现帮扶错位问题，真正贫困的群体未能被纳入帮扶体系，而非贫困群体甚至大量富户成为帮扶对象。因此精准扶贫尤为强调精准识别。在实践中，通常是"一看房，二看粮，三看劳动力强不强，四看家中有没有读书郎"，在此基础上还要经过基层民主评议和监督，以此确定是否对其建档立卡。就其实质而言，精准识别可视为基于权利指标的多维贫困判断，贫困与否取决于基本生活水准权利、工作权利、受教育权利的实现水平，而能否享有扶贫政策的倾斜性优待亦通过民主程序和民主权利检验。

"五个一批"——发展生产脱贫一批、易地扶贫搬迁脱贫一批、生态补偿脱贫一批、发展教育脱贫一批、社会保障兜底一批——是精准扶贫的核心帮扶措施，相对于粗放式的扶贫开发，更注重找准致贫原因，有针对性地给予保障。这些具体措施变供给导向为权利需求导向，实现了有针对性的赋权增能。易地搬迁扶贫作为一项非常规措施旨在彻底解决"一方水土养不起一方人"的贫困现象。从政策目标和实施举措来看，权利导向非常清晰，按照《"十三五"脱贫攻坚规划》的设计，易地搬迁扶贫要"确保搬迁群众住房安全得到保障，饮水安全、出行、用电等基本生活条件得到明显改善,享有便利可及的教育、医疗等基本公共服务,迁出区生态环境得到有效治理,确保有劳动能力的贫困家庭后续发展有门路、转移就业有渠道、收入水平不断提高",这实际上是为贫困群体重构了一个基本生活水准、教育、医疗、生态环境、就业等各项权利得到有效保障的生计空间。

精准扶贫在扶贫考核上同样呈现出以往所未尝出现的新趋势。其一,在扶贫成效考核中,贫困户满意度占据重要比重,甚至有"一票否决"效力。这实际上已经改变了基层干部仅仅对上负责的问责形式,形成了官员对下负责、对公众负责的问责制,因而可视之为一种基层民主实践的新试验。其二,脱贫攻坚在一定程度上改变了地方官员的政绩考核指标,扭转了以GDP为重的畸形政绩激励机制。改革开放以来,"地方官员的晋升锦标赛治理模式"在相当长一段时间内推动了中国的高速经济增长,而地方官员的锦标赛竞争的核心指标便是辖区内的GDP。[1]这种出色的绩效表现无疑会强化制度的路径依赖,使得政府无法割舍以GDP为重心的地区发展和治理。当该模式所造成的公平问题、环境问题以及侵犯私人权利(如土地权利)问题不断累积以侵蚀其自身的有效性、合法性以后,就必然面临变革。脱贫攻坚提供了一个有利的契机,《中共中央国务院关于打赢脱贫攻坚战的决定》明确提出,要"大幅度提高减贫指标在贫困县经济社会发展实绩考核指标中的权重",按照中央的指导意见,"有些生态脆弱的需要保护的县就要取消GDP的考核,其他的贫困县的考核要减少GDP的权重,60%以上的考核分数是脱贫的成效",[2]多个省份已据此制定了相关考核办法。考核指标的重大调整在一定程度上扭转了地区发展导向,在某种意义上讲,它契合了"基于人权的发展方针"(human rights-based approach)。

合而言之,当下的减贫行动之于中国人权发展的意义已非常明晰,一方面,它开始突显出公共政策中的一种自主的、内生的人权意识;另一方面,它将人权关切和人权方法嵌入正在转型变革的治理体系。在一定意义上讲,中国呈现出"人权主流化"(mainstreaming human rights)的迹象,如果能对上述两个方面有意识地予以

---

[1] 周黎安:"中国地方官员的晋升锦标赛模式研究",《经济研究》2007年第7期。
[2] "国务院扶贫办:地方政府扶贫考核脱贫成效占逾60%",2015年12月17日,http://finance.chinanews.com/gn/2015/12-15/7671709.shtml。

推动，中国人权事业无疑会有更大发展。

三、以减贫驱动中国人权发展的难题和挑战

脱贫攻坚为中国人权发展注入了重要的驱动力，也提供了良好契机，但也应当意识到，以减贫驱动中国人权发展仍然面临多重难题和挑战。

（一）理念落地难题

反贫困的治理升级促进了人权理念、人权方法进入扶贫工作，从而也促进了人权理念的发展。但不可否认，推进人权理念"落地"仍面临难题。通过专项人权行动驱动的人权理念普及和发展固然能够加快人权理念落地的进程，但也必然要面临专项行动后新旧驱动力衔接问题。作为一项具有重大人权意义的专项行动，减贫的有力推进加快了人权理念落地的进程，但随着本轮减贫行动目标的达成，大规模减贫行动在短期内将不会再启动，其对人权理念的驱动力将随之消减，能否接续这种驱动力，关键在于能否启动一个同样具有重大社会意义和示范效应的人权专项行动或普遍人权行动，环境权或许提供了一个过渡性方案，但其可持续性和驱动效果仍有待观察，以国家人权行动计划及专项行动计划的方式做长期筹划显得尤为必要。此外，以减贫推进人权理念落地的困难还在于，相较于中央，地方层面（特别是基层）的人权理念还显滞后。地方政府部门仍相对缺乏人权理念、意识和相应的专业知识储备，在本轮力度空前的减贫行动中亦未真正意识到扶贫与人权的关联，也未能意识到将扶贫与人权关联起来的实践意义，同时，由于地方层面尚缺少专门负责推进人权工作的机构、部门，有针对性的人权推动工作仍缺少足够动力。因此，探索在地方建立某种激励机制逐渐普及人权理念、常识将是破解理念落地难题的关键。

（二）长效性的挑战

脱贫攻坚后，要实现人权保障和发展的长效性面临的一个关键问题是，能否将目前由脱贫攻坚及其治理结构、技术升级驱动的人权新发展转化为人权自我驱动的发展，从而将依附于大规模专项行动的人权促进行动转化为由人权内在逻辑自主展开的人权发展。更具体地讲即是，基于大规模减贫和治理升级而产生的偶发的、短期

目标驱动的人权促进措施转化为常态化、长效化以及人权导向的稳定机制和制度。

从目前政策表达与实践来看,难度依然较大。其一,脱贫攻坚相关保障性政策的目标期限普遍截至2020年,个别政策可能会根据脱贫效果延展2—3年,后续保障目标(是否在一定时期内提高现行贫困标准、是否开始筹备相对贫困的保障以及如何解决城市贫困问题)和机制尚不明朗。其二,现行政策在地方的实施中存在短视和扭曲,返贫风险仍然存在,一旦既有成果无法巩固,或者无法形成长效性的保障制度,便有可能陷入"运动式"治理的循环,人权发展亦有可能随之陷入"内卷化"困境。其三,具有重要人权意义的新实践(如前述基层民主制、"基于人权的发展方针")目前仍缺少可预期的持续实践乃至扩展适用的制度基础和保障。突破这些困境的关键,一个是减贫本身能够确立长效机制,另一个则是就此保留或改造已有的有益做法,比如将政绩考核中扶贫、环保等的指标比重转化为公民经济社会文化权利指标比重,并为其确立一个相对稳定的总体比重浮动范围,比重浮动以及内部具体权项占比则根据社会发展需要进行灵活调整,以此平衡人权保障的刚性和社会发展政策的灵活性。

(三) 公平议程的挑战

公平是人权事业的终极关切之一,而在任何一个社会里,减贫都会是一项重要的公平工程。因此,减贫所蕴含的中国人权发展契机不仅仅是弱势群体个体权利的增长和人权理念在社会共同体中的嵌入,它同时也意味着一项社会公平工程的开启。但也应当意识到,减贫并不必然导致平等或增加平等,它在创造公平机会的同时,也一直暗含着阻碍社会公平进程的因素。(1) 已有研究表明,区域性扶贫开发在促进贫困地区的经济增长、缩小贫困地区与其他地区差距的同时,也因为贫困地区内部相对富裕的家庭受益更多而扩大了内部的收入差距。在《中国农村扶贫开发纲要(2001—2010年)》实施期间,扶贫工作重点县即出现了不同收入组的收入差距不断扩大的现象。[1]精准扶贫实施以来,扶贫引发的贫困地区内部贫富差异扩大的总体情况尚无法掌握,但个别经验研究仍证明此种情况的真实存在(并且在

---

[1] 汪三贵、刘未:"以精准扶贫实现精准脱贫:中国农村反贫困的新思路",《华南师范大学学报(社会科学版)》2016年第5期。

一段时间内会继续存在），在扶贫过程中先富起来的农户利用其不断积累的经济、政治和其他资源条件获得了更多的发展机会，而其他贫困户由于显见的竞争劣势而被压缩了发展空间和发展收益，这种缺乏公平感的脱贫致富导致了一些贫困群体的消极情绪以及由此滋生的社会矛盾。[1] (2) 此外，在扶贫领域存在的公平问题还涉及边缘贫困户问题，有些在贫困线边缘的人群由于得不到政策帮扶，反倒比既有贫困户的生活水平低得多。举例而言，年收入2900元的农民（现行标准为2010年不变价的2300元，2016年约为3000元）在获得各项支持后极有可能收入比原年收入3100元（甚至3500元）的农民更高（现实中，不少地方贫困户因种种政策叠加增加收入万余元，当然亦有两三万者）。如此产生的扶贫效果必然引发公平质疑。

(3) 在扶贫资源分配中，非重点贫困村的困难群众得不到有效扶持的问题同样值得注意，中央和省级财政专项扶贫资金只能用于重点贫困村，而非重点贫困村也有大量的贫困户需要资金扶持，但是上级没有相应资金投入。非重点贫困村的产业发展和贫困群众脱贫致富的愿望，得不到扶贫资金扶持，而有的重点贫困村却因为没有合适的产业扶持项目，造成资金滞留与资源浪费。(4) 精准扶贫所触及的公平问题在更深层次上所面临的是整个社会的分配正义，应当承认，精准扶贫的实施有助于显著改善底层民众的生活水平和发展水平，底层民众在资源分享上份额的增加有助于扭转分配不合理的局面。然而，需要警惕的是，当我们看到贫困人口通过获得公共资源倾斜照顾而逐渐摆脱贫困、实现"免于贫困的权利"时，新增财富的流动方向并没有发生明显偏转，贫困减少与不平等的增加似乎是在同步发生。公平问题或许是借助减贫之机推进人权深化发展最为隐蔽也最具全局性、挑战性的难题，它既需要依托某些技术性制度设计，更需要打破不合理的利益结构的治理决心和治理能力。当然，不论最终成效如何，中国已经迈出了令人瞩目的一步。

（作者郑若瀚系西南政法大学人权研究院讲师）

---

[1] 孙兆霞："脱嵌的产业扶贫——以贵州为案例"，《中共福建省委党校学报》2015年第3期。

极度贫困"悬崖村"精准脱贫工作的启示

[中国] 周 伟

2016年5月,新闻媒体报道了四川省凉山彝族自治州昭觉县的阿土列尔村勒尔社的15个孩子背着沉沉的书包,在三个家长的保护下,通过当时唯一的交通方式——攀爬17条藤梯,大约用2个小时从学校到家的上学故事[1]。该报道引发了舆论热议,之后其他各大媒体进行了详细的报道。该村位于海拔约1450米的山顶,地势险要,村民往返村寨不得不攀爬长约4公里,经13处峭壁,由藤梯构成的人行道路。因该村的居民居住在高山上,进出需要通过悬崖峭壁,所以媒体称为"悬崖村"[2]。以CCTV为代表的新闻媒体对悬崖村进行了详细的报道后,悬崖村的脱贫工作获得了社会的密切关注。除了国内的众多媒体报道外,悬崖村的相关情况也被BBC、CNN、纽约时报、洛杉矶时报、英国卫报、日本读卖新闻等媒体大篇幅刊发。2018年1月,在BBC的官方网站上,就以悬崖村的纪录短片为背景,对中国的反贫困进程进行了报道。在各级政府部门、社会各界的关注和帮扶下,当地政府和村民共同努力,实施了一系列有力的措施,使悬崖村的交通等情况得到了改善。

据笔者的访谈,该悬崖村的情况并非个别。在四川盆地和云贵高原之间的过渡地带,大部分地区山高谷深,金沙江、大渡河及其支流切割出西南最密集的高山"悬崖村"。在中央电视台报道的阿土列尔村毗邻的古里拉达大峡谷,可以被称为"悬崖村"的村落大约有100多个,且阿土列尔村在为数众多的悬崖村中也不属于条件最恶劣的村落,存在相当数量的悬崖村比该村还极度贫困的情况。昭觉县一年的

---

[1] 陈杰:"悬崖上的村庄",《新京报》2016年5月24日,A12版。
[2] 张守帅、张彧希:"央视连续三天报道《"悬崖村"扶贫纪事》引发强烈关注",《四川日报》2016年5月30日。

财政收入1个亿左右，2016年有33个村没有通路，为阿土列尔村修路需要投资4000万元；凉山彝族自治州有40%多的自然村的海拔都在1600米以上，有1600多个村都存在土壤流失严重、岩石裸露、土地不断退化的情况，居民只能在石头缝里种玉米、种土豆，靠天吃饭还经常颗粒无收[1]。可以说，数量多分布广的悬崖村落成为精准脱贫中的硬骨头。

2016年新闻媒体报道阿土列尔村以来，凉山彝族自治州有针对性地开展对类似该村的精准扶贫工作，在中央及其四川省有关部门的关心、支持下，精准扶贫工作取得了巨大的成效。

一、悬崖村开展精准脱贫工作的举措

（一）提供政策指引，为脱贫工作提供制度和组织支持

为加强对悬崖村脱贫工作的指导，2015年12月，四川省政府发布《大小凉山集中连片特困地区扶贫攻坚总体方案（2016-2020年）》，对包括悬崖村在内的极度贫困地区的脱贫攻坚工作提供工作指引，促进悬崖村落等极度贫困地区的反贫困工作有序开展。2016年12月，四川省脱贫攻坚领导小组办公室发布了《关于昭觉县"悬崖村"脱贫攻坚有关情况的报告》；2017年8月，四川省政府发布《关于进一步加快推进深度贫困县脱贫攻坚的意见》；2018年6月，四川省委办公厅、四川省人民政府办公厅发布《关于精准施策综合帮扶凉山州全面打赢脱贫攻坚战的意见》，从产业和就业、教育事业发展、医疗卫生事业发展等12个方面提出34条政策措施，以确保到2020年凉山州11个深度贫困县摘帽、1118个贫困村退出、49万贫困人口全部脱贫，全力支持凉山州全面打赢脱贫攻坚战[2]；2018年6月，四川省委组织部印发《凉山州脱贫攻坚综合帮扶工作队选派管理实施方案》，共选派5700多名干部组成综合帮扶工作队分赴凉山州11个深度贫困县开展

---

[1] 张守帅、张彧希：" 央视连续三天报道《"悬崖村"扶贫纪事》引发强烈关注"，《四川日报》2016年5月30日。
[2] 《关于精准施策综合帮扶凉山州全面打赢脱贫攻坚战的意见》，四川省人民政府网站，http://www.sc.gov.cn/10462/10464/10797/2018/6/21/10453444.shtml。

为期三年的脱贫攻坚和综合帮扶工作[1]。

（二）高度重视悬崖村等极度贫困地区农村义务教育

在凉山州悬崖村等高海拔、高寒地区，由于一些自然村的儿童数量少，相当部分的村社不开设学校，一些适龄儿童要翻越山区简易道路，到乡镇中心学校或者附近有学校的地方去读书，有的地方儿童每天往返学校与家之间需要3-4个小时；另外农村乡村小学的教学设施和教师专业能力等，与县城学校也有相当大的差距；在农忙季节儿童还要帮助家里干农活和家务劳动等，相当地方的教育质量不尽如意。2016年以来，凉山彝族自治州全覆盖资助贫困家庭学生，认真落实控辍保学"六长"责任制，扩大中小学寄宿制学校的规模，实施农村教师周转房工程。增加师资力量。2017年政府在新招的特岗教师中选派了2名补充到阿土勒尔村小学。同时还聘请了2名专职学校管理人员，与值周老师一起加强学生的管理。为解决村里学生上学难问题和保障村民生命安全，尽量减少学生和家长往返悬崖路次数，以阿土勒尔村小学为例，实行全寄宿制封闭式管理，每年补助学生每人4500元生活费，除中央、省补助寄宿制学生生活费和营养餐外，不足部分由州县按照5:5比例分担。2017年投资1351万元，改扩建成能容纳400人的全寄宿制村小学已竣工。增设了幼教点1个，已招收幼儿29名，保障全村适龄幼儿的学前教育的开展。国家政策和当地积极有效的举措保证"悬崖村"的适龄儿童实现100%入学。还有来自四川大学等各地高校大学生一年期支教等人员支持，此外西南民族大学助力彝区教育扶贫，推行雏鹰书院项目，雏鹰书院第一个教学点设立在"悬崖村"下的支尔莫乡中心学校，于2017年9月正式启动实习支教项目，目前，已派驻学生40余人次[2]。

（三）处理好易地搬迁与就地发展关系，因地制宜开展脱贫工作

凉山彝族自治州适合耕种的土地面积较稀缺，合适的安置土地不易寻找，易地搬迁脱贫在当地存在安置的难题。如果悬崖村落大规模的易地搬迁将造成许多更急需搬迁的——生存条件恶劣、自然灾害频发的非悬崖村落的搬迁用地紧张等

---

[1] 《凉山州脱贫攻坚综合帮扶工作队选派管理实施方案》，《四川日报》，http://new.lszxc.cn:11180/html/2018/lsxw_0613/2000.html。

[2] "西南民族大学助力彝区教育扶贫 两所'雏鹰书院'在我州挂牌"，凉山彝族自治州人民政府：http://www.lsz.gov.cn/lszrmzf_new/bmdt60/5907488/index.shtml。

问题。另外，阿土列尔村的年平均气温达12摄氏度，气候温和，适合种植农作物，老乡们故土难离，村民易地搬迁的愿望并不强烈；也有的地方没有达到当地相关的易地搬迁的标准和要求。当地政府干部在参照相关的易地搬迁标准后，充分尊重村民的意见，主要采取了就地改善出行交通条件的方式，优先解决就地脱贫面临的村民出行难和儿童上学难问题，并在相关部门、机构的共同努力下加强相应配套设施建设。2016年8月开始，凉山州、县两级财政对阿土列尔村投入100万元，把原来的藤梯同行道路换成钢梯投入使用；2017年6月，从山底通往村庄的2556级钢梯全部竣工。该村还结合旅游发展总体规划，由成都天友旅游集团投资修建出山旅游索道，修复苏八姑电站货运索道，运送村民生产生活物资；整合省交通运输厅专项补助资金、通村硬化路建设资金和扶贫、旅游等其他涉农资金，集中用于村内道路建设，彻底结束村民出行攀爬于悬崖绝壁的历史。此外，凉山州还推进宜攀沿江高速公路项目，新建凉山扶贫大通道，投资约826亿元，2017年底开建，总里程451公里。另外，为解决悬崖村对外流通难、物资运输难问题，推行电商扶贫，四川省物流办和京东合作开通了无人机货运物流项目，与货运索道一起助力改善当地基础设施条件[1]。四川省农村信用联社捐赠200万元，进行索道建设及维修等扶贫项目[2]。在最近两年，阿土列尔村等极度贫困村落，交通道路等基础设施得到翻天覆地的改善，极大地便利了村民外出务工、日常出行等。

（四）因地制宜发展特色生态农业产业带动村民脱贫致富

阿土列尔村引进四川"好医生"药业集团，组建中药材合作社，规划发展中药种植；成立山羊养殖农民专业合作社，全村所有村民均加入合作社，以产业扶贫资金的形式，以贫困户5000元每户、其他户3000元每户的标准代其入股，并统一由以贫困户为主的16户村民养殖，派专人长期负责疫情防治。发展各类生态特色农产品，在种植业方面，一是巩固提升核桃产业，2017年种植核桃500亩，全村已达1.5万株，做到了应栽尽栽；二是扩大青花椒种植规模，2017年种植青花椒300亩，种

---

[1] "电商扶贫如何让更多农产品'红'起来"，《四川日报》，https://sichuan.scol.com.cn/dwzw/201805/56233916_2.html。

[2] "银政合作助力乡村振兴 四川农信授信凉山1000亿元"，《四川日报》，https://sichuan.scol.com.cn/ggxw/201803/56097381.html。

植规模达4420株；三是发展脐橙产业，首期在牛觉社种植雷波脐橙75亩7000株。同时，计划种植优质玉米、优质牧草等新品种。"悬崖村"所在的地方自然环境兼峡谷、溶洞、温泉、原始森林、攀岩、光热、彝族文化等旅游资源优势，成都天友旅游集团拟投资3亿元，打造"悬崖村——古里大峡谷"景区，发展有彝族文化特色的旅游产品，同时为当地居民提供就业岗位。

（五）提供便捷的金融服务，优化服务供给

2018年1月，中国人民银行、证监会、中国银行保险监督管理委员会发布《关于金融支持深度贫困地区脱贫攻坚的意见》，为悬崖村脱贫获得更多的金融支持提供了政策保障[1]。农商行昭觉分行对该村符合信贷准入的85户农户发放贷款126万元，为愿意发展农家乐的贫困户每户授信20万元，并捐赠5万元购买炊具；同时，创新推出"彝家旅游脱贫贷"信贷产品，2017年投放200万元支持农户发展特色产业，协调总行捐赠100万元支持发展集体经济和专业合作社。在山高缺水的"悬崖村"，投入20余万元修建的蓄水池和饮水管道，彻底解决了"悬崖村"饮水难的问题；并且四川省众扶慈善基金会联系爱心企业四川热美地生物科技有限公司和中联大禹水环境控股有限公司，做出慷慨的资助和建设安装直饮水净化设施[2]。四川省发改委号召四川能投集团投资1800万进行的阿土列尔村电网升级改造工程竣工，2017年12月28日，悬崖村正式合闸通电。在通讯设施方面，中国电信投资了150余万元，绕行43公里，成功实施了"悬崖村"的网络建设工程，把光纤通到了该村，目前阿土列尔村的村民可看电视、上网、用4G手机，同城市消费者一样，享受信息化应用，村民与外界"面对面"的桥梁进一步架起来。"因病致贫、因病返贫"是困扰贫困地区的难题，如今在阿土列尔村小学前修建了1个卫生室，并配备全科医生1名，在勒尔社修建了1个卫生室，确保村民急病急医。同时，已安排县医院医生陪同绵阳医疗帮扶医生，定期对45户建档立卡贫困户逐户开展全面健康体检，落实巡回义诊、医疗就诊减负行动，杜绝"因病致贫、因病返贫"。

---

[1] 《关于金融支持深度贫困地区脱贫攻坚的意见》，中国人民银行网站：http://www.pbc.gov.cn/goutongjiaoliu/113456/113469/3462547/index.html。

[2] "关爱贫困山区，大凉山悬崖村学生喝上健康直饮水"，时讯独家–百家号：http://baijiahao.baidu.com/s?id=1601039466828725069&wfr=spider&for=pc。

二、实现悬崖村落的脱贫和可持续发展的启示

(一) 针对各共性和不同情况，总结推广阿土列尔村的脱贫工作经验

在四川省凉山彝族自治州，类似阿土列尔村等悬崖村落，除了地理位置偏僻之外，在教育、医疗、就业、通信和文化等方面也存在诸多明显的不利因素，进而使得当地居民无法有效地参与社会发展，分享发展成果。阿土列尔村这个悬崖村之所以短期内脱贫工作的成效突出，主要是中央电视台等各大媒体报道了该村极度贫困的自然环境等，引起了中央、地方各级政府部门和领导的重视和社会的关注，由此也吸引了一些企业的关注。而其他类似阿土列尔村的悬崖村，如何加快脱贫的工作力度，吸引社会资源帮助等，其发展情况也需要得到社会的关注，才能实施更加精准的扶贫措施。避免让某一个悬崖村所吸引的关注和取得的成绩，掩盖了其他悬崖村落的现实情况。笔者认为，应对类似阿土列尔村这样的悬崖村落的数量、分布、生存环境和特点进行摸底调查，制定相应的扶贫对策并有效实施相应举措，进行跟踪检查，走完扶贫攻坚的最后一公里。同时，对于已经在阿土列尔村采取的一系列扶贫举措，如在交通、通信、产业发展、教育、医疗和就业等方面，进行科学、专业地评估和总结其实际效果和可持续性发展模式，吸取经验教训，更加有效地将相应的项目推广到类似的悬崖村落，提高反贫困的效率和精准度，同时对存在特殊情况的悬崖村落要制定特殊的政策，实施特别的项目。

(二) 加强跨行政区域合作和资源整合，实现易地搬迁安置和促进就地发展

其他自然条件比阿土列尔村更恶劣的悬崖村落，因完全不适应人口居住所需的自然环境，在实施易地搬迁脱贫安置的过程中，要依靠跨乡镇、县（市）、自治州与毗邻行政区域的深入合作和资源的整合，才能更好地实现悬崖村落居民生活改善的目标，实现精准脱贫和可持续性发展。以悬崖村分布集中的川滇彝族聚居区为例，自然灾害频发的村落，石漠化严重的村落和众多需要搬迁的悬崖村与当地稀缺的土地资源形成了矛盾，要认识到与周边的地区制定相应的政策和协同合作，使跨区域搬迁成为可能。同时要考虑到需要搬迁的居民大部分为彝族同胞，根据其生活习惯、历史文化背景以及现实的土地资源条件为其进行理想的搬迁选择和适应性

引导,如毗邻的云南省作为彝族历史上的主要居住地,彝族同胞和各族同胞一道为祖国西南边疆的安全和发展作出了卓越贡献。相对生存条件较差的悬崖村分布地区,可以考虑将彝族居民搬迁到一些自然环境较好,人口密度相对较小的地区,一来改善其生活水平,二来也可以发挥彝族居民对高寒山区适应性强的特点,为一些人口较少的地方提供所需的劳动力。针对一些自然条件尚可,村民不愿意搬迁的悬崖村落,相关的政府部门除了要制定并实施有效的扶贫举措外,也要广泛开展各领域的跨区域的对口合作,利用企业、公益机构等社会组织的人才、资金和项目优势,协同参与到悬崖村落的反贫困工作中来。

(三)加强人口劳动技能培训通过提高劳动力技能实现可持续脱贫

阿土列尔村等悬崖村落极度贫困的情况虽然主要是自然环境等因素造成的,但长期生活在完全封闭的人文环境中,直接影响居民的财务观念、行为方式和生活方式,所以对这些悬崖村落所采取的脱贫措施,并不是简单的物质输送、产业输送和人力支持,而是通过支持、鼓励和提高人口就业技能等方式,使得他们可以充分参与到当地和全国各地的经济建设和发展中去,进而分享经济发展的成果。据笔者访谈,凉山彝族自治州包括阿土列尔村等悬崖村落在内的各地彝族居民,约有30万左右流动务工人员在广东省、山东省和四川省务工,这些外出务工的人员回到当地后,也逐渐改变当地长期封闭的人文环境。乡镇、村的公路上可以看到有年轻人头发染成黄色,手提拉杆箱,穿着牛仔裤,带回了外面世界新的信息;回到家里也养成了刷牙、洗澡和换衣服等卫生习惯,更重要的是养成了理财观念、效率意识和责任意识等。阿土列尔村所在的昭觉县及凉山州其他贫困县,都成立了职业培训机构,支持、鼓励农民外出务工。

(作者周伟系四川大学人权法律研究中心主任、教授)

论立法规划及其在精准扶贫中的作用

[中国] 朱力宇

习近平总书记在中国共产党第十九次全国代表大会上的报告中指出:"中国特色社会主义进入新时代,我国社会主要矛盾已经转化为人民日益增长的美好生活需要和不平衡不充分的发展之间的矛盾。"[1]我认为,这一矛盾目前最主要和最突出的表现之一就是:中国区域性整体贫困的人民与其他地区的人民相比,在经济和社会的发展中相对还很落后,因而在这些地区人民对美好生活的需要和全国的发展之间,表现为更大的不平衡、不充分的矛盾。根据辩证唯物主义的原理,主要矛盾中还有矛盾的主要方面。所以,解决这些地区人民的脱贫问题,实际上也是解决新时代中国社会主要矛盾的主要方面,是经济和社会发展的重中之重。

立法规划是中国解决区域性整体贫困的重要方式之一。从立法学理论来说,立法规划是一定的国家机关,依照法定的职权,在立法政策与原则的指导下,根据一定的方式、程序与技术,对立法的目标、进程所进行的系统安排与设计。[2]中国从20世纪80年代初就开始制定立法规划。国务院最早于1981年制定了1982至1986年的经济立法规划;1986年国务院制定了"七五"期间的立法规划;此后均按年度制定年度立法计划。1988年七届全国人大常委会第二次会议印发了《全国人大法律委员会关于五年立法规划的初步设想》,1991年七届全国人大常委会正式制定了1991

---

[1] 习近平:《决胜全面建成小康社会 夺取新时代中国特色社会主义伟大胜利——在中国共产党第十九次全国代表大会上的报告》,人民出版社,2017年,第11页。

[2] 因此,本文所论述的立法规划是广义的,即在中国根据《宪法》和《立法法》有权制定规范性文件的国家机关,包括各级国家权力机关和行政机关。

年10月至1993年3月的立法规划。此后，各届全国人大根据任期，都制定了五年立法规划和年度立法计划。此外，许多有地方立法权的各级人大及其常委会，自1988年起也逐渐开始制定立法规划。[1]

为了继续全面推进依法治国，加强法治建设的立法基础，第十二届全国人大三次会议于2015年3月15日审议通过了关于修改《立法法》的决定，其中包括增加了关于立法规划的规定。修改后的《立法法》第五十二条第一款规定："全国人民代表大会常务委员会通过立法规划、年度立法计划等形式，加强对立法工作的统筹安排。编制立法规划和年度立法计划，应当认真研究代表议案和建议，广泛征集意见，科学论证评估，根据经济社会发展和民主法治建设的需要，确定立法项目，提高立法的及时性、针对性和系统性。立法规划和年度立法计划由委员长会议通过并向社会公布。"这一规定使全国人大及其常委会多年来实行的准法定的、类似惯例性的立法规划方式，正式成为一项法定的立法制度。

2001年11月16日国务院公布、2017年12月22日修订的《行政法规制定程序条例》和《规章制定程序条例》对编制、执行行政法规和规章的立法工作计划也进行了规定。例如，《行政法规制定程序条例》第七条规定："国务院于每年年初编制本年度的立法工作计划。"又如，《规章制定程序条例》第十三条第一款规定："国务院部门，省、自治区、直辖市和设区的市、自治州的人民政府，应当加强对执行年度规章制定工作计划的领导。对列入年度规章制定工作计划的项目，承担起草工作的单位应当抓紧工作，按照要求上报本部门或者本级人民政府决定。"

可以说，以2015年《立法法》修改后增加的关于立法规划的规定为标志，中国已经正式形成了从中央到地方、从权力机关到行政机关，覆盖全国的立法规划网。同时也可以说，这些立法规划对于包括以全国性整体规划来解决区域性整体贫困在内而进行的脱贫工程，特别是精准扶贫工作，具有直接而重要的法律意义和影响。

从科学立法的角度看，立法规划是引导立法进程、控制立法准入、实现立法有序化、促使立法科学化的一种方式，对立法的有序进行和立法的宏观整体性和体

---

[1] 为行文方便，本文对立法规划和立法计划不在概念上进行区别，通常统称为立法规划，有时会根据有关法律法规的规定，将权力机关的称为立法规划，将行政机关的称为立法计划。

系性的把握具有重要意义。正如有些学者曾经指出的，立法规划的"主要任务和目的在于使立法工作有计划、有步骤、有目的地进行，从而使立法工作科学化、系统化。"[1]立法规划源于立法的内生性需求，它适应了国家或个人对制度需求的预期和理性选择。在立法资源有限的前提下，立法规划在立法需求与供给关系中可以节约立法成本，优化立法次序，寻求立法均衡，从而实现科学立法、民主立法、有序立法和有效率的立法。[2]

所谓科学立法，除了必须遵循经济和社会发展的客观规律外，还需要遵循法律自身发展的规律，遵循立法过程的规律，把握立法现象背后的规律。所谓民主立法或立法的民主化，主要的和实质性的意义是指立法机关行使立法权的民主化，[3]包括立法主体的民主化、立法内容的民主化以及立法过程的民主化。立法主体的民主化，是指行使立法权的国家机关的产生要民主。立法内容的民主化，是指立法要体现和反映最广大人民群众的根本利益和意志。立法过程的民主化，是指使广大人民群众更广泛地参与国家和地方的立法。所谓有序立法，是指对一定时期的立法任务根据需要与可能、轻重缓急，有重点、有步骤地进行安排，可避免重复交叉、冲突抵触、分散遗漏，提高立法的自觉有序，也可以使立法主体有意识、有准备地进行立法，确保重点立法项目的顺利进行。[4]党的十九大报告提出的"依法立法"，则从更高的层面上涵盖了"有序立法"。所谓有效率的立法，是指在资源有限的前提下，有效利用立法资源、降低立法成本、实现最佳立法效益，即以尽可能少的成本获得最高的立法收益。所以，就科学立法的角度而言，立法规划是有助于精细、准确地进行扶贫工作的。从世界各国看，立法规划并非一项普遍的立法制度。在国外，有的国家，如英国、美国、前苏联和原东欧社会主义国家等均有立法规划[5]，而有的国家则并不存在规范化、制度化的成

---

[1] 周旺生：《立法学》，北京大学出版社，1998年，第502页。
[2] 苗连营：《立法程序论》，中国检察出版社，2001年，第167页。
[3] 李林：《立法理论与制度》，中国法制出版社，2005年，第56页。
[4] 苗连营：《立法程序论》，中国检察出版社，2001年，第168页。
[5] 需要指出的是，虽然中国与原苏联和东欧等社会主义国家的立法规划有很大的相似性，但是在苏东剧变之后，这些国家已不再制定系统的立法规划。

文立法规划。而且，在实行立法规划国家中，其立法规划制度也存在很大差异。例如，英国的立法规划由内阁下设的立法规划委员会制定，但立法规划仅涉及政府法案，即仅是政府计划在新的立法年度向议会提出并希望获得批准的政府法案，并不包括议员法案在内的其他法案。又如，美国的立法规划由总统向议会提出，由于美国议员也有权提出议案，议会和议员依照政治惯例虽然会充分考虑总统的立法规划，但这对他们并没有实质约束力，仅体现为一种立法建议权。[1]所以，尽管国外也存在类似的制度，但在规划主体、规划对象、规划程序、规划的约束力等方面与中国存在较大差异。[2]

中国立法规划的实践和制度与国外有关国家相比，是独树一帜、别具特点的，即立法规划的产生发展与当代中国的立法发展具有极强的一致性，在形式上已经制度化与规范化，现在已经成为指导中国各级政权机关立法、形成完备法律体系、实现依法治国基本方略的一项重要立法制度。将立法规划正式纳入《立法法》的规范和调整中，是中国立法实践发展的必然结果。

总之，立法规划是立法者在对社会发展规律和立法规律科学认识的基础上，根据立法预测所获取的未来立法发展趋势的相关信息，通过一定的方式和程序，对立法进程的整体安排与设计。在中国，立法规划制度的法治化过程，同样是立法的科学化、民主化、有序化和效率化的过程。其实行的结果，必然使中国各级政权机关的立法更加"精准"。就此而言，通过立法规划逐步进行包括解决区域性整体贫困在内的脱贫攻坚工程，特别是进行精准扶贫工作，也是重要方式

---

[1] 同样，在中国，立法规划作为指导立法的指引性计划，并不具有必须完成的强制约束力，而是可以根据全社会的发展和变化，进行一定程度的调整。国民经济和社会发展规划亦是如此。

[2] 需要指出的是，国外对"立法规划（立法计划）"一词的理解并不一致。英国和美国对立法规划（立法计划）的理解与中国近似，但在加拿大，尽管有"立法计划（planning of legislative program）"的表述，但主要指对政府议案、议员议案整个形成过程的安排，包括立法政策的形成，立法风险，立法对财务、资产、人事、环境能源的影响与评估，法案的起草，提出和审议表决过程，类似于中国对立法程序和过程的安排，而不包括中国立法规划中对立法项目制定先后顺序的选择性安排。有加拿大学者也认为需要集中的立法规划，"The is ongoing discussion about more centralized planning, but currently there is little by way of centralized priority setting."显然，加拿大并没有类似于中国的立法规划制度。参见2008年6月19日至20日在北京举办的中加立法国际研讨会关于"立法规划"议题的讨论论文，See Edgar Schmidt, *The Planning and Making of Federal Government Legislation*. Richard Denis, *The Law-making Process in Canada - Planning and Drafting Legislation*.

之一。

    国民经济和社会发展规划一直是中国制定立法规划的重要依据，两者须臾不可分离。"在我国，国家经济与社会发展计划由国务院制定，由全国人民代表大会审议批准，具有很强的指导性和影响力。在多年的立法实践中，立法规划与国民经济和社会发展计划具有高度的一致性与同步性。立法规划与国民经济计划虽然由各自独立的体系构成，但是，一方面，国民经济和社会发展规划为立法规划项目的选择提供了基本的方向和依据，因为在编制立法规划时，需要确定通过立法予以解决的事项和问题，以便推进和保障国民经济和社会发展规划顺利实施；而且其实施与完成也为立法规划的实现提供了经济和社会发展的条件。另一方面，立法规划也是国民经济与社会发展规划的法律保障，因为立法规划确定的立法项目，可以将经济和社会发展的预期目标在一定程度上法律化、制度化。"[1]也就是说，从中央到有关地方，可以在立法规划中，将以全国性整体规划解决包括区域性整体贫困在内的脱贫工程，列入优先和重点的立法工作，以法治方式保障脱贫，从而更好地进行精准扶贫。

    应该指出的是，"虽然我国规划将在2020年解决区域性整体贫困问题，但是在根绝贫穷和防止返贫方面，还有更多更艰巨的工作要做。"[2]我认为，中国在2020年之前，只是要解决绝对贫困的问题，而在2020年以后相对贫困还是会存在的，其原因至少有以下两点。

    一是"易返贫"的原因。虽然中国贫困发生率在2015年下降到5.7%，而在2016年又下降到4%以下，但是，"不少贫困户稳定脱贫能力差，因灾、因病、因学、因婚、因房返贫情况时有发生，新的贫困人口还会发生"。[3]例如，据国务院扶贫办的消息，2017年申请脱贫摘帽的20个省区市125个贫困县中，中西部有40个贫困县实现脱贫摘帽。截至2018年9月，中国已有68个贫困县实现了脱贫摘帽。贫困县退出的主

---

[1] 朱力宇："地方立法权的扩大与我国的城镇化、实施脱贫攻坚与保障少数民族权利——以云南省为基本例证"，《立法论丛》（第一辑），中国政法大学出版社，2016年，第29—30页。

[2] 朱力宇："在经济发展中有计划地解决区域性整体贫困问题"，《光明日报》2016年12月7日，第三版。

[3] 国务院新闻办公室：《中国的减贫行动与人权进步》，人民出版社，2016年10月，第33页。

要衡量标准是贫困发生率中部地区降至2%以下,西部地区降至3%以下,评估检查结果显示,40个县中,25个中部地区贫困县综合贫困发生率全部低于2%,15个西部地区贫困县全部低于3%,均符合退出条件。中部地区贫困发生率最高的山西吉县由2013年的31.7%降至2017年的0.32%,西部地区贫困发生率最高的广西龙州由31.79%降至1.91%,均明显低于全国平均水平。[1]但是,我们应当看到,即使到2020年全国贫困发生率下降到0.5%以下(不是也不可能是0%),以全国14亿人口计算,中国还是会有五、六百万贫困人口的。

二是上调贫困现行标准的原因。中国2011年确定的贫困线是,农村(人均纯收入)贫困标准为2300元,换算后约等于每天人均1美元,比2010年的1274元贫困标准提高了80%。按2011年大幅上调提高后的贫困标准,中国国家扶贫标准线与世界银行的名义国际贫困标准线的每天人均1.25美元距离大为接近。2014年,中国又将贫困标准上升至2800元,按购买力平价计算,约相当于每天人均2.2美元,略高于世界银行2015年10月上调的1.9美元的贫困标准。中国的这一上调充分考虑了各地区发展水平差异和不平衡性。2015年12月15日,中国国务院扶贫办主任刘永富表示,等扶贫任务完成后,"我们还会根据当时情况,适当提高扶贫标准。"[2]这也就意味着,到2020年以后,中国的相对贫困人口还是会存在的,而其人数的变化是人为调整贫困线的动态过程。实际上,贫困标准上调的不止是数字,更是为了将来制定和修订新的扶贫政策和法律法规规章而确定精准的贫困界限。

本文将上述两种原因造成的新的相对贫困,称之为"非区域性个体贫困"。与区域性整体贫困相比,非区域性并非由于自然禀赋不足或历史原因而形成的成片区县的区域性"不毛之地",也并非生活在这些地区中的人民群众的整体性贫困。我认为,2020年之后中国在解决贫困方面,面临的重大任务将主要是解决分散在全国城乡中的人民群众因上述两种原因而造成的非区域性个体贫困。要完成的这一任务,编制国民经济和社会发展规划和相应的立法规划,仍然是重要的两种方式,

---

[1] 《光明日报》2018年8月18日,第1版。
[2] http://news.xinhuanet.com/fortune/2015-12/15/c_1117470517.htm,最后访问时间2017年12月13日。

即以全国性整体规划解决非区域性个体贫困,以达到逐步缩小贫富差距,不断完善社会保障体系的阶段性脱贫目标。

综上所述,中国仍然需要以全国性整体规划的方式,强化习近平总书记提出的要"中央统筹、省负总责、市县抓落实的管理体制"[1],有计划、分阶段、稳扎稳打地继续解决贫穷问题。

(作者朱力宇系中国人民大学人权研究中心执行主任、教授)

---

[1] 《人民日报》2018年6月12日,第1版。

第三部分
减贫的国际合作与人权保障

贫困与人权：越南的案例

[越南] 朱氏翠姮

贫困和扶贫是人类社会共同关注的热点问题之一。扶贫是绝大多数国家尤其是发展中国家的社会经济发展战略的首要任务之一。

脱贫是一项基本人权，它因适足生活水准权的存在而形成。多项国际人权条约，例如《联合国宪章》（第55条）、《世界人权宣言》（第25条）、《经济、社会和文化权利国际公约》（第11条、第12条）、《发展权宣言》（第1条）等，都阐明了适当生活水准权，即每个人都有权利获得足够的食品、衣物和住房，并不断改善生活条件。事实上，没有一项国际人权条约直接针对摆脱贫困是否构成人权作出规定。但是，显而易见的是，许多国际人权条约都声称，人人有权获得适足的生活水平或人人都有权免于饥饿，从而间接指明了这一权利。人权条约声称，扶贫已成为国际社会的共同话题，同时也是国际大会最重要的议题之一。联合国人权事务高级专员表示，应"致力于帮助人们摆脱贫困和赤贫状态，在国内和国际层面入手，为发展和减贫工作创造有利的环境"。

贫困作为导致无法享受基本权利的原因对所有人都是适用的。每个人的人权都应涉及获得适足生活水准、实现经济发展、消除贫困和摆脱落后状态。贫困会形成束缚人类发展的恶性循环，制约人类发展潜力，并限制人类行使文化、政治和社会权利。因为贫困，人们不得不首先解决维持自身生存的日常需求。

对于每一个国家来说，贫困都是发展道路上的阻力，同时也是确保人们充分、有效地享受基本权利的最大障碍之一。一个国家只有在经济繁荣发展的情况下，才能保障得到充分发展、建设和谐社会以及全面实现人权。相反，对于贫困国家来说，它们债台高筑，缺乏雄厚的经济基础来确保公民行使其经济、社会和文化权利及民事和政治权利……拉丁美洲国家有待偿还的外债金额高达2000亿美元，而卫生和教育成本却仅仅只有3.06亿美元。坦桑尼亚的外债是该国初等教育方面费用的四倍，是基础医疗方面费用的九倍。[1]

贫困通常会对人权实践构成严重阻碍。它不仅影响获得足够食物的生存权，同时还会对行使文化、社会或公民权利造成影响。因此，为了在实践中更好地保护人权，"消除贫穷"被绝大多数国家（尤其是发展中国家）视为社会经济发展战略的重中之重。

越南共产党成立至今，就其国家和国防建设历史进程而言，越南在争取基本人权方面（即享受独立、自由和和平的生活及追求幸福的权利）表现出了前所未有的坚定。

在1930年发表的政治报告中，除了国家独立这一目标以外，越南共产党还确定了"开垦农田"这一目标——这也成为越南共产党为减贫事业提出的第一套经济理论的来源。随后，在八月革命（1945年）取得成功后，胡志明主席旋即表示："我们向着自由和独立而战，但如果人民因饥寒交迫而丧失生命，那么自由和独立就毫无意义。我们必须立即采取相关的行动：

(1) 为人民提供粮食；

(2) 为人民提供衣物；

(3) 为人民提供住房；

(4) 为人民提供教育。"

由此可以看出，自国家独立伊始，胡志明主席和越南共产党就已经意识到，独立与基本权利和自由（即：生存权、追求幸福的权利和自由权）是密不可分的。从那时起，这一理念就成为了越南法律和政策的主要思想。

为了进一步落实胡志明的思想，越南共产党在全国代表大会上提出，应该将消除饥饿和消灭贫困视为更好地解决公平、社会和人权问题的当务之急，以便倡导良

---

[1]　Vu Cong Giao，"贫困与人权"，《人权信息回顾》，第3册，2000年。

好的社会制度。越南共产党第九次全国代表大会的政治报告进一步肯定了今后一段时间内扶贫的目标、任务和解决方案:"应该通过紧扣当地形势的具体措施、迅速减少饥饿人口、大幅减少贫困家庭、进一步增加资金来源及扩展信贷形式来实施扶贫方案,以便为贫困人口提供服务。"

越南政府承诺,将尽力创造条件,以便越南人民获得良好的生活水平、自由、幸福和全面发展的机会。这一点已经收录进《越南宪法》(该国具有最高效力的法律)。越南政府还设立了涵盖相关意见、指南和指导方针的扶贫政策体系,其中规定,相关法律(例如:《儿童保护、照顾与教育法》《越南社会主义共和国民法典》《越南教育法》及其他一些法律)是在社会发展进程中确保人权的有效工具。1998年7月29日,越南基于越南总理签发的第133/QD-TTG号决定而出台了《国家消除饥饿和减贫目标项目》(1998—2000年),2001年9月29日,越南总理下达了第143/2001号决定,批准了"国家消除饥饿和减贫目标项目"。以自1992年初在胡志明市实行的试点扶贫项目为基础,国家减贫目标项目进一步调整了工作方向。越南共产党和全国上下均开展扶贫工作。该减贫项目与消除饥饿和减贫的运动并不相同,因为它是一个由政府主导的项目,即:由政府从国家预算中抽出一部分作为年度投资资金,并进行协调分配,吸引各个层级、分支机构和地方以及各阶层的人士为国际社会提供强有力的支持。因此,越南在通过减贫以保障人权的方面取得了令人瞩目的成就,同时也受到了国际社会的高度赞赏。

首先,在过去数年内,贫困家庭所占的比重大幅降低,从而逐步促使所有越南人民的选择增多、生活质量得以改善。

根据越南劳动、荣军和社会事务部(MOLISA)的报告,2016—2020年期间,越南中央政府为"国家消除饥饿和减贫目标项目"规划的总预算资金达到了414490亿越南盾。其中,2016—2017年分配的资金超过了145840亿越南盾(占比为35.18%)。此外,在2016—2017年期间,越南还从国家预算中拨出442140亿越南盾,以便落实长期的扶贫政策,并为卫生、教育、住房和信贷提供支持。

在国家资源的支持下,地方政府也在2016年为社会保障和扶贫工作划拨出超过73030亿越南盾的资金。在2017年的前九个月内,总共投入了高达5600亿越南盾的资金。

国家可持续扶贫项目(例如,第30a号项目和第135号项目等)也取得了许多令人瞩目的成就。例如,在支持来自贫困家庭和少数民族家庭的工作者出国工作的项目中,2017年的前九个月共有566名员工参加了韩语培训及韩国农业考试,签约合同总值超过了46.65亿越南盾。在2016—2017年期间,越南针对必要的基础设施为近2000个项目提供了投资。

其次,减贫工作还伴随着健康教育服务以及综合基础设施的改善,这将为贫困人口提供在经济、文化和社会层面的所有领域内均可享受人权的机会。越南对农村地区的基础设施(特别是电力、公路、学校和车站)进行了升级和改造,对农村地区的教育机构体系和卫生站进行了进一步加强和新增。信息获取及信息交换也是一项人权。在过去数年内,越南共产党和越南政府一直采取积极的行动,以便确保人民行使这一权利,克服在获取信息方面"饥饿"和"贫困"的状况。农村通信系统和文化设施有了很大提升。信息质量有了明显的提高。各地人民可以获得多方面的信息资源,他们正为越南的多项重要工作作出贡献。各级政府部门耐心倾听人民的心声,吸取有益的建议,并针对合法诉求作出积极响应。截至目前,越南已建立了700多家新闻社和广播公司(中央和地方新闻机构),这些机构有助于更好地从中央向基层(或从基层向中央)传达信息。

在越南政府的努力下,人们逐渐提高了生活水平,对物质和精神的需求在最大程度上得到了满足。所有现有的数据和证据都表明,绝大多数越南人民的总体生活质量(大体包括经济、文化和社会权利方面)都得到了大幅提高。值得特别注意的是,越南正逐步实现全民达到人类最低生活标准的目标。扶贫项目已经使整个社会的心态发生了很大的变化:保障贫困人口的基本权利成为越南共产党及越南人民责任所在。换言之,减贫工作已经彻底社会化。家庭、农村、公社和各个地区的多种有效模式,例如WU储蓄信贷模式、中部省份采用自营资金周转方式的扶贫模式以及宣光、泰阮、承天、山萝境内与扶贫相关的社区发展模式、集团企业(越南国家烟草总公司和越南橡胶总公司) 的活动与地区和公社团体相联系以便在高平省、宁顺省、嘉莱省和昆嵩省内开展扶贫工作的模式等, 已得到广泛借鉴与应用。这是一项行之有效且富有创造性的措施, 有助于提升经济的整体实力, 同时集全社会之力关注贫困人口。

此外, 越南对弱势群体进行特殊关注, 以确保人人平等为前提, 在减少该群体的贫困人口方面取得了可喜的成果。减少贫困人口的政策体系、机制和解决方案已得到初步落实和实践, 这为贫困人口参与多个领域的活动创造了条件。这些都是越南通过消除贫困和降低扶贫指标来保障人权方面所取得的显著成绩。

不过, 越南通过减贫活动来保障人权的工作仍然存在一定的局限性, 例如, 无法享受适足生活水准的人口比例仍然很高, 减少贫困人口的过程仍包含极不稳定的因素, 因自然灾害、理念问题等因素 (特别是由于一些地区和机构的扶贫责任不明确或不一致等原因) 导致重返贫困状态的风险依然很高, 绝大多数贫困家庭都没有意识到扶贫是自身的责任, 而过度依赖国家的补贴。减贫法律文件的制度化问题常常反反复复, 难以将其应用于现实生活之中。为了确保通过减贫活动更好地落实人权, 同时降低贫困家庭所占的比率, 越南需要同步实施以下政策和措施:

(1) 继续进行机制和政策的创新 (特别是一些关于农村活动的政策), 促进经济发展, 同时为人民行使权力从而摆脱贫困创造条件。例如, 以合理的利率向发展生产、商业和服务的活动提供贷款的家庭政策; 以及向贫困农村地区提供部分适合生产工具的土地使用政策; 为贫困公社及面临其他困境的社区提供投资, 以建设必要的基础设施。

(2) 在社会经济和文化领域内更好地保障人权; 通过医疗政策、人口和计划生育政策, 为所有人口脱离贫困创造条件; 普及教育政策、职业培训、文化培训, 在文化和信息方面为贫困人口提供支持的政策……

(3) 提高扶贫政策的法律地位, 完善经济领域的专项法律制度, 以便营造良好的商业环境, 从而为所有经济主体提供法律依据。在商业活动中, 激发经济发展的动力, 从而有效地减少贫困人口。

(4) 促进整个政治体系在减贫方面发挥作用。

(5) 加强对项目目标的执行情况进行指导、监督并审查的相关措施。

(6) 利用国际合作、招商引资和国际捐赠来消除贫困。

减贫是一场深刻的人类革命，体现了越南正努力构建的社会主义政权的优越性。虽然经济水平仍不够高，但为人民谋求民主、公平、文明的生活一直是越南共产党和越南政府在其党的纲领和国家政策中力求表现的要点。越南必须全面消除贫困，为行使继承社会进步成果的权利创造条件，促进经济发展，同时尽全力建设一个公平、民主、文明的国家。

（作者朱氏翠姮系越南胡志明国家政治学院人权研究院讲师）

以国际合作和减少贫困保障人权

[古巴] 理查德·图尔·德拉孔塞普西翁

贫困通常被理解为缺乏可满足某一类需求的物质资源的一种状态。这种现象不仅表现在个人层面上，而且还会影响到社区、国家乃至整个地区的偿付能力。帮助个体摆脱不稳定的状态并非易事，因此，改善任一规模的人类聚居点的生活条件都需要付出更多的努力。

绝大多数生活贫困的人都来自非发达国家，这些国家在历史上往往都曾遭遇过国际分工的剥削。历经数百年的掠夺以及不公正的贸易体制的压榨，非洲、亚洲和拉丁美洲的人民面临着因国家职能失调而导致的极端困境，而这些困境也限制了这些国家的发展。

富裕国家也并不能完全排除贫困问题（尽管其程度相对较轻）。在这些国家中，同样普遍存在着传统上被遗忘和边缘化的重要领域，这些领域中的人由于其社会出身或仅仅只是由于某些独特的生产方式的影响，而无法通过稳定的渠道获得最基本、最重要的服务。

在联合国人口基金会（UNFPA）的辩论会上，贫困被视为"一种结构性、永久性的大规模现象，第一或第三世界国家中处于贫困状态的个人和家庭都会因为暴力或外部决策的原因而不得不遭受痛苦"（本戈，2006）。作者指出，在这种情况下，存在大规模、系统性、公然侵犯人权的问题。

有足够的证据可以证明，贫困将导致民众无法享受人权的灾难性后果。粮农组织（FAO）（2018年）曾透露，低收入群体将因食物安全和营养不良而面临更大的风险。最近发现，由于粮食短缺的问题，多达1.55亿名5岁以下的儿童因饥饿而导致发育迟缓，另有5200万名儿童的体重与其身高不成比例（《发展倡议》，2017年）。同样，有超过96%的低体重新生儿都出生在发展中国家（世卫组织，2017年）。

就劳动权利来看，贫困人口很少有机会获得体面的工作，因为他们大部分都生活在生产率较低的地区，当地的就业率非常低，工作机会并不稳定。同样，贫困家庭的儿童更有可能参加强制劳动，这使得他们的健康、教育机会及生命都处于危险之中（粮农组织，2018年）。

妇女受到这种困境的影响更大。在最不发达国家的孕产妇之中，每10万例活产的孕妇死亡人数为436人，相比之下，发达国家每10万例活产的孕妇死亡人数仅12人。同样，在怀孕和分娩期间，许多发展中国家的贫困妇女都没法像较富裕的城区妇女那样获得相应的避孕或保健服务（联合国人口基金会，2017年）。

生活条件异常恶劣的人经常被迫离开家园。无论是在国内迁居还是移民至其他国家，这种流离失所的情况都将导致骨肉分离和适应陌生环境的压力。从人口统计学的层面上来看，这种流离失所的现象对人口向主要城市集中和农村人口日渐减少的全球趋势都产生了影响。

不可否认，贫困是人类的主要威胁之一，因为它对生活构成了严重的威胁，使数百万人难以享受人权。

鉴于减贫任务的复杂性，消灭贫困现象就成为了普罗大众的责任。有关国家应该在这一方面发挥根本性的作用，因为它们必须实施消灭贫困的战略。不过，这并不是各国单凭一己之力就能实现的目标，因为它们受制于种种障碍，而这些障碍正是其深陷不发达状态的原因。

在绝大多数情况下，最贫困的国家都存在结构性问题，这些问题导致这些国家无法创造更多的财富并无法将这种财富在社会成员之间更好地分配。在这一背景下，现有的国际经济秩序需要重新构建，以确保第三世界国家摆脱原材料和低附加值产品生产国的角色。

国际合作也具有显著的重要影响。处于极端贫困状态的群体亟需帮助，但如果捐助国无法在短期内提供相应的资源，则他们将无法获得帮助。从这一方面来看，劳动力培训和技术转让有关的援助也是至关重要的。

针对这一重大挑战（例如，显著减少全球贫困人口，以扩展人权的普及范围），本研究报告的目的旨在确定第三世界国家在这一方面需要采取的行动。

为此，我们将在不同的论坛上针对国际社会如何处理贫困与人权之间的关系展开探讨。下一步，我们将需要建立一个全新的全球经济秩序，然后，我们必须提出国际合作必须遵循的要求，以便对减少贫困产生有效的影响。

一、贫困与人权之间的相互关系以及国际论坛的相应举措

自诞生以来，国际人权法一直将贫困视为整体规范性生产中的负面影响因素之一。《世界人权宣言》首次集中阐述了人类固有的基本权利，这一文件在其序言中概述了远离苦难的世界的理想状态 [A/RES/217 (III)，1948年]。

其第25条规定："人人有权享受为维持本人和家属的健康和福利所需的生活水准，包括食物、衣着、住房、医疗和必要的社会服务"（同上）。尽管没有明确提到贫困问题，但毫无疑问，在处于贫困状态时，是无法实现这些权利的。

《经济、社会和文化权利国际公约》第11条增加了人人享有适当生活水平的权利。为了实现这一目标，它强调了"基于自由意愿而达成一致的国际合作的重要性"[A/RES/2200 (XXI)，1966年]。这一参考文献具有先验主义色彩，因为在接受来自国外的援助时，主要的人权条约既重申了国家的主权，又强调了国家间合作的重要性。

这些先例构成了国际合作理论作为消除贫困、普及人权的必要要素的重要基础。随后，这一主题被联合国大会反复提及，例如，大会分别于1992年12月18日和2000年12月4日通过了题为《人权和赤贫》的第47/134和第55/106号决议（梅斯特朗姆和奥斯登，2012年）。

1995年4月在哥本哈根召开的社会发展问题世界首脑会议再次强调了针对这一问题采取行动的必要性。本次会议的成就是发表了相关的宣言，其一致通过的《社会发展问题世界首脑会议行动纲领》界定了以下定义："贫困可以表现为多种

形式：收入过低和缺乏充足的生产资源以至于难以保障可持续的生活；饥饿和营养不良；健康状况欠佳；无法或几乎无法获得教育机会及其他基本服务；因疾病而导致发病率和死亡率增加；无家可归或缺乏可提供安全条件的适足住房；社会歧视和排斥。贫困的特点还包括参与公民、社会和文化生活决策的程度较低。"（A/CONF.166/9, 1995年）

这一表述清楚地阐明了贫困是如何限制大量公民、政治、经济、社会和文化权利的，这些都是人类固有且不可或缺的重要权利。从理论的角度来看，这一概念坐实了贫困与人权之间的相互关系。

尽管一直致力于解决这一问题，但所公布的声明仍未能转化为预期的结果。全球仍有很大一部分人口处于不稳定的生活状态，再加上其他一些原因，最终导致国际社会领导人于2000年9月8日通过了《联合国千年宣言》。

这一全新的文件旨在彻底解决自20世纪初以来对人类影响最严重的数个问题。为此，该文件为接下来的15年设定了八个目标，其中第一个目标就是将处于极端贫困状态的人口减少一半（本戈，2006年）。值得注意的是，为了实现这一目标，该文件将1990年的赤贫人口总数作为参考，此举降低了目标集的难度，因为2000年的相关数据比1990年更高。

在2012年的第21届大会上，联合国人权理事会通过了《关于人权与赤贫的指导原则》，主要关注那些处于特定背景下的最贫困人口，它与那些基于包罗万象的重点来解决人权问题的政策是截然不同的，因此，该文件特别引人注目（A/HRC/21/39, 2012年）。

《指导原则》指出，极端贫困将导致侵犯人权的问题。因此，它确定了关于各国必须针对最弱势的社会群体使用的一套方法。

同样，促进国际援助和合作的义务仍存在很大的改进空间。在这一条所表达的主要观点中，第96款指出："各国必须采取谨慎、具体而有针对性的措施，以便创建一个减少贫困的国际环境，特别是在双边和多边贸易、投资、税收、金融、环境保护和合作促进发展方面。这意味着，必须展开合作，并普遍实现人权，以便最大限

度地利用现有的资源。"(A/HRC/21/39, 2012年)

《关于人权与赤贫的指导原则》的一致通过构成了第三世界国家在这一方面的全新驱动因素。应该更加强调各国有责任通过不同手段提供必要的合作,以应对令许多人成为弱势群体的各种贫困问题。

2015年是达成《千年发展目标》(MDGs)的最后一年,联合国对所取得的成果进行了平均分配。《千年发展目标》的第一个目标已经达成。将1990年的赤贫率减半的目标已在2010年得以实现,比预期的时间提前了五年(联合国,2015年)。

不过,各方付出的努力却并不均等。一些亚洲国家(主要是中国和印度)为降低赤贫率作出了绝大部分贡献。由于中国的发展及其政府的政治意愿,东亚的赤贫率从1990年的61%下降到了2015年的4%(同上)。

赤贫人口总数从1990年的19亿下降到了2011年的10亿。据估计,在2015年,另有1.75亿人口脱离了赤贫状态,在这一时间段内,一共有大约11亿人口脱离了极端贫困的行列(世界银行,2016年)。

一张显示中国和印度作出重要贡献的图表指出,在1990—2005年期间,这些国家的贫困人口减少了4.55亿,2015年新增的脱贫人口为3.2亿。据推测,在1990—2015年期间,大约有7.5亿人口顺利脱贫(《先锋报》,2011年)。

相反,在低收入国家(尤其是撒哈拉以南非洲地区),人口脱贫的速度则要慢得多,事实上,贫困人口的绝对数量一直在持续增长(联合国,2015年)。在这些情况下,我们已经注意到,这些国家不可能脱离导致其成为不发达国家的社会经济模式,同时,我们也看到,发达国家并非真心实意地希望扭转这种局面。

尽管在《千年发展目标》的推动下,我们在减贫方面取得了进展,但全球极端贫困人口的数量仍然高得令人难以接受。这促使联合国不得不通过《2030年可持续发展议程》来提高对国际社会的要求,以期继续推进《联合国千年宣言》和千年发展目标所确定的路径。

这就是可持续发展目标1规定"必须在2030年前完全消除赤贫"的原因。如果全球仍有很大一部分人口处于贫困状态,就不可能实现充分而普遍的人权,因此,这一目标与全球数百万人口仍处于贫困状态的情况是一致的。

我们必须付出更大的努力。如果考虑到世界经济增长的预测，则减贫的步伐可能仍不够快，不足以达成可持续发展目标1的期望（世界银行，2016年）。此外，还有一些威胁可能会日趋恶化并引发全人类的关注（例如：气候变化、战争和自然灾害）。

在这种情况下，国际社会（特别是第三世界国家）受到的冲击应该会进一步加大。这将意味着，我们应该更努力地配合关于消除贫困的协议和宣言，因为这将会对普及人权产生相当大的影响。各国政府必须在采取这一行动时更加团结一致，以便在为不发达国家提供更有利的全球经济框架的背景下，更有效地促进更大范围的国际合作。

二、建立全新的国际经济秩序的必要性

近几十年来，人类所取得的工业和技术进步令人叹为观止。如今，人类有办法满足数百万生活岌岌可危的人的需求。然而，这并不是出于经济原因，而是伦理原因，正如巴西学者弗雷·贝托（Frei Betto）（2012年）所证实的那样。

贝托指出，早在可持续发展目标获批三年前，一些数据就已经清楚地说明了这种情况。根据他的研究，必须投资60亿美元才能为全球所有儿童提供基础教育，但美国人每年却花费大约80亿美元购买化妆品（同上）。

而另一方面，只要投资130亿美元，发展中国家的儿童就可以避免营养不良、健康状况不佳的基本问题。不过，在美国和欧洲，每年大约有170亿美元的资金被用于购买狗粮和猫粮，欧洲另有500亿和1050亿美元资金被用于购买烟草和含酒精饮料（同上）。

这些趋势似乎并没有改变的迹象。尽管可持续发展目标1和可持续发展目标10已经获得了批准（后者主要涉及在国家内外减少各种不平等现象），但世界主要经济形势却并不符合全球的现实。根据联合国经济和社会事务部（DESA）编写的一份报告，2016年的饥饿人口比2015年增加了3800万，共计8.15亿人（《联合国新

闻》, 2018年)。

国防预算逐年攀升的问题(而不是如何分配资源来缓解众多人口的困境)也变得越来越重要。从全球范围来看,这一数额在2017年达到了17390亿美元,比2016年实际增长了1.1个百分点(SIPRI, 201)。

这些事实并不合理,全球计划在国际关系发展过程中的表现是不公正的。早在19世纪,卡尔·马克思(Karl Marx)就已经洞察了资本主义生产方式所造成的滞后现象。

在其著作《资本论》的第一卷第23章中,这位伟大的思想家将贫困视为资本主义生产的必要条件。马克思(1867年)解释称,这种社会经济系统所衍生的社会生产关系要求保持有相对过剩的失业人口,这使得资本家将工资严格控制在最低水平,以便实现资本积累的最大化。

大量无业人口承受着失业的痛苦,他们愿意为了改善命运而接受微薄的薪资。这一背景被资本家利用,这种压力犹如悬挂在劳动阶层头上的达摩克利斯之剑。在更糟糕的情况下,个人(例如,那些常常被忽视的"弱势群体")被认为对资本主义毫无作用。

这种资本主义的排斥逻辑在全球范围内都有所体现。全球贸易的天平几乎处处倾向于发达国家。世界贸易组织在《2017年年度报告》中指出,2015年,最不发达国家[1]在全球商品出口中所占的份额下降到了1%以下,而所有最不发达国家的商品贸易赤字则增加到了870亿美元(世贸组织,2017年)。

由于新自由主义在全球范围内广泛传播,导致各国收入不平衡的问题进一步加剧。其关于限制各国在经济、社会和法律事务中的作用以及捍卫自由市场行为的政策,使各国财富分配两极化的趋势更加明显。这也导致了穷人越来越穷、富人越

---

[1] 世界贸易组织认为,最不发达国家指的是联合国以这种方式确定的国家。目前,联合国的相关清单上一共列出了47个最不发达国家,其中36个已成为世贸组织成员国。这些国家包括:阿富汗、安哥拉、孟加拉国、贝宁、布基纳法索、布隆迪、柬埔寨、乍得、刚果民主共和国、吉布提、冈比亚、几内亚、几内亚比绍、海地、所罗门群岛、莱索托、利比里亚、马达加斯加、马拉维、马里、毛里塔尼亚、莫桑比克、缅甸、尼泊尔、尼日尔、中非共和国、老挝人民民主共和国、卢旺达、塞内加尔、塞拉利昂、坦桑尼亚、多哥、乌干达、瓦努阿图、也门和赞比亚。

来越富的趋势。

新自由主义与结构调整方案(SAP)的结合带来了尤其恶劣的影响。这些与债务问题密切相关的计划是由国际货币基金组织(IMF)/世界银行针对第三世界国家设计并实施的,其原定目的旨在应对国家经济失衡和平衡收支赤字。从本质上来说,结构调整方案仅仅只是确保偿还债务和增加不发达国家的经济依赖性的机制而已。

这是世界银行为执行其"消除贫困"计划而引入的理念。为了帮助贫困人口脱贫,它禁止任何形式的补助金、农业补助、住房补贴、最低工资标准及其他社会救助措施。此外,各国政府都必须对上市公司实行私有化,同时还必须取消其关税壁垒(梅斯特朗姆和奥斯登,2012年)。这些新自由主义措施使非发达国家赤裸裸地暴露在不平等的影响和不利竞争之中。如果继续延续这些发展模式,那么可持续发展的未来就只能是天方夜谭。少数人的富裕是以数百万人遭受饥饿和牺牲健康的代价而换取的。石油巨头赚取的巨额利润是以牺牲气候稳定性为代价的,因为前者无视对环境恶化的影响。时至今日,掠夺和压榨不发达国家(而不是全球层面上的合作和发展)的理论仍大有市场。建立全新的国际经济秩序一直是第三世界国家的长期要求。联合国大会于1974年通过了《建立新的国际经济秩序宣言》,但世界大国都视而不见。这份文件表达了各国对"消除不平等现象和纠正当前的不公正现象,弥合发达国家与发展中国家之间日益增长的差距"的决心 [A/RES/3201 (S–VI), 1974年]。除了在国际论坛上针对这一问题反复提出要求以外,第三世界国家还必须尽力减少其自身对外国利益的经济依赖性。为此,它们必须实现业务合作伙伴的多样化,建立双边联盟,并与新兴经济体携手合作。国际货币基金组织和世界银行应该加强其替代性融资结构。除此之外,还应该推行包容性的国家政策,普及更公平的财富分配方式,以督促社会发展并培养更合格的劳动力。

在目前的情况下,消除贫困的空间很小。不发达国家所承受的巨大压力不足以使其得到充分的发展。在这样的背景下,数以百万计的人口甚至无法获得基本的人权保障。

三、扩大国际合作以消除贫困

我们应该扩大国际合作在消除贫困方面的基本影响。考虑到最贫困的国家无法单凭一己之力克服令其举步维艰的不发达问题，工业化国家之间的合作就变得更加重要了。这其实也是一种道德主张，因为从很大程度上来说，世界大国的财富都是在剥削第三世界国家及在当地建立殖民地的基础上聚集而来的。

许多涉及这一主题的国际论坛和重要文献都阐述了这些要求。刚刚提到的《联合国千年宣言》《关于人权与赤贫的指导原则》和《2030年可持续发展议程》都明确提到了开展合作以消除贫困的必要性。

不过，发达国家在这一方面似乎毫无建树。联合国记录了在消除饥饿的过程中所遭遇的挫折，这些挫折将对可持续发展目标的达成造成威胁（《联合国新闻》，2018年）。根据该报告，这主要是由于未能对气候变化、冲突加剧、不平等和加速城市化采取相应行动所导致的后果。

就气候变化来看，主要大国所采取的行动与其减缓气候变化的预期目标之间仍存在较大的差距。2006年发表的《斯特恩报告》指出，为了减缓气候变化的影响，需要投入相当于全球GDP 1%的投资，如果不这样做，则全球都将面临经济衰退的局面，而这可能相当于减少全球GDP的20%（斯特恩，2012年）。即便如此，缔约方会议第二十一届会议（COP 21）的决定仍规定，截至2025年，每年投入的资金为1000亿美元，比《斯特恩报告》中指出的水平要低得多。

即使目标水准已经下滑到了如此低的程度，工业化国家仍无法遵守其承诺，它们完全无视这将对贫困状况持续恶化的影响。在签署《巴黎协定》一年之后，缔约方会议第二十二届会议作出了更保守的承诺，其涉及的金额甚至还不到1亿美元（《联合国气候变化框架公约》，2016年），随后，美国于2017年宣布退出该协定，这也表明，美国缺乏应对全球变暖问题及其灾难性后果的政治意愿。

与气候变化密切相关的就是最贫困地区的粮食贸易赤字问题。粮农组织（2018年）透露，与低收入发展中国家的国内生产总值的平均增长相比，农业生产增长对减少贫困的影响是前者的五倍。

为了减少饥饿人口并避免更多人被剥夺人权，最脆弱地区的国际合作应旨在通过更好地获取资源、技术、市场和组织来提高农业生产率。这对消除贫困和确保粮食安全都将产生非常积极的作用。

另一项长期承诺则与官方发展援助（ODA）有关。在皮尔森委员会于1969年发布相关报告之后，联合国大会于1970年10月通过了一项承诺，即：发达国家应将其国内生产总值（GDP）的0.7%投入发展援助项目。不过，在2015年评估《千年发展目标》的执行水平时，评估人员发现，只有瑞典（1975年）、荷兰（1975年）、挪威（1976年）、丹麦（1978年）、卢森堡（2000年）和英国（2013年）达成了这一目标（欧罗巴出版社，2016年）。

流向不发达国家的官方发展援助的资金流较少，而全球各大金融机构也针对为这些国家提供的信贷制定了苛刻的条件。国际货币基金组织发放的贷款通常都伴随着对第三世界国家极其不利的条件，这往往会导致这些国家的外债增加，它们还不得不减少其国内的社会保障政策。

从历史上来看，发达国家在面对国际合作时所采取的立场并不够坚定，不足以满足不发达国家的需求。这将意味着，优先推进南南合作（这一模式是以采用更灵活的方式为第三世界国家更有利的待遇为基础的）的需求日趋增加。

在相关行动中，新兴经济体以及在传统全球统治模式之外应运而生的联盟机制必须扮演越来越重要的角色。从推翻仅让少数国家获益的现行国际经济秩序这一共同利益出发，这些行为体必须基于互利的逻辑进一步促进国际合作。

排斥和剥削仍然是当前国际体系内恒久不变的可变因素，我们目前仍无法预见任何有助于消除贫困的解决方案。反过来，在数百万人口缺乏必要的手段维持体面生活的前提下，普遍实现人权就只能是空中楼阁。

四、结论

贫困是普及人权的最大障碍之一。缺乏物质资源的生活条件剥夺了人们最基本的权利（例如，食物、健康、教育、住房等权利），同时为其有效行使公民权利和政治权利设置了障碍。

这一现实意味着，我们必须尽快根除这一恶疾。鉴于消除这种不发达现象的复杂性，第三世界国家必须在国际论坛上继续提出要求，以促使工业化国家在消除贫困这一方面采取真正有效的行动。

尽管许多宣言和协议都强调了促进国际合作是消除贫困的有效手段，但这些目标并没有在现实中被付诸实践。第一世界国家在这一方面所作的努力表明，它们并不愿意改善数百万人口的经济状况并彻底根除贫困问题。

在这一关键节点上，引入更公平的国际经济秩序的紧迫性已经变得越来越明显。现有的剥削关系以及为国际霸权主义服务的金融结构都将阻碍向着更平衡的世界迈进的步伐。

第三世界国家需要加大合作力度，才能走出这一困境。我们应该致力于建立合作伙伴关系，以促进最贫困国家之间基于互惠条件的互利性交流。这种关系的推广有望增加国际合作对减少贫困及普及人权的后续影响。

（作者理查德·图尔·德拉孔塞普西翁系古巴外交部多边事务和国际法总司职员）

减贫的国际挑战：欧洲视角

[意大利] 加布里埃莱·亚科维诺

联合国 (UN) 认识到全方位地消除贫困是最大的全球挑战之一，也是可持续发展不可或缺的要求。联合国数据表明，2013年全球有10.9%的人口，也就是7.83亿人生活在国际贫困线以下（按2011年购买力折算，也就是1.90美元）。2015年，联合国制定了《2030年可持续发展议程》(ASD)。议程确定了在未来十五年中希望实现的17个目标以及169个具体目标，这些目标包括人类、地球以及繁荣发展等方面。这项雄心勃勃的计划核心是承认人人有权过上没有物质匮乏和饥饿的有尊严的生活，以及从整体上根本有效地解决像贫困这样错综复杂的问题的重要性。

与联合国在2000年千年首脑会议上确立的千年发展目标相比，随后确立的《2030年可持续发展议程》(ASD) 扩大了目标范围，并将更广泛多样的经济、社会和环境等各层面问题包括在内，这也提示了国际干预必须在指导下进行，从而取得积极长期的成果。想让几百万人充分发挥其人类潜力，就必须采取综合解决办法，来解决受贫穷影响的社会结构性和非结构性问题，如缺乏自然资源和食物、无法获得饮用水和清洁水源、极易遭受灾害和疾病、受教育机会有限、社会排斥等。

消除贫困在联合国议程中位置重要，ASD所制定的目标中将其排在第一位再次证实了这一点。如文件所示，国际项目和干预措施背后的指导原则和目标为：

到2030年，消除世界各地所有的极端贫困，即以目前每天生活费不足1.25美元的人口测得的贫困状态；

根据各国不同的情况，到2030年，必须全方位地将生活贫困的男女老少人数至少减少一半；

面向全部人口实施适合本国的社会保护制度和措施（包括各类最低标准），并于2030年对贫困人口和弱势群体实施该制度和措施；

到2030年，确保所有公民，特别是贫困人口和弱势群体，享有平等的经济资源权利，获得基本服务，拥有和控制土地和其他形式的财产、遗产、自然资源，新技术和包括小额信贷在内的金融服务；

到2030年，使贫困人口和弱势群体具有一定的恢复力，以降低他们遭受气候相关极端事件和其他经济、社会和环境冲击和灾害的风险和脆弱性；

确保大量调动不同来源的资源，包括通过加强发展合作，以便为发展中国家，特别是最不发达国家提供充足和可预测的手段、实施方案和政策，全方位消除贫困；

根据扶贫策略和性别问题敏感发展战略，在国家、区域以及国际各层次下建立健全政策框架，以加速对消除贫穷行动的投资。

消除贫穷是人类安全的主要支柱之一，被定义为确定和解决人类生存、生计和尊严等广泛和跨领域挑战的方法。事实上，假设没有恐惧和不再贫困是人类安全的两个主要支柱，仅考虑1994年《人类发展报告》列出的七个主要方面（经济、健康、个人、政治、粮食、环境、社区），则贫穷对这些方面的负面影响很容易超出极端贫困和人类安全关系的底线。尽管这些威胁可能存在于所有发展阶段，但影响弱势群体的贫困创造了一个理想的框架，在这一框架下，对生命和尊严的挑战可能会更多，甚至有时还会引发其他安全危机。在采取人类安全办法的同时，解决贫困问题成为促进社会发展和国家安全的第一步。事实上，这一框架有助于研究贫困与保护人权的关系和影响，从而将贫困与缺乏或轻视基本生活标准联系起来。

由此可知，减贫的重要性并不仅仅在于它是全球人类发展的成就，而且也是为在ASD确定的所有其他目标中取得真正成果创造理想条件，并促进世界各地的和平与稳定。反之亦然，努力应对影响贫困社会的具体和务实的广泛挑战，可以帮助各国政府和国际社会制定适用于不同情况的扶贫政策。事实上，贫穷与粮食保障、水管理和经济增长是相互影响的。这些领域代表着可能危及社会和人类发展，破坏国家稳定的非传统安全的三大重要支柱。

一、贫困与非传统安全层面的关系

考虑到贫困不仅仅是指物质财富，所以将减贫归类为四个方面：

（1）加强生计安全：贫困人口能利用其资产和能力在更安全与可持续的条件下谋生的能力；

（2）降低健康风险：减少使贫困人口和极弱势群体（特别是妇女和儿童）面临不同疾病、残疾、营养不良和过早死亡风险的因素；

（3）降低脆弱性：减少环境、经济、政治危害所导致的威胁，包括突发事件的冲击和长期不利趋势的影响；

（4）扶贫经济的增长：加强经济增长对世界大多数地区的减贫至关重要，但经济增长的质量及其为贫困人口创造的机会同样很重要。

鉴于这些方面，显而易见，管理自然资源（特别是水）、粮食匮乏和经济增长是这一进程是否成功的关键因素。

水和食物是人类生存不可缺少的。在减贫第一步中，水可能是最关键的资源。事实上，水管理与农业、一些工业过程、医疗保健和环境卫生都有联系。此外，水管理降低了贫困人口易受自然灾害影响的程度，如干旱或洪水，并帮助他们保护自身及其生活活动所依赖的生态系统。乡村与城市的用水需求有所不同，对与水相关的设施以及获得自然资源的需求和能力也因此会有所不同。增强恢复力、确定和调整水技术以及促进智能投资，便是国际化承诺所针对目标领域的示例。然而，最近由世界银行全球水事实践牵头的《供水、环境卫生和个人卫生贫困诊断》的调查结果强调，由于地方的效率低下，有时国际组织制定的政策与实际效果之间仍然存在很大差距。

水和水资源的利用不可避免地与农业相关联，也因此与粮食保障相关联，尤其是乡村地区的食品安全。较差的粮食保障造成营养不良和营养不均衡，这并不仅与粮食供应有关，还与很多其他情况有关，如低收入、价格波动、市场准入、粮食质量、有意识的选择等。尽管在过去20年与全球饥饿的抗争中取得了进展，营养不良（包括昏迷、消瘦、体重不足、微量营养素的缺乏）仍然如瘟疫一般困扰着7.93亿人（其中98%生活在发展中国家），而且营养不良也是造成三分之一儿童死亡的原因[1]。尤其是在发展中国家的乡村、城乡结合区域或是城市中，极端贫困与营养不良常同时出现。因此，有稳定的食物来源和减少营养不良对于解决减贫的四个层次至关重要。由于联合国以及粮农组织、世界粮食计划署等专门组织的努力，国际社会在过去二十年里对这些敏感话题的了解越来越深。重要的是，因为全球大多贫困人口生活在农村地区，且主要收入来自于农业活动，所以农业仍然是需要关注的重要活动之一。特别是考虑到在许多情况下，农业部门是最容易受到自然灾害和经济影响的部门（约22%）。这意味着开发小农户作物、牲畜、鱼类和森林生产系统的生产力和收入潜力是中期最重要的目标之一。

因此，增加粮食保障和减少贫困是两个密切相关的目标。然而，这两者均取决于第三个因素，即可持续扶贫经济增长。事实上，快速持续的增长是战胜贫困最重要的方式之一。但这是一个很难独自实现的目标，因为它的发生首先需要进行结构性的改变。如果增长本身确实不足以让社会摆脱贫困，但它肯定会影响这一进程的速度。收入的增加及其创造的就业机会就是经济增长所带来影响的有力证据。即使这两个结果的发生可能会受到几个因素的影响，例如社会内部的不平等程度（与收入或资产分配有关）或劳动力市场吸收不断增长的劳动力的能力，这些因素对于提高人口的生活水平至关重要。随着生活条件的改善，经济增长不仅可以被认为与物质主义相关，也可认为其与更普遍的人类发展相关。事实上，这能引发一个良性循环，即收入与就业的增加将激励家庭更多的投资于子女的教育，享受更健康的习惯，确立更长的预期寿命。然而，由于经济增长与其所在社会的特殊结构特征密切相关，因此无法找到一系列可作为普遍基准的政策。从某方面来说，为了保持增长，则需要特定的具体标准（如宏观经济稳定、国内自由化和开放），但另一方面，

---

[1] 关于粮农组织帮助消除饥饿和营养不良的战略工作，请访问http://www.fao.org/3/a-i6431e.pdf。

标准的施行需要考虑到具体的政治、社会和经济框架。

如上所述，贫困、水资源短缺、环境相关问题、粮食保障和缺乏经济增长之间的关联不仅仅代表着对受影响社会的社会或人道主义的挑战，也代表着对国家和区域稳定更广泛的安全担忧。事实上，这类问题往往是引发社会动荡、叛乱和革命的因素。同样，对农业、林业、渔业生产以及食品销售和分配的控制是非国家武装团体和被禁止的恐怖组织发展的决定性因素。因此，在过去20年里，非常规和混合威胁的增加，意识形态和党派暴力的蔓延，圣战主义和跨国圣战运动的出现，使国际社会更加关注复杂多样的冲突根源。通过更全面及多学科的方法，经济、人道主义和社会因素在冲突和安全危机中的作用得以显现。为此，联合国及其专门机构以及各国开始意识到实施战略和方案与军事或执法行动相辅相成的重要性，并将其用以处理冲突预防、冲突管理事项以及促进持续和平。正如开发计划署的调查[1]所示，在非洲，尽管其不是唯一因素，经济原因仍是招募的整体激励机制和驱动因素的关键组成部分：在受访人群中，对于自愿加入极端组织的人来说，最迫切的需求是就业（34%），其次是安全（25%）和教育（21%）。与此同时，之所以会加入该等团体，还因为志愿人员对政府（65%）、国际社会（56%）、军队（55%）和经济状况（55%）感到失望。

乍得湖地区现状这一经典案例更好地解释了经济和人为因素如何可以引发更广泛的安全挑战。事实上，正如非盟妇女、和平与安全问题特使内塔·迪奥普（Bineta Diop）所概述的情况，当地人民难以获得可持续的生活和影响该地区的贫困是该地区不稳定局势蔓延的根本原因。

二、乍得湖地区日益激进化：博科圣地的肥沃土壤

乍得湖位于撒哈拉以南四个非洲国家乍得、尼日尔、尼日利亚和喀麦隆的交界处。在过去五年中，该地区面临着针对机构目标和平民的新一轮恐怖袭击，所有这些袭击都由诞生于尼日利亚北部的极端组织博科圣地宣称负责，而且该组织扩大

---

[1] "通往非洲极端主义之路：招募的动力、奖励和临界点"，UNDP 2017, http://journey-to-extremism.undp.org/content/downloads/UNDP-JourneyToExtremism-report-2017-english.pdf。

了在其他三个国家的招募和运营范围，是影响该地区的最具挑战性的安全威胁。博科圣地（在豪萨语中指"西方教育是一种罪恶"）是由穆罕默德·优素福（Imam Mohammed Yusuf）于2002年在博尔诺州（该国东北部）首府迈杜古里市创建。其本质上是一个非暴力的极端正统教派，要求卡努里族人享有更多的政治、公民和经济权利。事实上，北尼日利亚有两个民族，豪萨－富拉尼族和卡努里族。他们都是穆斯林，但是，虽然豪撒－富拉尼族人在军队内部有很好的代表性，并且与基督教－泛灵论者约鲁巴族分享政治权力，而卡努里人缺乏机构代表、政治影响力并生活在经济困境中。因此，博科圣地首先体现了卡努里人的解放需求，致力于为当地社区提供社会援助，成为大部分民众的参考标准，并且在博尔诺、约贝、卡诺、阿达纳瓦、高原州创建了一个准制度体系。然而，政府试图解散此类结构，优素福于2009年在警方干预的一次示威中死亡，该组织遂变得激进。其最终目标是在尼日利亚建立一个以穆斯林、伊斯兰教为基础的国家，通过圣战对抗异教徒，异教徒是指基督教大多数民众和尼日利亚机构等。激进化使得博科圣地找到了与基地组织实体或在非洲其他地区活动的其他极端组织（如伊斯兰马格里布的基地组织AQMI或索马里的青年党）的共同点，并且开始了针对中央政府的恐怖运动。此外，如果该组织的议程一开始就严格专注于尼日利亚和卡努里人的权利，则圣战主义者意识形态的同化扩大了博科圣地的招募能力，有可能在国家边界之外顺利运营。事实上，极端主义者言论，以及为人民提供就业、社会福利和生计的准国家体系的运作能力，让博科圣地与中央机构当局相比，更像一个有作为的替代机构。在农村地区，在尼日利亚东北部城市郊区的小村庄，博科圣地仍然有一个社会和政治结构，为不太富裕的民众提供福利和教育服务，并主持正义。当地人民对其生活条件或政府无法给予获得社会服务或社会经济发展的平等机会感到不满，这是博科圣地获得民众支持的关键因素，使其能够在该地区大量失业和文盲青年中进行大量招募。

在此框架内，乍得湖地区正在经历的环境条件恶化可能会进一步扩大愿意加入伊斯兰叛乱的人数，以便借此谋生，并且对政府进行打击报复。乍得湖是非洲第二大湿地，可以为河岸社区提供淡水，而且是鱼类的繁殖地，也是农作物生产的肥沃土壤。自19世纪60年代以来，由于降雨量减少、气温上升，及同时增加的灌溉使用量，湖泊缩小了90%。这四个国家有700多万人缺少粮食，到2030年人口还将会增加，这加剧了情况的紧迫性。仅考虑作为博科圣地飞地之一的尼日利亚博尔诺州，在2016年，64%的家庭缺少粮食，而且320万人受到缺少粮食的影响[1]。乍得湖干涸引发的生活条件恶化使人们更容易受到言论和反体系消息的影响。因此，在治愈瘟疫和帮助国家满足人民需求方面缺乏国际干预，可能会为博科圣地打开危险的机会之窗，从而使博科圣地招募范围远远超过其历史飞地，并且创建自治的拼凑单位，将极端主义暴力蔓延到整个地区。

三、欧盟扶贫承诺

正如"欧盟运作条约"[2]第208条所规定的情况，减少和长期消除贫困是欧盟发展政策的主要目标。为了实现这一目标，欧盟促进发展中国家的可持续经济、社会和环境发展；支持民主、法治、人权；维护和平和预防冲突，改善自然资源可持续管理的质量以及人口或国家应对自然或人为灾害的能力，同时推进建立一个基于更强有力的多边合作和全球治理的国际体系。

为了使其发展政策体系化，欧盟于2017年通过了发展共识，这是首次强调适用于所有成员国和欧盟机构的共同愿景和框架的蓝图。其为发展政策以及与发展中国家的关系提供了共同的方法，并且与《2030年可持续发展议程》保持一致。

这一共识的灵感来自欧盟在对外行动中始终遵循的传统原则，首先是人权和基本自由的普遍性和不可分割性，也是对人类尊严和《联合国宪章》和《国际法》所载的所有其他价值观的尊重。为了确保计划者和政策实施并维护这些原则，欧盟自身承诺将这些价值观融入到伙伴政府内外进行的政治对话中，这些价值观也是2030年议程的核心，并且将成为一个主要的行动平台。

关于全球有效发展合作伙伴（GPEDC），欧盟认为遵循以下原则对于发展的

---

[1] "东北三州紧急粮食保障评估"，世界粮食计划署，2017年4月，https://docs.wfp.org/api/documents/WFP-0000019776/download/?_ga=2.86377949.458238660.1532962574-879204279.1526485514。

[2] https://eur-lex.europa.eu/legal-content/EN/TXT/PDF/?uri=CELEX:12012E/TXT&from=EN。

有效性至关重要：发展中国家对发展优先事项享有优先权，以确保实施的项目适合具体国家的情况，并满足其需求；注重结果，以便对消除贫穷、消除不平等和加强基于具体发展中国家优先事项的能力产生长期影响；包容性发展伙伴关系，以便最大限度地提高所有相关参与者之间的互补性潜力；透明度和相互问责，以便以最成功的方式交付结果。

在不影响这一事项的情况下，欧盟通过共识认识到采取综合方法的重要性，将援助与其他资源相结合，让更广泛的利益攸关方和合作伙伴参与进来，以便采取最佳综合行动，适当考虑和评价可持续发展目标之间的相互联系。这意味着，欧洲的行动被视为用于解决跨领域的要素（青年、两性平等、流动和移民、气候变化、投资和贸易、善政等），反映所谓的ASD5-Ps，例如：人、地球、繁荣、和平和伙伴关系。

在所开展行动的作用方面，这些价值观完美地代表了所谓的有效多边主义的应用领域，这可以被视为融合两个特性：欧盟对国际规则和价值观的贡献以及欧盟与国际组织和非正式网络（如G7、G20等）合作的意愿。这种方法产生于欧洲的外部战略，该战略将基于原则的外交政策与利用外交、政治和金融工具让合作伙伴参与所有相关问题的尝试相结合。欧盟对可持续发展目标和促进人类发展的承诺尤其明显。正如欧盟全球战略[1]所确认的情况，欧盟采取多层次和多侧面的办法，以便在地方、国家和全球层面采取行动，并且让所有相关的地方参与者、地区和国际组织以及捐助者参与进来，以便达成植根于更广泛伙伴关系的全面协议。

在这一框架内，需要特别关注经济合作与发展组织（OECD）及其发展援助委员会（DAC），这是为促进发展合作和促进可持续发展而创建的独特国际论坛，包括扶贫经济增长、减贫和提高发展中国家的生活水平。DAC由30名成员[2]组成，同时亚洲开发银行、非洲开发银行、泛美开发银行、国际货币基金组织、联合国开发计

---

[1] "欧盟全球战略"，2016年，https://europa.eu/globalstrategy/sites/globalstrategy/files/pages/files/eugs_review_web_5.pdf。

[2] 澳大利亚、奥地利、比利时、加拿大、捷克共和国、丹麦、欧盟、芬兰、法国、德国、希腊、匈牙利、冰岛、爱尔兰、意大利、日本、韩国、卢森堡、荷兰、新西兰、挪威、波兰、葡萄牙、斯洛伐克共和国、斯洛文尼亚、西班牙、瑞典、瑞士、英国、美国。

划署和世界银行作为观察员参与。在若干重要变更中,成员们一致认为有必要进一步促进DAC在支持新共识发展议程[1]的资金调动以及界定和监测官方发展援助方面的作用。这是官方机构(包括国家和地方政府)或其执行机构提供的所有流程,旨在促进发展中国家的经济发展和福利,并具有优惠特性,以给予至少25%的赠与成分(按10%的折扣率计算)[2]。DAC改革的最终目的是能够更有效地让发展伙伴积极参与其工作,并且主动与更广泛的可持续发展社区分享结果,从而允许其在确定双边援助和形成捐助者做法方面保持影响力。OECD和DAC是最有效工具之一,欧盟试图尽全力使用该工具来促进旨在实现可持续发展目标的高效和务实合作。正好在ODA框架内,欧盟承诺将至少20%的官方发展援助分配用于社会包容和人类发展。

四、结论

国际社会将人权的普遍性原则作为全球治理指导方针,而根除贫穷的紧迫性则是国际社会承诺的核心。贫困如一种全方面的瘟疫,它与阻止人民享有自由并免于恐慌的多个挑战交织在一起,同样也是世界各地的冲突、危机与不稳定的根源。

在促进联合国《2030年可持续发展议程》的原则和价值观的同时,欧盟也非常重视这些挑战,并正在努力实施其全球战略。同时,欧盟也在积极寻找合作伙伴,推动多方合作,以便与其他参与者分享并相互取长补短,产生长期结果。因此,欧盟正在寻求可靠的合作关系并为了消除贫困的根源而共同努力,同时,找出可能会从特定地区蔓延开来并转变为全球性挑战的相互关联的因素。

在此框架下,消除贫困将会成为欧盟与中国合作的一个新领域,并且二者将会在国际社会上扮演更加重要的角色。布鲁塞尔和北京有着重要的共同政治愿景:都支持多边主义作为改革全球治理的理想架构;处于促进环境发展、维持绿色经济和对比气候变化可能带来的危害的前线;坚信一个普遍、基于规则、开放的多边

---

[1] "新共识发展议程"是指四项国际协议:2030年ADS、亚的斯亚贝巴行动议程、仙台减少灾害风险框架与巴黎气候协议。

[2] 关于2018年ODA、OECD的内容,请访问http://www.oecd.org/dac/stats/What-is-ODA.pdf。

贸易体系可能产生贸易自由化以及积极溢出效应。此外，在全球平衡似乎因世界各地的贸易保护主义和民族主义（这正在重塑传统联盟）高涨而受到质疑的历史时刻，欧盟和中国可以找到良好的机会之窗，以就其国际议程上最优先的问题进行合作。中国在全国扶贫方面的良好经验以及其为建设共同繁荣的未来作出贡献的愿望，使中国政府成为欧盟接洽的可信对话者。测试此类合作成果的第一个重要场景可能是非洲大陆对布鲁塞尔和北京都具有战略重要性。对于欧盟，非洲是不可忽视的南方友邻，欧洲国家和机构正试图与其一起寻求一个解决方案，来应对为流向北方的移民供应物品的地方性挑战。对于中国，非洲国家不仅是重要的经济伙伴，也是全球范围"一带一路"倡议的重要参与者。根据这些考虑因素，欧盟和中国可以基于帮助每个国家应对与贫困相关的挑战和发展与贸易相关的能力建设，共同努力制定整体解决方案。通过这种方式，可以促进地方社区的发展，同时减少对区域稳定性造成的体系性挑战，这些挑战不仅危及非洲大陆的安全，也会危及促使所有人获得人权的国际承诺的作用。

（作者加布里埃莱·亚科维诺系意大利国际研究中心主任）

老挝人民民主共和国在减贫方面的人权保障

[老挝] 吉再·因塔维坎

老挝人民民主共和国是一个人民民主国家。一切权力属于人民,一切权利由人民行使,一切权利均为了各民族人民的利益。国家保护人民的自由和民主权利。法律基本原则禁止一切有损人民荣誉、身体健康、生命、道德心和导致贫困的官僚和骚扰行为,具体如下:

1991年《老挝宪法》于2015年修订。宪法定义了老挝公民的概念,并保证所有老挝公民无论性别、族裔和社会经济地位一律平等。该宪法强调了团结、社会凝聚力以及法律面前人人平等。宪法提到了"多民族老挝人民",而描述老挝多元化人口的官方术语是"民族"。

宪法第8条宣布:国家奉行促进各民族团结和平等的政策。所有民族均有权保护、保存和促进其部落和民族的优良习俗和文化。禁止在民族中制造分裂和歧视的所有行为。国家实施各种措施,以逐步发展和提高所有民族的经济和社会水平。[1]

第21条(新):国家高度重视与文化和社会发展相结合的经济发展,把人力资源发展作为优先事项。

第22条(新):国家致力于发展教育并实施小学义务教育,以培养具有革命能力、富有知识和能力的优秀公民。国家和社会致力于发展优质国民教育,为全国人民,特别是边远地区的人民、各民族、妇女和处境有利的儿童创造教育机会和有利条件。

---

[1] 1991年《老挝宪法》。

第34条：老挝公民是依法持有老挝国籍的人员。

第35条：老挝公民不论性别、社会地位、教育、信仰和民族，在法律面前一律平等。

第39条（新）：老挝公民有权工作并从事不违反法律的职业。劳动人民有权休息、在生病时接受治疗以及有权在丧失工作能力时或在残疾、年老和法律规定的其他情况下接受援助。国家依法促进私营部门投资发展国民教育。

第75条：老挝语言文字是国家官方语言文字。

第42条（新）：老挝公民在其生活、身体、荣誉和住房方面的权利不可侵犯。除法律另有规定外，如无检察官或人民法院的命令，不得逮捕、拘留或搜查老挝公民。

除宪法外，老挝政府（GoL）已颁布众多有助于保护人民的个人权利和人权的法律和法规。

《妇女发展与保护法》：颁布《妇女发展与保护法》的目的是保障和促进妇女人权，定义发展和保护妇女合法权益的基本内容和措施，并定义国家、社会和家庭对妇女的责任，且具有以下目标：普及妇女知识、提高妇女能力和树立妇女革命道德规范、推进性别平等；消除对妇女一切形式的歧视；防止和打击非法贩卖妇女和儿童以及对妇女和儿童的家庭暴力，以便为妇女参与国防并发展成为一支部队创造有利条件。

《刑事诉讼法》第12条规定，如未获得调查或审讯组织负责人或检察官办公室主任的命令，无权拘留任何人员。如未获得检察官办公室主任或法院的命令，无权逮捕、监禁或搜查发生犯罪行为的建筑，对抗犯罪时或仅在紧急情况下逮捕、搜查建筑除外。如果拘留、逮捕、监禁违反了法律，或监禁超过法律规定的期限，或监禁不符合法院的裁决，检察官办公室主任必须发布命令立即进行释放。

第12条规定，"凡进行违法拘留、逮捕、监禁、搜查建筑或个人的任何人员，应遵照案件审理程序，应承担刑事责任以及赔偿所发生的损害。"第25条保证提出申诉的权利，阐明"(i)个人或组织有权针对调查审讯组织、检察官办公室、法院或违反法律履行职责的有关人员提出申诉。"

《刑事诉讼法》第13条保证所有公民不论性别、种族、族裔、社会经济地位、语言、教育水平、职业、信仰和居住地在法律和法院面前一律平等。此外，调查审讯组织、检察官办公室和法院获得授权以"创造条件，使公民，特别是嫌疑人、被告人、被告方、受害方、民事原告、民事责任人均能够依法行使其权利，以确保刑事诉讼符合事实且具有客观性"。

第14条第3款保证嫌疑人、被告人或被告方不会受迫出示证据以证明其无辜。第15条赋予嫌疑人、被告人或被告方无罪推定的权利，直至法院作出最终判决。

根据《刑事诉讼法》第64.1条，嫌疑人有权被告知对他们的嫌疑。同样，第65.1条规定被告人有权被告知对他们的指控，并对此类指控作出回应，而第66.1条规定被告方有权被告知起诉令，并对指控作出回应。第138条是对先前版本的拘留条款的改进，其要求调查员审讯者或检察官宣读拘留令，并告知被拘留者其权利和义务，然后在24小时内将被拘留者的拘留地点告知给其家属、办事处、办公室、组织或企业。与此同时，第193条提出了在对案件进行审判之前向被告人宣读起诉令的要求。

2015年宪法未直接保证被告人获得律师辩护权，而是赋予律师向被告人提供援助的权利，第96条最后一句指出，"律师有权向申诉人和被告罪犯提供援助。"另一方面，《刑事诉讼法》第65.7条和第66.3条赋予被告人和被告方出于为案件辩护之目的而随行或会见一位律师或其他辩护人的权利。

《刑事诉讼法》第66.11条包含被告方有权"针对法院的判定结果提交上诉或撤销原判决的申请"[1]。该内容在该法第212条中有所反映，并得以扩展，该条规定，"被告方、律师或被告方的其他辩护人有权针对法院的判定结果申请上诉。"

2015年宪法第96条要求除法律另有规定外，案件按照公开法庭诉讼程序进行。同样，《刑事诉讼法》第10条和第21条赞成将公开审判案件作为一项基本原则，且

---

[1] 《刑法典》第3章处罚任何侵犯公民权利和自由的罪行，如胁迫（第97条）、非法逮捕和拘留（第99条）、劫持人质/绑架（第101条）、侵犯个人参与合法言论、写作、集会、会议自由和其他方面的自由（第102条）以及侵犯居住权（第103条）。

《民事诉讼法》第15条规定公开审判案件。

特此表明，人权的保护受到国家宪法的保证，并得到《刑事诉讼法》等关键法律的进一步支持。这些文书共同在公民和公共层面提供了基本自由和保护。

一、消除贫困方面的成就

人权和充分享受人权的能力有利于社会经济发展和减少贫困和脆弱性。社会经济的发展除增加家庭收入外，还包括健康和教育等关键组成部分。

自20世纪90年代以来，老挝政府一直在落实多种与消除贫困相关的项目。贫困家庭的数量占比从2010—2011财年的28.6%减至2011—2012财年的22.35%、2012—2013财年减至19.32%、2013—2014财年减至13.73%以及2014—2015财年减至9.95%。2016年，在总共148个区中，目前只有约30个区处于贫困状态，而在总共的8514个村庄中，贫困村庄1966个（23.09%），比上一年减少了325个；发展村庄3095个，占村庄总数的36.35%，比上一年增加了742个；通有公路的村庄7174个（84.26%），比上一年增加了231个。在全国总共1138278个家庭中，其中92328个家庭被列为贫困家庭，占8.11%，808422个家庭被列为发展家庭（71.02%）。这表明"第七个国家社会经济发展计划"（NSEDP 7）中将贫困家庭减少到10%以下的减贫目标已经实现。贫困人口的百分比从2008年的27%降至2014年的20.5%。政府在"第八个国家社会经济发展计划"（NSEDP 8）中设定了一个目标，即在2020年将贫困家庭进一步减少到7.11%，以及将贫困总人口减少到10%。虽然2015年前，千年发展目标中关于营养、初等教育中的性别平等、降低孕妇和儿童死亡率、环境问题和清除未爆弹药等方面的许多目标尚未实现，但这些目标已经作为"可持续发展目标"（SDGs）在向前推进，并成为政府制定优先政策的方向。

二、第八个国民社会经济发展计划

目前，老挝政府正在实施2016—2020年"第八个国家社会经济发展计划"，以"第七个国家社会经济发展计划"中取得的成就及"千年发展目标"（MDGs）方面的不足为基础,依然把重点放在贫困消除、均衡增长、人力资源开发和其他优先事项上,以实现4个关键的发展驱动力发挥作用,其中包括:(1)高效、有效的落实;(2)加强和发展人力资源;(3)改善管理和治理;(4)减贫。

老挝人民民主共和国在促进人权方面取得了重大成就,但仍面临了一些限制和挑战。

战争遗留的未爆弹药(UXO)、自然灾害、疾病爆发、有限的人力资源、预算限制对充分实现"可持续发展目标"和国民经济和社会发展目标构成障碍;贫困是农村地区许多家庭无力支付其子女继续上学或接受高等教育的主要原因。学生辍学率仍是一大问题,需进一步予以解决;由于国家预算限制、国家能力有限和国际社会提供的资源有限,法律和法律文书、人权公约(包括关于UPR的信息)并未在全国范围内广泛传播。因此,一些官员和公众对老挝人民民主共和国的法律、法规以及有关人权的义务和承诺的认识和理解仍然有限,而且不够深入。

基层人员的专业技能、劳动技能以及获得资金的机会仍有限;收入低下、劳动力从农村迁移至城市地区的现象仍非常普遍;老挝人民非法移徙到邻国工作的现象仍然存在,导致他们易遭受人口贩卖、暴力和性剥削。

社会并未充分实施关于性别素质和促进妇女进步的政策。许多老挝妇女仍受到其家庭及妇女的传统刻板观念的影响。这限制了妇女诉诸司法和为自身发展获得有用信息的能力。

在落实老挝人民民主共和国接受的人权相关建议方面,各部门和组织之间的协调仍可进一步改善,且后续监督工作面临困难。此外,一些建议范围太宽泛且指向模糊,导致将这些建议加以落实后很难产生明显的效果。

老挝将克服挑战和限制并进一步推进人权采取行动,现已确定相关的优先事项,包括重点关注国民经济和社会发展和减贫、进一步发展法治、改善治理、继续努力实现"千年发展计划"(MDGs)及在2020年脱离最不发达国家(LDC)的目标、继续努力清除未爆弹药(UXO)、改善公共医疗服务、发展教育、以及发展和保护妇女、儿童和其他弱势群体。

在落实上述优先事项时，老挝将通过考虑批准更多人权公约继续参与构建促进和保护人权的国际和地区法律框架，其中包括《保护所有人免遭强迫性失踪国际公约》《保护所有移徙工人及其家庭成员权利国际公约》和其他公约。老挝将继续传播有关人权的信息，将人权义务和承诺转化为国家政策、法律、战略、计划和项目。

老挝人民民主共和国的党和政府在争取民族独立以及当前的国家建设中始终关注并重视保护和促进人权。保护和促进人权对老挝人民非常重要，因此老挝宪法对此做出了相关规定。

现状表明，各国在背景、政治、经济和社会制度以及文化方面存在差异。因此，无法期望人权的实现遵循同一标准。但是，各国在相互尊重的基础上交换实现人权的观点和方式，这在促进相互理解与合作以充分实现《世界人权宣言》方面发挥着重要作用，从而使所有人类的愿望得以实现。

(作者吉再·因塔维坎系老挝社科院政治所副所长)

人权保障理念下的中国与发展中国家减贫合作

[中国] 黎尔平

一、减贫的中国经验

改革开放以来,中国有7亿多人减贫脱贫,这是中国人权事业取得的巨大成就。总结中国特色的扶贫道路,可以得出对发展中国家有借鉴意义的四点经验。其一,在中国共产党的领导下,把扶贫攻坚作为党和国家的重大责任和任务。为此,无论任何国家,当执政党把减贫扶贫作为自己义不容辞的责任和义务时,减贫扶贫工作定能取得巨大成效。其二,中国的扶贫是在中国政府的主导下,从国务院到各级地方政府齐动员,充分调动资源,中国政府发挥了集中力量办大事的制度优势。世界各国的国情不同,但集中力量能办大事是相同的。其三,中国的扶贫是企业和社会参与,形成了跨地区、跨部门、跨行业,全民共同参与的多元主体扶贫体系。因此,反贫困不是某一部门或行业的事,需要全社会的参与,这是业已证明的反贫困经验。其四,中国政府在扶贫过程中强调发展和发展的权利,强调公平公正,走共同富裕的人权保障道路,强调全体中国人民共享改革发展成果。于发展中国家而言,在人权保障的理念下,扶贫减贫工作具有了坚实的法理基础,因为人权保障被宣誓为人人享有的、不可剥夺的权利。

二、中国与发展中国家共同倡议发展权是首要人权

自上世纪70年代发展权的提出到2000年联合国发布的《联合国千年宣言》,发展与消除贫穷成为世界各国,特别是发展中国家的共识,诚如《联合国千年宣

言》中所申明的:"我们将不遗余力地帮助我们十亿多男女老少同胞摆脱目前凄苦可怜和毫无尊严的极端贫穷状况。我们决心使每一个人实现发展权,并使全人类免于匮乏"。"因此,我们决心在国家一级及全球一级创造一种有助于发展和消除贫穷的环境。"中国作为联合国常任理事国,在联合国人权理事会会议和其他各种会议上积极倡议发展权是首要人权,倡议世界各国都有责任和义务反贫困。2017年6月22日,中国提出的"发展对享有所有人权的贡献"决议在联合国人权理事会得到通过,这是人权理事会历史上第一次就发展问题通过的决议。"发展对享有所有人权的贡献"决议确认发展对享有所有人权的重大贡献,决议呼吁各国实现以人民为中心的发展,在人民中寻找发展动力,依靠人民推动发展,使发展造福人民。决议呼吁各国加强国际合作,全力推进可持续发展,特别是落实《2030年可持续发展议程》,促进全面享有人权。决议欢迎各国进一步推进发展倡议,促进伙伴关系,实现合作共赢和共同发展。与此同时,在中国举行的如"北京人权论坛""南南人权论坛"等各种国际会议上,中国人权理论界和实务工作者与来自发展中国家的与会者共商发展和发展的权利,共议扶贫减贫。与会外籍嘉宾也通过实地参观走访,充分体会到发展给中国带来的巨大变化,体会到为什么发展权于发展中国家而言是一项首要的人权,同时,他们也对中国的扶贫成就交口称道。

三、惠及大众的基础设施和能源建设国际经济合作

中国扶贫的经验和指标之一——公路和信息网络通达村村户户。道路、信息和电力是消除贫困的基本条件,"要致富,先修路",在幅员辽阔的中国早已实现了电力、电视和通讯信号全覆盖的目标,基本实现了县县通高速,村村通公路,硬化水泥路到千家万户的目标。中国政府充分意识到,没有基础设施的改善,扶贫无从谈起,发展权也将停留在理念上。将中国的发展和发展权理论与实践推广到国际经济合作上,就是为发展中国家进行基础设施建设。

从上世纪70年代到目前正在实施的"一带一路"建设,中国企业为发展中国家修建了大量的道路桥梁、铁路和水电站等基础设施,这既是因为中国企业在高速

路、高铁和水电站等基础设施建设中拥有世界最先进的技术和能力,同时也是中国对发展中国家人权事业的巨大贡献。以目前在建的中老铁路为例,于2015年动工的中老铁路是泛亚铁路中线的重要组成部分,它北起中国云南省玉溪市,南至老挝首都万象,总投资505.45亿元人民币,工期5年,中国政府出资70%,老挝政府出资30%。这条时速160公里的铁路贯穿老挝南北,它的建成将极大地促进老挝国内的旅游和物流,而在此之前,老挝境内只有一条开到泰国的铁路,全长3.5公里。中国大量的援建项目是在非洲,中国政府通过低息贷款给非洲多个国家,援建了医院、学校、住房、政府办公楼、港口、电视台、发电站、水坝、公路、铁路等,在实现非洲人民的发展权利的同时,也为目前在非洲的3000多家中国企业创造了发展机会。发展与共赢成为了中非人民的共同愿望和现实。

四、教育权利优先——反贫困中的教育国际合作

贫困与教育权利的缺失互为因果,因为贫困政府无力在教育上做更多的投入,因为教育投入的不足,贫者喻贫。有鉴于此,中国政府给发展中国家大量的奖学金,为发展中国家培养人才,通过教育权利的实现促进发展权,最大限度地实施人权保障。

根据中国教育部公布的数据,2017年在华外国留学人员共有48.92万人,其中,"一带一路"沿线国家留学生为31.72万人,占总人数的64.85%,而来自非洲的留学生有近5万人。前10位生源国依次为韩国、泰国、巴基斯坦、美国、印度、俄罗斯、日本、印度尼西亚、哈萨克斯坦和老挝,其中有一半为发展中国家。中国政府给5.86万留学生提供了中国政府奖学金,占总人数的11.97%,获奖学金者多为不发达国家的留学生。

与英国、澳大利亚等国不同的是,中国没有把吸引和培育留学生作为一种产业,而是把它作为一种促进中国与世界文化交流的桥梁,作为中国与发展中国家共享教育权和共同发展的一种方式,因为青年代表了未来,代表了希望。那些在中国学习的留学生通过在华几年的学习,了解到中国的发展方式,中国企业的特点,中国

产品特性和价格，相当部分的学生学成归国后从事与中国的贸易往来，或在中资企业工作，他们成为了中国与其所在国的桥梁及友谊的纽带。这就是中国为发展中国家培养人才的目的和责任，是中国政府将发展的理念和发展权利，与教育和教育权利相结合，形成了具有中国特色的国际教育合作模式。

《联合国千年宣言》写到："我们对发展中国家在筹集资助其持续发展所需的资源时面临各种障碍表示关切。""我们还承诺设法满足最不发达国家的特殊需要。"我们"给予更慷慨的发展援助，特别是援助那些真正努力将其资源用于减贫的国家"。"我们还决心：在2015年年底前，使世界上每日收入低于一美元的人口比例和挨饿人口比例降低一半，并在同一日期之前，使无法得到或负担不起安全饮用水的人口比例降低一半。确保在同一日期之前，使世界各地的儿童，不论男女，都能上完小学全部课程，男女儿童都享有平等的机会，接受所有各级教育。"令人惋惜的是，距2000年发表的《联合国千年宣言》已过了三年，贫困依然困扰着许多发展中国家，与其不断地发表各种反贫困宣言，不如行动起来。中国人民在实现本国发展权的同时，也让世界不发达和欠发达国家和地区共享发展和发展的权利，因为中国曾经饱受贫困的痛楚，同时也在反贫困中取得了巨大成就。基于中国的经济总量、人口规模和国土面积以及扶贫减贫的经验和成就，中国政府可以从理论和具体合作方式上为发展中国家提供可资借鉴的经验和具有实效的减贫合作。

(作者黎尔平系昆明理工大学教授)

中国与老挝在减贫和发展权方面的合作

[新加坡] 林大伟

一、简介

21世纪,以发展的名义支持个人权利和/或人权的文献已经改变了重点。过去,向政府发放用于发展的贷款和资金是鼓励和促进经济发展的常规手段。受援国的政府部门通常被视为最了解其管理的社会有哪些发展需求的机构。在某些情况下,这些资金会让一些政府官员或某个政权受益,而那些真正需要资金的人却无法获得这些资金。之前方法的另一个不足之处就在于,提供给有需要的人的资金是自高层开始从上往下进行管理和分配的,而那些需要资金的人所担忧的问题却并未被纳入考量范围。

因此,这些资金要么无法满足社会最迫切的需求,要么被不公平地分配给一些不符合社会发展优先事项的项目。由于这些问题,旨在改善社区和个人权利的经济发展转而采用以人为本的方式。以人为本的经济发展有利于确保收入分配的公平和公正(与仅仅只注重贸易、生产和效率/生产力相比),从而确保个人权利的优先权,以便实现某些目标。[1]巩固个人人权还有利于调动社会成员的积极性,包括消除歧视、减轻贫困、规定福利以及提高向有需要的人提供这类服务的效率。

世界银行(WB)经济学家威廉·伊斯特利(William Easterly)教授支持以人为本的观点,他认为,针对已成功实现自立的贫困社会,应该将人权问题纳入

---

[1] GHK咨询有限公司(为北欧信托基金/世界银行而创立):《人权与经济学:紧张和积极的关系》,美国华盛顿哥伦比亚特区:世界银行,2012年,第9页。

考量范围,并且不应使资金决策脱离作为扶助和援助目标的社会。[1]换言之,援助是一个双向的过程,援助提供者和接收者之间必须不断地进行磋商。联合国人权事务高级专员办事处(OHCHR)指出,国家政府不应在人民及公众未进行参与以及未能详尽告知各项选择的情况下使用资源以及提供社会福利和服务(例如:医疗保健、通识教育、水、住房以及公共卫生设施)。[2]下一节将简略地介绍老挝的扶贫工作。

二、老挝的案例与中国的扶贫工作

根据世界银行(WB)透露,在过去十年内,老挝人民民主共和国的贫困率从33.5%下降到了23.2%,帮助多达50万民众脱贫,该国已成功地实现了减少赤贫人口和提高国民福利的"千年发展目标"(MDGs)。[3]老挝政府为此作出了重要的努力。在冷战时期,基于互助理念,老挝获得了来自社会主义国家(越南和苏联)的支持。冷战结束后,它成为柬老缅越(柬埔寨、老挝、缅甸和越南)四国经济共同体之一,加入了东南亚国家联盟(东盟),该区域组织也努力帮助老挝发展国力并追赶老牌东盟成员国。2015年,越南企业在老挝农业领域、能源和自然资源行业投入了超过4.66亿美元的资金,增加了4万个工作岗位,在此之后,马来西亚投资了大约为4.3亿美元,而紧随其后的新加坡则在老挝境内投资了70个关于工业、房地产和农业的项目,其总价值达到了1.75亿美元(2015年的第11大外商投资国)。作为东盟的一个重要成员,老挝也获得了西方国家和日本以及世界银行(WB)等机构的发展援助。随着中国的崛起以及中国的"一带一路"倡议(BRI)、亚洲基础设施投资银行(AIIB)等多边融资机构的兴起,老挝开始接受中国政府提供的连通性帮助。来自中国、西方国家/日本、东盟的持续支持对于防止老挝人民重返贫困线以下(2013

---

[1] 威廉·伊斯特利和休·缪尔(Hugh Muir):"为什么我们不能兼顾人权和经济增长?——播客文稿",2014年7月2日,https://www.theguardian.com/global—development/2014/jul/02/human—rights—economic—growth—podcast—transcript,下载于2018年1月1日。

[2] 联合国人权事务高级专员办事处(UN OHHCR):"将人权融入发展和经济领域",https://www.ohchr.org/en/aboutus/pages/developmentintheeconomicsphere.aspx,下载于2018年1月1日。

[3] 世界银行:"公告:老挝人民民主共和国减贫活动的驱动因素",http://www.worldbank.org/en/country/lao/publication/drivers—of—poverty—in—lao—pdr,下载于2018年8月1日。

年,大约有80%的老挝人口的日收入不超过2.50美元,其返贫率高达10%)起着至关重要的作用。[1]

扶贫是老挝政府的一项主要任务,该国政府希望能在2020年前帮助老挝脱离最不发达国家(LDC)的行列。实现这一目标的一系列措施可以细分为微观、中观和宏观层面的政策。就宏观层面来说,从长远来看,老挝政府热衷于促进经济的多样化进程,使其不再依赖自然资源,而是转向其他附加值更高的产业。从中观产业领域来看,老挝正积极利用仍拥有竞争优势的产业部门(例如:为人力密集型制造业开发成本较低的劳动力)。从微观层面上来看,老挝于2018年4月上调了最低工资水平,以期缓解该国成本上升的问题,这一举措与该国政府的优先重点是相辅相成的。工资增长的部分原因可能是为了利用政策来阻止老挝的劳动力流向工资较高的邻国,以便维持劳动力供应的健康水平。这一举措还有助于避免老挝劳动力在泰国等地非法工作。

为了解决老挝减贫/扶贫的专项问题,2016年,中国政府为解决老挝减贫/扶贫问题向该国提供了技术和财政支持,在此基础上,基于东亚减贫示范合作项目提供了340亿基普(超过3300万元人民币)的资金,其目标是桑东区的版索村和琅勃拉邦省的象龙村,这一举措将影响来自595个家庭的700多人,可为其提供设备和专业知识,通过实现高速公路/公路互联互通,建设基础设施并促进农业发展,同时增加农牧业供水量及技术援助的力度。[2]该项目助力老挝实现消除贫困的国家战略及其第八个全国五年社会经济发展计划(2016–2020年),其重点是定制减贫方案,这一方案与当代强调以人为本的扶贫重点是一脉相承的。

2017年,中国和老挝签署了一系列专门针对扶贫的协议。在2017–2020年期间,中国政府计划在万象(老挝首都)的两个村庄和琅勃拉邦省北部的象龙村修建高速公路/公路和供水基础设施,以便推动种植业、畜牧业、技能培训、专业

---

[1] 世界银行:"公告:老挝人民民主共和国减贫活动的驱动因素",http://www.worldbank.org/en/country/lao/publication/drivers—of—poverty—in—lao—pdr,下载于2018年8月1日。

[2] 新华社:"中国为老挝扶贫项目提供援助",http://www.xinhuanet.com/english/2017—06/14/c_136366009.htm,下载于2017年6月14日。

知识共享及其他与农业有关的活动。[1]医疗保健业也是老挝人民非常关心的一个重要领域。中国国家主席习近平于2017年11月访问万象，并参加了一座全新医疗机构（造价9000万美元的资金，由中方提供）的破土仪式，该医疗机构将取代法国殖民时代的玛霍索综合医院（兴建于1903年左右），中国还将在投入运营的前三年内为该医疗设施提供人手。[2]这些示范项目均通过示范及其他村庄的雪球效应，在实现减贫方面有着很强的说服力，因此，关键的挑战就在于确保如实且成功地落实所有规划好的发展目标和议程。如果这些项目能成功得以落实，那么这样的结果将比任何事情都更有说服力。这些项目的重点在于顺应提供发展援助、协助、贷款、技术援助和资金的当代趋势，在社会层面上提供援助和协助。

成立于2006年的云南农垦集团老挝子公司就是其中一个例子。该集团发起了一项开发老挝天然橡胶种植园的项目，通过在老挝九个县设立18个橡胶种植基地（种植面积大约为6000公顷），帮助当地民众减贫，这些基地雇用了大约6000名当地村民和超过10万名短期工人，每名村民的年收入从2000元增加到了20000元。[3]这种发展趋势已经产生了衍生效应和雪球效应，吸引社会成员种植了7300公顷的橡胶树，带动了该行业的就业需求。蓬东村（Pentong）村长宾·帕拉斯（Bin Parasi）表示，该行业给他的村民带来了更高的收入，同时也刺激了公路和供水设施的建设。[4]

该集团副经理何建春强调了运用适当的技术确保可持续发展，这些技术可以帮助采胶人在不损伤树木的情况下收集胶乳，并使树木的可用年限最高长达三十年。为了传授正确的采胶技术，在2010年到2017年期间，该集团提供了80万

---

[1] 新华社："中国为老挝扶贫项目提供援助"，http://www.xinhuanet.com/english/2017-06/14/c_136366009.htm，下载于2017年6月14日。

[2] 戴维·赫特（David Hutt）："中国的援助关乎老挝的生死存亡"，2017年12月12日，《亚洲时报》（ATMES）官方网站：http://www.atimes.com/article/chinas-aid-matter-life-death-laos/，下载于2017年12月12日。

[3] 新华社："中国扶贫政策造福邻国"，2018年6月21日，《北京周报》的官方网站：http://www.bjreview.com/Latest_Headlines/201806/t20180621_800133298.html，下载自2018年6月21日。

[4] 同上。

套采收橡胶的工具,并对4500名村民进行了培训。[1]2007年,24岁的蓬东村村民奈文(Naingwin)和她的丈夫原本生活在蓬东村的一个小茅屋内,其种植农产品的收入几乎只能够维持生存。2007年,他们转而在夏尤勃利(Xayabouly)采收橡胶后,年薪达到了50000元人民币,并且重新装修了房子,还购买了摩托车。[2]

从中国协助扶贫的努力来看,有几个特征是非常明显的。首先,中国将特定的农村作为示范性的范例,以便检验扶贫措施的可行性。第二,中国的举措尽可能与老挝摆脱最不发达国家经济地位的宏伟目标相一致。这是为了巩固两国关系的政治互补性。第三,医疗、供水、农业援助和人力资源培训均为中国政府优先考虑的项目。这三个要素均体现以人为本,在第一种情况下,与高度集中的政治制度下的中央政府展开合作时,往往需要在社会层面上进行沟通。各方都将高度关注相关项目的结果。下文将重点介绍一些将长期涉及政府部门的大型项目。

(一)连通性:铁路的连通性

在老挝的近代历史上,在绝大部分情况下,该国处于内陆地区的现实使其为经济发展所付出的努力均付诸流水。连通性(无论是海路还是陆路连接)对经济发展大有裨益。世界银行的一项研究表明,与农村公路或高速公路相连的家庭的脱贫率要高出10%,这主要是因为这些公路有助于开辟城市或其他地区的非农就业机遇。[3]老挝的连通性发展概念旨在充分发展与该地区其他国家和经济体的陆上贸易联系。该国希望脱离最不发达国家(LDC)行列,同时提升在国际价值链中的地位。

目前正在建设中的中老铁路被视为帮助老挝直接打入世界其他地区的一项典型举措。老挝在该高铁项目中占有30%的份额,但该项目需要4400个家庭搬迁。竣工后,中老铁路的时速可达160公里/小时,作为"一带一路"倡议的重要组成部分,这条高速铁路(HSR)线将不断拓展并最终将八个亚洲国家连接起来。像任何

---

[1] 新华社:"中国扶贫政策造福邻国",2018年6月21日,《北京周报》的官方网站: http://www.bjreview.com/Latest_Headlines/201806/t20180621_800133298.html,下载自2018年6月21日。

[2] 同上。

[3] 世界银行:"公告:老挝人民民主共和国减贫活动的驱动因素",2018年世界银行官方网站: http://www.worldbank.org/en/country/lao/publication/drivers—of—poverty—in—lao—pdr,下载于2018年8月1日。

其他大型项目一样,该高铁项目也面临着重重挑战和来自各方的非议。例如,中国和老挝政府可能需要不断提供信息并提高透明度,以便针对批评者的观点作出回应(即:老挝高铁项目高达50—60亿美元的债务是可控的)。各方人士都将高度关注债务的可持续性,该高铁项目将成为一个重要的示范项目,用于评估中国的连通性和经济增长计划能否取得成功。

(二)连通性:高速公路提升连通性

除了高速铁路外,老挝的发展项目还包括内陆国家的高速公路建设项目。中老联合总计划中的磨憨—磨丁经济合作区是中国在东南亚展开合作的示范性跨国项目,磨丁连接了两条重要的路线:曼谷-昆明高速公路和从昆明到万象的中老铁路。磨丁经济特区(BSEZ)作为磨丁经济合作区(BECZ)的先行模式,由中国的私营企业提供资金,在老挝打造了一个强劲的零售行业,中国游客免签证入境政策为该行业提供了支持。高速公路的连通性促进了中国投资大量涌入。

中国的投资正大批涌入老挝的特定地区(特别是乌多姆赛省的省会芒赛县),围绕盛昌酒店(建于2014年)开展业务的中国企业都是为了开发昆明—磨憨高速公路的连通性而创立的。此外,乌多姆赛省的老挝项目协调员弗帕蒂斯·佛马吉特(Phonpadith Phommakit)已经宣布,按照计划,在该省将挖掘出30条隧道。竣工后,这些隧道将有助于增强中国经济在老挝这些地区的影响力。其中一些项目的名称体现了它们的外交价值和双边友谊。

(三)能源供应商

老挝还致力于成为"中印地区的水电服务供应国"。中国企业(例如:中国南方电网公司)已与老挝的同类企业签订了协议,其目的是为老挝这一内陆国家的首都提供电网。基础设施和能源供应也有所改善,例如:可获得电力服务的人口总数增加了一倍,能源促进了经济发展,从而可以确保为更多老挝家庭提供更方便的生活方式及其他现代化的设施(例如:未配备个人卫生设施的人口总数减少了50%)。[1]水电站一类的大型项目都拥有宏大的目标,同时还涉及敏感的社会

---

[1] 世界银行:"公告:老挝人民民主共和国减贫活动的驱动因素",2018年世界银行官方网站:http://www.worldbank.org/en/country/lao/publication/drivers—of—poverty—in—lao—pdr,下载于2018年8月1日。

政治问题,因此,老挝政府和中国企业需要对当地民众关注的问题(尤其是环保问题)进行敏锐的观察。最近,一个由泰国和韩国企业联合修建的大坝就因为恶劣的天气条件以及下游村庄被洪水淹没而停摆。

三、少数民族的发展权

在讨论发展权时,重要的是不要忘记那些经常被边缘化的少数民族。在某些情况下,向中国种植商出售土地及中国企业提供的就业机会改善了部分老挝当地居民(包括山区部落的少数民族成员)的生活条件和生活方式。香蕉是该地区种植的主要作物之一。老挝香蕉已成为两国贸易往来中的主要产品。在大规模种植所带来的环境挑战和对生活条件的改善之间进行了权衡取舍,由于对环境的负面影响,老挝已经颁布了禁令,禁止中国企业建立新的香蕉种植园。

在支持经济发展的过程中,老挝政府对特定贸易集团享有优先权的这一问题一直非常敏感。政治精英们不断向当地民众解释,他们的利益将得到很好的保护,而引入中国的投资是为了国家经济的整体利益。老挝的老百姓无法获得关于中国投资的最新信息,他们担心自己在本地零售业和农业活动中的传统优势将受到高度资本化的中国投资者的威胁,而他们自己也很可能会被更有优势的老挝华人所取代。

四、批评言论

上海国际问题研究院(SIIS)在2016年发表的一篇报告中指出,中国企业时而会因为土地利用和环境退化等方面的问题(特别是兴建水电厂等投资项目)与"地方政府和居民"发生冲突或关系紧张。并且,老挝对中国工人大批涌入,导致当地居民失业的问题也非常敏感。这些挑战意味着仍然有改进的余地。中国必须对老挝当地社区和地方政府的敏感问题保持警惕。有时候,现实问题和观念问题同样重要。定期的公众宣传活动、企业社会责任(CSR)活动、延伸活动,使利益相关者参与公司规划和相关活动,并向驻老挝的中国员工提供文化培训课程,旨在帮助其更好地适应当地的情况。这些都是至关重要的。从观念问题或现实问题的角度来看，为了确保双边合作和扶贫项目取得成功，不得以任何形式将老挝视为依附于中国的国家。

五、本土解决方案

当然，老挝民众也出台了自己的扶贫解决方案。数百名来自贫困农村的青年人来到老挝的古代寺庙，通过在佛教领域内赢得尊重来提高他们的社会地位，而这些教育是拥挤和贫困的乡村学校无法提供的。[1]12岁的修尼克（Xeonic）描述了典型的日常活动，他加入佛寺是因为"我们凌晨3点钟醒来，开始祷告。随后，我们接受布施，之后吃午饭，洗盘子，排成一队进行冥想"。[2]另一名年轻的僧侣可浩·弗梅西斯（Khao Phommesith）（2014年18岁的他成为佛教徒）在离开琅勃拉邦省北部的村子后落发为僧："我的家庭成员非常多，家境也不好……所以我到这里来学习。"他在夜间诵经结束后表示，"我正在学习英语，我想拥有一个美好的未来，我也许会成为一名医生，或者是信息技术行业的从业者，这些我还不是非常清楚……对我来说，这是人生起航的地方。"他们中的许多人都带着自身的技能和知识还俗，并为老挝社会和经济作出了贡献，他们在由外商直接投资（FDI）驱动下的经济发展中寻找就业机会。[3]

六、结束语：中国发展论适用于老挝？

2018年3月，老挝驻中国大使向中国官方媒体委婉表示，中国的发展模式可能已经缓解了中国和全球的贫困问题。老挝驻华大使万迪·布达萨冯（Vandy Bouthasavong）指出，在2013—2018年期间，中国的贫困率从10.2%下降到了3.1%，而在过去的40年当中，中国也成为了全球第二大经济体，为全球稳定和世界经济增

---

[1] 法新社（AFP）："老挝青年僧侣消除贫困并接受教育"，2017年8月2日，《南华早报》（SCMP）官方网站：https://www.scmp.com/news/asia/southeast—asia/article/2105090/laos—teenagers—beating—poverty—and—getting—education—novice，下载自2017年8月2日。

[2] 同上。

[3] 同上。

长30%的成绩作出了贡献。[1]老挝对中国经济崛起及其对区域经济增长的贡献给予了高度赞扬，并且似乎要将中国经济发展的一些最佳实践措施本地化。为此，中国向老挝培训人员提供了发展老挝人力资源的培训课程。世界银行曾指出，老挝的人力资源培训（特别是涉及非农业技能的培训）被视为促进老挝经济发展和增长的主要驱动因素。[2]

2018年4月，联合国粮农组织总干事若泽·格拉齐亚诺·达席尔瓦（Jose Graziano da Silva）指出了中国在扶贫、脱贫和减贫方面发展特色的要点。格拉齐亚诺·达席尔瓦强调了中国通过农业改革驱动农村经济（而非农业）发展的模式，同时，中国利用区域性和有针对性的方法来确定目标贫困源，以进入最贫困的社区，同时促进政府、企业、非政府组织（NGO）及普罗大众等多方的参与，从而推动包容性发展。[3]中国多部门合作的方式将农业产业化发展、粮食安全、社会保障、医疗卫生、教育和生态修复融于一体，特别重视农业产业化发展和教育的普及，以便结束贫困代际传递的恶性循环。[4]

格拉齐亚诺·达席尔瓦还指出，中国采用了创新的解决方案/措施（例如：电子商务），将农民与消费市场联系起来，以便增加农民的收入。因此，这些成功的特点可以积累一部分相关知识及专业技术，以便与全球其他经济体共同分享 [特别是在南南合作和"一带一路"倡议（BRI）的总体结构中]。[5]中国政府的援助愿望在中国与该区域的国家联合举行的大会中也有所体现。这些观点通常体现在各种论坛上。例如，云南省省长阮成发在2018年6月20日召开的第五届中国—南亚博览会的分论坛上宣布："我们愿意与世界各国分享我们在减贫方面的经验，并尽最大努力帮助他国。我们特别愿意使南亚和东南亚的邻国因我国发展而受

---

[1] 新华网："中国的扶贫进程在人类历史上取得的重大成就：老挝大使"，http://www.xinhuanet.com/english/2018—03/20/c_137052582.htm，下载于2018年3月20日。

[2] 世界银行："公告：老挝人民民主共和国减贫活动的驱动因素"，http://www.worldbank.org/en/country/lao/publication/drivers—of—poverty—in—lao—pdr，下载于2018年8月1日。

[3] 新华网："粮农组织称赞中国减贫成就"，2018年4月15日，《中国日报》的官方网站：https://www.chinadailyhk.com/articles/109/228/48/1523785878797.html，下载于2018年4月15日。

[4] 同上。

[5] 同上。

益,以实现该地区的社会稳定和经济繁荣。"[1]在2013－2018年期间,云南投入380亿元(约合59亿美元)的资金,帮助该地区多达560万民众顺利脱贫,云南省政府和当地企业分享了与该区域内的国家(包括老挝)合作开展扶贫项目的发展经验。[2]

(作者林大伟系新加坡新跃社科大学高级讲师、新加坡国立大学东亚研究所研究员)

---

[1] 新华社:"中国扶贫政策造福邻国",2018年6月21日,《北京周报》官方网站:http://www.bjreview.com/Latest_Headlines/201806/t20180621_800133298.html,下载自2018年6月21日。

[2] 同上。

中国参与减贫国际合作：促进人权发展的重要途径

[中国] 罗艳华

1978年以来中国国内的反贫困历程大致分成几个"七年"。1978-1985年是通过农村体制改革推动扶贫阶段，1986-1993年是有计划、有组织的大规模开发式扶贫阶段[1]，1994-2000年是"八七"扶贫攻坚阶段，2000年以后为新时期的扶贫战略阶段。中国参与减贫国际合作与国内的反贫困历程有着密切的关系。以国内反贫困的阶段性进程为基础，中国参与减贫国际合作大致可以分为三个阶段，并且不同阶段具有不同的特点。

一、接受与减贫有关的资金和物质援助阶段（1978-1993年）

在反贫困的第一个七年，中国由于绝对贫困人口数量庞大、贫困发生率高，非常需要来自国际社会的资金与物质援助和一些国际开发机构的"软贷款"支持。但这一时期由于中国刚开始实行改革开放政策，思想解放的程度还比较有限，对于接受国外的减贫援助还存在一些疑虑，因此没有主动地参与减贫国际合作。但在客观上，这一时期中国已经接受了一些来自国外与减贫有关的援助，如联合国世界粮食计划署和国际农发基金等国际组织对中国开展的以实物捐助如粮食捐助为主要形式的国际援助，使得中国很多贫困人口从中获益。

---

[1] 焦佳凌、李瑞昌："反贫困：国际资源与中国贡献"，《复旦公共行政评论》2007年第1期。

20世纪80年代中期开始的第二个七年,中国反贫困仍然主要依靠自身发展,外来援助所占比例不高,减贫国际合作仍然停留在接受资金与物质援助层面,但规模增长较快。来自国际开发协会和世界银行等机构的贷款,特别是"软贷款"一直呈递增趋势。世界银行等对中国的减贫战略是通过协助中国保持较高的整体经济增长速度,以及支持农业和人力资源发展来实施的,援助重点集中在对中国能源、交通、农业、城镇发展等基础设施的贷款支持。此外,ODA对华双边援助也是中国反贫困资金的重要来源,从中国接受的绝对数量看,日本是中国最大的ODA提供国。德国也是对华ODA的主要提供者之一。

二、积极争取减贫国际援助的阶段(1994-2000年)

20世纪90年代以后,国际社会的贫困问题日益凸显。为了引起国际社会对贫困问题的重视,1992年12月22日召开的第47届联合国大会决定将每年的10月17日确定为"国际消除贫困日",号召世界各国采取行动消除和缓解贫困。1995年3月6日-12日,联合国在丹麦首都哥本哈根召开了社会发展问题的世界首脑会议,会议讨论的中心问题就是消除贫困、减少失业和增加社会融合,这是联合国成立50年来首次举行的有关世界发展问题的最高级别会议。会议通过了《哥本哈根社会发展问题宣言》(以下简称《宣言》)和《哥本哈根社会发展问题世界首脑会议行动纲领》(以下简称《行动纲领》),并确定1996年为"国际消除贫困年"。与会的118个国家的元首、政府首脑以及另外65个国家的代表共同签署的《宣言》就解决贫困、失业和社会两极分化问题做出了10项承诺。《行动纲领》提出了一些政策、行动和措施,以实施《宣言》所阐明的原则,并履行其中的承诺。此后,越来越多的国际组织、非政府组织以及发达国家开始调整对外援助战略,更多地关注贫困问题,把帮助发展中国家缓解和消除贫困作为主要目标和重要任务[1]。中国主动参与减贫国际合作正是在这样的背景下展开的。

中国政府首次提出争取国际社会对中国扶贫开发的援助,积极开展同国际社

---

[1] 韩广富、何玲:"中国政府同国际社会在扶贫开发领域交流与合作问题探析",《当代中国史研究》2015年5月第3期,第22卷。

会在扶贫开发领域的交流与合作是在1994年4月15日，国务院印发的《国家八七扶贫攻坚计划（1994－2000年）》明确提出要"积极开展同扶贫有关的国际组织、区域组织、政府和非政府组织的交流，让国际社会及海外华人了解我国贫困地区的经济发展状况和扶贫工作。要积极扩大和发展与国际社会在扶贫方面的合作，广泛地争取对实施八七扶贫攻坚计划的支持"[1]。

此后，中共中央、国务院颁布的相关文件再次强调了这个问题。如1996年10月23日，《中共中央、国务院关于尽快解决农村贫困人口温饱问题的决定》强调要"充分利用目前国际社会关注发展中国家缓解贫困的有利条件，进一步发展与国际组织和非政府组织在扶贫开发领域里的交流与合作，广泛争取国际社会对我国扶贫开发的援助和支持"[2]。

这一时期，伴随中国经济发展和综合国力的增强，许多国际金融组织、多双边援助机构正在逐步调整对华发展援助的战略。一些机构开始停止或逐步减少对中国的官方发展援助。这一时期减贫国际合作也从单纯的资金和物资援助，转向贫困治理的大型技术性项目的合作层面。这使得中国反贫困的国际合作探索出了更有效的合作形式，从1995年中国与世界银行合作开展第一个最大规模的直接扶贫项目——中国西南扶贫项目开始，国际合作开始愈加注重有效的可持续的扶贫模式的探索，以及关注生态环境改善的技术支持等。许多在中国开展的国际合作的扶贫模式获得了极大的成功，许多模式也作为典型在世界推广。

这一时期国际合作的另一个特点是接受来自国际社会的技术援助。这是因为，以往反贫困国际合作的经验表明，仅仅取得资金援助无法保证反贫困的可持续性。因此，世界对中国的反贫困援助开始转向提供技术支持的层面，重点支持农业、自然资源治理和促使农村发展向可持续方向发展[3]。

---

[1] 《国家八七扶贫攻坚计划（1994－2000年）》，2016年7月14日，国务院扶贫开发领导小组办公室网站：http://www.cpad.gov.cn/art/2016/7/14/art_343_141.html。

[2] 《中共中央、国务院关于尽快解决农村贫困人口温饱问题的决定》，1996年10月23日，新华网：http://www.nx.xinhuanet.com/fp/fpzc/6.htm。

[3] 焦佳凌、李瑞昌："反贫困：国际资源与中国贡献"，《复旦公共行政评论》2007年第1期。

三、参与减贫国际合作方式变革，积极开展对外减贫援助阶段（2001年至今）

这一时期，中国仍在积极推动国际减贫合作。2001年6月13日，国务院印发的《关于中国农村扶贫开发纲要（2001—2010年）》再次强调要"继续争取国际组织和发达国家援助性扶贫项目。为保证其顺利执行，国家适当增加配套资金比例，对地方财政确有困难的可以全额配套。要根据贫困地区的特点，采取有针对性的措施加强对外援项目的管理；努力提高外援贷款项目的经济效益，增强还贷能力。通过多种渠道、不同方式争取国际非政府组织对我国扶贫开发的帮助和支持。加强与国际组织在扶贫开发领域里的交流，借鉴国际社会在扶贫开发方面创造的成功经验和行之有效的方式、方法，进一步提高我国扶贫开发的工作水平和整体效益"[1]。2011年5月27日，中共中央、国务院印发了《中国农村扶贫开发纲要（2011—2020年）》，进一步强调要"通过走出去、引进来等多种方式，创新机制，拓宽渠道，加强国际反贫困领域交流。借鉴国际社会减贫理论和实践，开展减贫项目合作，共享减贫经验，共同促进减贫事业发展"[2]。

进入21世纪，中国以联合国"千年发展目标"为指针，在消除贫困方面取得了重要进展。中国的减贫成就也得到了国际社会的肯定。联合国开发计划署在《2005年人类发展报告》中指出，按照1美元贫困标准，中国贫困发生率自1990年以来已经下降了一半。中国是唯一提前完成千年发展目标中使贫困人口减半目标的国家。2001年12月，中国正式加入WTO，标志着中国进入改革开放的新阶段，开始全面融入世界。在这种背景下，中国减贫国际合作的方式也发生了变化，开始向以管理合作为主要形式的方向发展。以管理合作为特征的国际减贫合作，其做法是将政府的扶贫资源对社会开放，通过招投标的方式将特定扶贫项目的实施与管理外包，即中国政府不再作为反贫困合作项目的主体出现。开放对象主要是一些非营利组织和非政府组织，这些组织可能是来自国内的也可能是国外的。如亚洲开发银行与中

---

[1] 《关于中国农村扶贫开发纲要（2001—2010年）》，2016年9月23日，中国政府网：http://www.gov.cn/zhengce/content/2016-09/23/content_5111138.htm。
[2] 《中国农村扶贫开发纲要（2011—2020年）》，《人民日报》2011年12月2日。

国江西省扶贫办共同提供资金实施的"非政府组织村级扶贫规划试点项目"就开了减贫管理合作的先河。在第一期项目中,国际小母牛组织作为国际非政府组织竞标成功,成为中国政府与国际非政府组织新型管理合作的典型[1]。

与此同时,随着国力的增强,中国也开始对世界其他贫困国家和地区实施援助。中国的减贫国际合作已经进入到了对外输出资金、技术及管理经验的对外援助阶段。中国政府多次表示要根据发展的实际状况,努力支持其他国家开展的减贫行动。中国在联合国60周年首脑会议上提出了力度空前的对发展中国家援助计划,表明了中国减贫合作的战略成型。

目前,扶贫事业已成为全球"南南合作"中不可缺少的一部分。事实上,中国在双边和多边框架内对120多个发展中国家实施千年发展目标提供了帮助。中国国际扶贫中心是2005年成立的、负责对外减贫交流合作的专门机构,负责加强减贫交流与知识分享,开展一系列切实有效的工作,如引进世界银行援助项目,开展亚洲开发银行研究性项目,参与组织了"减贫与发展高层论坛""中国-东盟社会发展与减贫论坛""中非合作论坛——减贫与发展会议"等品牌性论坛,为120多个拉美、非洲等发展中国家的官员进行能力培训,等等,提高"南南对话"的有效性,为全球贫困治理贡献中国智慧。中国的减贫"南南合作"形式既包括对外直接投资、贸易等经济社会领域的合作,也包括技术示范、人才培养、援外医疗队、知识分享等合作。中国参与全球贫困治理,既有基础设施领域的援助和投资,也有农业、农村减贫等直接瞄准贫困地区的扶贫示范项目,还有教育、卫生等改善民生、培育长期发展能力的项目[2]。

四、通过减贫国际合作促进人权发展

减缓和消除贫困,是人权保障的重要内容。贫困的广泛存在严重妨碍人权的充分实现和享有。减贫措施在全面保障贫困人口的经济、社会、文化权利的同时,也为

---

[1] 焦佳凌、李瑞昌:"反贫困:国际资源与中国贡献",《复旦公共行政评论》2007年第1期。
[2] 王芳:"精准扶贫,为全球贡献中国智慧和力量——访中国国际扶贫中心副主任谭卫平",《经济》2017年第17期。

进一步保障其他人权创造了条件。作为世界上最大的发展中国家，中国的减贫行动不仅扎实推进本国人权事业取得了巨大进步，也为世界减贫事业作出了重大贡献，创造了世界人权发展的新奇迹。中国积极履行与自身发展阶段和发展水平相适应的国际义务，通过多种形式，加强与发展中国家和国际机构在减贫与人权领域的交流合作，分享扶贫开发的"中国经验"，体现了中国作为负责任大国的担当[1]。

具体来说，中国的减贫行动大大促进了中国的人权发展。中国的减贫行动是中国人权事业进步的最显著标志。改革开放30多年来，7亿多贫困人口摆脱贫困，农村贫困人口减少到2015年的5575万人，贫困发生率下降到5.7%，基础设施明显改善，基本公共服务保障水平持续提高，扶贫机制创新迈出重大步伐，有力促进了贫困人口基本权利的实现，为全面建成小康社会打下了坚实基础。联合国《2015年千年发展目标报告》显示，中国极端贫困人口比例从1990年的61%，下降到2002年的30%以下，率先实现比例减半，2014年又下降到4.2%，中国对全球减贫的贡献率超过70%。中国成为世界上减贫人口最多的国家，也是世界上率先完成联合国千年发展目标的国家，为全球减贫事业作出了重大贡献，得到了国际社会的广泛赞誉[2]。

与此同时，中国参与减贫国际合作也是促进人权发展的重要方式。

首先，中国通过减贫合作促进了中国国内的人权发展。中国的减贫事业取得令人瞩目的成就虽然主要依靠自身的力量，但也离不开国际社会的帮助。通过接受国际减贫援助，使得中国大量的贫困人口获益，帮助他们迅速地脱离贫困，不仅保障了他们的生存权和发展权，而且为保障他们享有经济、社会、文化权利以及其他各项权利奠定了基础。

此外，中国通过减贫合作也促进了国际人权事业的发展。如前所述，随着国力的增强，中国现在已经从减贫受援国变为减贫施援国。中国的减贫国际合作已经进入了对外输出资金、技术及管理经验的对外援助阶段，中国已经开始对世界其他贫

---

[1] 《新华时评：消除贫困 发展人权》，2016年10月17日，新华网：http://www.xinhuanet.com/politics/2016-10/17/c_1119733379.htm。

[2] 《〈中国的减贫行动与人权进步〉白皮书（全文）》，2016年10月17日，新华网：http://www.xinhuanet.com/politics/2016-10/17/c_1119730413.htm。

困国家和地区实施援助。这意味着中国正在通过减贫国际合作来帮助相关国家和地区减缓和消除贫困，从而促进这些国家和地区的人权发展。

综上所述，以国内的反贫困进程为基础，中国参与减贫国际合作大致分为三个阶段，并且不同阶段具有不同的特点。1978-1993年是中国参与减贫国际合作的初级阶段，主要特点是接受与减贫有关的国外资金和物质援助；1994-2000年是中国积极争取减贫国际援助的阶段，这一时期中国参与减贫国际合作也从接受单纯的资金和物资援助开始转向贫困治理的大型技术性项目的合作层面。2000年至今是中国参与减贫国际合作的方式变革和开始进行对外减贫援助的阶段，中国开始对外输出资金、技术并分享管理经验。中国参与减贫国际合作是促进人权发展的重要途径。这表现在中国通过减贫国际合作不仅促进了中国国内的人权发展，而且促进了国际人权事业的发展。

(作者罗艳华系北京大学国际关系学院教授)

减贫工作中的国际合作与人权保护

[联合国] 贾尼·马格扎尼

我很荣幸能受邀参加2018年北京人权论坛。

今年是《世界人权宣言》发表70周年,该宣言的重点就在于:在我们的日常生活中促进《宣言》中所载的权利,并思考保护人权的进程、挑战以及更好的人权保护方式。

本次纪念活动提供了一个重要的机会,它可以确保人权与和平、安全、经济和社会发展以及预防冲突和紧急情况的人道主义救援息息相关,而这将有助于提高我们日常生活的质量。

在提及这一方面时,请允许我回忆一下下列重要的全球性举措:

(1) 联合国秘书长将行动大力集中于预防工作和推进2030年发展议程以及加强该组织的效力上;

(2)《2030年可持续发展议程》(特别是推进可持续发展目标的现行举措)秉承"不落下任何人"的原则,它与关于人权的建议密切相关;

(3) 2017年5月1日人权理事会第三个普遍定期审议周期的开始。

普遍定期审议是一种已被普遍接受的同行审议机制,相关的成员国(主要涉及部长级活动)每四年半都会通过该机制,确定执行工作时的关键差距以及国家一级行动的优先事项。[1]在人权理事会第三十七届大会(于2018年2月26日举行)的

---

[1] 根据秘书长关于"加强理事会建议的重要性、准确性和影响力"[包括在执行工作中为成员国提供更好的支持、加强与联合国国家工作小组的合作以及建立相应的国家机制(涉及人权报告和将普遍定期审查与可持续发展目标的执行工作联系起来的后续行动)]的愿景(A/72/1,第98段)强调,执行工作成为了联合国人权理事会第三十七届大会(于2018年2月26日举行)人权主流化问题年度高级小组会的主要成果之一。

人权主流化问题年度高级小组会上，小组讨论倡导各国政府在其他关键利益相关方、双边援助国和联合国系统的支持下，并在驻地协调员的领导下，进一步加强国家的协调和执行职能。与会代表认识到，根据人权问题更好地调整国家发展方案有助于确保2030年发展议程和可持续发展目标的成果及其可持续发展，同时还可以为该组织更有效的预防措施和维持和平的举措作出贡献，从而实现《联合国宪章》的三大主要愿景的核心目标。

究竟何谓普遍定期审议？

(1) 2006年3月15日设立的定期同业互查制（联合国大会第60/251号决议）旨在审查193个联合国成员国各自履行人权义务和承诺的情况；

(2) 由人权理事会所有47个成员国共同组成的普遍定期审议工作组每年举行三次会议——每届会议将审查14个成员国，即：每年审查42个成员国；

(3) 审查工作奖采取被审查国和人权理事会成员国与观察员国之间进行互动对话的形式；

(4) 对一国的审查将以下列方面为基础：①被审查国编写的国家报告；②联合国关于被审查国的信息汇编（同样基于源自联合国各条约机构和特别程序以及其他联合国方案和机构的信息，包括联合国国家工作组的提案），由联合国人权事务高级专员办事处（OHCHR）负责整理；③由其他利益相关方（包括非政府组织和国家人权机构）提交的信息摘要，同样由联合国人权事务高级专员办事处负责整理；

(5) 成员国提出的建议（平均200条建议）。国家可以支持相关建议（接受）或提交备注信息（不接受）；

(6) 以行动为导向的包容机制（涉及基于平等原则的所有成员国）；

(7) 促进各国分享其促进人权的良好实践规范与合作模式，同时确保非选择性、公正性和客观性；

(8) 各国的高度参与反映了对采取更积极合作的同业互查方案解决人权问题的坚定承诺；

(9) 国家利益相关者（非政府组织和国家人权机构）可以：

①参加被审查国组织的国家协商工作；

②发送有关该国人权状况的信息；

③在人权理事会通过报告时发言；

④监督/参与普遍定期审议建议的落实工作。从这一方面来说，我们应当强调，普遍定期审议制非常重视民间团体能否在避免报复的前提下参与到国际人权机构（特别是普遍定期审议机制）之中。为此，秘书长针对整个系统确定了一个关注重点（主管人权问题的助理秘书长位于纽约），以便密切关注并定期报告所有此类情况。

考虑到当今的挑战，在批准国际人权条约以及国家最高层通过联合国人权机构作出相关的政治承诺之后，我们甚至更有必要推进人权准则的执行——首先就应从接受普遍定期审议的公认建议开始。

确实，就二战以来最大数量的境内流离失所者和难民（大约6850万人）来看，预防措施显然应该更侧重于解决冲突的根源问题（包括努力加强国家人权保护制度以及减少在国家层面上执行符合国际人权规范的法律和实践工作时的重大差距）。

预防措施的失败会导致巨大的机会成本（迷惘的一代将无法享受自己的权利，也不能有效地促进经济和社会发展），国际社会需要系统的关注上游问题，而不仅仅只是关注下游紧急事件的人道主义援助，从而在所有国家内加强各国的人权保护能力和基础设施建设。

联合国所有成员国均参与普遍定期审议工作将有助于对每个国家的人权状况进行更新，它基于90个国家的具体建议，对人权领域内的国际法律义务的履行状况进行全面的审查（鉴于国际人权机构以及国家人权机构和民间社会组织与联合国人权事务高级专员办事处分享的意见，这些意见是文件汇编和摘要报告的重要组成部分）。普遍参与审查进程反映了成员国最高层的政治意愿，通常由一个或多个部长担任代表团团长，往往涉及各部门和政府机构平均20多名高级官员。

第三个周期侧重于被审查国获得的建议的执行工作以及相关的后续活动。因此，它有机会采纳针对国家层面的具体行动而制定的措施。事实上，只有通过政府采取的行动（政府负有尊重、保护和实现人权的首要责任），并在其它所有国内利益相关方的积极参与下，才能顺利应对当前的许多挑战。同时还应将下列因素纳入考量范围：根据国家批准的国际人权条约以及针对人权机构作出的政治承诺所产生的法律义务，整个国际人权机构（即：条约机构、特别程序和普遍定期审查）提出了数百条具体的建议，真实反映了国家层面上的最重要差距。

为了促进其实施工作，我们建议，加强关于报告和后续行动的国家协调机制以及与可持续发展目标日趋契合的人权行动计划——实际上，普遍人权指数（http://uhri.ohchr.org）已经针对可持续发展目标（SDGs）逐个收集了所有机制的建议。此外，在人权理事会通过结果文件后，人权事务高级专员还采用非法学专业术语致函各成员国外交部部长（其中他确定了需要特别注意和采取特别行动的10—15个领域），以便除律师或人权专家以外的人士更好地理解。正如秘书长所强调的那样，其目标旨在在今后四年半的时间内，基于随后的普遍定期审议周期，倡导以行动为导向的方案，同时将人权行动计划与实现可持续发展目标的举措结合起来，从而将人权作为其核心要素。

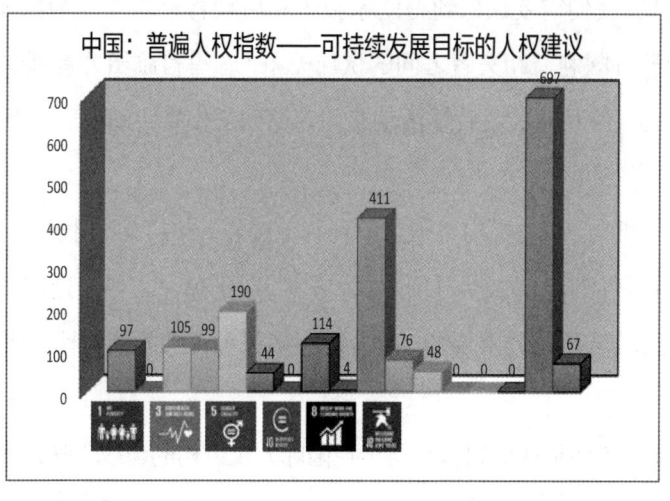

鉴于联合国各人权机构的工作量和要求，国家一级的协调就显得至关重要了：各国的经验有助于联合国人权事务高级专员办事处编制一份关于国家报告和后续行动机制（NMRF）的国家体系指南（其中要求政府的主导作用得到外交部/司法部的认可），其他职能部委也必须参与其中，各国家实体（例如：议会、司法机构、独立的国家人权机构）以及非政府组织也应该积极加入这一行列。

通过将人权建议纳入共同国家评估（CCA）/联合国发展援助框架（UNDAF）以及完全按照其任务规定规划和策划各个联合国机构，联合国一级的协调工作正成为推进可持续发展目标及其指标的整体举措的一部分。联合国人权事务高级专员办事处正在确定普遍人权指数并创建国家建议跟踪数据库（NRTD），其目的旨在基于每一个可持续发展目标，对针对每个国家的所有此类建议进行分组，以便促进联合国人权委员会/遍及全球的联合国国家工作组的任务（包括已被各国政府纳入其可持续发展目标执行方案的普遍定期审议建议）。

因此，我们应该更加关注人权（尤其是联合国各人权机构提出的建议）——首先应该从被国家视为第三周期审查的部分内容的建议开始，更加努力地协调国家的报告以及后续的落实行动，并在发展方案和人权方案之间促进更大的协同作用。这些都是解决根本原因、加强预防措施并确保发展举措的成功实现和可持续发展的关键要素。

重要的是，我们需要认识到将国家报告和后续行动机制作为保障因素（有助于维持和加深各国利益相关者之间的伙伴关系，这些利益相关者可以通过与国际人权机构的更积极互动以及后续活动和建议落实工作来协助政府和其他利益相关者）的价值。

执行人权机构[相关机构必须认识到其他国际人权机构（例如：条约机构和特别程序）的互补性功能]的建议的全方位方案，对于确保在普遍定期审议工作中兑现改善人权的承诺是至关重要的，这最终将确保可持续发展目标的成功实现和可持续发展。

此外，我们还必须认识到执行与实现国际人权机构的建议与达成《2030年可持续发展议程》和可持续发展目标之间的密切联系。就这一方面来看，我们还必须强调政府、联合国系统和国际社会之间的全球契约的附加价值，强调在共享良好实践规范的基础上进行南南和北南合作的重要性，这种合作承认了人权的根本作用，同时还可基于可持续发展目标的举措以及每一个联合国机构和项目的任务和扶贫措施，确保在国家层面上充分落实相关的工作。

正如秘书长在向联合国大会提交的2017年年度报告中所总结的那样（A/72/315，第81—85段）：

《2030年可持续发展议程》标志着，我们正转向以人权为核心的更加平衡的发展模式。随着人权理事会的普遍定期审议工作进入一个全新的周期，每个联合国成员国现在都已经为第三轮详细的审查作好了准备，其建议的重要性、准确性和影响力将得到进一步加强（包括通过加强与联合国国家工作组之间的关系）。联合国人权事务高级专员办事处的普遍人权指数数据库计划将所有国际人权机构的全部调查结果和建议与可持续发展目标联系起来，以便更轻松地将这些预防基准纳入国家一级的规划之中。联合国人权事务高级专员办事处制定的人权指标还将有助于联合国以同样方式更好支持各国监测在实现可持续发展目标和2030年议程方面取得的进展。

联合国支持各国尽力增强国家和民间团体的抗挫力，并建立区域和国家早期预警系统，以便查明风险因素并加以应对。许多国家已经建立和/或加强了关于全面人权报告和后续建议落实行动的国家机制，其目的旨在更好地协调发展和人权保护举措。

各国在联合国支持下促进和保护人权的举措能否取得成功，无疑将取决于是否能建立关于报告和后续落实工作的国家机制，以期更好地应对关于相关举措的报告和建议执行工作以及与国家利益相关者的密切合作和磋商过程所带来的影响。这些机制还将对相关的任务（涉及国家制定全面的国内人权行动计划和建议执行计划）起到促进的作用。

国际合作（包括基于人权机构及其建议的合作）可以为各国在国家层面上执行可持续发展目标和保护人权方面取得更丰硕的成果奠定重要的基础。人权领域的技术援助应以这些建议为基础,并与成员国、区域性人权机构、国家人权机构、非政府组织以及更广泛的联合国系统建立伙伴关系并进行更密切的合作。

因此,在人权领域的国际和国内举措和行动应着眼于协助各国更有效地实现可持续发展目标以及执行国际人权机构的建议。应充分考量这些举措和行动,《联合国宪章》的人权目标是确保联合国发展、和平和安全目标的成功实现和可持续发展的关键要素。

(作者贾尼·马格扎尼系联合国人权高专办国别人权审查司司长)

拉丁美洲减贫和保护人权合作

[巴西] 巴莱里奥·奥利维拉·马佐利

引言

减贫和减少极端贫困是美洲特别是拉丁美洲的一个老问题。虽然这一问题复杂，且面临着实际挑战，但已有应对贫困和极端贫困问题的措施出台。自2001年以来，美洲国家间人权委员会（IACHR）一直在监测南半球的贫困问题，称贫困侵犯了所有人权，即侵犯了公民、政治、经济、社会和文化权利[1]。

的确，贫困特别是极端贫困，正影响着一大部分拉丁美洲人，侵犯了被庄严载入国际条约的一系列人权，涉及到公民、政治、经济、社会和文化权利。此外，这种贫困状况已不仅仅是国际层面上的国家责任问题，还反映出这些国家未能确保其国民享有基本人权。

在美洲大陆，特别是在拉丁美洲，包括海地、洪都拉斯、尼加拉瓜、玻利维亚、危地马拉、巴拉圭、萨尔瓦多、牙买加和委内瑞拉等在内的众多国家的贫困率很高。这意味着在这些国家有一大批人是隐形的，不利于保护其人权。基于此，美洲国家间人权委员会在关于巴拉圭的国别报告中称，"一个人受迫害就会引发公众愤怒……然而每天3万多名儿童死亡却无人关注，这些儿童的死因大部分是可以预防的。"[2]因此，在制定解决拉丁美洲贫困问题的措施时，首要任务就是要让拉丁美洲的贫困问题浮出水面。

据估计，拉丁美洲当前有1.86亿人生活在贫困之中，占拉丁美洲总人口的

---

[1] 美洲国家间人权委员会：《巴拉圭人权状况第三次报告》，2001年。
[2] 同上。

30.7%；有6100万人生活在极端贫困之中，占拉丁美洲总人口的10%[1]。虽然过去几年来，拉丁美洲的贫困人口数量有所下滑，但拉丁美洲的贫困状况依然混乱，需要立即采取措施加以应对，以确保经济增长和贫困减少。

因此，本文重点关注应对贫困的全球体系和美洲间体系，以及在拉丁美洲实施抗击贫困措施和政策的挑战。

一、抗击贫困的联合国和美洲间人权体系

显然，全球体系（联合国）和美洲间体系的人权规范均认为，一个国家有责任消除其境内的贫困，并确保其所有国民有尊严地生活。尽管如此，更深入地研究联合国抗击贫困的机制和美洲间机构 [美洲国家组织（OAS）和美洲国家间人权委员会（IACHR）] 的抗击贫困的工作，依然重要[2]。

（一）联合国抗击贫困机制以及经济、社会和文化权利

在联合国（UN）体系内，《公民权利和政治权利国际公约》（ICCPR）和《经济、社会和文化权利国际公约》（ICSECR）的序言部分均强调了抗击贫困，"按照《世界人权宣言》，只有在创造了使人人可以享有其公民和政治权利，正如享有其经济、社会和文化权利一样的条件的情况下，才能实现自由人类享有公民及政治自由和免于恐惧和匮乏的自由的理想。"自1966年以来，这两份文件就为联合国在全球消灭贫困的使命奠定了理论基础。

类似地，1993年的《维也纳宣言和行动纲领》第14款指出，"极端贫穷的广泛存在妨碍人权的充分和有效享受"和"立即减轻和最终消除贫穷仍然必须是国际社会的高度优先事项"。该文本第25款表示，"绝对贫困和被排除在社会之外是对人的尊严的侵犯，必须采取紧急措施，加强对绝对贫困现象及其成因的了解，包括与发展问题有关的原因，以便促进最贫困者的人权，解决极端贫困和被社会排斥问题，让他们享有社会进步的成果。"为实现这一目标，该款申明，"各国必须扶助最贫困者参与他们所生活的社区的决策进程，促进人权和努力扫除

---

[1] 拉丁美洲和加勒比经济委员会：《拉丁美洲社会全景》，纽约，2018年。
[2] 美洲国家间人权委员：《美洲贫困、极端贫困和人权初步报告》，2016年。

绝对贫困现象。"

基于这一思路,联合国人权委员会,即负责监督《公民权利和政治权利国际公约》遵守情况的机构,和联合国人权理事会认为,国家必须采取一切可能的措施,以在全球范围内消灭贫困和极端贫困,确保人民享有最低标准的卫生和食物条件[1]。

2012年7月,为推进人类的脱贫事业,联合国通过了《关于人权与极端贫困问题指导原则》。该文件由特别报告员编写,基于自2001年启动最初的起草进程以来特别报告员在与各个国家和其他利益攸关方协商的基础之上。这些指导原则对制定和应用旨在消灭贫困的公共政策至关重要。此外,这些指导原则也是保护、尊重和具体化那些生活在贫困之中的人们人权的通用准则[2]。而且,这些指导原则是普适的,每个国家都应遵守这些指导原则,无论这个国家的经济发展水平如何[3]。

(二) 美洲国家组织 (OAS) 和美洲国家间人权委员会 (IACHR) 的抗击贫困工作

与联合国一道,作为美洲国家组织一部分的美洲间人权体系也在采取措施,在美洲进行减贫和削减极端贫困的工作。然而,在该半球解决贫困问题存在着不小的困难。与拥有更好的卫生和食物获取条件的发达国家相比,在发展中国家与贫困作斗争面临的困难要更多。尽管如此,对美洲国家组织 (OAS) 在美洲消除贫困方面的努力进行分析依然重要。2015年,在美国华盛顿召开的美洲国家组织大会通过了《美洲社会宪章行动计划》(以下简称《行动计划》)。该文件涉及到工作、健康、食物、教育、住房和基本公共服务的相关问题。通过这一《行动计划》,美洲国家组织 (OAS) 的成员国承诺,要在其领土内消灭贫困和饥饿,保护所有人免受社会排斥和不平等[4]。

---

[1] 联合国经济、社会和文化权利委员会一般性意见;联合国人权理事会:《关于人权与极端贫困问题指导原则》,Doc. A/HRC/Res./21/11。

[2] 联合国人权理事会:《关于人权与极端贫困问题指导原则》,Doc. A/HRC/Res./21/39。

[3] 同上。

[4] 美洲国家组织:《美洲社会宪章行动计划 (行动计划)》,Res. 2878 (XLV-O/15)。

针对这些后来在《行动计划》详细阐述的问题，《美洲国家民主宪章》(2001年9月11日) 在其序言中重申，"抗击贫困，特别是消灭极端贫困，对促进和巩固民主来说至关重要，是美洲国家应该共同分担的责任。"此外，《美洲国家民主宪章》第三节以"民主、整体发展和抗击贫困"为题申明，"美洲国家组织 (OAS) 成员国致力于通过和实施一切必要措施，以创造生产性就业，削减贫困，消灭极端贫困，并会考虑该半球国家不同的经济现实和状况。"(第12条) 此外，该节第12条提到，美洲国家组织 (OAS) 成员国就发展和贫困相关问题作出的这一共同承诺还强调，保持宏观经济均衡以及增强社会凝聚力和民主的重要性。最后，《美洲国家民主宪章》第16条指出，"教育是强化民主机制、促进人的潜能发展、缓解贫困、以及增进人与人之间更深入地理解的关键。"此外，第16条还表示，"要实现这些目标，所有人都能得到优质的教育，包括女孩和妇女、农村居民以及少数族裔，至关重要。"

美洲面临的最大挑战就是，确保这些旨在消灭贫困的政策得到有效执行。美洲大陆仍面临着高度不平等和贫困，以及低水平的食物和卫生条件。因此，美洲国家间人权委员会 (IACHR) 的建议，是更好地解决美洲国家组织 (OAS) 各成员国贫困相关问题的关键点。

二、在拉丁美洲有效抗击贫困的挑战

联合国拉丁美洲和加勒比经济委员会的数据显示，2015-2016年，拉丁美洲的贫困和极端贫困水平出现回升，此前10多年该地区大多数国家的贫困率一直在稳定下滑。2014年的数据显示，拉丁美洲28.5%的人口生活在贫困之中 (1.68亿人)，2015年这一数字增加至29.8% (1.78亿人)，2016年这一数字又进一步增加至30.7% (1.86亿人)。拉丁美洲的极端贫困率也从2014年的8.2% (4800万人) 增至2016年的10% (6100万人)。[1]

美洲国家间人权委员会 (IACHR) 提出的一个观点认为，贫困是一个多维现

---

[1] 联合国拉丁美洲和加勒比经济委员会：《拉丁美洲社会全景》，纽约，2018年。

象，不仅包括物质匮乏，即没有获取商品和服务的手段，也包括处于社会排斥和边缘化的状况，特征是其公民、政治、经济、社会和文化权利被多重交互侵犯。[1]这一观点强调了在拉丁美洲实施抗击贫困政策所面临的挑战，应该引起该地区国家的特别关注。此外，为在美洲消灭贫困，《美洲人权公约》，即美洲国家组织（OAS）主要的人权条约，向其成员国赋予了进一步的法律责任，并在其序言中强调，需要创造条件，让每个人都可以享受到其经济、社会和文化权利，以及公民和政治权利。

因此，美洲间体系抗击贫困面临着两大挑战，一是要保护公民的经济、社会和文化权利，二是要有一个确保公民获得公正的有效体系。

（一）有效保护经济、社会和文化权利的挑战

在美洲间人权体系内，《美洲人权公约关于经济、社会和文化权利的补充议定书》，又称《圣萨尔瓦多议定书》（1988年），是对《美洲人权公约》（1969年）的补充，体现了联合国《公民权利和政治权利国际公约》（ICCPR）和《经济、社会和文化权利国际公约》（ICESCR）中的内容。《圣萨尔瓦多议定书》在序言中参考了《世界人权宣言》和《美洲人权公约》，称"只有在创造了使人人可以享有其公民和政治权利，正如享有其经济、社会和文化权利一样的条件的情况下，才能实现自由人类享有公民及政治自由和免于恐惧和匮乏的自由。"这里，序言再次强调互联互补性看待人权的重要性，并宣告人人都应获取基本需求，人人都应"免于恐惧和匮乏"，可以认为这里要解决的就是贫困和极端贫困相关问题。这种关联在葡萄牙语译本中特别显而易见，葡语译本将"免于恐惧和匮乏"译为"isento de temor e da miséria"（字面意思就是"免于恐惧和痛苦"）。此外，《圣萨尔瓦多议定书》第10条第2款明确指出，"为了确保健康权利的行使，成员国同意承认健康为一种公共品"，应采取措施，例如那些用来解决"最高风险群体和那些受困于贫困的最脆弱群体的需求"的措施。

因此，对于贫困人口来说，在实施经济、社会和文化权利所面临的所有挑战

---

[1] 美洲国家间人权委员：《美洲贫困、极端贫困和人权初步报告》，2016年。

中，有三项重大挑战。第一项是，需要确保公平对待和非歧视对待所有贫困人口。第二项是，贫困人口面临着社会排斥和暴力问题，需要全社会和政府部门加以应对。第三项是，需要确保生命有尊严的权利，这一点也可以通过解决贫困根源的公众政策来实现[1]。国家有责任通过政策设计来解决贫困人口的社会需求。这些政策目标包括致力于提供更好的工作条件，建立更有效、更有社会意识的税收和福利体系，设置能够维持生活的最低工资。

美洲人权法院是美洲国家组织（OAS）一个旨在应用《美洲人权公约》的司法机构，也可以审理与经济、社会和文化权利有关的案件。在Lagos del Campo vs Peru一案中（2017年），美洲人权法院审理了一起与劳动法有关的纠纷，案件涉及到一名工人，其在批评公司后被开除。在这一案件中，美洲人权法院第一次承认了，经济、社会和文化权利（《美国人权公约》第26条）的直接适用性，判决相关国家侵犯了工作稳定性权利[2]。

Lagos del Campo案件的判决明确了一个观点，即《美洲人权公约》成员国必须遵守《圣萨尔瓦多议定书》规定的经济、社会和文化权利。换句话说，虽然美洲人权法院负责监督《美洲人权公约》的应用，该公约主要规定了公民和政治权利，但美洲人权法院也可以审理与经济、社会和文化权利有关的案件。因此，《美洲人权公约》成员国可能会因侵犯这些权利而被美洲国家组织（OAS）的司法机构追责。

1988年7月29日，美洲人权法院第一次判决国家应承担在美洲侵犯人权的责任。该法院认为，"公权力行为或个人利用其公权职位所做的"任何侵犯《美洲人权公约》规定的权利的行为，责任应归咎于国家，并应归因于"缺乏预防出现这种侵权的或按该公约要求进行响应的尽职调查"[3]。

因此，成员国应采取必要措施，以加强劳工和福利体系，特别是在经济动荡

---

[1] 美洲国家间人权委员：《美洲贫困、极端贫困和人权初步报告》，2016年。
[2] 美洲人权法院：Lagos del Campo Case Vs. Peru, 2017年8月31日；美洲人权法院：San Miguel Sosa Case and Others Vs. Venezuela, 2018年2月8日。
[3] 美洲人权法院：Velásquez Rodríguez Case Vs. Honduras, 1988年7月29日。

或经济衰退时期,以防止贫困率增长。令人担忧的是,拉丁美洲和加勒比经济委员会2017年发布的一份报告显示,在儿童、青少年、年轻人、妇女以及农村地区人口当中,贫困和极端贫困率较高。鉴于研究发现,到2040年,拉丁美洲超过60岁的人口要比0-14岁的人口多,且到2040年,不低于80岁的人口人数将比现在增加2000万人,成员国还应更加密切地关注福利金和养老金体系[1]。

因此,关键是要设想出一个国际合作体系,以向世界上较为贫困和较为不平等的地方提供协助。成员国,特别是最为富裕的那些成员国,有共同的义务来消灭世界上的贫困现象。

(二) 建立能确保获得公正的一个有效的法律体系的挑战

对许多拉丁美洲国家来说,一个共同的挑战就是需要一个有效的法律体系,来确保其所有公民都能获得公正,这一点对于贫困人口来说特别重要,因为他们是社会的边缘人口。这种边缘化不仅仅是经济上的边缘化,而且也是法律上的边缘化,因为他们很少有接触到法院和国家机构的机会。

基于这一认识,美洲国家间人权委员会强调,某些贫困人口面临着歧视和社会排斥,不利于公民参与、获得公正和有效享有人权[2]。意识到获得公正对于消灭贫困的重要性,美洲国家间人权委员会强调,侵犯经济、社会和文化权利,也会影响到公民和政治权利[3]。

考虑到获得公正的重要性,美洲许多国家的宪法都明确将其列为人权。例如,在巴西宪法中,获得公正就出现在第35节第5条,该条内容规定"法律不应将任何对权利造成的伤害或损害从司法权中排除出去"。然而,虽然获得公正在美洲许多国家宪法中都有提到,但是其距离有效实施仍有很长的路要走,特别是在贫困或极端贫困人口获得公正方面。在国际层面上,一些国际条约,如《美洲人权公约》(第1章第8条)将获得公正明确为一项人权。由于普遍缺乏接触到法院和法律体系的资源,处于贫困或极端贫困的人口,特别是妇女和非洲裔,面临着进一步的边缘化和

---

[1] 拉丁美洲和加勒比经济委员会:《拉丁美洲社会全景》,纽约,2018年。
[2] 美洲国家间人权委员:《美洲贫困、极端贫困和人权初步报告》,2016年。
[3] 同上。

歧视。

认识到这一现实情况，美洲人权法院决定，国家必须向没有经济条件的人群提供法律援助服务，以保证有效地获得公正。美洲人权法院的推理认为，《美洲人权公约》第1条第1款禁止任何基于国家状态的歧视，包括经济歧视。因此，如果缺乏经济资源来支付，例如法律费用或聘请律师，阻碍了某个人获得公正，那么这将构成歧视待遇，因为作为群体来讲，他们在法律面前不会被认为是平等的[1]。

因此，对于生活在贫困或极端贫困中的人来说，行使经济、社会和文化权利面临的最大挑战就是如何有效获得其国家提供的公正。这种有效地获得公正不仅涉及到财务方面，还涉及到制度方面，例如，一个卓越的能保护个体和集体权利的公共辩护体系。因此，美洲国家间人权委员会建议，"全面、协调的国家政策，在制定时应有必要的公共资源来支撑，以确保生活在贫困和极端贫困中的人们能够获得适当的司法保护。[2]"

三、结论

在美洲消灭贫困，特别是在该地区的发展中国家，面临着多重挑战。虽然这里有一些旨在保护经济、社会和文化权利的国际准则，并且在涉及到这一类人权时，美洲人权法院已经有行使其管辖权的一些案例法，但实际上，在美洲消灭贫困和极端贫困仍存在困难。

拉丁美洲一些国家的宪法（例如巴西宪法）规定，获得公正是一项基本人权。这一规定同样也出现在一些美洲人权条约中（例如《美洲人权公约》）。然而，贫困和极端贫困仍与歧视如影随形，缺乏国家支持阻碍了在拉丁美洲国家有效地获得公正。因此，有必要在国家政策中增加最低工资、降低歧视情况并建立一个更有效的公共倡导体系。

---

[1] 美洲人权法院：《咨询意见》，1990年。
[2] 美洲国家间人权委员：《美洲贫困、极端贫困和人权初步报告》，2016年。

各个国家间相互帮助的国际合作提供了一个建立更好世界的发展道路。在这个更美好的世界中,每个人都应享有脱贫的平等机会。为了实现这一目标,所有国家都应联起手来,与歧视和边缘化贫困人口作斗争。此外,各个国家都应遵守其已同意的国际承诺。虽然消灭贫困道阻且长,特别是对拉丁美洲和非洲的发展中国家而言,但实现这一目标是可能的,也是有希望的。

(作者巴莱里奥·奥利维拉·马佐利系巴西马托格罗索联邦大学法律系国际法和人权副教授)

南南减贫合作的战略基础和路径初探

[中国] 彭芩萱

一、前言

当今世界,有7亿人口处于极度贫困状态(extreme poverty),对健康、教育、净水、卫生等最基础的需求都无法满足,[1]每九个人里就有一个人处于营养不良的饥饿状态,亚洲、非洲都是世界范围内贫困和饥馑程度较高的地区。[2]鉴于此,2015年9月25日,各国领导人在联合国纽约总部召开会议,[3]通过了可持续发展2030议程。[4]其中,"在世界各地消除一切形式的贫穷"和"消除饥饿,实现粮食安全"列为17项可持续发展目标之首。这意味着2015-2030年这15年里,这些普遍适用于全球各个国家,不论贫穷富有还是中等发展中国家,都要勠力同心以消除贫困和不公,确保经济增长的同时不让一人落后。进而言之,消除贫困不仅仅是提高收入的问题,而是要解决因贫困引起的一系列生活问题,比如营养不良、疾病、基础卫生服务缺乏、基础教育缺乏等。

虽然可持续发展目标尚不具有国际法律约束力,但是中国作为拥有13亿人口的最大发展中国家,仍在坚持可持续发展、减贫扶贫方面作出了大量的努力并

---

[1] "No Poverty: Why it Matters?", https://www.un.org/sustainabledevelopment/wp-content/uploads/2016/08/1_Why-it-Matters_Poverty_2p.pdf.

[2] "Zero Hunger: Why it Matters?", https://www.un.org/sustainabledevelopment/wp-content/uploads/2016/08/2_Why-it-Matters_ZeroHunger_2p.pdf.

[3] For the UN Sustainable Development Summit, see https://www.un.org/sustainabledevelopment/summit/.

[4] *Draft outcome document of the United Nations summit for the adoption of the post-2015 development agenda*, UN General Assembly, 12 August, 2015, A/69/L.85, see http://www.un.org/ga/search/view_doc.asp?symbol=A/69/L.85&Lang=E.

获得了良好的效果。在改革开放的40年时间里,中国帮助7亿多人口摆脱贫困,将贫困发生率下降到5.7%,九年义务教育巩固率达93%,高中阶段毛入学率达87%,[1]可谓是世界经济奇迹。自习近平主席2013年11月到湖南湘西考察后,作出了"实事求是、因地制宜、分类指导、精准扶贫"的重要指示,将中国的减贫、扶贫工作方法论又提上了一个台阶。自此,在各地实践中又摸索出了"绿色减贫""生态扶贫"的道路,通过产业绿色化和绿色产业化,促进贫困地区发展、实现贫困人口脱贫,通过旅游扶贫、观光农业等新型业态,盘活了贫困地区的绿色资源,提升了贫困地区的发展能力,既提高了当地人民的收入,又保护了当地生态环境。为推广此类"双赢"项目,2018年1月18日,国家发展改革委、国家林业局、财政部、水利部、农业部、国务院扶贫办六部门共同制定了《生态扶贫工作方案》,部署发挥生态保护在精准扶贫、精准脱贫中的作用,制定了到2020年带动约1500万贫困人口增收的目标。[2]

中国作为全球减贫的重要模范和贡献者,其减贫经验确实值得众多发展中国家借鉴学习;而对于中国来说,为进一步推进"一带一路"发展战略,构建人类命运共同体,深度参与全球治理,在减贫方面进行国际合作也尤其必要。既然"一带一路"沿线国家多为发展中国家,而发展中国家才对扶贫、减贫工作有刚性需求,因此减贫的国际合作的核心就在于平等互利基础上的南南合作,通过基础设施建设、援助、投资、民生项目等途径增强其他发展中国家的内生动力,实现减贫。目前,中国正在通过新南南合作激励一部分有行动力的国家开展新的减贫实验,例如通过中国政府援助的形式,开展部分非洲国家,如埃塞俄比亚、坦桑尼亚等国的经济特区实验。与此同时,不仅推广了中国制造的技术,帮助解决了发展中国家的贫困问题,也使得更多国家在实践中加深了对中国发展理念的认同,从而使得南南减贫合作能够得到更广泛的推广。

---

[1] 中华人民共和国国务院新闻办公室:《发展权:中国的理念、实践与贡献》,人民出版社,2016年,第4—5页,第19页。
[2] 中华人民共和国国家发展和改革委员会:《关于印发〈生态扶贫工作方案〉的通知》,2018年1月18日。

二、南南减贫合作的战略基础

2017年12月7日,由国务院新闻办公室和外交部共同举办的首届"南南人权论坛"揭开帷幕,来自70多个国家和国际组织的300余位官员学者代表出席了这次论坛,并讨论通过了《北京宣言》。宣言指出,"南南合作是促进发展中国家发展和人权进步的重要途径。南南国家之间应以同舟共济、权责共担、互帮互助、合作共赢的精神,坚持以团结促合作,以合作促发展,以发展促人权,努力实现更加充分的人权保障。国际社会应本着平衡、包容、普惠和可持续的原则,积极支持发展中国家加快发展,不断提高发展中国家人权保障水平。"[1]论坛的开幕式上,国家主席习近平发来贺信,对论坛的举办表示热烈的祝贺,强调 "当今世界,发展中国家人口占80%以上。人权事业必须也只能按照各国国情和人民需求加以推进。发展中国家应该坚持人权的普遍性和特殊性相结合的原则,不断提高人权法治化保障水平。中国人民愿与包括广大发展中国家在内的世界各国人民同心协力,以合作促发展,以发展促人权,共同构建人类命运共同体。"[2]

根据习主席的贺信可以看出,首先,南南人权合作,即以围绕减贫、发展方面展开的与发展中国家间的合作,是构建人类命运共同体这一重要战略的有机组成部分。推动构建人类命运共同体相继在党的十九大报告、党章和2018年宪法修正案中得以体现,标志着它不仅是习近平新时代中国特色社会主义思想的重要组成部分,[3]还是我国外交政策的基本理念,是我国对待国际法律制度的理论基础。经习近平主席在国际社会的数次宣讲,[4]人类命运共同体理念数度载入联合国安理会决议[5]和联合国人权理事会决议[6],是中国作为全球发展的贡献者,坚持互利共

---

[1] "首届'南南人权论坛'《北京宣言》",2017年12月8日,新华网:http://www.xinhuanet.com/world/2017-12/08/c_1122081753.htm。

[2] 《习近平致首届"南南人权论坛"的贺信》,2017年12月7日,新华网:http://www.xinhuanet.com/2017-12/07/c_1122073544.htm。

[3] 《中国共产党第十九次全国代表大会关于十八届中央委员会报告的决议》,《人民日报》2017年1月20日,第2版。

[4] 习近平:《共同构建人类命运共同体——在联合国日内瓦总部的演讲》,2017年1月18日。

[5] See for example, United Nations Security Council, *Resolution Concerning the Situation in Afghanistan*, March 17, 2017, S/RES/2344.

[6] United Nations Human Rights Council, *Promoting Mutually Beneficial Cooperation in the Field of Human Rights*, A/HRC/37/L.36, May 19, 2018.

赢、共同发展、深入参与全球治理的庄严承诺。[1]

通过南南减贫合作，人类命运共同体理念中蕴含的"共同繁荣"和"开放包容"的要素能够更有效地得以实现。在全球化过程中，地区间发展不平衡，全球经济发展的成果并未惠及所有人，许多发展中国家的弱势群体、底层民众的贫困、粮食、医疗、教育等领域的基础权利都得不到保障，他们与发达国家及其公民享受的生活条件差距越来越大。而南南减贫合作就是在充分考虑到发展中国家的历史、现实基础上，加强合作交流、互相援助、推进"包容性发展"（Inclusive Development），即"在平等的机会中保持增长"（growth coupled with equal opportunities），[2]让经济增长的红利和机会惠及所有人，包括贫困人口和弱势群体。通过南南减贫合作，缩小国家与国家之间的经济发展差距，进而使得国家间能够真正平等对话，实现人类命运共同体理念所倡导的"共同繁荣"和"开放包容"。

其次，南南减贫合作与"一带一路"战略互相补充、互相促进。南南减贫合作主要是中国与发展中国家就对外援助、对外投资、贸易、民生项目等方面进行合作，涵盖了政府层面的基础设施援助、医疗技术援助、知识技能分享等，也包含了企业的对外投资、NGO的对外合作等多层面、多角度、多领域的广泛合作。由于"一带一路"国家和南南国家有相当程度的重合，所以南南减贫合作也是辅助推动"一带一路"战略实现的重要步骤。同时，随着"一带一路"经贸合作的深入，"一带一路"国家间在经济上的互赖互信加强，也有利于深化在减贫领域的对话、交流与合作，加深"一带一路"沿岸国家对中国方案、中国智慧、中国价值的信任。根据国际关系的利益和价值的两大维度理论，[3]"一带一路"和南南减贫合作恰好是分别代表利益和价值两个维度的战略，通过"一带一路"战略促进国家间利益共享以加深南南人权合作方面的价值互赖，反过来通过基于共同价值观的南南减贫合作，

---

[1] 习近平："携手构建合作共赢伙伴 同心打造人类命运共同体"，《习近平谈治国理政》（第二卷），外文出版社，2017年，第525页。

[2] Ganesh Rauniyar and Ravi Kanbur, *Inclusive Growth and Inclusive Development: A Review and Synthesis of ADB Literature*, Asian Development Bank, Mandaluyong City, 2009, 3.

[3] K.W.Abbott & D.Snidal, "Value and Interests: International Legalization in the Fight against Corruption", *Journal of Legal Studies*, 2002, 31(2): 141–178.

加深"一带一路"上的利益共享。如此以来,可与相关国家共同合作,推进国际经济新秩序的构建、加快全球治理体系变革。

最后,南南减贫国际合作与提高"人权法治化保障"水平进程互为表里、互相加权。2017年10月18日,中国共产党第十九次全国代表大会上,习近平总书记在十九大报告中三次提到要更好推动、不断促进"人的全面发展",鉴于此,需要"加强人权法治保障","深化依法治国实践","坚持厉行法治,推进科学立法、严格执法、公正司法、全民守法"并且提高"人权法治化保障"水平。[1]2017年的《中国人权法治化保障的新进展》白皮书则进一步提出要"全面依法治国,全方位提升人权法治化保障水平,保证人民享有更加充分的权利和自由,努力实现社会公平正义,更好推动人的全面发展、社会全面进步"。[2]南南减贫合作的合理性基础就在于中国在减贫、扶贫、国内人权保障方面的突出成就,为其他发展中国家提供了优秀的范本。因此,在人权法治化保障得以加强和完善的基础上,南南减贫合作的推广将更有说服力。反过来,南南减贫合作获得广泛的国际社会认同,也能够加强国内人权法治化保障的信心和步伐。可以说,人权法治化保障进程和中国在人权领域的成绩和贡献使得中国在南南减贫合作的过程中更有话语自信;而南南减贫合作交流的进一步深入,则有利于提高国内的人权法治化保障水平。这也体现了国际法治和国内法治相互依存、相互渗透的法治互动状态。[3]

三、南南减贫合作的路径初探

要切实增强中国在全球治理中的影响力,不能让南南减贫合作仅仅停留在口号上,而要落实到机制层面上来:围点打援、由点及面、穿点成线,以南南减贫合作为支点,进一步提高中国在联合国相关机制中的影响力和话语权,将减贫相关的知识共享、技术交流、人员交流、基础设施建设等项目在南方国家逐步铺开,携手相关

---

[1] 习近平:《决胜全面建成小康社会 夺取新时代中国特色社会主义伟大胜利》,中国共产党第十九次全国代表大会,2017年10月18日。
[2] 国务院新闻办公室:《中国人权法治化保障的新进展》白皮书,2017年12月15日。
[3] 关于法治互动,参见赵骏:"全球治理视野下的国际法治与国内法治",《中国社会科学》2014年第10期。

南方国家形成合力，共同深度参与到全球治理体系变革和国际法律秩序革新的过程中来。进而将南南合作的相关理念、实践标准等方面的共识逐步转化为国际社会共识和国际机制，并通过具有法律约束力的国际法律文件将相关国家之间权利义务固定化，通过现有的联合国机制将中国的减贫理念和经验通过相关的联合国文件发布，使中国方案、中国智慧、中国经验在国际社会上获得广泛的公信力。具体而言，有如下几个方面的建议：

首先，围点打援：充分利用联合国人权理事会的平台，加强南南减贫合作的国际共识和中国话语权。2017年，中国第三次当选人权理事会成员，2018年，美国退出联合国人权理事会，没有了美国在理事会的人权事务方面的掣肘和政治干扰，中国应充分利用人权理事会的平台，在任期内加强人权理事会对南南减贫合作的理解和认可。2017年以来，中国与人权理事会的互动成果斐然。1月18日，习近平主席在日内瓦联合国总部发表题为《共同构建人类命运共同体》的重要演讲，其所提倡的"主权平等、对话协商、合作共赢、交流互鉴、绿色发展"[1]等理念已先后载入联合国决议、联合国安理会决议和联合国人权理事会决议等[2]。6月22日，联合国人权理事会通过了中国倡导的《发展对享有所有人权的贡献》决议，[3]首次将"发展促进人权"理念引入国际人权体系；该决议获得70余国联署，反映了广大发展中国家的诉求和心声，得到了各国特别是发展中国家的支持和拥护。9月15日，中国常驻联合国日内瓦办事处和瑞士其他国际组织代表马朝旭在联合国人权理事会第36次会议上，代表140个国家发表题为"加强人权对话与合作，构建人类命运共同体"的联合声明。[4]2018年3月23日，构建人类命运共同体理念被写入联合国人权理事会第

---

[1] 参见2017年1月18日习近平主席在日内瓦联合国总部所做的《共同构建人类命运共同体》演讲。

[2] See for example, United Nations Security Council, *Resolution concerning the situation in Afghanistan*, March 17, 2017, S/RES/2344. Available at: http://unscr.com/en/resolutions/2344, accessed 27 March 2018.

[3] See United Nations Human Rights Council, Resolution 35/21: *The Contribution of Development to the Enjoyment of All Human Rights*, June 22, 2017, A/HRC/RES/35/21, Available at: http://ap.ohchr.org/documents/dpage_e.aspx?si=A%2FHRC%2FRES%2F35%2F21, accessed 27 March, 2018.

[4] 参见2017年9月16日常驻联合国日内瓦办事处和瑞士其他国际组织代表马朝旭大使在人权理事会第36次会议代表140个国家做"加强人权对话与合作，构建人类命运共同体"共同发言。

37届会议当日通过的中国提出的"在人权领域促进合作共赢"决议。[1]这些都是中国在人权理事会层面日益见长的影响力的重要体现，接下来，建议进一步就南南减贫合作的具体经验、案例、第三方评估等内容纳入人权理事会的相关议程和文件，使得南南减贫合作的成果得到联合国文件的认可，进而获得国际社会的关注和理解。

其次，由点及面：设立"南南减贫合作委员会"，在相关部门统筹下全面、多层地开展工作。可以在新组建的国家国际发展合作署指导下，由"南南合作援助基金""南南教育基金会""南南合作金融中心""中国人权发展基金"等支持，设立"南南减贫合作委员会"或相关实体机构，甚至在代表性的南方国家设立分支机构或办事处，以全方位、多层次、多领域地展开相关工作，将减贫相关的知识共享、技术交流、人员交流、基础设施建设等项目在南方国家逐步铺开。亦可就南南合作的议题发展、南方国家法律文化调研、南南国家双边对话、南北多边对话、与联合国合作、递交国际人权评估第三方报告、南南合作理念法律化、南南减贫合作国际学术研讨会、国际人才培养与输送、南南人权合作社交媒体、"一带一路"涉劳工权利争端解决机制等方面开展各项工作。总之，可以在南南减贫合作的推动下，促进"人类命运共同体"的构建、"一带一路"战略实施和新时代中国提高"人权法治化保障"水平进程；同时，在三大战略的实践过程中，不断更新丰富南南合作的议题和相关法律文件和实践。

最后，串点成线：以南南减贫合作为出发点，推动中国携手南方国家形成合力，共同全面参与国际人权法治的立法、司法和监督过程，助力全球治理体系变革和国际法律秩序改革。例如，在国际立法层面，可以在南南减贫合作委员会的主持下，由多个发展中国家在多边对话协商后，以2017年南南人权论坛的《北京宣言》[2]为基础，共同发起倡导南南人权理念的某项国际公约或者共同加入某国

---

[1] See United Nations Human Rights Council, *Promoting Mutually Beneficial Cooperation in the Field of Human Rights*, A/HRC/37/L.36, 19 March 2018, available at: http://ap.ohchr.org/documents/dpage_e.aspx?si=A/HRC/37/L.36, accessed April 1, 2018.

[2] "首届'南南人权论坛'《北京宣言》"，2017年12月8日，新华网，http://www.xinhuanet.com/world/2017-12/08/c_1122081753.htm。

际人权条约；或者南南人权合作的会晤、谈判、决议而形成的国际法律文件可以逐步发展为相关国际人权法条约，以丰富国际人权标准的构成，逐步形成一股国际人权法律立法方面的合力。在司法层面，南方国家可以在委员会的调研和协调基础上，建立国际司法协助机制，在减贫基础上，就反腐败、反恐怖主义、反国际人口贩卖、反毒品等涉人权议题方面进行南南合作；也可以在"一带一路"倡议的框架内，就涉劳工权利的国际争端问题进行调研和调解。在监督层面，在联合国普遍定期审议机制（UPR）过程中和对联合国相关人权公约递交国别履约报告的过程中，各成员国可以各自汇报南南减贫合作的共同理念和成功经验，汇成一股振聋发聩的声音，是为合力，以加强南南减贫合作在联合国机制中的影响力。

四、结语

党的十九大报告指出，全球治理体系和国际秩序变革加速推进，中国特色社会主义进入新时代，我们比历史上任何时期都更接近、更有信心和能力实现中华民族伟大复兴的目标。但是目前，面对全球共同面临的众多难题，反而出现了逆全球化、民族主义、单边主义、修昔底德陷阱论等不利于全球治理的思潮。鉴于此，中国有必要提出推动全球治理体系变革发展的中国方案，团结广大发展中国家，因地制宜地运用中国方案和中国智慧，帮助南方国家解决当地贫困问题，共同为全球治理作出贡献。另一方面，随着中国特色人权理论的提出和与发展中国家在发展价值上的诸多共识，中国在提高其国际人权话语权上大有可为。其中尤为重要的路径支点就是积极推动南南减贫合作与构建人类命运共同体、"一带一路"和提高人权法治化保障三大战略的无缝接轨，在南南减贫合作的国际法律机制构建的基础上，提高中国在国际社会上的影响力，进一步巩固、深化南南合作，推动全球治理和国际法律秩序往更公正更合理的方向发展。

(作者彭芩萱系武汉大学国际法研究所特聘副研究员)

断裂的新闻框架：《纽约时报》涉华报道中"扶贫"与"人权"议题的双重话语分析

[中国] 史安斌　王沛楠

2015年11月，中共中央和国务院发布了《关于打赢脱贫攻坚战的决定》，将扶贫开发工作提升到了重大政治任务和发展议程的层面，体现了党和政府对于扶贫工作的高度重视。《决定》中提到"确保到2020年所有贫困地区和贫困人口一道迈入全面小康社会"，更是为中国的扶贫工作划定了明确的时间表。中国在扶贫减贫方面的努力也得到了国际舆论的关注，美国《经济学人》就在文章中指出，"中国是世界范围内扶贫减贫的楷模，它基本在城市范围消除了贫困并大幅减少了乡村的贫困人口。"(Economist, 2017)

中国的扶贫减贫不仅是经济发展和社会进步的表现，也被认为是推动人权发展的一项重要成就。国新办在2016年底推出的《中国的减贫行动与人权进步》白皮书代表了中国政府在这一问题上的基本立场。由于西方国家长期就"人权问题"在国际社会对中国进行攻击，中国势必需要建立一套更加符合发展中国家情境的人权发展话语体系。扶贫减贫的人权发展观则成为了一个重要的立足点。本文基于"扶贫"与"人权"的关系，考察了以《纽约时报》为代表的西方主流媒体在这两个议题上的涉华报道，分析西方媒体如何建构中国在"扶贫"和"人权"的议题框架及其所表现出的"西方中心"的偏见性认知，从而揭示了建立一套更加符合发展中国家语境的人权话语体系的必要性和紧迫性。

一、人权与贫困：观念变迁与媒介呈现

（一）"扶贫"作为中国的国家叙事

在改革开放40年的时间内，中国在消灭贫困人口，提升民众生活水平上的努力与成果举世瞩目。对于中国而言，"脱贫"已经成为改革开放以来重要的国家叙事主题。所谓国家叙事（National Narratives），指的是一个国家如何向国际社会讲述自己的故事、价值观和发展目标（Roselle et.al, 2014）。国家叙事这一概念来源于社会学中的角色理论，角色理论假设个人处于社会群体中，并利用对角色的辨识对自己和他人的行为形成期待。这一理论关注的是"角色"如何规定了自身的主体性以及其他社会群体对这一主体所应当具有的行为的期待（Biddle, 1986）。学者将这一概念引申至国际关系领域，分析不同国家如何在国际社会中对自身的定位进行建构，并在历史和现实的层面形成关于国家在国际社会中的角色的叙事（Thies, 2012; Berenskoetter, 2014）。

国家叙事对于一个国家在国际社会的声誉和形象具有重要的意义，"美国梦"就是其中的代表，成为美国在国际社会具有代表性意义的国家叙事（Erdheim, 2013）。"美国梦"在强调通过自身努力奋斗而非外界帮助的条件下，人有能力实现自己的梦想，获得更好的生活。这样的叙事背后，反映的是美国经济上的自由放任资本主义和价值观上的个人主义。对于中国而言，在不到四十年的时间内使超过7亿民众脱离贫困，已经被国际社会公认为重要的发展成就。因此，"扶贫减贫"也日益被视作中国的重要国家叙事，代表了中国在社会制度和发展理念上的优越性（《人民日报》, 2017）。

（二）"贫困"议题的西方媒介呈现

基于结构功能主义的视角，大众媒介承担着社会环境监测、解释与协调等一系列社会功能，保障社会有机体的正常运转。作为影响社会稳定发展的因素，"贫困"和"人权"都是西方媒体所关注的热点议题。对于媒体如何塑造"贫困"和"人权"的议题框架，以及媒体的报道如何影响到社会舆论的认知和公共政策的制定，

学者进行了一系列相关研究。

由于美国社会长期存在着严重的贫富分化，关于贫困的议题经常见诸美国的报道。学者研究发现，美国媒体在塑造"贫困"议题的框架时，主要是基于"欺骗"和"懒惰"这两种框架展开，将美国的贫困问题建构成为少数人因道德败坏和缺乏进取心而致贫，而基于"社会失序"的框架进行贫困议题报道的数量则远少于上述两个框架 (Rose & Baumgartner, 2013)。由此可以看出美国媒体作为一种"建制"的力量，在新闻报道中更多强调个人因素对贫困的影响，而忽视了深层次的政策和制度弊端的作用。

此外，美国媒体还将贫困问题与种族问题相联系。数据证明美国的贫困人口中只有四分之一是黑人，但媒体在报道贫困议题时黑人出现的比重却超过三分之二，使得受众对于黑人在贫困人口中的规模产生了严重的认知偏误 (Gilens, 1996)。这种媒体框架还影响到了美国的公共政策制定，由于美国媒体在90年代的新闻报道中塑造了黑人"理应"受穷的框架，引发了美国白人对于福利政策的不满，成为了美国公共福利政策削减的最主要因素 (Gilens, 1995；Clawson & Trice, 2000)。媒体框架的变迁在很大程度上影响到了政府扶贫经费的比重和扶贫政策的态度变化，说明大众传播作为一种"塑造现实的力量"，对于公众认知和公共政策会产生实际的影响。

从全球的视角来看，贫困议题则通常被塑造成为"非洲议题"。有学者分析了2005年的G8峰会中"让贫穷成为历史"（Make Poverty History）的这一动议的话语变迁，发现媒体在报道中通常将动议、G8峰会和非洲问题联系，使得这一原本面向全球贫困问题的动议在媒体的塑造下逐渐演变成为一项解决非洲贫困问题的行动 (Harrison, 2010)。在这个议题上，西方媒体的国际报道形成一套霸权的宰制性话语，塑造和定义了全球范围内的"贫困"形象 (Dorothy, 2009)。因此，不论是在西方国家内部还是全球范围内，都存在着由媒体塑造的话语霸权主导的对于"贫困"这一议题的想象和塑造。

（三）人权观的演变与"免于贫困的权利"

作为一套起源于启蒙运动的话语体系，人权的内涵在近500年的时间内不断发生变化和拓展。目前学术界一般将人权划分为传统人权观和现代人权观，其中传统人权观以个人主义为本位，强调个人的公民权和政治权利；现代人权观则包含了社会和经济权利在内的一系列意涵更为广泛的人权（汪习根、涂少彬，2005）。也有学者认为人权的发展经历了三个阶段，即"三代人权"理论。将起源于法国大革命时期的公民权与政治权归为第一代人权，俄国革命时期形成的经济、社会和文化权力归为第二代人权，而将全球化时代国家的和平权、发展权归为第三代人权（Vasak, 1977）。

虽然分类有所不同，但学者普遍认为社会经济权力同政治权利一样，是人权的重要组成部分。这一理念早已被写入联合国的《世界人权宣言》中。《世界人权宣言》的22—27条就已经超越了人权是公民及政治权利的狭隘视野，提出人拥有"享有他的个人尊严和人格的自由发展所必需的经济、社会和文化方面各种权利是实现"以及"享受为维持他本人和家属的健康和福利所需的生活水准"的权利。

因此，国际社会日益强调从人权的角度看待贫困的议题（Hinsch & Stepanians, 2006；Pogge, 2007）。特别是自印度著名经济学家阿马蒂亚·森提出"贫困是权利体系的函数"这一命题以来，作为一项基本人权而存在的"免于贫困的权利"就得到学术界的认可（郑智航，2013）。由此可见，现代人权已经远远不止政治选举和言论自由的权利，政府通过各种手段帮助贫困阶层民众消灭贫困，提升福利水准和生活水平，同样是重要的人权进步表现，这也是中国推出《中国的减贫行动与人权进步》白皮书的重要法理基础。

长期以来，西方媒体在报道中国的人权问题时在内容选择、消息来源等方面都具有明显的偏好，一方面忽视中国在人权方面所取得的进步，另一方面通过有指向性的框架塑造扭曲中国的人权现状（罗娟丽、刘长敏，2013）。这种媒体报道的框架与美国政府长期利用"人权"议题对中国施压的政策是密切相关的。目前的研究少有从"贫困"和"人权"的关系角度切入对西方媒体在中国人权议题上的报道进行分析的。本文基于扶贫减贫作为现代人权重要组成部分这一理念，考察以《纽约时报》为代表的西方媒体在涉华人权议题上的框架，并尝试分析议题框架背后的话语与权力表征。

二、《纽约时报》涉华人权议题的框架分析

（一）研究方法及文本

本文通过框架分析的方法，对《纽约时报》在2013年以来涉华"人权"议题的报道进行分析，并与《纽约时报》在涉华"扶贫"的议题上的话语策略进行比较。框架分析作为以分析文本为核心的研究方法，能够在动态的社会关系中呈现文本与社会观念的联系（潘忠党，2006）。Gitlin（1980）认为，框架是一个持续不变的认知、解释和陈述模式，符号操控者能够利用框架建构话语和认知。从这个角度出发，框架（framing）不仅是一种研究方法，同时也是带有批判色彩的研究范式，主要在新闻生产的研究领域揭示传播者对符号和文本的操控（陈阳，2007）。

在文本选取中，通过LexisNexis数据库以"China"（中国）+"human right"（人权）和"China"（中国）+"poverty"（贫困）为文本关键词，搜索《纽约时报》2013年以来的相关报道，并通过细读筛选出与研究主题相关的报道。其中"人权"议题相关报道166篇，"贫困"议题相关报道209篇。

在框架的设定中，本文基于现代人权观将人权议题划分为"公民权利和政治权利"和"经济、社会和文化权利"两个部分，并结合《纽约时报》的报道主题将框架设置细分为"异见人士议题""民族宗教议题""国际/海外议题""法治议题""新闻与言论自由议题""社会发展议题""经济与贫困议题"以及"其他议题"，议题框架的具体划分和内容范围见表1。对于"贫困"这一主题，由于缺少较为明确的议题框架，本文主要使用文本分析的方法对这一主题下的报道进行分析，聚焦于美国媒体如何报道中国在扶贫领域的成就以及中国目前的"扶贫攻坚"行动，还有报道中如何对待"贫困"与"人权"这一对议题之间的关系。

表1："人权"议题框架划分

主题	议题框架	衡量标准
公民及政治权利	异见人士议题	以"异见人士""人权行动者"为主题的报道
	民族宗教议题	以"新疆""西藏""宗教自由"等为主题的报道
	国际/海外议题	以"香港""台湾"和国际社会评论、干预中国人权问题为主题的报道
	法治议题	以"人权律师""公检法"为主题的报道
经济、社会和文化权利	新闻与言论自由议题	以"新闻自由""言论自由"为主题的报道
	社会发展议题	以"社会发展""公民组织"为主题的报道
	经济与贫困议题	以"经济发展""脱贫"为主题的报道
	其他议题	上述议题之外涉及人权议题的报道

(二) 框架分析："人权"议题的不平衡报道

通过对《纽约时报》2013年以来涉及中国的人权议题的166篇报道进行内容分析，其议题框架的分布结果如下表所示。

表2：框架分析结果

公民权利和政治权利				经济、社会和文化权利			
143				15			8
异见人士	民族宗教	国际/海外	法治	新闻与言论自由	社会发展	经济与贫困	其他
46	17	40	40	8	5	2	8

根据内容分析的结果可以看出，《纽约时报》为代表的美国主流媒体在报道中国人权问题的时候存在着明显的框架选择取向，偏重关注的是现代人权中的"公民权利及政治权利"，而较少将"社会经济文化权利"纳入人权的议题框架中。《纽约时报》最为关注的三个议题分别是"异见人士""国际/海外"以及"法治"。其中"异见人士"和"法治"两个议题框架将所谓的"持不同政见者"(dissenter)、

"人权律师"（human right lawyer）等描绘成为推动中国人权进步，遭受中国政府迫害的形象，大肆渲染诸如刘晓波、翟岩民、秦永敏等煽动颠覆国家、扰乱社会秩序的违法犯罪者的所谓"人权行动"。"国际/海外"框架则聚焦于国际社会批评中国"人权记录"的声音，借助国际舆论对所谓中国的"人权问题"施压。在"公民及政治权利"这一维度，大多数报道都是在意识形态偏见下对中国的司法行政和公民权利进行歪曲的误导，本质上服务于美国国家利益的需要（杨斌等，2007）。

与此同时，对于中国公民依法享有人权与基本自由，中国政府推动社会进步与经济发展改善民众生活环境的事实，《纽约时报》却选择性地忽视。166篇报道中只有6篇涉及中国社会进步和经济发展对于人权的影响，其中还有2篇是对中国媒体进行"媒介审判"的批评。在所有报道中，只有2篇聚焦于中国发布《美国人权记录》批评美国的人权状况，并在报道中提出了严重的贫富分化和收入差距是对人权的侵犯的观点。由此可见，在"人权"的议题框架下，西方媒体有意识地区别开"公民权利和政治权利"和"经济、社会和文化权利"这两个维度，着重在"公民权利和政治权利"层面对中国的人权状况进行批评，忽视美国自身也存在缺陷的"经济、社会和文化权利"。借助在报道框架上的不平衡，塑造中国在"人权"这一话语上的负面形象。

（三）文本分析："扶贫"议题的话语策略

在以"China"（中国）+"poverty"（贫困）为关键词进行搜索后发现，《纽约时报》涉及相关议题的报道共有209篇，但以中国的扶贫减贫的报道为主题的内容较少。本文这一部分通过文本分析的方法，对于《纽约时报》报道中国扶贫议题的内容进行话语分析，以呈现其话语策略。同时对"人权"议题的报道框架和"扶贫"议题的报道话语进行比较，以揭示二者之间的关系。

在涉及中国经济发展与脱贫的议题上，《纽约时报》的态度较为积极，称赞或认同中国的发展模式帮助大量贫困人口实现脱贫，并认为这一成果是"现象级的""惊人的"。

China's economic progress over the past century has been phenomenal, lifting hundreds of millions of Chinese out of poverty. （中国在过去一个世纪的经济发展是现象级的，使得数亿民众得以摆脱贫困）

Skeptics notwithstanding, China's model, which has brought more people out of poverty faster than any other system in history, continues to flourish. （尽管仍受到质疑，中国这一史无前例的帮助民众快速脱贫的模式仍旧蓬勃发展。）

在分析和介绍中国的扶贫政策时，《纽约时报》则重点将目光聚焦于习近平主席提出的"脱贫攻坚"行动中。特别是中国宣布2020年实现农村贫困人口全面脱贫的目标，在《纽约时报》的报道中反复出现。

President Xi Jinping has vowed to eliminate extreme poverty by 2020, but it will not be easy. （习近平主席承诺将在2020年消灭极端贫困，虽然这并不容易做到。）

Nearly seven decades after the Chinese Communist Party rose to power on a promise of prosperity for all, President Xi Jinping has vowed to fulfill the Communists' original intent, staking his legacy on an ambitious plan to complete the eradication of rural poverty by 2020. （在中国共产党执政近七十年之后，习近平主席承诺履行共产党人的初衷，将自己的政治遗产压在一项雄心勃勃的计划上——在2020年消灭偏远地区的贫困。）

通过新闻文本可以看出，虽然仍旧使用了一些带有负面论调的修辞，但《纽约时报》报道中国扶贫议题的态度整体上趋向于积极，一方面承认中国的发展模式和经济成就使得大多数民众摆脱贫困，另一方面对于习近平主席承诺在2020年彻底消灭极端贫困的举措表达出赞赏。相比于"人权"议题上的报道框架，《纽约时报》在涉及中国的扶贫减贫问题时关注中国的社会进步和民生改善。

但是，《纽约时报》在报道中国的扶贫问题中却有意识地将"扶贫"与"人权"这两套话语割裂开来。虽然承认中国在扶贫减贫方面所做的努力和成果，但不仅不会将其视作中国在人权方面的进步，反而将经济发展与人民生活水平提高和人权进步区隔。"Xi Jinping's Dreams of Power"一文中，《纽约时报》在称赞中国的经

济发展和国际地位提升之后,笔锋迅速转变,开始对中国的发展模式和人权问题进行批评:

China will set its own path, challenging the liberal order based on the rule of law, human rights... (中国开始设定自己的发展道路,挑战基于法治和人权等理念的自由秩序……)

这种有意将"扶贫"和"人权"议题对立起来的报道方式,并不是《纽约时报》的通用模式,在报道本国的"人权"议题时,《纽约时报》会将人权与贫困等议题相联系。"Clinton Highlights Record on Women's Rights at U.N."一文中引述希拉里关于女权问题的讲话,其中强调改善贫困和公共卫生是人权的一部分。由此可以看出,美国在国家叙事的层面是认同脱贫和改善民生作为一项基本人权的,但在涉及中国人权议题的报道中,这种联系却被悄然割裂了。

三、"扶贫"与"人权"的双重话语

通过对《纽约时报》在涉华"人权"与"扶贫"报道上的分析可以看出,虽然美国媒体认同美国在国家叙事层面将"消灭贫困"作为人权的一部分,但在涉及中国的报道中却明显地将"扶贫"和"人权"两大议题的联系割裂。一方面在"人权"的维度下,基于自由主义民主的价值观批判中国在公民及政治权利方面的不足,但几乎完全不提中国在提升民众的社会经济权利——特别是在推动社会进步和改善民众生活状况方面的进步;另一方面在"扶贫"的维度下,积极地称赞中国在扶贫中的努力和成果,但是完全不纳入"人权"的框架,不将其视作中国在人权方面的进步。

基于此,美国媒体在"人权"和"扶贫"的议题上形成了双重话语空间,进而影响了国际舆论对于中国"人权问题"的认知。所谓双重话语空间,指的是媒体在报道中基于不同的权力关系、社会结构和制度等因素形成的不同框架(贾哲敏,2012)。这一概念原本是解释中国官方媒体与社交媒体中的民间话语之间的框架互动(何舟、陈先红,2010),但在这里同样可以理解《纽约时报》在涉华人权议题的报道中的议程。

　　Spurr（1993）认为，"分类"是西方媒体的一种重要修辞手段。西方媒体通常是使用傲慢的语气"指导"其他国家应该如何去实现发展，并设定一个单一的政治经济标准。国家会被基于是否达到这个标准进行分类，被赋予一种"阶层化"的政治形象。由于"人权议题"长期以来是美国等西方国家对中国施压的重要手段，因此媒体在报道中需要建构出中国在人权议题方面的负面形象。

　　基于这种政治背景，《纽约时报》有意识地遮蔽了中国在扶贫减贫中的努力与人权进步之间的现实性联系，从而将"人权"议题的负面属性与"扶贫"成就带来的中国海外形象的提升割裂开来。《纽约时报》这样的国际主流媒体，在国际舆论场中扮演着占据主导地位的"宰制性群体"，通过设定这样的双重话语空间，形成了话语的霸权力量，使得中国在摆脱贫困、提升民众社会经济权利方面的努力与中国的人权状况作为分裂的话语而存在，导致中国在国际社会关于"人权"的议题对话中长期处于被动的地位。

　　对于中国而言，"扶贫"作为一套较为成熟的国家叙事，需要与国际社会在"人权"领域的话语产生更为紧密的联系。诸如推出《中国的减贫行动与人权进步》白皮书，能够进一步增加国际社会对于中国基于扶贫减贫提升民众人权与民生的认知，改善中国在国际社会中"人权记录"不佳的形象，对于《纽约时报》塑造的具有宰制性的霸权话语提出有力的挑战。

（作者史安斌系清华大学新闻传播学院副院长、教授；王沛楠系清华大学新闻与传播学院博士研究生）

国际条约与国际合作是提高各国社会保障水平的要素

[俄罗斯] 塔蒂亚娜·谢丽契科娃

1.《经济、社会和文化权利国际公约》是社会人权领域内具有法律约束力的主要国际条约

重要的一点是,各国政府都有义务基于国际援助和合作项目(特别是经济和技术层面上的援助和合作项目),以及借助各种适当的手段(特别是通过立法措施)最大限度地利用可用的资源,全面实现上述的每一项权利。

按照《经济、社会和文化权利国际公约》(ICESCR)促进和保护经济、社会和文化权利是消除贫困和改善人民福祉的要素。

庆祝国际公约签署第50周年的纪念大会提供了总结经验和分享该领域内的最佳实践的机会。联合国人权理事会(HRC)和联合国大会(GA)的各项决议可以作为促进国际对此方面进行对话的渠道。

《残疾人权利国际公约》《儿童权利公约》及《消除对妇女一切形式歧视公约》可以在改善人民福祉的过程中发挥巨大的作用。

联合国人权理事会和联合国大会关于经济和社会权利的其他相关决议可以提供机会,有助于深化对某些特定问题和方面的理解,同时还有助于考量在该领域的国家政策执行框架内引入专项措施的可行性。

2.国际合作和国际援助是贫穷国家和发展中国家改善社会状况的重要途径

以俄罗斯在这一领域内的活动为例。俄罗斯联邦以团结一致作为指导原则,通

过独立行动及与来自国际组织的合作伙伴开展合作,在运营项目及资金方面作出积极响应,并与联合国各专门机构展开合作,为促进国际发展作出了贡献。2015年1月,俄罗斯联邦就发展援助领域与联合国旗下的重要机构——联合国开发计划署(UNDP)开展合作签署了框架协议,在该框架协议下,俄罗斯能够为伙伴国家提供关于发展的广泛知识和实践经验。

俄罗斯联邦是发展中国家可靠、最负责任的合作伙伴,通过确保粮食安全、创建并升级贸易和经济基础设施和行业等领域的方案和项目,俄罗斯帮助发展中国家的人民解决最紧迫的问题,这些问题涵盖创新、维护环境稳定性、发展教育和医疗服务(包括控制艾滋病毒/艾滋病、结核病和疟疾、降低母婴及儿童死亡率以及消灭埃博拉病毒等重要领域)等方面。

债务减免依然是俄罗斯向发展中国家提供援助的重要组成部分。截至目前为止,在重债穷国的倡议下,俄罗斯联邦已经免除了非洲国家的绝大部分债务(总额超过了200亿美元)。

俄罗斯联邦目前正为人权领域的部分重要项目提供资金,其目的是实现《经济、社会和文化权利国际公约》中规定的权利。

俄罗斯执行国际条约的目的是提高人民福利,减轻贫困,以及保障社会和经济权利。

3.俄罗斯联邦致力于保护人民的劳动权和健康权,建立最低工资保障制度,为家庭、母亲、父亲和儿童提供国家支持,同时还为残疾人和老年人提供保障,创建社会服务体系,以及建立政府养老金、福利及其他社会保障制度。《俄罗斯联邦宪法》及相关立法提供了免费享受中等教育和在择优录取的基础上免费享受高等教育的机会、涵盖全方位基础服务的免费医疗护理以及获得国家养老金、福利及其他形式的社会保障的权利。关于特定社会弱势群体(残疾人、退伍军人、带孩子的单亲家庭、多子女家庭、孤儿及其他群体)的社会福利方面已有相关安排。儿童的监护人或父母有权在孩子未满3岁前请假照顾孩子。其他的一些措施也可以为二胎(及以上)家庭[政府发放专门的证书,持有该证书的母亲(或家庭成员)可以获得相应的补助（亦称"生育津贴"）] 提供支持。

认真对待失业人员的工作权利，并为失业群体提供支持。针对特定群体建立额外的就业保障体系。通过发展和落实可促进就业、创造更多工作岗位及建立专门机构的相关项目（包括残疾人的劳动就业机会）、制定残疾人就业配额制度以及组织专业课程及其他措施来提供保障。

这些措施可以暂时解决面临解雇风险的工作者和求职者的工作问题。这项倡议主要涉及：处于经济衰退期的企业、面临工时缩减和下岗风险的员工；预备性的职业再培训和对面临下岗风险的工作者和求职者的重新分配；通过社会项目促进青年就业；以及残疾人的社区就业。

消除贫穷的另一种途径就是俄罗斯联邦的最低薪资水平法案，该法案规定了在暂时性脱岗、怀孕和分娩时以及在将社会保险作为强制险种的其他条件下最低劳动报酬和福利水平。最低标准应同时在俄罗斯联邦境内实行。与此同时，俄罗斯联邦主体还可以通过区域性的工资协定，将其最低工资设定为高于联邦最低标准的水平。

劳动者在特定时段完成工作定额（劳动义务）的最低工资不得低于最低薪酬水平，也不得低于相应联邦主体的最低工资标准。现行法律规定，最低薪酬水平不得低于维持生活的最低标准（在俄罗斯联邦，维持生活的最低标准即为其官方贫困线）。

社会保障，包括国家养老金和社会福利，自愿投保的社会保险、补充性保障收入和慈善项目。相关法律规定，家有儿童的公民有权获得国家生育津贴，同时还规定，在医疗机构登记的妇女一次性获得怀孕早期补助津贴总额、一次性获得分娩福利总额，并且可每月获得育儿津贴（直至孩子年满一岁半为止）。在暂时丧失工作能力和生育能力的情况下，投保了强制社会保险的公民有权领取抚养津贴（直到孩子年满18周岁为止），该津贴按平均工资的40%支付，同时以暂时丧失工作能力和生育能力的强制社会保险的保费作为补充。

卫生保健和医疗护理。医疗护理是由国家和市级医疗机构免费提供的，并由相关预算、保险费和其他形式的收入提供资金。在缴纳保险费、计算缴费金额和计算养老金水平等方面，男女公民都享有平等的权利。

政府为公民提供的社会支持项目为减少贫困人口确定了目的和目标（指标），同时还明确了实现这些目标所需采取的行动。俄罗斯联邦通过与监督及评估国家保障状况相关的总统令，公布了涉及国家保障的官方认证以及确定当前国家保障指标（包括贫困指标）的方案 [该指标包括可行范围内的最高水平（即所谓的"临界"水平）]。

(作者塔蒂亚娜·谢丽契科娃系俄罗斯联邦外交部人文合作与人权局处长)

人权视角下的减贫:
国际人权法框架与中国的发展路径

[中国] 唐颖侠

一、贫困是对人权的侵犯

经济匮乏或收入不足是多数对贫困的定义的标准特点,但这本身并没有将贫困现象的众多社会、文化和政治因素考虑在内。贫困不单单是经济或物质资源匮乏,它也是对人类尊严的侵犯。事实上,贫困对人权的侵犯之广远超过其他社会现象。贫困损害或否认了健康权、适足住房权、食物权、安全饮水权以及教育权等经济和社会权利,同样还有公平审判权、政治参与和人身安全权等公民和政治权利。人权层面的定义和理解更充分地回应了贫困的许多方面,不只关注资源层面,同时也关注享有适足生活水准和其他基本的公民、政治、经济、社会及文化权利所需要的能力、选择、安全和权力问题。[1]

从人权的角度来看,贫穷可被描述为剥夺了一个人拥有一系列基本能力的权利[2],例如获得充足营养的能力,健康生活的能力,以及参与决策进程和社区中社会和文化生活的能力。就权利而言,人们可以说,生活在贫穷状态的人是一系列人权未能得到满足者,例如食物权、健康权、政治参与权等。如果无法掌握经济资源,在某种程度上导致了一个人不能实现自我,则此类权利就对贫穷产生了根本性的意义。一些人权的实现,将有助于实现对贫穷有根本性意义的其他人权。例如,如果

---

[1] 联合国人权高专办:《减贫战略人权方针的原则和准则》,https://www.ohchr.org/CH/Issues/Poverty/DimensionOfPoverty/Pages/Index.aspx。

[2] 同上。

工作权得以实现，就有助于实现食物权。此类权利可以说对贫穷产生了工具性意义，当然，同一些人权既可以是根本性的，也可以是工具性的。从权利的视角审视贫困问题，才可以触及贫困的本质。诺贝尔经济学奖得主阿马蒂亚·森通过分析研究，得出的结论是"权利的匮乏才是加剧饥荒和贫困的本源，而诸如自然灾害之类的客观因素仅仅只是引起或加剧饥荒或贫困问题"。[1]只要我们把贫困视为量化的自然资源匮乏所造成的问题，政府就只是去减少它而不是去积极消灭它。而只有在贫困被看成是对人权的践踏，并且在这个意义上废除贫困时，贫困才会消亡。[2]从根本上，贫困并不是一个生活标准，更不是某类生存条件：它既是全部或部分否定人权的原因，也是其结果。

贫困总是违背社会权，一般情况下会违背经济权，并且经常践踏文化权，有时还会违背政治权甚至公民权。相应地，对其中任何一种人权的系统破坏都会使人迅速陷入贫困状态。[3]正如1993年维也纳国际人权会议所达成的共识：贫困与违背人权之间存在着内在联系。然而，人权是不能废弃和不可分割的。违背人权从根本上是对整个人类尊严的侵犯，而非不相干的人所遭遇的无关痛痒的不便。

正如联合国人权高专办出版物《减贫战略人权方针的原则和准则》前言中所述，贫穷不仅仅是收入问题，从更基本的意义上来说，也是有能力在尊严中生活，享有基本人权和自由的问题。它涉及一系列相互关联和相互加强的剥夺，影响到民众主张和享有其公民、文化、经济、政治和社会权利的能力。[4]

平等和不歧视这两项原则是国际人权法的最基本要素。承认这些原则有助于强调这一事实，即贫穷大多来源于直接或间接的歧视性做法。承认这一点，就要求国家调整减贫战略，从仅仅侧重于狭隘的经济问题转向更广泛的战略，解决支持歧视结构的社会文化和政治法律制度。因此，人权视角下的减贫要求消除支持歧视、损害特定个人和群体的法律和制度，将更多的资源用于最有可能造福于穷人的活动领域。

---

[1]　［印度］阿玛蒂亚·森：《贫困与饥荒——论权利与剥夺》，王宇、王文义译，商务印书馆，2009年，第5页、第14页。
[2]　［法］皮埃尔·萨内："贫困：人权斗争的新领域"，刘亚秋译，《国际社会科学》2005年第2期，第86页。
[3]　同上。
[4]　联合国人权高专办：《减贫战略人权方针的原则和准则》，https://www.ohchr.org/ch/Issues/Poverty/DimensionOfPoverty/Pages/Guidelines.aspx。

二、国际人权法框架下与减贫相关的具体权利

在既有的国际人权法框架下，国家作为减贫的主要义务承担者，不能把减贫单纯地视为收入和资源问题，而是享有适当生活水准以及其他基本公民、文化、经济、政治和社会权利的能力、选择、安全和权力问题。具体而言，包括以下几个方面。

（一）生命权和身体完整性的权利

生活贫困的人往往面临体制性的和个别的、来自国家和私人行为者的对其身体完整性的暴力侵害和威胁，使他们终日生活在恐惧和不安之中。持续面临和易受暴力侵害会影响到一个人的身体和精神健康，损害其经济发展和脱离贫困的能力。生活贫困的人没有多少，或毫无经济独立性，找到安全和保护的可能性较少。执法人员常常以生活贫困划线并故意以他们为目标。生活贫困的妇女和女孩尤其受到基于性别的暴力侵害，其中包括（但不限于）家庭暴力、性虐待和性骚扰以及有害的传统习俗等。此外，贫困是可预防的死亡、健康不良、高死亡率和低预期寿命的根源，这不仅是因为更多地面临暴力侵害，而且是因为物质上的被剥夺及其后果，例如，缺乏食物、安全饮用水和卫生设施等。

因此，国家应首先采取特别措施确保生活贫困的人的生命权和身体完整性平等地受到尊重、保护和得到实现，包括通过培训执法官员、审查警务程序和建立最弱势群体能采用的明确的问责制来做到这一点。其次，制定具体的战略和制度以治理对生活贫困的人的基于性别的暴力侵害问题，包括为家庭暴力的妇女受害者提供躲避场所。第三，尽资源的最大可能，采取一切必要措施确保生活贫困的人至少能得到营养适足和安全的最低水平的必要食物、基本的躲避处、住房和卫生设施，以及供应充足的安全饮用水，以预防疾病和物质匮乏所造成的其他有害后果，包括营养不良、流行病和母婴死亡等。[1]

---

[1] 人权与极端贫困问题特别报告员玛格达莱娜·塞普尔韦达·卡尔莫纳提交的《关于人权与极端贫困问题指导原则》最后草案（A/HRC/21/39），https://documents-dds-ny.un.org/doc/UNDOC/GEN/G09/127/43/PDF/G0912743.pdf?OpenElement。

（二）工作权

生活在贫穷状态的人无疑缺乏适当和安全的生计。在农村和城市，穷人面临失业、就业不足、不可靠的临时工作、微薄的工资和不安全的工作条件。在农村，他们的生计因多种因素而朝不保夕，例如缺乏使用土地和灌溉的机会、缺少种子和化肥、交通不便，以及过度使用共同资源，例如牧场、森林和渔场。面临这些日常的脆弱因素，生活在贫穷状态的人往往需要努力从多种来源获得收入和食品，也更容易参与反社会的、危险的和非法的活动。不充分和不安全的生计导致了贫穷。因此，从事体面和生产性工作可在减贫方面发挥直接作用。此外，享有这一权利有助于确保其他权利，例如同样与减贫有关的食物权、健康权和住房权。

国际人权法中[1]规定，所谓工作，必须是体面的工作。工作权包括人人享有公正和有利的工作条件，包括合理的工资和同工同酬、机会平等、确保雇员及其家人体面生活的适当报酬、安全和健康的工作条件、合理的工作和休息时间，以及组织和进行集体谈判的权利。

（三）适足食物权

人的生存需要适足食物。营养不足将影响人的一生，脑细胞得不到发育，生长迟缓，疾病接踵而来，潜力受到限制，饥饿者注定只能勉强维持生存。饥饿儿童在学校无法集中注意力，饥饿降低了工人的生产率。贫穷可导致营养不足，而营养不足又可能进一步加剧贫穷。营养不足和饥饿构成贫穷。因此，适足食物权可在减贫方面发挥关键作用。此外，享有适足食物权有助于确保其他权利，例如健康权、教育权和工作权。食物权包括水权，这也与健康权和适足住房权密切关联。

免于饥饿权属于最低限度的适足食物权。根据国际人权法，食物权[2]意味着食物的可得性和可及性。食物的可得性是指靠生产性用地或其他自然资源直接喂养自己的可能性，或存在运转良好的分配、加工和销售体系，可根据需求，将食物

---

[1] 《经济、社会和文化权利国际公约》第六条（第18号一般性意见）、第七条、第九条，《公民权利和政治权利国际公约》第八条以及《消除对妇女一切形式歧视公约》第六和十一条，《儿童权利公约》第三十二、三十四、三十五和三十六条。

[2] 《经济、社会和文化权利国际公约》第十一条（第12号一般性意见、第15号一般性意见），《儿童权利公约》第二十四和二十七条，《消除对妇女一切形式歧视公约》第十四条。

从生产地点运往需要的地点。食物的可及性包括经济和实际可及性。经济可及性意味着个人或家庭为满足适足饮食而获取食物的开支不应影响其满足其他基本需要。实际可及性意味着每个人,包括处于极其脆弱状态的群体,例如妇女、儿童、老人、病人、残疾人、精神病患者以及自然灾害和武装冲突的受害者,都能够获得适足食物。适足食物权还包括食物安全和保障供给。

(四) 适足住房权

生活在贫穷状态的人大多数都因其生活地点和物质条件而处境不利,朝不保夕。他们的住所无保证,拥挤和污染造成种种问题,季节的变化带来恶劣条件,地处边缘,缺乏基础设施,包括缺乏安全饮用水引起种种问题,遭人轻视。恶劣的住房情况反映并加深了受剥夺状态。流离失所,以及生活在危险和不卫生的住房中,构成了贫穷,因此,适足住房权在减贫方面有其关键作用。此外,享有适足住房权有助于确保其他权利,例如健康权。

适足住房权[1]不应狭隘地理解为每人头上有一片屋顶的权利,应该把它视为安全、安宁和尊严地居住某处的权利。这项权利首先要求租用期的法律保障。人人有权得到法律保护,免遭强迫驱逐、骚扰和其他威胁。其次,安居。必须向住户提供足够的空间,保护他们免受种种因素对健康的威胁。第三,居住地点。住房必须处于安全和卫生的地点,有机会维持适当的生计,同时便于获得就学、保健、交通和其他服务。第四,力所能及。与住房有关的个人或家庭费用应保持在一定水平上,不至于使其他基本需要的获得和满足受到损害。第五,住房机会。人人都应有机会获得住房,尤其是获得住房可能很困难的群体,例如老年人、残疾人和精神病患者。第六,文化上的可接受性。住房必须在文化上对住户是可接受的,例如在设计、布局和其他特点上体现了他们的文化取向。第七,适当的基础设施。必须有对健康、安全、舒适和营养不可或缺的服务、材料和设施,例如安全饮用水、卫生设施和盥洗设施。

---

[1] 《经济、社会和文化权利国际公约》第十一条 (第4.7.15号一般性意见)。

(五) 健康权

健康不良会毁掉生计，降低工人的生产力，减少教育成果，限制机会，因而造成贫穷。由于贫穷使医疗机会减少，环境风险和营养不良增加，因此，健康不良往往也是贫穷的后果。因此，健康不良既是贫穷的原因，也是其后果。患病者更易变穷，穷人对疾病和残疾更加脆弱。健康良好对创造和维持穷人摆脱贫穷所需的能力至关重要。作为穷人的一项重要资本，健康良好有助于他们获得更大的经济安全。健康良好不只是发展的结果，也是实现发展的途径。如果缺乏对经济资源的掌握在此因果关系中发生影响，健康不良只会构成贫穷。因此，健康权在减贫方面发挥了减贫作用。此外，享有健康权有助于确保其他权利，例如受教育权和工作权。

健康权[1]应理解为保持健康的权利。健康权是有权享有各类必要设施、商品、服务的条件，以实现可能达到的最高健康标准。健康权包括医疗保健和健康的基本决定因素，包括获得安全饮用水、适足的安全食品、适足的卫生设施和住房、卫生的职业和环境条件，以及获取与健康有关的信息和教育。健康权意味着一国之内存在数量充足的公共卫生和卫生医疗设施、商品和服务。它还意味着每个人都可不受歧视地获得这些设施、商品和服务。

(六) 受教育权

教育是儿童和成人摆脱贫穷的基本手段。行使受教育权有助于享有许多其他人权，例如工作权、健康权和政治参与权。缺乏教育，例如高文盲率和小学低入学率等现象，本身即是一种贫穷。

国际人权条约以相对严谨的方式规定了受教育权[2]。除了向所有儿童提供免费和义务性质初等教育以外，国家还有义务逐步向所有人提供免费和平等的中等教育（包括职业培训），以及根据能力对一切人平等开放免费教育。国家还有义务针对未能满足其基本学习需要的成年人加强基础（基本）教育，目的首先是消除文盲。

---

[1] 《经济、社会和文化权利国际公约》第十二条（第 14 、15号一般性意见）、《儿童权利公约》第六和二十四条、《消除对妇女一切形式歧视公约》第十(h)、十一(1)(f)、十二(1)、十四(b)条和第24号一般性意见。

[2] 《经济、社会和文化权利国际公约》第十三条、第十四条、第 11.13 号一般性意见，《儿童权利公约》第二十八和二十九条、第 1 号一般性意见。

平等和不歧视是受教育权的重要方面,国家应优先考虑向女童和其他易受歧视群体,例如残疾儿童平等开放教育。教育质量应注重最充分地发掘儿童的人格、天赋和能力潜力,使儿童能够本着宽容精神以及对人权、自然环境、其父母和文化特性以及与其自身不同的其他文明的尊重,负责任地参与自由社会中的生活,学校纪律的执行应符合儿童的人格尊严。

(七) 个人安全和隐私权

生活在贫穷状态的人通常面对各种形式的不安全。除了财务、经济和社会不安全外,他们往往还无家可归、被边缘化、受歧视,并遭受国家和非国家行为者的人身暴力侵害以及对其隐私、人格、名誉和名声的攻击。因此,努力加强穷人对个人安全的权利应在减贫战略中占据重要位置。

个人安全权利[1]是一项独立于个人自由权利的人权。如果个人和群体遭受死亡威胁、暴力攻击、骚扰、恐吓或严重的歧视待遇,国家既负有对其生命、人格和个人安全提供最低限度保护的积极义务,还负有确保任何个人不受国家或非国家行为者对其隐私、家庭、住宅或通讯的任意或非法干涉,或对其荣誉和名誉的非法攻击的义务。隐私的概念是保护个人存在和自主这一特殊领域,包括个人的容貌、特征、人格、私密关系、性关系、通信、家庭和住宅,只要其不涉及其他人的自由和隐私。

(八) 公正审判权

生活在贫困状态的人对政府机构和个人侵犯和滥用人权的行为尤其脆弱。穷人面对这类行为保护自己的最重要的可用手段是寻求司法救济。然而,由于经济和其他原因,生活在贫困状态的人一般缺乏获得司法保护的能力。即使有免费的法律援助,他们也缺乏必要的信息和自信心来获取司法救济。因此,国家应积极促进穷人免费利用法院、法庭和其他解决争端机制作为对侵犯人权行为的救济措施。穷人更容易被控犯罪行为。生活在贫穷状态的人无论是否犯罪,都有权享有对公正审判的最低限度保障,例如推定无罪。经验表明,生活在贫穷状态的人比其他人更有可能遭到歧视,更有可能被剥夺这些最低限度的保障。

---

[1] 《公民权利和政治权利国际公约》第七条、第九条、第十条第一款、第十七条 (第8.16.20、21号一般性意见)、《禁止酷刑和其他残忍、不人道或有辱人格的待遇或处罚公约》第七条。

公正审判权要求[1]所有人在法庭面前一律平等，在民事和刑事审讯中享有特定程序性保障。在法庭前的平等尤其意味着，所有人都必须在不受歧视的情况下，有权平等寻求由独立和公正的法庭或裁判所来对民事争端或刑事指控作出决定。在民事和刑事诉讼中，最重要的程序性保障是接受公正和公开审讯的权利。一些程序性保障特别提到穷人的需要：如果刑事审讯中，被告没有为法律援助付费的充足手段，在司法利益有此需要的情况下，政府有积极义务免费提供律师。同样，如果被告不懂或不会讲法庭上使用的语言，应免费获得译员的援助。生活在贫穷状态的人如为国家或非国家行为者侵犯人权行为的受害者，应有平等机会，免费向民事、行政或宪法法庭、裁判所和其他解决争端机制求助，作为补救措施和有效的赔偿手段。

（九）政治权利和自由

一般来说，生活在贫穷状态的人受社会排斥，属于政治边缘化群体。他们缺乏切实参与政治决策的必要信息和政治权利。由于他们在政治决策机构中代表不足，他们的特殊需要往往被忽略，因此，缺乏政治权利和自由既是贫穷的原因，也是其后果。遭受社会和政治排斥的人更有可能陷入贫困，穷人更容易遭受社会排斥和政治边缘化。缺乏政治权利和自由是贫困的要素。帮助穷人积极参与政治决策，以及社区的更广泛的社会和文化生活，有助于消除社会排斥和政治边缘化。此外，享有政治权力和自由有助于确保其他人权的实现，例如教育权、工作权、健康权和公正审判权。[2]

三、中国减贫的发展历程与人权保障

2016年《中国的减贫行动与人权进步》中指出，中国的减贫行动是中国人权事业进步的最显著标志。[3]改革开放以来，7亿多贫困人口摆脱贫困，农村贫困人口减

---

[1] 《公民权利和政治权利国际公约》第十四条、十五条。
[2] 联合国人权事务高级专员办事处："减贫战略人权方针的原则和准则"，2006年，https://www.ohchr.org/Documents/Publications/PovertyStrategiesch.pdf。
[3] 中华人民共和国国务院新闻办公室：《中国的减贫行动与人权进步》，2016年10月。

少到2015年的5575万人，贫困发生率下降到5.7%，基础设施明显改善，基本公共服务保障水平持续提高，扶贫机制创新迈出重大步伐，有力促进了贫困人口基本权利的实现，为全面建成小康社会打下了坚实基础。联合国《2015年千年发展目标报告》显示，中国极端贫困人口比例从1990年的61%，下降到2002年的30%以下，率先实现比例减半，2014年又下降到4.2%，中国对全球减贫的贡献率超过70%。中国成为世界上减贫人口最多的国家，也是世界上率先完成联合国千年发展目标的国家，为全球减贫事业作出了重大贡献，得到了国际社会的广泛赞誉。

（一）从救济式扶贫到开发式扶贫

新中国建立以来，中国的扶贫政策经历了从救济式扶贫到开发式扶贫的转变。救济式反贫困政策忽视了贫困者自身的主动性和创造性，部分贫困者陷入越扶越穷的恶性循环之中，甚至其自尊心和自信心也受到了某种程度的伤害，以"等、靠、要"式的惰性来回报国家"钱—粮—棉"式的扶贫。[1]随着改革开放的深入，救济式反贫困政策的缺陷愈来愈突出。1986年国务院成立了扶贫开发领导小组，建立了专门的领导机构，并制定了一系列扶贫开发政策。

开发式扶贫政策以区域经济发展战略为主要手段，重点在于改善贫困地区的生产条件，促进贫困地区经济发展。中国政府把592个国家重点扶持贫困县作为扶贫主战场，以县为单位推进扶贫事业。《中国农村扶贫开发纲要（2001–2010年）》把全国14.8万个贫困村作为扶贫开发工作的重点，逐村制定扶贫规划，分年度组织实施。《中国农村扶贫开发纲要（2011–2020年）》则把自然条件恶劣、经济社会发展严重落后的14个集中连片特困地区作为扶贫开发的主战场，投入巨额资金，建设交通、水利、电力、生态环境等方面的基础设施，发展适合当地特点的产业。开发式扶贫战略取得了巨大成功。[2]

从救济到开发的政策转变，体现了"赋权"[3]的重要人权理念。在这一过程中，贫穷个人或群体提高了能力，可以作出选择，将这些选择化为理想的行动和成果，

---

[1] 郑智航："论免于贫困的权利在中国的实现——以中国的反贫困政策为中心的分析"，《法商研究》2013年第2期，第50页。
[2] 李云龙："人权保障视野下的中国扶贫进程"，《东北财经大学学报》2016年第4期，第9页。
[3] Deepa Narayan, *Empowerment and Poverty Reduction: A Sourcebook*, World Bank, 2002.

并针对影响其生活的机构进行参与、谈判、影响、控制和问责。

(二)精准扶贫开创中国人权保障的新路径

以贫困地区为重点的开发式扶贫战略的缺陷日益显现出来。随着贫困地区基础设施的不断完善和经济的持续发展,农村贫困人口大量减少,开发式扶贫的效率开始降低。尽管投入大量扶贫资金,但取得的效果却并不十分理想。多年来,扶贫工作始终存在着贫困人口底数不清、针对性不强以及扶贫指向不准的问题。一些真正贫困的居民没有得到帮扶或者帮扶力度不够,不少宝贵的扶贫资源流向非贫困人口。

为了提高扶贫效率,帮助贫困人口早日脱贫,十八大以来党中央、国务院提出了精准扶贫的概念,推动了中国扶贫战略的重大转变。第一,精准扶贫解决了长期困扰扶贫工作顺利进行的贫困人口识别问题。准确识别出贫困人口是一切扶贫工作的前提。传统的粗放式扶贫方法的一大缺陷就是扶贫对象不清楚,真正贫困的人没有得到帮扶,宝贵的扶贫资源帮助了一些并非真正贫困的人。精准扶贫建立了群众评议、入户调查、公告公示、抽查检验、信息录入等贫困人口识别程序,据此有效地识别出贫困人口,增强扶贫工作的针对性。第二,精准扶贫改变了简单划一的帮扶方式,根据贫困对象的具体情况和特殊的致贫原因,为每个贫困户和贫困村制定不同的脱贫方案,投入不同的资源,确定帮扶责任人,务必使其按期脱贫。第三,精准扶贫要求对扶贫对象进行动态管理,实现扶贫对象有进有出。[1]自1986年实施扶贫开发以来,我国扶贫瞄准机制一直在矫正与调整,从贫困区域→贫困县→贫困村→贫困户,逐步细化扶贫对象,并将贫困对象锁定在每个贫困户和每个人上。

四、人权视角下中国特色减贫发展路径的特点

中国逐渐形成了符合国情的减贫发展道路,这是一个动态发展的过程,我们大致可以梳理出以下几个特点和未来发展的方向。

(一)从物质资源到社会结构

自阿马蒂亚·森提出"贫困是权利体系的函数"这一命题以来,作为一项基本

---

[1] 李云龙:"人权保障视野下的中国扶贫进程",《东北财经大学学报》2016年第4期,第9页。

人权而存在的"免于贫困的权利"就愈来愈得到学术界的认可。这种看待反贫困问题的权利进路在事实上意味着贫困问题是发展中国家的一个结构性问题，而绝不仅仅是一个经济发展问题。因此，在这种研究进路之下，要消除贫困就必须从根本上解决滋生贫困的社会结构问题。这种社会结构问题既包括国内结构问题，也包括国际结构问题。

首先，长期以来中国的反贫困政策都将贫困问题视作一个单纯的经济问题而没能将反贫困问题作为一个权利问题来看待，因而也就无法看到贫困与民主、贫困与能力等之间的内在关联，致使中国反贫困的速度放缓。其次，中国的反贫困政策忽视了国际结构这一维度，忽视了发达国家及国际组织在发展中国家（包括中国）实现免于贫困的权利方面所承担的国际人权法义务，从而致使中国在开展人权对话中处于被动地位。

中国的贫困问题我们不能仅仅从物质资源意义上的贫困维度来加以看待，应当充分关注国内结构对免于贫困的权利在中国的实现所造成的影响，并从结构性贫困维度解决中国的贫困问题。所谓结构性贫困，是指贫困产生的原因并不仅在于生活资料在自然意义上具有的稀缺性，而且在于社会既有的结构，在于政府在某些方面的不作为。[1]

（二）从关注经济贫困到权利贫困

贫困首先被看作是一种经济现象。从经济学的角度来看，贫困是由于收入不足而导致的生活匮乏状态。因而，有人把贫困界定为缺少达到最低生活水平的能力，也有人把贫困界定为个人或家庭的经济收入不能达到社会可接受的生活标准那种状况。总体而言，从经济学的角度看，贫困是因为经济收入不足而不能达到最低生活水平或社会可接受的生活标准的状况。[2]

"权利贫困"是指社会成员应享受的各种基本权利的缺失，这种权利既可以包括社会成员的生存权和发展权，也可以包括政治权利、经济权利、社会权利和文

---

[1] 郑智航:"论免于贫困的权利在中国的实现——以中国的反贫困政策为中心的分析",《法商研究》2013年第2期，第48页。
[2] 青连斌:"贫困的概念与类型",《学习时报》2006年6月5日，第5版。

化权利等各种人权，这是贫困最根本的特征。考察我国贫困群体现有的权利状况，我们可以发现，正是由于贫困群体应当享有的各种权利如教育救助权、医疗救助权等无法真正落到实处、甚至有的权利缺乏法律保障，导致贫困群体"权利贫困"即无法享有公民应有的基本权利，从而处于弱势地位。不仅如此，弱势地位的现状将使得贫困群体的"权利贫困"现象加剧，长此以往，便会形成"权利贫困→弱势群体→权利贫困加剧"的恶性循环。为此，只有打破"权利贫困"，健全贫困群体的权利保障机制，贫困群体的弱势地位才能得到改观，贫困群体的生产劳动能力和积极性也才能得到提高，从而有利于穷人更好地摆脱和消除贫困，极大地提升扶贫效益，精准扶贫也才能真正得以实现。[1]

（三）从经济、社会权利优先到经济、社会权利与政治权利并重

由于受经济基础决定上层建筑观念的影响，中国的反贫困政策主要奉行经济和社会权利发展优先于政治权利发展的逻辑，即贫困问题是一个经济和社会发展问题，与政治权利的实现没有什么内在关联，因此，解决贫困问题就要优先满足公民的经济和社会权利。我们以《中国农村扶贫开发纲要（2001-2010年）》所坚持的开发式扶贫方针为例来分析。开发式扶贫方针一再强调贫困农户要在反贫困过程中发挥主观能动性，要充分利用国家提供的各项政策优惠、资金支持来增强自我的反贫困能力和发展能力。该方针也强调国家应加大对贫困地区的资金投入力度，制订更为优惠的经济政策来重点帮扶贫困地区、贫困农户。从整体上讲，开发式扶贫方针仍是从确保公民的经济性权利得到实现的维度解决贫困问题，而忽视政治权利的缺失对于免于贫困的权利的实现所产生的消极影响。[2]

然而不可否认在当下中国的社会结构中，贫困在很大程度上是由于公民的基本政治权利没有获得充分保障而导致的。有学者指出，农民的宪法权利遭受侵害是农村问题的"痒处"，离开这一点谈农村问题便是隔靴搔痒。而在这些宪法权利中，农民的民主选举权利又具有基础性作用。如果这项权利得不到落实，那么"其他权

---

[1] 周强、胡光志："精准扶贫的法治化及其实现机制探析"，《福建论坛·人文社会科学版》2017年第1期，第120页。

[2] 郑智航："论免于贫困的权利在中国的实现——以中国的反贫困政策为中心的分析"，《法商研究》2013年第2期，第51页。

利也难以落实,农民仍只是被'落实政策'的角色,其命运的支配权将继续被攥在异己的权力手里"[1]。公民的经济和社会权利与政治权利是相辅相成的。贫困群体往往缺乏群体代言人,更容易受到社会排斥,因此机会平等、程序公正和参与权是否得到保障,往往决定着经济、社会和文化权利能否得到实现。

中国特色扶贫开发道路坚持社会公平公正,努力实现成果共享和共同富裕。以保障和改善民生为重点,创新制度安排,促进社会公平正义。建立以权利公平、机会公平、规则公平为主要内容的社会公平保障体系,用法治保证人民平等参与、平等发展权利,使全体人民共享改革发展成果,实现共同富裕。[2]

(四) 从政策导向到法治保障

我国在扶贫开发的实践中,国家和地方制定了一系列促进和保障贫困人口、贫困地区的政策措施和规范性文件,但法律法规极少,体现了较为浓厚的政策化取向。据统计,1984年以来,党中央、国务院先后发布了《关于帮助贫困地区尽快改变面貌的通知》《关于尽快解决农村贫困人口温饱问题的决定》《关于进一步加强扶贫开发工作的决定》《关于加强贫困地区经济开发工作的通知》《国家八七扶贫攻坚计划》《中国农村扶贫开发纲要(2001-2010年)》《中国农村扶贫开发纲要(2011-2020年)》《关于创新机制扎实推进农村扶贫开发工作的意见》《关于打赢脱贫攻坚战的决定》9个重要文件,这些均属政策范畴,不具有法律约束力。

从国家法层面而言,一是时至今日我国尚缺乏扶贫开发专项法律规范;二是对农村扶贫开发和贫困人口权益保障的规定散见于《中华人民共和国农业法》(2012年修订)第83条、第85条、第86条、第92条等条款;三是《国家扶贫资金管理办法》(1997年)、《财政专项扶贫资金管理办法》(2011年修订)等规章对扶贫资金管理作了明确规定,但法律位阶较低。

就地方立法而言,全国现有广西、贵州、重庆、四川、宁夏等14个省(自治区、直辖市)制定了扶贫开发条例,但这些法规行政色彩浓厚,地方特色不足。由于法律供给不足,一些地方的扶贫政策和措施呈碎片化、短期化,缺乏多层次、系统化的

---

[1] 党国英:"市场化:农村社会经济的出路",《中国改革》2002年第2期。
[2] 中华人民共和国国务院新闻办公室:《中国的减贫行动与人权进步》,2016年10月。

政策框架体系和松紧有序的管理体系。[1]

　　《农村扶贫开发法》已列入十二届全国人大常委会立法规划和国务院2014年立法工作计划。国务院扶贫办于2009年开始做扶贫立法的前期准备工作，2012年成立扶贫立法工作领导小组。2014年全国人大农业与农村委员会审议《扶贫办关于落实全国人大常委会对农村扶贫开发工作情况报告审议意见的报告》时，认为扶贫开发要建立起政府主导、社会支持、自身努力、法制保障"四位一体"的工作机制，需要法制保障，要加快扶贫立法进程。目前，扶贫法草案处于人大、党委、政府内部征求意见阶段，尚未向社会公布。[2]

　　为统一扶贫对象、明确扶贫标准、规范扶贫资金投放和管理、强化法律责任，急需对扶贫开发活动进行中央层面的立法。《中国农村扶贫开发纲要（2011–2020年）》中也明确规定：加快扶贫立法，使扶贫工作尽快走上法制化轨道。

（作者唐颖侠系南开大学人权研究中心副主任）

---

[1] 何平："我国精准扶贫战略实施的法治保障研究"，《法学杂志》2017年第1期，第53页。

[2] 徐世平："中国扶贫法治化研究现状与难点破解"，《学理论》2017年第4期，第7页。

在全球视野下剖析社会经济人权执法领域内各不相同的方式

[中国] 涂云新

简介

1948年发布的《世界人权宣言》明确了承认所有人权的相互依存性和不可分割性的法律思想和法理原则。[1]这一愿景意味着,所有人都有权享有公民权利和政治权利以及社会和经济福利。社会经济权利涉及与有尊严的生活和需求(工作权、健康权、社会保障权、受教育权以及保障最低生活水准的权利等)得到满足有关的基本价值。社会经济权利一直是学术界争论的热点问题,如何落实这些权利已成为当今世界人权实践的最大挑战之一。关于什么是社会经济权利以及如何实现这些权利的问题似乎从未得到令人满意的答案。不过,目前已出现了达成基本共识的先兆。正如达芙妮·巴拉克－埃雷兹(Daphne Barak-Erez)教授和艾亚尔·格罗斯(Aeyal Gross)在他们最新出版的著作《探索社会权利:在理论与实践之间》中所指出的那样,社会经济权利并不是人权领域内受到冷落的产物。越来越多的证据表明,社会经济权利不仅仅只是纸上谈兵的权利,世界各地的法院都致力于积极落实这些权利。[2]

---

[1] 《世界人权宣言》,联合国大会决议217A (III),联合国文件A/810, 71 (1948);《维也纳宣言和行动纲领》,世界人权会议,维也纳,1993年6月14日至25日,联合国文件.A/CONF.157/24 (第一部分),20 (1993),第5段。

[2] D. 兰多:"实施社会权利的现状",《哈佛国际法杂志》2012年第53期,第189页;瓦伦·高利和丹尼尔·M.布林克斯编:《渴求社会正义:发展中国家的社会和经济权利的强制执行情况》,剑桥大学出版社,2010年;罗伯托·加尔加雷拉等编:《法院和新民主主义社会的转型:贫困人口就制度发声》,阿什盖特出版公司,2006年;马尔科姆·兰福德编:《社会权利法:国际法和比较法的最新趋势》,剑桥大学出版社,2008年。

本文旨在对社会经济权利法理学进行一些全新的解读，并将其应用于社会经济权利的执行过程中。本文作者认为，各国建立宪法机制以落实社会经济权利已成大势所趋，第二代人权的发展将令当代人权法学的内容更加丰富。本文的第一部分将阐述涉及社会经济权利的一些明显的全球性问题。这一部分针对《经济、社会和文化权利国际公约》第二条展开讨论，该条款要求各国通过一切适当的手段逐步实现这些权利。在爱尔兰和南非法庭的领导下，将针对实施社会经济权利的宪法问题采用多重制度机制，以便通过系统的方式落实这些权利。本文第二部分介绍了关于如何将社会经济权利纳入我们的人权领域的争论焦点，同时还阐述了导致当代争论不休的历史渊源。第三部分论述了国际社会对社会经济权利的认可程度及基于宪法实施上述权利的情况。国际法要求各国采取措施确保对社会经济权利的保护，一些国家通过其宪法法院积极地落实这些权利。第四部分列举了落实社会经济权利的数种不同的途径和机制，每一种机制都自有其优缺点，并且摒弃了一种经济、社会和文化权利的形式主义落实方案。第五部分将社会经济权利的法学依据置于中国背景之中，并在文末得出了结论。

一、保护社会经济权利的全球性问题

无论是从哲学思想、政治言论还是法律理论来看，国内外都从不同的角度对社会经济权利进行了大量的探讨。国际法和宪法的传统观点在很大程度上否认了（或者说，至少不愿意承认）社会经济权利属于基本人权的理念（更不用说充分保护这些权利了）。[1]尽管在起草《经济、社会和文化权利国际公约》初期引发了激烈的争论，但我们在当代的国际人权法领域却已经看到，越来越多的国家在其国内宪法中提及社会经济权利，并且在起草公约时也采取了各种形式保护社会经济权利。[2]虽

---

[1] C. 桑斯坦（C. Sunstein）："反对积极权利"，第二卷，《东欧宪法评论》，1993年，第35-36页。正如桑斯坦教授所指出的，一些学者所称的"积极权利"或"第二代权利"的无限内容很可能会威胁或破坏坚定的自由权利和自由市场经济。

[2] 《经济、社会和文化权利国际公约》（ICESCR），联合国大会决议，2200A（XXI），21 U.N.GAOR Supp.（第16号），第49页，联合国文件．A/6316（1966），993 U.N.T.S. 3，1976年1月3日生效。不过，在上世纪50年代，关于是否应将经济、社会和文化权利纳入人权宪章的争论一直非常激烈。参见更多信息："人权事务高级专员办公室与国际律师协会的合作"，《司法中的人权：法官、检察官和律师的人权手册》，第14章，联合国（纽约和日内瓦），2003年。

然认为采用社会经济权利法案自然能确保真正有效的保护是非常天真的想法,[1]但如何在现实世界中实现社会经济权利这一问题却是至关重要的,因为《经济、社会和文化权利国际公约》(ICESCR) 的监管机构——经济、社会和文化权利委员会一再强调,正如该公约第二条第(一)款所指出的那样,"逐步实现"这些权利才是其中的关键[2]。在国内法律环境中,对社会经济权利的立法、司法和行政保护以及这些多重制度保护机制如何才能更好地发挥作用以满足国际人权的标准,都是应对这一重大问题的答案。事实上,保护社会经济权利的多重制度方案的核心将不可避免地涉及早已存在的宪法分权原则,正如爱尔兰法官卡斯特罗·J (Costello J) 在奥雷利诉利默里克公司案[3]以及基恩·C. J. (Keane C.J.) 在T. D. 诉教育部部长案[4]中所作出的明智决断一样。例如,在上世纪70年代,当社会经济权利的宪法实践仍处于初级阶段时,律师和法官已经充分意识到实施社会经济权利的复杂性。在由卡斯特罗大法官裁定的奥雷利诉利默里克公司案中,爱尔兰法院的绝大多数人都认为,亚里士多德确定的交换正义和分配正义之间的区别标志着司法和立法之间的分界线,而社会经济权利将不可避免地涉及公共资源的分配,因此,司法干预将违反早已确立的权力分立原则。[5]30多年后,社会经济权利的宪法保障在世界范围内仍然是一个巨大的挑战,在南非宪法法院于1997年判决的苏布瑞摩尼案[6]中,这一点表现得尤其明显。在该案中,西亚格拉杰·苏布瑞摩尼 (Thiagraj Soobramoney,上诉人) 声称,当地卫生部门未能为她的健康权提供适当的保障,而行政部门有义务主动为当地提供基本的医疗设施。宪法法院驳回了她基于分权理论的主张,因

---

[1] J. 金:《社会权利浅析》,剑桥大学出版社,2012年,第2—4页。

[2] 联合国经济、社会和文化权利委员会 (CESCR):《第3号一般性意见:缔约国义务的性质》(《经济、社会和文化权利国际公约》第2条第1段),1990年12月14日,E/1991/23,联合国经济、社会和文化权利委员会 (CESCR):《第9号一般性意见:《经济、社会和文化权利国际公约》在国内的适用情况》,1998年12月3日,E/C.12/1998/24,联合国经济、社会和文化权利委员会 (CESCR):《第10号一般性意见:国家人权机构在保护经济、社会和文化权利方面的作用》,1998年12月10日,E/C.12/1998/25。

[3] 奥雷利诉利默里克公司案 (1989年),I.L.R.M.181。

[4] T. D. 诉教育部部长案 (2001) 4 I.R 259 (Ir. S.C.);(2001) IESC 101 (2001年12月17日)。

[5] 奥雷利诉利默里克公司案 (1989) 年,I.L.R.M.181。

[6] 苏布瑞摩尼诉卫生部部长案 (CCT32/97) (1997) ZACC 17; 1998 (1) SA 765 (CC);1997 (12) BCLR 1696, (1997)。

为法院确认了其立场，即：在干预政府部门和卫生部门基于善意作出的合理决定前，司法机关应三思而后行。[1]

关于社会经济权利的多重制度保护机制的问题，与爱丽丝跟着白兔先生进入兔子洞的故事颇有异曲同工之妙：从一个问题开始，但以无限个问题结束。到底如何"逐步实现"相关的目标？而政府机构又将如何分配权力来履行国家的总体义务呢？本文并不打算讨论是否应该保护社会经济权利，亦不主张以一种保护模式取代另一种保护模式，但是，理解关于保护机制的辩论首先应该建立在关于什么是社会经济权利以及它要求各国采取何种行动的早期争论之上，这一点是非常重要的。如果我们理所当然地认为，在每个司法管辖区都必须充分实现人权既是必要的也是可取的，那么从国际社会都能接受的方式来看，我们应该如何看待人权呢？而各国又如何才能以实际可行的方式促使其发挥作用呢？对于每一个问题，大量法律方法和理论（例如：合作宪政、本位主义、宪政主义的对话协商和极简民主主义）都存在严重的分歧。[2]

二、关于整合社会经济权利的争论

从历史上来看，人权的演变经历了整整三代时间，第一代主要指的是公民权利和政治权利，第二代指的是社会经济权利，第三代指的是一系列集体权利（例如：自决权、发展权和环境权）。人权的这种划分和分类最初是由国际人权研究所（位于斯特拉斯堡）的捷克法学家卡雷尔·瓦萨克（Karel Vasak）于1979年提出的。[3]事实上，长期以来，从社会经济权利角度出发的司法概念一直存在于每个人的心中（不管世界各地的司法和法律制度具体如何）。例如，工作权、健康权、社会保障权、受教育权、保障最低生活水准的权利等等，不胜枚举。如果

---

[1] 苏布瑞摩尼诉卫生部部长案（CCT32/97）(1997) ZACC 17; 1998 (1) SA 765 (CC); 1997 (12) BCLR 1696, (1997)，第29段。

[2] R. 狄克逊："创建关于社会经济权利的对话：司法审查的强弱形式"，《宪法国际期刊》，2007年，第5卷(3)，第418页。

[3] K. 瓦萨克（K. Vasak）："人权：三十年的斗争：确保《世界人权宣言》的法律效力的持续行动"，联合国教科文组织，《信使》，1977年。

我们将国家的目标和人民的需求放在心上，这些权利就真的会成为人类生存的根本。在欧洲宪政史上，关于社会经济权利的争论可以追溯到现代宪政制度的萌芽阶段。

19世纪法国古典自由主义理论家克劳德·弗雷德里克·巴斯夏 (Claude Frédéric Bastiat) 对基于博爱的积极权利概念持强烈怀疑和反对的态度，而他的挚友M. 德·拉马廷 (M de Lamartine) 则对这项权利持支持的态度。巴斯夏在他的著作中写道：法律的这两个功能 (法律是公正的；他们同时还希望它是慈善的) 是相互矛盾的。我们必须在其中作出选择。公民不可能同时处于自由和不自由的状态。[1]

可以看出，巴斯夏和拉马廷对法国大革命的启蒙思想持有不同的看法。一方主张国家采取消极的立场，而另一方则主张国家采取积极的立场。克劳德·弗雷德里克·巴斯夏和M. 德·拉马廷之间的争论如下：

拉马廷："你的理论仅仅只诠释了我的半个计划；你已经摈弃了自由，我主张博爱主义。"[2]巴斯夏："你的半个计划会毁掉另外半个计划。"巴斯夏认为，将"博爱主义"与"自愿原则"这两个术语完全分开是不可能的。在他看来，通过法律强制推行博爱主义必然会导致从法律意义上摧毁自由或正义被法律践踏。[3]

美国教授保罗·A. 拉赫 (Paul A. Rahe) 的观点与克劳德·弗雷德里克·巴斯夏一脉相承，他认为，关注基于平等的权利会导致日益扩张的政府对最初的公民权利不屑一顾，而这一能力低下的政府将无法以合适的方式为其公民提供服务，而只会忽视更多的权利。[4]著名经济学家F. A. 哈耶克 (F. A. Hayek) 在《通往奴役之路》一书中也反复肯定和强调了人类社会自由民权的基本原则，同时否认了福利制度的可行性。

杰里米·沃尔德龙 (Jeremy Waldron) 对于抨击社会经济权利的言论具有至关

---

[1] F. 巴斯夏 (F. Bastiat)，"法律"，第二章，《关于政治经济学的精选论文》，西摩尔·凯恩译，欧文顿，纽约，1995年。
[2] 同上。
[3] 同上。
[4] P. A. 拉赫：《懦弱的专制主义和民主的趋势：孟德斯鸠、卢梭、托克维尔与当代前景》，耶鲁大学出版社，2009年。

重要的影响,在第二代人权的背景下,他通过以下评论针对这些抨击言论作出了回应:"无论如何,从第一代权利到第二代权利的论点从来都不是关于概念分析的问题。恰恰相反,如果一个人真正关心保障个人的公民自由或政治自由,那么在作出这种承诺的同时,还应该进一步关心个人的生活条件,以确保个人有可能享受和行使这种自由。如果个人在A与B之间作出选择对他毫无意义,或者说,他选择一个(而放弃另一个)选项不会对他的生活产生影响,那这种情况有什么值得他为自身的自由(比如说,他在A与B之间作出选择的自由)而奋斗呢?"[1]

即使杰里米·沃尔德龙谈到了保护社会经济权利的重大意义,他仍然反对通过司法手段强制执行这些权利的观点,他同时还认为,从本质上来说,司法决议与多数人的意见是相左的,因为这种决议缺乏议会的审议和支持,并且未能尊重他人的平等权益。[2]

让我们将目光转向英国,在雷吉那诉里奇尼亚克一案中,宾厄姆勋爵还就在制度合法性的背景下如何保护权利的问题发表了如下意见:

(相关法规)代表了民主集会的既定意志这一事实并不是支持它的决定性原因,但是某种程度的服从却可以归因于针对如何以最佳的方式解决某一特定社会问题的民主集会的判断。[3]

在重点关注社会经济权利保护的情况下,宪法机制的可取性也因此而显得相当引人注目,政府的三个主要部门基本上都是在广泛促进普遍接受的公共价值观这一方面开展合作的,此外,制度之间的紧张关系和分歧并未被视为混乱的权力斗争,而是被视为合作与让步这一动态流程的一部分(普罗大众将这一流程视为现代民主政府这一整套方案的重要组成部分)。[4]

---

[1] J. 沃尔德龙:《自由权:论文集》(1981—1991年),剑桥大学出版社,1993年,第7页。

[2] J. 沃尔德龙:《法律与分歧》,牛津大学出版社,第165—187页,1999年;R. A. 波斯纳:"关于杰里米·沃尔德龙的著作《法律与分歧》的评论",《哥伦比亚法律评论》,第100卷,第2期,第582—592页,2000年。

[3] 雷吉那诉里奇尼亚克案,(2002) UKHL 47,第14段;另可参见布朗诉斯托帕案,(2001) 2 WLR 817,第834—835页,第842页;R(马哈茂德)诉内政部部国务卿案,(2001) 1 WLR,第840页,第854—855页,第33段,第856页。

[4] "人权事务高级专员办公室与国际律师协会的合作",《司法中的人权:法官、检察官和律师的人权手册》,第14章,联合国(纽约和日内瓦),2003年,第137—140页。

围绕社会经济权利的争论很少会止步于理论层面。不过,全球各地的现实却引起了人们对这些权利的广泛关注。从2010年至今,阿拉伯之春[1]和"占领运动"[2]在学术界催生了全新的需求,即:将重点放在社会经济权利问题上。正如中东地区所反映的那样,经济危机、失业、赤贫和其他侵犯人权的行为是引发该地区数次革命的核心因素,而在北美和欧洲,所谓的"我们是99%"的示威者则一再呼吁,在业已定型的民主社会中推行公平的财富分配方式。

不可否认,宪法对社会经济权利的保护对于理解如何更好地保护这些权利具有至关重要的作用。事实上,关于在现代民主国家中如何保护社会经济权利的许多争论都包含两种含义,正如杰弗里·马歇尔(Geoffrey Marshall)在谈论可审判性和司法时所阐述的那样:一种陈述的事实意识(即:它实际上是某一机构根据其意愿来处理的问题)和一种规范性的意识(即:它是某一机构应根据其机构的能力和合法性而处理的问题)。[3]因此,在探讨保护社会经济权利的国际趋势以及如何将陈述事实的意识和规范性意识切实融入国内宪法环境之中的问题时,充分认识陈述事实的意识和规范性意识的区别是极其有益的。

总而言之,第二代人权以社会正义和公共义务的原则为基础——它往往属于基于欧洲大陆的平等自由理念的"积极"权利。这一代人权是通过一部分人发展起来的,这些人极力主张国家通过向弱势群体提供救济来为最贫困的居民提供保护。第二代权利已经演变为当代人所谓的"社会权利"或"经济权利"。[4]

三、承认和执行社会经济权利

社会经济权利已经获得了若干国际公约的广泛认可(例如:1948年的《世界人权宣言》和1966年的《经济、社会和文化权利国际公约》)。《欧洲社会宪章》

---

[1] "阿拉伯之春"大致指的是2010-2011年间在中东举行的一系列示威活动。

[2] "占领运动"大致指的是2011年在北美和欧洲举行的一系列示威活动。

[3] "人权事务高级专员办公室与国际律师协会的合作",《司法中的人权:法官、检察官和律师的人权手册》,第14章,联合国(纽约和日内瓦),2003年;杰弗里·马歇尔:"可审判性",A. G. 格斯特编,《牛津法学论文》,牛津大学出版社,1961年,第265-268页。

[4] 参见http://humanrights.wikia.com/wiki/Second_Generation_of_Human_Rights,最后访问时间:2013年5月2日。

也承认社会权利是符合《经济、社会和文化权利国际公约》(1966年)的基本人权。从国内宪法层面上来看，不仅南非宪法明确提及了社会经济权利(例如：第27条和第28条)，而且南非宪法法院也经常适用这些条款[例如：苏布瑞摩尼案(1997年)、哥鲁特布姆案(2000年)和医疗行动计划案(2002年)]。中国宪法第2章明确规定了8项关于社会经济权利的基本权利。其他一些国家也大致相同，法国宪法将社会权利确立为政治指导原则，而德国宪法则规定了所谓的"福利国家"原则。粗略估计，在全球承认社会经济权利的背景下，具体可以分为四种宪法条款：

(一) 宣称国家作为"福利国家"的一般性规定；

(二) 仅确认社会经济权利存在的规定；

(三) 受宪法保护的基本社会经济权利；

(四) 在社会经济权利方面赋予能力的条款。

即使很难在每个司法领域内穷尽宪法的规定，但从世界两大法系主要国家的情况来看，承认社会经济权利的全球趋势是非常明显的。下文列举了一些国际法律框架与国内宪法的对比情况。

表1：《经济、社会和文化权利国际公约》与中国宪法之间的对比情况

权利	《经济、社会和文化权利国际公约》	《中华人民共和国宪法》
工作权	第6条：工作权 第7条：劳动报酬权 　　　　同工同酬权 　　　　工作条件权 　　　　休息权 第8条：参加工会权 　　　　罢工权	第42条：工作权 第43条：休息权
社会保障权	第9条：社会保障权	第45条：物质帮助权 第44条：退休权 第14(4)条：社会安全保障权

权利	《经济、社会和文化权利国际公约》	《中华人民共和国宪法》
家庭权	第10条：家庭权 母亲亲权 生育权	第49条：婚姻家庭权 第48条：妇女权利 　　　　妇女平等权 　　　　对妇女权益的特殊保护
适当生活水准权	第11条：适当生活水准权、食物权、适足穿着权、住房权和水权	未提及
健康权	第12条：健康权 卫生权	第21条：保健和运动的案例
受教育权	第13条和第14条：受教育权 普及小学教育 普及教育 平等和非歧视 自由选择权	第46条：受教育权 第19条：教育体系 　　　　义务教育 　　　　教育设施
文化权利	第15条：文化权利 参与权 享受权 受益权 文化活动自由权	第47条：文化权利 第20条：科学发展 第22条：文化发展 第23条：保护知识分子 第24条：精神文明
组织权	第8条：参加工会权	未提及

表2：《经济、社会和文化权利国际公约》与《欧洲社会宪章》之间的对比情况

权利	《经济、社会和文化权利国际公约》	《欧洲社会宪章》
工作权	第6条：工作权 第7条：劳动报酬权 　　　　同工同酬权 　　　　工作条件权 　　　　休息权 第8条：参加工会权 　　　　罢工权	第1条、第24条、第25条和第29条：工作权 第2条、第3条、第22条、第26条和第28条：工作条件权 第4条：获得公平报酬的权利 第20条和第27条：非歧视权
社会保障权	第9条：社会保障权	第12条和第30条：社会保障权 第14条：享受社会福利服务的权利 第23条：老年人的权利 第15条：残疾人的权利 第18条和第19条：农民工的权利

权利	《经济、社会和文化权利国际公约》	《欧洲社会宪章》
家庭权	第10条：家庭权 母亲亲权 生育权	第7条和第17条：保护儿童和青少年的权利 第8条：保护职业妇女的生育权 第16条：保护家庭的社会、法律和经济权利
适当生活水准权	第11条：适当生活水准权 食物权、适足穿着权、住房权和水权	第31条：住房权
健康权	第12条：健康权和卫生权	第11条：保健权 第13条：获得社会和医疗援助的权利
受教育权	第13条和第14条：受教育权 普及小学教育 普及教育 不歧视原则 自由选择权	未提及
文化权利	第15条：文化权利、参与权、享受权、受益权和文化活动自由权	第21条：信息权和咨询权
组织权	第8条：参加工会权	第5条和第6条：组织权和集体谈判权
职业指导权/职业培训权	未提及	第9条：职业指导权 第10条：职业培训权

南非宪法法院的一系列判决 [例如：苏布瑞摩尼案 (1997年)[1]、哥鲁特布姆案 (2000年)[2]、纳库茨案 (2001年)[3]、医疗行动计划案 (2002年)[4]和红衫军棚屋居民运动案 (2009年)[5]] 也许是直接涉及社会经济权利问题的最知名案例，在人权史上，国际评论家和观察员关注和讨论社会经济权利保护事宜的热情从

---

[1] 苏布瑞摩尼诉卫生部部长案 (CCT32/97) (1997) ZACC 17；1998 (1) SA 765 (CC)；1997 (12) BCLR 1696；(1997)。

[2] 南非共和国政府诉哥鲁特布姆及他人案，(CCT11/00) (2000) ZACC 19；2001 (1) SA 46；2000 (11) BCLR 1169；(2000)。

[3] 纳库茨发展协会诉南非共和国政府和法律援助委员会案，第LCC 10/01号 (土地索赔Ct. S. Afr. 2001) 2002 (2) SA. 733 (LCC)。

[4] 卫生部部长和他人诉医疗行动计划及其他机构案 (第1号) (CCT9/02) (2002) ZACC 16；2002 (5) SA 703；2002 (10) BCLR 1075 (2002年7月5日)；卫生部部长和他人诉医疗行动计划及其他机构案 (第2号) (CCT8/02) (2002) ZACC 15；2002 (5) SA 721；2002 (10) BCLR 1033 (2002年7月5日)。

[5] 红衫军棚屋居民运动及另一组织诉夸祖鲁-纳塔尔省省长及他人案 (CCT12/09) (2009) ZACC 31；2010 (2) BCLR 99 (CC) (2009年10月14日)。

未如此高涨。无可否认，南非已经对这些案件（包括事实、诉讼、判决和后果）进行了广泛的探讨，但这绝不是仅仅只对某个国家具有意义的独特现象。事实上，各个司法管辖区内都不乏涉及社会经济权利保护的案例，例如：人民公民自由联盟诉印度政府及其他机构案[1]和杉蒂斯塔建筑公司诉纳拉延·基阿拉尔·托塔米案[2]，在后一案件中，印度最高法院逐步将社会经济权利纳入了生存权的范畴，并指出："人类的基本需求通常可以划分为三类——食物、衣服和住所。任何文明社会都致力于保障生存权。这将包括食物权、适足穿着权、适当的环境权和合理的居住条件。"[3]

加拿大法院在邓莫尔诉安大略省案[4]和维多利亚（市）诉亚当斯案[5]中作出了保护社会经济权利的裁定。高等法院在奥雷利诉利默里克公司案[6]（1989年）中作出的判决具有里程碑式的意义，可以被视为爱尔兰最高法院对社会经济权利采取当代主流模式的缘起。[7]此外，在最近基于《德国寻求庇护福利法案》关于基本现金福利的规定而作出的裁决中，宪法法院（Bundesverfassungsgericht）阐明，最低生活水准的基本权利由《基本法》[8]的第1条第1节（人格尊严权）和第20条第2节（福利国家原则）予以保障。丹麦地方政府负有保障住房权[9]得到落实的责任。瑞典宪法规定，民众的个人、经济和文化福利应由公共行政部门负责保障，同时还应保障其工作、住房和受教育的权利。[10]在中国，除了下级法院非常有限的行政诉讼（例

---

[1] 人民公民自由联盟诉印度政府及其他机构案，印度最高法院，民事初审管辖权，《书面请愿书（民事）》第196号（2001年）。

[2] 杉蒂斯塔建筑公司诉纳拉延·基阿拉尔·托塔米案，1 SCC 520 (1990)。

[3] 同上。

[4] 邓莫尔诉安大略省（司法部长）案，(2001) 3 S.C.R.1016, 2001 SCC 94，加拿大最高法院认为，国家的积极和消极义务之间应当只存在"细微的差别"。

[5] 维多利亚（市）诉亚当斯案，2009 BCCA 563；2008 BCSC 1363。

[6] 奥雷利诉利默里克公司案（1989年），I.L.R.M.181。

[7] A. 诺兰："爱尔兰：分权主义理论与社会经济权利"；M. 兰福德（编辑）：《社会权利法：比较法和国际法的最新趋势》，剑桥大学出版社，2008年，第301–302页。

[8] Bundesverfassungsgericht, Urteil vom 18 Juli 2012–1 BvL 10/10, BVerfG, 1 BvL 10/10 vom 18.7.2012, Absatz, Nr.（1–140），德国：宪法法院，2012年7月18日。

[9] 《欧盟建筑能源性能指令》，第2002/91/EC号指令，(2003) OJ L1/65。

[10] 《瑞典宪法》，第2条。

如：王泽龙案[1]和李彦奇案[2]）以外，在社会经济权利保护方面，判例法从来未能成为法律的主导资源，不过，全国人大常委会于2010年颁布了《社会保险法》，对其基于原有思想的社会保障制度进行了改造，并且中国正积极尝试建立全新的社会保障体系（包括基本养老保险、基本医疗保险、工伤保险、失业保险、生育保险等），以便为中国公民的社会经济权利提供保障。[3]长期以来，中国的社会保险制度一直都采用由政府驱动的制度，人力资源和社会保障部是负责社会经济权利保护事宜的关键机构。[4]

在过去十年内，南非宪法法院关于社会经济权利的强制执行事宜的判例仍然是最具争议性的（也许还是遭受非议最多的），但从更普遍的意义上来说，意识到基于权利的争议必须根据"少数服从多数"的民主原则予以"解决"是非常重要的（只要这些民主进程具有适当的民主性和包容性）。[5]

四、落实社会经济权利的不同途径和机制

由于宪法传统和落实人权之间存在着密切的联系，因此在将社会经济权利纳入其法律实践中时，各国和各地区往往都采用了截然不同的方法和机制。在最近发表的一篇名为《落实社会权利的现状》的文章中，戴维·兰多（David Landau）教授

---

[1] 王泽龙（音译）诉四川省泸州市中级人民法院合江县民政局案（2003年4月23日裁定），中华人民共和国。该案涉及地方政府未能履行其退休金义务的问题。
[2] 李彦奇（音译）诉江苏省邳州市中级人民法院（邳州市陈楼镇）（2005年10月20日裁定），中华人民共和国。该案涉及地方政府未能履行其特殊津贴福利义务的问题。
[3] 第2条，《中华人民共和国社会保险法》，参见：中华人民共和国主席令（第三十五号）。
[4] 人力资源和社会保障部：《实施〈中华人民共和国社会保险法〉若干规定》，参见：人力资源和社会保障部第13号令。
[5] 联合国经济、社会和文化权利委员会（CESCR）：《第3号一般性意见：缔约国义务的性质》（《经济、社会和文化权利国际公约》第2条第1段），1990年12月14日，E/1991/23；联合国经济、社会和文化权利委员会（CESCR）：《第9号一般性意见：〈经济、社会和文化权利国际公约〉在国内的适用情况》，1998年12月3日，E/C.12/1998/24；联合国经济、社会和文化权利委员会（CESCR）：《第10号一般性意见：国家人权机构在保护经济、社会和文化权利方面的作用》，1998年12月10日，E/C.12/1998/25；D. 戴泽豪斯（D.Dyzenhaus）："法定性的合法性"，《多伦多大学法律期刊》，1996年，第46期，第129页；F. 麦可门（F.I.Michelman）："前言——最高法院的术语（1985年）：自治的痕迹"，《哈佛法律评论》，1986年，第100期，第4页，第34页。D. 戴泽豪斯："法定性的合法性"，《多伦多大学法律期刊》，第46期，第129页，1996年，F. 麦可门（F.I.Michelman），"前言——最高法院的术语（1985年）：自治的痕迹"，《哈佛法律评论》，第100期，第4页，第34页，1986年。

作出了准确的总结，法院处理社会经济权利问题主要是通过四种途径，即："个人执行""消极禁令""弱式执行"和"制度执行"。此外，大卫·兰道教授的分析不仅仅局限于分类，他还参照法院的能力、改变做法的有效性和可能的受益者对这些方法进行测试。下方的表格全面展示了他为此付出的努力：

社会经济权利救济的效力			
方法	法院的合法性/能力成本	改变实践的有效性	潜在的受益方
个人执行	低成本	不会改变官僚主义行为	中上层群体
消极禁令	中等成本（不过，如果它将带来巨大的宏观经济效应，则成本可能会比较高）	将撤消相关法律并维持现状	中上层群体
弱式执行	低成本至中等成本	不会引起任何改变	无人受益（虽然其目标本来针对的是贫困群体）
制度执行	高成本	可能改变官僚主义行为	针对的可能是低收入群体

法院在面对权利主张时通常都非常务实，传统思维认为，当作为原告的个人到法院要求提供某种特定的药物或治疗方案时，他们应该为该原告提供救济。[1]因此，全球绝大多数传统法院很可能都倾向于使用这种"个人执法"。在使用"消极禁令法"的同时，法院更倾向于发布消极禁令，以废除不符合社会经济权利标准的法规或法律。保护社会经济权利的第三种方式是通过一种弱式执行的模式，在这种模式中，法院不愿意向社会经济权利受害者提供救济，而是将相关义务留给立法机构或行政部门，爱尔兰法院裁定的奥雷利诉案、FN案和TD案都是阐明这一点的最

---

[1] 联合国经济、社会和文化权利委员会（CESCR）：《第3号一般性意见：缔约国义务的性质》（《经济、社会和文化权利国际公约》第2条第1段），1990年12月14日，E/1991/23；联合国经济、社会和文化权利委员会（CESCR）：《第9号一般性意见：《经济、社会和文化权利国际公约》在国内的适用情况》，1998年12月3日，E/C.12/1998/24；联合国经济、社会和文化权利委员会（CESCR）：《第10号一般性意见：国家人权机构在保护经济、社会和文化权利方面的作用》，1998年12月10日，E/C.12/1998/25；D. 戴泽豪斯："法定性的合法性"，《多伦多大学法律期刊》，1996年，第46期，第129页；F. 麦可门："前言——最高法院的术语（1985年）：自治的痕迹"，《哈佛法律评论》，1986年，第100期，第4页，第34页。

佳案例。最后一种就是"制度执行"的方式，它意味着，法院将与立法机构或行政部门合作解决社会经济权利问题。兰多教授指出，这种方法使法院有更大的能力处理这些问题，并有望显著地改变官僚主义作风。

近年来，宪法机制在社会经济权利救济方面出现了"范式转型"的趋势。许多法院发现，"个人执行""消极禁令"和"弱式执行"的效率较低，法院的压力也日趋明显，在某些情况下，法院甚至成为了抗议和示威的目标。因此，法院越来越倾向于采用"制度执行"的方式。南非宪法法院就是这种"范式转型"趋势的一个很好的例子。在贝里亚镇奥利维亚路第51号和约翰内斯堡缅因街第197号的居民诉约翰内斯堡市及其他机构一案中，法院认为，该法院没有必要首先考虑为居民解决"永久性住房"的问题，因为市政当局已经表明了一定的意愿，并同意与他们协商解决这些问题。2008年的居民案实际上改变了哥鲁特布姆案的判例模式，南非宪法法院认为，政府必须制定与受影响的民众进行商谈的程序。[贝里亚镇奥利维亚路第51号和约翰内斯堡缅因街第197号的居民诉约翰内斯堡市及其他机构案 (24/07) (2008) ZACC 1；2008 (3) SA 208 (CC)；2008 (5) BCLR 475 (CC) (2008年2月19日)。] 同样的理由也适用于相关居民的请求（即：我们必须考虑市中心其他数千名贫困人口的困境，并评估与他们相关的住房计划）。高等法院的住房计划与我们在这个案件中需要考虑的情况并不相同。在裁定是否符合宪法和相关法律的问题时，本法院的裁决不应成为第一个或最后一个判例。我们必须牢记，相关居民与市政府之间的商谈已催生了一项协议，该协议代表了市政府作出的合理回应。我们有理由相信，市政府今后仍可以富有意义的方式与其他居民（如果驱逐这些居民的计划是无法避免或可取的行为）进行商谈。市政府已承诺，将就永久性住房的问题与相关居民进行协商。期待市政府在通常情况下对未来受到影响的其他人采取类似的做法是合情合理的。在这种情况下，以一般的方式审查计划并进行评估还为时过早。这种过程类似于一种抽象的评价，在最有利的情况下，往往是不可取的。可以随时针对未遵守宪法规定的住房义务的特定居民向高等法院提起诉讼。对于处理与预期的未来事件有关的一般性索赔来说,这将是更可取的方案。与此同时,高等法院的指令也应与时俱进,而不是墨守成规。[1]

评论家认为,南非已经放弃了哥鲁特布姆案的模式(它属于个人执行的范畴),转而采用了协商的方案。此外,在印度人民公民自由联盟案后,法院还成立了一个委员会来监督执行的工作,该委员会的任务就是收集信息并与行政部门进行谈判。南非和印度国内的实践表明,使用系统的补救措施可以更有效地针对社会权利发挥作用。

除了兰多教授阐述的四种方法以外,还存在其他方法(例如:制度法、说明法和比较法)。制度法最初由法国著名社会学家埃米尔·杜尔凯姆(Émile Durkheim)提出,并由经济学家埃莉诺·奥斯特罗姆(Elinor Ostrom)于最近发展成所谓的新制度分析法。相关的功能性方法试图针对"谁做什么?"的问题给出关于"什么"这一部分的答案,而社会经济权利的制度法则更关注关于"谁"这一部分的答案。制度法主要考量的是政府各部门和相关机构的性质和特征以及整个社会的安排和架构。通过这一方法,三个传统的政府部门都将成为作者重点关注的主要学术课题:立法机关、行政机关和司法机关。(参见下方的表格[2])

保护社会经济权利的制度框架

制度	立法机关	司法机关	行政机关
实权部门	制定社会法律	强制执法	执行
政府官员	立法者的辩论	法官的解释	政府官员的管理

在此,作者反对一种关于以宪法保护社会经济权利的形式主义(也是本位主义)观点,根据这种观点,将由宪法制定者以过时的方式严格的决定行政、立法和司法机关的权力。[3]相反,作者希望通过高瞻远瞩的方式,基于相关的背景进一步

---

[1] 贝里亚镇奥利维亚路第51号和约翰内斯堡缅因街第197号的居民诉约翰内斯堡市及其他机构案(24/07)(2008) ZACC 1; 2008 (3) SA 208 (CC);2008 (5) BCLR 475 (CC)(2008年2月19日),第34段。

[2] N. 巴尔伯:"英国宪法中的权力分立",《高等经济学院学报》,2012年第3卷。

[3] 戴维·W. 泰勒:"浅析本位主义:制宪者的司法愿景和总统复议如何为司法至上的演绎理论提供充分的理由",《威廉与玛丽学院法律评论》,2008-2009年,第50卷,第2215页。

提出一种合作主义观点(涉及保护社会经济权利的多重制度合作的民主合法性),就这种观点来看,行政、立法和司法机关完全受就权利保护达成"部分共识"(约翰·罗尔斯的观点)[1]的跨部门方案的驱动。

正如奥利克沃斯基和巴洛迪于1991年所指出的那样,"解释性研究假设,在与周围的世界互动时,人们将创造并将自身的主体和跨主体间的理念相互交融,因此,解释性研究学者试图通过理解相关人员所赋予的理念来理解特定的现象。"与关于社会经济权利保护的许多描述性研究所不同的是,法院应该以广义的方式解释社会经济权利的结构,然后根据具体的案例来进行解构(德里达的观点)。作者所采用的这一方法与杰里米·边沁(Jeremy Bentham)、H. L. A. 哈特(H. L. A. Hart)和韦斯利·纽科姆·霍菲尔德(Wesley Newcomb Hohfeld)所得出的分析结论非常接近。下文列举了一个关于社会经济权利的简单的例证。

社会经济权利的诠释结构

某种权利	
(即:每个人都拥有住房权)	
某人拥有某种权利 (负维度)	国家尊重某人的某种权利的义务 (无正当理由即不干涉)
某人拥有某种权利 (正维度)	国家采取措施确保某人获得某种权利的义务(必须提供正当的理由)

相关的统计数字表明,社会经济权利保护是一个世界性的问题,因此,当出现社会经济权利问题时,法院应该针对两大法系——普通法系(即:英国、美国、加拿大、印度、南非和香港)和民法体系(即:德国、法国、中国和台湾)进行逐个特征的对比,以便解决这些问题。这种方法的一般性特征要求法院首先确定要回答的具体问题以及确认比较的必要性,然后,法院可以就可相对"借鉴"哪些理论概念以及为应用这些法律框架而采取的措施形成相应的观点。最后,法官或律师不应仅仅止步于详细的对比,而应审查在其他情况下为解决社会经济权利保护问题而

---

[1] 约翰·罗尔斯:"关于部分共识的理念",《牛津法律研究杂志》,1987年春第1期,第7卷,第1—25页;约翰·罗尔斯:《政治自由主义》,哥伦比亚大学出版社,1993年。

采取的措施的成功几率。

五、中国建立社会经济权利的宪法保障机制的必要性

与其基于《公民权利和政治权利国际公约》（ICCPR）的作法不同的是，中国被视为《经济、社会和文化权利国际公约》的积极推动者。中国于1997年签署了《经济、社会和文化权利国际公约》，并于2001年获得全国人民代表大会的批准。根据该公约的要求，中国于2003年6月向联合国提交了第一份实施报告，并于2005年通过了联合国的审查。七年后提交的第二份实施报告详细介绍了中国的基本国情、参与国际人权条约的情况以及中国促进和保护人权的法律体系和制度框架。该报告还列举了近年来中国根据该公约相关条款，在促进和保护社会经济权利方面所取得的成就。[1]由于中国承诺履行《经济、社会和文化权利国际公约》所规定的国际义务，因此，中国在社会经济权利问题上的实践必须符合国际标准。更重要的是，中国宪法明确承认了社会经济权利。《宪法》（1982年）的第42至49条列出了若干关于社会经济权利的条款，包括工作权（第42条）、休息权（第43条）、获得物质援助的权利（第45条）、退休人员的权利（第44条）、文化权（第47条）以及受教育权（第46条）。因此，根据宪法的规定，中国人民代表大会、各地政府和法院都有义务采取措施履行宪法义务。[2]尽管中国法院尚未充分参与社会经济权利的落实工作，并且外国学术界对中国这一领域的判例仍不甚了解，但人权法和中国宪法都要求建立相应的宪法机制。在中国倡导人权立法的过程中，宪法机制的实用性值得期待。在南非和印度等司法管辖区内，关于社会经济权利的法理研究已被证明，在倡导人权的过程中具有非常重要的启示意义，在这一背景下，通过宪法机制实现社会正义可能是符合现实的最佳方式（即使没有一个国家可以通过诉讼或非政府组织充分实现社会经济权利）。宪法对社会经济权利的保护为公民（特别是律师）提供了一条渠道，有助于加强其反对任何形式的侵犯人权行为的论点。对于正在进行社

---

[1] http://www.china.org.cn/report/2010-10/08/content_21078130.htm，最后访问时间：2013年5月3日。

[2] 秦谦宏（音译），涂云新，"保护经济社会文化权利的路径和'议会自由裁量权'与司法救济之间的抉择"，《交大法学》2013年第1期，第3卷。

会政策改革和治理变革的国家来说，宪政机制是非常必要的，而中国显得尤为重要，因为中国既是《经济、社会和文化权利国际公约》的成员国，同时也是一个贫富差距极大的发展中国家。社会经济权利的制度法可以在转型社会中提供全新的目标，这将有助于政策和法律制定者在重建或重新设计其宪法秩序时充分认识可能的后果。哥鲁特布姆案中的南非学者便是一个很好的示例，通过他们的集体学术行动，其研究项目增强了宪法法官和律师之间的相互作用，从而促进了南非的社会经济权利保护进程。构建完善的宪法机制最适合我国社会经济权利保护日益增长的需求。

六、结束语

本文旨在探讨保护社会经济权利的机制，作者认为，政府机构及其履行义务的机构将根据部分重叠共识进行审议。在涉及社会经济权利的国际法和宪法的总体框架内，核心问题可以概括为：宪法机制应如何发挥作用，才能确保在国际层面和市政层面上逐步实现社会经济权利？当然，在涉及"如何理解逐步实现目标以便最大限度地利用国家的可用资源"等外围问题时，本文所要解决的核心问题并不具备排他性。毋庸置疑，通过制度法逐步实现社会经济权利的价值和意义在很大程度上取决于它的效用或结果。当代社会经济权利的核心问题并不是"它是否应该受到保护"，而是"如何对其予以保护"，换言之，制度法的中心问题不是"它是否有效"，而是"如何确保其发挥作用"。显然，宪法制度和社会经济权利保护机制的差异性在很大程度上取决于相关国家的历史、文化和法律传统。不过，正是由于这种多样性，社会经济权利的多重保护制度才呈现出各种各样的形式。国际上出现了一些全新的趋势（即：将社会经济权利的多机构保护纳入国内宪法框架之中），这将是对中国履行《经济、社会和文化权利国际公约》承诺的最大挑战。

(作者涂云新系复旦大学法学院讲师、复旦大学人权研究中心研究员)

减贫工作中的国际合作和人权保护

[印度尼西亚] 丁娜·维斯努

贫困剥夺了所有人的尊严。贫困人口经常有意或无意地会成为政府或社会歧视的对象,因此失去了表达意见的权利,在与法律出现冲突时失去了自卫的权利,失去了参与决策过程的权利,失去了人类固有的权利(例如:食物权、水权、卫生权、和平权、受教育权、保健权、反酷刑权等)。有趣的是,即使贫困人口的总数相对多于富裕人口(无论是全球总数还是在某一国家的数量),但在任何决策讨论中,贫困人口仍然只占少数。

针对通过国际合作来改善保护贫困人口的措施方面,还有哪些方面有待改进呢?作为国家间合作的主题,经济增长、经济发展和人权的各个方面早已成为我们热议的话题,但我们常常未能把握减贫作为保护人权承诺的一部分而带来的微妙挑战。本报告将针对这一挑战展开探讨,以便从国家、地区和多边合作的层面入手,阐明我们的国家可以采取的行动。讨论的顺序如下:第一,应对减贫难题的国际合作模式;第二,不足之处。随后,本报告还提出了印尼–中国或东盟(ASEAN)–中国未来通过人权合作减轻贫困的方向。笔者认为,本报告是一份政策讨论文件,因此,其所包含的信息均基于笔者对这一领域的深入见解,且笔者尽量减少了学术参考文献的内容。

一、贫困概况

什么是贫困?笔者认为,贫困不能仅仅被定义为"缺乏一定量的收入或购买力"（这通常被表述为"质量低劣或数量不足的状态"）。贫困还涉及"无法自由地选择他人用于满足其需求的物品"的状态。贫困人口往往别无选择；即使有选择，他们也会被剥夺了解这些选择的权利，或者缺乏信心和专业知识来获取这些选择。如果贫困人口送他们的孩子去某所学校，则通常是因为那所学校离家最近，交通费用最低，且学费最低，如果学校建筑存在问题或者那里的教学质量非常差，他们也不会为此费心。贫困人口往往会因为拒绝就医而因病去世（即使国家已经建立了医疗系统），因为他们的住所通常距离城市太远，他们无法获得价格低廉的公共交通服务，同时他们还缺乏与国家医保系统资格要求有关的信息。即使贫困人口拥有工作机会（尽管他们个性忠诚且经验丰富），他们仍几乎不可能获得超过最低收入水平的薪水，亦无法获得晋升。长期以来，我们经常讨论，能力可能是赚取更高收入或获得更佳职位的因素之一，但是无可否认的是，仅仅只有极少数人能凭借其人脉因素（也许还有运气）获得这些机会。贫困人口自幼就违反法律的案例并不鲜见。在这种情况下，贫困人口可能会被剥夺获得法律援助的权利（即使已经建立了可为其提供支持的体制）。

贫困人口并不会总是如预期或假设一样进行感觉、思考、行动、阅读、倾听或者作出反应。他们周围的人以及亲朋好友往往也会按照与我们的设想相左的方式进行思考和做出行动。一些研究表明，贫困人口敢于承担风险。虽然已经有许多关于经济发展的研究项目，但这些项目通常都是从消费、持续增长、投资、贷款、增长的宏观分配的角度来研究贫困（或者充其量只是将贫困人口描述为补贴的目标）。贫困人口被视为整体的目标群体，这就是为什么许多公共政策通常都不会征求贫困人口同意的原因。在政府或整个社会看来，他们被视为只需"足够体面"的保障即可得到满足的对象。

根据这样的定义，笔者认为，贫困是一个绝对条件（即低于某些标准的生活状况），但同时也是人类所面对的相对状况（即由社会中的社会关系所产生的状况）。两个国家可能有相似程度的贫困人数，并在教育或就业方面实施了相似的计划，但是结果可能会有所不同，因为不同的社会对相关项目所提供的机会具有不同的反应。根据这一定义,两个贫困人口数量相同的国家不能被认为具有同样的贫困和扶贫问题,因为每个社会的社会关系可能需要进行不同的活动。

二、减贫工作的国际合作模式

20世纪和21世纪的国际合作对减缓贫困至关重要,但它从来不是一个仅仅针对减贫问题的独立项目。贫困通常被视为经济增长的副产品(或外部特点);贫困人口也被视作一个国家在逐步实现工业化、经济合作和贸易发展目标的过程中被落在后面的群体。因此,基于国际合作的扶贫工作必须从以下角度入手:

(1) 受严重的贫困问题影响的国家缺乏终结这一问题的全球意识和共同资源。联合国认同这一观点,并指出,如果不将贫困视为共同的全球挑战,就无法采取可持续的解决方案来推进减贫工作,因为只有那些受严重贫困问题影响的人才不得不着手处理这一问题,而他们往往会因为缺乏处理这一问题的内部资源而"陷入困境"。为此,联合国制定了"千年发展目标"(目前已转变为"可持续发展目标")。联合国确定了需要关注和进行合作的领域,鼓励国家和区域一级的合作,同时还倡导开发共同资源和采取行动,以便解决问题。联合国还给出了成功的指标。联合国任命了就紧急任务进行沟通的特使。多个能力建设项目现已拉开帷幕。联合国还任命了负责实现相关权利的特别报告员(例如:健康权问题特别报告员)。这种做法也有助于加强国与国之间的双边合作。

(2) 缺乏包容性的金融计划。贫困人口无法获得金融服务(例如储蓄、信贷、保险、养老基金和支付服务的配套设施),通常情况下,他们不得不完全依靠自己的力量来管理风险和寻找减贫的渠道。二十国集团(G20)及其他机构一直致力于关注改善贫困人口金融包容性方面的国际合作。

2012年,在墨西哥洛斯卡沃斯领导人峰会上,二十国集团启动了金融同业培训计划(FPLP)和全球金融包容性伙伴关系项目;该项目旨在改善个人获得金融服务的渠道(例如:储蓄、信贷、保险、养老基金和支付服务的配套设施),以便帮助贫困人口积累收入、管理风险、投资以及找到摆脱贫困的方法。而一方面,各界都期望贫困人口学习金融方面的新技能,同时,希望政府可以调动储蓄资金并增加开拓新业务、管理风险和提高生产力的机会。一个项目兼顾以上两个方面。这一项目通常针对的是那些为了季节性工作而从一个地方迁移到另一个地方的人口、生活在偏远地区的人口以及农业、制造业和服务行业中的低收入劳动者。

(3) 无法及早发现因货币的不稳定性和财政问题而引起的金融问题。为此,针对在货币和财政方面出现问题的政府进行的国际合作已经开始全面铺开,以期获得专门的援助。国际货币基金组织(IMF)、世界银行和亚洲开发银行均致力于这些工作。国际货币基金组织(由189个国家共同组成的合作机构,旨在改善货币稳定性、加强国际贸易和创造就业机会)一直致力于制定减贫战略(包括改革财政和货币政策,以便获得低利率贷款)。

世界银行也采取了同样的做法。世界银行和国际货币基金组织分别于2014年7月和2015年7月采取了略有不同的方案,其目的都是为了放宽相应的要求,以便获得扩展信贷融资(ECF)或政策支持工具(PSI)的支持。货币基金组织还通过监督工作和能力建设活动为低收入国家(例如:建立统计系统以帮助各国执行健全的政策、落实良好的实践规范以及实现联合国的可持续发展目标,增加国内收入,同时管理公共财政和货币政策,并监管金融系统)提供支持,提供优惠的财政支持,以期帮助这些国家实现、保持或恢复稳定且可持续的宏观经济状况(这一状况与强有力而持久的减贫工作和经济增长趋势是相辅相成的)。目前,通过减贫和增长信托基金(PRGT)提供的优惠支持是无息的。[1]

(4) 缺乏连通性。当人们位于远离基础设施的地区时,商品和服务的价格就会一路攀升,导致当地人无法负担这些高昂的费用。没有适当的基础设施,就无法享受现代生活,因此,人才和训练有素的劳动力也不会有兴趣在这种地区谋生。东盟(ASEAN)制定了缩小发展差距计划来解决这一问题。作为东南亚最大的国家和人口最多的国家,印度尼西亚也意识到爪哇岛、苏门答腊岛和巴厘岛以外的岛屿和地区的发展差距,佐科·维多多(Joko Widodo)总统及其政府加快了基础设施的发

---

[1] "国际货币基金组织为低收入国家提供支持",http://www.imf.org/en/About/Factsheets/IMF-Support-for-Low-Income-Countries,2018年8月19日。

展计划，远远超过苏西洛·班邦·尤多约诺 (Susilo Bambang Yudhoyono) 总统在任期间的水平。无独有偶，中国也在发展类似的"一带一路"政策，其目的旨在将中国的所有地区与世界各国联系起来，以期终结贫困问题。事实证明，在老挝、缅甸、乌兹别克斯坦和巴基斯坦等许多位于偏远地区和边缘地带的国家，"一带一路"政策对基础设施建设的影响更为广泛。

(5) 缺乏接触经济合作伙伴和相关技术的渠道。一些国家认为，贫困是由于缺乏适当或足够的经济合作伙伴和相关技术而导致的。在政府的支持下，与具有国际影响力的伙伴建立合作关系，并通过在科技领域进行商业活动的各种方式加强此种合作关系，这些方面被视作是发展高生产率社会的基本需求。这就是自由贸易、自由投资和贸易援助能够获得蓬勃发展的原因。如果政府使得国内业务单位难以与国外业务部门开展合作，同时也没有足够的技术来提高生产率或销售产品，那么经济活动的成果仍然是极其有限的。

因此，尽管已经建立了东盟经济共同体、"东盟加三"、"东盟加一"、亚太经合组织 (APEC) 等区域性合作框架，有关方面仍然致力于促进双边和三边参与来解决经济和技术方面的伙伴关系问题。

(6) 缺乏社会保障制度。国际劳工组织 (ILO) 的研究结果表明，贫困人口往往被远远地落在后面，他们无法获得任何社会保障。尽管生产率有所提高，但在世界各地寻找就业机会的时间仍在增加，工资水平也停滞不前。因此，相关的国际合作项目试图鼓励各国建立社会保障全覆盖体系，以期尽可能满足更多人的需要，使这些人能够舒适地独立生活。

三、不足之处

减贫方面的国际合作一直以经济赋权的观点为侧重点。它们通常与这些合作领域中的一个或多个因素有关，包括增强个人能力，改善或发展某些可促进国际合作的经济体系，以及实施某些政府干预经济的模式。21世纪的主流模式就是发展包容性经济，同时增强个人"赶超他人"的能力。

由于以下原因，这种观点是远远不够的：

(1) 减贫问题不仅仅涉及生活在贫困线以下的人口，同时还应该包括那些易于陷入贫困状态的群体。有些贫困人口本来可以通过各种活动和项目获得政府的帮助，但由于人们认为其拥有相对富足、足以维持生存的生活来源，所以他们并不属于减贫的对象。然而，他们经常会成为歧视、暴力和犯罪的目标，这使其无法进一步向更高的社会阶层流动。他们到底包括哪些群体呢？其中包括那些依靠最低工资生活的人口、中低收入阶层以及某些少数群体和城市贫民。满足他们的需求是非常重要的，因为当这些人们的生活处于贫困线以下时，他们将成为整个社会的负担。

减贫还涉及量身定制的赋权体制和相关的技术，因为不同的贫困群体需要进行不同的活动。例如，仅仅培训妇女开办小型企业或提高她们在办公室或工厂内的工作技能是不够的，因为在接触市场和公众时，如果她们与合作伙伴或客户建立了"错误的关系"，那么这些妇女们或其孩子的犯罪或暴力倾向就会变得更加明显。侵害妇女的犯罪问题越来越多（包括债务、婚姻和家庭暴力以及人口贩运），但仅仅只在表面上得到了解决。许多年轻女性成熟得过于迅速，因为她们的父母虽然参加了工作，但收入过低，根本无法照顾她们。未婚父母和离异家庭的子女日益增多，他们已经成为周围的成年人侵犯人权的目标。而残疾人、民工子女、渔民和农民则是另一些问题群体，在其周围日趋蓬勃的经济发展活动中，需要为该群体提供量身定制的"安全保障"方案。

减贫工作还包括保护人们应对"有罪免罚"的现象。俗话说得好，"正义对富人来说通常是迟钝的，但对穷人来说是尖锐的"。没有身份（无身份证或公民身份）的贫困群体是面临双重问题的少数群体。他们是各种歧视和暴力，甚至是酷刑和非人道的侮辱待遇或处罚的软目标。对他们所施加的压力很可能打着"促进经济发展"（例如：因为某些投资项目需要占据他们的聚居区而被迫流离失所或失去谋生手段，以及生活在垃圾箱附近或不健康的环境中等）、"维护社会秩序"或"执法"（例如，因为在某个地方的街头贩卖商品而遭到殴打，在社会动乱或针对执法当局发起攻击之后被强迫拘留和遭受酷刑,以及因自由表达言论而遭到暴力恐吓和任意拘留等)的旗号。

换言之,减轻贫困不能仅仅只依靠经济手段。如果贫困人口及其周围的社会无法尊重自身和他人的尊严,同时充分发扬促进和保护人权的精神,那么为其增加额外的收入并不能解决问题。在技术层面来说,这种跨部门的方法是有意义的,因为从预算角度来看,扶贫拨款通常会被分配给国家和地方各级的许多部委和机构。人权观点是能够团结所有部门的唯一观点。最好的方法就是制定一种全方位的方案,把"减贫对象将针对为其制定的政策做出何种回应"的主题纳入考量范围。

东盟政府间人权委员会(AICHR)正致力于确保东盟经济共同体采用这种基于人权的方案:愿意从弱势群体的角度看待问题,同时设身处地得考量使他们陷入贫困线以下或继续生活在贫困状态的原因。对此,本文的参考文献包括《东盟人权宣言》(AHRD)、《金边声明》、《世界人权宣言》,以及东盟和东盟成员国签署的国际性和区域性公约与合作计划。《东盟人权宣言》规定,所有人生来自由,在尊严和权利上一律平等,不受任何形式的区别对待(例如,无论其种族、性别、年龄、语言、宗教信仰、政治派别或其他观点、民族或社会出身、经济地位、出生、残疾或其他状况),有权享有权利和自由。妇女、儿童、老年人、残疾人、民工以及弱势群体和边缘化群体的权利是不可剥夺的,同时也是人权和基本自由权不可分割的组成部分。

四、所倡导的未来之路

国际合作是21世纪外交的必然事项和现实。要么开展合作,要么走向灭亡。从贸易到基础设施的发展,经济层面的合作均不断扩大,这只是我们这一时代加强国际合作的几个先决条件。作为政策领域的活动人士,我们面临的挑战是如何调整活动和合作,以便适应社会的动态变化。请注意,政府是最后一个调整合作模式的机构,因为其属于官僚机构;普罗大众和业务单位才是可以更快地适应蓬勃发展的国际合作趋势的主体。

在我们这个时代，下列因素将对扶贫的对象（包括生活在贫困线以下的人口、易于陷入贫困状态的群体、经常成为人权侵犯和歧视对象的特定群体以及有罪不罚的受害者）产生重大的影响：

(1) 拥有言论自由的权利。许多事态正在发生变化，因此，各国政府需要接受来自社会的声音，以了解如何才能更好地满足各利益攸关方的需求。通过各种渠道（包括校园和学校内的讨论以及公众听证会）促进言论自由变得势在必行。如果不能确保可持续的对话和表达关注点的空间，则贫困将成为一个普遍的问题（虽然目前仍然不算一个普遍性问题）。

(2) 拥有安全迁徙的权利。获取数字技术、教育、大众媒体、信息、经济发展机会和连通技术的渠道经改良后将有助于显著促进人口的流动。改变国籍、到国外寻求工作机会、打入海外市场开拓商机、赴别国接受教育和培训深造、前往异国他乡体验不同生活的人将会越来越多。由于人权一直是东盟成员国和印度尼西亚的一大标准，因此，据预计，该地区的人民将在其他地区同样受到尊重人权的待遇。东盟和印度尼西亚的贫困人口在国外也应该得到与其在国内一样的尊重和保护。

(3) 拥有获得法律援助的权利。生活在贫困线以上的人口可能会接触其他国家的人（作为雇主、合伙人、客户、朋友或配偶），因此，他们可能会遭遇到侵犯人权的行为（例如，性贩运、贩毒、现代奴役、网络犯罪、家庭暴力、激进主义行为和极端意识形态等）。这些人的权利需要得到更周密的保护，其中的一条途径就是，在他们违反法律时，为其提供获得法律援助的机会。在调查期间，每个人都有权主张无罪推定原则，在被拘留或监禁期间，也应该为其提供人道待遇和康复护理。否则，这些人很可能会成为社会上毫无选择而言的贫困人口，并有可能再次陷入暴力和侵犯人权的类似循环。为人权卫士提供空间也是至关重要的，尤其是在法律援助的支持体系发展不足或对移民执法不力的情况下。

(4) 在资产管理、投资、信息技术和网络开发方面获得终身技能的权利。尽管随着经济合作情况的改善，基础设施、政府项目和官方访问可能会激增，但我们仍然需要专门的方案来确保人们继续学习新的终身技能（非正规教育），以便适应全球层面的需求。数字经济的发展使得在学校学会的知识很容易过时,上世纪60年代至90年代出生的人仍处于工作年龄段,我们需要帮助他们适应全新的数字环境,以便摆脱贫困。

换言之,国际扶贫合作需要从多层面入手,并在已经受到广泛关注的经济层面之外,将政治和安全层面以及社会文化层面的问题纳入考量范围。我们需要基于人权原则,使相关的方案和活动的方法成为主流,以便尽量缩小"没有选择"(这也是导致当代社会许多人陷入贫困状态的原因)的鸿沟。

随着全球市场的高度一体化,我们更难想象,在没有任何国际合作项目进行有力补充的情况下,国家一级的减贫举措能够取得成功。2018年打响的贸易战以及美元利率走高(美国作为全球经济交易主流货币"所有者")都对许多国家的经济带来了影响。新兴经济体的消费者可以感受到商品价格的上涨趋势,因为几乎每一种商品都包含进口的元素。

如果出现贸易顺差的国家只关心为未来储备积累更多财富,我们可以想象,对于其本国的人民和企业来说,面临贸易赤字的国家将陷入更严重的贫困问题。如果将经济援助作为经济合作的条件,这就等于将贫困人口当作物品,而我们将又一次让贫困人口面临别无选择的境地。

我们需要在国家间发展越来越多的合作关系模式,以期分享资源、专业知识和技能并进行进一步发展,从而适应不同地区和群体的需求。贫困人口不仅需要资源来构建他们的未来,还需要网络、专业知识和更全面的保护。我们需要以更严肃的态度共同打击跨国犯罪、歧视、侵犯人权的行为。

(作者丁娜·维斯努系东盟政府人权委员会印尼政府代表)

减贫的国际合作与人权保障

[中国] 张国斌

当前,世界各国在人权保障事业方面,日益重视贫困问题。尽管在一些西方国家,"脱离贫困的权利"能否成为一项基本人权仍存有一定争议,但至少"减贫"已经成为国际人权领域一个无可回避的焦点。

本文首先从人权的定义与中国的人权观入手,然后探讨作为世界性人权问题的贫困与相关的国际合作。在此基础上,文章系统总结中国在减贫与维护人权领域所取得的成就与经验,最后探讨智库在减贫与人权保障事业上的作用。

一、人权定义的演变与中国的人权观

一般地,人权是指"在一定的社会历史条件下每个人按其本质和尊严享有或应该享有的基本权利",早期"人权"的概念是在14至15世纪的文艺复兴运动中最先被提出的,在这次运动中,"人文主义"成为核心思潮并第一次明确地提出了"人权"这个概念,人文主义思潮的世界观基础就是个人主义,强调人的需要和理性,而人权观念的萌芽状态也是在这一时期产生。[1]到了17至18世纪,资本主义生产方式在欧洲广泛兴起,新兴的资产阶级在欧洲开展了又一场反对教会神权和封建专制的启蒙思想运动,在这场运动中更加明确地提出了人人生而平等和"天赋人权"的学说。1776年由杰斐逊起草的《美国独立宣言》集中地体现了"天赋人权"的主张,被马克思称为"人类历史上第一个人权宣言",而1789年法国在大革命时期制

---

[1] 吴英姿:"论诉权的人权属性——以历史演进为视角",《中国社会科学》2015年6月。

定的《人权和公民权利宣言》（简称《人权宣言》），最先使用了"人权"这一表达方式。[1]在接下来的时代进程中，"人权"的概念和涵义被不断地解释和充实。到了1948年12月10日，联合国大会通过并发表了《世界人权宣言》。这份迄今已被翻译成200多种语言的联合国文件宣布："所有的人均生而自由，在尊严及权利方面处于平等地位。"1950年，联大决定将每年的12月10日定为"世界人权日"。[2]

随着人类文明的发展，人权概念的内涵与外延也在不断变革；其中最重要的一点就是将"发展权"纳入人权范畴中，并赋予其基础性重要意义。而在这个人类人权理念的发展与革新的进程中，中国起到了重要的推动作用。正如袁正清等学者所论："中国通过规范对话、话语批判和自我塑造等机制，用以生存权和发展权为核心的人权理论体系丰富着国际人权规范重塑的实践，为非西方国家突破人权规范发展的单一路径提供了新思路和新视角。"[3]

2015年9月16日，中国国家主席习近平向"2015·北京人权论坛"发来贺信，明确指出："长期以来，中国坚持把人权的普遍性原则同中国实际相结合，不断推动经济社会发展，增进人民福祉，促进社会公平正义，加强人权法治保障，努力促进经济、社会和文化权利与公民权利和政治权利全面协调发展，显著提高了人民生存权、发展权的保障水平，走出了一条适合中国国情的人权发展道路。"[4]

习近平主席的贺信集中表达了中国特色社会主义的人权观，那就是把人权的普遍性原则与中国实际相结合。具体来说，首先在目标上，中国政府认为，提高人民的生存权和发展权是中国人权发展道路的首要目标。这是因为生存权和发展权是人民享有其他人权的基础；没有生存权和发展权，其他一切人权均无从谈起。这是中国人民从自己的历史和国情出发在人权问题上得出的一个基本结论，也是一个具有普遍意义和价值的重要观点。[5]其次，在保障人权所需达到的具体目标上，中国

---

[1] 李步云："中国特色社会主义人权理论体系论纲"，《法学研究》2015年第2期。
[2] 张国斌："求同存异中的中西方人权探讨"，《公共外交季刊》2015年第4期。
[3] 袁正清、李志永、主父笑飞："中国与国际人权规范重塑"，《中国社会科学》2016年第7期。
[4] "习近平致'2015·北京人权论坛'的贺信"，2015年09月16日，新华网：http://www.xinhuanet.com/politics/2015-09/16/c_1116583281.htm。
[5] 董云虎、常健主编：《中国人权建设60年》，江西人民出版社，2009，第38页。

的人权观讲究"辩证",即强调为了提高人民的生存权和发展权,就必须同时在经济、社会、文化、政治权利等方面实现全面发展,而不能将生存权和发展权仅仅理解为经济、社会权利。第三,在人权保障实现手段上,中国认为关键是要依靠法制。第四,中国人权观的特色就在于不断推动经济社会发展,以增进人民福祉、实现人权;而这种发展的本质则是以人为本、兼顾公平、追求社会正义。[1]

二、作为世界性人权问题的贫困与国际合作

如果以全球视角审视中国的人权观与减贫实践,人们将发现,中国人所贡献的思想与模式能够对解决作为世界性人权问题的贫困提供有益的借鉴,而中国政府当前正在力推的国际合作项目则是将中国经验、中国方法推向世界。

作为一名外交官,我先后从事了40余年的外交工作,曾在非洲和法国工作8年与12年,在发展中国家和发达国家不同的工作经历,让我深深体会到减贫的重要意义和加强国际合作对实现人权保障的重要性。

放眼全球,当我们的人类文明在世界各个角落推进前所未有的繁荣时,与之相生相伴的仍是持续、甚至不断恶化的贫困现象。贫困影响着世界一半的人口。西方很多国家对种族灭绝或自然灾害的受难者给予极大的关注和同情。这是非常应该的,但也不应该存在双重标准。也就是说,人类(尤其是一些西方国家)不应该接受、默许由国际体系的不公和社会制度所制造的贫困。贫困给地球上近一半人口所带来的持久性伤害,可能比洪水、战争等带来的破坏更广泛而系统,因此对人权的侵犯也更加严重。[2]所以,要解决作为世界性人权难题的贫困,人们首先必须从思想上认识到,发展与减贫本身就是保障人权最基本、最紧迫的任务。

进一步追问:在全球化时代如何实现发展与减贫的目标呢?是依靠国家各自为战,还是通过国际合作?哪一种更有效,同时在道义上也能得到更广泛的认可?

站在全球公义的视角看,捍卫各国公民"免于贫困的权利",意味着人类在减

---

[1] 柳华文:"中国特色社会主义人权观——结合习近平致'2015·北京人权论坛'贺信的解读",《国际法研究》2016年第5期。
[2] 皮埃尔·萨内、刘亚秋:"贫困:人权斗争的新领域",《国际社会科学杂志(中文版)》2005年第2期。

贫的过程中需要超越国家和民族关系的界限，并通过不断深化的国际合作来逐步形成一种适用于全球社会中人与人之间关系的新的全球正义理念。[1]事实证明，对于广大发展中国家来说，减贫的最大限制因素是资金投入不足，因此利用国际援助，开展国际交流与合作成为发展中国家减贫的重要途径。经过半个多世纪的努力，减贫的全球意义已经逐步被世界各国所接受，那就是贫困人口的存在不仅是不发达国家社会动荡的主要因素，同时也是发达国家面临的潜在威胁。因此，国际减贫的实现不仅有利于欠发达国家和地区的稳定，同时也有利于发达国家的可持续发展。在这一共识的基础上，国际社会逐步确立了全球减贫的共同目标和行动纲领，致力于共同解决贫困问题。

传统上，国际减贫合作可以按照不同主体而划分为两种：一种是由联合国和世界银行为代表的多边国际开发性组织提供合作平台进行的国际合作；第二种则通常为发达国家针对发展中国家的国家间双边发展援助，即政府间的官方发展援助（Official Development Assistance, ODA）。此外，也存在一些国际非政府组织（NGO）提供非官方援助等。

与此同时，国际社会在国际减贫、保障人权的实施手段和认识水平也在进化之中。人类对贫困的认识和减贫合作也向纵深发展。最初，人们认为造成贫困的原因是物质短缺和技术落后等外部因素；逐渐地人们意识到深入提升贫困者能力、解决内部原因才是根本。减贫合作也从最初单纯关注人道主义救助，发展到注重减贫方法的应用以及减贫经验交流。

三、中国在减贫与维护人权领域的成就与经验

中国作为负责任的大国，在消除贫困、维护人权方面面临巨大挑战，也取得了巨大成功。因此中国既有经验、能力，也有强大意愿参与全球减贫事业。

面对贫困这样一个世界性难题，改革开放40年所带来的经济增长以及中国政府所采取的有力扶贫措施，中国取得了人类历史上速度最快、范围最大的减贫成

---

[1] 郑智航："全球正义视角下免于贫困权利的实现"，《法商研究》2015年第1期。

效，为全球减贫事业做出了突出贡献。同时，中国的减贫事业也始终是在国际视野下推进的，即中国既接受外来援助、利用国际资源，通过吸收国际经验、进行国际合作等方式取得了本国减贫的历史性胜利；同时中国也广泛参与全球减贫事业，为其他欠发达国家和地区的发展贡献一己之力。

随着实力的增强与贫困形势的改变，中国秉承"人类命运共同体"的观念继续推进世界减贫事业。中国减贫的国际合作从接受援助向输出援助、从资金需求与技术引进向管理合作转变，寻求国际减贫在更广、更深的领域合作，与世界各国和国际社会一道共建和谐世界，塑造负责任的大国形象。[1]

2015年10月16日，习近平主席在"减贫与发展高层论坛"上发表演讲，承诺未来5年中国现标准下7000万贫困人口全部脱贫。这是在改革开放之后，经济高速增长和开发式扶贫政策共同作用下，中国取得举世瞩目的大规模减贫成就的同时，向反贫困事业打响的最后攻坚之战。[2]

为赢得这场攻坚战的全胜，习近平提出了"精准扶贫"的理念，以全方位指导中国的减贫发展事业。作为中国政府当前和今后一个时期关于贫困治理的指导性思想，习近平"精准扶贫"重要论述生成的理论基础是"共同富裕"根本原则，现实基础是"全面建成小康社会"的宏伟目标。精准化理念是核心要义，分批分类理念是基础工具，精神脱贫理念是战略重点。

该理念的核心就在于精准识别贫困人口，精确把握致贫原因，然后通过滴灌式的精准帮扶、共享发展成果等方法，逐步探索出一条有中国特色社会主义的扶贫开发体系。相对于他国以及中国过去的减贫经验和模式，精准扶贫的治理突破路径主要在于坚持以人为本的理念、建构全面全程精准化的机制、完善政府主导下的多元参与格局和贯彻新发展理念的价值导向。[3]

在过去"砥砺奋进的五年中"，在习近平主席"精准扶贫"大战略的指导下，中国在减贫以及维护人权领域取得了举世瞩目的成就。自十八大以来，"精准脱贫"战略得

---

[1] 曾培炎："推进全球可持续发展 构建人类命运共同体"，《全球化》2015年第7期。
[2] 唐任伍："习近平精准扶贫思想阐释"，《人民论坛》2015年第30期。
[3] 王国勇、邢溦："我国精准扶贫工作机制问题探析"，《农村经济》2015年第9期。

到扎实推进,中国贫困人口明显减少。按照每人每年2300元(2010年不变价)的农村贫困标准计算,截至2016年底,我国农村贫困人口比2012年减少5564万人,贫困发生率下降到4.5%,比2012年下降5.7个百分点。而且,贫困地区发展速度、居民收入增长速度加快,我国贫困地区农民收入增长快于全国。2013-2016年贫困地区农村居民人均可支配收入年均实际增长10.7%,比全国农村居民收入增长快2.7个百分点。城乡居民收入和生活水平持续提高,人民群众的获得感、安全感、幸福感不断提升。[1]

四、智库在减贫与人权保障事业上的作用

在中国人民告别贫困的历史性战役中,智库发挥着重要作用。中国智库在本国减贫与人权保障事业上的工作模式和实际效用,也为他国的发展与减贫事业提供了可资借鉴的参考。

习近平主席在提出"精准扶贫"大战略的同时,也提出了要"加强中国特色新型智库建设"。[2]在这一倡导下,涌现出一大批像察哈尔学会这样的专业智库。他们一方面积极与中国政府有关部门合作,及时总结、提炼中国的减贫与人权保障实践;同时作为国际智库,他们也发挥着桥梁的作用,加强了中国与世界在"以减贫促人权"领域的深度交流与合作。

在理念上,察哈尔学会身体力行,自成立以来便作为专业的外交与国际关系智库,积极参与促进国际合作,推动人权保障;同时积极发出中国人权声音、传播中国人权理念,在求同存异的语境下加强中西方人权观的探讨。[3]

在与国际同行交流的过程中,察哈尔学会始终坚持中国本位和世界视角,充分发挥国家高端智库的窗口与桥梁作用。一方面,作为窗口,学会向世界展示一个真实的中国——她生机勃勃,在减贫与人权保障等多个领域不断实现自我革新与超越;她纵然仍存有诸多不足,但都处于改进之中,对此政府有方案、人民有信心;她

---

[1] 王兰军:"党的十八大以来我国经济建设取得新的辉煌成就",《经济研究参考》2017年第48期。
[2] 《关于加强中国特色新型智库建设的意见》,2015年01月21日,新华网,http://www.xinhuanet.com/zgjx/2015-01/21/c_133934292_2.htm。
[3] 张国斌:"论人权因素之于安理会断定'对和平之威胁'的影响",《法制与社会》2013年第23期。

慷慨而包容，愿意将本国在减贫与人权保障事业中所取得的经验和接受的教训分享给国际社会，帮助其他发展中国家避免走不必要的弯路，早日实现脱贫致富、人权保障。另一方面，作为桥梁，在技术和实操层面，察哈尔学会通过举办多场有关人权理念、发展观、中国模式等热门议题的大型国际会议、讲座，让不同的观点在碰撞中产生新的思想火花，从而不断优化中国减贫模式与人权保障工作。

2013年11月，察哈尔学会与北京大学国际关系学院联合主办第六届"全国国际关系、国际政治专业博士生学术论坛"。针对当时联合国将"保护的责任"（R2P）写入世界峰会会议文件的事件，察哈尔学会会长、全国政协外事委员会副主任韩方明博士明确指出"此举将对国家主权观念造成较大冲击，而目前国际社会对该共识的理解与实践尚处于探索阶段，西方主导的价值规范依然规约着这一共识的发展与传播，所以其普适性还有待进一步验证。"该观点受到与会学者的一致赞同。[1]其理论洞察力和政策预见性在两年后席卷欧陆的"难民危机"中得到了充分的证明。

在实践上，以察哈尔学会为代表的新型智库，为积极落实习近平主席"精准扶贫"大战略，为中国人权保障事业作出贡献，多次组织专家学者深入贫困地区进行调研，在充分获取第一手真实情况的基础上撰写报告，向决策层建言献策，履行智库"服务决策，造福民众"的本职，得到国家部委领导的批示和高度肯定。

鉴于察哈尔学会长期以来在中国人权保障领域所作出的贡献，以及多年的人权发展实践与理论研究，我本人也于2016年12月23日在北京召开的中国人权研究会第四届全国理事会第一次会议上，当选为常务理事。[2]这既是对察哈尔学会多年来持续耕耘于中国与世界人权保障领域努力的充分肯定，更寄予了国家对新型智库在世界减贫与人权保障事业上发挥更大作用的期许和鞭策。

（作者张国斌系察哈尔学会秘书长）

---

[1] 韩方明："联合国'保护的责任'普适性有待进一步验证"，2013年11月17日，中国新闻网：http://politics.people.com.cn/n/2013/1117/c70731-23567007.html。

[2] "察哈尔学会张国斌秘书长当选中国人权研究会全国理事会常务理事"，察哈尔学会，2016年12月24日，http://baijiahao.baidu.com/s?id=1554600057218579&wfr=spider&for=pc。

第四部分
构建人类命运共同体与人权保障

中国扶贫的理念与成就对国际社会的贡献及其启示

[中国] 何 苗

导言

世界银行发布《推进更加包容、更可持续的发展》系统性国别分析报告,指出从1978年到2014年,中国人均收入增加16倍,以每人每天生活费1.9美元国际购买力平均计算,中国的极端贫困发生率由1981年的88.3%大幅降至2013年的1.9%,超过8.5亿中国人摆脱贫困。中国的减贫成就赢得了国际社会广泛的赞誉。

按当前的扶贫标准,改革开放40年以来,我国已经有7.9亿人摆脱了贫困。据联合国统计,7.9亿人口占这一期间全世界脱贫的人口的70%以上。

一、中国扶贫理念:为世界减贫事业贡献中国智慧

(一)中国扶贫理念以实现发展权为首要目标

实现发展权是中国人权理念的首要目标。作为世界上最大的发展中国家,中国立足于基本国情,坚持走中国特色社会主义道路,既通过发展增进人民福祉实现人民的发展权,又通过保障人民的发展权实现更高水平的发展,探索出一条适合中国国情的具有中国特色的扶贫、减贫道路。

1. 对内扶贫

中国一直都是世界减贫事业的积极倡导者和有力推动者。改革开放40年以来,中国一直致力于减贫工作,共有7亿多人摆脱贫困,占全球减贫人口的70%以上。

2010年到2016年底，中国农村贫困人口从1.66亿人减少至4335万人。1990年到2015年，中国实现日均收入低于1.25美元人口减半、基本实现使所有人包括妇女和青年人都享有充分的生产就业和体面工作机会的目标；实现挨饿的人口比例减半。建立了世界最大的社会保障体系，人均预期寿命提高到76.34岁，居于发展中国家前列；人民受教育水平大幅提高，九年制义务教育巩固率为92%，高等教育已接近中等发达国家水平。截至2016年底，为7.7亿人提供就业，实现学龄儿童9年义务教育全覆盖，关爱2.3亿老年人、700多万大学毕业生和8500万残疾人，保障6000多万城乡低保人口基本生活，人均预期寿命从1949年的35岁提高到现在的76岁多，公民的政治权利和自由日益广泛。到2020年，中国将全面进入小康社会，实现农村贫困人口全部脱贫，这一目标的实现将为中国以及世界人权事业发展作出更大贡献。[1]中国将在4年内完成脱贫、提前10年实现《2030年可持续发展议程》确定的减贫目标，将在2030年实现零贫困。中国为发展中国家贫困率的下降做出了重大贡献，是第一个实现联合国千年发展目标"贫困人口减半"的国家。中国是世界上率先完成联合国千年发展目标的国家，也是世界上减贫人口最多的国家。[2]

2. 对外援助

在致力于消除自身贫困的同时，中国还在力所能及地向发展中国家、欠发达国家提供不附加任何政治条件的扶贫援助。中国积极开展南南合作，多年来支持和帮助广大发展中国家特别是最不发达国家消除贫困，为全球减贫事业作出了重大贡献。60多年来，中国向166个国家和国际组织提供了近4000亿元人民币援助，派遣60多万援助人员；7次宣布无条件免除重债穷国和最不发达国家对华到期政府无息贷款债务。中国还积极向亚洲、非洲、拉丁美洲和加勒比地区、大洋洲的69个国家提供医疗援助，先后为120多个发展中国家落实千年发展目标提供帮助。习近平主席代表中国政府还提出了帮助发展中国家发展经济、改善民生的一系列新举措，包括中国将设立"南南合作援助基金"，首期提供20亿美元，支持发展中国家落实2015

---

[1] 邱小琪：."走中国特色人权发展之路"，《人权》2018年6月19日。
[2] "中国扶贫经验国际研讨会暨'一带一路'沿线国家扶贫经验分享活动"，2017年5月19日，人民网：http://world.people.com.cn/n1/2017/0519/c1002-29287470.html。

年后发展议程等。

改革开放后,同其他发展中国家的经济合作由过去单纯提供援助发展为多种形式的互利合作。1979－1994年的探索改革和调整阶段,中国的对外援助形式以发展援助为主,1995年全面深化改革以来,援助方式从过去单一的双边援助转向多边援助,20世纪90年代,中国在加快从计划经济体制向社会主义市场经济体制转变过程中,重点推动援助资金来源和方式的多样化。进入新世纪特别是2004年以来,中国对外援助资金保持快速增长,2004－2009年平均年增长率为29.4%。[1]2010－2012年,中国向121个国家提供了援助,对外援助金额为893.4亿元人民币。[2]2010－2012年,中国对外援助方式主要包括援建成套项目、提供一般物资、开展技术合作和人力资源开发合作、派遣援外医疗队和志愿者、提供紧急人道主义援助以及减免受援国债务等。中国计划在非洲100个乡村实施"农业富民工程",派遣30批农业专家组赴非洲,建立中非农业科研机构"10+10"合作机制;中国计划支持非洲实施100个清洁能源和野生动植物保护项目、环境友好型农业项目和智慧型城市建设项目;中国将为非洲援建5所文化中心,为非洲1万个村落实施收看卫星电视项目,每年组织200名非洲学者访华和500名非洲青年研修。[3]中国计划向参与"一带一路"建设的发展中国家和国际组织提供600亿元人民币援助;中国计划向"一带一路"沿线发展中国家提供20亿元人民币紧急粮食援助,向南南合作援助基金增资10亿美元,在沿线国家实施100个"幸福家园"、100个"爱心助困"、100个"康复助医"等项目。[4]中国还向南太平洋、加勒比等地区小岛屿国家提供支持与帮助,先后为太平洋岛屿国家援建130多个项目,为发展中国家应对气候变化提供力所能及的援助,提高其减缓和适应气候变化的能力。[5]

改革开放后,中国依据国内外情况,更加注重提高对外援助项目的经济效益和

---

[1] 王蔚、朱慧博:"简析改革开放以来中国的对外援助",《毛泽东邓小平理论研究》2008年第8期。
[2] 国务院新闻办公室:《中国的对外援助(2014)》白皮书,2014年7月。
[3] "习近平在峰会开幕式上讲话宣布多项惠及非洲的举措",2015年12月5日,网易新闻:http://news.163.com/15/1205/03/BA1SSV5V00014AED.html。
[4] 习近平:"中国的持续发展将为'一带一路'注入强大动力",2017年5月14日,新华网:http://www.xinhuanet.com/world/2017-05/14/c_129604259.htm。
[5] 国务院新闻办公室:《发展权:中国的理念、实践与贡献》白皮书,2016年12月。

长远效果。为进一步巩固已建成生产性援助项目成果，中国同部分受援国开展了代管经营、租赁经营和合资经营等多种形式的技术和管理合作。经过调整巩固，中国对外援助走上了更加适合中国国情和受援国实际需求的发展道路。

（二）中国扶贫理念以共同消除贫困、构建人类命运共同体为愿景

中国一直秉持"穷则独善其身，达则兼善天下"的原则，2013年3月，习近平主席提出"构建人类命运共同体"理念，在国际社会引起强烈反响，受到各方普遍欢迎和高度评价。2015年10月16日，国家主席习近平出席2015年减贫与发展高层论坛并发表题为《携手消除贫困促进共同发展》的主旨演讲，再次向世界阐述中国的扶贫开发战略，并向各国提出"着力加快全球减贫进程""着力加强减贫发展合作""着力实现多元自主可持续发展"和"着力改善国际发展环境"等消除贫困的四点倡议。2017年2月，"构建人类命运共同体"的理念被首次写入联合国决议。[1]随后，该理念被陆续写入联合国人权理事会、联合国安理会等多份联合国决议，在国际社会的影响由经济社会领域延伸到安全等重要领域。"构建人类命运共同体"理念是中国为了应对全球挑战，推进人类共同实现各项人权，推动全人类共同实现和享受人类福祉的重要倡议。

在"构建人类命运共同体"理念的指导下，中国进一步着力增强各国发展能力、提供特别待遇和改善发展环境等来共同消除贫困。

1. 增强各国发展能力

中国一直秉持义利相兼、以义为先的原则，致力于健全发展协调机制，增进各国发展能力提升。中国政府发挥上海合作组织、中国－东盟（10+1）、东盟与中日韩（10+3）、东亚峰会、中日韩合作、亚太经合组织、亚欧会议、亚洲合作对话、亚信、中阿合作论坛、中国－海合会战略对话、大湄公河次区域经济合作、中亚区域经济合作等现有双多边机制与区域合作平台，让更多国家和地区参与"一带一路"建设，增强各国发展能力。中国出资成立丝路基金，发起建立亚洲基础设施投资银行，推动成立澜沧江－湄公河合作机制，为"一带一路"沿线国家基础设施、资源开

---

[1] "两会时间中国节奏之'和合共生'——习近平掌舵中国巨轮外交篇"，2017年3月8日，央视新闻网，http://news.cctv.com/2017/03/08/ARTITSQQ u4Yv7ayJMYKVKt1p170308.shtml。

发、产业合作和金融合作等与互联互通有关的项目提供投融资支持。中国－联合国和平与发展基金、南南合作援助基金在增强各国发展能力方面作用日益凸显。[1]

2.提供特别待遇

中国作为发展中国家，积极承担"特殊和差别待遇"而衍生的义务。2002年，中国与东南亚国家联盟签订了《中华人民共和国与东南亚国家联盟全面经济合作框架协议》[2]，对柬埔寨、老挝、缅甸和越南等东盟新成员国给予特殊和差别待遇及灵活性。2006年，中国加入《亚洲及太平洋经济和社会委员会发展中成员国关于贸易谈判的第一协定修正案》。中国海关总署先后颁布3个文件，将享受"特别优惠关税"政策的国家从非洲扩大到40个联合国认定的最不发达国家。[3]

3.改善发展环境

中国一直倡导和维护国际和平，改善发展环境。中国同国际社会一道共同打击恐怖主义、分裂主义、极端主义犯罪和毒品犯罪，这些都为扶贫、减贫工作创造了良好的外部发展环境。

中国深度参与伊朗核问题谈判，积极斡旋南苏丹国内和解，提出政治解决叙利亚问题"四步走"框架思路，促成阿富汗政府与塔利班开启和谈，为恢复朝鲜半岛核问题六方会谈逐步积累共识。在联合国、国际刑警组织、上海合作组织、东南亚国家联盟、金砖国家等国际和区域性组织框架内加强反恐合作，打击一切恐怖势力。与有关国家通过高层交往、机制性磋商、签署合作协定等方式加强在反恐问题上的交流与合作，加大对"三股势力"的打击力度。积极参与制定应对世界毒品问题的有关国际文件，与周边国家开展打击贩毒走私活动。在中老缅泰湄公河流域执法安全合作机制内，持续开展"平安航道"联合扫毒行动。2016年，在中国承办的第二阶段"平安航道"联合扫毒行动中，中国、老挝、缅甸、泰国、柬埔寨、越南六国共破获毒品刑事案件6476起，抓获犯罪嫌疑人9927人，缴获各类毒品12.7吨、

---

[1] 国务院新闻办公室：《发展权：中国的理念、实践与贡献》白皮书，2016年12月。

[2] 中华人民共和国商务部国际经贸关系司：《中华人民共和国与东南亚国家联盟全面经济合作框架协议》，2002年12月9日，http://gjs.mofcom.gov.cn/aarticle/Nocategory/200212/20021200056452.html。

[3] 国务院新闻办公室：《发展权：中国的理念、实践与贡献》白皮书，2016年12月。

易制毒化学品55.2吨。[1]

二、中国扶贫成就：为世界减贫事业贡献中国方案

按照1978年现行农村贫困标准，1978年农村居民贫困发生率为97.5%，农村贫困人口规模7.7亿；按2014年农村贫困标准，2014年农村贫困人口规模为7017万，贫困发生率为7.2%。中国消除绝对贫困主要反映在中国绝对贫困人口（国际贫困线以下的贫困人口）数量和占世界总量比重大幅度"双下降"。1981年中国绝对贫困人口数量为8.35亿人，到2013年降至6800万人。1981年中国绝对贫困人口占世界总量的比重为43.1%，到2010年下降至13%。

中国扶贫之所以取得了令世界惊叹不已的成绩，关键性因素在于党的领导、顶层设计的科学性，以及分阶段、分区域、多元参与贯彻落实扶贫、减贫工作。

（一）顶层设计科学合理

1982年召开的中共十二大提出，到2000年，全国工农业总产值要比1980年"翻两番"，人民物质文化生活达到小康水平。[2]在"六五计划"（1981–1985年）中，不但规定了工农业生产的具体发展指标，而且规定了各类学校的招生人数、各类企业的就业增长数量、居民收入增长指标、城乡建设规模、社会福利事业支出数额和文化事业发展指标等。[3]1986年起，中国开始实施有计划、有组织、大规模的扶贫开发，设立了扶贫开发专门机构，评定国定贫困县和省定贫困县，制定与中国国情和发展阶段相适应的扶贫开发方针，并于1994年、2001年、2011年分别制定了扶贫规划纲要，明确了阶段性扶贫开发目标，把扶贫开发作为脱贫致富的主要途径，鼓励和帮助有劳动能力的扶贫对象通过自身努力摆脱贫困。

党的十三大将"以经济建设为中心"确定为党的基本路线的首要内容。[4]2009年，第一份以人权为主题的《国家人权行动计划（2009–2010年）》颁

---

[1] 国务院新闻办公室：《中国人权法治化保障的新进展》白皮书，2017年12月。
[2] 中共中央文献研究室：《十二大以来重要文献选编》（上），人民出版社，1986年，第14页。
[3] 《中华人民共和国国民经济和社会发展第六个五年计划摘要》，2001年2月28日，人民网：http://www.people.com.cn/GB/shizheng/252/4465/4466/20010228/405419.html。
[4] 中共中央文献研究室：《十三大以来重要文献选编》（上），人民出版社，1991年，第15页。

布，这份紧密关乎中国民众生存、发展大计的规划，已经得到很好的实施，有效地促进了中国人权状况的显著改善。随后，我国第二个以人权为主体的国家规划《国家人权行动计划（2012—2015年）》对中国人权发展的目标、任务和具体措施等，都作了可行性很强的筹划安排，彰显出人口大国的责任感和使命感。特别重要的是，该计划指出，推进精准扶贫脱贫，健全公共服务体系，稳步提高基本公共服务均等化水平。党的十八大将"人权得到切实尊重和保障"确立为全面建成小康社会的重要目标。十八大报告指出，推动城乡发展一体化。坚持把国家基础设施建设和社会事业发展重点放在农村，深入推进新农村建设和扶贫开发，全面改善农村生产生活条件。着力促进农民增收，保持农民收入持续较快增长。党的十八大以后，党中央把扶贫开发摆到治国理政的重要位置，提升到事关全面建成小康社会、实现第一个百年奋斗目标的新高度，纳入"五位一体"总体布局和"四个全面"战略布局进行决策部署。

十八届五中全会通过对"十三五"规划的建议，从推动经济社会持续健康发展角度诠释了人权保障的丰富内涵。特别强调，增加公共服务供给，从解决人民最关心最直接最现实的利益问题入手，提高公共服务共建能力和共享水平，加大对革命老区、民族地区、边疆地区、贫困地区的转移支付。实施脱贫攻坚工程，实施精准扶贫、精准脱贫，分类扶持贫困家庭，探索对贫困人口实行资产收益扶持制度，建立健全农村留守儿童和妇女、老人关爱服务体系。提高教育质量，推动义务教育均衡发展，普及高中阶段教育，逐步分类推进中等职业教育免除学杂费，率先从建档立卡的家庭经济困难学生实施普通高中免除学杂费，实现家庭经济困难学生资助全覆盖。

十八届六中全会开启全面从严治党的新征程，进一步巩固人权保障的前提和基础。2016年制定的"十三五规划"（2016—2020年）目标是"就业、教育、文化体育、社保、医疗、住房等公共服务体系更加健全，基本公共服务均等化水平稳步提高。教育现代化取得重要进展，劳动年龄人口受教育年限明显增加。就业比较充分，收入差距缩小，中等收入人口比重上升。我国现行标准下农村贫困人口实现脱贫，贫困县全部摘帽，解决区域性整体贫困。"[1]党的十九大进一步提出要"把人民对美好生活的向往作为奋斗目标"，不断提高人民生活水平，带领人民创造美好生活，"让改革发展成果更多更公平惠及全体人民，朝着实现全体人民共同富裕不断迈进。"[2]

此外，财政扶贫投入力度不断加大。2012年以来，中国政府积极调整财政支出结构，持续加大投入力度，完善财政扶贫政策体系。2011-2015年，中央财政累计安排专项扶贫资金1898.4亿元，年均增长14.5%，并安排专项彩票公益金50.25亿元，支持贫困革命老区推进扶贫开发。积极创新财政扶贫体制机制，加强财政扶贫资金管理。发挥财政投入的杠杆作用，通过市场化机制撬动金融资本支持易地扶贫搬迁工程。

（二）分阶段、分区域、多元参与贯彻落实

中国政府创新扶贫模式，实施精准扶贫、精准脱贫基本方略。近几年来，通过建档立卡摸清底数，分析致贫原因和发展需求，分类指导，精准施策，分阶段、分区域、多方面、多层次贯彻落实扶贫政策。

1. 分阶段贯彻

中国政府创新扶贫模式，实施精准扶贫、精准脱贫基本方略。

1978-1985年，第一阶段以体制改革推动扶贫。首先是以家庭承包经营制度取代人民公社"一大二公"的集体经营制度。通过诸如农产品价格提升及非农业领域就业渠道的拓宽等方式，将收益惠及贫困人口。此外，中央开始推动类似扶贫开发的以工代赈计划和"三西"农业专项建设项目。到1985年底，没有解决温饱的贫困人口从2.5亿减少到1.25亿人。

1986-1993年，第二阶段是有计划有组织的大范围扶贫阶段。1986年，农村年人均纯收入在206元以下的约有1.25亿人，占农村总人口的14.8%。同年，国务院贫困地区经济开发领导小组开展有计划、有组织的大范围农村扶贫工作。截至1992年底，农村依赖其收入不能维持其基本的生存需要的绝对贫困人口减少到

---

[1] 《中华人民共和国国民经济和社会发展第十三个五年规划纲要》，2016年3月17日，新华网：http://www.xinhuanet.com/politics/2016lh/2016-03/17/c_1118366322_2.htm。

[2] 《中国共产党第十九次全国代表大会文件汇编》，人民出版社，2017年，第36页。

8000万人。

1993—2000年,第三阶段是扶贫攻坚阶段。1993年,由"国务院贫困地区经济开发领导小组"更名而来的"国务院扶贫开发领导小组"集中力量解决全国农村8000万贫困人口的温饱问题。七年间,中央政府累计投入扶贫资金1240亿元。到2000年,中国农村贫困人口从8000元下降到3200万,贫困发生率下降到3.5%。

2001—2010年,第四阶段是扶贫深入阶段。国家制定颁布了新世纪第一个农村扶贫开发纲要,把扶贫政策推进到村级,在全国确定了14.8万个贫困村。逐步在农村全面建立最低生活保障制度。

2011—2020年,第五阶段是精准扶贫阶段。"十二五"期间,自《中国农村扶贫开发纲要(2011—2020年)》颁布实施以来,中央将农村人均纯收入2300元/年作为新的扶贫标准,比先前的标准上调近一倍。这一阶段,把区域发展与个人帮扶结合起来,划定集中连片特困地区,实施精准扶贫的方针,使得扶贫能集中在贫困人口身上。这一阶段,不再是单纯的经济发展问题,而是与全面建成小康社会相关联,从过去以解决温饱为主要目标转入巩固温饱成果、改善生态环境、提高发展能力和缩小发展差距等阶段任务。

2. 分区域精准扶贫

扩大贫困地区基础设施覆盖面,因地制宜解决通路、通水、通电、通网络等问题。对在贫困地区开发水电、矿产资源占用集体土地的,试行给原住居民集体股权方式进行补偿,探索对贫困人口实行资产收益扶持制度。

分区域、因地制宜提高贫困地区基础教育质量和医疗服务水平,推进贫困地区基本公共服务均等化。建立健全农村留守儿童和妇女、老人关爱服务体系。健全东西部协作和党政机关、部队、人民团体、国有企业定点扶贫机制,激励各类企业、社会组织、个人自愿采取包干方式参与扶贫。把革命老区、民族地区、边疆地区、集中连片贫困地区作为脱贫攻坚重点。

3. 多元参与精准扶贫

通过中央统筹、政府负责、企业协作、社会帮扶、个人自愿、国际合作等多种形式多元参与的全方位精准扶贫工作。

进一步完善中央统筹、省（自治区、直辖市）负总责、市（地）县抓落实的工作机制。强化脱贫工作责任考核，对贫困县重点考核脱贫成效。加大中央和省级财政扶贫投入，发挥政策性金融和商业性金融的互补作用，整合各类扶贫资源，开辟扶贫开发新的资金渠道。鼓励民营企业积极承担社会责任，充分激发市场活力，发挥资金、技术、市场、管理等优势。支持社会团体、基金会、民办非企业单位等各类组织积极从事扶贫开发事业。广泛动员个人扶贫，倡导"我为人人，人人为我"全民公益理念，引导广大社会成员和港澳同胞、台湾同胞、华侨及海外人士，通过爱心捐助、志愿服务、结对帮扶等多种形式参与扶贫。

三、启示

从《2015年联合国千年发展目标》提供的数据看，1990年，中国农村贫困人口占农村人口的60%以上，2014年下降到4.2%。中国对全球减贫的贡献率超过70%。[1]国际舆论普遍认为，全球在消除极端贫困领域所取得的成绩主要归功于中国。

从中国扶贫的理念和成就中，我们可以探寻一些重要的启示，来进一步推进中国扶贫、减贫事业的进步。

坚持中国共产党的领导。中国共产党的领导是中国特色社会主义最本质的特征。"改革开放是当代中国发展进步的活力之源"和"强大动力"。[2]改革开放以来，中国扶贫、减贫事业取得了巨大成就，这些都是在党的正确领导下取得的。只有共产党才能立足中国具体国情，把握中国扶贫、减贫及进一步发展的大方向，掌控扶贫、减贫的步骤、方式和措施。

"中国共产党是为中国人民谋幸福的政党，也是为人类进步事业而奋斗的政

---

[1] "国务院扶贫办:中国对全球减贫的贡献率超过70%"，2015年10月12日，中国网:http://www.china.com.cn/guoqing/2015-10/12/content_36793570.htm。

[2] 习近平:《全面深化改革论述摘编》，北京:中央文献出版社，2014年，第3页。

党。中国共产党始终把为人类作出新的更大的贡献作为自己的使命。"[1]习近平新时代中国特色的人权保障重要论述,推动构建人类命运共同体,党的十九大报告将理论与实践创新紧密结合,探寻出一条在中国共产党领导下的中国特色扶贫、减贫道路。

坚持走中国特色的扶贫、减贫道路。改革开放最主要的成果是开创和发展了中国特色社会主义,而中国特色社会主义又是改革开放必须遵循的正确方向和道路。"我们说中国特色社会主义是社会主义,那就是不论怎么改革、怎么开放,我们都始终要坚持中国特色社会主义道路、中国特色社会主义理论体系、中国特色社会主义制度。"[2]

中国扶贫、减贫事业所取得的成就作为世界人权事业进步的新样本,为其他发展中国家的扶贫、减贫事业的发展提供了参考和借鉴。以政府引导为主,充分发挥顶层设计的作用,各级地方政府负责,分阶段、分区域、多层次、多方面进一步推进中国扶贫、减贫事业的发展,立足于中国的具体国情,走切实符合中国国情的扶贫、减贫道路。

必须坚持精准扶贫与多面向扶贫相结合。尤其在一些特别重要的方面更是如此,例如:在生态环境保护方面,在贫困地区积极推进天然林资源保护、生物多样性保护等重大生态工程,加大贫困县生态环境综合治理力度,强化木本粮油、特色林果、木竹原料林、林下经济、草食畜牧业、生态旅游业等发展,为优势特色产业发展、贫困人口就业增收创造条件;在教育方面,"十二五"期间,中国把教育扶贫作为脱贫攻坚的重要内容,深入推进义务教育均衡发展,2012–2015年,中央财政累计投入资金831亿元改造义务教育薄弱学校,实施面向贫困地区定向招生专项计划,贫困地区农村学生上重点高校人数连续三年(2013–2015年)增长10%以上;在医疗方面,从2003年起,中央财政每年通过专项转移支付对中西部地区除市区以外的参加新型农村合作医疗的农民按人均10元安排补助资

---

[1] 习近平:《决胜全面建成小康社会 夺取新时代中国特色社会主义伟大胜利——在中国共产党第十九次全国代表大会上的报告》,北京:人民出版社,2017年,第57–58页。
[2] 习近平:《全面深化改革论述摘编》,北京:中央文献出版社,2014年,第15页。

金,[1]2018年,包括新农合在内的居民基本医保人均财政补助标准再增加40元,达到每人每年490元。[2]新型农村合作医疗制度逐步完善,覆盖97%以上的农村居民。

第四,2020年中国步入全面小康社会,之后的扶贫、减贫工作依然繁重。扶贫、减贫相关政策需要优先向深度贫困地区倾斜,补齐基础设施和基本公共服务短板,以乡村振兴巩固扶贫、脱贫成果。亟需立足中国特色的基本国情,因地制宜制定2020年后扶贫、减贫战略,探究构筑减贫、扶贫相关立法工作体系。

四、结语

中国的人权状况的逐步改善最显著的体现在扶贫、减贫方面,尤其是2012年以来,贫困人口减少了6800多万。世界银行中国局局长罗兰德说,"如果没有中国的扶贫成就,联合国千年发展计划目标就难以实现。"[3]

经过了四十年的艰苦奋斗,中国即将消灭绝对贫困。这些成就不但构建了全社会扶贫、减贫的强有力的合力,使得中国民众收益,还建立了中国特色的脱贫攻坚制度体系,为全球减贫事业贡献了中国智慧和中国方案。

然而,2020年中国步入全面小康社会并不意味着扶贫助弱任务结束。党的十九大明确把精准脱贫作为决胜全面建成小康社会必须打好的三大攻坚战之一。在一些深度贫困地区,需要更强有力的行动、更扎实的工作,集中力量攻克难关。从中国的扶平理念和成就的分析中,我们能在新时代加快经济发展转型升级的同时,切实有效地推进中国扶贫、减贫工作,为世界减贫事业作出更大贡献。

(作者何苗系武汉大学人权研究院讲师)

---

[1] 《国务院办公厅转发卫生部等部门关于建立新型农村合作医疗制度意见的通知》,2005年8月12日,中国政府网:http://www.gov.cn/zwgk/2005-08/12/content_21850.htm。

[2] 李克强:"政府工作报告(2018年3月5日)",2018年3月5日,中国政府网:http://www.gov.cn/guowuyuan/2018-03/05/content_5271083.htm。

[3] "对全球减贫贡献超70%,'中国奇迹'普惠世界",2015年10月16日,人民网:http://js.people.com.cn/n/2015/1016/c360302-26807783.html。

战胜贫困

——创造一个人道的和谐世界

[乌克兰] 妮娜·卡尔帕乔娃

通过实施千年发展目标（MDGs）和可持续发展目标（SDGs），联合国在全球范围内协调相关工作，提出了到2030年消除世界贫困和饥饿的重要任务。在这方面取得的相关进展应归功于中国，因为实际上中国即将在2020年之前大体完成消除本国饥饿和贫困的任务，这是中国对世界反贫困斗争作出的巨大贡献。

建设中国特色社会主义的政策为人类实现建设理想社会的梦想创造了条件。在这个社会中，人民福祉理念将得到落实。这一理念可以追溯到五千年前，并且体现在孙中山先生所提出的"以人为本"的理念中。二十一世纪，中国已经成为促进和确保人权的世界引擎。中国适时提出了"中国项目"以消除世界各地的贫困。全球资本主义制度不断复制的不仅仅是财富，贫穷也是资本主义制度不可分割的一部分。资本积累、跨国金融和工业公司的建立，同时造成国际社会另一端的贫困加重。如今，将消除贫困仅仅视为一个国家的责任是远远不够的。跨国公司和国际军事政治集团也应分担这一责任。所谓的"富豪"阶层与地球上所有其他居民之间的鸿沟越来越深。很不幸，乌克兰属于人类中的贫困地区，因为它已经被摒弃为资本主义行列的边缘国家。由于全球范围内的金融和经济危机、国内政治和经济危机以及顿巴斯的武装冲突，在过去的四年里乌克兰的贫困状况一直在加重。习近平主席说过，消除贫困是人类共同的使命。我们所有人都应该成为人类共同使命的组成部分，以创造一个没有贫困、充满人道关怀的和谐世界，为每个人的体面生活和全面发展创造条件。

2018年12月10日，我们将庆祝《世界人权宣言》问世70周年。我们必须铭记那一时刻：当巴黎联合国大会第三届会议上成功投票通过该宣言后，联合国人权委员会主席Eleonora Roosevelt便即刻登上主席台，手拿那一长卷重要文件，宣读了精彩凝练的文件内容。宣言的通过为我们的星球历史开启了一个新纪元，从此所有人类都对实现作为地球人的权利充满了期待和希望。

自宣言宣读以来已经过去了70年，但是进入新千年的前几年里，世界并没有因此变得更加充满人道关怀或是更加安全。世界各地普遍存在的侵犯人权的行为变得越来越猖獗，这一点与之前的情况别无二致。人类本身的生命价值遭到践踏。双重标准日益成为国际交流的准则。

贫困、恐怖主义、世界军事化程度日益加深、战争、武装冲突、人口贩运、大规模移徙、粮食危机、数亿人难以获得饮用水和其他资源，以及危险的环境等等，不仅导致生命权和其他人权受到侵犯，还导致了种族歧视、仇外心理和其他形式的偏狭心理。一方面，贫穷本身就是对人权的严重侵犯。另一方面，贫困使得其他的所有人权和自由无法得以实现。

必须提到的是，联合国在国家、区域和国际各级协调发展目标和动员行动以消除贫困方面所发挥的重要作用。联合国组织一直在寻找实施《世界人权宣言》的新方法，并努力实现将宣言中所包含的高标准落到实处。2001年，联合国在《联合国千年宣言》的基础上起草并表决了《联合国千年发展目标》，并于去年通过。《联合国千年发展目标》已成为实施《世界人权宣言》的新方式之一。战胜贫穷和饥饿被确定为首要目标。

根据联合国相关数据，地球上正在遭受贫困的人大约有10亿。对这些人来说，基本的人权和自由也只是幻想。我的许多乌克兰同胞就在这无能为力的十亿人之中。妇女和儿童构成了世界上最脆弱和最易受伤害的群体。即使是在最富有的国家，也有3000多万儿童生活在贫困线以下；其中，20%生活在美国——这个世界上最富有的国家。

众所周知，联合国千年发展目标提出了到2015年世界贫困和饥饿人口要比1990年减少一半的目标。对2015年这一目标的进展成果进行总结后，联合国专家指出，中国的成功最大程度上加快了该目标的实现进程。

2015年通过的可持续发展目标提出了一个更为重要的任务，即到2030年消除世界贫困和饥饿。关于这一目标所取得的主要进展也应归功于中国，因为中国实际上即将在2020年前大体完成消除饥饿和贫困的任务。此外，在过去两年中，美国和西欧在国际可持续发展目标支持项目中所提供的资金不断削减，中国在全球实现可持续发展目标方面的作用持续增长。

我亲眼见证了三十多年间中国的变化，并深受启发。这全都归功于中国领导层为减少贫困做出的巨大努力！中国已经帮助超过7亿人口摆脱贫困，到2020年，剩下的3000万人口也将不再遭受贫困。这是中国对世界反贫困斗争作出的巨大贡献。

在多次正式访问中国期间（包括作为乌克兰监察员访华），我设法访问了社会经济发展水平参差不齐的不同地区，包括四川、云南、西藏自治区等西南贫困地区和西北的新疆维吾尔族自治区。

最让我印象深刻的是西藏在消除贫困和保护人权方面取得的进步。西藏是中国最不发达的地区，自然条件最为恶劣，在上个世纪中叶，95%的人口仍未摆脱奴隶与农奴身份，并且处于赤贫状态，被剥夺了所有权利。Bahsan女士的经历使我感到震惊，她从一名奴隶变成了西藏自治区人民政策咨询委员会的副主席。我有幸与她会面并一起度过了若干天。她的父母一生都是奴隶，没有预料到他们的女儿（西藏土著人中最可耻的那部分人的代表）会上升到如此高度，并管理西藏人民的生活。她以高度的人类尊严感捍卫了最弱势的部落同胞的权利。

作为监察员，我对西藏所有与人权有关的事情都非常感兴趣：社会经济发展、自然资源利用、消除贫困、教育、卫生、文化、西藏宗教以及土著人民的权利。我了解到，西藏自治区政府当局的所有官方文件都是用两种语言发布的，在所有地方政府和行政机构中，西藏人占绝大多数。

我对青年、妇女、儿童和其他弱势群体的权利保护方面尤其感兴趣。我甚至受许对位于拉萨的两所监狱之一进行参观。我选择了参观关押危险罪犯的一所监狱。政府甚至为那些违法者们也提供了个人发展机会：他们可以不受任何歧视地学习各种行业，获得必要的医疗保健和教育，并学习两种语言——汉语和藏语。西藏的囚犯可以获得传统的藏餐，我也有机会进行了品尝。

西藏的实例充分说明了中国在战胜贫困方面的成就：在相对较短的历史时期内，95%的人口成功摆脱了贫困和饥饿，并在青藏高原最恶劣的条件下为西藏人民创造了体面的生活和发展条件。当时，西藏自治区政府的主席是尊敬的向巴平措先生，他今年实至名归地成为了中国人权研究会会长，并组织了我们这次论坛。请大家感谢这位令人尊敬的人！我们祝愿他担任职位期间一切顺利！

世界上所有国家都应该研究中国消除贫困的经验，北京人权论坛应该将这些经验作为保护人权的基础，并为了解、掌握和传播这些经验提供平台。

欧洲监察专员协会（EOI）汇集了40多个欧洲国家的代表，我有幸代表该协会，致力于传播中国造福人民的经验。2015年，欧洲监察专员协会用英语、俄语、西班牙语和德语等四种语言出版了《欧洲人权中心》（*The European Heart of Human Rights*）这本书。在我的倡议下，这本书引入了多种文化，并囊括了各方的出版物（除了欧洲作者之外，还包括其他法律体系的代表，特别是中国代表）。北京大学教授、中国人权研究会会长罗豪才同志为我们的出版物专门撰写了一篇题为《确保人民福祉是中国人权模式的导向》的精彩研究性论文，他是我们的好朋友，但不幸的是，今年春天他永远离开了人世。

应该强调的是，在20世纪，为了应对恐怖的第二次世界大战，欧洲成为了争取人权和自由的中心。它已经成为欧洲人权中心。二十一世纪，中国已经成为促进和确保人权的世界引擎。中国适时提出了"中国项目"以消除世界各地的贫困。

为什么是中国，而不是那些自认为高度发达和强大的国家？

因为，只有在追求社会主义发展而不是资本增长的时候才有可能把人作为发展和进步的目标。只有建设中国特色社会主义的政策，才可为实现建设理想社会的人类梦想创造条件。在这个社会中，人民福祉的理念将得以落实。这一理念可以追溯到五千年前，并且已经在中国革命先行者孙中山所提出的"以人为本"的理念中有所体现。因此，中国是最早实现联合国千年目标的国家之一，并且正在提前实现可持续发展目标，这绝非巧合。

尽管美国对古巴实施了长达50多年的金融、经济和贸易封锁，但社会主义国家古巴也成为了完全实现联合国千年目标的国家之一，这并非巧合。古巴在几十年内已经达到了许多国家几个世纪以来都未曾达到的高度，例如彻底消除贫困、文盲，以及建立起了世界上最好的教育和卫生体系。古巴是世界上婴儿死亡率最低的国家之一，该国的平均寿命达到了80岁以上，是全球最高的国家之一。此外，古巴建立了一个独特的民防系统，在面对自然灾害时比世界上最发达国家更有效地拯救了数千人的生命。这之所以成为可能，正是因为中国和古巴人民已经掌握了自己的命运，他们创造了自己的历史，他们不再是历史上需要进行发展的对象，而是掌握历史发展的成熟主体。

世界经济创造了高水平的社会生产，积累了众多的资源，即使是其中很小的一部分也可解决消除贫困、饥饿、文盲和消灭世界各地主要流行病的所需费用。根据美国著名经济学家Jeffrey Sachs的估计，在二十年内消除全世界的贫困和饥饿将花费1750亿美元。与此同时，仅美国一国每年在社会保障体系和失业补助方面就将花费8800亿美元以上。尽管如此，世界上最富有的国家中还有15%的人口生活在贫困中，而单就儿童来说则超过了20%。在亚洲、非洲和拉丁美洲的发展中国家，由于几乎无法偿还的外债数目而使情况更加严重。

西方（包括美国）经济学家认为，通过消除失业问题，鼓励中小企业通过小规模和微型贷款进行发展，可以消除贫困从而改善数百万人的福祉。

然而，全球资本主义制度不断复制的不仅仅是财富，贫穷也是该制度存在的不可分割的条件。资本积累、跨国金融和工业公司的建立，同时造成国际社会另一端的贫困加重。极端贫困与极端富裕一样都是当今世界的产物。这就是为什么所谓的"富豪"阶层与地球上所有其他居民之间的鸿沟越来越大。

乌克兰获得独立后的很长一段时间内，政府不愿承认该国的贫困问题是系统性问题。自担任乌克兰监察员的第一天（1998年）起，我愈发明显地感受到，该国权利和自由所面临的主要挑战是人口的日益贫困。因此，从我在这个办公室工作的第一天开始，消除贫困（人权受到侵犯的根本原因）的主题就已成为我多年来工作的首要任务。

普遍存在的贫困问题侵犯了乌克兰宪法所载明的权利和自由，是一项系统性问题，而政府对此断然拒绝承认。监察员在这方面的一项主要任务就是改变乌克兰当局对普遍存在的贫困问题的态度。2000年，我在乌克兰议会上提交了第一份关于乌克兰人权遵守情况的报告，并对此进行了发言，在此报告中我公开表示，贫困应被视为可耻的现象和对人权的挑战，消除贫困必须成为当局的首要任务。

在我多次向乌克兰总统和总理提出请求，并多次公开发言之后，当局才认识到乌克兰的贫困是对人权和自由的挑战，并鼓励政府制定第一个以及之后的第二个国家方案，以消除乌克兰人口中的贫困现象。在多方的共同努力下，2009年之前贫困水平逐年下降。

然而，由于全球金融和经济危机，乌克兰的贫困水平再次开始上升。2010年3月，我提议乌克兰最高领导层采取一项新战略来消除贫困，基于缩小贫富之间巨大的收入差距确保每个人有权更公平地获取国家资源。在2013年6月12日的议会听证会上（当时已经退休），我特别要求引入累进所得税和财产税。

过去四年来，由于政治和经济危机以及顿巴斯的武装冲突，乌克兰的贫困状况显著加剧。这些因素导致了乌克兰呈现出极其消极的趋势。根据世界银行的数据，在国内生产总值（GDP）方面，乌克兰经济已倒退10年，过去5年中贫困指数增长了10%。乌克兰的政府债务超过了760亿美元，占国内生产总值的78%，是公共预算收入的2.3倍。因此，乌克兰未能解决联合国千年发展目标中的贫困问题。

根据官方数据，自2014年顿巴斯冲突开始以来，由于新政府进行改革，2018年初贫困人口比重从15%增加至25%。与此同时，乌克兰社会科学院社会和政治心理研究所于2018年2月进行的社会学调查结果显示，54%的受访者认为他们的生活很糟糕或非常糟糕；62%的受访者表示没有足够的钱来满足最基本的需求。只有

1%的受访者表示拥有足够的收入。根据Razumkov中心2018年2月进行的另一项可靠的社会学调查结果显示，70%以上的受访者称，连购买最基本的食品的钱都不够。这意味着70%的乌克兰人觉得自己处于贫困状态。对于"什么能团结乌克兰人民？"这一问题，所有受访者都给出如下回答："更公平地分配公共财富以及缩小贫富收入差距。"

在乌克兰进行的人口研究表明，乌克兰出现了从未有过的贫困新形式，即所谓的"突发性贫困"，这种贫困对遭受了武装冲突的人们或国内流离失所的人群（人数已超过100万）造成了冲击。以下各项均为突发性贫困现象：（1）乌克兰东部发生武装冲突后丧失住房，或者丧失就业机会及租赁住房的途径，无力支付增加三倍的住房成本和公共事业费用，因而造成贫困；（2）信贷、家庭破产或国家货币的三重贬值和人口信誉低下而导致的债务所造成的贫困；（3）由于疾病或受伤、子女或家庭成员患有疾病所造成的医疗贫困。在近期的医疗改革后，公共医疗支持急剧减少，36%至55%的患有小病的人易陷入该种贫困。而如果病情严重，并且治疗需要花费大量的现金和进行复杂的手术（即使对富裕人群来说），则任何乌克兰家庭都有陷入贫困的风险。

政府消除贫困的相关工作大幅度减少，不仅是因为国内生产总值水平下降，也是出于去工业化所导致的乌克兰经济结构发生变化的原因。在27年的时间里，这个国家已经从一个工农业国家变成了一个农工业国家，而现在完全变成了一个农业国家。政府地缘政治选择及全球金融和经济危机导致乌克兰经济融入现代国际分工体系时出现了特殊问题，这是出现这一过程的原因。乌克兰已经开始成为资本主义行列的边缘国家。

严重的"影子"经济是另一个负面因素，该类经济占比超过40%。因此，乌克兰的经济特点是社会收入两极分化严重的寡头经济。顿巴斯武装冲突爆发时，寡头集团利用贫困和失业现象来组建他们自己的私人军队——准军事集团。人们向官方当局寻求保护的机会越少，他们就越希望得到这些武装团体的支持。这对国家的完整性构成了直接威胁。

大规模贫困、缺乏体面工作、低工资和高物价、犯罪率上升、政治不稳定和安全水平低已经导致乌克兰国民大规模向国外迁移。据乌克兰外交部长Pavlo Klimkin称，每月有10多万人离开乌克兰。仅在2017年，就有100多万人离开乌克兰。根据基辅国际社会学研究所2018年2月的数据显示，受访者中考虑离开这个国家的大约占30%。根据国际移民组织 (IOM) 的最新研究显示，与20世纪90年代早期乌克兰的5200万居住人次相比，到2050年，乌克兰可能只剩下3200万人。不幸的是，乌克兰人口长期、持续减少的消极趋势以及移民人数的增加，使得国际移民组织的预测成为现实。

乌克兰东部的军事冲突和乌克兰当局对顿巴斯经济、金融和交通进行的封锁对冲突双方均造成了严重和频繁的人权侵犯现象，包括劫持人质、酷刑、强奸和虐待、杀害和法外处决、强迫劳动、掠夺和抢劫、贩运人口和武器、缺乏医疗援助和药品，以及对行动自由权的严重限制。这些侵权行为造成了大面积的极端贫困。终止支付养老金及残疾人、儿童和妇女社会福利是种族灭绝的要因。

据一些乌克兰社会学家称，顿巴斯居民至少需要125年才能集体克服心理创伤。曾与冲突双方的代表进行过个人沟通的经历使我有权断言，冲突的所有参与者都受到了严重的心理创伤，并需要多年的艰苦努力才能加以克服。

我深信，通过减少顿巴斯区域的武装冲突，并使用国际层面的调节手段来引导冲突双方理智地进行公开对话，以此来保障生命权，进而消除贫穷，根除普遍存在的人权侵犯现象。这是当务之急，也是首要任务。

因此可以得出以下结论：乌克兰贫困问题日益严重的过程是全球金融和经济危机影响下的世界两极分化进程的一个组成部分。因此，只有以最佳国际实践经验 (特别是中国实践经验) 为基础进行国际层面的努力，才能解决乌克兰的贫困问题。

不能抽象地将贫穷与缺乏个人生存和发展手段混为一谈。从本质上讲，贫困是当前社会关系体系的一个特殊特征，在这种体系中，个人、国家和地区被排除在公共关系之外，并无法获得实现人类繁衍和发展所需的资源和条件。因此，穷不能被视作物质财富的贫乏。通常，人们尽管在物质方面相对贫困，但却会感到更幸福，并且认为自身得到了更好的发展，因为对于他们来说，发展和幸福并不由物质财富所决定，而是依赖于其他价值，包括精神价值。正是在这一背景下，所谓"中国悖论"的意义变得清晰起来，即那些拥有适度物质财富的人比那些只是更富有的人更快乐。的确如此，中国人的智慧可以追溯到2500多年前，在《道德经》第81章中就有所表述："圣人从不试图储存东西。他为别人做的越多，他拥有的就越多。他给别人的越多，他的财富就越多。"所以，几个世纪以来，中国人为了人类福祉而进行社会管理的所有经验都自然是以和谐原则为重点，而和谐正是实现幸福和繁荣的最重要条件。

如今，将消除贫困仅仅视为一个国家的责任是远远不够的。跨国公司和在不同国家领土上进行跨境行动的国际军事政治集团也应共同承担这一责任，同时必须遵守人权和自由的国际标准。

因此，国际社会只有团结一致围绕实现和平、安全和社会生产的重新定位做出努力，并为全人类的全面和谐发展创造条件，由此才能战胜贫困。在这方面，人们应该注意到习近平主席在2015年北京国际减贫与发展论坛上的讲话："消除贫困是人类的共同使命。中国自身在进行消除贫困的过程中，同时也向其他发展中国家，特别是最不发达国家提供了大量支持。此时，中国已向120多个发展中国家提供了援助，以落实千年发展目标（MDGs）。"

我们对消除贫困的贡献不应仅限于参加这个论坛。我们所有人都必须成为实现人类共同使命的一分子，以创造一个没有贫困的人道和谐世界，为每个人的体面生活和全面发展创造条件。

(作者妮娜·卡尔帕乔娃系乌克兰议会首任人权全权代表、乌克兰律师联盟第一副主席)

消除贫困：构建人类命运共同体，实现共同发展和零贫困

[加蓬] 日耳曼·姆贝加·埃邦

概述

各国间的合作是一个漫长的发展过程，在这一过程中，为实现共同的发展目标，国家间会进行金融、人文和自然资源方面的交流。在交流中，国家间会开展合作项目或实施联合举措，从而彼此增强国家竞争力，如中加两国共同参与"消除贫困"论坛，这一合作关系就是最好的证明。

参与本次论坛，并迎合邀请函中所示主题，本次论坛的副主题为"为谋求发展消除贫困、保障人权"。

谈到贫困问题，不得不提到世界上仍有部分人未能得到合理的待遇。是的，想想那些生活在海地、埃塞俄比亚、巴西、孟加拉国的人们。更糟糕的情况是，他们生活在困顿，甚至极度动荡的状况中。他们竭尽全力与生活抗争。在高科技迅猛发展、高楼大厦拔地而起、动辄耗资数十亿的会议背后，还有一些人仍然被饥饿、疾病、失业和教育缺失等问题困扰。

这一讨论工作围绕加蓬的总体现状、"贫困"这一概念的定义、"战胜贫困、求取发展"和加蓬在这方面的实践经验展开。

一、加蓬国家概述

加蓬共和国（简称"加蓬"）横跨赤道线，森林密布，多条河流流经境内。加蓬

国土辽阔,是名副其实的"自然王国"。其人口数约为159.29万,其中女性占52%,男性占48%;15岁以下人口数占45%,18岁以下人口数占47.6%,5岁以下占1%。

加蓬经济发展主要依赖石油开采以及原材料出口。由于国际油价、锰以及木材的涨价,经济发展速度在逐步提高。

尽管加蓬以人均收入8600美元被列入中等收入国家,但仍与低收入国家位于同等的贫困水平。不平等现象仍旧是阿里·邦戈·翁丁巴(Ali BONGO ONDIMBA)总统所领导的加蓬政府所面临的挑战。

二、"贫困"这一概念的定义

法国历史学家菲思代勒·德库朗热(1830—1889)曾说:"如果我们不以定义开始,将以失败结束。"

"贫困"是一个多维度的概念,这一词用来形容个体、群体或者一个社会没有足够的资源自给自足并且无法正常发展。世界银行针对这一问题指出,"贫困"是"多维度""多层面"的,是经济、政治和社会因素在加剧贫困的国家相互作用的产物。

总之,"增加对'贫困'的定义并不能有效改善贫困人口的境遇……这反映出'贫困'体现在很多方面,如与收入、健康、政治权利等息息相关。"印度经济学家哈维·坎布尔解释道。

三、战胜贫困求得发展的因素

为"战胜贫困"而不断努力是世界上很多国家发展计划中的重要一环。没有任何一个政府能够脱离这一环节,因为"贫困"问题关系到全球1/3的人口。

这种"贫困"是由不平等问题、物资短缺以及不合理的自然资源管理导致。而这种情况为人们带来了挑战和不确定性,这其中的多个方面是相互联系的。由于这一问题是全球共同面临的风险,因此任何国家和政府都不能单方面宣称已解决这一问题。

因此为实现可持续发展，各国在采取举措方面应该步调一致。在这一问题上，各国领导人以及所在政府应提出以社会经济和环境可持续性发展为中心的计划。这一任务目的在于帮助人们消除饥饿、疾病及其他潜在隐患。

（一）和平因素

比如，在某些战争中或者承受力弱的国家，政府没有足够的财力和决心来保障人民的安全，也无法高效地打击"贫困"。

在这种情况下，发达国家应为动乱国家提供援助并且致力于重建和平、维护对立国的安全。因为和平的回归是战胜贫困的、实现可持续发展的一个因素。

因此，作为世界上发展中国家中的顶梁柱，中国应该为不安定国家提供可靠的援助。

（二）农业因素

如今，世界上大约有10亿人正在遭受着营养不良的困扰。

针对这一问题，农业及食品安全应成为各国政策的首要内容。因为要考虑到遭受饥饿人口的物资需求。对贫困国家工业化农业发展所给予的大量物资支持，将有利于增加就业，战胜贫困。非洲有一句古老的谚语："饿汉听不进劝告。"

然而，我们要承认，重大的人道主义援助行动在近年来不断增加。

实际上，在2009年，比利时被联合国粮农组织评定为最慷慨的援助国，比利时食品安全基金会对食品问题上关注广泛，其主要关注对象为非洲最贫困国家的最贫困群体。

因此，有针对性和多方参与援助活动的开展和后续工作是有必要并且紧迫的。如此，土地的使用对于减少贫困有着重要作用。

（三）负债因素

许多贫困国家因负债问题而难以为继。世界银行、国际货币基金会以及其他地区性银行可适当减少贫困国家的债务。这种"减负"能够使负债国家实行改革从而完善其政府管理。

债务的减少能够让贫困国家有缓冲时间，也能够让其国家政府实施打击贫困的计划。因此，对"贫困"有多维度的认识是分析问题充分性的源头。克拉森（Klasen）关于这一问题说过这样一段话："在发展方面所有的成功经验指出，高增长率和减少贫困意味着要将重点放在生产力的提高以及乡村地区农业生产和非农业生产活动收入的提高上。"

（四）教育因素

我们无法证实经济增长与不平等之间存在着一种宏观经济联系。然而，教育、信贷市场的不完善以及工作收入的重要性之间的联系显示在经济增长、教育和收入再分配、减少贫困之间存在一种关联。

事实上，在战胜贫困的道路上，教育的作用显得十分重要，因为教育能通过多种方式带来直接影响，并且能够更好地控制风险。教育是通往正式职场或企业的关键：接受小学教育可做要求较低的工作，接受中学教育或高等教育可进入要求较高的职场。

受教育程度低是造成一些发展中国家贫困的主要因素。如今，作为我们的榜样和合作伙伴，中国能够为这些国家提供源源不断的帮助，以振兴他们的教育事业。

四、加蓬在战胜贫困方面的经验

加蓬向国际社会，尤其是中国学习，为改善人民的生活条件出台了复兴经济政策。尽管对贫困指数的调查研究数据还存在空白，但最近一次在2005年的调查数据显示33%的加蓬人民生活水平在每天2.5美元的国家贫困线以下。

因此，在2009年实施的以"未来信心"为主题的"加蓬复兴战略计划"（PSGE）中，加蓬共和国总统，阿里·邦戈·翁丁巴（Ali BONGO ONDIMBA）阁下陈述了我们的战略方向，目标在于使加蓬在2025年之际成为新兴国家并摆脱贫困。

以下我转述他的发言："高速发展的加蓬将是一个更加有序、尊重所有权利的国家；一个思想、福利待遇和资本与世界接轨的国家。在这个国家里，所有的加蓬人民都能够拥有存款、良好的生活环境和完善的社会医疗保障。加蓬发挥其资源优势和竞争力，在一代人成长的时间内，改善所有人民的生活水平。这不是一种设想,而是坚定和诚挚的承诺。"

尽管由于人均国民生产总值很高(8833美元),出现了社会经济学悖论,但加蓬坚定地开展各项行动,从而减少贫困、社会不平等现象,并且采取措施实现资源的可持续发展,造福子孙后代。

(一) 农业方面

关于制定可持续农村农业发展政策的第023/2008号法律以及自2009年以来制定的加蓬农业部门发展战略计划特别允许:粮食安全和农业增长计划(PASAC)的启动特别针对农村女性人口,因为她们参与农业,占农业劳动力的近90%(农村妇女占劳动力人口的70%);农业和乡村发展项目(PDAR)在联合国粮农组织(FAO)的支持下,成为减少农村人口外流和为农业妇女的劳动提供资金的工具。

此外,加蓬政府尤其重视农业部门,以解决失业问题、食品问题和加蓬青年男女的自给自足问题。加蓬政府的重视促使了许多公司和项目的建立,比如"奥兰棕榈加蓬公司",该公司生产油棕和橡胶树衍生物产品,雇用了超过3000名年轻的加蓬人;再比如名为"种子计划"的农业项目,该项目雇用了2000多名加蓬人;以及加蓬恩科经济特区的建立,在该经济区内,人们加工木材、铁和铝残留物。

除此之外还有咖啡和可可种植园的发展。其中最大的种植园位于上奥果韦省,占地超过100公顷,完全由稳定平衡发展基金(CAISTAB)提供资金。它每年生产约24吨咖啡。阿兰加的种植园雇用超过90名临时工人,他们在"劳动法"和国际劳工组织(OIT)要求的条件下工作,他们的工资根据加蓬共和国保障的最低工资发放,即150,000中非法郎。值得注意的是,阿兰加咖啡种植园的重新开放是稳定平衡发展基金对失业问题的对策。种植园提供平等的机会,有利于消除贫困。此外,在接下来的几个月里,加蓬政府将发起一项运动,以恢复加蓬其他省份的咖啡业。

(二) 教育方面

自2010年以来,在印刷媒体和公共电视的支持下,学生,尤其是生活在社区中的孤儿和弱势儿童,得到了政府寡妇和孤儿保护总局(DGPVO)的支持。为了支持他们继续学习,政府提供价值1600万美元的奖学金和教育材料。

在加蓬，关于教育、培训和研究总体方向的第21/2011号法律在其第2条中规定，加蓬的教育和培训是强制性的。此外还有为3至16岁的在加蓬的年轻加蓬人或外国居民的入学投保的保险。

自2012年以来，国民健康保险和社会保障基金（CNAMGS）一直支付家庭津贴，并在全国范围内向经济困难的加蓬人提供补助金。国家提供的金额为45.44亿中非法郎。

此外，尤其是关于青年就业问题，当局制定了一项国家青年政策，其中给出了包括雇用年轻人的建议。主要建议是促进自营职业。该方案将整合关于青年就业的建议，并将以各种研究为基础，如国家青年战略和全国就业和失业调查。此外，政府已采取措施确保青年就业能力。从这个意义上说，政府和私营部门都建立了各种技术和职业培训中心。

（三）政府举措

加蓬共和国政府长期关注的是消除贫困，已采取社会和经济复苏措施，即：

(1) 在全国范围内建设大学医院中心等现代基础设施；
(2) 无家可归者的流动专救车的安置；
(3) 在全国所有行政部门设立发展投资基金（FID）；
(4) 经济复苏计划；
(5) 扩大国民健康保险和社会保障基金福利和医疗保险范围；
(6) 打击腐败和治理不善；
(7) 公路加涂柏油和增加公路的数量，使腹地逐步开放，使贸易发展；
(8) 公职人员购买力的重大升值。

此外，为了对抗正在侵蚀家庭购买力的通货膨胀，政府采取了两项重大举措。首先是对基本必需品征收六个月的增值税和关税。第二项仍在进行中，旨在通过监管，以与经销商双方同意的方式确定商品（主要是食品）的价格。

除了这些措施之外，共和国政府在今年，即2018年宣布了通过减少部长级办公室和其他机构的数量来清理工资法案的措施，从国家的第一机构开始，即共和国总统职位。

共和国总统阿里·邦戈·翁丁巴(Ali BONGO ONDIMBA)阁下在8月17日庆祝加蓬独立日之前发表国家讲话,指出应考虑所有社会阶层。对于国家元首来说,任何一个加蓬人,不论男女,都不应该在加蓬的发展中被忽视、被落下。加蓬人民是一个团结、不可分割的整体。

根据加蓬在对抗贫困方面的经验,我们说,尽管加蓬的地位为中等收入国家,并且经历了许多困难,以共和国总统阿里·邦戈·翁丁巴(Ali BONGO ONDIMBA)阁下为首的领导者已经坚定地致力于实施发展计划,为让加蓬国民不再像过去一般生活在贫困之中。

五、结语

简而言之,贫困问题是全世界都关注的问题。富裕国家和贫困国家必须加强政府内部财政资源和自然资源再分配。救济和援助是普遍的要求。

毫无疑问,这一要求符合所有人类社会对正义的要求,这是出于对每个人的安全和保护而考虑的基本需要。

必须减少年轻人死于饥饿或疾病的风险,不让他们再经受残酷的精神和身体暴力,并且减少让他们无家可归或道德堕落的风险。

"世界不会被那些制造痛苦的人摧毁,而会被那些冷眼旁观、毫不作为的人所摧毁。"

(作者日耳曼·姆贝加·埃邦系加蓬人权总司研究员)

可持续发展与人权：
亚洲的经验与乌兹别克斯坦的实践

[乌兹别克斯坦] 阿克马尔·萨伊多夫

2018年，国际社会庆祝《世界人权宣言》发表70周年和《维也纳人权宣言和行动纲领》发表25周年，这些宣言强调了基本的民主原则和支持和保护人权和自由的要求，并且成为了制定现代国际人权法的法律依据。

在过去的几十年当中，这些文件不仅没有过时，并且持续为我们带来了现实的挑战。

《世界人权宣言》已成为一系列具有法律约束力的国际人权条约的基础。《世界人权宣言》的条款为100多项国际人权条约和宣言、大量区域性人权公约、国家宪法和国际人权法奠定了基础，上述文件共同构成了一个全方位的法律体系，它们对于促进和保护人权的工作产生了法律约束力。

在现代世界中，加强人权领域的国际合作对于充分实现联合国的可持续发展目标具有重要意义。此外，促进和保护人权应以合作和真诚对话的原则为基础，以便提升各国履行人权承诺的能力，并造福于全体人民。

举办多年的北京人权论坛是探讨当代发展和保护人权这些时事专题的独特平台。讨论的主题以及参与者广泛来源地区是这一点最有力的证明。

本北京人权论坛的议程讨论了受到整个国际社会关注的三个相互关联的全球性问题——消除贫困、可持续发展和人权。应当指出，世界上没有解决这些问题的单一模式，在这一论坛上讨论此问题非常有意义。

极为重要的是，论坛的所有材料都会定期出版，并广泛散发给科研机构、国际组织的代表和各路专家。

一个重要的事实就是，北京人权论坛已经成为国际组织（联合国、联合国教科文组织等）在未来采纳重要决策的"智囊团"。论坛的结果将在联合国人权机构的会议期间予以讨论。

参加此次论坛的有来自不同区域的杰出专家（他们是21世纪多样化和相互依存的世界的象征）以及联合国机构（包括联合国人权事务高级专员办事处）和许多权威国际组织的代表。

乌兹别克斯坦共和国与中华人民共和国的关系在各个领域（包括人权领域）内不断发展，来自乌兹别克斯坦的代表积极参加每一届北京人权论坛以及《中国人权研究学会与乌兹别克斯坦国家人权中心合作谅解备忘录》的签署就是最有力的证明。

在实行改革开放的几十年中，中国社会发生了巨大的变化。在当今多元化的社会中，所有制的形式各不相同，私营企业为国家的发展作出了巨大的贡献，"中国梦"旨在反映一个事实，即：个人、社会和国家之间全新的利益平衡已在改革的岁月中发生了变化。

"长期以来，中国坚持把人权的普遍性原则与中国的实际相结合，不断推动经济社会发展，增进人民福祉，促进社会公平正义，加强人权法治保障，努力促进经济、社会、文化权利和公民政治权利全面协调发展。"习近平主席致2015北京人权论坛贺信中表示。

经过客观的评估并分析多年来曾达成的里程碑目标，最终证明，发展经济及保护人权的"中国模式"的正确性。

近年来，人类社会已经基于可持续发展原则，基本完成了未来数十年全球发展思想的形成进程。人权将成为实现稳定和可持续发展的重要因素，这一点已经获得了越来越多的人的认可。

2015年9月，170名全球领导人在纽约的联合国可持续发展峰会上汇聚一堂，并确定了2030年的全球议程。全新的全球议程包括17项可持续发展目标和169个目标，它将成为未来15年内指导全球和国家发展方案的共同框架。

人权问题被明确载入了2030年的议程：新议程获得了《联合国宪章》、《世界人权宣言》、国际人权公约及其他文件[包括《发展权利宣言》（第10段）]的直接支持。

由于其普遍性、各国行使这一权利的义务以及在促进发展的政策和活动领域所需的有效国际合作，发展权可以对问责制起到促进作用。

同时，全球各地持续存在的贫困和不平等状况也贬低了人的尊严，侵犯了人权。根据联合国开发计划署（UNDP）最新的人类发展报告，在104个发展中国家（人口总数大约为17.5亿）中，大约有三分之一的人口生活在贫困之中。从绝对意义上来说，目前全球营养不良的人数（基于消耗的最低卡路里而确定）已经达到了大约10亿（1980年为8.5亿）。

虽然自2000年以来，世界贫困率已经减半，但是我们必须更加努力增加收入，消除贫困，同时加强那些仍然处于赤贫状态的人口（特别是撒哈拉以南非洲地区）的抗挫力。我们必须扩大社会保护制度的覆盖范围，降低易发生自然灾害的国家（这些国家通常也是最贫穷的国家）的风险。

为儿童、新生儿母亲、残疾人、老年人、贫困人口和失业者提供福利的社会保障制度，对于在个人生活的各个阶段防止贫困和减少不平等具有至关重要的意义。根据初步的数据，在2016年，社会保障体系实际上仅仅只覆盖了45%的全球人口，而且这种覆盖的范围在国家和地区之间存在很大的差异。

亚洲地区的发展速度非常快，中产阶级所占的份额迅速增加，工业化的速度也异常惊人。为了证明这一点，可以参考以下数据：

首先，亚洲经济目前在全球经济活动总量中占据了近32%的份额，同时还在确保全球经济的密切联系这一方面发挥着重要的作用；

其次，在东亚和东南亚地区，1980－2004年的人均国内生产总值平均增长了6.3个百分点，而全球经济在同一同期的增长率却仅仅只有1.4%；

第三，尽管全球经济前景有望伴随着就业机会的增加，同时全球失业率也有望从2017年的5.6%下降到2018年的5.5%（1.93亿人），但预计的失业人数却很可能会在2019年增加1300万。同时，在发展中国家和新兴国家中，预计的失业率将保持相对稳定的态势，失业人口可能会在2019年继续攀升。[1]

经济增长本身无法确保可持续发展及更有效的保护人权，个人和群体都将继续面临社会经济不平等和歧视问题（这往往是由于过去和现在根深蒂固的歧视而造成的）。

可持续增长是非常重要的，但增长本身不足以减轻贫困，有时，可持续发展本身甚至会成为不平等的原因。亚洲国家在全球极端贫困国中所占的比重依然高达三分之二，日均生活费不足1.90美元，这表明，近年来收入不平等的问题正在日趋恶化。

从这一方面来看，只有加大力度（特别是通过体制改革和有针对性的社会政策）来解决不平等问题，才能确保最近的经济成果有助于促进和实施可持续发展目标并在更广泛的范围内推广"不落下任何人"的原则。

此外，在促进平等和不歧视的普遍原则方面，建立保护弱势群体（包括残疾人、少数民族、难民、移民、无国籍人士、妇女、儿童以及那些遭到社会排斥和经济排斥的群体）人权的机制和体系已成为一项关键性任务，其解决方案将有助于确保增长以及平等和不歧视。

还应该注意的是，正如下面的数据所显示的那样，这是一个存在巨大差异的领域：

首先，亚洲的人口已经达到了31亿。以目前的人口增长率来看，这一数据很可能会在30年内翻一番。外国人在亚洲各国分布不均，人口密度介于每1平方公里1人至800人之间；

其次，亚洲的区域差异性主要表现在民族、宗教信仰、经济发展水平和政治结构等方面。特别值得注意的是，亚洲人口的民族构成也极其复杂：共有1000多个民

---

[1] 《国际劳工组织（ILO）总干事盖伊·赖德（Guy Ryder）对国际货币与金融委员会发表的声明》，2018年。

族(包括仅有数百人的少数民族和人口最庞大的民族)定居在亚洲;

第三,亚洲的各个民族大约可以划分为15个语系。语言多样性的程度比全球任何其他地区都要高;

第四,亚洲还拥有所有主流的宗教教派(包括全球普及的三大宗教:基督教、佛教和伊斯兰教)。亚洲也不乏其他宗教教派的代表。

亚洲人权保护的主要特点之一就是,在该地区,国家在社会发展中发挥主导作用。与其他区域不同的是,亚洲区域没有保护人权的政府间区域系统,也没有审议人权领域与国家有关的个别案件的规范模式。

作者还想要简要地向论坛与会代表报告乌兹别克斯坦正持续进行的关于该国进一步实现现代化和民主化(特别是在保护人权和自由领域)的系统性改革。

在乌兹别克斯坦,促进、尊重和保护人权被视为国家政策以及与国际伙伴互动的优先事项之一。目前,该国已建立了符合现代民主和人权标准的稳定政治体系。

2017年,联合国秘书长安东尼奥·古特雷斯(António Guterres)和联合国人权事务高级专员扎伊德·拉阿德·侯赛因(Zeid Ra'ad Al Hussein)访问了乌兹别克斯坦。在过去15年中,特别程序任务负责人、联合国宗教或信仰自由问题特别报告员艾哈迈德·沙希德(Ahmed Shahid)首次访问了该国。

2017年,乌兹别克斯坦共和国进入了民主法制发展的最重要阶段(即进一步改革社会各方面的阶段)。政治和经济改革的战略纲领——《2017-2021年乌兹别克斯坦共和国发展五个优先领域的行动战略》(以下简称《行动战略》)由乌兹别克斯坦总统于2017年2月7日批准,它开创了彻底实施民主改革及推进国家现代化的全新阶段,同时也有助于进一步完善保障个人的永久权利、自由和合法利益的制度。

该《行动战略》是乌兹别克斯坦实施联合国可持续发展目标的"路线图",它可以分为五个实施阶段,每个阶段都规定,根据宣布的年度项目而批准单独的国家年度方案。

该《行动战略》通过提高人口的实际收入和就业率,确定了社会领域发展的优先事项,特别值得注意是:

第一，实际货币收入和人口购买力的增加、低收入家庭数量的进一步减少以及人口在收入方面的分化程度；

第二，预算机构的雇员工资、养老金、奖学金和社会福利的增长幅度超过通货膨胀率；

第三，创造新的就业岗位，为就业大军（特别是中等专业学校和高等学府的毕业生）提供合理的岗位，确保劳动力市场基础设施的平衡和发展，减少失业率；

第四，创造条件，使健全人口能够充分参加工作和创业活动，提高劳动力素质，针对继续工作的人口扩大职业培训、再培训和高级培训体系。

自其推行独立发展的头几年以来，乌兹别克斯坦一直十分重视国家社会职能的发展和改善，其目的旨在减轻和避免当前阶段的成本（例如：贫穷、日趋加剧的不平等程度和失业率上升的问题），从而稳定人口的生活水平，使不同的人口群体能更加平均地分担经济困难的重担。

该国实施的改革的效力与国家能否始终如一地履行对人民和公民的义务（其目的旨在全面保障人民的公民、政治、经济、社会、文化等权利）密切相关。

目前，乌兹别克斯坦致力于维护下列针对公民推出的社会保障措施：疾病津贴、产妇补助、失业母亲照顾两岁以下儿童的津贴、养老金、残疾人福利、幸存者补贴、职业伤害和职业病的赔偿、失业救济金、多子女家庭的福利以及对低收入家庭的物质援助。

这些面向低收入家庭而提供的有针对性的社会支持措施是以国家预算为代价的。

乌兹别克斯坦十分重视人口的粮食安全，由于大规模的改革，在历史上一段较短的时间内，乌兹别克斯坦人可以获得各种粮食，其国内外对农产品的需求都非常大。

从国家的角度来看，医疗服务以及高质量社会服务对人口——首先是处于社会弱势阶层的公民（儿童、妇女、残疾人、老年人以及所有那些处于困顿生活境况的人）——的有效性一直存在问题。在乌兹别克斯坦，各阶层的公民都提倡"只有人民富有，国家才能变得富有和强大"的口号。

特别是，在独立后的数年内，社会部门的公共支出增加了5倍以上，每年大约60%的国家预算被投入发展卫生保健、教育、社区服务、人口以及其他产业的社会保障等工作之中。

优先考虑人类发展问题，这证明了国家发展的新特点和福祉的基本增长趋势。因此，孕产妇死亡率下降了一半以上，婴儿死亡率下降了三倍。在20年的时间内，平均预期寿命由67岁增加到了73.5岁。

北京人权论坛已成为一个独特的平台，在该论坛举办期间，与会代表就社会发展和保护人权的各个方面广泛交换了意见。

如今的活动形式以及与会代表的组成情况为我们提供了交流观点、以富有成效的方式讨论当前的人权保护问题并制定改进共同工作的方法的机会。

首先，目前，全球人口中一共有18亿青年男女，这是人类历史上青年人数创下历史纪录的指标。这种人口状况为社会和经济发展提供了前所未有的大好机遇。同时，侵犯其基本权利的行为损害了年青一代的潜力。在全球范围内，年青人的失业率是成年人的三倍，这意味着，大约有7100万青年男女急需获得工作机会。

在乌兹别克斯坦共和国总统参加联合国大会第72届会议期间，有人提议制定《联合国青年权利国际公约》，这是一项统一的国际法律文书，其目的旨在在全球化背景下制定和执行相关的青年政策以及促进信息技术和通信技术的快速发展。

在这一方面来看，我们建议在北京论坛成果的文件框架内，支持关于制定青年权利的国际性文件的提案。

其次，乌兹别克斯坦在庆祝《世界人权宣言》发表70周年的框架内，通过了一项特别活动的方案。此外，乌兹别克斯坦已自愿向联合国人权事务高级专员办事处（OHCHR）捐赠了高达10万美元的捐款。

在2018年11月22日至23日期间，我们将与人权高专办和其他国际伙伴共同策划在撒马尔罕举行亚洲人权论坛，以示对《世界人权宣言》发表70周年的纪念。[1]

---

[1] 撒马尔罕誉被联合国教科文组织（UNESCO）誉为世界多元文化的"交叉点"和"大熔炉"。

举办亚洲人权论坛的目的旨在制定切实可行的建议,以便改进现有的人权保护机制,建立全新的机制,并确保二者之间的相互作用,从而确定建立人人均可享有的区域性人权保护机制的潜在方案。

据预计,论坛的与会代表将通过向亚洲各国政要发表的最后声明,并据此呼吁签署、促进和执行《撒马尔罕宣言》。

借此机会,我们诚邀各位莅临亚洲人权论坛。

(作者阿克马尔·萨伊多夫系乌兹别克斯坦国家人权中心主任)

减少贫困：一同铸就没有贫困、共同发展的人类命运共同体

[科特迪瓦] 娜米扎塔·桑加雷

尊敬的女士们、先生们，

亲爱的同行们，

很高兴能来到中国并参加2018年北京人权论坛的此项活动。

感谢中国政府邀请我参加本次论坛，这对我本人和我主管科特迪瓦国家人权委员会（CNDHCI）来说都是莫大的荣幸。

我曾受命研究以下主题："减少贫困：一同铸就没有贫困、共同发展的人类命运共同体"。

我并无意就这个主题给各位专家上一课。此次演讲旨在为此后的讨论打下基础，希望讨论更加充实并取得丰硕的成果。

一、贫困的定义

贫困是指一个人、一个群体或一个社会缺少满足自身发展所需的基本资源的状态。贫困通过食物、饮用水、衣服、住房以及部分地区取暖设施的获取情况来反映。

随着技术的进步和社会的发展，贫困还涉及到电、通信、基础设施以及一般所说的生活条件的获取情况，医疗健康和良好的教育也包括在内。

因此,"贫困"这个概念与财富这个词息息相关,展示出人与人、社会与社会之间在经济、社会、政治方面的不平等情况。

贫困是造成痛苦的主要原因,人与人之间的不平等也是道德、哲学、宗教讨论的重要问题。

二、脱贫挑战

诚然,那些深受贫困之苦的政府都在努力摆脱困境。他们需要面对哪些挑战?为什么在这个世界上贫困依然存在?挑战众多,不胜枚举,在此仅举几例:

对工资制度崩塌的判断证明了收入跟不上相关国家社会的发展;

年轻人无法享有稳定的雇佣劳动法,取而代之的是一份份短工(例如定期合同),在新兴的产业中更是如此;

低技术含量工作的收入降低;

在使用自然资源或其他资源时摒弃了分配和重建的关系……

三、脱贫措施

面对人权领域内脱贫工作的种种困难,应建立并实施相应的规则和机制,保证贫困个人和集体的权益。我们可以看到,消灭极度贫困人口已被列入可持续发展目标(SDGs)。

1993年世界人权大会上通过的《世界人权宣言》《维也纳宣言和行动纲领》《非洲人权和民权宪章》中的原则和价值观具有普遍性、完整性、独立性和关联性,它们谈到了公民、政治、经济、社会、文化和发展的相关权利,是应对世界贫困问题的根本。

事实上,2030年议程中罗列了17项可持续发展目标(SDGs)和169类对象,涵盖社会、经济、环境的可持续发展等多方面。

非盟2063年议程是一份改变今后50年非洲大陆社会经济的战略框架——它以

本大洲已经完成的和正在进行的政策为依托，旨在加快实施速度，实现包容性和可持续增长。两份议程都以人权为基础，只有在人权得到尊重和保护的情况下才可能完成。

2030年议程是在《联合国宪章》《世界人权宣言》和与人权相关的各项国际条约、协定的基础上编写，也参考了诸如《发展权宣言》等其他条约。可持续发展的17项目标和相关对象，直接和间接地指出改善和保护人权应采取的措施。该议程还包括了涉及男女平等、参与权、歧视和责任的基本原则。

2063年议程涵盖了对非洲大陆的七个愿景，并认为正确的领导和社会的包容是国家和平、避免冲突必须的前提条件。

我们可以看到，2030年和2063年议程包含了许多经济、社会、文化、公民和政治方面的权利，这展现出人权各方面的不可分割性。两项议程可以为保护所有人、所有方面的人权作出重要贡献。

重点应放在平等和消除歧视上，这也是可持续发展目标和以人权为基础开展研究的基本原则。在数据收集过程中，应明确弱势群体遭受的区别对待。必须保证特殊群体的需要和要求得到确定和满足，不漏掉任何一个人。

为了实现这个目标，必须考虑各群体的特殊要求，并将处理方法记录在集体研究中。

四、怎样看待科特迪瓦国家发展计划（2016–2020年）

在本次发言中，将从金融和教育、医疗、电、饮用水这些基本社会服务的获取等方面对贫困进行分析。

在就业层面上，政府已加大力度鼓励自主创业，并同意去除工资上限，结算拖欠的公务员工资。同时，在降低失业率和提高农民收入方面也采取了一些措施。

为了帮助基层社会领域，政府努力修建小学、中学、大学校舍，出台了相关政策免除学校用品的费用，义务教育的实施帮助了一些女孩的就学，此外政府还招聘了一些教学人员。

在医疗层面，国家建设了一些医疗基础设施，方便人们获取免费的特殊医疗。全民医疗已处于启动阶段。总统参加了昂格雷大学医疗中心（CHU）和科特迪瓦第一座放射性疗法和肿瘤中心的落成仪式。在新年前夕的致辞中，总统表示在2018-2020年间，将通过在全国建设新的医疗基础设施提高医疗体系的质量。具体措施包括在阿博博建立大学医疗中心、六座地区医院、五所综合性医院，在达罗阿、布亚科和克奥戈建立三所军事医院，以及200处基层卫生设施。

乡村通电是科特迪瓦政府政治、经济和社会发展的主要方向之一。根据创新能源发展公司（法国）[1]的数据，该领域一直都收到来自中央政府的支持。在各项重大的国家计划的帮助下，2011年科特迪瓦已有2847座市镇村庄通上了电，而1960年这项数据仅为14。

全国范围来看，供电覆盖率（已通电市镇村/市镇村总数）约为33.4%。而获取电比率（已通电村镇居民数/人口总数）约为74.1%。

成果固然可喜，但离全国通电的目标还比较遥远。科特迪瓦政府在饮用水供应方面做出了许多努力，但全国需求量仍然巨大。

五、命运共同体

科特迪瓦国家人权委员会明白需要在政策实施和减少贫困的过程中牢记人类命运共同体的理念，深知要达到目标必须齐心协力完成国内、国际的相关研究。

因此，在了解了习近平主席提出的有关重要思想和论述（探索发展道路、发挥优势、制定合适的发展计划和政策）的正确性以后，我们对"脱贫，必须从改变思想和抓好教育作为源头"的观点表示赞同。

在所有上述行动中，科特迪瓦国家人权委员会建议保障优质的环境、控制人口增长和经济压力，与中央政府、地方集体和人民群众一道通过全球化合作发展多元经济，实现习近平主席倡导的"建设廉洁政府"的目标。

---

[1] 独立咨询和工程公司IED自1988年以来一直致力于提供可持续供电服务。

问题讨论到此阶段,必须提到地区捍卫人权的非政府组织的努力,它们在脱贫工作中为改善生活条件注入了新的活力。

脱贫工作十分重要,需要国际人权机构的强力支持。我们是否愿意将这一问题优先考虑?时至今日,在一些远离我们视线的地方,一些弱势群体的人权依然在遭受最残酷的践踏,他们没有能力反抗并不代表他们不能享受人权。

(作者娜米扎塔·桑加雷系科特迪瓦人权理事会主席)

超越国界，宣扬价值体系和仁爱精神
——"消除贫困：寻求共同发展，构建人类命运共同体"

[南非] 谭哲理

一、介绍

习近平主席关于扶贫和人权保护的重要论述应通过《习近平谈治国理政》第一卷和第二卷中的内容进行解读，特别是"中国梦"这一节中所述"实现复兴是中国人的梦想"（2012年11月29日）[1]以及"小康社会"这一节中所述"实现第一个百年目标的决定性阶段"（2015年10月29日）[2]的相关内容。习近平主席关于扶贫和人权保护的重要论述在题为"中国在减贫与人权方面取得的进展"[3]的国务院报告中有进一步印证。通过这两份出版物来分析习近平主席关于扶贫和人权的重要论述，目的在于阐明自1978年12月实施改革以来中国在落实发展中所体现出来的模式。

在"第一个百年目标"（即全面建成小康社会）实现前两年，习近平主席提出了"消除贫困：寻求共同发展，构建人类命运共同体"。上述两本书以及其他相关书揭示了发展政策中自内而外的做法或先国内后国际的特点，对此进行分析后发现，一种更深层次的中国文化特征在指导着上述观察到的模式。本文作者认为，中国所体现的自内而外的顺序或实践形式构成了更大范围上中国传统理念核心框架的一部分，这传统理念指导着个人、家庭、社会乃至国家的实践。

---

[1] 习近平：《习近平谈治国理政 I》（英文版），2014年，北京：外文出版社。
[2] 习近平：《习近平谈治国理政 II》（英文版），2017年，北京：外文出版社。
[3] 中华人民共和国国务院新闻办公室：《中国的减贫行动与人权进步》（英文版），北京：外文出版社，2016年10月。

这种概念框架是通过特定的词组所构成和体现的,这些词组乍一看像是互相对立的概念,但仔细观察它们自中国有史以来发挥作用的方式,就会发现这些词组的用意是消解矛盾、促进和解。本论文的目的在于论证,中国在受到自身传统理念及历史(形成中国世界观的基础)的熏陶下,如何以内外视角(或模式)与世界打交道,并运用于扶贫、经济增长及世界和平等问题上。

二、中国文化对映结构的中心

中国文化中对于指导日常实践有突出作用的词组或概念有"大小""高低(上下)""公私""男女""内外"。在中国文化中,上述几对词汇不一定反映矛盾;相反,后一个词反映了前一个词的首要性,并因此获得含义。滕贝将这些词组及其在中国文化领域的基本作用称为"对映结构"。[1]他以北极和南极的运作方式作类比:它们尽管位于地球的两端,但并不相互排斥,而是作为一对整体使地球停留在原位。

劳格文[2]通过更多范例来阐述上面提到的传统中文词组之间相似的相互作用和功能。如下所示:

身体—灵魂

物质—精神

表面—内涵

内—外

礼制—神话

空间—时间

女性—男性

关于上述列出的二元论,他指出:

---

[1] P. 滕贝:《重新评价中华人民共和国的政治表述:毛泽东话语——"老三篇"的历史轨迹》,香港中文大学,2013年7月。

[2] J. 劳格文和M. 卡利诺夫斯基:"商朝至汉朝"(公元前1250年－公元220年),《早期的中国宗教》第1部分,莱顿,波士顿:布里尔,2009年编辑。

如果在西方是左卑右尊，那么在中国，这则是一个关于优先性的问题，我们可以称之为基本"定势理论"，即左尊右卑，并且左包含右。最终，在同样处在父系社会中的中国也奉行男性优于女性，但中国人形成这一观点所走的路线与西方截然不同，即奉行右包含于左[1]。

总之，将中国的世界观作为分析上述文件的工具或理论框架，是为了阐明：不论是在抽象化、合理化以及国际化的政策上，还是在政策落实方面，中国都是依靠国内价值体系来提升国家表现。中国把扶贫工作作为人权建构的基础并放在首要位置，这一举措应从"体现中国传统文化观念"的视角来解读。

三、历史推动下的前瞻性观点

在总结中国自20世纪末以来取得的进展时，习近平主席首先解释了实施改革的初步依据和观点。他指出，要知道自己想做什么是不够的，了解实施行动所处的领域和形势同样重要。为阐明这一点，习近平主席引用了一位唐代学者的格言——"知其事而不度其时则败"[2]。习近平主席遵循古时格言的建议，在最近的世界金融危机背景下，对中国扶贫工作做出部署。中国脱离单边世界的倾向，并助力实现和平与发展的全球治理新形式，由此形成了鲜明对比。习近平主席的上述讲话为十六大的各项要求奠定了基础。

习近平主席强调，"中国共产党中央委员会关于'十三五'经济社会发展规划的建议"为未来几年全面建设成小康社会提出了新的目标[3]，也就是在中国共产党成立一百周年之际，实现全面建成小康社会的"第一个百年目标"。

历史与未来、国内形势与国际形势等方面相互影响，旨在巩固和加强实现"十三五"经济社会发展规划所定目标的动力。文中使用的新旧、内外等措辞是为建立互补关系，使得每一种元素之间得以互相促进而非彼此冲突。总之，习近平主

---

[1] J. 劳格文和M. 卡利诺夫斯基：“商朝至汉朝”（公元前1250年－公元220年），《早期的中国宗教》第1部分，莱顿，波士顿：布里尔，2009年编辑。

[2] 陆贽：《缘边守备事宜状》。陆贽（754−805年）是唐代的官员和思想家。

[3] 习近平：《习近平谈治国理政II》（英文版），北京：外文出版社，2017年。

席通过解释，巧妙地警示不要重犯历史错误；实现"第一个百年目标"，即建成小康社会"并不意味着要开始另一次大规模的运动，否则就会使中国重蹈覆辙，产生'诸多压力和矛盾'"[1]。他最后总结道，建立适应新常态的经济体制是确保实现小康社会的必由之路，并且会为2049年中华人民共和国成立一百周年之际实现"第二个百年目标"奠定更坚实的基础。

上述部分是对习近平主席所著《习近平谈治国理政》第二卷的分析，里面虽然也提到了国际经济冲突，但主要是为了描述中国的国内增长和扶贫情况。据其内容，首先是要通过消除严重贫困地区的贫困，实现更深层次的改革，使人民享有更强的获得感，制定系统性、综合性和协调性改革措施，来向中国公民赋权[2]。虽然此文件是用以指导如何实现全面建成小康社会的"第一个百年目标"，它也为2049年实现"第二个百年目标"，即将中国建设成为"富强、民主、文明、和谐、美丽的社会主义现代化强国"，铺平了道路。第二卷的成功以第一卷为基础，第一卷明确了以"中国梦"为主导精神来实现中华民族伟大复兴的计划。

四、"中国梦"概念的产生

"中国梦"是由习近平主席在2013年提出的号召，旨在阐明中国的开放政策，承诺推进个人梦想。习主席敦促年轻人敢于梦想，努力工作，实现梦想，为民族振兴作出贡献。前中共中央党校副校长李君如[3]将"中国梦"的目标定义为到2020年全面建成小康社会，到2050年实现现代化。[4]简单来说，这一伟大的民族振兴计划旨在实现现代化。"中国梦"也与邓小平首创建立小康社会的逻辑相契合。[5]中国将"中国梦"定义为对中国一系列理想的解释和描述。[6]

"中国梦"的概念可以从四个层面上来理解。它首先是实施改革政策的指导

---

[1] 习近平：《习近平谈治国理政II》（英文版），北京：外文出版社，2017年。
[2] 同上。
[3] 李君如：2014年，引用沈大伟的《中国软实力推动》。
[4] "国际关注"，《中国日报》。
[5] "习近平对中国人民梦想的解释"，《中国日报》。
[6] 克里默斯：《中国梦为中国特色社会主义注入新能量》。

方针，因为它为中国未来的路线图作出了诸多规定。[1]其次，"中国梦"的阐述中所包含的是一个历史集体记忆，它关乎一个曾将自己视为世界中心的强大的古代中国。正是在这个层面上，"中国梦"阐述了复兴计划，旨在让中国摆脱二十世纪初帝国主义西方列强入侵中国所带来的"国耻"。习近平主席将"中国梦"描述为"民族复兴、改善民生、促进繁荣、建设更美好的社会、增强军事力量"[2]。"中国梦"的第三个层次体现在国内，是民族团结的汇合点。最后，"中国梦"旨在表达"吸引力"，帮助提升中国在国际体系中的吸引力。

如前所述，"中国梦"的标语起到了指导外交政策战略的作用，也是提升中国在国际体系中形象和吸引力的工具。本声明的后半部分表明，中国决定转而利用一则国内政治标语来改善其形象，并在此过程中塑造国际体系。这一认识引发了以下问题：中国如何设计和实施"中国梦"这一措辞，以使其与软实力上的目标相匹配？

五、"中国梦"这一措辞的设计与力量

"中国梦"标语的出现和实施，揭示了中国在设计应对国际体系的措辞方面的能力有所提高。几乎没有任何迹象表明"中国梦"这一提法意图扭曲国际秩序。首先，习近平主席在向国际观众发表讲话时，不止一次将"世界梦想"与"中国梦"结合起来。习主席不时会根据受众群将"中国梦"这一表达改成"非洲梦""欧洲梦"或"印度梦"。不过，安尼·博克[3]指出，"中国梦"在非洲大陆上最具吸引力。对于"中国梦"的使用应该以最近的外交政策声明为前提来进行理解，比如"中国的发展不能脱离世界的发展，反之亦然"或者"不实现世界梦，则无法实现'中国梦'"。

根据修辞学和表述语的相关研究理论，在某种程度上，中国已经成功地将

---

[1] 滕贝：《非洲—中国对话中的误解和遗漏》。
[2] 奇蒂·奈伦：《中国梦与国际社会》。
[3] 安尼·博克：《语言的力量："中国梦"全球化》。

"梦想"这一词汇单位分离出来,并为己所用。德里达和巴特勒[1]认为,通过改变社会动态,可以将词汇单位从一个语言/社会领域"剥离"到另一个领域使用。这种"剥离"虽然与词语的重复性有关,但并不受其束缚。[2]中国对于社会动态的改变并不陌生,从其二十世纪的不间断的革命中即可见一斑。中国社会动态的变化涉及寻找新的公式化表达方式,使新的社会秩序合法化或使旧的社会秩序非法化。从延安革命时期(1936—1948年)到改革开放时期(1978年至今),都有其独特的措辞和文字,标志着中国在整个二十世纪的范例式转变。鉴于上述表述,"中国梦"标语与之前代表中国范例式转变的措辞有何不同?

解答上述问题需要从中国的国内演讲和对"中国梦"的定义中寻找答案。中国的理论期刊《求是》指出,"中国梦"无关乎个人的荣耀,而关乎中国人的集体努力。[3]这样的陈述所涉及的范围很广,但并没有遗漏中国传统哲学的前提和对家庭的概念化,如在公/私这样的用语中,前者优于后者。有大量著名的中国分析家和汉学家[4]所著文献肯定了一种观点,即在中国文化中,个人服从多数的治理,并且正是在这种背景下,社会的道德和一般正确性得以确定。

六、"国是大家,家是小国"[5]

中国家庭的结构与其他文化家庭结构的不同点在于,它是灌输和转移社会传统的基础领域,这一点往往体现在公/私的逻辑中(其中公优先于私),并且分别强烈依赖于荣和耻的概念,这些概念是指导所有实践,并使其具有合法性的框架。[6]

上述开篇陈述表明,"中国梦"并没有偏离或抛弃中国传统哲学和文化的前提,而是遵从了中国社会和外交政策中的政治连贯性的观念。在邓小平时代使用的

---

[1] 巴特勒:《令人兴奋的演讲》;德里达:《签名事件》。
[2] 滕贝:《重新评价中华人民共和国的政治表述:毛泽东话语——"老三篇"的历史轨迹》。
[3] 奇蒂·纳纶:《中国梦与美国梦》。
[4] 贝克:《中国家庭》;博登:《中国思维导图》;切:《现代中国家庭》。
[5] 体制内与日常语言环境中的中国民间俗语。
[6] 滕贝:《重新评价中华人民共和国的政治表述:毛泽东话语——"老三篇"的历史轨迹》。

"天下兴亡, 匹夫有责"的格言几乎与"中国梦"关于个人对国家的义务以及个人与国家的关系的定义完全一致。这种分析似乎意味着"中国梦"具备以下特质：(1) 中国的习惯，这是中国文化能够一代接一代传承下去的原因；(2) 能够促成国家团结；(3) 能够吸引国际听众；(4) 能够将中国传统哲学实践模式输出到更多的地区。人们应该在对中国人民进行分析的情况下，再对"消除贫困：寻求共同发展，建立人类命运共同体"的措辞进行理解，这句措辞将作为2018年9月18日至19日召开的北京人权论坛的主题——"消除贫困：共建一个没有贫困、共同发展的人类命运共同体"。

在2017年12月7日至8日在北京举行的南南人权论坛期间，我接触到了"寻求共同发展，建立人类命运共同体"的标语。此次论坛的高潮为《北京人权宣言》的拟定。中国政府多次阐明了自己的人权观点。通过《〈国家人权行动计划 (2012-2015年) 〉实施评估报告》[1]以及随后的《中国的减贫行动与人权进展》[2]，中国宣布已成功将"工作权"和"扶贫"列为人权概念的核心，不仅在其境内如此，而且适用于全世界范围。在报告中，中国规定了经济、社会和文化权利，公民权利和政治权利，少数民族权利，妇女、儿童、老年人以及残疾人的权利，人权教育和对国际人权公约的最终履行义务，并将国际交流和人权领域的合作[3]作为实现世界和平与发展的核心。

我们再次在促进人权方面见证了从内到外，从国内到国际的原理，首先是以工作权和减贫/扶贫计划为中心，再到与国际机构开展更广泛的人权合作。

自2017年12月在北京举行"南南人权论坛"以来，"建立人类命运共同体"的提法已经成为中国与全世界深刻分享"新常态"时代的理论基础。最近在南非举行的第10届金砖国家峰会期间，"建立人类命运共同体"这一标语非常突出。鉴于中国在多边关系中的突出地位以及在扶贫和人权领域发挥重要的作用，"消除贫困：共建一个没有贫困、共同发展的人类命运共同体"这一主题非常具有代表性，也与其

---

[1] 中华人民共和国国务院新闻办公室：《〈国家人权行动计划(2012-2015年)〉实施评估报告》(英文版)，外文出版社，2016年6月。

[2] 中华人民共和国国务院新闻办公室：《中国的减贫行动与人权进展》(英文版)，外文出版社，2016年10月。

[3] 同上。

为世界和平与发展所做的努力相契合。

简而言之,在了解近年来中国为落实政策而采用措辞的基础和发展轨迹之外,本文还希望已阐明中国将本地价值体系与主流政治治理相结合的情况。

七、结论

本文分析了中国实施扶贫政策的措辞和理论依据。"中国梦"和"建立人类命运共同体"的提法在将国内政策实施与国际体系条件联系起来的过程中发挥了作用。中国梦的出现及相关阐释反映了中国愿意与其他国家分享其成果,尤其是那些参与南南合作的国家。此外,"一带一路"倡议、中非合作论坛和金砖国家取得的进展反映了中国作为世界领导者的全球影响力,而非通常意义上的霸权。相反,中国在展示双赢、相互尊重和共同发展的概念上取得重大进展,这些不仅仅是其外交政策的口号,更显示出了中国在世界范围内力图推动建立"人类命运共同体"的新愿景和主张。

(作者谭哲理系南非姆贝基非洲领导力研究所研究员)

让全世界听到中国的故事和声音：普及有针对性的减贫政策并在全球范围内倡导"以人为本"的理念

[荷兰] 汤姆·茨瓦特

一、简介

在过去五年当中，中国每年都能帮助1400万人摆脱贫困，这无疑是有史以来对人权事业作出的最重大的贡献。这些令人印象深刻的数据是有针对性的减贫政策的结果，这一2014年推出的政策因其先进性和有效性而脱颖而出。

本报告的第二部分将结合"以人为本"的概念，有针对性地对减贫政策的性质展开探讨。第三部分将阐述"以人为本"的理念，这一理念与《世界人权宣言》（以下简称为《宣言》）起草者的想法以及中国的其他人权概念是紧密契合的，值得国际社会广泛关注。本报告还将回顾中国已经采取的举措（这些举措已成为其人权外交政策的重要组成部分）。

第四部分将反思美国退出联合国人权理事会的后果。这将引发一种全新的动态趋势，并可能催生出全新的联盟和合作伙伴关系。中国可以主动探索与欧盟在联合国人权理事会内部的合作问题，从而在这一进程中发挥主导作用。这将带来明显的优势（例如：欧盟与中国之间的贸易关系将更加密切），但这也将带来重大挑战，因为欧盟和中国在人权问题上，以及中国等新兴国家在多大程度上认同现有国际秩序的问题上代表了截然不同的立场。不过，通过采用互惠的社会化模式以及应用社会心理学的教训（这些教训要求成立一个由欧盟和中国专家共同组成的非正式工作组织),可以获得相应的结果。第五部分包含一些结论性的意见。

二、有针对性的减贫举措

(一) 有针对性的减贫举措的性质

有针对性的减贫措施致力于提升贫困人口的技能,提高他们的自我发展能力,这将有助于防止贫困的代际转移。[1]这是一种自下而上的方法,旨在提高整个社区的发展能力。[2]相关措施基于特定的调查结果,旨在确保地方官员、企业、家庭和村委会的投入。[3]习近平总书记就有针对性的减贫政策这一基本理念作出了如下的解释:

"我们必须激发他们(即贫困人口)的热情,让他们的创造力发挥作用。我们应该训练他们发展技能,这样他们才能找到工作或开展业务。重要的是,必须激发他们努力工作、摆脱贫困、过上更美好的生活的积极性。我们必须培养他们的自我发展能力。"[4] "一个健康向上的民族,就应该鼓励劳动、鼓励就业、鼓励靠自己的努力养活家庭、服务社会、贡献国家。我们应该改进工作方式方法、改变简单给钱、给物、给牛羊的做法,多采用生产奖补、劳务补助、以工代赈等机制,不大包大揽,不包办代替,教育和引导广大群众用自己的辛勤劳动实现脱贫致富。"[5]

有针对性的减贫措施是以效果为导向的,包括一系列消除贫困根源的措施。这些措施包括:职业教育、小额信贷、电子商务、旅游和创业培训。[6]这项政策以涉及所有相关家庭的人员构成和背景的筹划工作为基础。这些项目与当地的条件和需求息息相关。[7]有能力工作并拥有发展产业所需的生产技能的贫困家庭均获得

---

[1] 国务院新闻办公室:《中国的减贫行动与人权进步》,第一节,2016年。
[2] 李宇恒(音译)、苏宝忠(音译)、刘彦随(音译):"在中国实现了有针对性的减贫工作:人民的意见、执行挑战和政策影响",《中国农业经济评论》2016年8月,第443-454页。
[3] 同上,第446-447页。
[4] 习近平:"采取有针对性的扶贫措施",《习近平谈治国理政II》,第87-91页。
[5] 习近平:"解决严重贫困地区的贫困问题",《习近平谈治国理政II》,第92-99页。
[6] 杨洲(音译)、郭元志(音译)、刘彦随(音译)、吴文祥(音译)、李尤力(音译):"有针对性的减贫政策和扶贫土地政策:中国的一些实践和政策启示",《土地使用政策》2018年第74期,第53-65页。
[7] 李宇恒(音译)、苏宝忠(音译)、刘彦随(音译):"在中国实现了有针对性的减贫工作:人民的意见、执行挑战和政策影响",《中国农业经济评论》2016年8月,第446页。

了鼎力支持。教育事业也获得了大力扶持,以避免贫困的代际传播。身体残疾或有特殊困难的群体获得了社会保障系统的大力援助。鼓励社会组织(例如:来自不同部门的企业、团体和个人)参与减贫工作并提供适当的援助。

(二)有针对性的减贫政策是"以人为本"理念的体现

有针对性的减贫是"以人为本"的发展理念(中国将其作为定量经济增长模式的替代性方案而引入)的一部分。[1]这种以人为本的理念是在中共第十八届五中全会上提出的,它指出,"发展的目的是为了人民,它依赖于人民,并由人民共享发展的成果"。[2]

以人为本的发展理念是以"以人为本"的概念为基础的,习主席在致联合国《发展权利宣言》发表30周年国际研讨会的贺信中表示:"多年来,中国在发展过程中一直将人民放在首位,致力于扩大他们的利益,确保人民当家作主,并为发展提供全面的支持"。[3]因此,在执行有针对性的减贫和扶贫战略的同时,中国共产党中央委员会致力于推广以人为本的发展理念。[4]

"以人为本"的理念包括三个要素。首先,相关政策必须注重人民的需求。这就意味着,政府应该解决人民的最迫切的问题,并优先考虑他们的利益。[5]其次,相关政策应该善于发挥人民群众的智慧。这就意味着,相关政策应该依靠人民的经验和实践规范。应该鼓励人民群众通过互联网咨询服务以及其他沟通渠道为政府的相关举措提供意见和建议。这将催生出更有针对性、更有效的政策。[6]再次,相关政策应该通过提升主动性、贡献创意、发挥创造力、投入激情来激励人民群众发挥积极的作用。[7]

虽然"以人为本"是由中国共产党提出的现代化理念,但它显然离不开其传统

---

[1] 李德顺(音译):《论中国文化》,新加坡,2016年,第213-214页。
[2] 习近平:"对全新发展概念的更深入理解",《习近平谈治国理政II》,第235-236页。
[3] 《人权杂志》2017年第167期,第1卷,第3-4页。
[4] 国务院新闻办公室:《中国的减贫行动与人权进步》,第一节,2016年。
[5] 周新民(音译):《习近平的治理与中国的未来》,纽约,2017年,第62页。
[6] 同上,第62-63页。
[7] 同上,第63页。

的根源。[1]它与孟子倡导的"仁政"理念密切相关,这一理念倡导,统治者的一言一行都应该符合人民的利益。[2]

三、在全球范围内推广"以人为本"及相关的理念

(一)以人为本"符合《世界人权宣言》的目标和宗旨

应用于扶贫事业的"以人为本"理念强调了人们能够在促进和保护人权方面发挥的作用;它强调了企业和其他社会行为体所作贡献的重要性;它还强调,必须注重当地的条件。因此,这一理念与《世界人权宣言》的目标和宗旨密切相关。

序言的结论性引言已经清晰的表述了《世界人权宣言》(UDHR)的目标和宗旨,该部分内容将所有个体和社会机构促进和遵守其中所包含的权利作为其最终的目的。[3]因此,用来自智利的起草委员会委员的话来说,《世界人权宣言》应被视为全人类的理论指南:人们应该在与他人的交互关系中将《世界人权宣言》规定的权利付诸实践。[4]《维也纳宣言和行动纲领》第二篇引言支持这一观点,其中强调个体不仅是这些权利和自由的主要受益者,而且应该积极参与,以便实现这些目标。[5]

该文件还以其他方式表达了这样的观点,即尊重和实现人类同胞的权利主要取决于人类本身。因此,在起草过程的最后阶段,《世界人权宣言》的标题从"国际"改为"世界"。此举是为了将该文件的重点从起草文件的代表和参与国转移到其主要针对的成人和儿童身上。[6]

这种主要依靠人民群众将《世界人权宣言》的权利和自由付诸实践并将其作为《世界人权宣言》的目标和宗旨的意图,因为《世界人权宣言》的其他关键要素而进一步强化。

---

[1] 习近平:"对全新发展概念的更深入理解",《习近平谈治国理政II》,第235页。
[2] 梅·西姆:《谨慎与智者》,节选自:南希·A. 斯诺:《牛津品德手册》,纽约,2018年,第190−205页。
[3] 约翰内斯·莫辛克:《世界人权宣言:起源、起草和意图》,费城,1999年,第35页。
[4] 《世界人权宣言》的准备文件,剑桥,2013年,第719页。
[5] https://www.ohchr.org/en/professionalinterest/pages/vienna.aspx。
[6] 约翰内斯·莫辛克:《世界人权宣言:起源、起草和意图》,费城,1999年,第324页。

因此,《世界人权宣言》第1条使用了"良知"和"本着同胞情谊"这两个术语,同时要求个体通过对他人行善来将人权变成现实。在中国代表的倡议下,这一条被列入了《世界人权宣言》,张鹏春是该文件的主要起草人之一。[1]由于权利主要是在横向关系中形成的,因此,《世界人权宣言》强调,将义务作为其他社会成员权利的直接结果是非常重要的。

此外,起草人还尽最大努力起草了一份共同文件,这一文件将尽可能确保获得更多受众的支持(不管他们的哲学理念、宗教信仰或政治观点如何),以确保人权在所有社会文化中都具有合法性。此外,《世界人权宣言》还指出,落实人权需要基于当地的政治、社会和文化背景。在应用涉及他人的人权时,应该受到内在驱动因素的刺激。这就要求人权与各个地区相结合,即符合当地人民的价值观、规范和当地的情况。

(二)在全球范围内共享"以人为本"的理念

"以人为本"的理念同样获得了《世界人权宣言》的大力支持,它体现了中国在人权领域的原创精神,同时也是其重要贡献之一,值得国际社会广泛关注。目前,北方国家的思想和方法正主导着关于国际人权的讨论,因此,中国和其他南方国家的贡献应该引起它们的关注。唯有如此,外界社会才能更好地理解习近平总书记于2013年8月19日在全国宣传思想工作会议上提出的相关观点(即"中国的故事和中国的声音")。[2]

在过去几年内,中国确实已经在国际人权领域发挥了更突出的作用。它在国际人权之都——日内瓦——发挥的影响力正变得日趋明显。通过组织外场活动,非政府组织(例如:中国人权研究学会)帮助国外观众增进了对中国人权政策的了解程度,同时还提倡以中国式智慧解决国际人权问题。其他联合国成员国的代表团越来越期待中国驻日内瓦代表团的指导、协调和领导。

---

[1] 参见张鹏春对《世界人权宣言》的重要贡献:萨姆纳·B.特维斯(Sumner B. Twiss):"从历史和哲学的视角浅析儒家文化对《世界人权宣言》的贡献",《世界宗教:当代读者》,明尼阿波利斯,2011年,第102-114页,第110页。

[2] http://news.xinhuanet.com/english/china/2013-08/20/c_132647639.htm?utm_source=buffer&utm_campaign=Buffer&utm_content=buffer39558&utm_medium=twitter。

2017年12月7日至8日，中国国务院新闻办公室和外交部举办了开创性的"南南人权论坛"，在此期间，来自南方国家的学者探索了共同的立场，并建立了全新的伙伴关系。联合国人权理事会于2018年3月23日通过了由中国提出的所谓"双赢决议"，[1]这标志着中国人权外交史上又一个重要的里程碑。该决议呼吁互利合作，其目的旨在为人类建立一个拥有统一未来的社区。

四、加强中欧在人权领域的合作

（一）简介

美国近期退出联合国人权理事会的行为可能会引发国际全新的动态趋势，[2]这将为建立和扩大联盟提供机会。曾经在联合国人权理事会和人权领域内与美国密切合作的欧盟失去了一个重要的合作伙伴，它可能正在寻找其他替代性的合作形式。在这种背景下，中国在人权领域的领导地位就显得更加重要了。中国可以主动探索与欧盟的合作方式，同时这将为中国带来新的机遇和挑战。

在人权问题上与欧盟合作将为中国提供加强贸易联系的大好机遇。欧洲政府官员经常怀疑中国是否真的致力于促进人权，[3]这种疑虑限制了二者在其他领域（包括贸易领域）的合作。如果中国寻求与欧盟在人权领域内开展合作，这将发出一个积极的信号，并有望提升双方的信任程度，从而促进贸易关系。

不过，在人权领域与欧盟合作将是一个相当大的挑战，主要因为欧盟和中国对人权问题持有截然不同的观点，而两者对于"像中国这样的新兴国家应该在多大程度上认同现有的人权秩序"也立场迥异。

（二）欧盟和中国对人权的看法截然不同

1.个人与集体

在欧洲文化中，个人占据了中心地位，因此，个人的公民权利和政治权利被认为

---

[1] A/HRC/37/L.36。

[2] https://eu.usatoday.com/story/news/politics/2018/06/19/us-pulls-out-united-nations-human-rights-council/715993002/。

[3] 张驰（音译）："中欧关系中的人权概念差距"，《中欧关系中的概念差距》，豪德米尔斯，2012年，第83—97页，第92页。

比社会和经济权利以及集体权利更加重要。欧洲人倾向于淡化责任和义务的重要性,他们认为,上述两者是行使个人权利和保障自由的障碍。

而另一方面,中国则认为,个人是集体的一部分,个人需要依靠集体来实现自身的权利。[1]个人利益被认为与集团利益不可分割,因此,只有集体利益得到保障,才能确保实现个人利益。[2]因此,保护个人权利的最佳方式就是促进集体权利。

在1991年发表的中国第一部人权白皮书(下称白皮书)中,[3]中国国务院明确表示,生存权和发展权是最重要的人权。白皮书指出,对于任何国家来说,生存权都是所有人权中最重要的,没有这些权利,其他权利就不可能存在。[4]因此,保障生存权是中国最主要的优先事务。此外,中国还会优先考虑人民的经济、社会和文化发展权利。中国强调,《发展权利宣言》规定,[5]人权既包括个人权利,也包括集体权利。[6]因此,发展权还包括公平、公正的世界经济秩序(特别是从发展中国家的角度来看)。

因为在中国看来,个人必须服从集体,为了保护集体利益,个人有时甚至需要放弃个人权利。[7]因此,权利和义务被视为同一枚硬币的两面。[8]作为中国现代人权理论的奠基人之一,李步云指出,人权的权利和义务是密不可分的。以理性而科学的方式处理二者之间的关系是先进的人权系统的重要特征之一,唯有如此,才能实现两者的统一。[9]

2.统一落实人权与基于特定背景落实人权

欧洲人倾向于认为,从两个方面来看,人权具有普遍性。首先,全世界人民都有权享受同样的权利,这一观点强调个人主义、个人自决、理性而科学的方法和世

---

[1] 罗伯特·威瑟利:《中国人权对话:历史和意识形态观点》,豪德米尔斯,1999年,第108页。
[2] 同上,第105页。
[3] 国务院新闻办公室:《中国的人权状况》,1991年,http://china.org.cn/e-white/7/index.htm。
[4] 罗伯特·威瑟利:《中国人权对话:历史和意识形态观点》,豪德米尔斯,1999年,第121页。
[5] 于1986年12月4日由联合国大会通过,A/RES/41/128。
[6] 另可参见孙平华(音译):《中国人权保护制度》,海德堡,2014年,第89页。
[7] 张驰:"中欧关系中的人权概念差距",《中欧关系中的概念差距》,豪德米尔斯,2012年,第85页。
[8] 孙平华(音译):《中国人权保护制度》,海德堡,2014年,第94页。
[9] 李步云,《法学探索》,长沙,2003年,第251页。

俗主义观点。第二，这些权利应依靠法律，在每个国内管辖区内予以统一实施。因此，欧洲人倾向于通过一种高度制度化的方式保护人权。[1]

而中国一贯采取的立场则是，尽管人权普遍适用于世界各地的每一个人，但人权的落实却是因国家而异的。[2]由于人权的落实与每个国家的历史条件、社会结构、政治制度和文化传统都密切相关，因此，必须根据具体国情来予以实施。[3]因此，在中国，保护和促进人权主要是通过道德（而不是法律规则）以及社会机构来提供保障的（尽管中国已经建立了复杂的法律体系）。[4]

3.主权是对人权的威胁抑或保护？

在欧洲，人权被视为反对国家机制的堡垒，这将隔离出一片不受国家干涉的个人区域。国内主权被视为对人权的限制，而这一观点并非无懈可击。因此，人民群众可以呼吁国际社会采取有利于保护人权的干预手段，从而有效的推翻国家主权。所以，欧洲人相信超国家组织的主权集中制，同时也坚信，国家有责任在严重侵犯人权的情况下为个人提供保护。[5]

在中国，始于1840年鸦片战争的"百年屈辱史"被广泛视为与国家悲剧和侵犯人权的行为具有密切的关系。主权的丧失不仅致使大清帝国崩溃，并且还导致了随之而来的悲剧和侵犯人权的行为。因此，中国非常重视主权国家在促进和保护人权方面可以发挥的关键性作用。[6]所以，中国认为，从本质上来说，人权是属于每个国家的国内管辖权问题，因此，中国非常重视尊重国家主权及不干涉内政的政策。[7]1991年发表的人权白皮书指出，中国坚决反对任何国家利用人权作为宣传自身价值观或意识形态的工具，或者将其作为干涉他国内政的借口。[8]中

---

[1] 张驰：" 中欧关系中的人权概念差距"，《中欧关系中的概念差距》，豪德米尔斯，2012年，第90-91页。
[2] 孙平华（音译）：《中国人权保护制度》，海德堡，2014年，第86页。
[3] 同上，第87页。
[4] 张驰：" 中欧关系中的人权概念差距"，《中欧关系中的概念差距》，豪德米尔斯，2012年，第90-91页。
[5] 格斯塔夫·基拉尔茨："中国、欧盟和全球的人权治理"，中国，《欧盟和全球治理的国际政治》，纽约，2015年，第23-249页，第236页。
[6] 张驰（音译）：" 中欧关系中的人权概念差距"，《中欧关系中的概念差距》，豪德米尔斯，2012年，第89-90页。
[7] 刘杰（音译）：《人权：中国之路》，北京，2014年，第52-68页；菲尔·陈：《中国、国家主权和国际法律秩序》，莱顿，2015年，第121页和第124页；杨永红（音译）：《从中国视角探讨主权问题》，2016年，美因河畔法兰克福，第141页。
[8] 国务院新闻办公室：《中国的人权状况》，1991年，http://china.org.cn/e-white/7/index.htm。

国针对人权保护责任的观念相当谨慎，采取了"仅仅只能在特定条件下应用相关政策"的立场。[1]

（三）虽然欧盟期望中国承认现有的全球秩序，但中国已经开始对其提出质疑

第二个争论的领域主要就是，作为一个新兴国家，中国应该在多大程度上承认现有的国际秩序（特别是在人权领域内）。国际关系理论领域关于社会化问题的部分讨论内容（即：国家将源自国际体系其他领域的规范内化的过程）正甚嚣尘上。[2]欧盟期望，作为一个新兴大国的中国能融入现有的国际秩序，这实际上意味着，用欧洲标准取代中国的规范。[3]

然而，中国却不愿意这样做。正如习近平主席在达沃斯世界经济论坛的发言中所提到的，中国提倡"构建人类命运共同体"的理念，其设想的国际秩序有助于更全面体现和响应南方国家所采取的立场。[4]这一理念的核心就是，承诺基于《联合国宪章》的宗旨和原则（例如：和平、发展、公平、正义、民主和自由）维护相应的国际秩序。[5]不过，这一理念也承认，联合国和整个国际秩序并没有达成这些理想目标。

因此，中国认为，必须采取措施确保国际秩序能够实现这些基准。这就需要建立一种新型国际关系，在这种关系中，各个国家平等相待：大国、强国和富裕国家不应该霸凌屡弱和贫穷的国家。正义应该被置于利益之上。[6]应该通过对话和协商（而不是对抗）来解决争端和分歧。[7]各国应该承认，所有文明都具有同等的优越性。不同的文明应该提倡对话和交流，而不是相互排斥或试图取代彼此。这

---

[1] 刘铁娃（音译）、张海滨（音译）："中国关于将保护责任作为一项发展中的国际规范的辩论：总体评估"，《冲突、安全与发展》2014年第14期，第403-427页。

[2] 凯·奥尔德森："理解国家社会化"，《国际研究综述》2001年第27期，第415-433页，第417页。

[3] 格斯塔夫·基拉尔茨："中国、欧盟和全球的人权治理"，《欧盟和全球治理的国际政治》，纽约，2015年，第237页。

[4] https://america.cgtn.com/2017/01/17/full-text-of-xi-jinping-keynote-at-the-world-economic-forum。

[5] "习近平主席在联合国大会第七十届会议上的发言"，信息来源：https://gadebate.un.org/sites/default/files/gastatements/70/70_ZH_en.pdf。

[6] 同上。

[7] 同上。

种新型国际关系应该将殖民主义和霸权主义拒之门外。[1]因此,它要求发展中国家(特别是非洲国家)在国际治理体系中获得更多发言权。[2]习近平主席通过宣布这一愿景发出了一个信号,即:与其被动融入现有的国际秩序,中国更希望对其进行改革,以确保国际关系的现状符合《联合国宪章》的崇高理想。中国希望成为规则制定者(而不仅仅是规则接受者)。[3]

(四)最终找到共同的立场

因此,乍一看,在这些截然不同的立场和态度之间寻求共同点似乎是一个巨大的挑战。欧洲国家认为中国对待人权的态度太不严肃。而中国则反对欧洲就采纳普遍价值观(实际上是欧洲的规范)而向中国说教。因此,张驰(音译)认为,人权是二者关系的潜在转折点。[4]政治层面甚至外交层面的讨论不太可能取得成果,因为其涉及的范围太广,而双方都不愿意公开作出让步。不过,在采取两个举措后,仍然有可能在这些立场和态度之间找到共同的立场。

首先,欧盟和中国应该支持互惠性(而不是单边)社会化进程。与其将社会化视为一条单行道,还不如将其视为一个双边的动态过程,这一过程不仅需要新兴大国融入现有的秩序,同时还需要为这些日益崛起的大国重塑同样的国际秩序提供机会。因此,所有大国都将成为利用谈判进程制定全新解决方案的一分子。[5]作为这一互惠性社会化进程的一部分,欧盟和中国将有望基于务实的态度和各自独特的身份,在人权领域找到共同的立场。[6]由于欧盟长期以来一直处于主导地位,因此,它可能不愿意在这一领域内为中国腾出空间。不过,欧盟也应该认识到,如果没

---

[1] "习近平主席在德国科尔伯基金会发表的演讲",信息来源:https://www.koerber-stiftung.de/fileadmin/user_upload/koerber-stiftung/redaktion/koerber-global-leaders-dialogue/pdf/2014/Speech_Xi_english.pdf。
[2] "习近平主席在联合国大会第七十届会议上的发言",信息来源:https://gadebate.un.org/sites/default/files/gastatements/70/70_ZH_en.pdf。
[3] 安杰拉·波赫、李明建(音译):"转型期的中国:在习近平领导下的中国外交政策的言论和实质",《亚洲安全》2017年第13期,第84-97页。
[4] 张驰:"中欧关系中的人权概念差距",《中欧关系中的概念差距》,豪德米尔斯,2012年,第92页。
[5] 马西米兰·特哈勒:"互惠性社会化:崛起的大国和西方国家",《国际研究展望》2011年12月,第341-361页。
[6] 格斯塔夫·基拉尔茨:"中国、欧盟和全球的人权治理",中国,《欧盟和全球治理的国际政治》,纽约,2015年,第23-249页,第247页。

有中国这一类新兴国家的帮助，那么重要的问题和挑战都无法得到妥善的应对。[1]

第二，如果能够很好地应用社会心理学领域的教训（特别是接触理论），那么积极的成果将指日可待。[2]因此，盖尔特纳等人开发的共同群体身份模型表明，如果将这两个群体的代表融入一个全新的包容性团体之中，并督促其尽力实现共同的高级别目标，则两组之间的差异将有望进一步缩减。[3]这将引发一种发展共同群体身份的趋势，并将有助于弥合此前导致两个群体各自为政的差距。这一过程被称为"重新归类"，其目的旨在降低原始群体边界的相关性。可以通过减少群体分化（例如：通过引入混合座位而非隔离座位）、提升开展合作的群体间的相互依赖程度（例如：强调其作为一个群体而非两个群体的成员身份）或倡导积极的气氛来促进发展这种群体身份的趋势。[4]

因此，可以成立一个由中国和欧洲人权领域的学者共同组成的非正式专家组，其任务主要是确定双方关切的人权问题，并将其融入联合国人权理事会内部合作的联合议程。为了提高支持率，可以将来自非洲、拉丁美洲和穆斯林国家的学者作为其观察员。这个专家组将在公众关注之外提出建议，并将结果提交给中国政府和欧盟委员会。当然，具体情况将由这一非正式专家组自行决定，以便确定可予合作的潜在领域。不过，据预测，根据沙内和夏尔马的研究成果，确保享有安全饮用水和卫生设施的权利、消除赤贫和实现受教育权将为成功的前景提供重要的机会。[5]

---

[1] 马西米兰·特哈勒："互惠性社会化：崛起的大国和西方国家"，《国际研究展望》2011年12月，第349–350页。

[2] 马西米兰·特哈勒："互惠性社会化：崛起的大国和西方国家"，《国际研究展望》2011年12月，第352页。

[3] 塞缪尔·L.盖尔特纳、约翰·D.多维迪奥、杰森·A.尼尔、布伦达·S.班克、克里斯汀·M.沃德、梅丽莎·霍利特和斯蒂芬妮·路易斯："减少群体间偏见的共同群体身份模型：进展和挑战"，《社会认同过程：理论和研究的趋势》，伦敦，2000年，第133–146页，塞缪尔·L.盖尔特纳、约翰·维迪奥、贝蒂·A.巴克曼："重新审视接触假说：关于共同群体身份的归纳推理"，《国际跨文化关系杂志》1996年第20期，第271–290页。

[4] 塞缪尔·L.盖尔特纳、约翰·D.多维迪奥、杰森·A.尼尔、布伦达·S.班克、克里斯汀·M.沃德、梅丽莎·霍利特和斯蒂芬妮·路易斯："减少群体间偏见的共同群体身份模型：进展和挑战"，《社会认同过程：理论和研究的趋势》，伦敦，2000年，第135–139页。

[5] 安娜·路易斯·沙内、阿尔琼·夏尔马："普遍人权：探讨联合国人权理事会内部的分歧和共识"，《人权与国际法律讨论》2016年第10期，第219–247页。

五、结论

有针对性的减贫措施采用了自下而上的方式,它致力于提升贫困人口的技能并提高他们的自我发展能力。它是以人为本的发展理念的重要组成部分。这一理念包含三大要素,即:相关政策必须侧重于满足人民群众的需求;善于发挥人民群众的智慧;通过提升主动性、贡献创意、发挥创造力、投入激情来激励人民群众发挥积极的作用。

"以人为本"的理念同样获得了《世界人权宣言》的有力支持,与其他体现中国的原创精神,同时也为人权领域作出重要贡献的理念一样,它也值得国际社会广泛关注。国际社会对这一类理念的高度关注与中国日益加强的人权外交政策是密切相关的。

由于美国退出了联合国人权理事会,因此,这种人权外交政策应该被置于更重要的地位。由于这可能导致全新的联盟和伙伴关系的发展,因此,中国可以主动探索与欧盟在联合国人权理事会内部的合作问题。这将带来重大的挑战,因为欧盟和中国在人权问题以及"像中国这样的新兴国家应该在多大程度上认同现有国际秩序"的问题上采取了截然不同的立场。不过,通过采用互惠的社会化模式以及应用社会心理学的教训(这些教训要求成立一个由欧盟和中国专家共同组成的非正式工作组),可以获得相应的结果。

(作者汤姆·茨瓦特系乌特勒支大学跨文化法律研究教授、阿姆斯特丹自由大学跨文化人权中心主任)